KB076519

월가의 퀀트 투자 바이블

WHAT WORKS ON WALL STREET, 4/E:

The Classic Guide to the Best-Performing Investment Strategies of All Time

by James P. O'Shaughnessy

Original edition copyright © 2012 by James P. O'Shaughnessy. All rights reserved.

Korean translation copyright © 2021 by FN Media Co., Ltd. All rights reserved.
This Korean edition published by arrangement
with McGraw-Hill Global Education Holdings, LLC, New York,
through Shinwon Agency, Seoul

이 책의 한국어판 저작권은 신원에이전시를 통해 저작권자와 독점 계약한 (주)에프엔미디어에 있습니다.
저작권법에 의해 한국 내에서 보호를 받는 저작물이므로 무단 전재 및 복제를 금합니다.

WHAT WORKS ON WALL STREET

월가의 퀀트 투자 바이블

제4판

제임스 오쇼너시 지음 | 이건, 서태준, 정호탁, 주민근, 모지환, 정창훈, 배금일, 최준석 옮김 | 신진오 감수

에프엔미디어

옮긴이

이 건　투자서 번역가. 연세대학교 경영학과를 졸업하고 같은 대학원에서 경영학 석사 학위를 받았으며, 캘리포니아대학교 샌디에이고캠퍼스에서 유학했다. 장기신용은행에서 주식 펀드 매니저, 국제 채권 딜러 등을 담당했고 삼성증권과 마이다스에셋자산운용에서 일했다. 영국 IBJ 인터내셔널에서 국제 채권 딜러 직무 훈련을 받았고 영국에서 국제 증권 딜러 자격을 취득했다. 지은 책으로 《투자도 인생도 버핏처럼》 《찰리 멍거 바이블》 《워런 버핏 바이블 2021》 《대한민국 1%가 되는 투자의 기술》이 있고, 옮긴 책으로 《월가의 퀀트 투자 바이블》 《다모다란의 투자 전략 바이블》 《워런 버핏 바이블》 《워런 버핏 라이브》 《현명한 투자자》 《증권분석》 3판, 6판, 《월가의 영웅》 등 60여 권이 있다.

서태준　서울대학교 국제경제학과를 졸업했다. 미국에서 사업을 하다가 돌아와 현재 투자와 금융 분야 전문 번역가로 일하고 있다. 옮긴 책으로 《월가의 퀀트 투자 바이블》 《퀀트로 가치투자하라》 《의장이의 있습니다》 《초과수익 바이블》 《듀얼 모멘텀 투자 전략》 등이 있다.

CFA한국협회 퀀터멘털 그룹 공역자

정호탁　CFA, CAIA. KAIST 전산학과 졸업. 공군 통역장교로 군 복무 후 금융업계에서 퀀트, 프랍트레이더, 펀드매니저, 크립토 거래소 등 다양한 경험을 쌓았다. 알파브레인즈를 창업해 금융을 AI 및 블록체인과 융합함으로써 투자 알고리즘 개발과 토큰 이코노미 설계를 주도하고 있다. CFA한국협회의 퀀터멘털 그룹 QIT를 창설해 2017년 이래 이끌고 있다.

주민근　CFA, CAIA. 고려대학교 경영학과를 졸업하고 같은 대학원에서 경영학 석사 학위, 런던비즈니스스쿨에서 재무학 석사 학위를 받았다. 한국신용정보 PF실에서 프로젝트 파이낸스 사업성평가 업무 등을 담당했고, 프랭클린템플턴투신운용 운용팀에서 국내와 글로벌 펀드를 운용했다. 현재 유진자산운용 증권운용본부 멀티솔루션팀장으로 자산배분 펀드 등 해외 펀드를 운용하고 있다.

모지환　CFA. 핀케치 OMS 사이언스 셀 리드로서 개발도 잘하는 CPO를 목표로 업무에 정진하고, 연세대 글로벌창의융합대학에서 코딩과 투자를 융합한 강의를 하는 겸임교수로 재직하고 있다. 삼성증권 신탁팀에서 글로벌 주식 운용역으로 근무했고, 하나금융투자 멀티에셋운용팀과 알고투자팀에서 프랍트레이더로 근무하며 경험과 함께 도메인 지식에 기반한 코딩 실력을 쌓았다. 콴텍투자자문 플랫폼 융합팀에서 시니어 연구위원으로 로보어드바이저 개발 총괄과 서비스 운영을 담당했다.

정창훈　인하대학교 정보통신공학부를 졸업하고 삼성바이오로직스 재경팀에서 경영·시스템 혁신 업무를 담당했다. 스트리미(GOPAX)에서는 퀀트 엔지니어로서 가상자산 분석과 알고리즘 트레이딩 업무를 수행했다. 현재 ICONFi 운용팀장을 맡고 있다.

배금일 CFA. KAIST 산업및시스템공학과를 졸업하고 같은 대학원에서 석사와 박사 학위를 받았다. 삼성
자산운용에서 연기금 해외투자 재간접 포트폴리오 매니저로 일하면서 자산배분, 스타일배분, 매니
저 셀렉션 프로세스 개발을 담당했다. 이후 IT 스타트업에서 공동 창업자이자 CTO로 재직했고, 현
재 엔씨소프트에서 산업 및 기술 리서치 업무를 담당하고 있다.

최준석 CFA. 연세대학교 경제학과와 통계학과를 졸업했다. JP모간체이스 금융시장 업무팀과 UBS AG
FICC를 거쳐 현재 신한자산운용 국내 주식형 펀드매니저로 일하고 있다.

CFA Institute, CFA한국협회, QIT 소개

CFA Institute는 1947년 설립된 비영리단체로서 전 세계 글로벌 지역 협회(society) 162개에 투자 · 재무 전
문가 약 20만 명이 소속되어 있다. 투자 분야에서 윤리적 행동을 선도하고, 금융 분야에서 주목받는 지식과
정보를 제공한다. 협회에서 주관하는 CFA(the Chartered Financial Analyst, CFA®) 자격은 국제적으로
투자와 재무 분야에서 가장 명망 있는 전문 자격으로 인정받는다.

CFA한국협회(CFA Society Korea)는 2000년에 인가되어 2024년 7월 현재 약 1,200명의 정회원이 활동
하고 있다. CFA한국협회는 투자자들의 권익 향상을 위해 건전하고 신뢰할 수 있는 투자 의사결정 가이드를
제시하고 한국 금융 선진화에 기여하겠다.

QIT(Quantamental Investing Tech)는 CFA한국협회의 워킹 그룹으로서 퀀트와 인공지능을 활용한 투자
를 연구한다. 2017년에 설립되었고 이후 온·오프 모임을 수십 회 실시했다. 《월가의 퀀트 투자 바이블》을 번
역한 모지환, 배금일, 주민근, 최준석, 정창훈, 정호탁을 비롯해 금융 전문가 100여 명이 참석했고, 정모 주제
는 퀀트 플랫폼, 파이썬 코딩 투자, 금융 머신러닝, 금융 엔트로피 팩터, 부채 위기 등이다. 앞으로도 체계적
이고 과학적인 투자 방법을 연구하고 교류를 이어가고자 한다.

감수자

신진오 '한국 가치투자 원조' 신영증권에서 주식 운용 담당 임원을 역임했다. 1992년 외국인에게 한국 증
시가 개방되기 직전 '저PER 혁명'을 주도하며 한국 가치투자의 서막을 열었다. 1998년 IMF 외환위
기 당시 핵심 블루칩을 대량 매집했다가 큰 성공을 거둬 화제를 모으기도 했다. 오랜 실전 운용 경
험을 바탕으로 《전략적 가치투자》와 《현명한 투자자 해제》를 펴냈다. "핵심 우량주를 보유하면 시
간이 흘러갈수록 유리해진다"라는 의미의 필명 'ValueTimer'로 유명하다. 가치투자 독서클럽인
'밸류리더스' 회장으로 활동했다. 2022년 작고.

단 한 권의 주식 투자 책을 꼽으라면

　지금까지 출간된 모든 계량적 분석 서적 중에서 단 한 권을 들라면 제임스 오쇼너시의 《What Works on Wall Street》를 들겠다. 바로 이 책이다. 그동안 주식 투자 관련 외서가 많이 번역되었지만 이만큼 무게 있는 책이 없다. 2011년 출간된 4판은 80여 년의 미국 시장 데이터로 방대한 분석을 제공한다. 내가 이건 선생께 번역을 권했고 2년 전에 번역하기로 했다는 이야기를 들었는데 드디어 출간된다는 반가운 소식이다.

　직전 판인 3판은 내가 계량 투자서인 《메트릭 스튜디오》를 집필하는 데 결정적 동기를 제공했다. 이 책을 읽고서 한국 주식시장 데이터를 분석하기로 마음먹었던 것이다. 최적화 기법을 이용해서 주식 투자 엔진을 만들고 옵투스자산운용이라는 계량 투자회사를 창업하는 데도 많은 영향을 주었다.

　이 책은 1996년에 1판이 나왔고 4판이 첫 번역이다. 무게에 비해 번역이 좀 늦은 감이 있는데 분량이 워낙 방대해서 엄두를 내기 힘들었을 것이다. 원서 자체가 작은 글씨로 700쪽에 가깝다. 이 책의 번역에 가장 어울리는 한 사람을 꼽으라면 단연 이건 선생이다. 해외 유학 후 메이저 금융회사의 펀드매니저와 임원을 역임한 현장 출신이다. 탁월한 언어 능력과 투자에 대한 깊은 이해를 바탕으로 의역을 통한 간결한 문체를 구사한다. 외서는 역자의 이해도와 문장력에 따라 전달력이 엄청나게 달라지고, 이건 선생은 우리나라에서 누구도 넘보지 못할 수준의 투자서 번역가다. 나에게 투자 서적을 추천해달라고 하면 가장 많이 권하는 제러미 시겔의 《주식에 장기투자하라》를 비롯한 책 다수를 그가 번역했다.

이 책은 다양한 요소들이 수익에 미치는 결과를 집대성한 계량 투자의 바이블이다. 순이익, 영업이익, 현금흐름, 매출액, 배당, 시가총액, 상대 강도 등이 투자 수익에 미치는 영향을 철저하게 분석했다. 요소들을 결합해서 시너지 효과를 내는 결합 전략도 소개했다. 전체적으로 펀더멘털의 중요성을 강조하지만 성장성과 추세도 무시하지 않는다. 전편에는 없었던 회계상의 세부 지표들(자산, 감가상각, 자본적 지출 등) 분석이 추가되어 읽을거리가 더 풍부해졌다. 소형주의 영향, 섹터별 분석도 제공한다. 요즘은 계량적 전략을 구현하게 해주는 사이트들도 있으니 독자 여러분이 이 책의 전략들을 실전에 적용하기가 그리 어렵지 않을 것이다.

저자 제임스 오쇼너시는 이 책을 쓴 이후 자신의 펀드를 운용하면서 어려움을 겪기도 했다. 그런 어려움을 잘 이해해서 장기 수익률을 구성하는 수치들의 품질에 대한 언급도 놓치지 않는다. 책의 기조는 장기 투자 쪽에 가깝지만 사놓고 몇 년이고 들고 있으라는 것은 아니다. 재무제표와 주가의 변화에 따라 주기적으로 종목을 교체하는 것이 유리하다고 알려준다. 3판까지는 매년 말에 포트폴리오를 교체하는 것으로 연평균 수익률을 계산했는데, 4판부터는 매달 초에 투자를 시작한 12개 포트폴리오의 수익률을 평균하는 방식으로 바꾸었다. 시작 시점의 특수성이 영향을 미치지 않아서 좀 더 합리적이다.

이 책은 독자들이 간단한 전략을 세울 수 있는 값진 실험 결과들로 넘친다. 한 가지 당부하고 싶은 말은, 장기적으로 시장을 압도하는 전략이라 할지라도 반드시 출렁거림이 있다는 사실이다. 이 책에는 시장에서 작동하는 다양한 요소들을 소개하면서 그 과정에서 경험하는 변동성도 충실히 설명한다. 그것은 몇 개월이 될 수도 있고, 1년이 될 수도 있고, 드물게는 몇 년이 될 수도 있다. 이런 속성을 미리 알고 이 책의 전략에서 아이디어를 얻어 포트폴리오를 꾸민다면 중간의 흔들림에 동요하지 않을 힘을 기를 수 있다. 동요하지 않고 견딜 수 있는 힘은 공부를 통해 얼마나 확신하는지, 시행착오로 경험적 깨달음을 얻었는지, 성격이 어떤지, 자금 규모가 얼마나 절박한지 등이 영향을 미친다. 이 책을 공부해서 확신의 크기를 키운 다음, 중간중간에 전략이 잘 작동하지 않을 때 책을 다시 한번 들추어 보기를 권한다. 그러면 크리스천이 신앙이 약해질 때 성경을 펴면 안정되는 것과 비슷한 효과를 줄 것이다. 이 책은 제목 그대로 계량 투자의 성경이라 해도 틀린 말이 아니다.

주식시장을 이기는 모든 투자 전략은 관점은 다를지라도 모두 대중의 불합리가 만들어낸 기회를 이용한다. 펀더멘털 투자, 추세 투자, 데이 트레이딩, 성장주 투자 등등은 다만 관점과 투자 시간의 주기가 다를 뿐이다. 이 책은 시간의 주기를 '적당히' 길게 보고 펀더멘털의 가치를 상대적으로 중요하게 평가한다. 이 책을 통해 관점을 형성하고 시장의 단기적 출렁임에 동요하지 않는 힘을 기를 수 있을 것이다.

문병로

(주)옵투스자산운용 대표, 서울대학교 컴퓨터공학부 교수

이 책을 읽게 된 것을 축하드립니다

《월가의 퀀트 투자 바이블》은 시대를 앞선 명저로서, 지금도 일반인은 고사하고 펀드매니저 대다수조차 접근하기 어려운 방대한 데이터와 분석 기법으로 투자 요소들의 허와 실을 상세하게 설명한다. 여전히 투자업계에 만연한 잘못된 관점들과 신격화된 투자의 핵심 요소들을 짚어주고 투자 아이디어를 제공한다. 이 책을 읽게 된 것을 축하드린다.

수십 년 전 미국에서 액티브 펀드가 유행한 시절이 있었는데 이제는 시장에 단순히 투자하는 패시브passive 투자가 대세가 되었다. 전문가라고 할 수 있는 펀드매니저들이 365일 수익률 관리에만 힘쓴다면 부가가치가 대단할 텐데 왜 패시브 투자의 인기가 더 많아졌을까? 흔히 듣는 이야기지만 장기적으로 액티브 펀드 70%가 패시브 투자보다 수익률이 낮았기 때문일 것이다. 혹자는 패시브 펀드가 성공한 것이 수수료가 낮은 덕분이라고 하고, 혹자는 아무도 시장을 예측할 수 없기 때문이라고 한다.

솔직히 나는 두 가지 모두 납득되지 않았다. 증권사에서 트레이더로 살며 비록 희소한 비율이지만 시종일관 수익을 내는 사람들을 보았을 뿐 아니라, 국내 최대 수준의 퀀트 투자 조직을 운영하면서 너무나 확연한 초과수익 구조들을 보았기 때문이다. 시장에 단순 투자하는 것이 최상의 투자라면 금융 인력이 왜 존재할까 하는 의문을 가지게 된다.

그에 대한 답 중 가장 명쾌한 것을 이 책에서 찾을 수 있다. 사람들은 근거를 확인하지 않은 방법론을 믿고 투자하며, 최악의 순간에 그 방법론마저도 갈아타기를 반복한다는 것이다. 이 부분이 펀드매니저에게도 무려 70% 이상 적용된다. 가장 위대한 펀드매니저들은 자신의 투자 스타일이 때로는 시장과 다른 구간에서 오랫동안 손실을 볼 수 있다는 사실을 이해하고 일관성 있게 핵심 스타일을 유지한다. 이런 이들이 30%가 채 안 된다. 이들은 장기간에 걸쳐 다양한 데이터를 통해 확신을 얻어왔기에 시장의 변덕을 버티면서 투자 스타일의 장점을 오롯이 취할 수 있다. 하지만 시중에 유행하는 투자 스타일에 흔들릴 수밖에 없는 펀드매니저도 많다. 자신의 스타일을 주장할 근거가 없거나 성과가 없어서 눈치를 봐야 하는 사람이 왜 없겠는가. 70% 이상의 펀드매니저는 최악의 순간 스타일을 바꾸고 만다. 손실과 함께 달려오는 비난과 자책을 견딜 수 없기 때문이다.

엉뚱한 시기에 주식을 자기 느낌대로 사는 사람과, 엉뚱한 시기에 주식을 자기 느낌대로 파는 사람이 항상 있다. 아니, 대다수가 그렇게 하지 않을까. 군중의 박수소리가 갑자기 어떤 박자를 이루듯이, 하늘을 나는 새들이 갑자기 군무를 만들듯이, 이런 무작위한 매수와 매도는 큰 패턴을 만들어낸다. 시장이 무작위에서 벗어나는 순간들이다. 이런 현상 때문에 장기적으로 손실을 보는 투자 전략이 존재하고, 장기적으로 수익을 보는 투자 전략이 존재한다.

이러한 해석은 투자자들에게 강력한 희소식이다. 세상에는 시장을 이기는 다양한 투자 전략이 있다는 구체적인 정황이며, 그 형태가 '검증 가능한' '일관성'이라는 단어로 비교적 쉽게 정리되기 때문이다. 장기간에 걸쳐 꾸준히 반복되는 현상들에 투자를 유지할 수만 있다면, 일관성을 지킬 수만 있다면 시장에 투자하는 것보다 이

득이다. 하기야 시장이라는 것은 예컨대 미국 시장에 상장된 기업 중 시가총액이 가장 큰 500개 기업을 시가총액 대비 비중으로 보유하고 규칙적으로 비중을 맞추는 것에 불과하다. 이것이 예컨대 상위 315개에 투자하거나, 상위 95개에 투자하거나, 가장 저렴한 500개 종목에 동일 비중으로 투자하거나, 가장 우수한 재무제표를 가지고도 가장 저렴하고 최근 점진적 상승을 시작한 종목 100개에 규칙적으로 투자하는 것보다 우월할 이유는 전혀 없다.

오쇼너시는 인덱스에 대한 패시브 투자의 일관성을 강조하지만, 이는 일관성을 잃고 기분과 부정확한 직관에 따라 스타일을 오고 가는 근본적인 폐해를 줄이기 위해서라는 점을 명확히 한다. 인덱스 투자의 장점은 살리면서 인덱스를 더 정교하게 구성하는 행위야말로 정답인 것이다.

최근 외국에서는 인덱스 투자의 장점을 살리면서 개인별로 맞춤화해 인덱스를 개선하는 다이렉트 인덱싱direct indexing 서비스가 화두다. 이와 관련해 찰스슈왑이 모티프를 인수하고, 모건스탠리가 다이렉트 인덱싱 1위 기업인 파라메트릭을, 블랙록은 아페리오를, 뱅가드는 설립 이후 첫 인수로 저스트인베스트를 택했다. 2021년 9월 말에는 프랭클린템플턴이 이 책의 저자가 설립한, 다이렉트 인덱싱의 거물 오쇼너시자산운용을 인수한다. 본격적인 영토 전쟁에 들어간 셈인데 이 책이 때마침 한국에 소개되어 너무나 반갑다.

철저한 연구를 통해 근본적으로 우월한 인덱스를 구성하는 방법을 팩터 리서치라고 하며 이미 많이 진행되어 '시장은 랜덤워크(무작위)다'라는 이론이 철저히 부정된 지 꽤 됐다. 최근의 노벨경제학상들이 증명한다. 다이렉트 인덱싱은 이러한 팩터들을 가지고 더 좋은 인덱스를 맞춤화하는 것에서 시작해 ESG 점수에 따라 비중을 달리하거나, 고객의 세금 구조에 따라 이익과 손실을 상계하는 고도의 계산을 실시해 절세하는 소프트웨어를 사용하거나, 주식을 잘게 쪼개 소수점 단위로 매매하는 소수점 거래fractional share 등의 첨단 기술을 도입해 ETF 없이 직접 인덱스를 구현하는 방법을 사용한다. 고객 반응이 뜨거운 모양이다. 다이렉트 인덱싱 시장은 2015년부터 2020년까지 연평균 30% 성장해 최근 430조 원대에 도달했고, 혹자는 2026년까지 1,800조 원 수준으로 성장하리라 예상한다. 규격화되어 맞춤화가 어려운 ETF를 사는 시대도 어느새 끝나간다.

이런 다이렉트 인덱싱을 이끄는 방법론에 크게 기여한 것이 이 책이라고 생각한다. 어떤 전략들이 장기적으로 수익을 낼지 관찰하려면 아주 머나먼 곳에서 대량의 데이터를 객관적으로 볼 필요가 있다. 또한 집요하게 데이터를 분석하는 노력이 필요하다. 이 혁명의 시작점 중 하나가 오쇼너시였다. 방대한 데이터를 치밀하게 조사해 어떤 인덱스 구성이 수익률이 높을 뿐 아니라 위험 관리가 가능한지 상세하게 설명했다. 반대로 어떤 구성이 수익률이 낮은 데다가 위험이 높은지도 밝혀냈다. 인덱스를 아무렇게나 짜도 똑같은 결과가 나온다던 '효율적 시장 가설'의 미신을 철저히 밝혀낸 것이다.

다만 장기 데이터로 확인한 인덱스 투자에도 위험이 있다. 첫째는 시장이 전체적으로 폭락할 때 규칙을 어겨버릴 위험이고, 둘째는 자신의 인덱스만 시장과 다르게 움직일 때 규칙을 어겨버릴 위험이다. 두 위험은 보통 사람이 견뎌내기 어려운 위험일 수 있다. 반면에 반드시 수익을 내야 하는 사람이라면 되레 생각보다 쉽게 견딜 수 있다. 인덱스 투자라 하더라도 단기 수익은 예측하기 힘들다. 어느 정도 시간이 흘러야만 그 강력한 힘이 모두 발휘된다. 매일의 날씨는 예측하기 힘들지만 사계절의 흐름을 읽어 파종 시기를 결정한 선조들처럼 긴 시간을 보며 유리한 투자를 만들어갈 잣대를 알려준 대가가 오쇼너시다.

다이렉트 인덱싱의 세상에 온 것을 환영한다.

천영록

두물머리 대표

◆
차
례
◆

중국인은 위기[crisis]를 두 글자 '위기危機'로 표현합니다.
위危는 위험을 뜻하고 기機는 기회를 의미합니다.
위기가 닥치면 위험을 감지해야 하지만
기회도 인식해야 한다는 뜻입니다.

| 존 F. 케네디 | John F. Kennedy, 미국 대통령

◆ 서 문 ◆

이 책《월가의 퀀트 투자 바이블(What Works on Wall Street)》4판이 출간된 2011년은 어쩌면 지난 110년 미국 주식 역사 중 최악의 10년이 마무리된 직후인지도 모른다! 2000년대의 첫 10년(2000~2009)이 시작될 때까지만 해도 주식시장에는 희망이 가득했다. 1990년대(1990~1999)에는 초보 투자자가 떼를 지어 주식을 매수한 덕분에 나스닥지수가 (인플레이션을 고려한 실질 가격 기준으로) 거의 7배나 상승했고 S&P500지수는 거의 4배나 상승했기 때문이다. 그러나 시간이 흐르자 투자자들의 초기 낙관론은 전혀 근거가 없었던 것으로 밝혀졌다.

2000~2009년 S&P500의 실질 수익률은 연 -3.39%였다. 2000년 초 S&P500에 1만 달러를 투자했다면 2009년 말에는 실질 가격 기준으로 7,083달러밖에 되지 않았다. 대형 성장주의 성과는 더 나빴다. 같은 기간 러셀1000성장주지수Russell 1000 Growth Index에 1만 달러를 투자했다면 겨우 5,190달러가 되어 반토막이 났다. 1990년대에 최고의 투자 대상이었던 나스닥은 같은 기간에 1만 달러를 투자했다면 겨우

4,364달러가 되어 실질 수익률 연 -7.96%를 기록했다. 게다가 2000년 2월 고점 대비 2002년 9월 저점 수익률은 -76.59%로서, 1929~1932년 대공황 폭락 기간 S&P500의 하락률에 육박했다. 오로지 소형주만 이 기간에 양호한 수익률을 기록했다. 러셀2000지수는 수익률 연 0.96%로 간신히 적자를 모면했고, 러셀2000가치주지수Russell 2000 Value Index만 수익률 연 5.60%로서, 미국 광범위 주가지수로는 유일하게 미국 장기 채권의 연 5.04%를 넘어섰다.

이 서문에서는 인플레이션을 고려한 실질 수익률을 사용했다. 그래야 엘로이 딤슨Elroy Dimson 등의 명저《낙관론자들의 승리(Triumph of the Optimists)》에서 산출한 1900~1930년 수익률을 이용할 수 있기 때문이다. 나는 실질 수익률이 명목 수익률보다 훨씬 유용하다고 생각한다. 화폐의 구매력 손실까지 고려하므로 실제 운용 성과를 더 정확하게 알려주기 때문이다. 이 책 전반에서 각종 요소와 전략을 다룰 때에는 관례에 따라 명목 수익률을 사용했지만, 28장에서 각종 전략의 성과를 요약할 때에는 실질 수익률을 사용했다.

각종 데이터를 1900년 이후 10년 단위로 분석해보면, 미국 주식의 실질 수익률이 마이너스인 기간은 2000~2009년 외에 두 번 더 있었다. 1910~1919년은 연 -2.46%였고 1970~1979년은 연 -1.41%였다. 표 Ⅰ.1은 1900년 이후 미국 주식의 10년 단위 실질 수익률을 내림차순으로 보여준다. 그런데 1900~2009년을 월(月) 간격으로 120개월(10년)씩 나누어 분석해보면, 1999/06~2009/05보다 수익률이 낮았던 120개월은 1910/06~1920/05 단 하나뿐이었다.

표 Ⅰ.2는 1900년 이후 수익률이 최악이었던 120개월 50건을 보여준다. 이 표가 알려주는 매우 중요한 정보는 두 가지다. 첫째, 이렇게 끔찍한 120개월이 끝난 직후에는 3~10년 수익률이 모두 플러스였으며, 120개월 실질 수익률 평균이 연 14.55%에 이르렀다. 둘째, 끔찍한 120개월 직후의 120개월 실질 수익률 중 최저치가 연 6.39%였다(1964/12~1974/11 동안 연 -3.48%를 기록한 직후였음). 이 최저 수익률 연 6.39%마저 같은 기간 미국 장기 채권 수익률보다 훨씬 높은 수준이다. 겁에 질린 투자자가

1974년 11월에 주식을 매도해 미국 장기 채권에 투자했다면 같은 기간 실질 수익률은 -0.27%가 되었을 것이다.

표 I.1. 10년 단위 미국 대형주 실질 수익률(1900~2009, 수익률 내림차순)

기간	실질 연 수익률(%)
1950~1959	16.78
1990~1999	14.84
1920~1929	14.37
1980~1989	11.85
1900~1909	9.32
1960~1969	5.15
1940~1949	3.57
1930~1939	2.04
1970~1979	-1.41
1910~1919	-2.46
2000~2009	-3.39

* 자료: 1900~1930년은 딤슨-마시-스톤튼 글로벌 수익률 데이터(Dimson-Marsh-Staunton Golbal Return Data), 1930~2009년은 이봇슨 대형주 데이터(Ibbotson Large Stock Data) 사용.

표 I.2. 1900년 이후 실질 수익률이 최악이었던 120개월 50건(1900~2009년을 월 간격으로 120개월씩 나누어 분석)

기간	120개월 실질 수익률 (연, %)	최악의 120개월 이후 실질 수익률(연, %)			
		1년	3년	5년	10년
1910/06~1920/05	-6.09	16.04	17.63	17.40	20.64
1999/03~2009/02	-5.86	50.40			
1911/01~1920/12	-5.72	24.33	18.06	21.33	16.05
1910/07~1920/06	-5.72	13.26	16.81	17.46	18.77
1910/12~1920/11	-5.55	21.17	16.94	20.18	16.68
1910/02~1920/01	-5.49	21.75	16.79	19.92	16.11
1999/06~2009/03	-5.43	46.38			
1910/01~1919/12	-5.35	-18.84	9.67	11.13	16.23
1911/07~1921/06	-5.33	40.34	17.00	18.81	15.43
1911/03~1921/02	-5.31	26.87	15.84	18.52	17.33
1910/08~1920/07	-5.28	14.69	14.67	17.37	19.23
1911/04~1921/03	-5.27	33.34	16.38	17.18	16.55
1910/09~1920/08	5.18	6.30	15.14	17.25	19.07
1910/05~1920/04	-5.14	2.83	14.43	14.27	19.59
1911/08~1921/07	-5.13	40.52	17.62	19.53	14.30
1910/02~1920/01	-5.13	4.35	12.79	18.82	15.87
1910/03~1920/02	-5.10	-4.92	14.33	14.25	18.25
1999/02~2009/01	-5.06	29.74			
1911/05~1921/04	-5.00	33.72	15.38	16.79	15.11
1910/10~1920/09	-5.00	7.48	13.14	17.58	16.91

(다음 쪽에 이어짐)

표 I.2. 1900년 이후 실질 수익률이 최악이었던 120개월 50건(1900~2009년을 월 간격으로 120개월씩 나누어 분석)

기간	120개월 실질 수익률 (연, %)	최악의 120개월 이후 실질 수익률(연, %)			
		1년	3년	5년	10년
1911/09~1921/08	-4.97	55.48	20.04	21.29	15.03
1911/06~1921/05	-4.94	33.85	13.88	16.65	13.34
1999/05~2009/04	-4.88	35.80			
1909/12~1919/11	-4.79	-19.53	9.51	10.62	15.68
1999/07~2009/06	-4.74	13.22			
1911/02~1921/01	-4.74	48.84	19.39	20.30	11.81
1910/02~1920/01	-4.70	-10.37	11.63	12.40	17.48
1911/12~1921/11	-4.35	34.70	19.32	19.13	10.13
1911/10~1921/09	-4.35	45.72	18.68	20.52	10.52
1912/01~1921/12	-4.34	30.71	18.87	19.09	8.36
1964/10~1974/09	-4.29	28.08	12.51	8.11	7.47
1910/04~1920/03	-4.21	-12.04	10.30	10.97	18.28
1999/06~2009/05	-4.16	18.58			
1912/02~1922/01	-4.11	27.47	18.02	17.93	7.88
2000/09~2010/08	-4.09				
2000/07~2010/06	-3.87				
1968/12~1978/11	-3.82	4.85	3.86	8.62	9.76
1999/01~2008/12	-3.81	23.12			
1972/08~1982/07	-3.80	55.63	22.98	25.79	14.94
1909/09~1919/08	-3.80	-21.69	8.98	7.57	19.76
1965/01~1974/12	-3.77	28.20	9.61	6.12	6.92
1909/10~1919/09	-3.75	-19.87	7.86	7.56	19.00
1909/02~1919/01	-3.71	-21.01	7.05	7.00	16.17
1999/08~2009/07	-3.69	12.43			
1968/02~1978/01	-3.56	2.71	3.17	8.59	10.15
1972/07~1982/06	-3.54	56.97	22.03	23.95	14.20
1912/03~1922/02	-3.49	23.89	17.30	17.83	7.94
1964/12~1974/11	-3.48	26.79	8.67	5.41	6.39
1972/06~1982/05	-3.48	47.27	20.32	22.13	14.06
1998/12~2008/11	-3.46	23.13			
평균	-4.60	20.47	14.53	15.78	14.55
최저 수익률	-6.09	-21.69	3.17	5.41	6.39
최고 수익률	-3.46	56.97	22.98	25.79	20.64

* 자료: 1900~1929년은 William N. Goetzmann, The National Bureau of Economic Research,
1929~2010년은 Morningstar EnCorr Analyzer(이봇슨의 Stocks, Bonds, Bills, and Inflation 데이터) 사용.

이 책에서 다룬 다양한 모집단^universe의 수익률이 S&P500의 수익률보다 높게 나온다. S&P500은 미국 소재 기업들의 주식만을 대상으로 시가총액가중 방식으로 산출한 지수인 반면, 이 책에서는 모집단에 미국예탁증권(American Depository Receipts, ADR)까지 포함해서 동일비중 방식으로 수익률을 산출했기 때문일 것이다. 이 책에서 산출한 다양한 모집단의 최근 10년 수익률은 전체 주식 연 1.82%, 대형주 연 -0.10%, 시장 선도주 연 3.30%, 소형주 연 2.36%다.

이렇게 2000~2009년 수익률은 10년 단위로는 1900년 이후 최저이고, 120개월 단위로 분석했을 때에는 두 번째로 낮은 성과다. 이번에는 고점 대비 저점 하락률 기준으로 살펴보자. 표 Ⅰ.3은 1900년 이후 고점 대비 저점 하락률이 20%를 초과한 사례들이다. 하락률이 가장 큰 사례는 1929/08~1932/05 S&P500의 -79%였고, 그다음이 2000/08~2009/02의 -54%였다. 하락이 지속된 기간으로 보면 2000/08~2009/02가 102개월로 지난 110년 중 가장 길었다.

주식에 대한 신뢰 상실

이렇게 부진한 성과 탓에 주식에 대한 투자자의 신뢰가 사라졌다. 미국 주식 및 채권 펀드의 투자 자금 순유출입을 분석하는 로이솔드 그룹^Leuthold Group의 수급 속보(Supply/Demand Flash)에 의하면, 2007~2009년 미국 주식 펀드는 순유출액이 2,340억 달러가 넘은 반면 미국 채권 펀드는 순유입액이 5,046억 달러에 달했다. 나중에 더 논의하겠지만 이 기간은 주식을 매도해 채권 등을 매수할 시점이 아니었다. 표 Ⅰ.2를 다시 보자. 주식의 10년 수익률이 최악을 기록한 직후에는 1년, 3년, 5년, 10년 수익률이 모두 플러스를 기록했다.

표 I.3. 고점 대비 저점 하락률이 20%를 초과한 사례(1900~2009)

고점 시점	고점 지수	저점 시점	저점 지수	회복 시점	하락률(%)	하락 기간 (개월)	회복 소요 기간 (개월)
1906/12	2.04	1907/12	1.43	1908/12	-30.04	12	12
1915/12	2.70	1920/12	1.53	1924/12	-45.35	60	48
1929/08	3.04	1932/05	0.64	1936/11	-79.00	33	54
1937/02	3.18	1938/03	1.59	1945/02	-49.93	13	83
1946/05	4.33	1948/02	2.72	1950/10	-37.18	21	32
1961/12	21.57	1962/06	16.65	1963/04	-22.80	6	10
1968/11	34.62	1970/06	22.34	1972/11	-35.46	19	29
1972/12	35.84	1974/09	17.25	1984/12	-51.86	21	123
1987/08	72.06	1987/11	50.32	1989/07	-30.16	3	20
2000/08	307.32	2009/02	141.37		-54.00	102	

* 자료: 1900~1930년은 딤슨-마시-스톤튼 글로벌 수익률 데이터(연도별 데이터),
1930~2009년은 이봇슨 대형주 데이터 사용(월별 데이터).

그런데도 언론에서는 주가가 하락할수록 주식을 매도해야 한다고 더 요란하게 떠들어댔다. 2008년 말 CNBC는 "The Death of Buy and Hold(장기 보유 전략은 끝났다)"라는 시리즈물을 방송했다. 그리고 2009년 2월 19일 자 〈배런스 일렉트로닉 인베스터(Barron's Electronic Investor)〉에 "Modern Portfolio Theory Ages Badly-The Death of Buy and Hold(현대 포트폴리오 이론은 낡아빠졌고, 장기 보유 전략은 끝났다)"라는 기사가 실렸다. 여기서 샌디에이고의 켄스턴자산운용사 설립자 켄 스턴Ken Stern은 이렇게 말했다. "장기 보유 전략은 지는 게임입니다. 시장은 너무도 변덕스러워서, 인플레이션과 세금까지 감당하면서 장기적으로 계속 성장하는 포트폴리오를 구성하기는 어렵습니다."

1979년 8월 13일 자 〈비즈니스위크(Business Week)〉에 실린 기사 "Death of Equities(주식의 사망)"도 논조가 비슷했다. 〈인스티튜셔널 인베스터(Institutional Investor)〉 2010년 1월호에 실린 "R.I.P. Equities 1982-2008: The Equity Culture Loses Its Bloom(주식의 명복을 빕니다 1982-2008: 주식 문화의 전성기가 저물다)"이라는 기사에는 다음과 같은 글이 있었다. "주식시장에서 혹독한 폭락을 두 번 겪고 나서 투자자들은 주식이 채권보다 유리하다는 통념을 의심하고 있다. 사람들은 일제히 주식에서 발을 빼고 있다. 이제 월스트리트는 예전 같지 않다." 2010년 1월 13일 구글에서 "the death of buy and hold investing(장기 보유 전략은 끝났다)"으로 검색해보니 75만 건이나 나왔다. 수많은 전문가는 물론 일반 투자자들도 시류에 편승한 것이다.

일각에서는 이렇게 혹독한 수익률을 '뉴 노멀new normal'이라고 부르면서, 장래에는 수익률이 훨씬 더 내려갈 것이라고 주장했다. 전문가들은 1990년대 말에도 "이번엔 다르다"라는 주문을 외우면서, 주가가 영원히 상승하는 '새 시대new era'가 열렸다고 주장했었다. 세월이 흘러도 변치 않는 사실은, 주가의 단기 흐름이 장래에도 영원히 지속될 것으로 믿는 사람들의 행태인 듯하다.

역사는 훌륭한 길잡이

이렇게 주식의 장기 전망을 비관하는 행태는 그리 놀랄 일이 아니다. 1970년대에도 암울한 비관론이 시장을 지배했고, 1979년 8월 13일 자 〈비즈니스위크〉에도 표지 기사로 "주식의 사망"이 실렸다. 2장과 3장에서 언급하겠지만 인간의 본성은 투자에 실패하도록 구성되어 있는 듯하다. 3~5년 전 사건은 까맣게 잊은 채 최근 성과가 탁월한 자산군만 줄기차게 따라다니기 때문이다.

내가 이 책을 쓴 목적이 바로 이런 행태를 만류하는 것이다. 때가 되어야 비로소 최고의 장기 투자 전략이 드러나는 법이다. 우리는 최근 10년 성과가 혹독했다는 사실에 주목할 필요가 있다. 다양한 전략에서 나온 성과를 살펴보면, 운에 좌우되는 복불복福不福 기법을 따랐을 때보다 최고의 투자 전략을 꾸준히 유지했을 때가 훨씬 더 좋았다. 실제로 최근 몇 년 동안 자금이 주식에서 채권 등 기타 자산으로 줄지어 이동하는 과정에서 또 다른 거품이 형성된 것으로 보인다. 감히 주장하건대 향후 10~20년 동안은 (특히 최고의 장기 전략으로 선정한) 주식에서 최고의 성과가 나올 것이다. 지금 주식시장은 역사적으로 중대한 갈림길에 해당한다. 투자자에게 이례적인 기회가 열리는 상황이라는 뜻이다. 2009년 5월 현재 주식의 10년, 20년, 40년 수익률 모두 채권 수익률보다 낮은 상황이다. 달리 표현하면 주식의 40년 수익률이 1900년 이후 두 번째로 낮은 수준이며 1941년 말 이후 가장 낮은 수준이다. 주식의 40년 수익률이 연 4% 미만인 사례는 매우 드물어서 1900년 이후 4번뿐이었다 (1902/01~1941/12, 1943/01~1942/12, 1969/03~2009/02, 1969/04~2009/03). 1940년대 초 이런 사례가 발생한 이후 주식의 5년, 10년, 20년 수익률은 계속 탁월했다. 그림 Ⅰ.1 에서 보듯이, 10년 단위 주식의 위험 프리미엄은 1926년 이후 최저 수준이다.

그림 I.1. 120개월(10년) 단위 미국 주식의 위험 프리미엄(%)

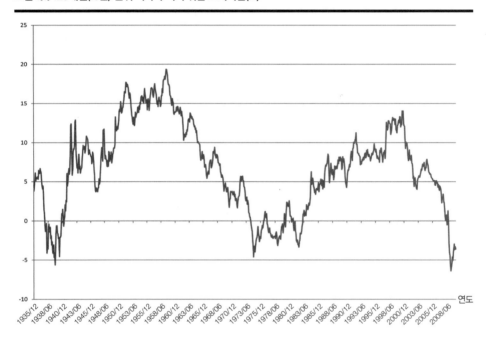

역사를 돌아보면 항상 평균회귀 현상이 나타났다. 주식 수익률이 10~20년 동안 이례적으로 높았다면 이후 10~20년 동안은 이례적으로 낮았다. 그리고 주식 수익률이 10~20년 동안 평균을 밑돌았다면 이후 10~20년 동안은 평균을 웃돌았다. 이는 경제적 측면에서도 타당한 현상이다. 주가가 10~20년 동안 대폭 상승하면 주가수익배수PER가 높아지고 배당수익률은 낮아진다. 반면 10~20년 동안 대폭 하락하면 PER은 낮아지고 배당수익률은 높아진다. 나는 저서《Predicting the Markets of Tomorrow(시장 예측)》에서 처음부터 끝까지 주식시장의 평균회귀 경향을 이용하는

방법을 다루었다.

　과거에 미국은 지금보다 훨씬 더 위험한 고비도 견뎌냈다. 장담하건대 장기적으로 미국이 망하는 쪽에 돈을 걸어서는 절대 성공하지 못할 것이다. 지금까지 미국은 훨씬 더 큰 난관을 극복하면서 더 강하고 활기차며 미래 지향적인 국가로 성장해왔다. 이번에도 다르지 않으며, 이 책에서 제시하는 우수한 종목 선정 전략을 이용하는 투자자는 장기적으로 훌륭한 성과를 얻을 것이라고 나는 믿는다.

분석 범위 확대

이번 4판에서도 월스트리트에서 가장 효과적인 투자 전략에 대한 장기 분석을 이어간다. 1996년 이 책의 초판이 발간되기 전에는 종목 선정 전략의 장기 성과를 종합적으로 분석한 책을 찾기 어려웠다. 이 책의 1~3판을 정독한 투자자는 2000년대에 발생한 두 차례 약세장에서 재난을 피할 수 있었다. 장기 성과가 부진하다고 역사적으로 입증되었는데도 1990년대 시장 거품기에 인기가 높았던 종목들을 피할 수 있었기 때문이다. 초판에 실린 종목 선정 지침만 따랐더라도 투자 성과가 개선되었을 것이다. 4판에서 장기 분석을 통해 제시하는 조언 대부분은 초판과 동일하다. 다만 분석하는 단일 요소 전략과 복수 요소 전략의 숫자를 늘렸다.

새로운 내용

4판에서는 데이터 분석 방식을 대폭 변경했고 단일 요소 모형과 복수 요소 모형들을 추가했다.

- 4판에서는 모든 모형의 월별 수익률을 제공한다. 1~3판에서는 매년 말일에 투자했을 경우 나오는 수익률만 제시했다. 이런 수익률도 유용하긴 하지만 성과의 계절적 변동은 알려주지 않는다. 그래서 이번에는 매월 투자하는 것

으로 가정해 수익률을 산출했다. 매년 말일에 투자하는 사람은 많지 않을 테니 이렇게 산출한 데이터가 더 유용할 것이다. 이 방식을 따르면 투자 개시 시점에 상관없이 대부분 투자자가 얻는 성과를 더 정확하게 파악할 수 있다. 여기서는 매월 포트폴리오를 구축해 12개월 동안 보유하면서 1년에 한 번 리밸런싱rebalancing하는 이른바 '종합 백테스팅' 방식으로 수익률을 계산했다. 그러므로 한 전략에 12개 포트폴리오가 구성된다. 이렇게 산출되는 월별 수익률은 12개 포트폴리오 수익률의 평균이다. 데이터 분석 방식 변경은 1963년 이후에 대해서만 적용했다. 분석에 사용한 컴퓨스탯Compustat 월별 데이터가 1963년부터 산출되었기 때문이다.

- 3판 출간 이후 오쇼너시자산운용O'Shaughnessy Asset Management에서 증권가격연구센터(Center for Research in Security Prices: CRSP) 데이터를 구입했으므로, 이제는 1926년부터 월별 수익률을 제공할 수 있게 되었다. 분석 대상에 포함한 요소는 시가총액, 주가순자산배수PBR, 배당수익률, 자사주 매입 수익률(buyback yield. 자사주 매입 수익률이 높다면 기업이 자사주를 적극적으로 매입한다는 의미이며, 자사주가 저평가되었다고 경영진이 생각한다는 신호다), 주주수익률(shareholder yield = 자사주 매입 수익률 + 배당수익률), 가격 모멘텀price momentum 등이다. 이들 요소에 새로 구입한 1926년 이후 장기 데이터를 적용해서 다양한 복수 요소 모형을 만들어냈다. 그리고 1963년 이후 컴퓨스탯 월별 데이터를 적용한 요소 모형들도 만들었다. 새로 확보한 37년(1926~1963)분 데이터는 검증에 매우 유용하다. 1963~2009년 데이터 분석에서 나온 결과가 1926~1963년 데이터 분석에서도 나오는지 확인할 수 있기 때문이다.

- 4판에서는 요소별 상위 10% 성과와 하위 10% 성과도 제공한다. 1~3판에서는 요소별 최상 50종목의 성과와 최하 50종목의 성과만을 제공했으므로 극단적인 성과에만 주목한다는 비판이 있었기 때문이다. 25종목과 50종목 포트폴리오의 성과는 4판에서도 계속 제공한다.

- 새로 포함된 단일 요소는 자사주 매입 수익률, 주주수익률, EV/EBITDA, EV/현금흐름, EV/매출액, 주가발생액배수, 부채/현금흐름, 연간 매출액 증가율, 기타 다양한 회계 변수이며, 이들의 유효성을 평가했다.
- 전통적 가치 요소들을 결합해 종목의 가치를 평가함으로써 저평가 순위를 매기는 시스템도 새로 제시했다. 이 시스템으로 선정한 종목의 성과는 단일 요소로 선정한 종목보다 일관되게 우수했다. 게다가 상위 10% 종목과 하위 10% 종목의 성과 격차도 계속해서 크게 유지되었다. 예컨대 소형주 모집단에서 다양한 가치 요소로 선정한 하위 10% 종목들은 지난 46년 동안 모두 손실을 기록했다.
- 새 복수 요소 모형에는 주식을 평가하는 다양한 요소의 점수를 결합해 단일 요소로 나타내는 결합 가치 전략, 가격 모멘텀과 주주수익률을 이용하는 전략, 가격 모멘텀이 탁월하고 저평가된 마이크로캡 주식(microcap stock: 시가총액이 5,000만 달러~3억 달러인 주식)에 집중 투자하는 전략, 배당수익률이 높은 시장 선도주(배당수익률이 10년 만기 국채 수익률 이상이면서 주가 상승 가능성도 높은 종목)에 투자하는 전략 등을 포함했다.
- 개별 섹터 수준에서 잘 작동하는 요소를 알 수 있도록 섹터별 성과도 새로 제시한다.

컴퓨터의 위력

고성능 컴퓨터와 (컴퓨스탯과 CRSP 데이터 등) 방대한 데이터베이스 덕분에, 수익률이 주로 포트폴리오를 구성하는 요소에 의해 결정된다는 사실이 입증되었다. 컴퓨터가 등장하기 전에는 각 포트폴리오가 실제로 추구하는 전략을 알아내기가 거의 불가능했다. 전략을 구성하는 요소(PER, 배당수익률 등 포트폴리오의 특성 요소)가 무수히 많지만 이들 요소와 수익률의 상관관계를 분석할 방법이 없었기 때문이다. 심지어 펀드 매니저조차 자신이 운용하는 포트폴리오의 주요 특성을 파악하지 못해서 정성적 기준으로 막연하게 설명하는 경우가 많았다.

이제 컴퓨터 덕분에 상황이 바뀌었다. 이제는 포트폴리오의 구성 요소들을 분석해서 최상의 전략을 찾아낼 수 있게 되었다. 여러 요소를 결합해서 장기간에 걸쳐 시험할 수도 있으므로 각 전략의 미래 성과도 예상할 수 있다.

전략 대부분은 신통치 않다

이 책을 보면 알겠지만 투자 전략 대부분에서 나오는 성과는 신통치 않으며, 특히 단기적으로 투자자들에게 가장 매력적인 전략은 S&P500지수 성과에도 못 미친다. 이 책은 주가 흐름이 '랜덤워크(random walk, 무작위)'라는 이론을 반박하는 근거도 제시한다.

주가 흐름은 무작위가 아니라 투자 전략에 따라 보상하거나 응징하는 체계적 흐름이다. 주식의 장기 수익률은 절대 무작위가 아니다. 세월의 시험을 견뎌낸 합리적 종목 선정 기법을 일관되게 유지할 때 높은 초과수익을 얻을 수 있다.

일관성 유지가 열쇠

장기적으로 초과수익을 달성하는 유일한 방법은 합리적인 투자 전략을 일관되게 사용하는 것이다. 모닝스타의 10년 단위 분석에 의하면 펀드의 70%가 S&P500 성과에 못 미쳤다. 펀드매니저들이 한 가지 전략을 시종일관 유지하지 못했기 때문이다. 일관성을 유지하지 못하면 장기 성과가 망가진다.

핵심 요약

이 책을 읽고 나면 다음 사항들을 알게 될 것이다.

- 대부분 소형주 전략에서 나오는 초과수익은 시가총액이 2,500만 달러 미만인

종목들 덕분이다. 그러나 이런 종목들은 실제로 매수하기가 어려우므로 소형주의 수익률은 환상에 불과하다. 그래서 이 책에서는 유동성이 충분해서 실제로 매수할 수 있는 일정 규모 이상의 종목들만 다룬다.

- 가격 모멘텀이 최악인 종목들은 장기 성과도 끔찍하다. 이런 종목들은 심각한 약세장(하락률 40% 이상) 직후 첫해에만 좋은 성과를 낸다(이때는 부실주도 모두 상승한다).

- 단일 가치 요소들의 수익률과 성공률이 순수 성장 요소들보다 훨씬 높다. 여기서 유일한 예외는 가격 모멘텀이다. 그러나 가격 모멘텀은 반드시 가치 요소와 함께 사용해야 한다.

- 여러 가치 요소를 함께 사용하면 개별 가치 요소를 사용할 때보다 훨씬 높고 안정적인 수익률이 나온다.

- 주가발생액배수, 자산회전율, 부채/현금흐름, 부채 비율 등은 이익의 질을 알려주는 핵심 회계 변수다. 이익의 질이 높은 주식은 이익의 질이 낮은 주식보다 수익률이 훨씬 높다. 여러 회계 변수(총자산/발생액, 평균자산/발생액, 순영업자산 증가율, 자본적 지출/감가상각비 등)를 함께 사용하면 이익의 질이 높은 주식을 선정할 수 있으므로 수익률도 높일 수 있다.

- 필수 소비재와 공익기업utilities은 위험이 가장 낮은 섹터인데도 가치 요소와 주주수익률을 이용하면 탁월한 수익률을 얻을 수 있다. 24장에서 50종목 포트폴리오의 성과를 보면 두 섹터는 위험이 시장보다 훨씬 낮은데도 초과수익을 제공한다.

- 가장 인기 높은 섹터 중 하나인 정보기술IT은 전체 기간 수익률이 연 7.29%로서 섹터 성과 중 최저였다.

- 일부 대형주 전략을 선택하면 더 낮은 위험으로 계속해서 초과수익을 얻을 수 있다.

- 현재 월스트리트에서 사랑받는 고평가 주식을 매수하는 것은 최악의 선택이다.

- 일부 가치 요소 점수 상위 10%에 속하는 종목들 중 6개월 가격 모멘텀 상위 25종목에 투자했다면 1963년 이후 수익률은 연 20%를 초과하면서 위험은 시장보다 낮았을 것이다.
- 실행 가능한 전략을 찾아내서 어떤 상황에서든 일관되게 사용하는 것이 장기적으로 성공하는 확실한 방법이다.

01

주식 투자 전략:
기법은 달라도 목표는 같다

좋은 정보가
전투의 90%를 좌우한다.

| 나폴레옹 | Napoléon I, 프랑스 황제

주식에 투자하는 주요 기법 두 가지는 액티브active 기법과 패시브passive 기법이다. 둘 중 액티브 기법이 더 널리 사용된다. 액티브 기법을 사용하는 펀드매니저들은 더 우수한 종목을 매수해 수익률을 극대화하려고 노력한다. 이들은 주식을 전통적인 방식으로 평가한다. 기업을 분석하고, 경영진과 면담하며, 고객 및 경쟁자들과 대화하고, 과거 추세를 검토하며, 미래를 예측하고서 주식 매수를 결정한다.

액티브 투자자들은 이른바 '성장growth'이나 '가치value'라는 스타일을 따른다. 이들은 주로 자신의 투자 철학을 기반으로 성장 스타일이나 가치 스타일을 선택한다. 성장 투자자는 성장률이 과거에도 평균보다 높았고 장래에도 계속 높을 것으로 예상되는 주식(성장주)을 매수한다. 이들은 기업의 성장 잠재력을 믿으므로, 이익도 증가하고 이에 따라 주가도 상승할 것이라고 생각한다.

가치투자자는 현재 주가가 내재가치보다 낮은 주식을 찾는다. 이들은 PER(주가수익배수 = 주가/주당순이익), PSR(주가매출액배수 = 주가/주당매출액) 등을 이용해서 주가가 내재가치보다 낮은 주식을 탐색한다. 1달러짜리 자산을 1달러 미만에 사려고 하는 셈이다. 가치투자자들은 기업의 재무상태표를 신뢰하며, 주가가 결국은 내재가치에 도달할 것이라고 생각한다.

액티브 펀드 대부분은 두 가지 스타일을 뒤죽박죽 섞어서 사용하지만, 성공적인 펀드는 대개 하나만 명확하게 선택해서 사용한다. 뮤추얼펀드, 연기금, 개별 운용 계좌(Separately Managed Account: SMA) 대부분은 액티브 기법으로 운용된다.

전통적 액티브 기법 무용론

액티브 운용은 얼핏 타당해 보이지만 과거 성과를 보고 나면 생각이 달라진다. 액티브 펀드 대부분이 S&P500지수를 따라가지 못하기 때문이다. 단기적으로도 그렇고, 장기적으로도 그렇다. 그림 1.1은 10년 동안 S&P500지수를 능가한 액티브 펀드의 비율을 보여준다(모닝스타 데이터베이스). 2007년 이후에는 액티브 펀드의 성과가 매우 좋아 보이지만, 1991년 이후 전체 기간을 놓고 보면 S&P500지수를 능가한 것이 30%에 불과하다. 따라서 1991년 이후 10년 단위 수익률 기준으로는 액티브 펀드의 70%가 S&P500지수를 따라가지 못했다. 게다가 이 기간에 사라진 펀드들은 분석 대상에 포함되지 않았으므로, 이 분석에서는 액티브 펀드의 성과가 과대평가되었다.

그림 1.1. 10년 단위 실적이 S&P500 지수를 능가한 펀드의 비율(1991~2009년을 연 간격으로 10년씩 나누어 분석)

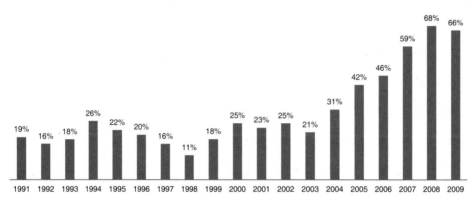

* 자료: 1991~1996년은 Morningstar OnDisc, 1997~2009년은 Morningstar Inc. 사용. 무단 전재와 무단 복제를 금함.

그 결과 지난 20년 동안 패시브 인덱스 투자indexing가 폭발적으로 증가했다. 사람들은 S&P500처럼 시장을 대표하는 광범위 지수에 투자하고서 그대로 내버려 두었다. 이들의 목표는 초과수익이 아니라 시장수익을 얻는 것이다. 이들은 기꺼이 초과수익을 포기하는 대신 안전하게 시장수익을 얻고자 했다. 1996년 이 책 초판이 출간된 이후 인덱스 방식으로 운용되는 자산의 규모가 계속 급증했다. 2009년 9월 21일 업계 전문지 〈펜션 앤드 인베스트먼트(Pensions & Investments)〉는 "2009년 6월 30일 현재 인덱스 투자자산 규모가 4.6조 달러에 이르렀다"라고 언급했다. 게다가 1996년 이후에는 ETF(주식처럼 상장되어 거래되는 인덱스펀드)의 인기도 폭발적으로 높아졌다. 투자자들이 더 체계적이고 원칙적인 투자 전략을 선호함에 따라 자산운용 업계에 이른바 대변혁이 일어난 것이다. 2010년 1월 23일 자 〈이코노미스트(The Economist)〉에

월가의 퀀트 투자 바이블

는 다음 기사가 실렸다. "자산운용사 블랙록Blackrock에 의하면 2009년 말 ETF 운용자산이 사상 처음으로 1조 달러에 도달했다. 1999년 말에는 400억 달러에 불과했다."

게다가 지난 10년 동안 저조한 주식 수익률에 실망한 기관들은 액티브 펀드의 비중을 줄이고 저비용 인덱스펀드의 비중을 늘릴 계획이다. 2009년 7월 7일 발간된 업계 전문지 〈펀드파이어(Fundfire)〉에는 다음 기사가 실렸다. "어제 보스턴컨설팅그룹 The Boston Consulting Group이 발표한 조사 결과에 의하면, 기관투자가들은 2007년 55%였던 주식의 비중을 2015년까지 35~45%로 낮출 전망이다."

무엇이 문제인가?

전통적인 액티브 펀드의 수익률이 시장 수익률에 못 미치는 현상에 학계는 전혀 놀라지 않는다. 시장은 효율적이어서 현재 주가에 모든 정보가 반영되어 있다고 믿기 때문이다. 이들은 주가 흐름이 랜덤워크(random walk: 무작위)여서 아무런 규칙이나 이유도 없다고 주장한다. 이들의 이론에 의하면, 애널리스트가 선정하는 종목 대신 원숭이가 다트를 던져 맞히는 종목을 선정하는 편이 낫다.

그러나 이 책의 장기 분석에서 나온 증거는 랜덤워크 이론을 반박한다. 증거는 주가 흐름이 랜덤워크가 아니라 의도적인 걸음이라고 밝힌다. 4판에서 46년분 데이터를 분석한 결과, 수익률 예측이 가능한 것으로 밝혀졌다. 4판에 포함된 CRSP 데이터에는 83년분 성과가 들어 있다. 게다가 수익률 예측은 1996년 이 책의 초판이 발간된 이후 계속 가능했다. 시장은 오랜 기간 여러 순환 주기에 걸쳐 어떤 특성(예컨대 저PER, 저PCR, 저PSR)에는 일관되게 보상하고, 어떤 특성(고PER, 고PCR, 고PSR)에는 일관되게 응징한다. 2007/10~2009/03 동안 S&P500지수가 고점에서 저점까지 51% 폭락하자 학계와 펀드매니저들은 시장 효율성 개념에 이의를 제기했다. 〈뉴욕 타임스(The New York Times)〉에는 다음과 같은 기사가 실렸다. "시장 전략가 제러미 그랜섬

Jeremy Grantham은 최근(2008~2009) 금융위기가 효율적 시장 가설 탓이라고 단호히 말했다. 효율적 시장 가설을 맹신한 금융계 리더들이 '금융자산 거품 붕괴 위험을 상습적으로 과소평가'했기 때문이라는 주장이다." 데이터를 자세히 분석해보면 주식시장은 항상 비슷한 패턴에 따라 거품 형성과 붕괴를 허용하는 피드백 고리 구조의 적응형 복잡계다. 이에 대해서는 행동재무학과 신경재무학neurofinance을 다루는 장에서 더 논의하고자 한다.

그래도 의문은 남는다. 과거 데이터 분석을 통해서 수익률 예측이 가능하다면, S&P500지수도 따라가지 못하는 펀드가 여전히 70%나 나오는 이유는 무엇인가? 좋은 투자 전략을 찾아낸다고 해서 항상 돈을 버는 것은 아니다. 좋은 투자 전략으로 좋은 성과를 얻으려면, 성과가 상대적으로 나쁘게 나올 때에도 그 전략을 계속해서 끈기 있게 유지할 수 있어야 한다. 이 책의 핵심 주제 중 하나는 어느 전략이나 벤치마크를 웃돌거나 밑도는 성과 순환 주기가 있다는 사실이다. 장기적으로 탁월한 성과를 얻는 열쇠는, 기저율base rate이나 성공률batting average이 높은 전략을 찾아내서, 성과가 상대적으로 저조할 때에도 이 전략을 끈질기게 유지하는 것이다. 이를 실행할 수 있는 사람은 드물다. 하지만 성공하는 투자자는 본성에 순응하지 않고 본성에 도전한다. 투자자 대부분은 주가의 단기 등락에 매우 감정적으로 반응한다. 내 전략을 실시간으로 따르는 사람들 중에는 성과가 몇 개월만 나빠도 "이 전략이 전에는 통했지만 이제는 통하지 않아"라고 말하는 사람이 많다. 과거를 돌아보면 요소가 역효과를 낸 사례도 많다. 대개 장기적으로 탁월한 성과를 내주던 요소가 끔찍한 성과를 내기도 한다. 장기간에 걸쳐 요소 수익률을 분석하는 작업이 평소에는 따분해 보이지만, 실제로 이 요소에 따라 투자하는 사람들은 성과가 달라지는 조짐이 보이면 깜짝 놀라 감정적으로 반응한다.

인간 본성 탓에, 사람들은 자신이 사는 시대는 독특해서 과거의 교훈이 이제는 소용없다고 믿는다. 세대가 바뀌어도 이런 관점이 계속 유지되었으므로 어느 세대나 과거의 교훈을 무시했고, 그 결과 이전 세대가 저지른 실수를 똑같이 되풀이했다.

다음 장에서 논의하겠지만 전통적 펀드의 성과가 부진한 것은 의사결정 체계에 근본적인 결함이 있기 때문이다. 이런 인간 본성 덕분에, 세월의 시험을 견뎌낸 합리적인 투자 전략을 일관되게 사용하는 사람은 상당한 초과수익을 얻을 수 있다.

1996년 초판 출간 이후, 이런 성과 이상 현상을 설명해주는 행동경제학 분야의 인기가 높아졌다. 사람들의 실제 투자 과정을 분석하는 새로운 패러다임에 대중의 관심이 집중된 것이다. 저서 《Behavioral Finance: Insights into Your Irrational Mind and the Market(행동재무학: 비합리적인 사고와 시장에 대한 통찰)》에서 제임스 몬티어James Montier는 다음과 같이 썼다.

지금은 논리보다도 감정이 지배하는 행동재무학의 시대여서, 시장 흐름이 재무상태표의 정보 못지않게 심리 요소에 좌우된다. 전통적 재무학 모형에는 치명적인 결함이 있다. 금융시장에 대한 예측이 터무니없이 빗나가기 때문이다. 이제 우리는 시장이 내재가치에서 벗어나는 원인을 파악해야 한다. 그 원인은 바로 인간의 행태다.

2장과 3장에서 행동경제학의 일부 원리를 살펴보겠지만, 전통적 경제학자들의 예측이 빗나가는 것은 주로 이들이 던지는 질문이 틀렸기 때문이라고 생각한다.

번지수가 틀렸다

전통적 펀드의 성과가 랜덤워크라는 사실은 전혀 놀랄 일이 아니다. 전통적 펀드 대부분은 과거 성과를 분석해도 미래 성과를 예측할 수 없다. 펀드매니저들의 행동에 일관성이 없기 때문이다. 행동에 일관성이 없으면 성과 예측은 당연히 불가능하다. 심지어 펀드매니저의 행동에 일관성이 있더라도 그가 교체되면 역시 성과 예측이 불가능해진다. 또한 펀드매니저의 투자 스타일이 바뀌어도 과거 성과로 미래 성과를 예측할 수 없다. 그러므로 지금까지의 학계 연구는 번지수가 틀린 셈이다. 시장은 탐욕과 희망과 공포에 지배당하는데도 학계는 시장이 합리적이고 완벽하다고 가정했다. 학계는 일관성 없이 성급하게 운용되는 펀드의 수익률을 S&P500 같은 패시브 포트폴리오의 수익률과 비교했다. 펀드매니저가 일관성 있게 사용하는 전략을 알지 못하면 과거 성과는 아무 소용이 없다.

전통적 펀드를 분석할 때에는 두 가지를 보아야 한다. 첫째는 사용하는 전략이고, 둘째는 펀드매니저가 그 전략을 제대로 실행할 능력이다. 차라리 S&P500 포트폴리오의 한 요소(즉 시가총액)를 다른 요소와 비교하는 편이 훨씬 더 타당하다.

인덱스 투자가 효과적인 이유

S&P500 인덱스 투자가 효과적인 것은 결함투성이 의사결정 과정에서 벗어나 대형주를 매수하는 단순한 전략을 자동으로 실행하기 때문이다. S&P500은 일관되게 대형주만 매수하는 단순한 전략으로 전통적 펀드 70%의 장기 성과를 능가했다. 그림 1.2는 S&P500과 대형주(컴퓨스탯 종목 중 시가총액이 평균을 초과하는 종목)의 수익률을 비교해서 보여준다. 이들 대형주는 시가총액 기준으로 컴퓨스탯 종목 중 상위 16% 안에 들어간다. 이렇게 선정한 종목에 똑같은 금액을 투자하는 동일비중 포트폴리오를 구성했다.

두 포트폴리오의 수익률은 거의 같다. 1926/12/31에 S&P500에 1만 달러를 투자했다면 2009/12/31에는 2,317만 1,851달러가 되어 연 수익률 9.78%가 나왔다. 같은 기간 대형주에 1만 달러를 투자했다면 2,161만 7,372달러가 되어 연 수익률 9.69%가 나왔다(둘 다 배당 재투자 가정). 두 전략은 수익률만 비슷한 것이 아니다. 표준편차로 측정한 위험도 거의 똑같다. S&P500은 연 수익률의 표준편차가 19.27%였고 대형주는 19.35%였다. 대형주 포트폴리오는 동일비중이고 S&P500은 시가총액가중이므로, 만일 대형주 포트폴리오를 시가총액가중 방식으로 구성했다면 결과는 더 비슷하게 나왔을 것이다.

그림 1.2. 수익률 비교(1926/12/31~2009/12/31)

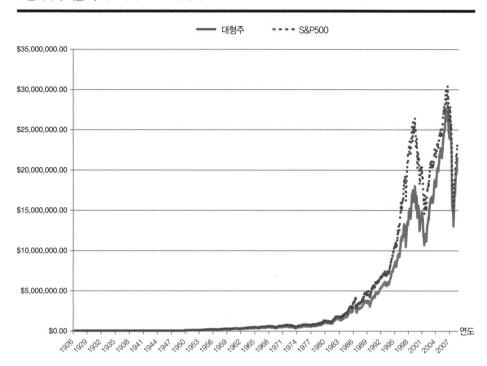

따라서 S&P500 수익률은 '시장 수익률'이라기보다는 이른바 '대형주 매수' 전략에서 나온 성과다. S&P500 방식이 이렇게 효과적인 것은 이 전략을 일관되게 유지하기 때문이다. S&P500은 어느 날 아침 일어나 "최근 소형주 성과가 좋았으니까 나는 이제 소형주 지수로 변신해야겠어"라고 말하지 않는다. 그리고 벤 버냉키^{Ben Bernanke}의 의회 증언을 보고 나서 "이크! 나는 오늘 S&P 현금 및 채권 지수로 변신해야겠어!"라고 말하는 법도 없다. S&P500은 대형주 매수 전략만을 초지일관 실행한다. 그래서 그토록 효과적인 것이다. S&P500이 전통적 펀드의 70%를 능가하는 것은 대형주 매수 전략에서 벗어나는 일이 절대 없기 때문이다. 공포감에 휩싸이지도 않고, 다시 생각하지도 않으며, 다른 지수가 더 좋은 성과를 내도 질투하지 않는다. 장기적으

로 성공하는 열쇠는 투자 전략을 변함없이 일관되게 유지하는 것이다.

그렇지만 S&P500은 수많은 패시브 전략 가운데 하나에 불과하다. 단지 대형주를 매수하는 패시브 전략일 뿐이다. 나중에 보겠지만 S&P500의 장기 성과는 평범한 수준에 불과해서, 우리가 다루는 모든 전략의 하위 30%에 포함되는 정도다. 장기적으로 S&P500보다 성과가 훨씬 나은 전략이 무수히 많다는 뜻이다. 대표적인 예 하나가 이른바 '다우의 개Dogs of the Dow'로서, 매년 다우지수에서 배당수익률이 가장 높은 10종목을 매수하는 전략이다. 다우지수 종목이 30개로 확대 개편된 1928년부터 2009년까지, 이 전략은 S&P500을 지속적으로 능가했다. 1900~2009년을 연(年) 간격으로 10년씩 나누어 분석했을 때, 72개 기간 중 5개 기간만 제외하고 다우의 개가 S&P500을 모두 앞섰다. 1928년 말 S&P500에 1만 달러를 투자했다면 2009년 말에는 1,170만 달러가 되어 연 수익률 9.12%가 나왔지만, 같은 기간 다우의 개에 같은 금액을 투자했다면 5,500만 달러가 되어 연 수익률 11.22%가 나왔다. 이렇게 우수한 전략이 이 책에 다수 등장한다.

성과 정밀 분석

고성능 컴퓨터와 (컴퓨스탯과 CRSP 데이터 등) 방대한 데이터베이스 덕분에, 수익률이 주로 포트폴리오를 구성하는 요소에 의해 결정된다는 사실이 입증되었다. 컴퓨터가 등장하기 전에는 각 포트폴리오가 실제로 추구하는 전략을 알아내기가 거의 불가능했다. 전략을 구성하는 요소(PER, 배당수익률 등)는 무수히 많지만 이들 요소와 수익률의 상관관계를 분석할 방법이 없었기 때문이다. 그래서 기껏해야 포트폴리오를 매우 개괄적으로 살펴보는 정도였다. 펀드매니저조차 자신이 운용하는 포트폴리오의 주요 특성을 파악하지 못해서 정성적 기준으로 막연하게 설명하는 경우가 많았다. 전통적 투자 기법들은 기업과 경영진에 대한 펀드매니저의 전망과 통찰에 크게 의

존했다. 나중에 보겠지만, 직관에 의지해서 운용하는 방식은 세월의 시험을 견뎌낸 전략을 일관되게 실행하는 방식을 절대 따라가지 못한다.

이제 컴퓨터 덕분에 분석이 가능해졌다. 이제는 포트폴리오의 구성 요소들을 신속하게 분석할 수 있으며 최상의 전략을 찾아낼 수 있다. 여러 요소를 결합해서 장기간에 걸쳐 시험할 수도 있으므로 각 전략의 미래 성과도 예상할 수 있다. '인간 본성'이라는 요소가 변하지 않았기 때문이다. 시장에서 인간들이 주가를 정하는 방식은 예나 지금이나 똑같다. 1907년의 공황, 1929년의 시장 붕괴, 1950년대와 1960년대의 강세장, 1970년대의 침체, 1980년대와 1990년대의 강세장, 1999년의 인터넷 거품, 2000~2002년과 2007~2009년의 약세장에서 모두 똑같았다.

이제 우리는 다양한 투자 전략에서 나온 장기 성과를 실증적으로 비교 분석할 수 있다. 나중에 보겠지만, 그 분석 결과는 우리 상식에 잘 부합한다. PCR, PSR, PER, EV/ EBITDA 등이 훨씬 저평가된 종목을 사는 전략이 고평가된 종목을 사는 전략보다 월등히 유리하다. 증권 분석의 창시자 벤저민 그레이엄Benjamin Graham도 요즘의 고성능 컴퓨터와 방대한 데이터베이스를 사용할 수 있었다면 1930년대에 이 사실을 입증할 수 있었을 것이다.

이런 비교 분석은 이 책 초판이 발간된 시점 이후 확산되고 있다. 이 책과 비슷한 방식으로 투자 전략의 장기 성과를 분석하는 펀드매니저가 많다. 그러나 이런 분석 방식에도 문제가 숨어 있다. 데이터 마이닝data mining 과정에서 발생하는 문제다. 수많은 전략을 시험하다 보면 지수를 압도하는 전략들을 발견할 수밖에 없다. 그래서 전략을 시험할 때에는 조건을 엄격하게 제한해야 한다. 일반적으로 말해서 전략은 직관적으로 타당해야 하며, (예컨대 저PER, 저PBR 등) 비슷한 변수에 대해서는 비슷한 결과가 나와야 하고, 전체 기간에 걸쳐 좋은 성과가 나와야 한다. 이에 대해서는 나중에 자세히 설명한다.

일관성 유지가 핵심

사례에서 보았듯이 시가총액이라는 단일 요소 모형을 사용하면 막강한(?) S&P500과 똑같은 성과를 얻게 된다. 그러나 포트폴리오의 요소를 S&P500과 매우 다르게 변경하면, 예컨대 PSR이나 배당수익률을 기준으로 포트폴리오를 구성하면 S&P500과 매우 다른 성과를 얻게 된다. S&P500 인덱스펀드는 시가총액이 큰 대형주에 일관되게 투자하도록 구성된 포트폴리오에 불과하다. 이런 체계적 투자는 액티브 운용과 패시브 운용을 혼합해 매매를 자동화한 기법이다. 일정 기준을 충족하는 종목이 나타나면 매수하거나 매도하는 식이다. 이 과정에 개인적·감정적 판단은 들어가지 않는다. 특정 전략을 지표로 삼아 포트폴리오를 구성하므로 액티브 운용과 패시브 운용의 장점을 결합하는 셈이다. 이 방식의 핵심은 일관성 유지다. 전통적 펀드매니저들은 대개 운에 좌우되는 복불복 기법을 사용한다. 그러나 이들은 일관성이 부족한 탓에, 일관성을 유지하는 매우 단순한 기법조차 따라가지 못한다.

대형 제조회사 주식으로 구성된 다우지수의 산출 방식이 1920년대에 변경되었다면 어떻게 되었을까? 종목을 30개에서 50개로 확대하면서 매년 저PBR 대형주를 선정하는 방식으로 변경했다면 지금 다우지수는 3배 이상 높아졌을 것이다!

일관성의 승리

나는 저서 《Invest Like the Best(최고 실력자처럼 투자하라)》에서, 일류 펀드매니저들의 공통점 하나가 일관성이라고 밝혔다. 이렇게 말하는 사람은 나뿐만이 아니다. 1970년대에 AT&T가 연기금 펀드매니저들을 대상으로 조사해서 밝혀낸 사실이 있다. 투자에 성공하려면 적어도 의사결정 과정이 체계적이어서 쉽게 설명할 수 있어야 하며, 명시된 투자철학을 일관되게 유지해야 한다는 사실이다. 윈저 펀드Windsor Fund를 운용한 존 네프John Neff와 마젤란 펀드Magellan Fund를 운용한 피터 린치Peter Lynch는 자신의 투자 전략을 철저하게 고수한 덕분에 전설적인 투자가가 되었다. 대공황을 제외하고 주가가 가장 가파르게 폭락한 2007/10~2009/02 기간에 수많은 투자자가 자신의 투자 전략을 포기했다. 이 때문에 장기 성과가 크게 손상되었을 것이다. 시장이 폭락할 때 냉정을 유지하기는 거의 불가능하다. 그러나 세월의 시험을 견뎌낸 전략을 일관되게 유지하는 것이 장기적으로 초과수익을 얻는 유일한 방법이다.

정형 포트폴리오의 실례

장기간 기존 전략을 유지하는 펀드는 매우 드물다. 1990년대 말의 기술주 거품 같은 사건이 발생하면 골수 가치투자 펀드매니저들도 성장주를 슬그머니 포트폴리오에 담는다. 그리고 2007~2009년처럼 주가가 폭락하면 충직한 장기 투자 옹호자들도 패배를 인정하고 현금 비중을 늘리면서 반등 시점을 기다린다.

그러나 기존 투자 전략을 충실하게 고수한 펀드도 있다. ING 업종 선도주 신탁(ING Corporate Leaders Trust, 종목 코드: LEXCX)이다. 그 정형 포트폴리오structured portfolio의 대표적인 사례가 단위형 투자신탁unit investment trust 형태라는 점이 이례적이다. 대공황의 골이 깊던 1935년에 설정된 이 신탁 상품은 각 업종을 선도하는 30종목을 보유하도록 구성되었다. 동일수량비중 방식이므로 각 종목의 보유 수량이 (주가에 상관없이) 똑같다. 1935년 9월 이후 합병 등으로 사라진 기업이 9개이므로 현재 보유 종목은 21개에 불과하다. 엑슨모빌Exxon Mobil, 프록터 앤드 갬블Procter & Gamble, AT&T, GE, 다우케미컬Dow Chemical 등 모두 친숙한 기업이다. 단일 요소 포트폴리오인데도 죽여주는 성과다. 1935년 이후 성과가 대다수 전통적 펀드는 물론 S&P500지수와 대형 가치주 펀드들마저 압도한다. 모닝스타닷컴Morningstar.com 데이터에 의하면 S&P500지수와 모닝스타 대형 가치주 펀드 평균보다 수익률이 훨씬 높았다. 2010년 3월 말 기준 과거 5년 수익률이 S&P500보다 1.17% 높았고 모닝스타 대형 가치주 펀드 평균보다 2.02% 높았다. 이 5년 성과는 모닝스타 대형 가치주 펀드들 중 상위 15%에 해당한다. 10년 성과 역시 막강하다. 2010년 3월 말 기준 과거 10년 수익률이 S&P500보다 5.66% 높았고 모닝스타 대형 가치주 펀드 평균보다 2.66% 높았다. 15년 성과는 S&P500보다 1.05% 높았고 모닝스타 대형 가치주 펀드 평균보다 1.68% 높아서 동종 펀드들 중 상위 18%에 해당한다. 1935년 이래로 이 펀드는 운용 규정에서 포트폴리오 리밸런싱을 허용하지 않았으므로 업종 선도주 성장의 과실을 고스란히 수확할 수 있었다. 이런 펀드가 또 설정되어 마이크로소프트와 인텔 같은 업종 선도주를 보유했다면 성과가 어떠했을지 상상해보기 바란다!

인간 본성에 압도당하다

'아는 것'과 '행동하는 것'은 전혀 다르다. 괴테Johann Wolfgang von Goethe는 말했다. "관념의 세계에서는 만사가 열정에 좌우되지만, 현실 세계에서는 만사가 인내심에 좌우된다." 어떻게 해야 하는지를 우리가 머리로는 이해할지 몰라도 흔히 인간 본성에 압도당하는 탓에 강렬한 감정에 휘둘려 판단을 그르치기 십상이다. 누군가 구소련 공산당 서기장 미하일 고르바초프Mikhail Gorbachev에게 판단력을 어떻게 개선했는지 물었다. 그는 다음과 같이 대답했다. "당신의 질문은 추상적이어서 탁상공론에 불과합니다. 인민에게 그런 추상적인 삶은 넘볼 수 없는 사치입니다. 인민이 실제로 사는 세상은 극단적으로 감정적인 세상입니다." 2008~2009년 주가 폭락기에 '극단적인' 공포를 몸소 체험해본 사람들은 자신의 행동을 돌아보면 이 말을 충분히 이해할 수 있다. 우리 문제가 시작되는 현실 세계는 극단적으로 감정이 지배하는 세계다. 이제부터 그 이유를 살펴보자.

02

전문가는 탁월한 성과를
가로막는 걸림돌

진실은 대개 불편하고 따분하다.
사람의 마음은 더 재미있고 매력적인 것에 끌린다.

| 헨리 루이스 멘켄 | H. L. Mencken, 미국 평론가

판단 오류는 월스트리트 사람들은 물론 누구나 저지르는 실수다. 회계사는 기업의 신용도에 대해 의견을 제시해야 한다. 대학원 입학사정관은 지원자들 중에서 신입생을 선발해야 한다. 정신과 의사는 환자가 신경증인지 정신병인지 진단해야 한다. 의사는 환자가 간암인지 아닌지 진단해야 한다. 그리고 마권(馬券)업자는 경주마의 수준에 따라 핸디캡을 조절해야 한다.

이런 활동에서는 전문가가 결과를 예측한다. 모두 일상적으로 벌어지는 일들이다. 일반적으로 예측하는 방식은 두 가지다. 가장 흔한 방식은 주로 자신의 지식, 경험, 상식을 바탕으로 다양한 결과를 상상해서 예측하는 이른바 '직관적intuitive' 기법이다. 전통적 액티브 펀드를 운용하는 펀드매니저 대부분이 사용하는 기법이다. 애널리스트는 흔히 기업의 재무제표를 분석하고, 경영진과 면담하며, 고객과 경쟁자들과 대화하고 나서 기업의 건전성과 성장 잠재력을 예측한다. 입학사정관들은 대개 지원자의 학부 학점과 인터뷰 등 다양한 자료를 이용해서 신입생을 선발한다. 이런 예측은 주로 당사자의 직관에 좌우된다. 수많은 심리학 연구에 의하면, 사람들은 방대한 데이터에 직면하면 머릿속으로 일종의 지름길을 만들어낸다. 이 지름길이 이른바 어림셈법heuristics으로서, 복잡한 의사결정에 직면하면 사람들이 직관에 의지해서 손쉽게 판단하는 방식이다.

두 번째 예측 방식은 정량quantitative 기법으로서, 주관적 판단이나 어림셈에 의지하지 않는 기법이다. 데이터와 결과 사이의 실증적 관계만을 이용해서 판단한다. 체계적으로 평가해서 통합한 대규모 데이터로 입증된 관계만 이용한다는 말이다. 1장에서 논의한 정형 포트폴리오의 종목 선정 과정과 비슷하다. 입학사정관은 학부 학점과 대학원 학업 성취도 사이의 상관관계가 높다는 사실을 이용해서, 학부 학점을 기준으로 신입생을 선발할 수도 있다. 펀드매니저는 50년 이상 실증적으로 효과가 입증된 종목 선정 기법을 이용할 수도 있다. 거의 모든 사례에서 사람들은 정성적·직관적 기법을 선호한다. 그래서 거의 모든 사례에서 판단을 그르친다.

인간의 판단력 부족

심리학 교수 데이비드 파우스트David Faust는 혁신적인 저서《The Limits of Scientific Reasoning(과학적 추론의 한계)》에서 이렇게 말했다. "인간의 판단력은 우리가 생각하는 것보다 훨씬 부족하다. 우리는 복잡한 정보를 관리하거나 이해하는 능력이 놀라울 정도로 부족하다." 의사 등 다양한 전문가를 분석한 그는 인간의 판단이 단순한 정량 모형에 일관되게 뒤처진다는 사실을 발견했다. 전통적 액티브 펀드매니저처럼 대부분 전문가들도 세월의 시험을 견뎌낸 공식을 일관되게 실행하는 방식을 따라가지 못한다.

심리학자 폴 밀Paul Meehl은 1954년 연구 'Clinical versus Statistical Prediction: A Theoretical Analysis and Review of the Evidence(임상 예측과 통계 예측: 이론 분석과 증거 검토)'에서 최초로 임상 예측(직관적 예측과 유사)과 통계 예측을 종합적으로 분석했다. 그는 세 분야(학업 성취도, 전기충격 치료 효과, 상습적 범행)에 걸쳐 20가지 연구에서 임상 예측과 통계 예측을 비교 분석했다. 분석에 의하면 단순 통계 예측이 인간의 판단을 앞섰다. 예컨대 학업 성취도 예측에서는 고등학교 성적과 SAT 등 대학수능 시험 점수를 이용하는 모형이 대학 입학사정관들의 판단을 능가했다. 심리학자 로빈 도스Robyn Dawes도 저서《House of Cards: Psychology and Psychotherapy Built on Myth(사상누각: 미신 위에 쌓아 올린 심리학과 심리 치료)》에서 같은 이야기를 한다. 그는 두 예측 기법의 비교 분석 45건을 조사한 잭 소여Jack Sawyer를 언급하면서, (사람들 대부분이 선호하는) 직관적 기법이 앞선 적은 한 번도 없었다고 밝혔다. 일부 사례에서는 더 많은 정보는 물론 통계 모형의 예측 결과까지 제공했는데도 인간의 판단이 여전히 통계 예측을 따라가지 못했다!

심리학자 루이스 골드버그L. R. Goldberg는 한 단계 더 들어갔다. 그는 신경증과 정신병 구분에 널리 사용되는 미네소타 다면적 인성검사(Minnesota Multiphasic Personality

Inventory: MMPI) 데이터를 기반으로 단순한 모형을 개발했다. 이 모형은 적중률이 70%였다. 그러나 전문가들의 적중률은 67%가 최고 기록이었다. 그는 훈련을 통해서 판단력이 개선될지도 모른다고 생각하고 MMPI 데이터 300개로 구성된 훈련 자료를 전문가들에게 제공했고, 이들의 예측에 대해 즉각적으로 피드백까지 제공했다. 하지만 훈련을 받은 뒤에도 적중률 70%를 달성한 전문가는 아무도 없었다.

무엇이 문제인가?

문제는 인간의 통찰력 부족이 아닌 듯하다. 암의 일종인 호지킨병 환자의 생존 기간 예측 적중률을 분석했을 때에도 단순한 통계 모형의 적중률이 전문가인 병리학자들의 적중률보다 훨씬 높았다. 이 모형은 전문가들이 사용한다고 말한 기준을 똑같이 사용했는데도 말이다. 전문가들은 기준이 제공하는 예측력을 제대로 이용하지 못했다는 뜻이다. 결국 문제는 통찰력 부족이 아니라 전문가들 자신에게 있다고 보아야 한다.

모형이 인간을 앞서는 이유

월트 켈리Walt Kelly의 만화에 등장하는 인물 포고Pogo가 말했다. "우리는 적을 만났다. 적은 바로 우리 자신이다." 인간의 딜레마를 예리하게 설명해주는 말이다. 모형이 전문가를 앞서는 것은 항상 똑같은 기준을 일관되게 적용하기 때문이다. 모형은 절대 변덕을 부리지 않는다. 언제나 변함이 없다. 절대 침울해하지 않고, 배우자와 다투지도 않으며, 숙취에 시달리지 않고, 지루해하지도 않는다. 방대한 통계 데이터보다 생생하고 흥미로운 이야기를 선호하는 일도 없다. 어떤 일에 기분 나빠 하지도 않는다. 자존심도 없다. 뭔가를 입증하려고 애쓰지도 않는다. 만일 이런 사람들이 있다면 분위기가 순식간에 썰렁해질 것이다.

반면 인간은 훨씬 더 흥미로운 존재다. 방대한 통계 데이터를 냉정하게 분석하는 대신 감정적으로 반응하거나 기분 나빠 한다. 그래서 훨씬 더 재미있다. 얼마 안 되는 개인 경험을 대충 엮어서 일반화를 시도한다. 인간은 모순덩어리다. 그래서 흥미롭기는 하지만 투자는 엉망이 되고 만다. 앞에서 언급한 입학사정관, 의사, 회계사와 마찬가지로 펀드매니저들도 직관적 기법을 선호한다. 이들 모두 기업을 분석하고, 경영진과 면담하며, 고객과 경쟁자들과 대화하고, 과거 추세를 검토하며, 미래를 예측한다. 펀드매니저 대부분은 자신의 종목 선정 능력이 뛰어나다고 생각하지만 이들 중 70%는 S&P500지수도 따라가지 못한다. 이들은 자신이 뛰어나다는 자기 과신에 희생되고 만다. 지난 60년 동안 실행된 거의 모든 연구에서, 방대한 데이터를 이용한 단순한 통계 모형이 전통적 액티브 펀드매니저를 앞선 것으로 밝혀졌다. 그런데도 펀드매니저들은 이 사실을 받아들이지 않고 자신만은 예외라는 믿음을 고수한다.

사람들은 누구나 자신이 평균 이상이라고 믿는 듯하다. 그러나 통계적으로 옳을 수 없는 생각이다. 자신의 운전 능력을 평가하는 조사에서 거의 모든 응답자가 자신이 상위 10~20%에 속한다고 답했다. 노련한 전문가라면 이런 실수를 저지르지 않을 것이라고 생각하기 쉽다. 옥스퍼드대 교수 닉 보스트롬Nick Bostrom은 논문 'Existential Risk: Analyzing Human Extinction Scenarios and Related Hazards(멸종 위험: 인간 멸종 시나리오와 관련 위험 분석)'에서 이렇게 발혔다. "고학력자들에게도 편향이 있는 듯하다. 한 조사에 의하면 사회학자 거의 절반이 자신은 이 분야에서 10위 안에 드는 학자가 될 것이라고 믿었으며, 94%는 이 분야에서 자신의 능력이 평균 이상이라고 생각했다."

노벨상을 받은 대니얼 카너먼Daniel Kahneman은 1998년 논문 'The Psychology of the Nonprofessional Investor(아마추어 투자자의 심리)'에서 이렇게 말했다. "판단과 의사결정 편향은 '인지 착각cognitive illusion'이라고도 부른다. '착시visual illusion'와 마찬가지

로 직관적 추론에서 발생하는 실수는 제거하기가 어렵다. 단지 착각에 대해 배우는 것만으로는 제거되지 않는다." 투자자 대다수는 과신과 낙관이 지나쳐서 자신에게 통제력이 있다고 착각하기 쉽다고 카너먼은 말한다. 그리고 투자자들이 착각을 바로잡기가 그토록 어려운 것은 '후견지명 편향hindsight bias' 때문이라고 지적하면서 이렇게 말한다. "심리학 연구에서 사람들은 '사건 발생 전'에 생각했던 그 사건의 발생 확률을 '사건 발생 후'에는 거의 기억하지 못하는 것으로 밝혀졌다. 사람들 대부분은 자신이 사건 발생 확률을 높게 추정했다고 착각한다. 후견지명 탓에, 정통한 전문가들도 예상하지 못했던 사건이 실제로 발생하면 그 사건은 발생이 거의 필연적이었던 것처럼 착각한다."

카너먼의 말을 믿기 어렵다면, 2000년 초 나스닥 붕괴를 예측한 전문가의 숫자와, 붕괴 이후 붕괴가 필연적이었다고 주장한 전문가의 숫자를 비교해보라. 아니면 도서관에 가서 경제 전문지에서 2007년 여름 이후 기사를 살펴보라. 부동산 및 자금 시장 붕괴와 대공황 이후 최악의 주가 폭락이 임박했다는 경고가 줄을 잇던가? 2008년 1월 1일 월스트리트의 최고 애널리스트, 이코노미스트, 시장 예측 전문가, 종목 선정 전문가, 펀드매니저들로 구성된 패널은 2년 안에 베어스턴스Bear Stearns가 뱅크런bank run 탓에 JP모간JP Morgan에 헐값에 매각된다고 예측하던가? 업력이 156년인 리먼 브라더스Lehman Brothers가 파산한다고 예측하던가? 막강하던 메릴 린치Merrill Lynch가 파산을 모면하려고 뱅크 오브 아메리카Bank of America에 매각된다고 예측하던가? 투자은행들의 제왕 골드만삭스Goldman Sachs와 모건스탠리Morgan Stanley가 평범한 은행을 자처하게 된다고 예측하던가? 아무리 열심히 뒤지더라도 그런 기사는 찾지 못할 것이다. 사건이 발생한 뒤에야 수많은 책, 논문, 기사에서 붕괴가 필연적이었다는 주장이 줄을 잇는다. 이것이 바로 후견지명 편향이다.

심지어 정량 기법을 사용하는 투자자들도 인간 본성 앞에 무릎을 꿇는다. 2004년 9월 16일 자 〈월스트리트 저널(The Wall Street Journal)〉에 제프 옵다이크Jeff D. Opdyke와 제인 킴Jane J. Kim이 'A Winning Stock Pickers Losing Fund(종목 선정 전문 기관의 펀드

운용 실패)'라는 기사를 실었다. 밸류라인 인베스트먼트 서베이Value Line Investment Survey는 일류 종목 선정 서비스 회사로서 장기간 훌륭한 성과를 기록하고 있었다. 기사에서 는 이렇게 언급했다. "역설적이게도 밸류라인 서비스를 제공받는 펀드는 성과가 형 편없었다. 밸류라인의 분석에 의하면, 지난 5년 동안 이 회사의 조언에 따라 주식을 매매했다면 투자자들의 누적 수익률은 76%에 육박했을 것이다. 이 기간에는 30년 만의 최악의 약세장도 포함되어 있다. 반면 1950년에 설정된 밸류라인 펀드는 같은 기간 누적 수익률 -19%를 기록했다. 이는 주로 밸류라인이 제공하는 주간 투자 조언 을 충실하게 따르지 않았기 때문이다." 다시 말해서 펀드매니저들은 자신이 정량 기 법을 능가할 수 있다고 생각해 밸류라인의 투자 조언을 무시한 것이다. 다른 폐쇄형 펀드인 퍼스트 트러스트 밸류라인 펀드First Trust Value Line Fund는 이 조언을 충실히 따른 덕분에 양호한 수익률을 기록 중이라고 기사는 전한다.

기저율은 따분하다

투자자들도 인간 본성에 압도당한다. 이들은 의사결정에 일관성이 부족한 탓에, 똑 같은 종목인데도 때에 따라 포트폴리오에 포함하기도 하고 제외하기도 한다. 방대 한 통계 데이터보다 생생하고 흥미로운 이야기를 선호하므로 의사결정에 늘 오류가 발생한다. 기저율이 대표적인 사례다. 예를 들어 어떤 도시의 인구가 10만 명인데 7만 명이 변호사이고 3만 명이 엔지니어라면 변호사의 기저율은 70%다. 주식시장 에서는 예컨대 고배당주 같은 특정 종목군에서 장기간에 걸쳐 나온 수익률이 기저 율에 해당한다. 이 책의 초판이 발간된 1996년 이후 다양한 요소의 기저율은 여전히 유지되고 있다. 그러나 기저율이 개별 종목의 수익률까지 알려주지는 않는다는 사 실을 명심하기 바란다. 단지 고배당주 전체의 수익률을 알려줄 뿐이다.

대부분 통계 예측에서는 기저율을 이용한다. 예컨대 학부 평균 학점이 3.5 이상인 학생 중 75%는 대학원에서도 좋은 성적을 유지한다. 흡연자는 암 발병 확률이 2배다. 보험 통계표에 의하면 70세 미국인의 기대여명은 13.5년이다. 1964~2009년을 10년 단위로 수익률을 분석했을 때, 저PER주의 수익률이 지수보다 높은 경우가 99%였다. 최고의 예측 방법은 대규모 표본에서 나온 기저율을 따라가는 것이다. 그런데도 수많은 연구에 의하면 다른 정보가 없을 때에만 기저율을 이용하는 사람이 많다. 예를 들어 100명 중 70명이 변호사이고 30명이 엔지니어인 표본이 있다고 가정하자. 추가 정보를 제공하지 않은 상태에서 무작위로 선정한 10명의 직업을 추측해보라고 하면, 사람들은 기저율을 이용해서 10명 모두 변호사라고 대답한다.

그러나 예컨대 "딕은 동료들 사이에서 인기가 높고 의욕이 넘치는 30세 기혼남이다" 같은 쓸모없는 추가 정보를 제공하면, 사람들은 대개 기저율을 무시하고 자신의 직관에 의지한다. 전혀 의미 없는 추가 정보인데도 자신의 통찰력을 이용하면 더 정확하게 예측할 수 있다고 확신한다. 사람들은 객관적 통계 데이터보다 설명 정보를 선호한다. 이해하기 쉽기 때문이다. 예컨대 "딕은 30세 기혼남으로서, 정치나 사회 문제에는 무관심하고, 여가 시간에 목공과 수학 퍼즐 등 다양한 취미를 즐긴다" 같은 상투적인 추가 정보를 제공하면, 사람들은 기저율을 완전히 무시하고 딕이 엔지니어라고 추측한다. 이런 편향은 다양한 주제에 관한 수많은 실험에서 거듭 드러났다. 사람들은 특별한 경우가 아니면 항상 자신의 경험과 직관을 바탕으로 예측한다.

이런 편향에 대해 사람들을 비난만 할 수는 없다. 기저율은 따분한 반면 경험은 생생하고 재미있기 때문이다. 그래서 굉장한 스토리가 있을 때는 PER 100배 주식을 사는 사람들도 있다. 1964~2009년 동안 10년 단위로 수익률을 분석했을 때, 고PER주의 수익률이 지수보다 높은 경우가 1% 미만이었다는 사실마저 완전히 무시한다. 스토리가 너무도 흥미진진해서 기저율 따위는 기꺼이 내던져 버린다.

개별 종목과 종목군

사람들은 인간 본성 탓에, 방대한 표본에서 나온 통계 대신 개별 사례에서 나온 구체적인 정보에 집착한다. 그래서 종목군보다 개별 종목에 흥미를 느낀다. 표본의 규모는 관심사가 아니다. 스탈린Iosif Stalin은 차갑게 말했다. "1명이 죽으면 비극이지만 100만 명이 죽으면 통계다." 사람들 대부분은 투자할 때에도 종목군은 보지 않고 항상 개별 종목만 들여다본다. 한 종목의 스토리가 흥미진진하면 관련 종목군의 기저율은 기꺼이 무시한다.

보험사가 사례별로 보험료를 책정한다고 가정해보자. 보험설계사는 고객을 방문해서 배우자와 자녀들을 확인하고서 자신의 직관에 의존해서 보험료를 산정할 것이다. 그러면 과도하게 산정한 탓에 막대한 보험료 수입을 놓칠 수도 있고, 반대로 과소하게 산정한 탓에 과도한 보험금을 지급할 수도 있다. 보험통계표를 무시하고 자신의 직관에 의존해서 보험료를 산정하면, 우량 고객을 놓쳐 보험료 수입이 감소할수도 있고, 불량 고객을 받아 보험금 지급이 증가할 수도 있다는 말이다. 보험사들이 수익성을 유지하는 것은 오로지 보험통계표를 기준으로 삼아 보험료를 산정하기 때문이다. 보험통계표는 체중, 가족 병력, 혈액 검사, 혈압, 흡연과 음주 습관, 보험 가입 경력 등 방대한 데이터베이스로 구성되는 사망 통계를 이용해서 개발된다.

보험통계표를 보면 고객군의 중심경향치central tendency를 알 수 있다. 예컨대 심장병이나 암에 걸렸던 가족이 없고, 흡연과 과음을 하지 않으며, 혈압이 정상이고, 혈액 검사에서도 이상이 없는 33세 고객이라면, 낮은 보험료로 생명보험에 가입할 수 있다. 왜 그럴까? 보험통계표를 보면 이런 고객이 곧 사망할 확률은 매우 낮기 때문이다. 그렇다면 이런 33세 고객은 모두 보험사에 돈을 벌어줄까? 그렇지 않다. 이례적인 사고로 젊고 건강한 사람이 죽는 사고도 드물게 발생하기 때문이다. 그러나 대다수는 장기간 생존해 보험사에 돈을 벌어준다.

사람들이 종목군 대신 개별 종목에 투자할 때에도 똑같은 현상이 나타난다. 개별 종목을 선정하는 과정에서 거의 예외 없이 감정이 개입되므로 수익률이 엉망이 된다. 개별 종목 선정이 매우 자연스럽고 일반적인 방식이긴 하지만 매우 위험하다는 말이다. 이 책 초판 발행 이후 13년 동안 나는 이 분석 결과를 수백 번 발표했다. 내가 저PSR 종목의 수익률이 고PSR 종목보다 훨씬 높다고 말할 때마다 사람들은 항상 고개를 끄덕였다. 매출 대비 주가가 낮아야 유리하다는 말은 직관적으로 이해할 수 있었기 때문이다. 그러나 내가 이런 기준을 충족하는 종목 일부를 열거하자 사람들의 태도가 눈에 띄게 달라졌다. 사람들은 손을 들면서 말했다. "정말 형편없는 종목입니다." "내가 혐오하는 업종이네요." 감정을 억제해야 한다고 의식하고 있어도 실제로 억제하기는 매우 어렵다.

자신의 경험을 중시

사람들은 객관적 기저율보다 자신의 경험에 더 의존한다. 대표적인 사례가 1972년 대통령 선거 운동이다. 조지 맥거번George McGovern 후보의 선거 유세 여행에 동참한 기자들은 그가 10% 넘는 차이로 패배할 리가 없다고 한목소리로 주장했다. 여론 조사에서는 그가 20% 이상 뒤처졌고, 지난 24년 동안 주요 여론 조사의 오차는 3%를 넘은 적이 없었는데도 말이다. 똑똑한 기자들조차 자신의 경험에 압도당해서 기저율을 무시한 것이다. 기자들은 수많은 지지자의 열정을 두 눈으로 보고 나서 자신의 직관을 믿었기 때문이다. 마찬가지로 기업을 방문해서 경영진에게 생생한 스토리를 듣고 깊은 인상을 받은 애널리스트는 기업에 불리한 통계 정보를 무시하기 쉽다. 사회과학 용어로 표현하면 스토리는 생생하기 때문에 과대평가하고 통계는 따분하기 때문에 과소평가하는 행위다.

투자자들도 항상 자신의 경험에 더 의존한다. 그러나 이런 방식은 재난을 부를 수 있다. 동료 펀드매니저에게 들은 사례를 소개하겠다. 2001년 투자 학회에서 엔론 Enron 주식을 대량으로 보유한 어떤 펀드매니저가 엔론의 현황에 관한 질문을 반복해서 받았다. 2000년 8월 90달러로 고가를 기록했던 엔론 주식이 40달러 중반으로 하락하자 엔론을 어떻게 전망하는지 펀드매니저에게 물은 것이다. 그는 엔론에 아무 이상 없는 것 같다고 대답했다. 실제로 그는 최근 엔론 최고재무책임자의 집에서 열린 바비큐 파티에 참석했었고, 거기서 엔론 경영진에게서 모든 일이 잘 풀리고 있다는 말을 들었다. 그는 경영진의 설명을 듣고 걱정이 사라져서 엔론 주식을 더 매수했다는 말도 덧붙였다. 그러나 2001년 말 엔론은 파산보호신청을 했고 주가는 1달러로 폭락했다. 이 펀드매니저는 생생한 스토리에 의존한 탓에 사실을 보지 못해 판단을 그르치고 말았다. 이후 엔론 경영진 다수는 증권 사기와 부정행위에 대해 유죄를 인정했다.

이와 비슷한 사례는 많다. 바턴 비그스Barton Biggs는 저서 《Wealth, War and Wisdom(부, 전쟁, 지혜)》에서, 이른바 전문가들의 직관적 예측은 적중률이 절반에도 못 미치는 사례가 많다고 지적하면서 "다중확률 문제에서는 전문가들의 적중률이 다트 던지는 원숭이보다도 낮다"라고 말했다. 그는 장기간에 걸쳐 전문가 284명이 발표한 예측 8만 2,361건을 분석했으므로 방대한 표본을 이용한 연구였다. 이런 오류 대부분은 직관적·감정적 어림셈에서 비롯된다고 이 책은 결론지었다. 이렇게 말하는 사람은 또 있다. 제임스 몬티어는 저서 《100% 가치투자(Value Investing: Tools and Techniques for Intelligent Investment)》에서 말했다. "내가 반복해서 연구하는 주제 하나는 우리에게 예측 능력이 없다는 점이다. 우리에게 예측 능력이 있다는 증거는 티끌만큼도 발견되지 않았다. 물론 그렇다고 해서 모두가 예측을 중단해야 한다는 말은 아니다. 작년 우리 퀀트 팀의 루이 앤턴스Rui Anturnes는 애널리스트들의 단기 예측 능력을 분석했다. 결과는 참혹했다. 평균 24개월 예측은 실패율이 약 94%였고, 평균 12개월 예측은 약 45%였다."

필립 테틀록Philip Tetlock은 저서 《Expert Political Judgment(전문가의 정치적 판단)》에

서 말했다. "사람들의 속마음은 결정론적 사고여서 오류 가능성을 수용하는 확률적 사고를 싫어하는 탓에 성과가 부진해진다." 다시 말해서 오류 가능성을 항상 인정하면서 기저율을 따라야 합리적인데도 사람들은 직관에 의존하는 탓에 오류를 저지르게 된다.

애널리스트들은 자신이 만난 경영진의 능력을 평가하고 나면 자신의 예측을 훨씬 더 확신한다는 말이 있다. 일부 애널리스트는 심지어 예측이 틀린 것으로 밝혀진 뒤에도 자신의 견해를 고수한다. 흔히 사람들은 자신의 최근 경험을 근거로 직관적으로 투자를 결정한다. 1990년대 말을 생각해보자. 당시 뜨는 종목은 기술주와 대형 성장주뿐이었다. 사람들이 자신의 최근 경험을 돌아보면 이제 '새 시대'가 열렸고 이번에는 다르므로, 과거를 완전히 무시하고 전진해야만 성과를 얻을 수 있었다. 사람들 대부분은 2000년 주가가 폭락한 뒤에도 이런 믿음을 고수했다. 조만간 주가가 반등할 것이라고 확신했기 때문이다. 이 불운한 직관적 투자자들은 이후 2.5년 동안 몸소 '새로운 경험'을 하고 나서야 이번에도 다르지 않다는 사실을 깨달았다. 2008~2009년 주가 폭락 뒤에는 사람들이 다른 주장에 속아 넘어갔다. 2009년 3월 약세장 저점이 이제는 '뉴 노멀(new normal: 새로운 정상 상태)'이라는 주장을 사람들이 수용하기 시작했다. 뉴 노멀 지지자들은 앞으로는 수익률이 낮을 수밖에 없으므로 또다시 과거를 무시하고 최근 시장 상황을 따라가야 한다고 믿는다. 그러나 몇 년 뒤에는 이 주장 역시 틀렸다고 밝혀질 것으로 나는 믿는다. 그런데도 사람들은 자신의 예측을 여전히 과신한다.

단순한 기법과 복잡한 기법

사람들은 단순한 기법보다 복잡한 기법을 선호한다. 지극히 복잡한 변수들을 정확하게 분석하고 판단해야 투자에 성공할 수 있다고 확신한다. 알렉스 바벨라스Alex

Bavelas 교수는 매우 흥미로운 실험을 설계했다. 두 피험자 스미스와 존스는 각각 별도의 프로젝션 스크린을 바라보게 하고, 서로 소통하지 못하게 했다. 그리고 이 실험의 목적은 '건강한 세포와 병든 세포를 구분하는 방법 학습'이라고 설명해주었다. 이들은 시행착오를 통해서 두 세포를 구분하는 방법을 학습해야 한다고 말해주었다. 두 사람의 앞에는 각각 '건강한 세포'와 '병든 세포'라고 적힌 버튼이 있었고, '정답'과 '오답'이라고 적힌 표시등도 있었다. 스크린에 세포가 나오면, 이들은 그 세포가 건강한지 병들었는지 추측해서 해당 버튼을 눌렀다. 그러면 정답 표시등이나 오답 표시등에 불이 들어오면서 추측에 대한 피드백을 받았다.

그런데 정확한 피드백을 받은 사람은 스미스뿐이었다. 스미스는 추측이 적중하면 정답 표시등에 불이 들어왔고, 추측이 빗나가면 오답 표시등에 불이 들어왔다. 실제로 구분법은 단순했으므로, 정확한 피드백을 받은 스미스의 적중률은 곧 80% 수준에 도달했다.

그러나 존스의 상황은 전혀 달랐다. 그는 자신의 추측에 대한 피드백이 아니라, 스미스의 추측에 대한 피드백을 받았다. 존스는 스미스의 추측이 적중하면 정답 표시등에 불이 들어왔고, 스미스의 추측이 빗나가면 오답 표시등에 불이 들어왔다. 물론 존스는 이 사실을 알지 못했다. 단지 두 세포를 구분하는 원칙이 존재하므로 피드백을 통해서 발견할 수 있다는 말만 들었다. 그는 잘못된 피드백을 이용해서 원칙을 찾아야 하는 상황이었다.

1차 실험이 끝나자, 실험자는 두 피험자에게 자신이 사용한 구분 원칙을 설명하라고 말했다. 정확한 피드백을 받은 스미스는 자신의 원칙을 간단명료하게 설명했다. 반면 존스는 자신의 원칙을 쓸데없이 복잡하고도 장황하게 설명했는데, 그가 추측하는 근거에 모순점이 많았다.

놀랍게도 스미스는 존스의 설명이 터무니없거나 불필요하게 복잡하다고 생각하지 않았다. 존스의 복잡한 기법이 탁월하다는 인상을 받았으며, 자신의 기법은 단순하고 평범해서 열등하다고 생각했다. 존스의 설명이 더 복잡하고 화려할수록, 스미

월가의 퀀트 투자 바이블

스에게는 더 설득력 있게 들렸다.

2차 실험을 시작하기 전에, 실험자는 두 피험자에게 누구의 적중률이 더 높을 것으로 예상하는지 물었다. 존스는 모두 존스라고 대답했고, 스미스도 대부분 존스라고 대답했다. 실제로 존스는 적중률이 전혀 개선되지 않았다. 반면 스미스는 1차 실험에서보다 적중률이 훨씬 낮아졌다. 존스에게 배운 복잡한 기법으로 추측했기 때문이다.

단순한 기법

14세기 영국 프란치스코 수도회 수사 오컴의 윌리엄William of Ockham은 현재 오컴의 면도날Ockham's razor로 불리는 '간결의 원칙principle of parsimony'을 제시했다. 이 원칙은 지난 수 세기 동안 현대 과학을 인도하는 지침이 되었다. 예컨대 "불필요한 가정이 들어가면 허사가 된다"와 "본질을 필요 이상으로 부풀리지 말라" 같은 원칙을 압축해서 표현하면 단순성을 유지하라는 말이다. 오컴의 면도날은 가장 단순한 이론이 가장 좋은 이론이라는 뜻이다.

이 원칙은 투자에도 적용된다. 그러나 여기서도 인간 본성이 걸림돌로 작용한다. 사람들은 단순한 문제를 복잡하게 만들기를 좋아한다. 어떤 종목의 스토리에 매료되면 감정에 휩쓸려 팁과 예감에 따라 매매한다. 사람들은 일관된 전략 없이 사례별로 제각각 판단을 내린다. 자신의 능력을 과도하게 낙관하는 탓에 후견지명 편향에 빠지기 쉬우며, 80년 넘게 축적된 사실들을 무시하기 일쑤다. 투자자들은 모든 문제를 현재 시점에서 판단한다. 그래서 최근 발생한 사건을 가장 중시한다. 행동재무학에서는 이를 최근성 편향recency bias이라고 부른다. 사람들은 최근 사건일수록 더 잘 기억하므로 최근 정보를 중시하고 과거 정보일수록 경시한다는 뜻이다. 그리고 최근 성과가 좋은 기법은 먼 미래에도 계속 성과가 좋을 것이라고 생각한다. 2000년 기술주 거품이 붕괴하기 직전까지 기술주와 대형 성장주를 집중적으로 보유한 투자자 대부분의 행태를 달리 어떻게 설명하겠는가.

2008~2009년 시장 붕괴 직후 사람들이 직관적으로 얻은 교훈은 전혀 달랐다. 이 기간은 지난 110년 미국 주식의 역사 중 최악의 10년이었으므로, 투자자들은 주식에서 수조 달러를 인출해 (최근 성과가 가장 좋았던) 채권으로 갈아탔다. 이는 110년 시장의 역사를 돌아보면 채권이 장기간 주식을 능가한 적이 거의 없었다는 사실을 무시한 것이다.

사람들이 이런 의사결정 방식에서 벗어나기는 지극히 어렵다. 최근 당신이 저지른 실수를 돌아보라. 시간이 흐르고 나면 사람들은 말한다. "내가 도대체 무슨 생각을 한 거야? 이렇게 명백한 실수를 저지르다니. 내가 왜 이런 실수도 알아보지 못했지?" 감정이 가라앉은 다음 상황을 돌아보면 실수가 뚜렷이 보인다. 실수를 저지르던 시점에는 감정에 휩쓸려 있었던 것이다. 존 주너(John Junor: 영국 언론인)는 말했다. "감정 1온스가 사실 1톤과 맞먹는다." 대개 감정이 승리한다는 말이다.

평범한 투자자만 이런 실수를 저지르는 것이 아니다. 연기금 관리자들은 리서치 분야의 최고 인재들에게서 최고의 정보를 입수한다. 그런데도 강세장 고점에서 주식을 대규모로 매수했다가 약세장 저점에서 펀드매니저들을 해고하는 것으로 악명이 높다. 기관투자가들은 스스로 객관적으로 냉정하게 판단한다고 주장하지만 사실은 그렇지 않다. 《Fortune and Folly: The Wealth and Power of Institutional Investing(부자들의 바보짓: 기관투자가들의 부와 권력)》 저자의 분석에 의하면, 기관투자가들의 책상에는 심층 분석 보고서가 잔뜩 쌓여 있지만 이들 대부분은 직감에 의존하는 펀드매니저들을 채용한다. 게다가 이들과 사이가 좋은 펀드매니저들은 성과가 계속 부진해도 해고하지 않는다.

투자에 성공하는 길은 장기 성과를 분석해서 타당한 전략을 찾아내는 것이다. 자신이 감당할 수 있는 위험(나중에 설명하겠다) 수준도 신중하게 선택해야 한다. 그러고 나서 일관성을 유지해야 한다. 성공하려면 과거를 지침으로 삼아야 한다. 성공하는 투자자들은 과거를 돌아본다. 이들은 과거를 통해 현재를 이해하고 대응한다. 이들에게는 오늘은 물론 어제와 내일도 현재를 구성하는 요소다. 예컨대 해당 전략에서 성과가 최악이었던 해와 최고였던 해를 알아두는 것도 매우 유용하다. 어떤 전략의 최대 예상 손실률이 35%인데 현재 수익률이 -15%라면, 아직 최악의 상황이 아니라는 사실에 안도할 수 있다. 이런 사실은 감정 폭발을 방지하는 안전밸브로 요긴하게 이용할 수 있다. 역사적 관점을 보유하면 감정을 초월할 수 있다.

이 책은 역사적 관점을 제공한다. 역사적 관점에서 보면 모든 투자자는 순풍과 역풍을 맞이하므로 이를 두려워하는 대신 자연스럽게 받아들여야 한다. 이 책은 다양한 종목군에서 예상되는 성과도 제공한다. 뒤늦게 비판해서는 안 된다. 생각을 바꿔서도 안 된다. 기준을 충족하는 종목이라면, 성과가 부진할 것 같다는 이유로 함부로 버려서도 안 된다. 한발 앞서 가려 하지 마라. 수십 년 데이터를 살펴보면, 주요 전략들의 성과가 S&P500보다 낮았던 적이 많지만 훨씬 높았던 적도 많다. 장기적 관점으로 전략의 일관성을 유지하라. 그러면 성공 확률이 매우 높다. 그러지 않으면 아무리 지식이 풍부해도 소용이 없다. 시장지수를 따라가지 못하는 70%에 속하게 될 뿐이다.

과거 데이터를 이용해 미래 수익률 예측하기

이제 내가 실제로 데이터를 이용해서 수익률을 예측한 사례들을 집중적으로 살펴보자. 여기서 내 예측의 기본 바탕은 세상만사가 결국은 장기 평균으로 수렴한다는 생각이다. 내가 미국과 선진국 시장의 방대한 데이터를 분석해서 발견한 가장 강력한 철칙은 '평균회귀'다. 주식 수익률이 지난 10~20년 동안 이례적으로 높았다면 이후 10~20년 동안은 이례적으로 낮아져서 결국 장기 평균으로 회귀할 것이다. 반면 주식 수익률이 지난 10~20년 동안 평균을 밑돌았다면 이후 10~20년 동안은 평균을 웃돌 것이다.

전략에도 똑같은 원칙이 적용된다. 그동안 어떤 전략에서 눈부신 성과가 나왔다면 이후 성과는 매우 부진할 것이라고 쉽게 예측할 수 있다. 1990년대 말 인터넷 거품 기간에 나는 'The Internet Contrarian(인터넷주 역발상 투자)'라는 논평을 발표했다. 1999년 4월 22일 발표한 이 글에서, 나는 장기 데이터를 척도로 삼아 인터넷주의 가치를 평가하면서 다음과 같이 썼다.

현재 우리는 주식시장 역사상 최대 거품을 보고 있다. 인터넷 광풍이 가라앉은 뒤에는 이 거품을 네덜란드 튤립 파동과 폰지 사기와 비교하는 책이 수없이 쏟아져 나올 것이다. 데이트레이더들은 모두 세이렌의 유혹에 빠졌었다면서 후회할 것이다. 이 광풍은 희망이 경험을 이긴다는, 유치하고도 환상적인 착각에서 비롯되었다. 재무상태표도 볼 줄 모르는 초보자들이 줄지어 몰려들었다. 이들은 어떤 닷컴 주식이든 사서 보유하기만 하면 거금을 번다고 믿었다. 반면 시장이 장기 평균으로 회귀한다는 사실을 아는 노련한 장기 투자자에게는 거품기의 마지막 1.5년이 매우 역겨운 기간이었다. 어느 거품기든 절정이 임박하면 흔히 바보들이 돈을 번다. 그러나 거품은 절대 지속될 수 없다. (17세기의 네덜란드 튤립, 1920년대의 라디오 주식, 1950년대의 알루미늄 주식, 1980년대 중반의 컴퓨터 주식, 1990년대 초의 생명공학 주식 광풍 등) 시장의 광풍이 가라앉은 뒤에는 항상 따분한 경제학의 기본 법칙이 다시 시장을 지배한다. 결국 주가는 그 기업이 창출하는 미래 현금흐름을 따라갈 수밖에 없다. 과거를 돌아보면 PSR이 높아질수록 주식의 총수익률은 낮아진다. 그럴 수밖에 없지 않겠는가. 그래서 사람들은 경제학을 음울한 학문이라고 부른다.

이 글을 발표하고 나서 나는 성난 독자들로부터 수많은 이메일을 받았다. 이들은 내가 낡은 사고방식에서 벗어나지 못하고 있다고 비난했다(당시 나는 39세였다). 나는 단지 역사를 돌아보았을 뿐이다. 거품은 모두 똑같은 방식으로 끝난다. 매우 비참하게 끝난다는 말이다. 인터넷 거품기가 끝나갈 무렵 고평가된 주식(고PSR, 고PER, 고

PCR, 고PBR 주식 등)의 수익률을 살펴보면, 사람들이 그토록 열광하는 이유를 이해할 수 있다. 예컨대 고PBR 주식은 2000년 2월까지 12개월 동안 127% 상승했고, 고PSR 주식은 무려 207% 상승했다(1964년 이후 12개월 수익률 중 최고 기록). 조사해보니 과거 고평가 주식들의 수익률이 장기간 최저 수준이었으므로, 나는 고평가 주식들의 수익률이 결국 장기 평균으로 회귀할 것이라고 예측한 것이다.

같은 방법론으로 나는 다음과 같은 예측도 했다.

- 1999년 소형주가 장기간 초과수익을 낼 것이라고 예측했다. 그동안 소형주는 장기 수익률이 평균 미만이었기 때문이다. 실제로 이후 10년 동안 지속적으로 상승한 광범위 시가총액 지수는 소형주뿐이었다.

- 1998년 '다우의 개'가 초과수익을 낼 것이라고 예측했다. 최근 성과가 평균 미만이었기 때문이다. 1999~2009년 동안 다우의 개는 실제로 S&P500지수 대비 초과수익을 냈다.

- 2002년 발표한 조사 자료에서(나중에 보완해서 저서《Predicting the Markets of Tomorrow》로 출간함), 2000~2020년 미국 시장의 수익률이 상대적으로 낮을 것이라고 예측했다. 그동안 미국 시장의 실질 수익률이 사상 최고였기 때문이다. 그러나 평균회귀 과정이 2000~2009년 동안 거의 완료되리라고는 전혀 생각하지 못했다.

- 2008년 9월~2009년 3월에 연속해서 발표한 논평에서 향후 3년, 5년, 10년 시장 수익률이 매우 높을 거라고 예측했다.

내 능력을 자랑하려고 이런 예측을 열거한 것이 아니다. 시장이 결국 장기 평균으로 회귀한다는 사실을 이해하는 사람이라면 누구든지 장기 데이터를 이용해서 비슷한 예측을 할 수 있다. 핵심은 분석할 때 감정을 배제하는 것이며, 이번에도 다르지 않다는 사실을 이해하는 것이다. 시장과 전략은 결국 장기 평균으로 반드시 회귀

한다.

이제부터는 사람들이 실수를 저지르는 원인을 바라보는 두 가지 관점을 심층적으로 살펴보자.

03

사람들의 실수가 만들어주는
엄청난 기회

월스트리트처럼 똑같은 일이 자주 반복되는 곳은 역사에서도 찾아보기
어렵다. 주식시장 광풍이나 공황에 관한 최근 기사를 읽어보면, 과거나
지금이나 투기의 모습이 거의 다르지 않다는 사실에 충격받게 된다.
게임 방식도 바뀌지 않았고 인간 본성도 바뀌지 않았다.

| 에드윈 르페브르 | Edwin Lefevre, 《어느 주식투자자의 회상(Reminiscences of a Stock Operator)》, 1923

주식시장에서 초과수익을 내기는 정말 어렵다. 존 보글John Bogle의 분석에 의하면, 2003년 말까지 20년 동안 S&P500의 수익률은 연 13%였지만, 뮤추얼펀드의 평균 수익률은 연 10.3%였고, 개인 투자자들의 평균 수익률은 연 7.9%에 불과했다. 투자자들의 성과가 매우 부진한 탓에 초과수익 달성이 행운처럼 보일 정도다. 이렇게 투자자들의 성과가 부진한 것은 시장이 효율적이기 때문이라고 흔히 전문가들은 설명한다. 즉, 주가에는 모든 공개 정보가 이미 반영되어 있으므로 초과수익을 내기가 불가능하다는 뜻이다. 경제학자들은 투자자의 행동이 합리적이라고 가정해야 시장 모형을 개발하기가 수월해진다. 시장이 효율적이면 초과수익 기회가 드물어지며, 이는 존 보글의 분석과도 일맥상통한다. 그러나 이 책의 데이터를 보면, 정보가 널리 공개된 뒤에도 초과수익 기회는 여전히 남아 있다.

시장에서 처음으로 거품이 형성되고 붕괴한 이래로 사람들의 사고방식과 행태는 크게 바뀌지 않았다. 신경경제학과 행동재무학 최신 분석에 의하면, 투자에 관한 사람들의 판단은 여전히 어리석으며 장래에도 달라질 것으로 기대하기 어렵다. 진화 과정에서 인간의 두뇌가 불합리하게 구성되었기 때문이다. 그러나 불합리한 투자자들이 실수를 저지르는 덕분에 시장에는 기회가 넘쳐난다. 불합리한 투자자들이 계속 실수를 저지르는 한, 신중한 투자자들에게는 초과수익 기회가 발생한다. 하지만 초과수익을 얻으려면 자신도 똑같이 실수를 저지르기 쉽다는 사실을 인식해야 한다. 게다가 자신의 편향을 인식하는 것만으로는 충분치 않다. 감정을 배제한 채 객관적인 태도를 일관되게 유지해야 장기적으로 초과수익을 얻을 수 있다.

3장에서는 시장의 광기와 비효율성을 보여주는 사례들을 살펴보고, 초과수익을 가로막는 심리 요소들을 논의하기로 한다.

역사가 주는 교훈

더글러스 애덤스(Douglas Adams: 영국 소설가)는 말했다. "인간은 남들의 경험으로부터 배울 수 있는 거의 유일한 존재이지만, 남들의 경험으로부터 배우려 하지 않는다는 점에서 역시 놀라운 존재다." 시장의 역사를 돌아보면 투자자들의 불합리한 행동 사례는 넘쳐난다. 시장의 광풍과 공황 사례는 저마다 독특하지만 사람들의 심리는 항상 놀라울 정도로 비슷했다. 과학 발전을 통해 사람들의 행동과 심리에 대한 이해가 개선된 덕분에, 역사가 주는 교훈에도 불구하고 시장에서 광풍과 공황이 되풀이되는 현상을 이제 우리는 당연하게 받아들일 수 있다. 진화 과정에서 인간의 두뇌가 불합리하게 구성되었기 때문이다. 인간은 대안이 소수인 단순한 환경에서 진화한 탓에, 대안이 다수인 복잡계에서는 판단력이 부족하다는 말이다.

　과거에 발생했던 것과 똑같은 실수를 투자자들이 거듭 저지르는 모습은 놀라울 정도다. 최근 광풍에서도 투자자들은 후견지명 편향, 과신, 낙관론 등에 휩쓸려 분별력을 상실했다. 17세기의 네덜란드 튤립, 1920년대의 라디오 주식, 1950년대의 알루미늄 주식, 1980년대 중반의 컴퓨터 주식, 1990년대 말의 기술주 광풍, 최근 부동산 가격의 유례없는 폭등과 폭락 등이 투자자들에게 거듭 교훈을 주었지만 거품은 여전히 이어지고 있다. 먼 과거에 발생한 거품과 최근의 거품을 비교해보면 인간 본성은 거의 바뀌지 않았음을 알 수 있다.

남해회사 거품 사건과 나스닥: 역사는 반복된다

불합리한 투자 행태로 상세하게 소개되는 대표적인 사례가 남해회사 거품 사건the South Sea Bubble이다. 이에 대해 아이작 뉴턴Isaac Newton은 말했다. "천체의 움직임은 계산할 수 있지만 사람들의 광기는 계산할 수가 없더군요." 1990년대 말의 기술주 광풍역시 불합리한 투자 행태를 보여주는 훌륭한 사례다. 기술주 광풍은 거의 300년 뒤에 발생했는데도 특성이 기분 나쁠 정도로 비슷하다.

리처드 데일Richard Dale은 저서 《The First Crash: Lessons from the South Sea Bubble(첫 번째 붕괴: 남해회사 거품 사건이 주는 교훈)》에서, 이 사건의 발단은 영국 정부의 무분별한 지출이라고 말했다. 1688년부터 1713년까지 영국은 9년 전쟁과 스페인왕위 계승 전쟁을 치렀으므로, 25년 중 4년을 제외하고 줄곧 전쟁을 벌인 셈이다. 그결과 군비가 극적으로 증가해 국민 소득의 9%에 이르게 되었다. 이렇게 부채가 급증하자 영국 정부는 이자를 지급하기 어려워졌고 자금 차입 비용도 급증했다. 당시 무디스Moody's나 S&P가 있었다면 영국 정부의 신용 등급이 하락했을 것이다.

1711년 영국 의회는 부채를 축소하려고 남해회사를 설립했다. 남해회사는 정부의 부채 950만 파운드를 떠안는 대가로 남미 무역 독점권을 받았다. 영국 국채 소지자들은 국채를 남해회사 주식으로 전환할 수 있었는데, 이는 소지자들에게 매우 매력적인 거래였다. 국채는 이자가 자주 연체되었고 원금도 언제 상환될지 불확실했지만, 남해회사 주식은 배당이 잘 지급되었고 (상장 주식이므로) 유동성도 더 높았으며주가가 상승하면 자본이득까지 얻을 수 있었기 때문이다. 리처드 데일은 다음과 같이 말했다.

당시 투자자들은 기업가 정신이 풍부했으므로, 남미 무역 독점권을 확보한 신생 기업이 매우매력적이라고 평가했을 것이다. 해적질이 유행하던 엘리자베스 시대 이래로 신세계는 엄청난부富가 예상되는 곳이었기 때문이다.

'엄청난 부'가 예상된 덕분에 사람들 대부분은 영국 국채를 남해회사 주식으로 전환했다. 그러나 실제로 남해회사의 남미 무역은 전혀 순조롭지 않았다. 항구에서 하역 작업이 지연된 탓에 20만 파운드에 이르는 화물이 손상되기도 했다. 남해회사 경영진 중에 남미 무역 경험자가 한 사람도 없었던 사실을 고려하면 놀랄 일도 아니다. 남해회사의 사업은 어느 모로 보나 실패였다. 하지만 멋진 파워포인트 프레젠테이션에 매료된 1990년대 투자자들이 인기 기술주에 앞다투어 투자했듯이, 남해회사의 멋진 사업 아이디어에 매료된 당시 투자자들도 열정이 불타올랐다. 국채의 주식 전환에 성공한 남해회사는 1720년 거액의 국채를 또다시 주식으로 전환해주겠다고 제안했다. 이번에도 유동성 낮은 국채를 주식으로 전환하면, 배당수익률은 낮지만 유동성이 훨씬 높은 주식을 보유하면서, 주가가 상승하면 자본이득까지 얻을 수 있었다.

의회는 남해회사에 총 3,150만 파운드(주당 100파운드 * 31만 5,000주) 상당의 주식 발행을 허락했다. 남해회사는 국채와 교환해주고 남은 주식을 시장에 매각할 수 있었다. 남해회사는 국채와 교환할 때 주식을 시가로 평가했고, 당시 남해회사 주식의 수요가 많아서 주가가 급등했으므로 큰 이익을 남겼다. 1720년 1월 21일 국채의 주식 전환 계획 발표 직후, 주가는 128파운드에서 187파운드로 급등했다. 주가 급등에 투기꾼이 더 많이 몰려들자 1개월 후에는 주가가 300파운드로 상승했다. 그림 3.1에

그림 3.1. 남해회사의 주가 흐름

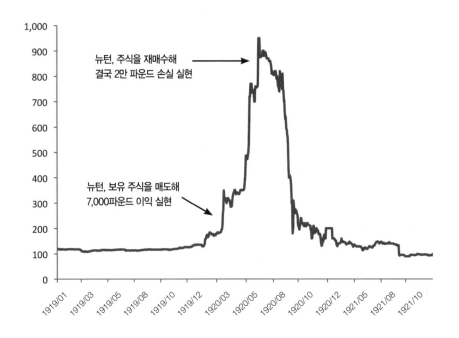

월가의 퀀트 투자 바이블

서 보듯이, 뉴턴은 이 시점에 주식을 매도해 7,000파운드를 벌었다. 그러나 주가는
계속 상승했다.

에드워드 챈슬러Edward Chancellor는 저서《금융투기의 역사(Devil Take the Hindmost:
A History of Financial Speculation)》에서, 남해회사는 당시 불합리한 투자 행태를 보여
주는 가장 대표적인 사례가 아니었다고 말했다. 같은 시기에 펀더멘털이 남해회사
보다 더 의심스러운데도 주가가 급등한 신생 기업, 이른바 '거품 기업'이 많았다는 말
이다. 이런 기업들은 수익 가능성이 전혀 없는데도 지역 신문에 신주 공모 광고를 냈
다. 이들 중에는 해수를 담수로 전환한다는 회사도 있었고, 스페인에서 수탕나귀를
수입한다는 회사도 있었다. 물론 부동산 거래나 보험업 등 적법한 사업을 한다는 회
사도 있었다. 그러나 도취감에 빠진 투자자들은 사업의 종류에 상관없이 돈을 싸 들
고 몰려왔다. 절정에 도달했을 때 런던 증권거래소 상장 증권의 시가총액은 5억 파
운드에 이르렀는데, 이는 25년 전보다 100배 증가한 규모였으며 유럽 전체가 보유한
현금의 5배에 이르는 금액이었다.

도취감은 남해회사 및 관련 거품 기업들을 넘어 확산되었다. 당시 우량 기업들
의 주가도 마찬가지로 폭등했다. 런던 증권 회사인 존 카스탱John Castaing은 주요 대기
업들의 주가를 매일 기록했는데, 구(舊) 동인도회사Old East India Trading Company, 영란은행
Bank of England, 왕립아프리카회사the Royal African Company, 밀리언은행Million Bank, 남해회사
등이 여기에 포함된다. 표 3.1은 이 무렵의 주가 등락률을 정리한 자료다. 주가 급등
은 오로지 탐욕에 빠진 투자자들의 상승주 추격 매수 덕분이었다. 나중에 더 논의하
겠지만 이런 어리석은 판단은 인간 본성에서 비롯된다.

표 3.1. 남해회사 거품기 주요 종목들의 주가 등락률(%)

	영란 은행	왕립아프리카 회사	밀리언 은행	구 동인도 회사	남해 회사	평균
상승률 (1720/01/01~1720/07/01)	58	504	231	110	640	309
하락률 (1720/07/01~1720/12/23)	-41	-72	-58	-64	-83	-64

약 300년 뒤 나스닥이 투자자들에게 큰 충격을 안겨주었듯이, 남해회사의 거품 붕괴도 투자자들에게 큰 충격을 안겨주었다. 당시 로버트 실러(Robert Shiller: 2013년 노벨상을 받은 미국 경제학자)처럼 금융에 정통했던 영국 국회의원 아치볼드 허치슨Archibald Hutcheson은 남해회사 투자의 위험성을 경고하는 소책자 시리즈를 발간했다. 그는 금리가 연 5%에 불과한 국채가 남해회사 주식으로 전환되고 있으며, 실제로 이 회사의 무역업은 성과도 부진하고 전망도 어두운 데다가 기본 재무지표도 부실하므로, 거품 낀 가격에 주식을 매수한다면 "몰상식하고 몰지각한 행위"라고 경고했다. 그러나 이 경고에 귀 기울인 사람은 많지 않았다. 뉴턴은 주가가 정점에 도달한 시점에 이 주식을 재매수했다가 결국 2만 파운드에 이르는 손실을 보았다. 그는 이후 죽는 날까지 남해회사가 언급되기만 하면 몸서리를 쳤다고 한다.

다른 분야와 마찬가지로 주식의 거품이 붕괴하는 원인도 다양하다. 데일과 챈슬러 같은 전문가들은 붕괴의 원인으로 금융 긴축, 과도한 주가 상승, 유사한 거품 기업들의 주가 폭락 등을 제시했다. 데일은 말했다. "이런 광풍이 발생한 것은 남해회사 투자자들의 행동이 현대 금융 이론으로 설명할 수 없을 정도로 광적이었기 때문이다."

약 300년 뒤, 각종 정보와 데이터가 풍부하게 제공되는 훨씬 정교한 시장에서도 투자자들은 또다시 역사를 무시했다. 이들은 "이번엔 다르다"라는 주문을 외우면서, 낡은 원칙들이 새 시대 기업에는 적용되지 않는다고 확신했다. 이들이 흥분하는 이유는 달랐지만 심리와 행동은 똑같았다. 그림 3.2 나스닥지수의 흐름은 남해회사의 주가 흐름과 흡사하다.

2000년 3월, 컨스텔레이션 3DConstellation 3D, 이노트닷컴eNotes.com, 심플레이어닷컴simplayer.com, 브레인테크Braintech 등은 매출이 전혀 없는데도 주가가 1,000% 이상 폭등했다. 이들 기업의 성공 가능성은 남해회사 거품 기업들과 비슷한 수준이었다. 이후 2년 동안 이들 기업의 주가 하락률은 평균 98%였다. 투자자들은 탐욕에 빠지거나 '더 멍청한 바보 이론(비싼 가격에 사더라도 더 멍청한 바보에게 더 비싸게 팔면 이익이 난다는 이론)'을 믿었던 것이다. 이들은 결국 뉴턴과 같은 운명을 맞이했다.

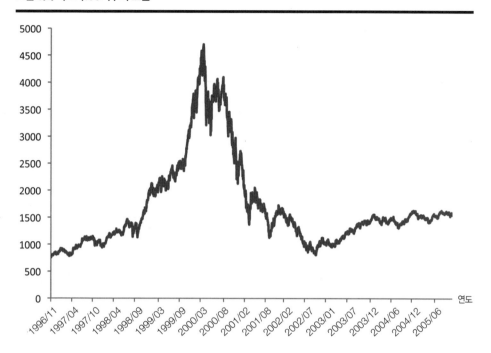

그림 3.2. 나스닥100지수의 흐름

효율적 시장 가설에 대한 수학자의 반론

남해회사, 기술주 거품 등은 극단적인 상황에서 나타난 불합리한 투자 행태를 보여주는 사례들이다. 브누아 망델브로(Benoit Mandelbrot: 프랙털 기하학 분야의 유명 수학자)는 주가 흐름이 정상 상황에서 실제로 랜덤워크였는지 분석했다. 그는 저서 《The Misbehavior of Markets(시장의 이상 흐름)》에서 1916년 이후 다우지수의 변동성을 완전히 효율적인 가상적 시장의 변동성과 비교했다.

나는 1896년까지 더 거슬러 올라가서 다우지수의 변동성을 분석했다. 그림 3.3은 효율적 시장(즉, 랜덤워크 시장)의 일일 변동성(표준편차로 측정)을 나타낸다. 변동성은 정규 분포를 따르는 모습이며, 4σ를 초과하는 경우는 거의 없다. 이것이 초과수익을 내기가 매우 어렵다고 하는 이른바 효율적 시장이다. 반면 그림 3.4는 1896년 이후 다우지수의 실제 일일 변동성이다.

그림 3.3. 효율적 시장에서 (표준편차로 측정한) 다우지수의 일일 변동성(1896~2009)

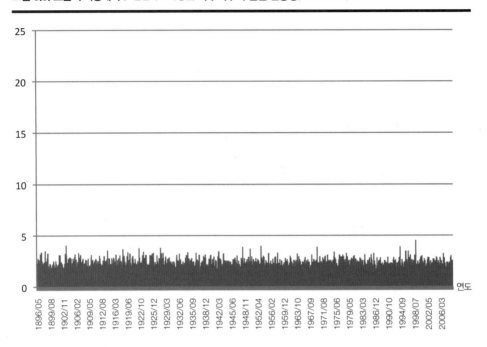

그림 3.4. 실제 시장에서 (표준편차로 측정한) 다우지수의 일일 변동성(1896~2009)

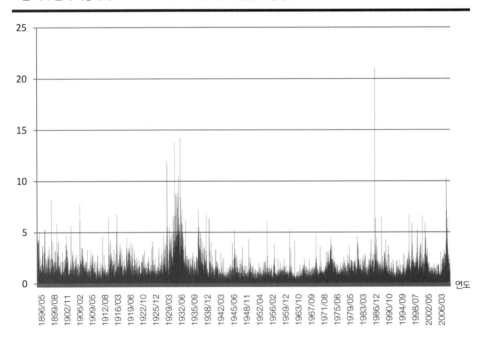

실제 일일 변동성은 5~10σ도 많으며, 1987년에는 20σ를 초과하기도 했다. 망델 브로에 의하면 효율적 시장에서 블랙 먼데이가 발생할 확률은 10^{50}분의 1에 불과하다. 시장이 실제로 완벽하게 효율적이라면, 빅뱅 이후 다우지수를 매일 산출했더라도 확률상 블랙 먼데이는 단 한 번도 발생하지 않았다는 뜻이다. 최대예상손실액 (Value at Risk, VaR)과 블랙-숄스Black-Scholes 모형 등 위험 평가 기법에서는 시장이 그림 3.3처럼 완벽하게 효율적이라고 가정한다. 그러나 실제 시장은 그림 3.4처럼 전혀 다른 모습이므로, 시장이 효율적이라는 가정에는 치명적 결함이 있다.

시장이 비효율적인 근본 원인

사람들이 투자에 그토록 서툴고 시장이 그토록 비효율적인 근본 원인은 무엇일까? 과학의 발전 덕분에 이제는 사람들이 투자를 결정할 때 나타나는 두뇌 활동을 분석할 수 있다. 신경과학자와 행동재무학자들이 모두 동의하는 사항이 있다. 사람들은 어떤 결과가 나올지 모르는 불확실한 상황(즉, 금융시장에서 흔히 나타나는 상황)에서는 침착하고 합리적인 태도를 유지하지 못한다. 이때 대개 감정적이고 불합리한 상태가 되므로 투자 판단에 악영향을 미치게 된다. 특히 남해회사나 나스닥 거품처럼 사람들이 극단적인 탐욕에 휩쓸리는 시점이나, 2008년 세계 금융위기처럼 극단적인 공포에 휩쓸리는 시점에 그러하다. 우리 두뇌는 실수를 자주 저지르는 정도가 아니라 놀라울 정도로 일관되게 실수를 계속 저지른다.

리처드 피터슨Richard Peterson은 저서 《투자자의 뇌(Inside the Investor's Brain)》에서 말했다. "인간의 두뇌는 수백만 년에 걸친 진화의 산물이다. 이 진화 과정에서 두뇌는 다른 구성원들과 효율적으로 경쟁하고 위험은 회피하면서 목표를 달성하도록 설계되었다. 석기 시대에 위험과 기회는 갑자기 닥쳤고, 교류하는 상대는 씨족 구성원들뿐이었다. 그러나 현대 세계는 서로 광범위하게 연결되면서 빠르게 발전하고 있다.

그러므로 석기 시대 두뇌로는 복잡한 현대 생활에 대응하기 어렵다." 이제 우리 환경에는 금융시장처럼 매우 빠르게 발전한 문화 요소들이 넘쳐난다. 그러므로 우리 두뇌는 지금까지 생존해온 환경보다 훨씬 더 복잡하고 미묘한 환경 속에서 의사결정을 해야만 한다.

신경과학자 폴 맥린Paul Maclean은 3부 뇌 가설triune brain theory을 제시했다. 인간의 뇌는 파충류의 뇌(고피질, 古皮質), 옛 포유류의 뇌(구피질, 舊皮質), 신 포유류의 뇌(신피질, 新皮質)로 구성되어 있다는 이론이다. 파충류의 뇌(고피질)는 호흡과 맥박 등 생명 유지 기능을 관장한다. 대뇌변연계limbic system라고도 부르는 옛 포유류의 뇌(구피질)는 욕구, 충동, 감정, 동기 등을 관장한다. 신 포유류의 뇌(신피질)는 추론과 분석 등 고차원적인 사고를 관장한다. 기능성자기공명영상fMRI 스캐너가 개발된 덕분에, 이제는 감정과 이성 사이의 복잡한 관계를 파악할 수 있다. 감정은 의사결정 과정 대부분에 개입해 심각한 악영향을 미친다. 이런 현상이 실험실에서는 단지 흥미로울 뿐이지만 실제 투자에서는 엄청난 충격을 안겨줄 수 있다.

인간은 합리적이지 않다

소크라테스Socrates는 인간이 '합리적 동물'이라고 말했지만 그다지 정확한 말은 아니다. 우리 두뇌는 수많은 실수를 계속 되풀이한다. 질문의 형식만 조금 바뀌어도 의미 없는 표현에 얽매여 불합리한 선택을 하기 일쑤다.

다음 두 가지 질문에 답해보라. 당신의 사회보장번호 마지막 네 자리 숫자는? 칭기즈 칸이 사망한 연도는? 피험자들에게 이 순서로 두 질문을 던졌을 때, 사회보장번호 숫자가 높은 사람들은 추정한 사망 연도 숫자도 높았다. 그러나 반대 순서로 두 질문을 던졌을 때에는 두 숫자 사이에 아무런 관계도 나타나지 않았다. 이것이 이른바 닻내림anchoring 효과로서, 애널리스트가 제시하는 이익 추정치가 주가에 영향을 미치는 현상과 일맥상통한다. 데이비드 드레먼David Dreman 등이 언급했듯이, 개별 애널리스트의 이익 추정치가 성과 예측에 유용한 정도는 우리 사회보장번호가 유용한 정도와 비슷하다. 그런데도 사람들은 항상 이런 추정치를 근거로 판단을 내린다.

전형적인 예가 대니얼 카너먼과 아모스 트버스키Amos Tversky가 제시한 '아시아 질병 문제'다. 아시아에서 발생한 질병이 미국으로 전염되면 9,000명이 사망할 것으로 예상된다. 이 전염병에 대응하는 방법은 두 가지다. 대안 1을 선택하면 3,000명이 확실하게 생존한다. 반면 대안 2를 선택하면 9,000명 모두 생존할 확률이 3분의 1이고, 모두 사망할 확률이 3분의 2다. 대부분 응답자는 확실한 생존을 선호해 3,000명이 확실히 생존하는 대안 1을 선택했다. 이번에는 질문의 형식을 바꿔보았다. 대안 1을 선택하면 6,000명이 확실하게 사망한다. 반면 대안 2를 선택하면 9,000명 모두 생존할 확률이 3분의 1이고, 모두 사망할 확률이 3분의 2다. 이번에는 응답자들이 확실한 사망을 기피해 대안 2를 선택했다. 예상되는 결과는 대안 1과 대안 2가 똑같은데도 사람들 대부분은 확실한 손실을 회피하려는 태도를 보였다.

뇌 손상이 투자에 유리할 수도 있다

뇌가 손상되면 의사결정이 크게 달라질 수 있다. 스탠퍼드대 바바 시브Baba Shiv 교수는 〈월스트리트 저널〉에 'Lessons from the Brain-Damaged Investor(뇌 손상 투자자가 주는 교훈)'라는 글을 실었다. 시브 교수는 이 투자 게임 실험에서 피험자 41명에게 각각 20달러씩 나누어주고서, 1달러를 거는 동전 던지기 게임을 20번 하게 했다. 피험자는 '투자'와 '투자 보류' 중 하나를 선택할 수 있다. 피험자가 '투자 보류'를 선택하면 게임을 하지 않으니 1달러를 고스란히 지킬 수 있다. 반면 '투자'를 선택하면 1달러를 걸고 동전을 던져서, 앞면이 나오면 1달러를 잃고 뒷면이 나오면 2.5달러를 받게 된다. 1달러를 걸고 '투자'를 하면 기댓값이 1.25달러이므로 20번 모두 투자하는 편이 가장 유리하다. 그런데 피험자 중에는 뇌가 손상된 사람들도 있었다. 편도체나 대뇌 피질 등 욕구, 충동, 감정, 동기 등을 관장하는 옛 포유류의 뇌(구피질)가 손상된 사람들이었다.

이 실험에서 흥미로운 사실이 발견되었다. 정상적인 피험자들이 '투자'를 선택한 비율은 평균 58%였고 소득은 평균 22.8달러였다. 반면 뇌 손상 피험자들이 '투자'를 선택한 비율은 평균 84%였고 소득은 평균 25.7달러였다. 정상적인 피험자들의 성과가 더 저조했던 주된 원인은 앞면이 나와서 1달러를 잃은 직후 '투자' 비율을 41%로 낮춘 것이다. 이들은 기댓값을 근거로 계속 '투자'를 선택하는 대신, 연속해서 손실이 발생할까 두려워서 손실 직후 '투자'를 포기한 것이다. 반면 뇌 손상 피험자들은 1달러를 잃은 직후에도 '투자' 비율을 85%로 유지했다. 이 실험은 손실에 대한 공포 탓에 불합리하게 위험을 회피하면 투자 성과가 더 나빠질 수 있다는 교훈을 준다. 주식을 저가에 매수하기 가장 좋은 시점은 주가가 하락해서 PER이 낮아지고 배당수익률이 상승하는 시점이다.

이처럼 불합리한 손실 회피 현상을 보여주는 대표적인 사례가 2007~2009년 주가 폭락기에 나타난 투자 행태다. 주식 투자는 동전 던지기 '투자' 게임 실험과 여러모로 비슷하다. 그런데 주가는 상승 확률이 약 72%여서 이 실험보다도 유리하다. 그러나 2009년 3월 주식시장이 바닥에 도달하자 사람들은 줄지어 주식형 펀드를 매도하고 채권형 펀드를 매수했다. 이 선택의 대가는 혹독했다. 2009년 S&P500의 수익률은 26.4%였지만, 대표적인 채권 지수인 바클레이즈Barclay's 종합 지수의 수익률은 5.9%에 불과했다. 이 기간 주식형 펀드에서는 86억 달러가 유출되었고, 채권형 펀드에는 무려 3,750억 달러가 유입되었다. 게다가 그림 3.5에서 보듯이, 주식형 펀드에서 자금 대부분이 유출된 시점은 주식시장이 바닥에 근접한 2월과 3월이었다. 투자자들의 행태는 위 실험에서 손실 직후 '투자'를 포기한 피험자들과 흡사했다.

인간의 두뇌가 이렇게 구성된 데에는 나름대로 타당한 이유가 있다. 과거에 어떤 행동에서 나쁜 결과가 나왔다면 그런 행동은 피하는 편이 대개 유리하기 때문이다.

그림 3.5. 주식형 펀드와 채권형 펀드의 자금 유출입(2009)

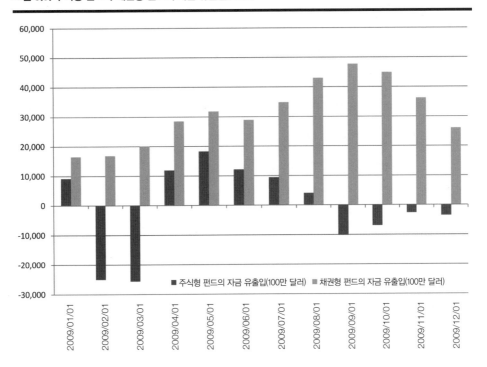

위 실험의 뇌 손상 피험자들처럼 행동한 사람 중에는 파산한 사람이 많다. 두려움을 느끼지 않는 탓에 과도하게 위험을 떠안았기 때문이다. 손실 회피 성향이 없으면 사람들은 난로에 데고 나서도 거듭 데게 된다. 손실 회피 성향은 사람들의 일상생활 전반에 영향을 미친다. 9/11 테러 이후 항공기 대신 자동차로 여행하는 사람이 매우 많아졌다. 그런데 한 연구에 의하면, 시간, 날씨, 도로 상태 등을 고려할 때 항공기 대신 자동차를 선택한 탓에 증가한 사망자가 2,300명이었다. 9/11 테러로 발생한 사망자 수의 75%에 육박하는 숫자다. 이들은 최근 발생한 테러 때문에 항공기의 위험을 과대평가한 것이다. 주가 폭락 시에도 그 위험을 잘못 평가하면 투자자들은 혹독한 대가를 치르게 된다.

투자 게임 실험에서 피험자들을 불합리한 행동으로 내몬 동인은 '손실 회피'다. 손실 회피 개념을 처음 제시한 사람은 행동재무학의 창시자로 불리는 카너먼과 트버스키다. 두 사람은 심리학과 경제학을 결합해서 의사결정 과정을 과학적으로 분석하는 혁신적 관점을 1979년 논문 'Prospect Theory: An Analysis of Decision under Risk(전망 이론: 위험 상황에서 내리는 판단에 대한 분석)'에 발표했다. 이들은 명성 높은 상을 다수 받았고 카너먼은 2002년 노벨 경제학상을 받았다.

이들은 사람들이 손실에 대해 보이는 반응과 이익에 대해 보이는 반응이 매우 다르다는 사실을 발견했다. 더 구체적으로 말하면, 사람들이 손실을 볼 때 느끼는 고통은 이익을 얻을 때 느끼는 기쁨보다 훨씬 크다. 다음 두 가지 시나리오를 살펴보자.

- 시나리오 1: 확실한 이익 500달러를 선택하거나, 동전 던지기를 한다. 앞면이 나오면 1,000달러를 벌고, 뒷면이 나오면 한 푼도 벌지 못한다.
- 시나리오 2: 확실한 손실 500달러를 선택하거나, 동전 던지기를 한다. 앞면이 나오면 1,000달러를 잃고, 뒷면이 나오면 한 푼도 잃지 않는다.

각 시나리오에서 어느 쪽을 선택하든 기댓값은 똑같다. 그러나 두 사람이 실험했을 때, 시나리오 1에서는 피험자의 84%가 확실한 이익을 선택했고, 시나리오 2에서는 70%가 동전 던지기를 선택했다. 사람들은 이익에 직면하면 확실한 쪽을 선택하고, 손실에 직면하면 도박을 선택하는 경향이 있다. 이렇게 모순된 행태를 보이는 것은 손실을 매우 두려워하기 때문이다. 사람들은 손실 확정을 두려워하기 때문에, 손실을 피할 수만 있다면 불합리한 행동도 불사한다. 다양한 변수를 사용해서 이 실험을 하고 나서, 카너먼과 트버스키는 피험자들이 손실을 볼 때 느끼는 고통은 이익을 얻을 때 느끼는 기쁨의 2배 이상이라고 분석했다. 우리 두뇌는 "손안의 새 한 마리가 숲속의 새 두 마리보다 낫다"고 평가하도록 설계되어 있다.

런던에서 활동하는 신경과학자 베네데토 드 마르티노Benedetto de Maritino는 금융 문제를 푸는 피험자들의 두뇌 활동을 fMRI 스캐너로 분석했다. 그는 질문의 형식이 바뀌면 피험자들의 판단이 어떤 영향을 받는지 파악하고자 했다. 이 실험도 카너먼과 트버스키의 실험과 비슷한 방식으로 진행되었다. 처음에 피험자들에게 100달러씩 지급하고서 확실한 대안이나 도박을 선택하게 했다. 이번에도 두 대안의 기댓값은 똑같았다. 피험자들에게 확실한 40달러나 (기댓값이 40달러인) 도박을 선택하게 했을 때, 대부분이 확실한 40달러를 선택했다. 반면 확실한 손실 60달러나 (기댓값이 60달러 손실인) 도박을 선택하게 했을 때에는 대부분이 도박을 선택했다. 두 시나리오 모두 어느 쪽을 선택하든 기댓값은 똑같았지만, 질문의 형식 탓에 두 번째 시나리오에서는 손실 회피 반응이 나타났다. 특히 드 마르티노는 각 시나리오에 반응한 피험자들의 두뇌 활동을 분석할 수 있었다. 피험자들이 손실 회피 반응을 보일 때에는 감정 등을 관장하는 편도체 부위가 주로 활성화되었다. 반면 피험자들이 확실한 대안을 선택할 때에는 합리적 사고를 관장하는 궤도 전전두엽 피질과 전대상피질이 활성화되었다. 요컨대 손실에 대한 과잉 반응은 두뇌의 감정 영역에서 담당한다는 말이다.

　손실 회피 반응은 대개 합리성 여부를 따지기도 전에 곧바로 실행된다. 따라서 투자 성과에 심각한 악영향을 미친다. 나심 니콜라스 탈렙Nassim Nicholas Taleb의 저서 《행운에 속지 마라(Fooled by Randomness)》 3장에 실린 '표 2. 시간 척도에 따른 성공 확률'은 영감을 주는 유용한 자료다. 이 표를 보면, 시간 척도가 길어질수록 성공 확률이 상승한다. 예컨대 1980년 1월 S&P500에 1만 달러를 투자했다면 2009년 말에는 24만 3,754달러가 되었을 것이다. 연 수익률은 11.23%, 변동성은 15.52%로서 둘 다 건전한 수준이다. 그러나 표 3.2에서 보듯이, 성과를 매일이나 매주 확인하면 성공 확률은 동전 던지기 확률보다 나을 바가 거의 없다. 매우 합리적인 투자자라면 이런 확률에 신경 쓰지 않겠지만, 감정적인 투자자라면 기존 투자 전략을 유지하기가 매우 어려울 것이다. 실제로 손실을 볼 때 느끼는 고통이 이익을 얻을 때 느끼는 기쁨의 2배 이상이라고 보면, 이런 투자자가 받는 심리적 고통이 너무나 커서 감당하기 어렵기 때문이다. 그러므로 투자자들은 성과를 가급적 자주 확인하지 않도록 유의해야 한다. 손실을 볼 때 느끼는 고통이 이익을 얻을 때 느끼는 기쁨의 2배 이상이라는 점을 고려해서, 나는 수익률이 플러스일 때에는 +1을, 수익률이 마이너스일 때에는 -2를 대입해 이른바 '심리 효과를 반영한 보상 점수'(표 3.2)를 산출해보았다. 표 3.2에서 보듯이, 보상 점수는 시간 척도가 1년에 도달해야 비로소 플러스 값이 되었다. 이렇게 심리 효과까지 고려하면, 조급하게 지켜볼 때 냄비가 도무지 끓지 않듯이, 조급하게 확인할 때에는 투자 성과도 도무지 오르지 않는다.

표 3.2. S&P500 포트폴리오 수익률이 플러스일 확률(1980~2009)

관찰 빈도	수익률이 플러스일 확률	심리 효과를 반영한 보상 점수
일	53%	-0.41
주일	56%	-0.32
월	61%	-0.16
분기	66%	-0.01
연	74%	0.21

손실 회피 탓에 손실 종목은 지나치게 오래 보유하고 이익 종목은 지나치게 서둘러 매도하는 사람이 많다. 특히 주가가 폭락한 직후에는 최근 변동성이 낮아서 안전해 보이는 종목을 선호하기 쉽다. 포트폴리오의 자산 비중을 자동으로 리밸런싱하는 전략을 따르면 이런 손실 회피 행태를 방지해서 손실 위험에 대한 불합리한 공포감을 극복할 수 있다.

추격 매수는 탐욕이다

음악 감상, 애인과의 포옹, 초콜릿 음미 등 즐거운 경험은 중격의지핵에서 도파민이 폭죽 터지듯 순간적으로 활발하게 분비되는 현상에 불과하다.

— 매들린 내시(J. Madelaine Nash)

인간의 두뇌는 손실을 회피하도록 각인되어 있지만 이익은 추구하도록 각인되어 있다. 그러나 이익을 추구하는 과정에서 인간은 중대한 위험을 간과할 수도 있다. 이익 추구의 동인은 미래에 얻는 보상에 대한 기대감이다. 이런 기대감이 진화 관점에서는 타당할지 몰라도 투자에서는 매우 어리석은 선택으로 이어질 수 있다. 많은 주식시장 거품이 사람들의 이익(대박) 추구 활동에서 비롯되었다. 1990년대 말 기술주거품과 1720년대 남해회사가 대표적 사례에 해당한다. 흔히 사람들은 최근 이익을 맛보고 나면 향후에도 계속 이익을 맛보게 될 것으로 기대했다. 우리가 이익을 기대할 때 활성화되는 두뇌 부위는 성행위나 마약을 기대할 때 흥분하는 두뇌 부위와 일치한다. 이는 건전한 투자 판단을 내릴 수 있는 정신 상태가 아니라는 뜻이다.

주식이나 부동산 등 자산 가격이 급등하면 사람들은 일확천금의 기회가 왔다고 인식한다. 거품 낀 자산에 일단 투자하고 나면 흔히 사람들은 그 자산의 본질 요소들을 보지 못하게 된다. 스탠퍼드대 심리학과 브라이언 넛슨Brian Knutson 교수는 돈을 벌고 있는 사람들의 두뇌 활동을 분석했다. 활성화된 두뇌 부위는 기분과 감정 조절 기능을 담당하는 중격의지핵과, 어떤 활동을 할 때 보상받는지 학습하는 내측 전두엽이었다. 그런데 예를 들어 1998~1999년 나스닥처럼 지수가 지속적으로 상승해 일관되게 보상받게 되면, 우리 두뇌는 현상에 안주해 향후에도 계속 보상받게 된다고 추정한다. 한나 베이어Hannah Bayer와 폴 글림처Paul Glimcher의 분석에 의하면, 이런 두뇌 편향은 도파민 뉴런의 활동에 의해서 더 심각해진다. 과거 정보를 이용해서 미래를 예측하는 도파민 뉴런은 최근 경험을 더 중시한다. 각 도파민 뉴런이 보내는 신호의 강도는 시간이 흐를수록 약해지므로, 최근 경험과 관련된 뉴런의 신호가 가장 강하기 때문이다. 이런 생물학적 제약 탓에 인간은 오랜 역사로부터 골고루 균형 있게 학습하기가 어렵다. 이렇게 최근 경험을 중시하는 탓에 우리는 최근성 편향에서 좀처럼 벗어나지 못한다. 현상에 안주하고 최근 경험을 중시하는 두뇌 탓에 위험을 간과해 투자에서 손실을 보기 쉽다.

중격의지핵은 투자 의사결정에서 중요한 역할을 담당한다. 더크 핸슨Dirk Hanson은 저서 《The Chemical Carousel: What Science Tells Us about Beating Addiction(화학적 회전목마: 약물중독을 극복하는 과학적 방법)》에서 중격의지핵의 역할을 설명했다. 헤

로인에 중독된 쥐의 뇌에서 중격의지핵을 잘라내자 쥐는 헤로인을 갈망하지 않게되었다. 우리가 약물을 갈망하거나 복용하면 중격의지핵에서 도파민이 분비되는데, 투자 수익을 기대할 때에도 바로 이 부위가 활성화된다. 남해회사 주식이나 부실한 기술주를 터무니없는 가격에 매수한 사람들에게서도 틀림없이 이런 현상이 발생했을 것이다.

게다가 사람들 대부분은 자신의 능력을 과신한다. 운전이든, 연애든, 투자든 말이다. 대부분 자신의 능력이 평균 이상이라고 믿지만 이는 통계적으로 불가능한 일이다. 과신에 빠지면 시장 위험에 합리적으로 대응하는 능력이 감소한다. 사람들은 초과수익 종목을 찾아낼 수 있다고 생각하기 때문에 그런 종목을 찾아 투자한다. 사람들은 무작위성을 혐오하므로, 실제로는 패턴이 존재하지 않는 상황에서도 어떻게든 패턴을 찾아내서 그 패턴을 신봉한다. 제이슨 츠바이크Jason Zweig는 저서 《투자의 비밀(Your Money and Your Brain)》에서 비둘기와 쥐를 이용한 실험에 대해 설명했다. 이 실험에서는 사람과 동물(비둘기와 쥐)에게 적색 섬광등이나 녹색 섬광등을 20회 비추었다. 두 섬광등을 비추는 순서는 무작위였지만, 녹색 섬광등의 비중이 80%였다. 시브 교수의 투자 게임 실험과 마찬가지로, 이 실험에서도 적중률을 높이는 가장 좋은 방법은 매번 녹색 섬광등을 선택하는 것이었다. 비둘기와 쥐는 실제로 항상 녹색 섬광등을 선택했으므로 적중률이 80%에 육박했다. 그러나 사람은 적색 섬광등까지 예측하려고 시도한 탓에 적중률이 68%에 불과했다. 심지어 섬광등 비추는 순서가 무작위라는 사실을 알려준 뒤에도 사람은 여전히 적색 섬광등까지 예측하려 했으므로 시간이 흐를수록 적중률이 하락했다.

베일러 의대 신경과학 교수 리드 몬터규Read Montague는 주식시장 거품기에 나타나는 두뇌 활동을 분석했다. 조나 레러Jonah Lehrer가 그의 실험을 요약해서 〈뉴욕 타임스〉에 실었다. 이 실험에서는 피험자들에게 100달러씩 나누어주고서 이들이 투자할 시장의 전반적인 상황을 알려주었다. 피험자들은 제공받은 시장 정보와 투자 성과를 근거로 20회에 걸쳐 투자하게 되며, 최대 100달러까지 원하는 만큼 투자할 수 있다. 그런데 이 실험에서 사용한 시장 상황은 무작위가 아니라 1929년과 1999년처럼 실제 거품기의 시장 상황이었다. 그래서 실험 초기부터 피험자들이 투자한 돈은 빠르게 불어났고, 이를 본 피험자들의 중격의지핵에서는 기대감에 도파민이 폭발적으로 분비되어 투자액을 빠르게 늘려갔다. 그러나 거품이 절정에 근접하자 도파민 뉴런의 활동이 대폭 축소되었다. 몬터규는 말한다. "마치 뭔가가 잘못된 줄 알고 뇌 세포가 불안해하는 듯했다." 이 단계에 이르자 이제 투자를 망치는 주체는 중격의지핵에서 내측 전두엽으로 바뀌었다. 이번에는 더 고차원적인 두뇌 부위가 주식을 계속 보유해야 하는 근거를 날조하면서 투자를 정당화하기 시작했다. 이는 두뇌의 저차원 부위는 물론 고차원 부위마저 투자를 방해한다는 놀라운 분석 사례다.

이 분석 사례가 주는 교훈은, 미래 이익에 대한 기대감과 이익 예측력에 대한 과신이 결합되면 투자에 치명적일 수 있다는 사실이다.

우리는 심리의 포로다

투자는 손실은 피하고 이익은 획득하는 게임이다. 스탠퍼드대 카멜리아 쿠넨Cameilia Kuhnen과 브라이언 넛슨은 손실 회피와 위험 추구를 담당하는 두뇌 부위를 찾아냈다. 바로 중격의지핵인데 다른 기능도 담당하고 있었다. 예컨대 성행위나 마약을 기대할 때 흥분해 도취감을 느끼는 기능이었다. 쿠넨과 넛슨은 말한다. "카지노가 고객들에게 저렴한 음식, 공짜 술, 깜짝 선물, 가끔씩 터지는 잭팟 등 다양한 보상을 제공하는 이유가 바로 여기에 있다. 중격의지핵이 보상을 기대하면 고객이 손실 회피 성향에서 위험 추구 성향으로 전환될 가능성이 커지기 때문이다." 돈을 벌면서 이 부위가 도취감을 느끼면 사람들은 거품기 절정에도 추격 매수를 하게 된다는 말이다. 2000년대 초 기술주 거품기에 사람들은 묻지도 따지지도 않고 PER 175배에 나스닥 주식을 사들였다. 지금도 계속 주식을 매수하는 사람들은 중격의지핵에서 도파민이 분비되고 있을지 모른다. 반면 경기 침체로 시장이 공황에 빠져 (2008년처럼) 주가가 전반적으로 폭락하면 편도체와 대뇌 피질 등 욕구, 충동, 감정, 동기 등을 담당하는 두뇌 부위가 활성화되기 쉽다.

이 첨단 분석이 주는 가장 중요한 교훈은, 우리 두뇌의 감정 부위와 이성 부위는 밀접하게 연결되어 있어서 우리가 불합리성을 완벽하게 극복하기는 불가능하다는 점이다. 단지 이런 문제를 인식하는 것만으로는 문제가 사라지지 않는다. 손실 회피, 추격 매수, 존재하지도 않는 패턴 인식 등 인간이 저지르는 온갖 오류에서 벗어나려면 실증적으로 입증된 객관적 전략을 찾아내야 한다. 우리는 인간의 심리를 깊이 이해해 자신이 실제로 얼마나 어리석은지 깨달아야 비로소 더 현명해질 수 있다. 바로이 깨달음이 투자를 성공으로 이끄는, 가장 중요하면서도 어려운 첫걸음이다.

04

게임의 규칙

WHAT WORKS ON WALL STREET

다양한 증권들의 과거 움직임에 대해 월스트리트가 보유한 체계적 지식은 놀라울 정도로 미미하다. 물론 주가의 장기 흐름을 보여주는 차트는 많이 있다. 그러나 이런 차트는 업종을 제외하면 분류도 되지 않았다. 과거 분석가들로부터 현재와 미래 분석가들에게 지식과 기법이 체계적으로 전수되면서 계속 증가하고 있는가? 의학 전문지와 금융 전문지를 비교해보면 금융 전문지는 분석 자료의 질과 양 측면에서 치욕스러울 정도다.

우리는 분석 자료가 부족해서 이런 분석이 가치가 있는지 없는지도 모른다. 앞으로 우리 분석가들은 기성 학문을 배워야 한다. 이 기성 학문으로부터 사실을 축적하고 분석하는 방법을 배워서 증권분석 분야의 특성에 맞는 연구 기법을 개발해야 한다.

| 벤저민 그레이엄 | 〈애널리스트 저널(Analysts Journal)〉, 1946년 2분기. 《증권분석(Security Analysis)》 3판 부록에 '히포크라테스 방식의 증권분석'이라는 제목으로 다시 실렸다.-옮긴이)

나는 1990년대 초에 분석을 시작했지만, 왼쪽 글에서 그레이엄이 제시한 과제는 거의 시도하지 않았다. 하지만 약 20년이 흐른 지금은 이 분야에서 많은 성과가 나오고 있다. 1996년에 출간한 이 책 초판에서 나는 그레이엄이 50년 전에 분석한 여러 변수를 다루었다. 자산운용사 트위디 브라운Tweedy, Browne Company LLC도 1992년 《What Has Worked in Investing: Studies of Investment Approaches and Characteristics Associated with Exceptional Returns(효과적인 투자 기법: 수익률이 탁월한 투자 기법들의 특성 분석)》라는 소책자를 출간했고, 이후 계속 개정판을 냈다. 이 소책자에서는 장기간 성과가 가장 좋았던 투자 전략 50여 가지를 검토하고 설명했다. 물론 학계에서도 다양한 투자 전략의 효과를 분석한 자료를 잇달아 발표했다. 아울러 수십 년간의 주식시장 데이터도 분석해서 발표했다. 특히 흥미로운 분석이 《낙관론자들의 승리(Triumph of the Optimists)》로서, 101년에 걸쳐 16개국의 수익률을 분석한 책이다. 이 책은 성장주 투자와 가치투자 등 다양한 투자 전략의 성과도 국가별로 분석했다.

이 책 초판이 출간된 1996년 이후 발표된 주목할 만한 학계 논문은 찰스 리Charles M. C. Lee와 바스카란 스와미나산Bhaskaran Swaminathan의 1998년 논문 'Price Momentum and Trading Volume(가격 모멘텀과 거래량)', 클리프 애스네스Cliff Asness의 1997년 논문 'The Interaction of Value and Momentum Strategies(가치와 모멘텀 전략의 상호 작용)', 조셉 피오트로스키Joseph D. Piotroski의 2000년 논문 'Value Investing: The Use of Historical Financial Statement Information to Separate Winners and Losers(가치투자: 과거 재무제표 정보를 이용한 승자와 패자 종목 구분)'다. 유진 파마Eugene Fama와 케네스 프렌치Kennneth French는 1927년까지 소급해서 소형주와 대형주의 성장주지수와 가치주지수를 산출했다. 이들은 PBR이 낮은 종목은 가치주로 분류하고 PBR이 높은 종목은 성장주로 분류해 지수를 산출함으로써 성장주와 가치주의 수익률을 최장 기간 분석한 데이터를 만들어냈다. 이 책에서도 여러 모형에 증권가격연구센터(Center for Research in Security Prices: CRSP) 데이터를 사용했다. CRSP 데이터는 1959년부터 시카고대 경영대학원에서 산출하고 있다. CRSP는 1926~1960년 뉴욕증권거래소 상장 주식의 월말 가격과 총수익률 데이터를 최초로 전산 파일로 편집했다. 이후 다른 증권거래소 자료도 추가해 데이터를 확장했다. 이제 CRSP 데이터를 활용하면 (이 책의 이전 판에서 논의했듯이) 성장 요소나 가치 요소 하나만 이용할 때보다 성장 요소와 가치 요소를 결합해서 이용할 때 대개 훨씬 좋은 성과가 나온다는 사실을 입증할 수 있다.

지난 수십 년 동안 학계에서는 자산운용사를 설립해 연구 성과를 투자 실무에 적용하기도 했다. 조지프 래코니쇼크Josef Lakonishok 교수, 안드레이 슐라이퍼Andrei Shleifer 교수, 로버트 비시니Robert Vishny 교수는 'Contrarian Investment, Extrapolation, and Risk(역발상 투자 전략, 추정, 위험)'라는 독창적인 논문을 발표하고 나서 LSV자산운용LSV Asset Management을 설립했다. 2009년 현재 이 회사는 장기간 성과가 입증된 전략으로 530억 달러가 넘는 자산을 운용하고 있다. 이 회사 웹사이트에서는 'LSV자산운용의 정량 투자 전략은 20여 년의 학계 연구 성과를 철저하게 시험한 기법으로 위험을 엄격하게 관리하는 방식'이라고 주장한다.

이런 연구는 며칠이나 몇 년 데이터가 아니라 수십 년 데이터를 분석했기 때문에 가치가 있는 것이다. 5년 성과라면 운용 능력을 평가하기에 충분하다고 믿는 사람이 많다. 그러나 섣부른 지식은 위험하다는 알렉산더 포프(Alexander Pope, 영국 시인)의 금언처럼, 단기간의 성과도 투자자를 심각하게 호도할 수 있다. 리처드 브릴리(Richard Brealey, 영국 경제학자 겸 데이터 분석가)는 전략의 타당성을 적절하게 평가하려면(예컨대 통계적 유의성 95%) 25년 이상의 성과가 필요하다고 추정했다.

단기 성과는 무의미하다

'치솟는 60년대soaring sixties'를 돌아보자. 당시 이른바 '고고 펀드go-go fund'를 운용하던 펀드매니저들은 종목을 매우 신속하게 교체한 탓에 '총잡이'로도 불렸다. 당시 유행하던 펀드는 '퍼포먼스 펀드performance fund'로서, 말 그대로 탁월한 성과를 추구하는 펀드였다. 이들은 탁월한 성장주를 집중적으로 매수했는데, 심지어 적정 주가조차 고려하지 않은 채 성장률이 가장 높은 주식을 앞다투어 사들였다.

5년 성과가 투자자를 얼마나 심각하게 호도할 수 있는지 돌아보자. 1964/01/01~1968/12/31의 5년 동안 컴퓨스탯 데이터베이스에서 매년 매출액 성장률 상위 50종목에 1만 달러를 투자했다면 연 수익률 27.34%를 기록해 1만 달러가 3만 3,500달러로 불어났을 것이다. 같은 기간 S&P500의 수익률 10.16%의 두 배가 넘는데, S&P500에 투자한 1만 달러는 겨우 1만 6,220달러가 되었다. 하지만 이 전략은 이후 5년 동안 성과를 내지 못했다. 1969/01/01~1973/12/31의 5년 동안 S&P500의 연 수익률은 2%였지만 이 전략은 -15.7%여서 1만 달러가 4,260달러로 쪼그라들었다. 직전 5년 동안 언론에서 떠받든 '총잡이'들의 성과에 현혹되어 1969년에 뛰어든 사람들은 결국 혹독한 대가를 지불했다.

만일 이들이 '연간 매출액 성장률' 기준 투자 전략의 장기 성과를 살펴보았다면 이 전략을 선택하지 않았을 것이다. 1964~2009년 수익률이 연 3.88%에 불과했기 때문이다. 이 기간 전체 주식(All Stocks: 시가총액이 2억 달러를 초과하는 미국 주식, 추후 추가 설명) 중 연간 매출액 성장률 상위 50종목에 1만 달러를 투자했다면 2009년 말 5만 7,631달러가 되었다. 같은 기간에 미국 단기 국채T-Bill에 투자했다면 수익률이 연 5.57%여서 1만 달러는 12만 778달러가 되었다. 반면 S&P500에 1만 달러를 투자했다면 수익률이 연 9.46%여서 1만 달러가 63만 9,144달러로 증가했다! 전체 주식에 투자했다면 성과가 훨씬 좋아서 연 수익률은 11.22%였고, 1만 달러는 무려 133만 달러가 되었다!

단순한 학문적 실험이 아니다. 실제로 단기 성과만 보고 펀드나 전략을 선택하는 사람이 많다. 1964년부터 이 전략에 따라 은퇴 자금을 운용한 사람들은 어떻게 되었을까? 은퇴 자금 부족에 시달릴 것이다.

1960년대가 먼 옛날처럼 보인다면 1995/01/01~1999/12/31의 5년을 돌아보자. 1990년대 말 기술주 광풍이 불던 시점에도 사람들은 단기 성과가 먼 미래까지 계속 이어질 것으로 추정했다. 이번에도 사람들은 기업들의 고속 성장 전망에 도취되었다. 회사명만 폴라로이드Polaroid, 모호크 데이터Mohawk Data, 짐머 홈즈Zimmer Homes에서 펫츠닷컴Pets.com, 웹밴Webvan, 이토이즈닷컴eToys.com으로 바뀌었을 뿐이다. 1995/01/01 전체 주식에 1만 달러를 골고루 투자했다면 수익률이 연 20.72%여서 2만 5,644달러가 되었다. 반면 전체 주식 중 연간 매출액 성장률 상위 50종목에 투자했다면 수익률이 연 35.42%여서 4만 5,539달러로 거의 두 배가 되었다. 1960년대와 마찬가지로 이 무렵에도 온갖 대중 매체와 이른바 '전문가'들이 놀라운 성과를 떠받들자, 열광한 투자자들은 단기 성과가 먼 미래까지 계속 이어질 것으로 믿고 거액을 투자했다. 그러나 이들도 30년 전과 마찬가지로 혹독한 손실을 떠안아야 했다. 이후 5년 동안 연간 매출액 성장률 상위 50종목의 수익률은 연 -20.72%여서 2004/12/31에는 1만 달러가 3,132달러로 쪼그라들었다. 손실률이 69%에 이르는 대참사였다. 반면 같은 기간 전체 주식에 투자했다면 수익률이 연 6.68%여서 1만 3,818달러가 되었다. 당연한 말이지만, 과거를 기억하지 못하는 사람들은 과거의 잘못을 되풀이할 수밖에 없다.

이번엔 다르다

사람들은 지금은 과거와 다르다고 믿고 싶어 한다. 지금은 컴퓨터를 이용한 고빈도 매매와 대량 매매가 시장을 지배한다. 개인 투자자들은 시장에서 밀려났고, 그 자리를 거대 뮤추얼펀드와 헤지펀드들이 차지하고 있다. 이들은 자산운용의 대가여서, 운용 방식이 개인 투자자와 전혀 다를 것이라고 사람들은 생각한다. 이들의 1950년대나 1960년대 투자 행태를 기억하지 못한다.

현재 상황은 유일무이하게 독특하다고 사람들은 굳게 믿는다. 그러나 1720년 뉴턴이 남해회사 거품에 투자했다가 거액을 날린 이래로 상황은 그다지 변하지 않았다. 뉴턴은 말했다. "천체의 움직임은 계산할 수 있지만 사람들의 광기는 계산할 수가 없더군요." 투자 판단은 반드시 장기 성과를 바탕으로 내려야 한다. 주가는 여전히 사람들이 결정하기 때문이다. 3장의 그림 3.1과 3.2를 비교해보면 남해회사 주가의 흐름과 1990년대 나스닥지수의 흐름이 비슷하다는 사실을 알 수 있다. 사람들이 계속 탐욕, 희망, 무지에 휩쓸리는 한, 주가는 계속 잘못 형성될 수밖에 없다. 따라서 세월의 시험을 견뎌낸 합리적 종목 선정 기법을 일관되게 유지하는 사람에게는 계속 기회가 제공된다. 뉴턴은 당시 광풍에 휩쓸려 따분한 데이터 대신 화려한 스토리에 투자했다가 거액을 날렸다. 회사명도 바뀌고, 업종도 바뀌며, 유행하는 스타일도 바뀐다. 그러나 좋은 투자와 나쁜 투자를 가르는 기본 특성은 바뀌지 않는다.

시대가 바뀔 때마다 사람들은 가장 화려한 스토리를 제공하는 종목군에 앞다투어 몰려들었다. 1921~1929년에는 라디오와 영화 등 '새 시대' 업종에 매수세가 몰려들어 다우지수가 497%나 상승했다. 1928년 한 해에만 RCA^{Radio Corporation of America} 주가는 85달러에서 420달러로 폭등했다. 이 경이로운 신제품이 세상을 송두리째 바꿔놓을 것이라고 순진하게 믿었기 때문이다. 같은 해 워너브라더스^{Warner Brothers Corporation} 주가는 13달러에서 138달러로 폭등했다. 유성영화에 알 졸슨(Al Jolson, 미국 가수 겸 배우)이 출연하기로 했다는 소식에 투자자들이 열광한 것이다. 1957~1959년에도 신기술 열풍 덕에 텍사스 인스트루먼트^{Texas Instruments} 주가가 16달러에서 194달러로 폭등했고, 할로이드 제록스^{Haloid-Xerox}, 페어차일드 카메라^{Fairchild Camera}, 폴라로이드, IBM 등도 이 투기 열풍의 수혜자가 되었다. 1990년대 말에는 멋진 파워포인트 프레젠테이션에 매료된 투자자들 덕분에 기술주가 뜨겁게 달아올랐다.

요컨대 1960년대 말과 1990년대 말 투자자들이 멍청한 전략으로도 종종 큰 수익을 올리면서 느꼈던 도취감은 장기 강세장이 끝나간다는 신호였다. 최고의 투자 전략은 때가 되어야 드러나는 법이므로 투자자들은 반드시 장기 성과를 살펴보아야 한다. 장기 성과를 보면 인플레이션, 시장 붕괴, 스태그플레이션, 경기 침체, 전쟁, 새로운 발견 등 수많은 사건에 대한 시장의 반응도 분석할 수 있다. 과거를 분석하면 미래 흐름을 알 수 있다. 역사를 돌아보면 똑같은 사건이 반복되지는 않지만 비슷한 사건들이 계속 발생한다. 이 교훈을 명심한 투자자들은 투기 거품에서도 큰 손실을 보지 않았다.

장기 강세장에서 나타나는 투자자들의 비합리적 행태는 참혹한 약세장에서도 비합리적인 모습으로 나타난다. 이들은 대개 약세장이 바닥에 근접할 때 주식시장을 떠난다. 그리고서 낙폭이 대부분 회복된 뒤에야 비로소 용기를 얻어 다시 주식시장으로 돌아온다. 2009년에 주식시장을 떠나 있었던 사람들은 수익의 50~75%를 놓쳤으므로 이후 시장을 따라잡기가 매우 어려웠다.

사람들은 항상 시장을 예측하려고 한다. 그러나 포브스Forbes 500대 부호 중에 투자자는 많아도 시점 선택으로 부호가 된 사람은 하나도 없다.

일화적 증거로는 부족하다

사방에서 투자 조언이 쏟아져 들어오지만 대부분 근거 없는 일화다. 흔히 펀드매니저들은 종목 몇 개를 추천하면서 지금까지 훌륭한 성과를 보여주었다고 설명한다. 그러나 특성은 비슷한데도 성과가 나빴던 다른 종목들은 언급하지 않는다. 성과가 좋은 종목의 사례는 일반화하고 성과가 나쁜 종목의 사례는 기억에서 지워버리는 행태는 투자자들이 흔히 저지르는 잘못된 행동이다. 이런 잘못을 피하려면 개별 종목이 아니라 전략에서 나온 전반적인 성과를 살펴보아야 한다. 실제로 나오는 성과는 우리가 생각했던 성과와 다른 경우가 많다.

내가 이 책을 쓴 목적은 과학적이고 체계적인 투자 기법을 소개하는 것이다. 그래서 나는 다음과 같이 엄격하게 검증된 과학적 원칙들을 고수하려고 노력했다.

1. 명확한 설명: 모든 원칙을 명확하게 설명한다. 모호한 설명은 없어야 한다. 원칙에 대한 해석이 사람마다 달라져서는 안 된다.

2. 공개: 원하는 사람은 누구든지 복제할 수 있도록 원칙을 공개한다. 원칙은 타당해서 이해하기 쉬워야 한다.

3. 높은 신뢰도: 누구든 똑같은 데이터베이스에 똑같은 원칙을 적용하면 똑같은 결과가 나와야 한다. 그리고 어느 시점에 적용해도 똑같은 결과가 나와야 한다. 장기 성과가 몇몇 해의 성과에 좌우되어서는 안 된다.

4. 객관성: 직관적이고 합리적이면서 객관적인 원칙만 사용하려고 노력했다. 투자자의 사회적 지위, 재정 상태, 사회적 배경과 무관하고 특별한 통찰, 정보, 해석도 필요 없는 원칙을 사용하고자 했다.

5. 데이터의 신뢰도: 백테스팅back testing의 어려움을 고려해서 데이터의 품질에 관심을 기울였다. 과거 장기간의 데이터를 편집한 대규모 데이터세트에는 반드시 오류가 존재한다. 컴퓨스탯과 CRSP는 백테스팅에 가장 적합한 표준 데이터세트로 통하지만 그래도 한계가 있음에 유의해야 한다. 예컨대 주식 분할 미반영, 주당순자산BPS 오기, 주당순이익EPS 오기, 주가 31을 13으로 오기 등이다. 그러므로 특히 특정 기법에서 약간의 초과수익이 나왔다면 이런 오류의 가능성을 염두에 두어야 한다. 이 책(4판)에서는 1926년 성과까지 다루는 CRSP 데이터세트를 처음으로 사용했다.

이런 데이터의 한계는 무시할 수 없는 수준이므로, 이 책에서 제시하는 성과를 검토할 때에도 항상 유념해야 한다. 에드워드 맥쿼리Edward F. McQuarrie는 〈저널 오브 인베스팅(The Journal of Investing)〉 2009년 겨울 호에 논문 'The Myth of 1926: How Much Do We Know about Long-Term Return on U. S. Stocks?(1926년에 대한 통념: 미국 주식의 장기 수익률에 대해 우리는 얼마나 아는가?)'를 발표했다. 여기서 그는 다양한 전략의 백테스팅 결과를 검토할 때 명심해야 할 사항들을 설명하면서, CRSP 같은 종합 데이터세트에도 다음과 같은 문제가 있다고 지적했다.

- 기간의 한계: CRSP 데이터세트는 1926년 시작되지만 다루는 기간이 여전히 절반에도 못 미친다. 미국의 광범위한 지역에서 주식이 대규모로 거래된 기간은 200년에 육박하기 때문이다. 물론 1963년 시작되는 컴퓨스탯 데이터세트에는 한계가 더 많다.
- 종목의 한계: 특히 재무 구조가 취약한 미국 소기업 주식 대부분이 CRSP 데이터세트에서 누락된 기간은 전체 기간의 50%가 넘는다.

1970년대 말 컴퓨스탯은 소형주 데이터를 데이터세트에 다수 추가했다. 주로 성과 좋은 종목들이 추가되었으므로 성과에 상방편향upward bias이 나타날 수 있다.

그러므로 CRSP와 컴퓨스탯이 최상의 데이터세트이긴 하지만 그 한계를 명심하고 밸류 라인과 월드스코프Worldscope 데이터베이스 등 다른 데이터세트에서 나온 결과와 비교할 필요가 있다. 《낙관론자들의 승리》에서 제시한 성과와도 비교해볼 필요가 있으며, 외국 시장에 대해서는 모건스탠리 캐피털 인터내셔널MSCI 자료도 참고할 만하다.

유의 사항

월스트리트에서 선호하는 분석 기법에는 흔히 다음과 같은 심각한 결함이 있다.

데이터 마이닝

코네티컷주 그리니치에서 맨해튼 그랜드센트럴역까지는 급행열차로 약 40분 걸린다. 이 급행열차에서 객차 안을 둘러보면서 승객들에 관해 다양한 통계를 산출할 수 있다. 승객 중에 금발이 많을 것이고, 벽안이 75%일 수도 있으며, 생일이 5월인 사람도 많을지 모른다. 그러나 이런 통계는 십중팔구 우연의 산물이므로 앞 칸이나 뒤 칸에서는 다른 결과가 나오기 쉽다. 변수 사이의 관계를 분석할 때에는 데이터 마이닝(data mining: 대규모 데이터에서 체계적으로 통계 규칙이나 패턴을 찾아내는 작업)을 하게 된다. 그런데 한 데이터세트에서 명확하게 나타난 패턴이 다른 데이터세트에서는 나타나지 않을 수도 있다. 통계 전문가들이 즐겨 하는 말이 있다. 데이터를 오랫동안 고문하면 원하는 자백을 받아낼 수 있다는 말이다. 이론적으로, 직관적으로, 또는 상식적으로 건전한 근거가 없는 통계라면 십중팔구 우연의 산물이다. 예컨대 수요일에 매수해 16.5개월 보유하는 전략이라면 데이터 마이닝에서 나온 전략이다. 어떤 전략에서 나온 초과수익이 유의미한지 확인하는 좋은 방법이 있다. 기간을 다양하게 나누거나 표본을 다양하게 나누어서 검증하는 것이다. 예컨대 새로 입수한 1926~1963년 CRSP 데이터에 기존 전략을 적용해서 검증할 수도 있다. 내가 기존 미국 전략을 MSCI EAFE(Europe, Australia and Far East) 데이터세트에 적용해보니 미국과 비슷한 초과수익이 나왔다.

부트스트래핑bootstrapping이라는 기법을 이용할 수도 있다. 무작위 표본 추출을 통해서 표본의 수량을 조절하면서 통계의 신뢰도를 높이는 방법이다. 우리는 세분화한 부표본subsample 중 100개를 무작위로 선택해서 전략을 적용해본다. 여기서 나온 성과를 분석하면 전략의 신뢰도를 판단할 수 있다. 어느 부표본에서도 상위 10%와 하위 10%의 연 수익률 격차가 크게 유지된다면 그 전략은 유용하다고 볼 수 있다. 예컨대 6개월 가격 모멘텀 전략을 표본에 적용했을 때, 지난 83년 동안 가격 모멘텀 상위 10%와 하위 10%의 격차가 연 9.96%였으므로 이 전략은 매우 유용하다고 볼 수 있다. 이 분석에 표본 편향이 있는지 확인하려고, 나는 여러 부표본을 추출해서 이 전략을 적용해본다. 어느 부표본에서나 상위 10%와 하위 10%의 연 수익률 격차가 표본을 분석했을 때와 비슷하게 나온다면 표본 편향 문제가 없다는 의미가 된다.

부트스트래핑을 100회 한다면, 1차로 표본의 50%를 무작위 추출하고, 여기서 2차로 50%를 무작위 추출한다. 이렇게 추출된 부표본(원래 표본 규모의 25%)에 전략을 적용해서 나온 연 수익률 차이를 분석한다. 이런 분석을 100회 실행해서 상위 10%

와 하위 10% 사이의 격차가 일정하게 유지되는지 확인한다. 실제로 최고의 전략에서는 상위 10%와 하위 10%의 연 수익률 격차가 100회 모두 일관되게 유지되었다. 다시 말해서 어떤 부표본에서든 6개월 가격 모멘텀이 가장 좋은 종목들을 선정하면 항상 높은 수익률이 나왔다. 만일 격차에 일관성이 유지되지 않는다면 분석 결과의 신뢰도가 낮다는 의미이므로 데이터 마이닝 과정을 점검할 필요가 있다.

기간의 한계

5년 성과만 보면 어떤 전략이든 훌륭해 보일 수 있다. 그러나 일정 기간에는 훌륭해 보이지만 장기 성과가 형편없는 전략은 무수히 많다. 심지어 얼빠진 전략조차 한 해 정도는 훌륭한 성과를 낸다. 예를 들어 1996년에는 종목 코드가 모음(A, E, I, O, U)으로 시작되는 주식만 매수했어도 S&P500 대비 초과수익률 11%를 달성할 수 있었다. 그러나 이는 우연의 소산일 뿐, 좋은 전략이 아니다. 최근 성과만 보고 향후 장기간 그런 성과가 유지될 것으로 착각하는 행태가 이른바 소규모 표본 편향small sample bias 이다. 분석 기간이 길어질수록 그 전략의 성과가 향후에도 이어질 확률이 높아진다. 표본 규모가 커질수록 통계의 신뢰도가 높아지기 때문이다.

생존 편향

파산한 기업은 대개 표본에서 제외되므로 성과에 관한 통계는 과대평가되는 경향이 있다. 파산이나 합병 때문에 데이터베이스에서 사라지는 기업이 매우 많다. 최신 연구 대부분은 이렇게 사라진 기업들까지 포함해서 분석하지만, 과거 연구에서는 누락된 사례가 많다.

미래 참조 편향

기본 정보가 발표되지 않은 시점에 기본 정보를 이용한 것으로 가정하는 연구가 많다. 예컨대 1월에 연간 실적 데이터를 입수했다고 가정하는 식이다. 실제로 연간 실적 데이터는 3월이 되어야 입수할 수 있다. 이런 미래 참조 편향look ahead bias 탓에 성과가 과대평가될 수 있다.

게임의 규칙

이런 문제들을 바로잡으려고 나는 다음과 같은 방법을 사용했다.

모집단

이 책(4판)에서 사용한 데이터세트는 컴퓨스탯(1963~2009)과 CRSP(1926~2009) 두 가지다. 컴퓨스탯은 현재 북미 지역에 상장된 약 1만 3,000개 종목을 다루며 과거 재무 정보와 통계 정보도 제공한다. 연간 데이터는 1950년부터 제공하고, 분기 데이터는 1963년부터 제공한다. CRSP는 주로 뉴욕증권거래소NYSE, 나스닥, 아메리카증권거래소American Stock Exchange 상장 주식의 가격, 거래량, 수익률, 유통 주식 수 데이터를 제공한다. 두 데이터세트 모두 파산이나 합병 등으로 상장 폐지된 종목 데이터도 제공하므로 생존 편향 문제를 걱정할 필요가 없다.

전략을 분석할 때에는 반드시 장기 성과를 사용해야 한다. 1970년대 초~1980년대 초에는 주로 가치투자 전략에서 좋은 성과가 나왔고, 1960년대와 1990년대에는 주로 성장투자 전략에서 좋은 성과가 나왔다. 월스트리트에서 유행하는 스타일은 계속 바뀌므로, 분석 기간이 길어질수록 성과를 더 정확하게 파악할 수 있다. 표본 규모가 작으면 매우 이상한 성과가 나오기 쉽다는 말이다. 표본 규모가 커야 실상을 더 정확하게 파악할 수 있다. 일부 연금 컨설턴트는 이른바 신뢰도 분석reliability mathematics 을 이용해서 과거 성과로 미래 성과를 예측한다. 이들의 분석에 의하면, 미래 성과를 약간이라도 정확하게 예측하려면 최소 14개 기간의 데이터가 필요하다.

시가총액

특별한 경우가 아니면 나는 주식을 두 집단으로 구분한다. 첫 번째 집단은 시가
총액이 2억 달러(인플레이션을 고려한 실질 가격)를 초과하는 주식으로서, 이 책에서는
'전체 주식All Stocks'이라고 부른다. 표 4.1에 인플레이션을 고려한 시가총액 하한선을
제시했다. 두 번째 집단은 시가총액이 데이터베이스 평균을 초과하는 대기업 주식
(시가총액 상위 17% 주식)으로서, 이 책에서는 '대형주Large Stocks'라고 부른다. 표 4.2에 대
형주의 종목 수를 열거했다.

표 4.1. 인플레이션을 고려한 2억 달러의 실질 가격

날짜	인플레이션	인플레이션 조정 계수	2억 달러의 실질 가격(달러)
2009/12	2.72	1.03	205,442,662.25
2008/12	0.09	1.00	200,000,000.00
2007/12	4.08	1.00	199,817,341.17
2006/12	2.54	0.96	191,982,038.55
2005/12	3.42	0.94	187,225,298.25
2004/12	3.26	0.91	181,041,535.86
2003/12	1.88	0.88	175,333,447.50
2002/12	2.38	0.86	172,098,864.09
2001/12	1.55	0.84	168,103,202.24
2000/12	3.39	0.83	165,534,562.48
1999/12	2.68	0.80	160,111,878.53
1998/12	1.61	0.78	155,925,947.07
1997/12	1.70	0.77	153,452,442.11
1996/12	3.32	0.75	150,883,802.35
1995/12	2.54	0.73	146,031,927.24
1994/12	2.67	0.71	142,416,804.61
1993/12	2.75	0.69	138,706,547.18
1992/12	2.90	0.67	134,996,289.74
1991/12	3.06	0.66	131,190,897.50
1990/12	6.11	0.64	127,290,370.45
1989/12	4.65	0.60	119,964,990.39
1988/12	4.42	0.57	114,637,441.25
1987/12	4.41	0.55	109,785,566.15
1986/12	1.13	0.53	105,123,960.65
1985/12	3.77	0.52	103,982,342.98
1984/12	3.95	0.50	100,176,950.74
1983/12	3.80	0.48	96,371,558.50
1982/12	3.87	0.46	92,851,570.68
1981/12	8.94	0.45	89,426,717.66
1980/12	12.40	0.41	82,101,337.60
1979/12	13.31	0.36	72,968,396.22
1978/12	9.03	0.32	64,406,263.68
1977/12	6.77	0.30	59,078,714.54
1976/12	4.81	0.28	55,368,457.10

(다음 쪽에 이어짐)

월가의 퀀트 투자 바이블

표 4.1. 인플레이션을 고려한 2억 달러의 실질 가격

날짜	인플레이션	인플레이션 조정 계수	2억 달러의 실질 가격(달러)
1975/12	7.01	0.26	52,799,817.34
1974/12	12.20	0.25	49,374,964.32
1973/12	8.80	0.22	43,952,280.38
1972/12	3.41	0.20	40,432,292.56
1971/12	3.36	0.20	39,100,405.27
1970/12	5.49	0.19	37,863,652.80
1969/12	6.11	0.18	35,865,821.87
1968/12	4.72	0.17	33,772,856.14
1967/12	3.04	0.16	32,250,699.24
1966/12	3.35	0.16	31,299,351.18
1965/12	1.92	0.15	30,252,868.31
1964/12	1.19	0.15	29,682,059.48
1963/12	1.65	0.15	29,396,655.06
1962/12	1.22	0.14	28,920,981.03
1961/12	0.67	0.14	28,540,441.81
1960/12	1.48	0.14	28,350,172.19
1959/12	1.50	0.14	27,969,632.97
1958/12	1.76	0.14	27,493,958.94
1957/12	3.02	0.14	27,018,284.91
1956/12	2.86	0.13	26,257,206.46
1955/12	0.37	0.13	25,496,128.01
1954/12	−0.50	0.13	25,400,993.21
1953/12	0.62	0.13	25,591,262.82
1952/12	0.88	0.13	25,400,993.21
1951/12	5.87	0.13	25,210,723.60
1950/12	5.79	0.12	23,783,701.51
1949/12	−1.80	0.11	22,451,814.22
1948/12	2.71	0.11	22,927,488.25
1947/12	9.01	0.11	22,261,544.61
1946/12	18.16	0.10	20,453,983.29
1945/12	2.25	0.09	17,314,534.70
1944/12	2.11	0.08	16,933,995.47
1943/12	3.16	0.08	16,553,456.25
1942/12	9.29	0.08	16,077,782.22
1941/12	9.72	0.07	14,745,894.93
1940/12	0.96	0.07	13,414,007.65
1939/12	−0.48	0.07	13,318,872.84
1938/12	−2.78	0.07	13,318,872.84
1937/12	3.10	0.07	13,699,412.07
1936/12	1.21	0.07	13,318,872.84
1935/12	2.99	0.07	13,128,603.23
1934/12	2.03	0.06	12,748,064.01
1933/12	0.51	0.06	12,557,794.39
1932/12	−10.30	0.06	12,462,659.59
1931/12	−9.52	0.07	13,889,681.68
1930/12	−6.03	0.08	15,316,703.77
1929/12	0.20	0.08	16,363,186.64
1928/12	−0.97	0.08	16,268,051.83
1927/12	−2.08	0.08	16,458,321.44
1926/12	−1.49	0.08	16,838,860.67

표 4.2. 대형주(시가총액이 데이터베이스 평균 초과)**의 종목 수**

기준일	대형주의 종목 수	데이터베이스 종목 수	비중
1962/12/31	162	751	21.57%
1963/12/31	164	785	20.89%
1964/12/31	175	836	20.93%
1965/12/31	231	1,073	21.53%
1966/12/30	333	1,676	19.87%
1967/12/29	385	1,961	19.63%
1968/12/31	483	2,556	18.90%
1969/12/31	493	2,668	18.48%
1970/12/31	462	2,528	18.28%
1971/12/31	528	2,766	19.09%
1972/12/29	550	3,037	18.11%
1973/12/31	454	2,551	17.80%
1974/12/31	405	2,211	18.32%
1975/12/31	446	2,387	18.68%
1976/12/31	481	2,482	19.38%
1977/12/30	516	2,620	19.69%
1978/12/29	530	2,607	20.33%
1979/12/31	550	2,682	20.51%
1980/12/31	557	2,942	18.93%
1981/12/31	581	2,829	20.54%
1982/12/31	595	2,913	20.43%
1983/12/30	678	3,416	19.85%
1984/12/31	458	3,235	14.16%
1985/12/31	469	3,339	14.05%
1986/12/31	521	3,575	14.57%
1987/12/31	518	3,408	15.20%
1988/12/30	628	3,513	17.88%
1989/12/29	615	3,470	17.72%
1990/12/31	527	2,965	17.77%
1991/12/31	614	3,395	18.09%
1992/12/31	675	3,908	17.27%
1993/12/31	790	4,684	16.87%
1994/12/30	818	4,941	16.56%
1995/12/29	882	5,442	16.21%
1996/12/31	920	6,013	15.30%
1997/12/31	923	6,457	14.29%
1998/12/31	767	5,923	12.95%
1999/12/31	768	6,053	12.69%
2000/12/29	720	5,498	13.10%
2001/12/31	709	5,043	14.06%
2002/12/31	657	4,655	14.11%
2003/12/31	771	5,122	15.05%
2004/12/31	815	5,314	15.34%
2005/12/30	815	5,307	15.36%
2006/12/29	805	5,405	14.89%
2007/12/31	777	5,279	14.72%
2008/12/31	622	3,981	15.62%
2009/12/31	651	4,150	15.69%
평균	583	3,549	17.32%

시가총액이 2억 달러(인플레이션을 고려한 실질 가격) 미만인 주식은 모두 데이터베이스에서 삭제했다. 예컨대 2009년 말에는 데이터세트의 6,705종목 중 이런 종목 2,555개를 삭제했다. 2009년에는 대형주(시가총액이 데이터베이스 평균을 초과하는 대기업 주식)가 651개에 불과했다. 시가총액이 누락된 종목, 중복된 종목, 뮤추얼펀드 주식 등도 데이터베이스에서 삭제했다.

1995년 나는 월스트리트 여러 대형 증권회사 트레이더들의 조언을 받고서 전체 주식의 시가총액 하한선을 당시 1억 5,000만 달러로 정했다. 당시 트레이더들은 1억 달러 규모의 주식 포트폴리오를 운용하려면 투자 종목의 시가총액이 1억 5,000만 달러 이상이어야 한다고 말했다. 인플레이션을 고려한 실질 가격으로는 현재 2억 달러에 해당한다. 나는 유동성이 충분해서 전문가도 쉽게 매매할 수 있는 종목에 집중하려고 이 기준을 채택했다. 인플레이션이 시가총액에 미치는 영향은 작지 않다. 2008년 2억 달러에 해당하는 시가총액이 1963년에는 2,940만 달러였고 1926년에는 1,680만 달러였다.

이렇게 (시가총액이 2억 달러 미만인) 소형주들을 제거하면 여러 전략의 수익률이 대폭 낮아진다. 소형주를 포함해서 남들이 분석한 각종 전략의 수익률보다 훨씬 낮아진다는 말이다. 그러나 시장에서 실제로 나오는 수익률을 더 정확하게 파악하려면 이것이 더 적절하고 정직한 방식이라고 생각한다. 소형주는 유동성이 매우 낮아서, 주문량이 많으면 가격이 폭등 또는 폭락하기 때문이다. 흔히 데이터베이스에 표시된 가격으로 소형주를 매매할 수 있었다고 가정하지만 이런 착각은 분석 결과를 과대평가할 뿐이다.

미래 참조 편향 방지

나는 해당 시점에 실제로 공개된 정보만 사용하려고 분기 데이터는 3개월 뒤에, 연간 데이터는 6개월 뒤에 사용했다. 이렇게 하면 정보의 신선도는 떨어지겠지만 그래도 미래 참조 편향을 방지하려면 필요하다고 판단했다.

표 4.2에서 보듯이 컴퓨스탯 데이터는 계속 증가했다. 소형주 데이터가 최대 5년까지 소급해서 추가되었다. 이렇게 추가된 소형주들은 대부분 성과가 좋은 주식이므로, 이 때문에 성과가 과대평가될 수 있다. 그러나 이 책에서는 소형주를 데이터베이스에서 삭제했으므로 그 영향이 대폭 감소했을 것이다.

리밸런싱

1~3판에서는 매년 12월 31일에 투자해서 1년 동안 보유한다고 가정하고 수익률을 계산했다. 이런 계산 방식도 유용하고 특히 1950~1963년은 연간 데이터만 있으므로 불가피한 측면이 있지만, 두 가지 문제점이 있다. 첫째, 1년에 한 번만 투자한다고 가정하면 그 사이 분기 재무 정보가 주가에 미친 영향을 파악하기 어렵다. 둘째, 매년 12월에만 투자한다고 가정하면 성과의 계절적 변동을 파악할 수 없다. 실제로 사람들은 매년 12월 31일이 아니라 연중 계속해서 투자한다.

그래서 나는 매월 포트폴리오를 구축해 12개월 동안 보유하면서 1년에 한 번 리밸런싱하는 이른바 '종합 백테스팅' 방식으로 수익률을 계산했다. 이렇게 하면 투자 개시 시점에 상관없이 투자자 대부분이 얻는 성과를 더 정확하게 파악할 수 있다. 그리고 12월 성과가 유난히 좋거나 나빠서 전반적인 수익률이 왜곡되는 문제점도 완화할 수 있다.

2009년 초에 작성한 표 4.3을 보자. 저PER 상위 10% 종목의 장기(1963~2008) 수익률인데, 매수한 달에 따라 성과 차이가 매우 크게 나온다. 1월에 투자했다면 수익률이 연 19.03%로서 1만 달러가 3,070만 달러가 되었다. 반면 3월에 투자했다면 수익률이 연 13.81%로서 1만 달러가 390만 달러가 되었다. 초과수익률 기준으로 보더라도 최저 연 4.73%(3월)에서 최고 연 9.91%(1월)까지 큰 차이가 난다. 그러므로 12월에만 투자했다고 가정하면, 다른 달에 투자했을 때 나오는 성과를 제대로 파악하기 어렵다. 하지만 종합 백테스팅 방식을 사용하면 성과를 훨씬 더 정확하게 파악할 수 있다. 그러나 '1963~2008년 저PER 투자 전략은 1월에 시작했을 때 가장 유리했으니 나는 1월에만 주식을 매수해야겠어'라고 생각해서는 안 된다. 유리한 달은 계속 바뀌기 때문이다. 1999~2008년의 10년 성과를 분석한 표 4.4를 보면 9월이 가장 유리하고 1월은 중간 수준에 그치는 것으로 나온다.

표 4.3. 요약 통계: 저PER 상위 10% 주식의 성과(1962/12~2008/12, 수익률 내림차순)

투자 개시 월	기간 (개월)	기하평균 (%)	산술평균 (%)	표준편차 (%)	T-통계량	기말 평가액 (달러)	샤프지수	최대 하락률 (%)
1월	553	19.03	19.36	18.92	6.946	30,695,522	0.76	-56.74
12월	553	16.38	16.87	17.86	6.413	10,877,647	0.66	-58.60
11월	553	15.73	16.31	17.87	6.195	8,389,184	0.63	-59.68
10월	553	15.44	16.09	18.04	6.052	7,466,608	0.61	-58.93
8월	553	15.40	16.08	18.19	5.998	7,358,622	0.61	-59.10
9월	553	15.05	15.77	18.17	5.890	6,392,297	0.59	-57.70
5월	553	15.03	15.84	18.77	5.729	6,344,822	0.58	-58.79
7월	553	15.03	15.82	18.58	5.779	6,337,902	0.58	-60.01
2월	553	14.84	15.63	18.38	5.771	5,887,275	0.58	-62.06
6월	553	14.83	15.63	18.54	5.723	5,863,131	0.57	-58.10
4월	553	14.74	15.53	18.45	5.716	5,651,325	0.57	-58.67
3월	553	13.81	14.70	18.30	5.451	3,878,613	0.53	-60.58
평균		15.44	16.14	18.34	5.972	8,761,912	0.61	-59.08

표 4.4. 요약 통계: 저PER 상위 10% 주식의 성과(1999/12~2008/12, 수익률 내림차순)

투자 개시 월	기간 (개월)	기하평균 (%)	산술평균 (%)	표준편차 (%)	T-통계량	기말 평가액 (달러)	샤프지수	최대 하락률 (%)
9월	120	13.78	15.30	21.28	2.27	36,369	0.48	-57.70
8월	120	13.74	15.27	21.36	2.26	36,241	0.48	-59.10
12월	120	13.71	15.12	20.73	2.31	36,140	0.49	-58.60
10월	120	13.48	15.07	21.46	2.22	35,413	0.47	-58.93
11월	120	13.06	14.58	20.84	2.21	34,141	0.46	-59.68
7월	120	12.22	14.00	21.85	2.03	31,688	0.41	-60.01
1월	120	11.90	13.76	21.85	1.99	30,779	0.40	-56.74
5월	120	11.71	13.65	22.65	1.91	30,271	0.38	-58.79
6월	120	10.88	12.80	22.11	1.83	28,086	0.35	-58.10
4월	120	10.01	11.93	21.82	1.73	25,950	0.32	-58.67
3월	120	8.21	10.17	20.99	1.53	22,018	0.25	-60.58
2월	120	8.13	10.19	21.35	1.51	21,859	0.24	-62.06
평균		11.74	13.49	21.52	1.98	30,746	0.395	-59.08

또한 월별 전략 결과를 볼 때 기저율^{base rates}이 유용하다는 것도 발견했다. 왜냐하면 12월은 단순하게 복합 포트폴리오의 12분의 1이 아니기 때문이다. 1년에 한 번 12월에 리밸런싱해서 요소나 전략을 백테스트한 결과는 그 요소나 전략의 효과를 과대 또는 과소평가해서 투자의 최상 요소를 선택하는 데 오류를 일으킬 수 있다.

예를 들어 저PER 포트폴리오를 만들어 매년 12월에 리밸런싱했을 때 다른 가치주 메트릭스보다 성과가 저조하다면, 그 가치 요소를 피하고 더 좋은 대안을 찾게 될 것이다. 그러나 사실 그 사례에서 배워야 하는 것처럼 PER은 12월이 아닌 달들에 투자하면 매우 잘 작동한다.

대신 우리는 매달 하나씩 1년에 12개 포트폴리오를 만듦으로써 요소나 전략이 어떻게 작동하는지 더 완전하게 이해했다. 결국 이들 요소와 전략들은 모두 정보이고 연중의 정보 변화를 담는다. 12월에만 생성되는 포트폴리오는 나머지 11개월의 정보를 무시한다. 연중 정보를 포함함으로써 초기 투자 시작과 그에 따른 리밸런싱 시기와 무관하게 최상으로 작동하는 요소들을 이해할 수 있다.

모든 전략은 연 1회 리밸런싱했고 베타, 업종, 다른 변수들에 상관없이 동일비중 방식으로 포트폴리오를 구성했다. 컴퓨스탯에 포함된 미국예탁증권^{ADR} 형태의 외국 주식도 그대로 수용했다.

이 4판에는 위험 통계도 표시했다. 과거 최악의 시나리오를 파악할 수 있으며, 회복에 소요되는 기간 등도 알 수 있기 때문이다.

정기 리밸런싱 시점 전에 파산하거나 인수되는 기업이 나오면 그 주식을 매도해 나머지 주식에 안분비례해서 투자한다고 가정했다. 수익률이 극단적이거나 외부 정보와 불일치하는 종목도 데이터베이스에서 제거했다.

다음 6가지 '적신호'가 나타나면 해당 종목을 즉시 제거하고, 대신 요건을 충족하는 다른 종목을 넣었다.

1. 기업이 사베인스-옥슬리^{Sarbanes-Oxley}법에 따라 재무제표를 승인받지 못한 경우

2. 기업이 사기 혐의로 연방정부에 기소당한 경우

3. 기업이 수정한 재무제표가 매수 당시 요건에 미달하는 경우

4. 기업이 인수 제안을 받았는데도 주가가 인수 가격의 95% 이하에 머무는 경우

5. 주가가 매수 시점보다 50% 이상 하락했고 직전 12개월 수익률도 전체 주식의 하위 10%에 들어가는 경우

6. 배당투자 전략 대상 주식인데 배당이 50% 이상 감소한 경우

나는 수익률 절댓값과 상대 수익률도 비교했고 각 전략의 베타도 살펴보았다. 베타는 시장 대비 개별 종목이나 포트폴리오의 위험을 평가하는 척도다. 어떤 종목의 베타가 1이라면 그 종목의 주가 흐름이 시장과 거의 같다는 뜻이다. 베타가 1.4라면 그 주가의 변동성이 시장보다 훨씬 커서 시장보다 더 위험하다는 의미다. 위험 조정 수익률은 포트폴리오의 변동성(수익률의 표준편차로 측정)까지 고려한 수익률이다. 일반적으로 투자자들은 연 수익률이 16%이면서 표준편차가 30%인 포트폴리오보다, 연 수익률이 15%이면서 표준편차가 20%인 포트폴리오를 선호한다. 수익률이 연 1% 낮아지더라도 변동성에서 오는 고통을 덜고 싶어 한다는 뜻이다. 그래서 수익률을 표준편차로 나누어 위험 단위당 보상을 계산한 샤프지수Sharpe ratio도 다루었다. 샤프지수는 높을수록 유리하며 다음과 같이 계산한다.

샤프지수 = (전략의 평균 수익률 − 무위험 수익률) / 수익률의 표준편차

(무위험 수익률은 항상 5%라고 가정)

표 4.5는 한 전략의 위험 조정 수익률(샤프지수) 계산 과정을 보여준다. 한 전략이 초과수익률(무위험 수익률을 차감한 수익률)은 더 높지만 표준편차가 더 커서 위험 조정 수익률은 S&P500보다 낮은 것으로 나온다. 일반적으로 전략을 선택할 때에는 초과 수익률은 물론 위험 조정 수익률도 우수한 전략을 선택해야 한다. 나는 전략의 손실

위험도를 평가하려고 수익률이 마이너스인 경우에만 표준편차를 계산한 하방 편차 semistandard deviation도 제시했다. 나는 하방 편차가 표준편차보다 더 정확하게 위험을 측정한다고 믿는다. 같은 맥락에서, 샤프지수를 수정한 소르티노지수Sortino ratio도 계산했다. 샤프지수는 표준편차를 사용하므로 손실은 물론 이익도 위험으로 인식하고 불이익을 주지만, 소르티노지수는 하방 편차를 사용하므로 손실 위험에만 불이익을 준다. 소르티노지수도 높을수록 유리하며, 다음과 같이 계산한다.

소르티노지수 = (전략의 평균 수익률 − 무위험 수익률) / 수익률의 하방 편차

표 4.5. 전략의 위험 조정 수익률 계산

평가 시점	연간 수익률(%)		무위험 수익률(%)		
	S&P500	전략	상수	S&P500	전략
1993/12/31	9.99	7.00	5.00	4.99	2.00
1994/12/31	1.31	5.00	5.00	−3.69	0.00
1995/12/31	37.43	42.00	5.00	32.43	37.00
1996/12/31	23.07	18.00	5.00	18.07	13.00
1997/12/31	33.36	24.00	5.00	28.36	19.00
1998/12/31	28.58	16.80	5.00	23.58	11.80
1999/12/31	21.04	23.57	5.00	16.04	18.57
2000/12/31	−9.11	−5.00	5.00	−14.11	−10.00
2001/12/31	−11.88	−5.18	5.00	−16.88	−10.18
2002/12/31	−22.10	−28.00	5.00	−27.10	−33.00
2003/12/31	28.70	48.00	5.00	23.70	43.00
평균	12.76	13.29	5.00	7.76	8.29
표준편차	19.43	20.83	0.00		

S&P500의 위험 조정 수익률 = 7.76%/19.43% = 0.40
전략의 위험 조정 수익률 = 8.29%/20.83% = 0.39

기대수익률 최고치와 최저치

전략에 관한 요약 정보에 지난 52년 수익률 중 최고치와 최저치는 물론 향후 기대수익률 중 최고치와 최저치도 제시했다. 이들 최저치(최대 손실률)는 투자자가 그 전략의 변동성을 감당할 수 있는지 판단하는 데 매우 유용한 자료가 될 것이다.

요약 통계

나는 모닝스타 앙코르 애널라이저Morningstar EnCorr Analyzer를 이용해서 산출한 통계 다수를 이 4판의 요약 통계에 새로 수록했다. 요약 통계에는 다음 자료도 포함된다.

- 산술평균 수익률: 해당 기간의 연 단리 수익률
- 기하평균 수익률: 해당 기간의 연 복리 수익률
- 중위 수익률: 수익률을 내림차순이나 오름차순으로 열거했을 때 중간에 위치하는 수익률
- 수익률의 표준편차: 전략의 여러 수익률이 전체 평균 수익률에서 벗어나는 정도. 흔히 표준편차가 클수록 더 위험한 전략으로 인식된다. 그러나 주식 수익률은 약 70%가 플러스 수치이므로, 표준편차는 위험을 과대평가할 수 있다고 생각한다. 플러스 방향이라면 오히려 표준편차가 클수록 유리하다. 그러므로 나는 위험 척도로 하방 편차를 선호한다.
- 하방 편차: 수익률이 마이너스인 경우에만 표준편차를 계산한 하방 편차가 표준편차보다 더 정확하게 위험을 측정한다고 나는 믿는다. 하방 편차는 손실 위험에 초점을 두는 지표로, 이 수치가 낮을수록 손실 위험도 낮아진다.
- T-통계량T-statistic: 수익률이 우연의 산물일 가능성을 나타낸다. T-통계량이 1.96이면 95% 신뢰 수준에서 유의미한 수익률이라는 뜻이다. T-통계량이 클수록 수익률이 우연의 산물일 가능성이 낮아진다. 예를 들어 한 전략의 1963~2009년 수익률에 무작위 숫자를 대입했을 때 T-통계량이 -1.02였다.
- 추적오차tracking error: 포트폴리오 수익률이 벤치마크 지수를 얼마나 충실하게 따라가는지를 측정한 지표. 추적오차가 클수록 포트폴리오 수익률이 벤치마크 지수에서 많이 벗어난다는 의미다.

십분위수와 25~50종목 포트폴리오

복수 요소 포트폴리오는 25~50종목으로 구성된다. 단일 요소 전략을 평가할 때에는 십분위수, 즉 상위 10%와 하위 10%의 성과를 비교한다.

원칙

내가 분석한 것은 트레이딩 전략이 아니라 투자 전략이다. 분석 결과, 주식시장이 완벽하게 효율적인 것은 아니다. 장기간 성과가 입증된 전략을 고수하면 초과수익이 가능하다. 다우의 개 전략(매년 다우지수에서 배당수익률이 가장 높은 10종목을 매수하는 전략)처럼 단순한 전략을 일관되게 유지했다면 지난 75년 동안 초과수익을 얻을 수 있었다. 시장 흐름에 휩쓸리지 않고 주가가 낮을 때 매수할 수 있었기 때문이다. 보팔 가스 누출 사고 직후 유니언 카바이드Union Carbide 주식이나, 발데즈Valdez 원유 유출 사고 직후 엑슨 주식을 사려는 사람은 아무도 없었지만, 바로 이때가 절호의 매수 기회였다.

비용

거래 비용과 매수·매도 호가 차이는 계산에 포함하지 않았다. 거래 주체에 따라 거래 비용이 달라지기 때문이다. 대규모로 매매하는 기관투자가의 거래 비용은 소액 개인 투자자의 비용보다 훨씬 낮다. 그러므로 각자 자신에게 적합한 거래 비용을 성과에 반영해야 한다. 이 책 초판을 출간한 1996년 이후 온라인 증권사들이 개인 투자자에게 적용하는 거래 비용이 대폭 낮아졌다. 이제는 개인 투자자도 기관투자가 못지않게 낮은 거래 비용으로 얼마든지 매매할 수 있다는 뜻이다.

매수·매도 호가 차이에 관한 유용한 자료가 2002년 5월 발표된 찰스 존스Charles M. Jones 교수의 논문 'A Century of Stock Market Liquidity and Trading Costs(지난 1세기 주식시장의 유동성과 거래 비용)'다. 이 논문에서 "놀랍게도 1910년 무렵과 1920년대 상당 기간에 다우 종목의 호가 차이가 지속적으로 약 0.60%였고 1950년대와 1980년대에도 비슷한 수준이었다. 호가 차이는 최근 20년 동안 극적으로 감소했다"라고 주장했다. 논문의 차트를 보면 2000년에는 다우 종목의 호가 차이가 0.20% 밑으로 내려갔다. 1980년대까지도 가장 유동성 높은 다우 종목들의 호가 차이가 0.60%였으므로 다른 종목들의 호가 차이는 틀림없이 더 컸을 것이다. 그러므로 1960~1980년대에 성과가 좋았던 전략을 실행해볼 생각이라면, 기대수익률에서 거래 비용으로 1%포인트 정도 차감하는 편이 좋을 것이다. 오쇼너시자산운용의 거래 경험에 의하면 호가 차이가 소형주는 평균 0.50%였고 대형주는 평균 0.15%였다.

이제 분석 결과를 살펴보자. 먼저 시가총액별로 수익률을 살펴보고, 이어서 단일 요소 전략과 복수 요소 전략들의 수익률을 살펴보자.

WHAT
WORK$
ON WALL
$TREET

05

시가총액별 주식 순위:
크기가 중요하다

정돈과 단순화는
한 분야에 통달하는 첫걸음이다.

| 토마스 만 | Thomas Mann, 독일 작가

4차 개정판인 이 책에서는 1926~2009년 시가총액별 주식을 들여다보기 위해 CRSP의 데이터를 사용한다. 먼저 벤치마크로 활용하는 2개 모집단의 수익률을 살펴볼 텐데 이는 모든 투자 전략을 평가하는 기준이 된다. 시가총액을 바탕으로 한 2개 벤치마크를 각각 '전체 주식'과 '대형주'로 부르기로 한다. 전체 주식은 시가총액 2억 달러 이상의 주식들이고, 대형주는 CRSP 데이터의 평균(대개 시가총액 기준 전체 데이터의 상위 17%)보다 큰 주식들이다. 그뿐만 아니라 유동성이 풍부해 대규모 거래가 가능한 소규모 시가총액 모집단도 참고할 것이다. 끝으로 시가총액이 크면서 시장을 선도하는 기업들로 구성된 모집단을 살펴보기 위해 컴퓨스탯을 활용할 것이다. 시장 선도주Market Leaders로 이름 지은 이들 시장 선도 기업의 모집단을 구성하려면 CRSP 데이터에는 없는 몇 가지 요소가 필요해 컴퓨스탯 자료가 필요하다. 지금까지 언급한 투자 가능 모집단 외에도 시가총액으로 순위를 매겨 십분위수로 분류한 투자 가능 기업들(시가총액 2억 달러 이상)에도 주목할 것이다.

선도주 모집단을 제외한 나머지의 경우, 1926/12/31에 1만 달러를 투자한 것을 시작으로 앞서 4장에서 살펴본 방법론을 이용해 매년 포트폴리오 리밸런싱을 하기로 한다. 모든 실험에서 그러하듯이 주식에는 동일비중 방식을 적용하고, 배당금은 재투자하고, 유통 주식 수 같은 변수들은 미래 참조 편향을 방지하기 위해 시간 지연time-lagged된 데이터를 사용한다. 그리고 과거 83년간 최악의 시나리오를 보일 때는 월간 데이터를 활용하기로 한다.

표 5.1은 전체 주식과 대형주, S&P500의 결과를 보여준다. 1장에서 언급했듯이 CRSP와 컴퓨스탯의 시가총액 평균을 상회하는 주식들(대형주)과 S&P500지수 간에는 사실상 차이가 없다. 1926/12/31에 S&P500에 1만 달러를 투자했다면 2009/12/31에는 2,317만 1,851달러가 되었고, 대형주에 투자했다면 2,161만 7,372달러가 되었을 것이다. 이런 결과는 전혀 놀랍지 않다. S&P500에 투자하는 것은 곧 이름이 알려진 대형 주식에 투자하는 일이기 때문이다. 표 5.1은 각 모집단의 결과를 보여준다. 같은 기간 동안 S&P500의 연 수익률은 9.78%였고 대형주는 9.69%였다.

표 5.1. 연 수익률과 위험도: S&P500, 대형주, 전체 주식(1927/01/01~2009/12/31)

		S&P500	대형주	전체 주식
산술평균 수익률		11.81%	11.75%	13.06%
기하평균 수익률		9.78%	9.69%	10.46%
중위 수익률		16.58%	16.75%	18.54%
표준편차		19.27%	19.35%	21.67%
상방 편차		13.65%	13.10%	14.78%
하방 편차		14.43%	14.40%	16.03%
추적오차		4.22	0.00	4.76
상승 개월 수		615	609	606
하락 개월 수		380	387	390
최대 하락률		-83.41%	-84.33%	-85.45%
베타		0.97	1.00	1.10
T-통계량(m=0)		5.30	5.25	5.19
샤프지수(Rf=5%)		0.25	0.24	0.25
소르티노지수(MAR=10%)		-0.01	-0.02	0.03
1만 달러 투자 시		$23,171,851	$21,617,372	$38,542,780
1년 수익률	최저치	-67.56%	-66.63%	-66.72%
	최고치	162.89%	159.52%	201.69%
3년 수익률	최저치	-42.35%	-43.53%	-45.99%
	최고치	43.35%	45.64%	51.03%
5년 수익률	최저치	-17.36%	-20.15%	-23.07%
	최고치	36.12%	36.26%	41.17%
7년 수익률	최저치	-6.12%	-6.95%	-7.43%
	최고치	25.82%	22.83%	23.77%
10년 수익률	최저치	-4.95%	-5.70%	-5.31%
	최고치	21.43%	19.57%	22.05%
기대수익률	최저치*	-26.73%	-26.96%	-30.28%
	최고치**	50.35%	50.46%	56.39%

* 기대수익률 최저치 = 산술평균 수익률 − 2σ
** 기대수익률 최고치 = 산술평균 수익률 + 2σ

전체 주식이 S&P500과 대형주에 비해 눈에 띄게 좋은 성과를 냈다. 투자한 1만 달러는 3,854만 2,780달러로 늘어나 연 수익률 10.46%를 기록했다. 성과에 굴곡이 없었던 것은 아니다. 전체 주식 포트폴리오는 표준편차가 21.67%로 상대적으로 더 클 뿐만 아니라 하방 편차도 대형주 포트폴리오보다 더 컸다. 또한 전체 기간 동안 보유 기간 단위 수익률을 보면 전체 주식이 대형주를 상당한 차이로 능가한 기간이 있고 반대의 경우도 있었음을 알 수 있다. 5년 단위로 보면 1930년대 초반에는 대형주가 전체 주식을 앞서지만, 시장이 바닥을 친 1932년 5월 이후에는 전체 주식이 월등히 앞섰다. 이를테면 1937/05에 끝난 5년 동안 전체 주식은 누적 수익률 461%, 즉 연 수익률 41.17%를 기록한 반면 대형주는 370%, 즉 연 수익률 36.26%를 기록함으로써 전체 주식이 대형주를 누적 수익률 91%p 차이로 앞섰다.

대형주는 1975/12/31~1983/12/31 동안 전체 주식보다 상당히 저조한 성과를 보이다가 1984/12/31~1990/12/31 기간이 되어서야 열세를 뒤집을 수 있었다. 전체 주식 역시 대형주와 유사한 최악의 시나리오를 경험했다. 1929/08~1932/06 동안 전체 주식은 85.45% 손실을 경험했고 대형주는 84.33% 손실을 기록했다. 1926~2009년 동안 두 모집단은 20%가 넘는 손실을 9번씩 겪었다. 전체 주식이 고점 대비 저점 20% 이상 하락한 9번 중에서 최악은 1929/08~1932/06의 85.45% 손실이었다. 2007/05~2009/02에도 전체 주식은 55.54% 하락을 경험했다. 표 5.1은 1929~2009년 각 그룹의 수치를 보여주고 표 5.2는 10년 단위별 수익률을 나타낸다. 그림 5.1은 1926~2009년 기간 전체 주식 수익률에서 대형주 수익률을 뺀 값을 보여준다.

표 5.2. 10년 단위 연 수익률(%, 1927/01/01~2009/12/31)

	1920년대*	1930년대	1940년대	1950년대	1960년대	1970년대	1980년대	1990년대	2000년대**
전체 주식	12.33	-0.03	11.57	18.07	10.72	7.56	16.78	15.35	4.39
대형주	17.73	-1.05	9.65	17.06	8.31	6.65	17.34	16.38	2.42
S&P500	21.83	-0.05	9.17	19.35	7.81	5.86	17.55	18.20	-0.95

* 1920년대: 1927/01/01~1929/12/31
** 2000년대: 2000/01/01~2009/12/31

그림 5.1. 5년 평균 초과(미달) 연 수익률: 전체 주식 - 대형주(1927/01/01~2009/12/31)

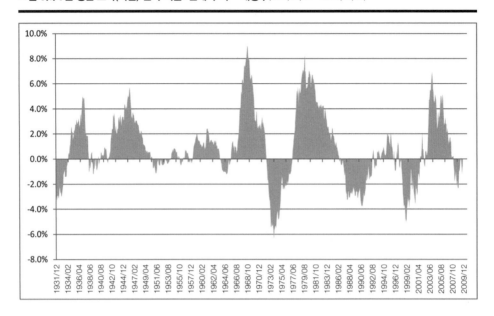

최악의 시나리오, 최고와 최악의 수익률

각 투자 전략이 1년, 3년, 5년, 10년에 기록한 최고와 최악의 수익률을 나열하겠다. 또한 각 그룹의 최악의 시나리오를 살피고, 20% 이상 하락한 경우(하락장의 일반적 정의) 하락장이 얼마나 지속되었고 회복하는 데 얼마나 걸렸는지 기록하겠다.

표 5.3~5.5는 각 모집단이 경험한 최악의 시나리오를 나타내고 표 5.6과 5.7은 다양한 기간에 기록한 최고와 최악 수익률을 보여준다. 예를 들어 5년 기간으로 전체 주식에 투자하는 경우, 전체 83년 동안 월별 수익률 기준으로 최악의 5년 수익률은 연 -23.07%였던 반면 최고의 5년 수익률은 연 41.17%였다. 최고와 최악의 수익률 모두 1929년의 대폭락 이후 대공황으로 이어진 1930년대에 발생했다. 이를 예로 드는 것은 최근 주식시장 폭락에서 보듯이 5년의 투자 기간이 투자자에게 얼마나 좋거나 나쁠 수 있는지를 보여주기 위해서다. 금액으로 환산하면 최악의 경우 투자한

표 5.3. 최악의 시나리오: 전체 주식이 20% 이상 하락한 사례(1927/01/01~2009/12/31)

고점 월	지수 고점	저점 월	지수 저점	회복 월	하락률(%)	하락 기간 (개월)	회복 기간 (개월)
1929/08	2.09	1932/06	0.30	1944/05	-85.45	34	143
1946/05	4.31	1947/05	3.02	1950/01	-29.80	12	32
1961/11	28.62	1962/06	21.68	1963/08	-24.25	7	14
1968/11	78.28	1974/09	36.94	1977/06	-52.81	70	33
1987/08	541.36	1987/11	365.98	1989/04	-32.40	3	17
1989/09	617.58	1990/10	459.03	1991/03	-25.67	13	5
1998/04	2,159.90	1998/08	1,526.20	1999/06	-29.34	4	10
2000/03	2,767.91	2002/09	1,748.78	2003/11	-36.82	30	14
2007/05	4,859.84	2009/02	2,160.86		-55.54	21	
평균					-41.34	21.56	33.5

표 5.4. 최악의 시나리오: 대형주가 20% 이상 하락한 사례(1927/01/01~2009/12/31)

고점 월	지수 고점	저점 월	지수 저점	회복 월	하락률(%)	하락 기간 (개월)	회복 기간 (개월)
1929/08	2.31	1932/05	0.36	1945/02	-84.33	33	153
1946/05	3.52	1947/05	2.66	1949/12	-24.57	12	31
1961/11	23.28	1962/06	17.75	1963/05	-23.76	7	11
1968/11	46.40	1970/06	30.93	1971/12	-33.33	19	18
1972/11	53.38	1974/09	29.15	1976/09	-45.39	22	24
1987/08	321.58	1987/11	226.82	1989/04	-29.47	3	17
1998/04	1,335.07	1998/08	1,051.59	1998/12	-21.23	4	4
2000/08	1,811.01	2002/09	1,071.37	2004/11	-40.84	25	26
2007/10	2,824.49	2009/02	1,305.79		-53.77	16	
평균					-39.63	15.67	35.5

표 5.5. 최악의 시나리오: S&P500이 20% 이상 하락한 사례(1927/01/01~2009/12/31)

고점 월	지수 고점	저점 월	지수 저점	회복 월	하락률(%)	하락 기간 (개월)	회복 기간 (개월)
1929/08	2.63	1932/06	0.44	1945/01	-83.41	34	151
1946/05	3.99	1946/11	3.12	1949/10	-21.76	6	35
1961/12	32.35	1962/06	25.14	1963/04	-22.78	6	10
1968/11	61.27	1970/06	43.35	1971/03	-29.25	19	9
1972/12	76.11	1974/09	43.66	1976/06	-42.63	21	21
1987/08	411.97	1987/11	290.31	1989/05	-29.53	3	18
2000/08	2,654.00	2002/09	1,466.79	2006/10	-44.73	25	49
2007/10	3,056.44	2009/02	1,499.18		-50.95	16	
평균					-40.57	16.25	41.86

표 5.6. 연 수익률 최고치와 최저치(%, 1927/01/01~2009/12/31)

		1년	3년	5년	7년	10년
S&P500	최저치	-67.56	-42.35	-17.36	-6.12	-4.95
	최고치	162.89	43.35	36.12	25.82	21.43
대형주	최저치	-66.63	-43.53	-20.15	-6.95	-5.70
	최고치	159.52	45.64	36.26	22.83	19.57
전체 주식	최저치	-66.72	-45.99	-23.07	-7.43	-5.31
	최고치	201.69	51.03	41.17	23.77	22.05

표 5.7. 1만 달러 투자 시 기말 원리금 최저치와 최고치(달러, 1927/01/01~2009/12/31)

		1년	3년	5년	7년	10년
S&P500	최저치	3,244	1,916	3,855	6,427	6,021
	최고치	26,289	29,458	46,736	49,906	69,692
대형주	최저치	3,337	1,800	3,247	6,041	5,561
	최고치	25,952	30,890	46,970	42,189	59,747
전체 주식	최저치	3,328	1,576	2,695	5,825	5,793
	최고치	30,169	34,452	56,062	44,504	73,345

1만 달러가 2,695달러가 되어 누적 수익률 -73.05% 또는 연 23.07%의 손실을 본다는 얘기다. 반대로 최고의 경우에는 투자한 1만 달러가 5만 6,062달러가 되어 누적 수익률 461% 또는 연 41.17%의 수익을 올린다는 얘기다. 투자자라면 당연히 상승 여지가 최대이면서 하방 위험은 최소인 투자 전략을 찾아야 하므로 우리는 모든 핵심 전략에서 위와 같은 데이터를 제시할 것이다.

대공황 탓에 1932/06에 끝난 3년 동안 모든 모집단이 최악의 3년 수익률을 기록했는데 이를 제외하면 우리가 지표로 삼는 3개 모집단은 상반된 결과를 보일 때가 있다. 예를 들어 1950년 이후 S&P500이 경험한 최악의 3년 수익률은 2003/03에 끝난 3년의 -41%였던 반면, 전체 주식과 대형주가 기록한 최악의 3년 수익률은 2009/02에 끝난 3년에 기록한 -46%, -41%다. 이를 통해 2000~2003/03 지속된 하락장이 미국에서 거래된 평균 주식보다 S&P500에 더 큰 영향을 끼쳤다는 사실을 알 수 있다. 데이터를 통해 1997~2000년 버블 기간 동안 S&P500이 얼마나 정상에서 벗어나 있었는지를 확인할 수 있다. 이때는 S&P500이, 더 정확히 말하면 지수에 포함된 몇몇 성장 주식growth stocks이 시장 전체를 도맡아 끌어올리면서 거의 모든 나머지 주식들과 엄청난 차이를 만들어냈다. 주식시장 전체에 투자할 생각으로 S&P500 인덱스 펀드를 매수할 때 꼭 명심해야 할 일이다.

표 5.3과 5.4, 5.5는 최악의 시나리오 여러 개를 보여준다. S&P500 데이터를 보면 지난 83년 동안 S&P500지수가 고점에서 저점까지 40% 넘게 하락한 경우가 딱 4번 있었는데 이런 경우를 '극심한' 하락장으로 정의한다. 4번 중 2번이 지난 10년 동안 일어난 점이 눈에 띈다. 다른 2번은 1929/08~1932/06 기간과 1972/12~1974/09 기간으로 42년 떨어져 있다. 이 정도 시간 차이면 극심한 하락장이 투자자를 얼마나 피 말리게 하는지 잊기에 충분한 시간이다. 하지만 지금의 투자자는 운 나쁘게도 2000년과 2009년에 연이어 경험한 극심한 하락장 때문에 실제로 투자 행태를 바꾸게 되었다. 2009/03 시작된 극적인 회복 장세에도 불구하고 채권 펀드에만 돈이 밀려 들어오고 주식 펀드에서는 돈이 빠져나가는 현상이 계속되었다. 뉴욕증권거래소가 설립된 1790년대 이후 미국의 주식시장은 언제나 하락장을 극복하고 신고점을 찍었음에도 불구하고 극한 경험이 투자자들의 신경을 갉아먹어 아주 보수적인 투자를 하게 한 것이다.

다시 표 5.5로 돌아가서 S&P500을 보면 평균적인 하락장의 하락률은 40.57%, 기간은 16개월임을 알 수 있다. 또한 회복하는 데에는 하락 기간의 3배에 가까운 42개월이 걸렸음도 알 수 있다. 이런 정보는 우리가 다음 하락장에 들어섰을 때 특히나 유용한데 가장 공포스러운 하락장에서도 시장은 반드시 회복한다는 사실을 알려주기 때문이다.

끝으로 2가지 주력 벤치마크인 전체 주식과 대형주에 비해 각각의 전략이 얼마나 좋은 성과를 거뒀는지를 판단하기 위해 항상 기저율을 살펴보기로 한다. 표 5.8은 전체 주식과 대형주를 비교한 기저율을 나타낸다. 기저율을 살피기 위해 5년과 10년 단위 수익률을 계산한다. 표를 보면 5년 단위 기간 937개 중 586개, 즉 63%에서 전체 주식이 대형주를 능가하는 것을 알 수 있다. 10년 단위 기간 877개 중 655개, 즉

75%에서도 전체 주식이 대형주를 능가한다. 반대로 말하면 대형주는 전체 주식을 5년 단위 기간에서는 37%, 10년 단위 기간에서는 25% 능가한다. 이름이 널리 알려진 대형주에만 전적으로 매달리기보다는 소형주도 많이 포함하는 전체 주식이라는 연못에서 낚시하는 것이 대부분의 전략에서는 더 낫다는 결론이 수익률을 통해 확인된다.

표 5.8. 전체 주식의 대형주 대비 기저율(1927/01/01~2009/12/31)

기준 기간	전체 주식이 더 높은 달	비율	초과수익률(연 수익률)
1년	538/985	55%	1.31%
3년	533/961	55%	0.88%
5년	586/937	63%	0.95%
7년	627/913	69%	0.97%
10년	655/877	75%	0.91%

소형주는 얼마나 나은가?

시가총액을 연구하는 학술 논문들은 대개 주식을 십분위수로 나누어 투자 성과를 살펴본다. 그리고 하위 2개 십분위수에 속한 소형주가 대형주를 상당한 차이로 능가한다는 것에 거의 만장일치로 동의한다. 우리 역시 소형주에서 엄청난 수익을 찾아냈다.

문제는 이 방법을 CRSP나 컴퓨스탯 데이터와 함께 사용하려 해도 소형주 전략의 탁월한 수익률에 기여하는 주식을 사실상 살 수 없다는 것이다. 투자할 수 없는 마이크로주(microcap stocks, 시가총액 2,500만 달러 미만인 주식)를 깊이 있게 분석해본 결과, 테스트에 어떤 주식을 포함하느냐에 따라 수익률이 크게 달랐다. 컴퓨스탯 모집단에서는 전제에 따라 표 5.9에서 보듯 수익률 차이가 크게 나타났다. 예를 들어 1964~2009년 동안 컴퓨스탯 시나리오 1에서 '주가 1달러 초과, 수익률 무제한, 데이터가 누락된 주식 허용'이라는 기준을 따른 결과, 포트폴리오의 연 수익률은 28%였다. 반면 '주가 1달러 초과, 수익률 상한선 월 2,000%, 데이터가 누락된 주식 불허'라는 기준을 적용한 시나리오 2에서는 수익률이 10%p 가까이 떨어져 포트폴리오의 연 수익률이 18.2%에 그쳤다. 그리고 시나리오 3에서 '주가 무제한, 수익률 무제한, 데이터 누락 허용'이라는 기준을 적용한 결과, 포트폴리오의 연 수익률은 63.2%를 기록했다.

표 5.9. 마이크로주(시가총액 2,500만 달러 미만)의 수익률(CRSP와 컴퓨스탯 데이터세트, 1964~2009)

CRSP	수익률	표준편차	매매 방식	증권거래소	증권 유형	주가
시나리오 1	17.8%	25.4%	액티브	주요 증권거래소	주식이나 ADR	무제한
시나리오 2	17.7%	25.4%	모든 방식	모든 증권거래소	모든 유형	무제한
시나리오 3	17.6%	24.1%	모든 방식	모든 증권거래소	모든 유형	1달러 초과

컴퓨스탯	수익률	표준편차	데이터 누락 주식	수익률 상한	주가	
시나리오 1	28.0%	111.5%	허용	무제한	1달러 초과	
시나리오 2	18.2%	24.8%	불허	월 2,000%	1달러 초과	
시나리오 3	63.2%	139.3%	허용	무제한	무제한	
시나리오 4	23.9%	27.4%	허용	20	무제한	

전제하는 가정이 얼마나 현실적이냐에 따라 투자가 불가능한 이들 마이크로주의 포트폴리오 수익률이 크게 달라질 것이 분명하다. 컴퓨스탯 데이터에 CRSP 데이터를 추가로 포함해본 결과, 만약 마이크로주를 살 수 있다면 가장 현실적인 장기 연 수익률은 17.6~18.2% 정도로 판단된다. CRSP 데이터를 이용해 1926/07~2009/12 기간을 포함한 확장 분석에서는 투자 불가 마이크로주의 연 수익률이 15%로 떨어진다. 이처럼 이 그룹의 수익률은 상당히 불안정하고, 테스트 결과는 어떤 주식을 포함하고 제외하느냐에 따라 크게 달라짐을 알 수 있다. 2009/12/31 기준 CRSP와 컴퓨스탯 통합 데이터에는 우리가 투자 불가 마이크로주로 분류한 주식이 2,401개 있었다. 시가총액이 너무 작아서 투자 규모에 상관없이 투자하기만 해도 스프레드가 치솟아 말도 안 되는 주가를 기록할 주식들이다. 기관투자가든 개인 투자자든 상당한 지분을 매수하려고 했다가는 주가가 하늘로 치솟을 것이다.

시가총액이 5,000만~2억 5,000만 달러인 투자 가능 마이크로주의 테스트 결과를 보면 이들 특유의 수익률이 대부분 사라진 것을 알 수 있다. 1964~2009년 컴퓨스탯 데이터를 이용한 투자 가능 마이크로주의 연 수익률은 12.70%인 반면, CRSP 데이터를 이용하면 연 수익률은 11.82%가 된다. CRSP 데이터를 이용해 1926~2009년 전체 기간을 살펴보면 투자 가능 마이크로주는 연 수익률 10.92%를 기록해 소형주 모집단을 살짝 능가하는 것을 알 수 있다. 시가총액이 주식의 수익률에 미치는 영향을 평가하려면 모든 투자 가능 주식을 십분위수로 나누어서 분석하는 것이 훨씬 낫다.

시가총액 십분위수로 전체 주식 수익률을 살핀 그림은 전혀 다른 모습이다. 그림 5.2가 보여주듯 투자 가능 모집단 안에서는 소형주가 유리한 점이 있지만 투자 불가 마이크로주를 포함한 기타 연구 결과에서만큼 크지는 않다. 1926/12/31~2009/12/31 기간에서 시가총액 기준 하위 10%가 가장 높은 연 수익률을 기록한 반면 상위 20%가 가장 낮은 연 수익률을 기록했다. 하지만 차이가 크지 않다. 하위 10% 주식이 연 수익률 10.95%, 상위 10% 주식(시가총액이 가장 큰 대형주들)이 연 수익률 8.82%로 차이는 불과 2.13%p다. 표 5.부록1은 각 십분위수에 투자한 1만 달러가 불어나는 금액과 샤프지수를 보여준다. 여기서 첫 번째 십분위수는 전체

그림 5.2. 전체 주식 시가총액 십분위수 수익률(1927/01/01~2009/12/31)

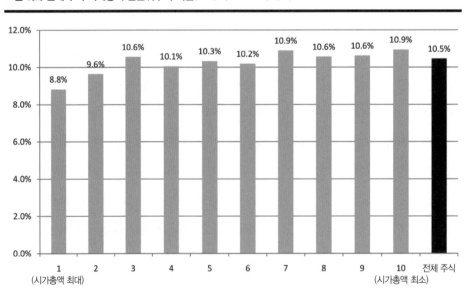

주식에서 시가총액이 상위 10%에 속하는 주식이고, 10번째 십분위수는 전체 주식에서 시가총액이 하위 10%에 속하는 주식들이다.

표 5.부록1. 전체 주식 시가총액 십분위수 수익률 요약(1927/01/01~2009/12/31)

십분위수	1만 달러 투자 시	연 수익률(산술평균)	연 수익률(기하평균)	표준편차	샤프지수
1(시가총액 최대)	$11,162,862	10.66%	8.82%	18.38%	0.21
2	$20,681,325	11.62%	9.63%	18.97%	0.24
3	$41,423,439	12.86%	10.56%	20.47%	0.27
4	$28,334,148	12.65%	10.05%	21.70%	0.23
5	$34,882,681	12.93%	10.33%	21.74%	0.25
6	$31,350,515	12.97%	10.19%	22.48%	0.23
7	$53,556,520	13.63%	10.90%	22.16%	0.27
8	$41,671,384	13.46%	10.56%	22.97%	0.24
9	$43,506,827	13.74%	10.62%	23.74%	0.24
10(시가총액 최소)	$55,516,858	14.22%	10.95%	24.36%	0.24
전체 주식	$38,542,780	13.06%	10.46%	21.67%	0.25

소형주와 시장 선도주

추가로 특징이 뚜렷한 2개 그룹을 살펴본다. 하나는 시가총액이 2억 달러는 넘지만 데이터베이스 평균보다는 작은 소형주 그룹이고, 다른 하나는 시장 선도주 그룹이다. 선도주는 스테로이드 주사를 맞은 대형주라고 보면 된다. 대형주 출신이지만 크기 말고도 다른 특징을 갖고 있다. 시장을 선도하는 기업이 되려면 공익기업utilities 업종이 아니면서 시가총액이 평균 이상(3판까지는 마이크로주를 포함한 전체 데이터베이스의 평균 이상이면 되었지만, 이제는 시가총액이 5,000만 달러는 넘어야 한다)일 뿐 아니라 발행 주식 수와 현금흐름 역시 평균 이상이면서 매출액이 평균을 50% 이상 초과하는 조건을 만족시켜야 한다. 이 조건을 컴퓨스탯 데이터베이스에 적용하면 전체의 겨우 6%만이 선도주 자격을 갖는다. 1926년까지 거슬러 올라간 소형주 모집단의 데이터가 있으므로 그쪽을 먼저 살펴본 다음 1964년 이후 기간의 선도주를 보겠다.

소형주가 간발의 차이로 이긴다

매수할 수도 없는 표 5.9의 마이크로주를 무시한다면, 위험을 비롯한 다른 요소에 신경 쓰지 않는 투자자라면 소형주에 집중하는 게 최선임을 표 5.10이 보여준다. 나중에 다시 보겠지만 이는 주식을 선별할 때 시가총액만 보겠다는 투자자에게만 해당하는 얘기다. 표 5.10은 소형주가 대형주를 이긴다는 학계의 연구 결과와 일치하지만 마이크로주를 빼버리면 많은 연구에서 강조했던 만큼 큰 차이로 이기지는 않는다.

표 5.10. 연 수익률과 위험도: 전체 주식, 대형주, 소형주(1927/01/01~2009/12/31)

		전체 주식	대형주	소형주
산술평균 수익률		13.06%	11.75%	13.77%
기하평균 수익률		10.46%	9.69%	10.82%
중위 수익률		18.54%	16.75%	19.28%
표준편차		21.67%	19.35%	23.09%
상방 편차		14.78%	13.10%	16.05%
하방 편차		16.03%	14.40%	16.89%
추적오차		0.00	4.76	2.22
상승 개월 수		606	609	605
하락 개월 수		390	387	391
최대 하락률		-85.45%	-84.33%	-86.12%
베타		1.00	0.87	1.06
T-통계량(m=0)		5.19	5.25	5.12
샤프지수(Rf=5%)		0.25	0.24	0.25
소르티노지수(MAR=10%)		0.03	-0.02	0.05
1만 달러 투자 시		$38,542,780	$21,617,372	$50,631,666
1년 수익률	최저치	-66.72%	-66.63%	-66.91%
	최고치	201.69%	159.52%	233.48%
3년 수익률	최저치	-45.99%	-43.53%	-47.28%
	최고치	51.03%	45.64%	54.35%
5년 수익률	최저치	-23.07%	-20.15%	-24.56%
	최고치	41.17%	36.26%	44.18%
7년 수익률	최저치	-7.43%	-6.95%	-7.64%
	최고치	23.77%	22.83%	27.35%
10년 수익률	최저치	-5.31%	-5.70%	-5.19%
	최고치	22.05%	19.57%	24.47%
기대수익률	최저치	-30.28%	-26.96%	-32.41%
	최고치	56.39%	50.46%	59.96%

1927~2009년 동안 소형주 모집단은 연 10.82% 수익을 올렸고 전체 주식은 10.46%, 대형주는 9.69%를 기록했다. 따라서 1926/12/31에 소형주 모집단에 1만 달러를 투자했다면 2009/12/31에 5,063만 1,666달러로 불어나 대형주와 전체 주식을 큰 차이로 능가했을 것이다. 하지만 소형주의 높은 위험(23.09%) 때문에 샤프지수는 전체 주식과 똑같은 0.25를 기록했다. 표 5.11은 3대 주력 모집단의 수익률을 10년 단위로 보여주고 표 5.12와 5.13은 각각 전체 주식과 대형주 대비 소형주의 기저율을 알려준다.

표 5.11. 10년 단위 연 수익률(%, 1927/01/01~2009/12/31)

	1920년대*	1930년대	1940년대	1950년대	1960년대	1970년대	1980년대	1990년대	2000년대**
전체 주식	12.33	−0.03	11.57	18.07	10.72	7.56	16.78	15.35	4.39
대형주	17.73	−1.05	9.65	17.06	8.31	6.65	17.34	16.38	2.42
소형주	9.81	0.67	12.79	18.45	11.61	8.19	16.46	14.96	4.95

* 1920년대: 1927/01/01~1929/12/31
** 2000년대: 2000/01/01~2009/12/31

표 5.12. 소형주의 전체 주식 대비 기저율(1927/01/01~2009/12/31)

기준 기간	소형주가 더 높은 달	비율	초과수익률(연 수익률)
1년	534/985	54%	0.75%
3년	527/961	55%	0.47%
5년	571/937	61%	0.48%
7년	613/913	67%	0.47%
10년	625/877	71%	0.44%

표 5.13. 소형주의 대형주 대비 기저율(1927/01/01~2009/12/31)

기준 기간	소형주가 더 높은 달	비율	초과수익률(연 수익률)
1년	538/985	55%	2.06%
3년	531/961	55%	1.35%
5년	579/937	62%	1.43%
7년	623/913	68%	1.44%
10년	652/877	74%	1.35%

얄궂게도 이 책처럼 수익 극대화를 꾀하는 투자 전략을 따르다 보면 필연적으로 소형주와 중형주를 맞닥뜨리게 된다. 단순히 시가총액 때문만은 아닌 것 같고, 소형주와 중형주의 주가가 가장 비효율적으로 매겨지기 때문이라고 생각한다. 2009년 현재 미국 주식시장은 400여 개 주식이 시가총액의 75%를 차지하는 반면, 나머지 25%를 차지하는 주식은 그야말로 수천 개에 이른다. 중형주와 소형주의 개수가 엄청나서 애널리스트는 제대로 분석할 수 없지만, 높은 수익과 밀접한 요소를 지닌 기업들을 체계적이고 규율 있게 접근해 찾아내려는 투자자에게는 큰 기회다.

최악의 시나리오, 최고와 최악의 수익률

표 5.14는 1926~2009년에 소형주 모집단이 20% 이상 하락한 모든 경우를 보여준다. 소형주 모집단은 전체 주식, 대형주와 마찬가지로 1926년 이래 20% 이상의 하락을 총 9번 경험했다. 그중 1929/08~1932/06의 86% 하락이 최악이었다. 다른 모집단과 달리 소형주에서 두 번째로 심한 하락은 1968/11~1974/09의 58%였다. 2007/05~2009/02에도 56% 하락했다. 다양한 기간으로 본 소형주 모집단의 최고와 최악 수익률은 표 5.15에 정리했다. 투자 기간이 5년이라면 소형주 모집단에 투자할 경우 최악의 연 수익률은 -24.56%다. 금액으로 환산한 표 5.16에 따르면 지난 83년간 소형주 모집단 최악의 손실은 투자한 1만 달러가 2,444달러로 줄어든 경우다. 반대로 같은 모집단에서 최고의 5년 수익률을 경험했다면 투자한 1만 달러는 6만 2,313달러로 늘었을 것이다. 표 5.16에는 다른 투자 기간의 수익률도 나와 있다. 그림 5.3은 소형주 수익률에서 전체 주식 수익률을 뺀 5년 평균 초과 혹은 미달 연 수익률이다.

표 5.14. 최악의 시나리오: 소형주가 20% 이상 하락한 사례(1927/01/01~2009/12/31)

고점 월	지수 고점	저점 월	지수 저점	회복 월	하락률(%)	하락 기간 (개월)	회복 기간 (개월)
1929/08	1.99	1932/06	0.28	1943/05	-86.12	34	131
1946/05	4.99	1947/05	3.37	1950/04	-32.47	12	35
1961/11	32.82	1962/10	24.73	1964/01	-24.65	11	15
1968/11	100.99	1974/09	41.93	1977/11	-58.48	70	38
1987/08	713.67	1987/11	472.29	1989/04	-33.82	3	17
1989/09	803.9	1990/10	572.17	1991/03	-28.83	13	5
1998/04	2,776.53	1998/08	1,894.96	1999/11	-31.75	4	15
2000/02	3,511.27	2002/09	2,235.24	2003/10	-36.34	31	13
2007/05	6,352.93	2009/02	2,765.42		-56.47	21	
평균					-43.21	22.11	33.63

표 5.15. 연 수익률 최저치와 최고치(%, 1927/01/01~2009/12/31)

		1년	3년	5년	7년	10년
전체 주식	최저치	-66.72	-45.99	-23.07	-7.43	-5.31
	최고치	201.69	51.03	41.17	23.77	22.05
대형주	최저치	-66.63	-43.53	-20.15	-6.95	-5.70
	최고치	159.52	45.64	36.26	22.83	19.57
소형주	최저치	-66.91	-47.28	-24.56	-7.64	-5.19
	최고치	233.48	54.35	44.18	27.35	24.47

표 5.16. 1만 달러 투자 시 기말 원리금 최저치와 최고치(달러, 1927/01/01~2009/12/31)

		1년	3년	5년	7년	10년
전체 주식	최저치	3,328	1,576	2,695	5,825	5,793
	최고치	30,169	34,452	56,062	44,504	73,345
대형주	최저치	3,337	1,800	3,247	6,041	5,561
	최고치	25,952	30,890	46,970	42,189	59,747
소형주	최저치	3,309	1,465	2,444	5,733	5,872
	최고치	33,348	36,775	62,313	54,327	89,249

그림 5.3. 5년 평균 초과(미달) 연 수익률: 소형주 – 전체 주식(1927/01/01~2009/12/31)

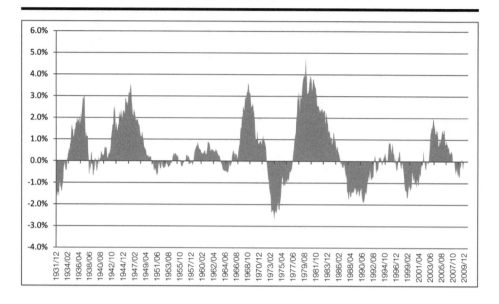

선도주와 소형주: 인덱스를 만드는 더 나은 방법

이제 선도주 모집단을 살피는 동시에 정량적 규칙을 사용해 인덱스를 만드는 것이
기존 방법보다 낫다는 것을 보이겠다. 앞서 언급한 내용을 반복하면 선도주는 시장
을 선도하는 대형주로 평균보다 매출이 50% 이상 크고 발행 주식 수와 현금흐름이
큰 주식들이고, 소형주는 CRSP와 컴퓨스탯 데이터에 포함된 모든 주식 중 시가총액
이 2억 달러를 초과하고 데이터베이스 평균 이하인 주식들이다. 2009년 현재 시가
총액이 2억 달러인 기업은 1926년에 시가총액이 1,360만 달러 이상인 기업에 해당
한다. 이런 기준은 블루칩(우량주)과 소형주의 범주를 잘 구분해준다. 표 5.17에 4개
모집단과 S&P500지수를 정리했다. 시장 선도주가 절댓값으로는 소형주를 제외한
나머지 모집단 모두를 능가하고, 위험을 반영한 위험 조정 수익률로는 가장 높은 샤
프지수 0.39를 기록하면서 소형주를 포함한 모든 5개 모집단 중 최고다. 또한 선도
주는 하방 위험만 반영한 소르티노지수도 0.12로 5개 중 최고다. 표 5.18은 시장 선

도주와 전체 주식, S&P500의 10년 단위 수익률을 보여준다. 표 5.19와 5.20은 각각 대형주와 S&P500지수 대비 시장 선도주의 기저율을 나타낸다. 시장 선도주는 모든

표 5.17. 연 수익률과 위험도: 전체 주식, 소형주, 대형주, 시장 선도주, S&P500(1964/01/01~2009/12/31)

		전체 주식	소형주	대형주	시장 선도주	S&P500
산술평균 수익률		13.26%	13.94%	11.72%	12.82%	10.71%
기하평균 수익률		11.22%	11.60%	10.20%	11.36%	9.46%
중위 수익률		17.16%	19.28%	17.20%	14.62%	13.76%
표준편차		18.99%	20.31%	16.50%	16.13%	15.09%
상방 편차		10.98%	11.87%	9.70%	10.00%	9.37%
하방 편차		13.90%	14.83%	11.85%	11.66%	10.76%
추적오차		5.41	7.56	0.00	4.09	4.63
상승 개월 수		329	329	332	335	342
하락 개월 수		223	223	220	217	210
최대 하락률		−55.54%	−58.48%	−53.77%	−54.03%	−50.95%
베타		1.11	1.15	1.00	0.95	0.88
T−통계량(m=0)		4.47	4.38	4.58	5.1	4.59
샤프지수(Rf=5%)		0.33	0.32	0.32	0.39	0.3
소르티노지수(MAR=10%)		0.09	0.11	0.02	0.12	−0.05
1만 달러 투자 시		$1,329,513	$1,555,109	$872,861	$1,411,897	$639,147
1년 수익률	최저치	−46.49%	−46.38%	−46.91%	−48.15%	−43.32%
	최고치	84.19%	93.08%	68.96%	66.79%	61.01%
3년 수익률	최저치	−18.68%	−19.53%	−15.89%	−13.61%	−16.10%
	최고치	31.49%	34.00%	33.12%	34.82%	33.40%
5년 수익률	최저치	−9.91%	−11.75%	−5.82%	−4.36%	−6.64%
	최고치	27.66%	31.37%	28.95%	31.52%	29.72%
7년 수익률	최저치	−6.32%	−7.64%	−4.15%	−2.93%	−3.85%
	최고치	23.77%	27.35%	22.83%	24.56%	23.08%
10년 수익률	최저치	1.01%	1.08%	−0.15%	1.01%	−3.43%
	최고치	22.05%	24.47%	19.57%	19.69%	19.48%
기대수익률	최저치	−24.73%	−26.69%	−21.28%	−19.44%	−19.46%
	최고치	51.24%	54.57%	44.72%	45.07%	40.88%

표 5.18. 10년 단위 연 수익률(1964/01/01~2009/12/31)

	1960년대*	1970년대	1980년대	1990년대	2000년대**
대형주	8.16	6.65	17.34	16.38	2.42
시장 선도주	8.23	7.32	18.10	16.54	5.92
S&P500	6.80	5.86	17.55	18.20	−0.95

* 1960년대: 1964/01/01~1969/12/31
** 2000년대: 2000/01/01~2009/12/31

표 5.19. 시장 선도주의 대형주 대비 기저율(1964/01/01~2009/12/31)

기준 기간	시장 선도주가 더 높은 달	비율	초과수익률(연 수익률)
1년	326/541	60%	1.03%
3년	364/517	70%	1.12%
5년	368/493	75%	1.10%
7년	351/469	75%	1.09%
10년	387/433	89%	1.04%

표 5.20. 시장 선도주의 S&P500 대비 기저율(1964/01/01~2009/12/31)

기준 기간	시장 선도주가 더 높은 달	비율	초과수익률(연 수익률)
1년	335/541	62%	1.85%
3년	368/517	71%	1.73%
5년	375/493	76%	1.65%
7년	340/469	72%	1.54%
10년	338/433	78%	1.38%

그림 5.4. 5년 평균 초과(미달) 연 수익률: 시장 선도주 - 대형주(1927/01/01~2009/12/31)

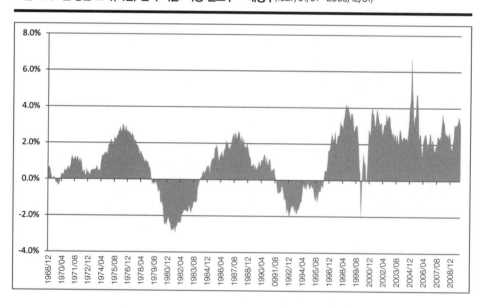

5년 단위 기간에서 75%, 10년 단위 기간에서는 89%의 승률로 대형주를 능가했다. 그림 5.4는 시장 선도주와 대형주의 연 수익률 차이를 5년 평균 값으로 보여준다. 시

장 선도주는 S&P500에 대해서도 비슷한 승률을 즐겼다.

최악의 시나리오, 최고와 최악의 수익률

표 5.21은 시장 선도주가 20% 넘게 하락한 모든 경우를 나타낸다. CRSP 데이터에 없는 요소를 사용하기 때문에 시장 선도주 데이터는 1926년이 아니라 1964년에서 시작된다. 따라서 대공황기의 손실은 포함되지 않는다. 다른 모집단과 마찬가지로 시장 선도주 모집단 역시 최악의 하락은 2007/10~2009/02에 기록한 54% 손실이었다. 표 5.22는 1963~2009년에 다양한 보유 기간에 거둔 최고와 최악의 수익률을 보여주고, 표 5.23은 투자한 1만 달러가 여러 기간에 거둔 최고와 최악의 수익률 아래서 얼마가 되었는지를 보여준다.

투자한 1만 달러가 5년 투자 기간 동안 얼마로 늘거나 줄어드는지 보자. 1963년 이후 최악의 5년과 맞먹는 손실이라면 1만 달러는 8,001달러로 줄었을 것이고, 최고

표 5.21. 최악의 시나리오: 시장 선도주가 20% 이상 하락한 사례(1964/01/01~2009/12/31)

고점 월	지수 고점	저점 월	지수 저점	회복 월	하락률(%)	하락 기간 (개월)	회복 기간 (개월)
1968/11	1.91	1970/06	1.27	1971/04	-33.42	19	10
1972/11	2.20	1974/09	1.29	1976/01	-41.29	22	16
1987/08	14.87	1987/11	10.50	1989/04	-29.39	3	17
2001/01	85.39	2002/09	60.48	2003/11	-29.17	20	14
2007/10	177.00	2009/02	81.37		-54.03	16	
평균					-37.46	16	14.25

표 5.22. 연 수익률 최저치와 최고치(%, 1964/01/01~2009/12/31)

		1년	3년	5년	7년	10년
시장 선도주	최저치	-48.15	-13.61	-4.36	-2.93	1.01
	최고치	66.79	34.82	31.52	24.56	19.69

표 5.23. 1만 달러 투자 시 기말 원리금 최저치와 최고치(달러, 1964/01/01~2009/12/31)

		1년	3년	5년	7년	10년
시장 선도주	최저치	5,185	6,448	8,001	8,122	11,061
	최고치	16,679	24,506	39,355	46,514	60,354

의 5년 수익률과 같다면 1만 달러는 3만 9,355달러로 늘었을 것이다. 이는 같은 기간 동안 전체 주식이 거둔 최소, 최대 수익에 비해 낮다.

표 5.17에서는 시장 선도주가 대형주는 물론 전체 주식조차 능가한 것을 보여준다. 하지만 다른 스타일 특화 인덱스와 비교해야 비로소 이 책이 설명하는 계량적 주식 선별 규칙의 진가를 알 수 있다. 1979년에 개발된 러셀 인덱스Russell Index는 광범위하게 사용되는 시가총액 기준, 스타일 특화 인덱스다. 많은 기관투자가가 펀드매니저의 성과를 이들 러셀 인덱스와 비교한다. 표 5.24는 대형주 러셀1000과 S&P500, 시장 선도주 모집단을 비교해서 보여준다.

사실상 모든 항목에서 선도주가 S&P500과 러셀1000보다 나은 결과를 보여준다. 1979~2009년에 선도주는 대형주 지표인 러셀1000과 S&P500 대비 2배 가까운 수익률을, 아주 약간 더 높은 위험으로 달성했다. 다시 말해 러셀1000이 개발된 시점인 1978/12/31에 1만 달러를 투자했다면 선도주는 이를 53만 6,002달러로 늘려서 연 수익률 13.71%에 해당해, 러셀1000에 투자한 1만 달러가 29만 853달러, 연 수익률 11.49%를 달성한 것과 비교된다. 러셀1000과 비교한 시장 선도주 모집단의 기저율은 모두 양(+)의 값으로, 시장 선도주는 모든 5년 단위 기간에서 74%, 모든 10년 단위 기간에서는 79%의 승률로 러셀1000을 능가했다. 그뿐만 아니라 보유 기간이 7년에 달하면 수익률이 음(-)의 값, 즉 손실을 본 기록이 전무한 반면, 러셀1000은 7년과 10년 모두 손실을 기록한 기록이 있다(공정하게 말해서 대공황을 포함하는 1926년까지 거슬러 올라간 시장 선도주와 러셀1000 데이터가 있었다면 두 지표 모두 틀림없이 손실을 기록했을 것이다). 러셀1000이 시장 선도주 모집단을 유일하게 능가한 것은 시장이 극단적으로 곤두박질친 2007/10~2009/02 기간인데 이때 선도주는 54% 하락한 반면

표 5.24. 연 수익률과 위험도: 시장 선도주, S&P500, 러셀1000(1979/01/01~2009/12/31)

		시장 선도주	S&P500	러셀1000
산술평균 수익률		15.24%	12.80%	12.86%
기하평균 수익률		13.71%	11.46%	11.49%
중위 수익률		20.48%	16.91%	17.72%
표준편차		16.30%	15.44%	15.62%
상방 편차		9.67%	9.19%	9.12%
하방 편차		12.85%	11.63%	11.84%
추적오차		0.00	4.37	4.30
상승 개월 수		237	239	239
하락 개월 수		135	133	133
최대 하락률		−54.03%	−50.95%	−51.13%
베타		0.93	0.87	0.92
T−통계량(m=0)		4.87	4.36	4.33
샤프지수(Rf=5%)		0.53	0.42	0.42
소르티노지수(MAR=10%)		0.29	0.13	0.13
1만 달러 투자 시		$536,002	$288,701	$290,853
1년 수익률	최저치	−48.15%	−43.32%	−43.62%
	최고치	66.79%	61.01%	63.47%
3년 수익률	최저치	−13.61%	−16.10%	−16.20%
	최고치	34.82%	33.40%	32.37%
5년 수익률	최저치	−3.00%	−6.64%	−6.39%
	최고치	31.52%	29.72%	28.60%
7년 수익률	최저치	0.70%	−3.85%	−3.47%
	최고치	24.56%	23.08%	22.44%
10년 수익률	최저치	1.85%	−3.43%	−3.02%
	최고치	19.15%	19.48%	19.89%
기대수익률	최저치	−17.37%	−18.09%	−18.38%
	최고치	47.84%	43.69%	44.10%

러셀1000은 51% 하락했다. 한 가지 잊지 말고 지적해야 할 점은 선도주 모집단이 ADR 형식으로 해외 기업을 포함하기 때문에 미국 기업만으로 구성된 러셀1000을 쉽게 능가했을 수도 있다는 사실이다. 하지만 나는 본사가 어디에 있는지가 주식 선별의 기준이 되어서는 안 된다고 믿기 때문에 시장을 선도하는 대기업 주식에 관심 있는 투자자에게는 시장 선도주 모집단이 더 나은 지표라고 확신한다. 끝으로 시장 선도주 모집단이 러셀1000과 S&P500 모두를 능가한 또 다른 이유로 러셀1000과 S&P500이 시가총액가중 방식을 사용하는 반면 시장 선도주 모집단은 동일비중 방식을 사용한다는 점을 들 수 있다.

소형주

소형주 모집단 역시 러셀2000 인덱스를 능가한다. 표 5.25는 소형주 모집단과 러셀 2000의 수익률과 위험을 요약해서 보여준다. 1978/12/31에 똑같이 투자한 1만 달러 는 2009/12/31에 소형주 모집단은 41만 9,088달러로 연 수익률 12.81%, 러셀2000은 27만 5,906달러로 연 수익률 11.30%가 되었을 것이다. 러셀2000과 비교한 소형주 모집단의 기저율은 모두 양의 값으로 소형주는 모든 5년 단위 기간에서 95%, 모든

표 5.25. 연 수익률과 위험도: 소형주와 러셀2000(1979/01/01~2009/12/31)

		소형주	러셀2000
산술평균 수익률		15.20%	13.57%
기하평균 수익률		12.81%	11.30%
중위 수익률		24.78%	22.94%
표준편차		20.35%	19.91%
상방 편차		11.21%	10.78%
하방 편차		15.57%	15.18%
추적오차		0.00	3.89
상승 개월 수		230	229
하락 개월 수		142	143
최대 하락률		-56.47%	-52.89%
베타		1.00	0.96
T-통계량(m=0)		3.90	2.58
샤프지수(Rf=5%)		0.38	0.32
소르티노지수(MAR=10%)		0.18	0.09
1만 달러 투자 시		$419,088	$275,906
1년 수익률	최저치	-46.38%	-42.38%
	최고치	93.08%	97.52%
3년 수익률	최저치	-19.53%	-17.89%
	최고치	33.27%	33.93%
5년 수익률	최저치	-7.72%	-6.68%
	최고치	26.92%	26.69%
7년 수익률	최저치	-0.63%	-1.39%
	최고치	24.08%	22.64%
10년 수익률	최저치	2.11%	1.22%
	최고치	18.42%	17.14%
기대수익률	최저치	-25.49%	-26.25%
	최고치	55.90%	53.38%

10년 단위 기간에서는 100%의 승률로 러셀2000을 능가한다.

이 결과를 보면 인덱스 대부분을 위원회가 선별해 만들어내는 지금 방식보다 주식 인덱스 창조자들이 더 잘 해낼 수 있다고 생각한다. 광범위한 인덱스를 개발하는 회사들이 보다 명쾌하게 적시한 규칙에 따라 개발한다면 과거 데이터로 시험할 수도 있고, 특정한 스타일을 추구하거나 전통적으로 운용되는 포트폴리오를 선호하는 투자자를 위한 더 나은 모형을 만들 수 있을 것이다.

시사점

투자자들은 단지 소형주에 투자한다는 이유만으로 고수익을 보장하는 소형주 전략을 조심해야 한다. 소형주와 대형주의 수익률 차이는 대부분 가장 작은 주식들(시가총액 2,500만 달러 미만) 때문이지만 주식 선별 기준에 따라 수익률이 크게 달라질 수 있다. 선택의 폭을 시가총액 2,500만 달러 이하의 주식으로 확장하면 주식 선별 기준에 주가 1달러 초과와 월별 상한 폭을 설정했을 때보다 훨씬 높은 수익률을 달성할 수 있다. 하지만 이런 주식은 살 수 없기 때문에 뮤추얼펀드와 개인 투자자 모두에게 해당되지 않는 얘기다.

소형주가 대형주를 절대적 관점에서 능가하는 건 맞지만 위험을 감안하면 그렇지도 않다. 소형주의 샤프지수는 0.25로 전체 주식과 다를 바 없고 대형주보다는 딱 0.01 높다.

정말 놀라운 것은 시장 선도주의 성과다. 누구나 아는 이들 대기업 주식들은 전체 주식, 대형주, S&P500 모두를 능가했을 뿐만 아니라 전체 주식, 대형주보다 확실히 낮은 위험을, S&P500보다 아주 조금 더 큰 위험을 안은 채 그런 성과를 달성했다. 소형주 모집단이 시장 선도주를 절대적 관점에서 능가했지만 위험을 감안하면 1964~2009년 기간에 시장 선도주 모집단보다 샤프지수가 낮았다. 시장 선도주는 실제로 투자할 수 있는 모든 주식 중 가장 높은 샤프지수를 기록했을 뿐만 아니라 다양한 시장 상황에서도 탁월한 성과를 냈다. 1964~2009년에 시장 선도주 모집단은 전체 주식과 대형주, 소형주, S&P500을 상대로 3년과 5년, 7년, 10년 기간 모두에서 양의 기저율을 기록했다. 또 다른 대형주 지수인 러셀1000과 S&P500을 능가할 뿐만 아니라, 인덱스펀드를 개발하는 회사들이 새로운 인덱스를 개발할 때 더 객관적이고 계량적인 주식 선별 과정을 도입하라는 교훈을 시사하기까지 한다.

나중에 더 자세히 살펴보겠지만 S&P500지수를 능가하고 싶고 위험을 추가로 떠안고자 하는 투자자라면 초소형이나 초대형 주식에만 전념하기보다는 적당한 크기의 주식들(전체 주식에서 시가총액이 2억 달러를 넘는 주식들)에 집중해야 한다. 2009/12/31 현재 전체 주식은 2,879개 종목을 포함하고 있다. 전체 주식의 시가총액 중앙값은 13억 달러, 평균값은 80억 달러로 대형주 시가총액 평균값인 368억 달러보다 현저히 작다.

우리의 벤치마크 2개

이어지는 2개 장에서는 모든 투자 전략을 검토하는 데 전체 주식과 대형주를 벤치마크로 활용한다. 전체 주식과 대형주는 각 범위에서 투자자가 어떤 성과를 거둘 수 있는지 알려주는 훌륭한 가늠자가 된다. 시장 선도주나 소형주 모집단을 이용하는 전략에서도 이들을 벤치마크로 포함한다.

06

주가수익배수(PER):
승자주와 패자주의 갈림길

돈 버는 일에는
모두의 종교가 하나다.

| 볼테르 | Voltaire, 프랑스 사상가

월스트리트의 많은 사람에게 PER이 낮은 주식을 사는 것이야말로 단 하나의 참 진리다. 주식의 PER은 주가를 주당순이익(EPS)으로 나누어서 구한다. PER이 높을수록 투자자는 수익에 더 많은 돈을 지불하는 셈이며 미래의 수익률 성장에 거는 기대 역시 그만큼 더 큰 것이다. PER은 다른 주식에 비해 주가가 얼마나 더 싸거나 비싼지 판단하는 가장 흔한 척도다.

PER이 낮은 주식을 사는 투자자는 주식을 염가에 샀다고 생각한다. 이들이 보기에 PER이 높은 주식을 사는 사람들은 비현실적인 미래 수익률 성장을 기대한다. 큰 기대와 높은 주가는 대개 좌절되기 마련이라고 생각한다. 반대로 PER이 낮은 주식의 주가는 지나치게 낮게 평가되었다고 생각하며, 수익이 좋아지면 주가 역시 회복될 것이라고 생각한다.

결과

전체 주식(시가총액이 2억 달러 이상)에서 뽑은 PER이 높고 낮은 주식들, 대형주(시가총액이 컴퓨스탯 평균값 이상)에서 뽑은 PER이 높고 낮은 주식들, 이렇게 전혀 다른 2개 그룹을 살펴보는 점을 기억하자.

앞서 말한 대로 우리는 각각의 포트폴리오를 매년 리밸런싱하고 모든 월간 수익률을 통합한 수익률을 살펴본다. PER이 낮은 주식들부터 살펴보자. 1963/12/13에 1만 달러로 이익수익률(earnings-to-price)이 가장 높은 10% 주식(다시 말해 PER이 가장 낮은 10% 주식)을 전체 주식과 대형주에서 사들인다(컴퓨스탯 내부의 수학적 문제 때문에 PER의 역수인 이익수익률이 높은 순서대로 주식의 순위를 매겨야 한다). 새로운 결합 방법론을 사용해서 이어지는 11개월 각각의 포트폴리오도 매년 리밸런싱해서 살펴본다. 매년 리밸런싱함으로써 어느 해든 PER이 가장 낮은 10% 주식(이후 저PER 상위 10% 주식)을 포함한다. 모든 테스트에서 주식은 동일비중이고, 수익 변수들은 미래 참조 편향을 피하기 위해 지연된 데이터를 사용한다.

표 6.1부터 6.5는 저PER 주식에 투자한 결과를 요약해 보여준다.

표 6.1. 연 수익률과 위험도: 전체 주식 저PER 상위 10%와 전체 주식(1964/01/01~2009/12/31)

		전체 주식 저PER 상위 10%	전체 주식
산술평균 수익률		18.23%	13.26%
기하평균 수익률		16.25%	11.22%
중위 수익률		22.93%	17.16%
표준편차		18.45%	18.99%
상방 편차		11.95%	10.98%
하방 편차		13.62%	13.90%
추적오차		7.40	0.00
상승 개월 수		351	329
하락 개월 수		201	223
최대 하락률		-59.13%	-55.54%
베타		0.90	1.00
T-통계량(m=0)		6.20	4.47
샤프지수(Rf=5%)		0.61	0.33
소르티노지수(MAR=10%)		0.46	0.09
1만 달러 투자 시		$10,202,345	$1,329,513
1년 수익률	최저치	-52.60%	-46.49%
	최고치	81.42%	84.19%
3년 수익률	최저치	-18.31%	-18.68%
	최고치	42.43%	31.49%
5년 수익률	최저치	-4.15%	-9.91%
	최고치	33.31%	27.66%
7년 수익률	최저치	-0.64%	-6.32%
	최고치	29.92%	23.77%
10년 수익률	최저치	6.07%	1.01%
	최고치	28.20%	22.05%
기대수익률	최저치	-18.68%	-24.73%
	최고치	55.14%	51.24%

전체 주식 저PER 상위 10% 주식에 투자한 1만 달러는 1,020만 2,345달러로 늘어 연 수익률 16.25%를 기록했다. 1963/12/31에 1만 달러를 투자해 2009/12/31에 132만 9,513달러로 늘려 연 수익률 11.22%를 달성한 전체 주식의 결과보다 900만 달러 가까이나 많다. 게다가 저PER 주식의 위험은 전체 주식보다 낮았다. 즉 전체 주식 저PER 주식의 수익률 표준편차는 18.45%로 전체 주식의 18.99%보다 낮았다.

높은 수익률과 낮은 위험이 결합해 훨씬 높은 샤프지수로 이어졌다. 전체 주식 샤프지수는 0.33인 반면 저PER 상위 10% 주식의 샤프지수는 0.61이었다.

전체 주식 저PER 상위 10% 주식의 기저율은 한결같이 높아서 모든 5년 단위 기간에서는 92%, 10년 단위 기간에서는 99% 승률로 전체 주식을 능가했다.

표 6.2. 전체 주식 저PER 상위 10%의 전체 주식 대비 기저율(1964/01/01~2009/12/31)

기준 기간	전체 주식 저PER 상위 10%가 더 높은 달	비율	초과수익률(연 수익률)
1년	413/541	76%	4.85%
3년	443/517	86%	4.97%
5년	455/493	92%	4.99%
7년	450/469	96%	4.88%
10년	430/433	99%	4.63%

기저율을 전체 주식의 수익률을 능가하는 확률로 해석하면 1963~2009년 동안 어떤 5년 기간에서든 저PER 상위 10% 주식이 전체 주식을 이길 확률은 92%였다. 저PER 상위 10% 주식이 전체 주식을 능가하지 못한 나머지 8% 기간을 보자. 전체 주식 대비 이 주식이 거둔 최악의 성과는 2000/02에 끝난 5년에 발생했다. 이 주식은 앞선 5년에 비해 113%의 누적 수익률을 기록한 반면 전체 주식은 누적 수익률 172%를 기록했다. 60%p 차이로 밀돈 것이다. 연 수익률로 환산하면 이 주식은 16.32%, 전체 주식은 22.18%에 해당한다. 이 주식이 전체 주식을 밀돈 모든 5년 단위 기간의 수익률 평균을 계산하면 이 주식은 전체 주식을 겨우 누적 수익률 16.87%p 차이로 밑돌았다.

반대로 저PER 상위 10% 주식이 전체 주식을 능가한 최고의 5년을 살펴보면 2005/02에 끝난 5년 기간 동안 이 주식은 누적 수익률 202%를 달성한 반면, 같은 기간 동안 전체 주식은 겨우 23%를 기록했다. 연 수익률로는 저PER 상위 10% 주식이 24.76%를 달성하는 동안 전체 주식은 겨우 4.28% 기록한 것이다.

한 가지 유념해야 할 것은 6장뿐 아니라 이후 장에서도 누적 상대 평가와 연평균 초과수익률이 때로는 상반된 결과를 보인다는 점이다. 나는 해당 요소와 모집단의 상대 성과를 비교하기 위해 누적 수익률을 사용했지만, 그림에 나타낸 것은 해당 요소(여기서는 저PER 상위 10% 주식)의 5년 평균 수익률에서 모집단의 수익률을 뺀 수치다. 이들 사이에 상반된 결과가 나타날 때가 있다. 평균적으로 5년 기간에 저PER 상위 10% 주식은 전체 주식을 누적 수익률 49%p로 능가한다.

그러나 여기에서 이 책의 핵심 주제 중 하나가 다시 한번 떠오른다. 즉, 저조한 성과를 경험한 후에도 같은 투자 전략을 고수하기가 대단히 어렵다는 사실이다. 2000년 2월 말에 평범한 투자자가 저PER 투자 전략을 수용할 가능성이 과연 얼마나 되었을까? 크지 않았을 것이다. 대개의 투자자라면 전체 주식 대비 저PER 상위 10% 주식의 저조한 성과에 겁먹어 이 전략을 수용하기가 사실상 불가능했을 것이며, 따라서 이후 5년 기간에 있을 놀라운 반등 기회를 놓쳤을 것이다. 전형적인 투자자라면 당시 주식시장을 주름잡던 닷컴 주식들의 탁월한 성과에 훨씬 매료되었을 가능성이 크다. 2000/02에 끝난 5년 동안 PER이 가장 높은 주식(저PER 하위 10% 주식)은 5년 누적 수익률 259%를 거둠으로써 저PER 상위 10% 주식의 2배가 넘는 수익률을 기록했다. 이토록 눈부신 단기 투자 성과는 수많은 투자자의 판단력을 흐리게 해서 장기에 걸친 진실, 즉 PER이 아주 높은 주식은 거의 틀림없이 나쁜 투자처이고 대개 거품이 터지기 직전에 최고의 수익률을 보여준다는 사실을 보지 못하게 만들었다. 3장에서 보았듯 강렬한 단기 성과를 목격한 투자자는 처음엔 도파민이 솟구치다가 좀 가라앉으면 뇌의 논리 회로가 나서서 최근 주가가 급등한 이 주식을 왜 사야만 하는지 온갖 구실을 만들어내기 시작한다. 이 PER 데이터를 냉정하게 바라보면 충분한 지식이 없는 투자자에게 충동이 얼마나 위험한지 알 것이다.

승률을 10년 단위 기간으로 확장하면 저PER 상위 10% 주식이 전체 주식을 거의 항상 능가하는 것이 보인다. 10년 단위 기간 433개 중 단 3개에서만 저PER 상위 10% 주식이 전체 주식을 능가하지 못했다. 그럼에도 불구하고 자신의 투자 규율을 10년 동안 꾸준히 이어갈 수 있는 투자자는 극히 드물다. 케인스John Maynard Keynes 경이 말했듯 "전통을 따르다 실패하는 것이 전통을 깨서 성공하는 것보다 낫다". 10년 동안 투자 전망을 유지하는 것은 전통을 깨는 일임에 틀림없다!

최악의 시나리오, 최고와 최악의 수익률

표 6.3은 저PER 상위 10% 주식이 20% 이상 하락한 모든 경우를 보여준다. 모두 7번인데 최악은 2007/05~2009/02에 59% 하락한 경우다. 이 주식은 21세기의 첫 하락장에서 특히 좋은 성과를 내서 2000~2003년에 겨우 24% 하락했을 뿐이다. 표 6.3에서 20% 이상 하락한 나머지 경우 역시 살펴보기 바란다. 표 6.4는 다양한 보유 기간에 걸쳐 저PER 상위 10% 주식이 거둔 최고와 최악의 수익률을 보여준다. 투자 기간이 5년인 투자자가 저PER 상위 10% 주식과 동일한 성과를 냈다면 최악의 5년 수익률은 연 4.15% 손실이었을 것이다. 반대로 1963년 이래 저PER 상위 10% 주식의 최고 성과와 동일한 수익을 냈다면 연 33.31% 수익률을 달성했을 것이다.

표 6.5로 가서 이를 금액으로 환산해보면 최악의 5년에는 투자한 1만 달러가 8,089달러로 줄었을 것이고, 최고의 5년에는 1만 달러가 4만 2,109달러로 늘었을 것이다. 다른 보유 기간은 어땠는지를 표 6.3과 6.5에서 확인하기 바란다. 나중에 PER이 가장 높은 주식들(고PER 주식)을 살펴볼 때 표 6.3과 6.5를 다시 확인할 것이다. 그

표 6.3. 최악의 시나리오: 전체 주식 저PER 상위 10%가 20% 이상 하락한 사례(1964/01/01~2009/12/31)

고점 월	지수 고점	저점 월	지수 저점	회복 월	하락률(%)	하락 기간 (개월)	회복 기간 (개월)
1969/01	3.25	1970/06	2.11	1971/03	-35.16	17	9
1972/11	3.63	1974/12	2.20	1976/01	-39.50	25	13
1987/08	52.28	1987/11	37.93	1989/03	-27.45	3	16
1989/08	62.94	1990/10	39.13	1991/07	-37.84	14	9
1998/04	267.36	1998/08	194.43	2000/08	-27.28	4	24
2002/04	385.89	2002/09	294.48	2003/05	-23.69	5	8
2007/05	1,153.21	2009/02	471.36		-59.13	21	
평균					-35.72	12.71	13.17

림 6.1은 저PER 상위 10% 주식 수익률에서 전체 주식 수익률을 뺀 5년 평균 초과 혹은 미달 수익률이다. 이를 흔히 해당 투자 전략의 알파라고 한다.

표 6.4. 연 수익률 최저치와 최고치(%, 1964/01/01~2009/12/31)

		1년	3년	5년	7년	10년
전체 주식 저PER 상위 10%	최저치	-52.60	-18.31	-4.15	-0.64	6.07
	최고치	81.42	42.43	33.31	29.92	28.20
전체 주식	최저치	-46.49	-18.68	-9.91	-6.32	1.01
	최고치	84.19	31.49	27.66	23.77	22.05
전체 주식 저PER 하위 10%	최저치	-59.04	-40.45	-17.89	-13.19	-8.13
	최고치	139.77	43.72	29.10	22.36	17.75

표 6.5. 1만 달러 투자 시 기말 원리금 최저치와 최고치(달러, 1964/01/01~2009/12/31)

		1년	3년	5년	7년	10년
전체 주식 저PER 상위 10%	최저치	4,740	5,452	8,089	9,558	18,029
	최고치	18,142	28,894	42,109	62,488	119,902
전체 주식	최저치	5,351	5,379	5,936	6,330	11,054
	최고치	18,419	22,734	33,903	44,504	73,345
전체 주식 저PER 하위 10%	최저치	4,096	2,112	3,732	3,714	4,283
	최고치	23,977	29,684	35,868	41,059	51,246

그림 6.1. 5년 평균 초과(미달) 연 수익률: 전체 주식 저PER 상위 10% − 전체 주식(1964/01/01~2009/12/31)

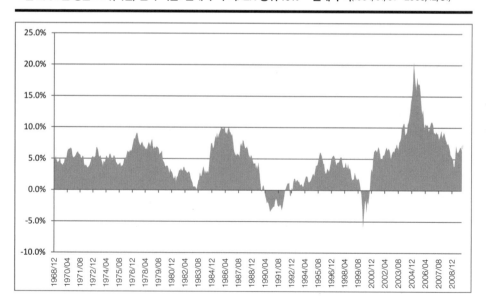

대형주

1963년에 대형주 저PER 상위 10% 주식에 투자한 1만 달러는 346만 3,712달러로 늘어나, 대형주에 투자해 얻은 87만 2,861달러보다 259만 달러나 많다. 대형주 저PER 상위 10% 주식의 연 수익률은 13.56%로, 10.20%인 대형주보다 3.36%p 높았다. 또한 이 주식의 위험 조정 수익률은 샤프지수 0.50을 기록해 대형주의 샤프지수 0.32를 능가했다. 표 6.6은 대형주 저PER 상위 10% 주식 관련 모든 정보를 요약해

표 6.6. 연 수익률과 위험도: 대형주 저PER 상위 10%와 대형주(1964/01/01~2009/12/31)

		대형주 저PER 상위 10%	대형주
산술평균 수익률		15.22%	11.72%
기하평균 수익률		13.56%	10.20%
중위 수익률		19.71%	17.20%
표준편차		17.12%	16.50%
상방 편차		11.15%	9.70%
하방 편차		12.05%	11.85%
추적오차		8.25	0.00
상승 개월 수		337	332
하락 개월 수		215	220
최대 하락률		-65.62%	-53.77%
베타		0.91	1.00
T-통계량(m=0)		5.65	4.58
샤프지수(Rf=5%)		0.50	0.32
소르티노지수(MAR=10%)		0.30	0.02
1만 달러 투자 시		$3,463,712	$872,861
1년 수익률	최저치	-59.71%	-46.91%
	최고치	66.75%	68.96%
3년 수익률	최저치	-19.39%	-15.89%
	최고치	40.94%	33.12%
5년 수익률	최저치	-2.95%	-5.82%
	최고치	32.51%	28.95%
7년 수익률	최저치	-0.35%	-4.15%
	최고치	25.17%	22.83%
10년 수익률	최저치	2.39%	-0.15%
	최고치	21.76%	19.57%
기대수익률	최저치	-19.02%	-21.28%
	최고치	49.46%	44.72%

표 6.7. 대형주 저PER 상위 10%의 대형주 대비 기저율(1964/01/01~2009/12/31)

기준 기간	대형주 저PER 상위 10%가 더 높은 달	비율	초과수익률(연 수익률)
1년	365/541	67%	3.48%
3년	371/517	72%	3.54%
5년	408/493	83%	3.59%
7년	411/469	88%	3.49%
10년	412/433	95%	3.33%

보여준다. 기저율 역시 일관되게 높다. 표 6.7에서 이 주식은 5년 단위 기간에서는 83%, 10년 단위 기간에서는 95% 승률로 대형주를 능가한다.

기저율을 대형주 투자를 이길 확률로 해석하면 1963~2009년 동안 83% 확률로 대형주를 능가했음을 알 수 있다. 대형주 저PER 상위 10% 주식이 대형주를 능가하지 못한 나머지 17% 기간을 보면 대형주 저PER 상위 10% 주식은 전체 주식 저PER 상위 10% 주식과 마찬가지로 2000/02에 끝난 5년에 성과가 가장 저조했다. 이 기간에 대형주가 누적 수익률 180%를 거둔 반면 저PER 상위 10% 주식은 124%를 거둬 56%p 차이로 밑돌았다. 연 수익률로 환산하면 대형주가 22.86%, 대형주 저PER 상위 10% 주식은 17.48%를 거둔 셈이다. 대형주 저PER 상위 10% 주식이 대형주를 밑돈 5년 단위 기간을 모두 살펴보면 누적 수익률이 겨우 13.42%p 낮았다.

반대로 대형주 대비 최고의 5년은 2007/10에 끝난 5년으로, 대형주 저PER 상위 10% 주식은 대형주가 누적 수익률 149%를 기록하는 동안 309%를 기록해 무려 160%p 차이로 능가했다. 연 수익률로 환산하면 대형주는 19.99%, 대형주 저PER 상위 10% 주식은 32.51%였다. 이 주식이 대형주를 능가할 때에는 평균 38.60%p 앞섰다.

최악의 시나리오, 최고와 최악의 수익률

표 6.8과 6.9, 6.10을 보면 전체 주식 저PER 상위 10% 주식이든 대형주 저PER 상위

10% 주식이든 최악의 시나리오는 2007~2009년 초의 폭락장 때 있었다. 같은 기간에 전체 주식 저PER 상위 10% 주식은 59.13% 하락했고 대형주 저PER 상위 10% 주식은 65.62% 하락했다. 다른 가치투자 요소들과 마찬가지로 같은 기간 동안 저PER 상위 10% 주식은 앞선 하락장인 1973~1974년과 2000~2003년 초에 비해 타격이 더 컸다. 1963년 이래 전체 주식 저PER 상위 10% 주식이 30% 이상 하락한 경우는 4회인 반면 대형주 저PER 상위 10% 주식이 30% 이상 하락한 경우는 3회다.

표 6.8. 최악의 시나리오: 대형주 저PER 상위 10%가 20% 이상 하락한 사례(1964/01/01~2009/12/31)

고점 월	지수 고점	저점 월	지수 저점	회복 월	하락률(%)	하락 기간(개월)	회복 기간(개월)
1966/01	1.44	1966/09	1.14	1967/04	-20.68	8	7
1969/01	2.01	1970/06	1.39	1971/04	-30.72	17	10
1972/11	2.35	1974/09	1.56	1975/06	-33.58	22	9
1987/08	23.54	1987/11	17.57	1989/04	-25.38	3	17
1989/08	28.13	1990/10	19.84	1991/05	-29.48	14	7
1998/03	111.40	1998/08	89.02	1999/04	-20.08	5	8
2001/05	152.00	2002/09	118.02	2003/07	-22.35	16	10
2007/10	496.48	2009/02	170.69		-65.62	16	
평균					-30.99	12.63	9.71

표 6.9는 다양한 보유 기간에 걸친 최고, 최악의 수익률을 기록했고 표 6.10은 46년 기간 동안 대형주 저PER 상위 10% 주식에 투자한 1만 달러가 최고와 최악의 시나리오에서 최종적으로 얼마가 되었는지를 보여준다.

표 6.9. 연 수익률 최저치와 최고치(%, 1964/01/01~2009/12/31)

		1년	3년	5년	7년	10년
대형주 저PER 상위 10%	최저치	-59.71	-19.39	-2.95	-0.35	2.39
	최고치	66.75	40.94	32.51	25.17	21.76
대형주	최저치	-46.91	-15.89	-5.82	-4.15	-0.15
	최고치	68.96	33.12	28.95	22.83	19.57
대형주 저PER 하위 10%	최저치	-64.59	-39.39	-17.27	-8.65	-7.82
	최고치	82.09	43.99	30.66	26.34	21.94

표 6.10. 1만 달러 투자 시 기말 원리금 최저치와 최고치(달러, 1964/01/01~2009/12/31)

		1년	3년	5년	7년	10년
대형주 저PER 상위 10%	최저치	4,029	5,237	8,609	9,757	12,663
	최고치	16,675	27,996	40,862	48,136	71,596
대형주	최저치	5,309	5,951	7,409	7,434	9,848
	최고치	16,896	23,591	35,656	42,189	59,747
대형주 저PER 하위 10%	최저치	3,541	2,226	3,876	5,310	4,427
	최고치	18,209	29,854	38,075	51,387	72,674

대형주 저PER 상위 10% 주식이 최고의 5년 수익률을 찍은 것은 2007/10에 끝난 기간으로, 5년 전 투자한 1만 달러는 4만 862달러로 늘어 연 수익률 32.51%를 기록했다. 반면 최악의 5년 수익률은 2009/02에 끝난 기간에 나타나, 5년 전 투자한 1만 달러는 8,609달러로 줄어 연 수익률 -2.95%였다. 나중에 대형주 고PER 주식을 매수한 경우를 살펴볼 때 위의 표를 다시 참조하겠다.

2009/12/31에 끝난 10년 동안 저PER 상위 10% 주식이 거둔 투자 성과를 보면 투자 기간을 길게 잡는 것이 왜 중요한지 알 수 있다. 비록 이 기간에 46년 최악의 낙폭이 포함되지만 10년 동안 저PER 상위 10% 주식을 고수한 투자자라면 꽤 괜찮은 투자 성과를 올렸을 것이다. 2000/01/01~2009/12/31에 전체 주식 저PER 상위 10% 주식에 투자한 투자자는 연 수익률 14.86%를 달성하고 투자한 1만 달러가 3만 9,977달러로 늘어, 같은 기간 S&P500지수에 투자해 연 수익률 -0.95%를 기록하고 1만 달러가 9,089달러로 줄어든 다른 투자자를 가볍게 능가했을 것이다.

하지만 2007~2009/02 기간에 자신의 포트폴리오가 59% 하락하는 것을 가만히 지켜만 보기가 얼마나 어려웠겠는가. 전형적인 투자자와 규율 있고 감정에 흔들리지 않는 투자자의 차이를 보여주기 위해 둘 다 2000년에 저PER 상위 10% 주식에 투자했다고 가정해보자. 2007/05에 이르면 두 사람의 포트폴리오는 4만 5,196달러로 늘어 연 수익률 22.55%를 달성했을 것이다. 빨리 감기를 해서 2009/02를 보자. 끔찍한 하락장이 거의 끝나갈 무렵이다. 두 사람의 포트폴리오는 모두 1만 8,473달러로 곤두박질쳤다. 주식 펀드에서 돈이 빠져나간 정점도 바로 이 무렵이다. 이때 정신적인 공황 상태에 빠져 저PER 상위 10% 주식 포트폴리오에서 돈을 빼 미국 단기 국채에 투자한 투자자는 최종적으로 2만 1,000달러 이상 포기한 셈인 반면, 끝까지 버틴 투자자는 초조함에 두 손 든 투자자에 비해 2배 넘는 투자 성과를 거뒀다. 2009/12/31 기준 포트폴리오의 최종 금액은 저PER 상위 10% 주식을 끝까지 유지한 투자자는 3만 9,983달러, 2월에 돈을 빼내 단기 국채에 넣은 투자자는 1만 8,488달러였다.

말할 것도 없이 이런 태도는 은퇴 자금 운용에 치명적이다. 저PER 상위 10% 주식 투자 전략을 고수한 투자자는 단기 감정에 휘둘려 주식시장을 빠져나간 투자자 대비 2배가 넘는 자금을 손에 쥐었을 것이다. 시장이 극도로 불안정할 때 감정을 무시하기란 불가능에 가깝지만 오늘의 교훈은 이 책의 초판이 나왔을 때와 다름이 없다. 성공을 위한 최상의 방법은 올바른 투자 전략을 찾아낸 후 무슨 일이 있어도 끝까지 고수하는 것이다. 그림 6.2는 대형주 저PER 상위 10% 주식의 수익률에서 대형주 수익률을 뺀 5년 평균 초과 혹은 미달 수익률이다.

그림 6.2. 5년 평균 초과(미달) 연 수익률: 대형주 저PER 상위 10% − 대형주(1964/01/01~2009/12/31)

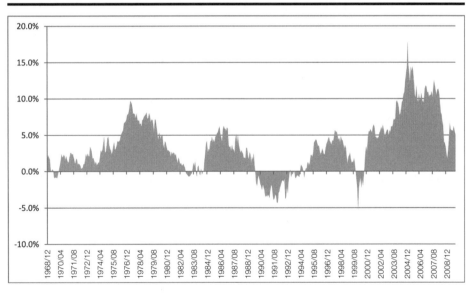

고PER 주식은 위험하다

시가총액이 크든 작든 고PER 주식을 매수하는 건 위험한 일이다. 화려한 인기주에 눈이 멀어 이익에 비해 말도 안 되는 가격을 지불해서는 안 된다. 그럼에도 불구하고 투자자들은 더 자주, 그것도 갈수록 더 큰 확신으로 이런 실수를 범한다. 1961년에 폴라로이드의 PER을 164배, 1997년에 베스트바이Best Buy의 PER을 712배, 1999년에 야후Yahoo의 PER을 무려 4,900배로 끌어올린 사례를 보라.

표 6.11의 전체 주식부터 보자. 1963년 전체 주식 고PER 상위 10%(저PER 하위 10%) 주식에 투자한 1만 달러를 매년 리밸런싱한 결과 2009/12/31에는 겨우 11만 8,820달러로 늘었는데, 이는 전체 주식에 투자했을 때보다 120만 달러 부족한 금액이다. 연 수익률 5.53%는 전체 주식의 11.22%를 크게 밑돈다. 1963/12/31에 미국 단기 국채에 1만 달러를 투자했다면 12만 778달러로 늘고 연 수익률은 5.57%에 달했을 터이므로 이보다도 못한 성과다. 위험 조정 수익률로 보면 더 나쁘다. 저PER 하위 10% 주식의 샤프지수는 0.02로 전체 주식의 샤프지수에 한참 뒤진다. 10년 단위 기간 433개에서 전체 주식을 능가한 경우는 딱 1번 있었는데 이마저도 연 수익률에서 고작 0.69%p 능가했을 뿐이다. 표 6.12는 모든 보유 기간의 기저율을 보여준다.

더구나 고PER 주식은 극도의 변동성과 수익률 쏠림을 나타내며 투기적인 시장이 정점에 가까울 때에만 탁월한 성과를 내는 모습을 보인다. 예를 들어 1990년대 말 인터넷과 기술주 광풍에 휩쓸린 투자자가 1997년 말에 1만 달러를 전체 주식에서 뽑은 '스토리' 있는 고PER 주식에 투자했다면 2000년 2월 말에 투자금이 2만 4,943달러로 치솟아 단 2년 만에 연 수익률 50.11%를 달성했을 것이다. 단기 투자성과가 이토록 탁월했다면, 비싼 투자의 장기 전망이 어떻다는 걸 알면서도 거부하기 힘들었을 것이다. 이들 주식의 가격 움직임은 정말로 뛰어났다. 전자상거래 기업인 엑셀레라Xcelera 주식을 예로 들어보자. 1999/12/31에 이 주식은 주당 17.44달러

표 6.11. 연 수익률과 위험도: 전체 주식 저PER 하위 10%와 전체 주식(1964/01/01~2009/12/31)

		전체 주식 저PER 하위 10%	전체 주식
산술평균 수익률		9.37%	13.26%
기하평균 수익률		5.53%	11.22%
중위 수익률		14.66%	17.16%
표준편차		26.52%	18.99%
상방 편차		16.24%	10.98%
하방 편차		19.08%	13.90%
추적오차		10.71	0.00
상승 개월 수		310	329
하락 개월 수		242	223
최대 하락률		-82.14%	-55.54%
베타		1.32	1.00
T-통계량(m=0)		2.30	4.47
샤프지수(Rf=5%)		0.02	0.33
소르티노지수(MAR=10%)		-0.23	0.09
1만 달러 투자 시		$118,820	$1,329,513
1년 수익률	최저치	-59.04%	-46.49%
	최고치	139.77%	84.19%
3년 수익률	최저치	-40.45%	-18.68%
	최고치	43.72%	31.49%
5년 수익률	최저치	-17.89%	-9.91%
	최고치	29.10%	27.66%
7년 수익률	최저치	-13.19%	-6.32%
	최고치	22.36%	23.77%
10년 수익률	최저치	-8.13%	1.01%
	최고치	17.75%	22.05%
기대수익률	최저치	-43.67%	-24.73%
	최고치	62.40%	51.24%

표 6.12. 전체 주식 저PER 하위 10%의 전체 주식 대비 기저율(1964/01/01~2009/12/31)

기준 기간	전체 주식 저PER 하위 10%가 더 높은 달	비율	초과수익률(연 수익률)
1년	176/541	33%	-3.29%
3년	101/517	20%	-5.31%
5년	50/493	10%	-5.90%
7년	11/469	2%	-6.18%
10년	1/433	0%	-6.26%

에 거래되었다. 2000/03/22에 주가는 110달러로 치솟았다. 3개월도 안 되는 기간에 530% 넘게 상승한 것이다. 장기에 걸친 고PER 주식의 운명을 모르고 오로지 지난

몇 년 동안 목격한 것에 모든 희망을 건 투자자들은 계속해서 이 주식을 사들였다. 결말은 예상대로다. 2002/09에 주가는 0.31달러까지 곤두박질쳤고 이 회사는 결국 2006년에 파산했다. 비슷한 사례는 셀 수 없이 많고 닷컴 버블 붕괴로 2000~2002년 동안 시가총액이 5조 달러 이상 증발했다. 조지 산타야나George Santayana의 말처럼 "과거를 기억하지 못하는 자는 과거를 반복하는 벌을 받는다".

표 6.13. 최악의 시나리오: 전체 주식 저PER 하위 10%가 20% 이상 하락한 사례(1964/01/01~2009/12/31)

고점 월	지수 고점	저점 월	지수 저점	회복 월	하락률(%)	하락 기간(개월)	회복 기간(개월)
1966/04	1.59	1966/10	1.24	1967/01	−22.53	6	3
1968/12	3.07	1974/09	0.87	1980/02	−71.54	69	65
1980/02	3.10	1980/03	2.36	1980/07	−24.14	1	4
1980/11	4.36	1982/07	2.59	1983/02	−40.56	20	7
1983/06	5.63	1984/07	3.69	1987/04	−34.36	13	33
1987/08	6.28	1987/11	4.07	1989/05	−35.29	3	18
1989/08	6.76	1990/10	4.38	1992/01	−35.26	14	15
1996/05	13.01	1997/04	9.96	1997/09	−23.48	11	5
1998/04	14.42	1998/08	9.22	1999/04	−36.06	4	8
2000/02	30.81	2009/02	5.50		−82.14	108	
평균					−40.54	24.9	17.56

그림 6.3. 5년 평균 초과(미달) 연 수익률: 전체 주식 저PER 하위 10% − 전체 주식(1964/01/01~2009/12/31)

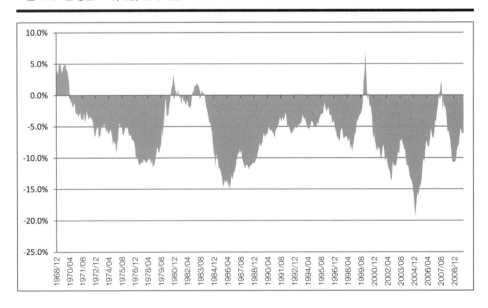

월가의 퀀트 투자 바이블

버블이 터지면 고PER 주식은 죽음의 소용돌이로 빠져든다. 2002/02~2009/02에 전체 주식 고PER 상위 10% 주식은 82% 하락했다. 표 6.13은 그 고통의 목록이다. 그림 6.3은 이 주식의 5년 평균 수익률에서 대형주 수익률을 뺀 값이다.

대형주도 나을 게 없다

표 6.14가 보여주듯 고PER 주식의 폐해는 대형주에서도 비슷하다. 대형주 고

표 6.14. 연 수익률과 위험도: 대형주 저PER 하위 10%와 대형주(1964/01/01~2009/12/31)

		대형주 저PER 하위 10%	대형주
산술평균 수익률		9.06%	11.72%
기하평균 수익률		6.56%	10.20%
중위 수익률		16.87%	17.20%
표준편차		21.38%	16.50%
상방 편차		12.60%	9.70%
하방 편차		16.04%	11.85%
추적오차		9.75	0.00
상승 개월 수		328	332
하락 개월 수		224	220
최대 하락률		-79.88%	-53.77%
베타		1.16	1.00
T-통계량(m=0)		2.76	4.58
샤프지수(Rf=5%)		0.07	0.32
소르티노지수(MAR=10%)		-0.21	0.02
1만 달러 투자 시		$185,848	$872,861
1년 수익률	최저치	-64.59%	-46.91%
	최고치	82.09%	68.96%
3년 수익률	최저치	-39.39%	-15.89%
	최고치	43.99%	33.12%
5년 수익률	최저치	-17.27%	-5.82%
	최고치	30.66%	28.95%
7년 수익률	최저치	-8.65%	-4.15%
	최고치	26.34%	22.83%
10년 수익률	최저치	-7.82%	-0.15%
	최고치	21.94%	19.57%
기대수익률	최저치	-33.69%	-21.28%
	최고치	51.81%	44.72%

PER 상위 10% 주식(저PER 하위 10% 주식)에 투자한 1만 달러는 2009/12/31에 18만 5,848달러로 늘어, 대형주에 투자해 달성한 87만 2,861달러를 한참 밑돌았다. 샤프 지수 역시 0.07로 대형주 샤프지수 0.32에 한참 못 미친다.

표 6.15를 보면 엎친 데 덮친 격이다. 대형주 저PER 하위 10% 주식은 10년 단위 기간 중 겨우 11%만 대형주를 능가한다. 5년 단위 기간에서는 대형주를 24% 능가하지만 이는 시장이 거의 정점에 도달했음을 알려주는 좋은 신호일 뿐이다. 이 주식의 성과가 가장 좋았던 5년은 2000/02에 끝난 5년으로 IT 버블이 정점이던 시기다. 대형주 누적 수익률이 180%일 때 이 주식은 281%였다. 두 번째로 성과가 좋았던 5년은 1969/12에 끝난 기간으로 이때는 성장주에 현기증 날 정도의 돈이 몰린, 버블이 거의 터지기 직전 무렵이다. 모든 5년 기간에 걸쳐 대형주 저PER 하위 10% 주식은 대형주를 평균 22%p 능가했을 뿐이다. 들쑥날쑥한 변동성을 참아가면서 기대할 수익률은 아니다. 반면 이 주식이 모집단을 하회하는 모든 5년 기간을 보면 평균적으로 35%p 밑도는 것을 알 수 있다. 그림 6.4는 대형주 저PER 하위 10% 주식의 수익률에서 대형주 수익률을 뺀 5년 평균 초과 혹은 미달 수익률이다.

그림 6.4. 5년 평균 초과(미달) 연 수익률: 대형주 저PER 하위 10% − 대형주(1964/01/01~2009/12/31)

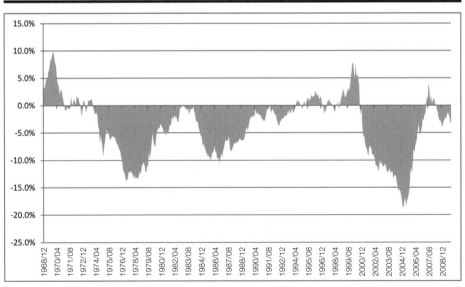

월가의 퀀트 투자 바이블

표 6.15. 대형주 저PER 하위 10%의 대형주 대비 기저율(1964/01/01~2009/12/31)

기준 기간	대형주 저PER 하위 10%가 더 높은 달	비율	초과수익률(연 수익률)
1년	233/541	43%	-1.83%
3년	170/517	33%	-3.14%
5년	120/493	24%	-3.81%
7년	91/469	19%	-4.19%
10년	46/433	11%	-4.34%

최악의 시나리오, 최고와 최악의 해

표 6.13에서 보듯 전체 주식 저PER 하위 10% 주식은 2000/02~2009/02 기간에 무려 82%나 하락했다! 1963년 이래 고점 대비 20% 이상 하락한 경우가 10번이고 70% 이상 하락한 경우도 2번이다. 단기 성과가 아무리 매력적이더라도 결코 돈을 걸고 싶지 않은 주식 그룹이다. 표 6.16을 보면 대형주 저PER 하위 10% 주식은 1963~2009년에 30% 넘는 하락을 5번 경험했고 최악은 2000/03~2002/09에 80% 가까이 하락한 것이다. 표 6.4와 6.5, 6.9, 6.10은 전체 주식과 대형주 각각의 시나리오다.

표 6.16. 최악의 시나리오: 대형주 저PER 하위 10%가 20% 이상 하락한 사례(1964/01/01~2009/12/31)

고점 월	지수 고점	저점 월	지수 저점	회복 월	하락률(%)	하락 기간(개월)	회복 기간(개월)
1969/12	2.32	1970/06	1.47	1972/01	-36.47	6	19
1972/05	2.79	1974/09	1.10	1980/10	-60.58	28	73
1980/11	3.16	1982/07	2.14	1982/12	-32.36	20	5
1983/06	3.98	1984/07	2.95	1986/01	-25.86	13	18
1987/09	6.14	1987/11	4.13	1989/03	-32.75	2	16
1989/12	7.51	1990/10	5.49	1991/10	-26.92	10	12
2000/03	46.27	2002/09	9.31		-79.88	30	
평균					-42.12	15.57	23.83

표 6.5와 6.10은 투자한 1만 달러가 각 기간 동안 거둔 최고와 최악의 성과를 보여준다. 전체 주식과 대형주 저PER 하위 10% 주식 모두 2000/02에 끝난 5년에 최고

의 성과를 거두었다. 이 기간에 전체 주식 저PER 하위 10% 주식은 1만 달러를 3만 5,868달러로 늘려 연 수익률 29.10%를 달성했고, 대형주 저PER 하위 10% 주식은 1만 달러를 3만 8,075달러로 늘려 연 수익률 30.66%를 기록했다.

전체 주식 저PER 하위 10% 주식이 최악의 성과를 거둔 기간은 1974/09에 끝난 5년으로, 투자한 1만 달러는 3,732달러로 줄어 연 수익률 -17.89%를 기록했다(두 번째로 나빴던 기간은 2009/02에 끝난 5년으로 거의 같은 손실을 기록했다). 대형주 저PER 하위 10% 주식이 최악의 성과를 기록한 것은 2005/03에 끝난 5년으로, 투자한 1만 달러가 3,876달러로 줄어 연 수익률 -17.27%를 기록했다. 표 6.17과 6.18은 각 그룹의 투자 성과를 10년 기간별로 보여준다.

표 6.17. 전체 주식 10년 단위 연 수익률(%, 1964/01/01~2009/12/31)

	1960년대	1970년대	1980년대	1990년대	2000년대
전체 주식 저PER 상위 10%	17.68	13.03	20.38	16.02	14.86
전체 주식 저PER 하위 10%	14.74	1.61	9.21	13.73	-6.55
전체 주식	13.36	7.56	16.78	15.35	4.39

표 6.18. 대형주 10년 단위 연 수익률(%, 1964/01/01~2009/12/31)

	1960년대	1970년대	1980년대	1990년대	2000년대
대형주 저PER 상위 10%	8.48	11.38	18.48	16.04	11.60
대형주 저PER 하위 10%	15.07	-0.93	13.52	18.53	-7.64
대형주	8.16	6.65	17.34	16.38	2.42

십분위수

그림 6.5와 표 6.19에서 보듯 전체 주식 저PER 상위 40% 주식은 전체 주식을 능가하며, 그것도 더 낮은 위험(표준편차)으로 이루어낸다. 저PER 상위 41~100% 주식은 전체 주식을 하회하고, 61~100% 구간의 주식은 전체 주식보다 표준편차가 현저하게

높았다. 저PER 하위 10% 주식, 즉 고PER 상위 10% 주식은 미국 단기 국채보다도 못한 성과를 냈다.

대형주에서는 그림 6.6과 표 6.20에서 보듯 가장 저렴한 저PER 상위 30% 주식이 대형주를 능가하는 반면 나머지 70% 주식은 모집단을 하회한다. 특히 저PER 하위 10% 주식은 미국 단기 국채를 살짝 능가했을 뿐이다.

그림 6.5. 전체 주식 저PER 십분위수 수익률(1964/01/01~2009/12/31)

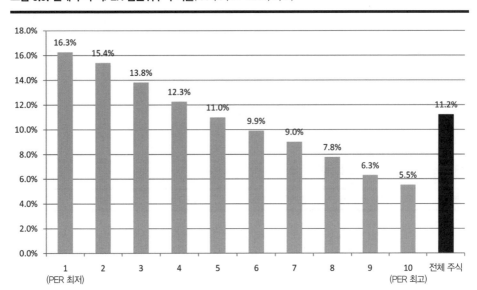

표 6.19. 전체 주식 저PER 십분위수 수익률 요약(1964/01/01~2009/12/31)

십분위수	1만 달러 투자 시	연 수익률(산술평균)	연 수익률(기하평균)	표준편차	샤프지수
1(PER 최저)	$10,202,345	18.23%	16.25%	18.45%	0.61
2	$7,256,873	16.89%	15.40%	16.10%	0.65
3	$3,835,747	15.19%	13.81%	15.56%	0.57
4	$2,037,160	13.68%	12.25%	15.85%	0.46
5	$1,209,030	12.50%	10.99%	16.40%	0.37
6	$771,740	11.58%	9.91%	17.27%	0.28
7	$530,331	11.08%	9.02%	19.28%	0.21
8	$313,515	10.43%	7.78%	21.95%	0.13
9	$166,562	9.35%	6.31%	23.59%	0.06
10(PER 최고)	$118,820	9.37%	5.53%	26.52%	0.02
전체 주식	$1,329,513	13.26%	11.22%	18.99%	0.33

그림 6.6. 대형주 저PER 십분위수 수익률(1964/01/01~2009/12/31)

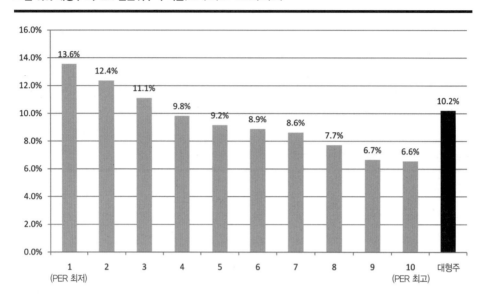

표 6.20. 대형주 저PER 십분위수 수익률 요약(1964/01/01~2009/12/31)

십분위수	1만 달러 투자 시	연 수익률(산술평균)	연 수익률(기하평균)	표준편차	샤프지수
1(PER 최저)	$3,463,712	15.22%	13.56%	17.12%	0.50
2	$2,129,844	13.67%	12.36%	15.25%	0.48
3	$1,272,353	12.31%	11.11%	14.68%	0.42
4	$743,184	11.08%	9.82%	15.09%	0.32
5	$561,623	10.38%	9.15%	14.91%	0.28
6	$500,099	10.13%	8.88%	15.11%	0.26
7	$448,787	10.02%	8.62%	16.01%	0.23
8	$305,717	9.38%	7.72%	17.50%	0.16
9	$194,076	8.69%	6.66%	19.31%	0.09
10(PER 최고)	$185,848	9.06%	6.56%	21.38%	0.07
대형주	$872,861	11.72%	10.20%	16.50%	0.32

시사점

그림 6.5와 6.6, 표 6.19와 6.20은 고PER 주식과 저PER 주식을 사면 어떤 결과를 기대할 수 있는지 알려준다. 결과는 놀랍다. 전체 주식과 대형주의 고PER 주식은 둘다 시장을 상당한 차이로 밑돈다. 전체 주식과 대형주의 저PER 상위 10% 주식은 둘다 모집단을 크게 웃돈다. 전체 주식과 대형주 모두에서 저PER 상위 10% 주식이 고PER 주식을 월등히 능가한다. 그리고 위험은 큰 차이가 없다. 저PER 상위 10% 주식은 전체 기간 동안 모집단보다 작은 위험으로 더 높은 수익률을 기록했다.

이런 교훈은 그레이엄과 도드David Dodd의 책을 주의 깊게 읽은 사람이라면 70년 전에 배울 수 있었다. 1940년 출간한 《증권분석》에서 두 사람이 한 말이 절대적으로 맞다. "주식을 이익의 20배가 넘는 주가에 습관적으로 매수하는 사람은 장기적으로 상당한 돈을 잃을 가능성이 크다."

WHAT
WORK$
ON WALL
$TREET

07

EV/EBITDA

WHAT WORKS ON WALL STREET

관습에 반하는 길을 가라.
거의 언제나 잘 풀릴 것이다.

| 장 자크 루소 | Jean-Jacques Rousseau, 프랑스 사상가

많은 투자자가 주식의 기업가치영업이익률(EBITDA/EV: 이자, 법인세, 감가상각비 차감 전 영업이익을 기업 가치로 나눈 것)을 분석하는 것이 PER만 보는 것보다 가치, 즉 주식이 얼마나 비싸거나 싼지를 판가름하는 데 유용하다고 믿는다. EBITDA/EV는 기업의 재무 구조와 자본적 지출과 무관하기 때문에 다른 주가 배수보다 더 주목받는다. 부채 비율이 높은 주식은 종종 저PER 상위 10% 주식인데, 그렇다고 해서 반드시 다른 주식에 비해 더 싸다고 할 수는 없다. 부채 비율이 높은 주식은 낮은 주식에 비해 PER 변동이 훨씬 심한 편이다. 주식의 PER은 부채 비율과 세율에 크게 영향받는 반면 EBITDA/EV는 그렇지 않다. 밸류에이션을 공평하게 비교하려면 기업이 자금을 조달하는 방법과 재무상태표상의 모든 항목을 고려한 후 상대적으로 주가가 싼지 비싼지를 판단해야 한다.

기업의 이자, 법인세, 감가상각비 차감 전 영업이익(EBITDA)은 경영상 현금흐름을 파악하는 데 좋은 근사치다. 기업 가치(EV)는 보통주 시가총액에 부채와 소수 지분, 우선주 시가총액을 더한 후 현금과 유사현금(cash equivalent)을 빼서 계산한다.

다른 테스트와 동일하게 전체 주식과 대형주를 십분위수로 구분해 연 수익률을 살펴보겠다. 1963/12/31~2009/12/31 기간에 투자한 1만 달러의 성과를 살핀다.

결과

표 7.1부터 7.5를 통해 EBITDA/EV가 높은 주식(이하 저EV/EBITDA)에 투자한 결과를 확인해보자. 표 7.1에서 보듯 저EV/EBITDA 상위 10% 주식은 1963/12/31에 투자한 1만 달러를 2009/12/31에 1,161만 4,717달러로 늘려 연 수익률 16.58%를 달성함으로써 우리가 테스트한 개별 가치 요소 중 최고를 기록했다. 전체 주식에 투자했을 때 얻었을 132만 9,513달러보다 1,000만 달러나 많은 금액이다. 표준편차로 측정한 위험은 17.71%로 전체 주식의 18.99%보다 1%p나 작다. 월등히 높은 수익률과 낮은

위험이 결합해 샤프지수는 0.65를 기록해, 0.33을 기록한 전체 주식의 거의 2배에 이른다.

표 7.1. 연 수익률과 위험도: 전체 주식 저EV/EBITDA 상위 10%와 전체 주식(1964/01/01~2009/12/31)

		전체 주식 저EV/EBITDA 상위 10%	전체 주식
산술평균 수익률		18.41%	13.26%
기하평균 수익률		16.58%	11.22%
중위 수익률		22.80%	17.16%
표준편차		17.71%	18.99%
상방 편차		11.12%	10.98%
하방 편차		13.10%	13.90%
추적오차		6.26	0.00
상승 개월 수		354	329
하락 개월 수		198	223
최대 하락률		-54.29%	-55.54%
베타		0.88	1.00
T-통계량(m=0)		6.52	4.47
샤프지수(Rf=5%)		0.65	0.33
소르티노지수(MAR=10%)		0.50	0.09
1만 달러 투자 시		$11,614,717	$1,329,513
1년 수익률	최저치	-47.13%	-46.49%
	최고치	80.66%	84.19%
3년 수익률	최저치	-14.62%	-18.68%
	최고치	42.92%	31.49%
5년 수익률	최저치	-2.73%	-9.91%
	최고치	32.61%	27.66%
7년 수익률	최저치	-0.58%	-6.32%
	최고치	29.58%	23.77%
10년 수익률	최저치	5.05%	1.01%
	최고치	25.95%	22.05%
기대수익률	최저치	-17.01%	-24.73%
	최고치	53.84%	51.24%

표 7.2에서 보듯 저EV/EBITDA 상위 10% 주식의 기저율은 일관되게 높아서 전체 주식을 5년 단위 기간에서는 96%, 10년 단위 기간에서는 100% 승률로 능가한다.

기저율은 1963~2009년 중 어떤 5년에서든 저EV/EBITDA 상위 10% 주식에 투자하면 전체 주식을 96% 확률로 이길 수 있음을 알려준다. 그렇지 못한 나머지 4%를 보자. 전체 주식 대비 저EV/EBITDA 상위 10% 주식이 최악의 성과를 기록한 것

표 7.2. 전체 주식 저EV/EBITDA 상위 10%의 전체 주식 대비 기저율(1964/01/01~2009/12/31)

기준 기간	전체 주식 저EV/EBITDA 상위 10%가 더 높은 달	비율	초과수익률(연 수익률)
1년	411/541	76%	4.96%
3년	439/517	85%	5.22%
5년	475/493	96%	5.36%
7년	468/469	100%	5.37%
10년	433/433	100%	5.23%

은 2000/02에 끝난 5년으로 이 기간에 누적 수익률 140%를 기록한 반면 전체 주식
은 172%를 달성해 약 33%p 차이로 밑돌았다. 연 수익률로 보면 이 주식은 19.09%,
전체 주식은 22.18%를 기록한 셈이다. 이 주식이 전체 주식을 밑돈 모든 5년 기간을
통틀어 보면 겨우 평균 9.79%p 밑돌았다.

반면 저EV/EBITDA 상위 10% 주식이 전체 주식을 최고로 능가한 기간은
2005/02에 끝난 5년으로 전체 주식이 누적 수익률 23%를 기록한 동안 이 주식은
190%를 달성해 무려 누적 수익률 167%p 차이로 앞섰다. 연 수익률로는 이 주식이
23.70%인 반면 전체 주식은 4.28%였다. 이 주식이 전체 주식을 능가할 때는 5년 평
균 48%p 차로 앞선다. 하지만 우리가 앞서 저PER 상위 10% 주식에서 살펴보았듯
5년 동안 벤치마크를 형편없이 밑돈 투자 전략을 고수하기란 대단히 어려운 일이다.
저PER 상위 10% 주식과 저EV/EBITDA 상위 10% 주식이 갖는 공통점이 있다. 둘
다 전체 주식 대비 2000/02에 끝난 5년 기간 동안 최악의 성적을 냈고, 2005/02에 끝
난 5년 기간 동안 최고의 성적을 냈다. 다시 말해 1963년 이래 최악의 5년 수익률을
기록한 기간에도 변함없이 투자 전략을 고수한 투자자만이 뒤이은 최고의 5년 투자
수익률을 즐길 수 있었다는 얘기다.

앞서도 말했듯 규율이 엄격한 극소수를 제외한 투자자 대부분에게는 거의 불가능
한 일이다. 2000년 2월은 기술주 중심의 나스닥이 최고점을 찍은 때이자, 주식 밸류
에이션 따위는 내팽개친 투자자 무리가 온갖 미심쩍은 버블 논리의 함정에 빠진 시
기다. 전략적 투자자인 여러분이라면 투자 전략의 이 같은 부침은 당연히 안고 가야

할 일부분이라고 스스로 끊임없이 주지시켜야 한다. 이 책의 3판까지 모두 섭렵한 독자라도 명백한 증거를 무시한 채 '새로운 시대' 운운하는 헛소리에 현혹되었을 수 있으리라 본다. 왜냐하면 그때는 그렇게 헛소리 같지 않았을 테니까. 적어도 이것만은 기억해두자. 저조한 성과를 낸 직후에도 해당 투자 전략을 선택하는 일은 굉장히 어려우면서도 대단히 현명한 일이다. 표 7.3에서 보듯 몇 번의 급격한 하락 직후에 저 EV/EBITDA 투자 전략에 진입할 기회가 몇 번 있었다.

표 7.3. 최악의 시나리오: 전체 주식 저EV/EBITDA 상위 10%가 20% 이상 하락한 사례(1964/01/01~2009/12/31)

고점 월	지수 고점	저점 월	지수 저점	회복 월	하락률(%)	하락 기간(개월)	회복 기간(개월)
1969/01	2.91	1970/06	1.81	1971/04	-37.76	17	10
1972/11	3.20	1974/12	2.04	1975/06	-36.30	25	6
1987/08	42.07	1987/11	30.53	1989/01	-27.45	3	14
1989/08	52.31	1990/10	37.71	1991/03	-27.91	14	5
1998/04	269.06	1998/08	199.29	1999/06	-25.93	4	10
2002/04	431.95	2002/09	321.15	2003/06	-25.65	5	9
2007/05	1277.49	2009/02	584.00		-54.29	21	
평균					-33.61	12.71	9

　1963년 이후의 10년 단위 기간을 보면 저EV/EBITDA 상위 10% 주식은 전체 주식을 항상 능가했다. 이 주식은 모든 10년 단위 기간에 걸쳐 전체 주식을 평균 181%p 능가했다. 전체 주식 대비 최고의 성과를 낸 10년은 2006/07에 끝난 10년으로 이때 이 주식이 누적 수익률 575%를 기록한 반면 전체 주식은 193%를 기록했다. 한편 상대적으로 최악의 성과를 낸 10년은 1974/12에 끝난 기간으로, 이 주식이 누적 수익률 64%를 기록하는 동안 전체 주식은 누적 수익률 17%를 기록했다. 결론적으로 10년 동안 투자 전략을 고수할 수 있다면 저EV/EBITDA 상위 10% 주식에 투자하는 전략이 큰 성공을 가져다줄 것이다.

　표 7.4와 7.5는 최고와 최악의 시나리오의 연 수익률과 투자금 1만 달러의 성과를 보여준다. 뒤에서 저EV/EBITDA 하위 10% 주식을 살펴볼 때 같은 표를 다시 보기로 한다. 그림 7.1은 저EV/EBITDA 상위 10% 주식의 수익률에서 전체 주식 수익

률을 뺀 5년 평균 초과 혹은 미달 연 수익률이다. 우리는 통상 알파라고 부른다.

표 7.4. 연 수익률 최저치와 최고치(%, 1964/01/01~2009/12/31)

		1년	3년	5년	7년	10년
전체 주식 저EV/EBITDA 상위 10%	최저치	-47.13	-14.62	-2.73	-0.58	5.05
	최고치	80.66	42.92	32.61	29.58	25.95
전체 주식	최저치	-46.49	-18.68	-9.91	-6.32	1.01
	최고치	84.19	31.49	27.66	23.77	22.05
전체 주식 저EV/EBITDA 하위 10%	최저치	-65.28	48.12	-23.93	-16.69	-11.98
	최고치	194.94	50.63	35.57	23.68	18.64

표 7.5. 1만 달러 투자 시 기말 원리금 최저치와 최고치(달러, 1964/01/01~2009/12/31)

		1년	3년	5년	7년	10년
전체 주식 저EV/EBITDA 상위 10%	최저치	5,287	6,224	8,706	9,603	16,359
	최고치	18,066	29,194	41,008	61,327	100,428
전체 주식	최저치	5,351	5,379	5,936	6,330	11,054
	최고치	18,419	22,734	33,903	44,504	73,345
전체 주식 저EV/EBITDA 하위 10%	최저치	3,472	1,396	2,547	2,784	2,790
	최고치	29,494	34,176	45,796	44,261	55,232

그림 7.1. 5년 평균 초과(미달) 연 수익률: 전체 주식 저EV/EBITDA 상위 10% - 전체 주식(1964/01/01~2009/12/31)

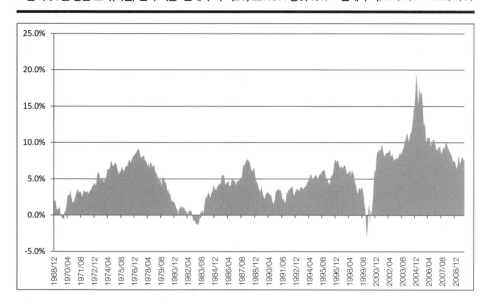

대형주

표 7.6에서 보듯 대형주 저EV/EBITDA 상위 10% 주식 역시 탁월한 성과를 냈다. 1963/12/31에 투자한 1만 달러는 2009/12/31에 400만 3,309달러로 늘어 연 수익률 13.91%를 기록했다. 같은 기간 대형주에 투자한 1만 달러가 87만 2,861달러로 늘어 연 수익률 10.20%를 달성한 것과 비교하면 매우 훌륭한 투자 성과다. 한편 대형주 저EV/EBITDA 상위 10% 주식의 표준편차는 16.82%인 반면 대형주는 16.50%를

표 7.6. 연 수익률과 위험도: 대형주 저EV/EBITDA 상위 10%와 대형주(1964/01/01~2009/12/31)

		대형주 저EV/EBITDA 상위 10%	대형주
산술평균 수익률		15.52%	11.72%
기하평균 수익률		13.91%	10.20%
중위 수익률		19.14%	17.20%
표준편차		16.82%	16.50%
상방 편차		10.74%	9.70%
하방 편차		11.37%	11.85%
추적오차		8.30	0.00
상승 개월 수		350	332
하락 개월 수		202	220
최대 하락률		-52.85%	-53.77%
베타		0.89	1.00
T-통계량(m=0)		5.85	4.58
샤프지수(Rf=5%)		0.53	0.32
소르티노지수(MAR=10%)		0.34	0.02
1만 달러 투자 시		$4,003,309	$872,861
1년 수익률	최저치	-46.65%	-46.91%
	최고치	67.17%	68.96%
3년 수익률	최저치	-10.69%	-15.89%
	최고치	39.50%	33.12%
5년 수익률	최저치	-0.82%	-5.82%
	최고치	34.82%	28.95%
7년 수익률	최저치	-0.82%	-4.15%
	최고치	27.48%	22.83%
10년 수익률	최저치	0.79%	-0.15%
	최고치	22.54%	19.57%
기대수익률	최저치	-18.11%	-21.28%
	최고치	49.15%	44.72%

기록해, 위험은 대형주 저EV/EBITDA 상위 10% 주식이 대형주 모집단보다 약간 컸다. 그럼에도 불구하고 이 주식이 기록한 샤프지수는 0.53으로, 같은 기간 대형주가 기록한 0.32보다 훨씬 높았다.

표 7.7을 보면 알 수 있듯이 대형주 저EV/EBITDA 상위 10% 주식은 기저율이 매우 견고하다. 5년 단위 기간에서는 87%, 10년 단위 기간에서는 승률 99%로 대형주를 능가했다. 기저율을 통해 불특정 5년 기간에서 이 주식이 대형주 모집단을 13% 밑도는 것을 알 수 있다. 전체 주식과 마찬가지로 대형주 저EV/EBITDA 상위 10% 주식이 대형주 대비 최악의 상대 투자 성과를 기록한 것은 2000/02에 끝난 5년이다. 같은 기간에 대형주가 누적 수익률 180%를 달성한 데 비해 이 주식은 130%를 기록해 50%p 밑돌았다. 연 수익률로 환산하면 대형주는 22.86%, 대형주 저EV/EBITDA 상위 10% 주식은 18.15%다. 모든 5년 단위 기간에 걸쳐 이 주식이 대형주를 밑돌 때는 평균 11%p 차이가 났다.

표 7.7. 대형주 저EV/EBITDA 상위 10%의 대형주 대비 기저율(1964/01/01~2009/12/31)

기준 기간	대형주 저EV/EBITDA 상위 10%가 더 높은 달	비율	초과수익률(연 수익률)
1년	379/541	70%	3.77%
3년	412/517	80%	3.94%
5년	427/493	87%	4.02%
7년	433/469	92%	3.97%
10년	429/433	99%	3.91%

대형주 저EV/EBITDA 상위 10% 주식은 2007/10에 끝난 5년에 최고의 성과를 냈는데, 대형주는 누적 수익률 149%, 이 주식은 289%를 달성해 140%p 차이로 능가했다. 연 수익률로 환산하면 대형주는 20.63%, 이 주식은 30.81%다. 5년 단위 기간 중 모집단을 이기는 87%에서는 평균 43%p 차이로 능가했다. 그림 7.2는 대형주 저EV/EBITDA 상위 10% 주식의 수익률에서 대형주 수익률을 뺀 5년 평균 초과 혹은 미달 연 수익률이다.

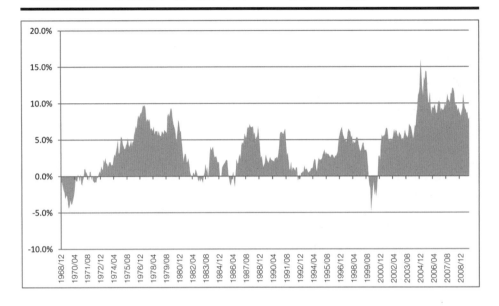

최고와 최악의 시나리오, 최고와 최악의 수익률

표 7.3과 7.4, 7.5를 보면 2007/05~2009/02에 전체 주식 저EV/EBITDA 상위 10% 주식은 54%의 손실을 기록했다. 2007/10~2009/02에 55%를 잃어 휘청한 전체 주식보다 나은 기록이다. 이는 내가 발견한 하락장 초기의 특징을 뚜렷이 보여준다. 즉, 가치투자에 기반한 투자 전략이 시장 전체보다 수개월 앞서 하락하기 시작한다. 전체 주식 저EV/EBITDA 상위 10% 주식은 고점 대비 저점까지 20% 넘게 하락한 경우가 7번이었던 반면 전체 주식은 비슷한 대폭락을 6번 경험했다. 우리가 살펴보는 다른 가치 요소들과 다르게 저EV/EBITDA 주식은 극심한 하락장의 충격을 완화하는 측면이 있어 보인다.

표 7.5는 전체 주식 저EV/EBITDA 상위 10% 주식에 투자한 1만 달러의 투자 결과를 보여준다. 최악의 5년은 1973/12/31에 끝난 기간으로, 투자한 1만 달러는

8,706달러로 줄어 누적 수익률 -13%를 기록했다. 최고의 5년은 1987/07/31에 끝난 기간으로, 투자한 1만 달러가 4만 1,008달러로 늘어 누적 수익률 310%를 달성했다. 표 7.4는 다양한 기간에 걸친 최고와 최악의 수익률을 보여준다.

대형주 저EV/EBITDA 상위 10% 주식은 최악의 손실이 2007/10~2009/02 기록한 53% 손실이다. 전체 주식에서와 마찬가지로 같은 기간 동안 대형주 모집단이 경험한 54% 손실보다는 낫다. 대형주 저EV/EBITDA 상위 10% 주식은 1963/12/31~2009/12/31에 7번에 걸쳐 20% 넘는 손실을 기록했다. 표 7.8을 참조하기 바란다.

표 7.8. 최악의 시나리오: 대형주 저EV/EBITDA 상위 10%가 20% 이상 하락한 사례(1964/01/01~2009/12/31)

고점 월	지수 고점	저점 월	지수 저점	회복 월	하락률(%)	하락 기간(월)	회복 기간(월)
1966/01	1.35	1966/09	1.06	1967/07	-21.40	8	10
1969/01	1.77	1970/06	1.16	1971/04	-34.31	17	10
1973/10	2.03	1974/09	1.36	1975/06	-32.88	11	9
1980/11	6.44	1982/07	4.72	1983/01	-26.79	20	6
1987/08	21.43	1987/11	15.57	1989/01	-27.34	3	14
2001/05	161.39	2002/09	124.22	2003/08	-23.03	16	11
2007/10	504.03	2009/02	237.66		-52.85	16	
평균					-31.23	13	10

표 7.9는 대형주 EV/EBITDA 상위 10% 주식과 하위 10% 주식의 최고와 최악의 연 수익률이고, 표 7.10은 대형주 EV/EBITDA 상위 10% 주식과 하위 10% 주식에 투자한 1만 달러의 투자 결과다. 최악의 5년인 1974/09에 끝난 기간 동안 투자한 1만 달러는 9,594달러로 줄어들었는데 이는 이 투자 전략이 하락장에서도 탁월한 방어 능력이 있음을 잘 보여준다. 1973~1974년 하락장은 하락 정도가 2008~2009년 못지않았다. 대형주 저EV/EBITDA 상위 10% 주식의 최고 5년은 1987/07에 끝난 기간으로, 투자한 1만 달러는 4만 4,544달러로 늘어 연 수익률 34.82%를 기록했다. 표 7.9와 7.10은 5년 이외의 보유 기간에서 거둔 최고와 최악 투자 결과를 보여준다.

표 7.9 연 수익률 최저치와 최고치(%, 1964/01/01~2009/12/31)

		1년	3년	5년	7년	10년
대형주 저EV/EBITDA 상위 10%	최저치	-46.65	-10.69	-0.82	-0.82	0.79
	최고치	67.17	39.50	34.82	27.48	22.54
대형주	최저치	-46.91	-15.89	-5.82	-4.15	-0.15
	최고치	68.96	33.12	28.95	22.83	19.57
대형주 저EV/EBITDA 하위 10%	최저치	-80.16	-49.78	-27.19	-17.69	-14.40
	최고치	100.74	56.32	39.89	28.78	25.30

표 7.10. 1만 달러 투자 시 기말 원리금 최저치와 최고치(달러, 1964/01/01~2009/12/31)

		1년	3년	5년	7년	10년
대형주 저EV/EBITDA 상위 10%	최저치	5,335	7,124	9,594	9,437	10,816
	최고치	16,717	27,148	44,544	54,707	76,366
대형주	최저치	5,309	5,951	7,409	7,434	9,848
	최고치	16,896	23,591	35,656	42,189	59,747
대형주 저EV/EBITDA 하위 10%	최저치	1,984	1,266	2,047	2,559	2,112
	최고치	20,074	38,196	53,574	58,731	95,380

고EV/EBITDA 주식은 끔찍한 투자처

나의 어머니는 들인 돈에 비해 얻는 게 많으면 장기적으로 성공하기 마련이라고 말하곤 했다. 이 말을 뒤집으면 들인 돈에 비해 얻는 게 적으면 계속해서 실망하기 마련이다. 전체 주식 저EV/EBITDA 하위 10% 주식을 매수하는 일이야말로 작은 가치를 사기 위해 큰돈을 지불하는 일이다. 결과는 뻔하다. 표 7.11에서 보듯 1963/12/31에 전체 주식 저EV/EBITDA 하위 10% 주식에 투자한 1만 달러는 2009/12/31에 겨우 10만 9,001달러로 늘어 빈약한 연 수익률 5.33%를 달성했을 뿐이다. 같은 1만 달러를 30일짜리 미국 단기 국채에만 투자했어도 2009년 말에는 12만 778달러로 늘어 연 수익률 5.57%를 달성했을 것이다. 그냥 쉽게 전체 주식에 투자했다면 투자한 1만 달러는 132만 9,513달러로 늘어 연 수익률 11.22%를 달성했을 것이다. (상기 수익률 모두 인플레이션을 고려하지 않은 명목 수익률임을 잊지 말자.) 인플레이션을 상쇄하려면 1963년에 투자한 1만 달러는 거의 7만 달러로 늘었어야 하기 때문에 이를 반영하면 전체 주식 저EV/EBITDA 하위 10% 주식에 투자해 얻은 실질 수익은 없는 것이나 마찬가지다. 엎친 데 덮친 격으로 벌어주는 수익이 변변치 않으면서 수익의 변동성마저 심했다. 전체 주식 저EV/EBITDA 하위 10% 주식의 표준편차는 26.71%로 전체 주식보다 7%p나 높았다. 심한 변동성과 미미한 수익률이 결합해 이 전략의 샤프지수는 0.01이 되어, 전체 주식의 샤프지수 0.33과 비교하기가 무색할 정도다.

표 7.11 연 수익률과 위험도: 전체 주식 저EV/EBITDA 하위 10%와 전체 주식(1964/01/01~2009/12/31)

	전체 주식 저EV/EBITDA 하위 10%	전체 주식
산술평균 수익률	9.20%	13.26%
기하평균 수익률	5.33%	11.22%
중위 수익률	15.22%	17.16%
표준편차	26.71%	18.99%
상방 편차	17.12%	10.98%
하방 편차	19.74%	13.90%
추적오차	12.48	0.00
상승 개월 수	318	329
하락 개월 수	234	223
최대 하락률	-89.54%	-55.54%
베타	1.27	1.00
T-통계량(m=0)	2.24	4.47
샤프지수(Rf=5%)	0.01	0.33
소르티노지수(MAR=10%)	-0.24	0.09
1만 달러 투자 시	$109,001	$1,329,513
1년 수익률 최저치	-65.28%	-46.49%
최고치	194.94%	84.19%
3년 수익률 최저치	-48.12%	-18.68%
최고치	50.63%	31.49%
5년 수익률 최저치	-23.93%	-9.91%
최고치	35.57%	27.66%
7년 수익률 최저치	-16.69%	-6.32%
최고치	23.68%	23.77%
10년 수익률 최저치	-11.98%	1.01%
최고치	18.64%	22.05%
기대수익률 최저치	-44.21%	-24.73%
최고치	62.62%	51.24%

예상한 대로 표 7.12에서 보듯 기저율 역시 형편없다. 5년 단위 기간에서는 11%, 10년 단위 기간에서는 6% 확률로 전체 주식을 이겼을 뿐이다. 기저율을 임의의 5년 기간에서 이 투자 전략이 전체 주식을 이길 확률로 해석한다면, 저EV/EBITDA 하위 10% 주식은 전체 주식 모집단을 어쩌다 이겼을 뿐만 아니라 시기도 거의 틀림없이 터지기만을 기다리는 거품이 가득한 시기였음을 알 수 있다. 전체 주식 대비 상대적으로 최고의 5년 성과를 낸 시기는 2000/02에 끝난 시기로 닷컴 버블이 정점이었다. 이때 전체 주식 저EV/EBITDA 하위 10% 주식은 누적 수익률 358%를 기록한 반면 전체 주식은 186%에 그쳤다. 연 수익률로 환산하면 각각 35.57%와 22.18%다. 그다음으로 좋았던 5년은 1968년과 1969년에 끝난 시기로 닷컴 버블 이전에 있었던 마지막 주요 버블기였다. 달리 말하면 저EV/EBITDA 하위 10% 주식이 전체 주식을 현격하게 능가할 때는 폭락장을 조심해야 할 때다.

표 7.12. 전체 주식 저EV/EBITDA 하위 10%의 전체 주식 대비 기저율(1964/01/01~2009/12/31)

기준 기간	전체 주식 저EV/EBITDA 하위 10%가 더 높은 달	비율	초과수익률(연 수익률)
1년	172/541	32%	-3.18%
3년	79/517	15%	-5.25%
5년	53/493	11%	-5.95%
7년	43/469	9%	-6.18%
10년	28/433	6%	-6.14%

5년 기간 중 저EV/EBITDA 하위 10% 주식이 전체 주식을 능가하는 11%를 보면 평균적으로 41%p 앞선다. 생각보다 높다고 할 텐데 이는 이들 주식이 극도로 투기적인 시장 환경에서 강한 추력으로 솟구치기 때문이다. 하지만 솟구치는 때를 정확하게 알 수 있으리라는 헛된 생각은 하지 말기 바란다. 버블은 터지기 전에는 투자자가 버블 속에 있는지 알기가 대단히 어렵다. 단서가 하나 있다면 밸류에이션이 높은 주식들이 평상시와 다르게 성과가 좋아진다는 점이다.

5년 기간에서 저EV/EBITDA 하위 10% 주식이 전체 주식을 하회하는 89%의 경우에는 전체 주식보다 47%p 낮은 성과를 기대하면 된다. 최악의 5년은 2005/11에 끝난 기간으로 이 주식은 35% 손실을 본 반면 전체 주식은 누적 수익률 71%를 기록했다. 표 7.13은 최악의 시나리오를 보여준다. 그림 7.3은 저EV/EBITDA 하위 10% 주식의 수익률에서 전체 주식 수익률을 뺀 5년 평균 초과 혹은 미달 연 수익률이다.

표 7.13. 최악의 시나리오: 전체 주식 저EV/EBITDA 하위 10%가 20% 이상 하락한 사례(1964/01/01~2009/12/31)

고점 월	지수 고점	저점 월	지수 저점	회복 월	하락률(%)	하락 기간(월)	회복 기간(월)
1966/04	1.62	1966/10	1.24	1967/01	-23.36	6	3
1969/01	3.57	1974/09	1.47	1979/12	-58.75	68	63
1981/05	5.38	1982/07	3.90	1982/11	-27.51	14	4
1983/06	7.51	1984/07	5.99	1985/02	-20.27	13	7
1987/08	11.62	1987/11	7.46	1989/08	-35.78	3	21
1989/09	11.85	1990/10	7.49	1991/08	-36.84	13	10
1993/10	16.15	1994/06	12.31	1995/07	-23.80	8	13
1996/05	21.79	1998/08	11.81	1999/03	-45.81	27	7
2000/02	58.29	2009/02	6.10		-89.54	108	
평균					-40.19	28.89	16

그림 7.3. 5년 평균 초과(미달) 연 수익률: 전체 주식 저EV/EBITDA 하위 10% - 전체 주식(1964/01/01~2009/12/31)

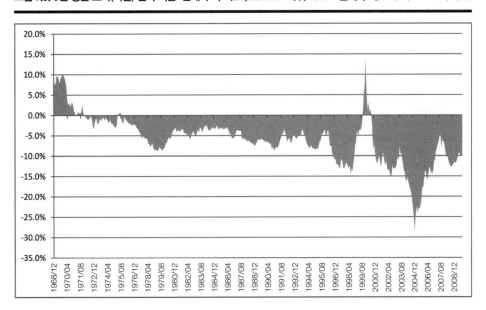

대형주 주식은 한술 더 뜬다

표 7.14에서 보듯 대형주 저EV/EBITDA 하위 10% 주식에 투자한 1만 달러는 전체 주식의 성과보다 더 저조하다. 투자한 1만 달러는 2009년 말 겨우 9만 9,989달러로 늘어 연 수익률 5.13%에 그쳤다. 앞서 전체 주식에서 언급했듯이 미국 단기 국채에 투자한 것보다도 못한 수익률이다. 표준편차 역시 대형주는 16.50%인 반면 저EV/EBITDA 하위 10% 주식은 23.56%를 기록해 현격한 차이를 보였다. 전체 주식과 마

표 7.14 연 수익률과 위험도: 대형주 저EV/EBITDA 하위 10%와 대형주(1964/01/01~2009/12/31)

		대형주 저EV/EBITDA 하위 10%	대형주
산술평균 수익률		8.19%	11.72%
기하평균 수익률		5.13%	10.20%
중위 수익률		13.29%	17.20%
표준편차		23.56%	16.50%
상방 편차		14.31%	9.70%
하방 편차		18.45%	11.85%
추적오차		12.15	0.00
상승 개월 수		309	332
하락 개월 수		243	220
최대 하락률		-89.48%	-53.77%
베타		1.25	1.00
T-통계량(m=0)		2.27	4.58
샤프지수(Rf=5%)		0.01	0.32
소르티노지수(MAR=10%)		-0.26	0.02
1만 달러 투자 시		$99,989	$872,861
1년 수익률	최저치	-80.16%	-46.91%
	최고치	100.74%	68.96%
3년 수익률	최저치	-49.78%	-15.89%
	최고치	56.32%	33.12%
5년 수익률	최저치	-27.19%	-5.82%
	최고치	39.89%	28.95%
7년 수익률	최저치	-17.69%	-4.15%
	최고치	28.78%	22.83%
10년 수익률	최저치	-14.40%	-0.15%
	최고치	25.30%	19.57%
기대수익률	최저치	-38.92%	-21.28%
	최고치	55.30%	44.72%

찬가지로 이런 위험을 극히 저조한 수익률과 결합한 샤프지수는 0.01로, 대형주의 0.32와 심한 대조를 보인다.

표 7.15를 보면 저EV/EBITDA 하위 10% 주식의 기저율은 놀랍게도 대형주가 전체 주식보다 낫다. 대형주 저EV/EBITDA 하위 10% 주식은 5년 단위 기간에서 19%, 10년 단위 기간에서는 11%로 대형주를 능가한다. 대형주 대비 최고의 성과를 거둔 5년은 2000/02에 끝난 기간으로 저EV/EBITDA 하위 10% 주식은 누적 수익률 436%, 대형주는 180%를 기록해 256%p 차로 능가했다. 연 수익률로 환산하면 이 주식은 39.89%, 대형주는 22.86%다. 이처럼 눈이 휘둥그레지는 성과 탓에 많은 투자자가 감정을 배제한 밸류에이션을 버리고 투자의 '새 시대'가 도래했다고 믿게 되었다. 흥미롭게도 대형주 저EV/EBITDA 하위 10% 주식과 대형주 사이에 마지막으로 큰 간극이 존재한 시기는 1960년대 말 버블기였다. 모든 5년 단위 기간에 걸쳐 저EV/EBITDA 하위 10% 주식이 대형주를 능가할 때면 평균 41%p로 앞섰다. 하지만 전체 주식에서 보았듯이 치솟는 수익률로 능가하던 시기는 대부분 2000년에 집중되어 있다. 60년 가까이 버블기를 체험하지 못한 탓에 저EV/EBITDA 하위 10% 주식의 상대적 우위는 곧 사라질 판이었다.

표 7.15. 대형주 저EV/EBITDA 하위 10%의 대형주 대비 기저율(1964/01/01~2009/12/31)

기준 기간	대형주 저EV/EBITDA 하위 10%가 더 높은 달	비율	초과수익률(연 수익률)
1년	196/541	36%	-2.53%
3년	120/517	23%	-4.35%
5년	95/493	19%	-5.21%
7년	78/469	17%	-5.64%
10년	46/433	11%	-5.74%

대형주 대비 최악의 성과를 거둔 시기는 1987/07에 끝난 5년이다. 저EV/EBITDA 하위 10% 주식은 누적 수익률 139%, 대형주는 257%를 기록해 118%p 차이로 밑돌았다. 연 수익률로 환산하면 이 주식은 19.05%, 대형주는 28.95%였다. 5년 투자 기간 기준 이 주식이 대형주를 밑돌 때에는 평균 44%p 낮았다. 그림 7.4는 저EV/

EBITDA 하위 10% 주식의 연 수익률에서 대형주 연 수익률을 뺀 값을 보여준다.

그림 7.4. 5년 평균 초과(미달) 연 수익률: 대형주 저EV/EBITDA 하위 10% − 대형주(1964/01/01~2009/12/31)

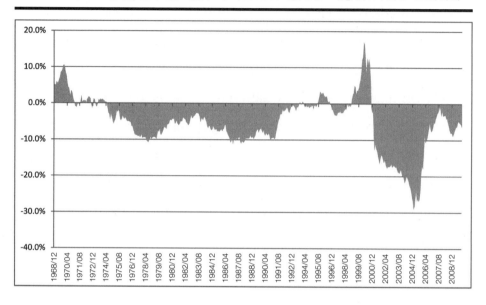

최악의 시나리오, 최고와 최악의 해

표 7.13과 7.16은 전체 주식과 대형주 모집단 각각에서 저EV/EBITDA 하위 10% 주식의 최대 하락을 보여준다. 전체 주식 저EV/EBITDA 하위 10% 주식은 2000/02에 정점을 찍은 후 2009/02까지 길고 긴 나락에 떨어져 최고점 대비 90%를 잃었다. 1963년 이래 20% 넘는 하락을 9번 경험했다. 표 7.16을 보고도 밸류에이션이 과도한 주식을 두려워하지 않는다면 무엇을 보더라도 소용이 없다.

대형주 저EV/EBITDA 하위 10% 주식에 관한 얘기도 전체 주식에서와 다를 바 없다. 역시 2000/02에 정점을 찍고 2009/02에 바닥을 쳤는데 그사이 89%나 손실이 발생했다. 1963~2009년에 20% 넘게 하락한 것 역시 9회로 같다.

표 7.5와 7.10은 전체 주식과 대형주 각각에서 저EV/EBITDA 하위 10% 주식에

표 7.16. 최악의 시나리오: 대형주 저EV/EBITDA 하위 10%가 20% 이상 하락한 사례(1964/01/01~2009/12/31)

고점 월	지수 고점	저점 월	지수 저점	회복 월	하락률(%)	하락 기간(월)	회복 기간(월)
1966/04	1.73	1966/10	1.37	1967/02	-20.73	6	4
1969/12	2.40	1970/06	1.52	1972/01	-36.69	6	19
1972/12	3.01	1974/09	1.29	1980/09	-57.09	21	72
1981/05	3.33	1982/07	2.38	1982/11	-28.42	14	4
1983/06	4.50	1984/07	3.20	1985/12	-28.86	13	17
1987/09	6.00	1987/11	4.12	1989/05	-31.34	2	18
1989/09	6.88	1990/10	4.41	1991/08	-35.86	13	10
1998/07	23.28	1998/08	18.48	1998/12	-20.64	1	4
2000/02	54.48	2009/02	5.73		-89.48	108	
평균					-38.79	20.44	18.5

투자한 1만 달러가 거둔 최고와 최악의 결과를 보여준다. 전체 주식 저EV/EBITDA 하위 10% 주식이 최고의 성과를 거둔 5년은 2000/02에 끝난 기간으로, 1만 달러는 4만 5,796달러로 늘어 연 수익률 35.57%를 기록했다. 최악의 5년은 2005/02에 끝난 시기로, 투자한 1만 달러는 2,547달러로 줄어 연 수익률 -23.93%를 기록했다.

대형주 역시 저EV/EBITDA 하위 10% 주식이 최고의 성과를 거둔 5년은 2000/02에 끝난 기간으로, 1만 달러는 5만 3,574달러로 늘어 연 수익률 39.89%를 기록했다. 최악의 5년 역시 2005/02에 끝난 시기로, 투자한 1만 달러는 2,047달러로 줄어 연 수익률 -27.18%를 기록했다. 표 7.17과 7.18은 전체 주식과 대형주 저EV/EBITDA 하위 10% 주식이 10년 단위로 기록한 연 수익률을 보여준다.

표 7.17. 전체 주식 10년 단위 연 수익률(%, 1964/01/01~2009/12/31)

	1960년대	1970년대	1980년대	1990년대	2000년대
전체 주식 저EV/EBITDA 상위 10%	14.14	13.82	19.95	18.59	15.55
전체 주식 저EV/EBITDA 하위 10%	18.72	2.61	11.97	13.28	-11.98
전체 주식	13.36	7.56	16.78	15.35	4.39

표 7.18. 대형주 10년 단위 연 수익률(%, 1964/01/01~2009/12/31)

	1960년대	1970년대	1980년대	1990년대	2000년대
대형주 저EV/EBITDA 상위 10%	5.35	12.75	19.31	16.96	12.15
대형주 저EV/EBITDA 하위 10%	15.70	0.41	10.03	21.78	-14.27
대형주	8.16	6.65	17.34	16.38	2.42

십분위수

그림 7.5와 7.6, 표 7.19와 7.20을 보자. 전체 주식 저EV/EBITDA 상위 50% 주식은 모두 전체 주식을 능가한다. 반면 저EV/EBITDA 하위 50% 주식은 모두 전체 주식을 하회한다. 특히 저EV/EBITDA 하위 20% 주식은 30일짜리 미국 단기 국채조차 밑도는 불명예를 안았다.

대형주에서는 저EV/EBITDA 상위 30% 주식이 대형주를 능가한 반면 상위

그림 7.5. 전체 주식 저EV/EBITDA 십분위수 수익률(1964/01/01~2009/12/31)

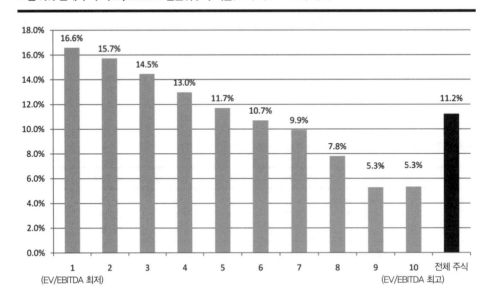

월가의 퀀트 투자 바이블

31~100% 주식은 모두 대형주 모집단을 밑돌았다. 여기서도 저EV/EBITDA 하위 10% 주식은 30일짜리 미국 단기 국채에도 못 미친다.

그림 7.6. 대형주 저EV/EBITDA 십분위수 수익률(1964/01/01~2009/12/31)

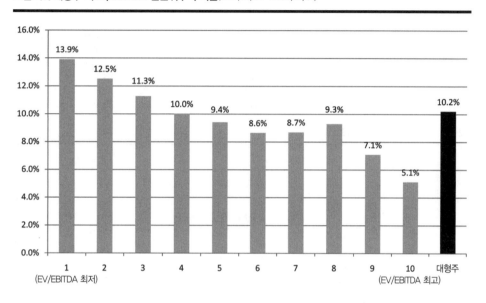

표 7.19. 전체 주식 저EV/EBITDA 십분위수 수익률 요약(1964/01/01~2009/12/31)

십분위수	1만 달러 투자 시	연 수익률(산술평균)	연 수익률(기하평균)	표준편차	샤프지수
1(EV/EBITDA 최저)	$11,614,717	18.41%	16.58%	17.71%	0.65
2	$8,275,696	17.57%	15.73%	17.82%	0.60
3	$4,972,919	16.17%	14.45%	17.26%	0.55
4	$2,734,277	14.66%	12.97%	17.19%	0.46
5	$1,620,973	13.40%	11.70%	17.34%	0.39
6	$1,072,150	12.46%	10.70%	17.70%	0.32
7	$775,885	11.82%	9.92%	18.41%	0.27
8	$316,267	10.11%	7.80%	20.46%	0.14
9	$106,512	8.54%	5.28%	24.44%	0.01
10(EV/EBITDA 최고)	$109,001	9.20%	5.33%	26.71%	0.01
전체 주식	$1,329,513	13.26%	11.22%	18.99%	0.33

표 7.20. 대형주 저EV/EBITDA 십분위수 수익률 요약(1964/01/01~2009/12/31)

십분위수	1만 달러 투자 시	연 수익률(산술평균)	연 수익률(기하평균)	표준편차	샤프지수
1(EV/EBITDA 최저)	$4,003,309	15.52%	13.91%	16.82%	0.53
2	$2,273,260	13.88%	12.52%	15.58%	0.48
3	$1,357,246	12.53%	11.27%	15.09%	0.42
4	$808,224	11.30%	10.02%	15.17%	0.33
5	$623,765	10.72%	9.40%	15.47%	0.28
6	$452,578	9.99%	8.64%	15.68%	0.23
7	$461,233	10.11%	8.69%	16.11%	0.23
8	$594,472	10.82%	9.29%	16.71%	0.26
9	$233,431	9.04%	7.09%	18.88%	0.11
10(EV/EBITDA 최고)	$99,989	8.19%	5.13%	23.56%	0.01
대형주	$872,861	11.72%	10.20%	16.50%	0.32

시사점

전체 주식에서는 저EV/EBITDA 상위 10% 주식이 1963~2009년에 절댓값 기준 최고의 수익률을 기록함으로써 다른 가치 요소를 모두 압도했다. 그것도 상대적으로 낮은 변동성과 탁월한 기저율을 기록하면서 달성했다. 하지만 저EV/EBITDA에 가치 요소의 새 제왕이라는 왕관을 씌우지는 않겠다. 앞선 개정판에서 PSR에 왕관을 씌운 적이 있지만 나의 연구가 계속되는 한 개별 가치 요소 간 경주에는 엎치락뒤치락이 필연적이고 이 책의 다음 개정판에는 저EV/EBITDA를 대체할 새로운 왕이 등장할지도 모르기 때문이다. 뒤에 PBR을 다룰 때 다시 보겠지만 장기 데이터를 이용해 분석해보면 전통적인 가치 요소가 상당히 긴 시간 동안 전혀 제 역할을 하지 못하는 시기가 있을 수 있다. 그렇기 때문에 우리는 나중에 여러 가치 요소를 결합해서 항상 제대로 작동하는 가치 요소의 힘을 빌리고자 하는 것이다.

대형주에서도 1963년 이래 저EV/EBITDA가 수익률 절댓값에서 1위를 차지한 것을 확인할 수 있다. 이후 16장에서 보겠지만 대형주 모집단에 가치 요소를 적용하면 훨씬 더 쏠리는 경향이 있다. 예를 들어 1963/12/31~2009/12/31 기간에 대형주 저EV/EBITDA 상위 10% 주식은 연 수익률 13.91%를 기록했는데 같은 기간 대형주 저PER 주식은 연 수익률 13.56%를 기록해 성과가 비슷했다.

현재로서는 저EV/EBITDA가 계속해서 수익률이 높을 주식과 그렇지 못한 주식을 구별하는 데 매우 유용함을 입증했다.

사례 연구

기업 가치를 이용해 다른 주가 배수 만들기

저EV/EBITDA는 연구 대상 기간 동안 최고의 수익을 낼 뿐 아니라 다른 주가 배수에 활용할 때에도 유용하다. 예를 들어 EV/잉여현금흐름을 전체 주식에 적용했더니 1963/12/31~2009/12/31에 저 EV/잉여현금흐름 상위 10% 주식은 연 수익률 16.10%를 달성했다. 즉 투자한 1만 달러는 960만 7,437달러로 늘고, 전체 주식 대비 모든 기저율에서 앞섰으며, 모든 5년 단위 기간에서 88%, 10년 단위 기간에서는 96% 확률로 전체 주식을 능가했다. 최악의 시나리오는 2007/05~2009/02에 57% 하락한 경우다.

저 EV/잉여현금흐름 하위 10% 주식은 저EV/EBITDA 하위 10% 주식과 마찬가지로 성과가 빈약했다. 연 수익률 7.27%로서 투자한 1만 달러는 25만 2,497달러로 증가하는 데 그쳤다. 기저율 역시 나빠서 10년 단위 기간의 3%에서만 전체 주식을 능가했다. 3%조차 극히 미미한 차이로 앞섰을 뿐이다. 가장 좋았던 1974/02에 끝난 10년 동안 이 그룹의 주식은 누적 수익률이 7.48%였고 전체 주식은 7.03%였다. 저 EV/잉여현금흐름 하위 10% 주식 역시 저EV/EBITDA 하위 10% 주식처럼 늘 피해야 할 주식이다.

대형주 모집단에서 저 EV/잉여현금흐름 상위 10% 주식과 하위 10% 주식을 비교하면 차이는 그렇게 크지 않다. 대형주 모집단이 연 수익률 9.6%를 기록한 1963~2009년에 저 EV/잉여현금흐름 상위 10% 주식은 연 수익률 13.11%, 하위 10% 주식은 연 수익률 8.2%를 기록했다. 저 EV/잉여현금흐름 상위 10% 주식은 대형주를 모든 5년 단위 기간에서 85%, 10년 단위 기간에서는 99% 승률로 능가했다. 반면 저 EV/잉여현금흐름 하위 10% 주식은 기저율이 일관되게 저조했지만 전체 주식에서처럼 아주 나쁘지는 않았다. 대형주 저 EV/잉여현금흐름 하위 10% 주식은 대형주를 5년 단위 기간에서 33%, 10년 단위 기간에서는 37% 확률로 능가했다.

EV/매출액

저EV/EBITDA에서 보듯이 기업 가치를 활용한 주가 배수는 무엇이든 유용하다. 기업 가치와 매출액의 비율인 저 EV/매출액으로 주식 등급을 매기면 역시나 상위 10% 주식은 탁월한 성과를, 하위 10% 주식은 저조한 성과를 낸다. 1963/12/31에 전체 주식 저 EV/매출액 상위 10% 주식에 투자한 1만 달러는 2009/12/31에 847만 2,839달러로 늘어 연 수익률 15.79%를 기록했다. 이 주식도 다른 가치 요소와 마찬가지로 2007/05~2009/02에 최악의 하락인 62% 손실을 경험했다. 기저율은 일관되게 좋아서 5년 단위 기간에서는 96%, 10년 단위 기간에서는 99%로 전체 주식을 능가했다.

전체 주식 저 EV/매출액 하위 10% 주식으로 고개를 돌리면 이제는 너무나 눈에 익은 저조한 성과가 보인다. 1963년에 저 EV/매출액 하위 10% 주식에 투자한 1만 달러는 2009년 말에 겨우 9만 6,684달러로 늘어 연 수익률 5.06%에 그쳤다. 이는 30일짜리 미국 단기 국채에 투자해 얻었을 12만 778달러와 비교해도 형편없다. 얼마나 나쁜 성과인지 보여주기 위해 인플레이션까지 감안하면, 1963년에 저 EV/매출액 하위 10% 주식에 투자한 1만 달러는 2009년 말에는 겨우 1만 3,825달러가 되어 연 수익률 0.77%다. 미국 단기 국채에 투자한 1만 달러는 인플레이션을 감안하면 1만 7,270달러가 되어 연 수익률 1.19%를 기록했다. 반면 1만 달러를 저 EV/매출액 상위

10% 주식에 투자했다면 121만 1,518달러로 늘어 연 수익률 10.99%를 기록했다. 시사하는 바는 명확하다. 비싼 주식은 피하라! 그리고 단기 국채도!

저 EV/매출액 하위 10% 주식에 발생한 최악의 시나리오는 2000/02~2009/02 발생한 92% 하락이다. 기저율은 일관되게 나빠서 전체 주식을 5년 단위 기간에서 19%, 10년 단위 기간에서는 6% 능가하는 데 그쳤다.

대형주 모집단에 저 EV/매출액을 적용해도 결과는 비슷하다. 1963년에 대형주 저 EV/매출액 상위 10% 주식에 투자한 1만 달러는 2009년 말에 242만 9,387달러로 늘어 연 수익률 12.68%를 기록했다. 같은 기간 대형주에 투자한 1만 달러가 68만 2,195달러로 증가한 것에 비해 상당히 큰 금액이다. 대형주 저 EV/매출액 상위 10% 주식 최악의 시나리오는 2007/10~2009/02에 기록한 53% 손실인데 대형주는 같은 기간에 54% 손실을 기록했다. 기저율은 일관되게 좋아서 대형주를 5년 단위 기간에서 81%, 10년 단위 기간에서는 97% 능가했다.

대형주 저 EV/매출액 하위 10% 주식에서 매우 드문 점이 발견된다. 즉, 전체 주식 저 EV/매출액 하위 10% 주식보다 성과가 저조하다. 1963년에 투자한 1만 달러가 고작 7만 5,146달러로 늘어 연 수익률이 4.48%에 그친다. 전체 주식 저 EV/매출액 하위 10% 주식과 마찬가지로 현금이 오히려 낫다. 이 주식은 2000/02~2009/02에 가치가 88% 하락하는 최악의 시나리오를 경험했다. 기저율은 일관되게 나빠서 대형주를 5년 단위 기간에서 22%, 10년 단위 기간에서 10% 능가했을 뿐이다.

시사점

기업 가치를 EBITDA, 잉여현금흐름, 매출액 등과 함께 활용하면 밸류에이션이 지나친지 모자라는지를 쉽게 알 수 있다. EV/EBITDA, EV/잉여현금흐름, EV/매출액 등으로 판단해서 비싼 주식은 반드시 피해야 하며, 이 기준에 의해 가장 합리적인 가격에 거래되는 주식을 매수하면 시장을 상당한 차이로 능가할 수 있다는 점을 명심해야 한다.

WHAT
WORK$
ON WALL
$TREET

08

주가현금흐름배수(PCR): 밸류에이션에 현금흐름 이용하기

현명해지려면 진리를 발견하는 것보다
환상을 깨는 것이 낫다.

| 루트비히 뵈르네 | Ludwig Börne, 독일 평론가

주가현금흐름배수(Price-to-Cash Flow, PCR)는 주가가 싼지 비싼지 판단하는 또 다른 척도다. 현금흐름은 순이익에 감가상각비와 기타 비현금성 지출을 더해 계산한다. PCR은 시가총액을 현금흐름 총액으로 나눈 것이다.

현금흐름은 전통적으로 이익보다 조작하기 어렵기 때문에 일부 가치투자자는 염가 주식을 찾는 데 이를 선호한다. 우리는 공익기업의 주식은 배제했는데, 너무 자주 등장해서 편향될 우려가 있기 때문이다.

앞서와 마찬가지로 전체 주식과 대형주에서 고PCR과 저PCR 상위 10% 주식을 살펴보겠다. 1963/12/31에 전체 주식 모집단의 저PCR 상위 10% 주식에 1만 달러를 투자하는 것으로 시작한다. 전체 주식뿐 아니라 대형주도 PCR에 따라 등급을 매긴다. 해마다 리밸런싱을 실시하고 앞에서 실시한 테스트처럼 연 수익률을 비교한다.

결과

다른 가치 요소들과 마찬가지로 투자자는 PCR이 낮은 주식을 선호하고 PCR이 높은 주식은 응징한다. 저PCR 주식의 수익률부터 살펴보자. 표 8.1~8.5는 전체 주식의 결과를 보여준다. 1963/12/31에 전체 주식 저PCR 상위 10% 주식에 투자한 1만 달러는 2009/12/31에 1,018만 7,545달러로 늘어 연 수익률 16.25%를 달성해, 같은 기간 전체 주식에 투자해 얻었을 132만 9,513달러보다 월등히 많았다. 위험은 전체 주식보다 약간 낮아서, 저PCR 상위 10% 주식의 표준편차는 18.47%로 전체 주식의 18.99%보다 약간 낮았다. 저PCR 상위 10% 주식의 샤프지수는 0.61, 전체 주식은 0.33을 기록해 현격한 차이를 보였다.

표 8.2는 전체 주식 저PCR 상위 10% 주식의 기저율을 보여준다. 기저율은 일관되게 높아서 모든 5년 단위 기간에서 91%, 10년 단위 기간에서는 100% 승률로 전체 주식을 능가했다.

표 8.1. 연 수익률과 위험도: 전체 주식 저PCR 상위 10%와 전체 주식(1964/01/01~2009/12/31)

		전체 주식 저PCR 상위 10%	전체 주식
산술평균 수익률		18.23%	13.26%
기하평균 수익률		16.25%	11.22%
중위 수익률		22.64%	17.16%
표준편차		18.47%	18.99%
상방 편차		12.15%	10.98%
하방 편차		14.04%	13.90%
추적오차		7.63	0.00
상승 개월 수		357	329
하락 개월 수		195	223
최대 하락률		-60.87%	-55.54%
베타		0.89	1.00
T-통계량(m=0)		6.19	4.47
샤프지수(Rf=5%)		0.61	0.33
소르티노지수(MAR=10%)		0.45	0.09
1만 달러 투자 시		$10,187,545	$1,329,513
1년 수익률	최저치	-54.24%	-46.49%
	최고치	89.55%	84.19%
3년 수익률	최저치	-18.63%	-18.68%
	최고치	45.20%	31.49%
5년 수익률	최저치	-3.86%	-9.91%
	최고치	32.98%	27.66%
7년 수익률	최저치	-0.39%	-6.32%
	최고치	27.49%	23.77%
10년 수익률	최저치	5.90%	1.01%
	최고치	25.86%	22.05%
기대수익률	최저치	-18.70%	-24.73%
	최고치	55.16%	51.24%

표 8.2. 전체 주식 저PCR 상위 10%와 전체 주식의 수익률 비교(1964/01/01~2009/12/31)

기준 기간	전체 주식 저PCR 상위 10%가 더 높은 달	비율	초과수익률(연 수익률)
1년	396/541	73%	4.56%
3년	449/517	87%	4.80%
5년	449/493	91%	4.86%
7년	461/469	98%	4.78%
10년	432/433	100%	4.59%

기저율을 전체 주식을 이길 확률로 해석하면 1963~2009년 동안 일관되게 저 PCR 상위 10% 주식을 보유했다면 모든 10년 기간에 승률 100%로 전체 주식을 연 수익률 4.59%p 차이로 능가할 수 있었다. 5년 단위 기간에서는 2000/02에 끝난 5년에 이 주식이 누적 수익률 122%, 전체 주식은 172%를 달성해 50%p 차이로 밑돈 것이 최악의 성적이었다. 연 수익률로 환산하면 이 주식은 연 17.29%를 기록한 반면 전체 주식은 22.18%를 달성했다. 반대로 최고 성과를 기록한 것은 2005/02에 끝난 5년으로 누적 수익률 202%를 기록한 반면 전체 주식은 겨우 23%를 기록해서 5년 동안의 누적 수익률 차이가 179%p다. 연 수익률로 환산하면 이 주식은 24.74%, 전체 주식은 4.28%다. 표 8.3~8.5는 이후 최악의 시나리오, 최고와 최악의 수익률을 분석할 때 다시 참고하겠다.

표 8.3. 최악의 시나리오: 전체 주식 저PCR 상위 10%가 20% 이상 하락한 사례(1964/01/01~2009/12/31)

고점 월	지수 고점	저점 월	지수 저점	회복 월	하락률(%)	하락 기간(개월)	회복 기간(개월)
1969/01	3.20	1970/06	1.96	1972/11	-38.83	17	29
1972/11	3.35	1974/09	2.23	1975/05	-33.46	22	8
1987/08	43.97	1987/11	30.24	1989/03	-31.22	3	16
1989/08	53.60	1990/10	36.93	1991/03	-31.10	14	5
1998/04	235.65	1998/08	174.76	1999/06	-25.84	4	10
2002/04	371.69	2002/09	268.66	2003/07	-27.72	5	10
2007/05	1141.14	2009/02	446.53		-60.87	21	
평균					-35.58	12.29	13

표 8.4. 연 수익률 최저치와 최고치(%, 1964/01/01~2009/12/31)

		1년	3년	5년	7년	10년
전체 주식 저PCR 상위 10%	최저치	-54.24	-18.63	-3.86	-0.39	5.90
	최고치	89.55	45.20	32.98	27.49	25.86
전체 주식	최저치	-46.49	-18.68	-9.91	-6.32	1.01
	최고치	84.19	31.49	27.66	23.77	22.05
전체 주식 저PCR 하위 10%	최저치	-58.46	-43.45	-19.26	-12.72	-11.15
	최고치	126.83	36.00	25.37	18.35	14.23

표 8.5. 1만 달러 투자 시 기말 원리금 최저치와 최고치(달러, 1964/01/01~2009/12/31)

		1년	3년	5년	7년	10년
전체 주식 저PCR 상위 10%	최저치	4,576	5,387	8,215	9,728	17,736
	최고치	18,955	30,610	41,583	54,740	99,764
전체 주식	최저치	5,351	5,379	5,936	6,330	11,054
	최고치	18,419	22,734	33,903	44,504	73,345
전체 주식 저PCR 하위 10%	최저치	4,154	1,808	3,432	3,860	3,065
	최고치	22,683	25,155	30,975	32,517	37,831

지금까지 살펴본 여러 가치 요소와 관련해 주의할 점을 다시 한번 강조한다. 장기간 좋은 결과를 내는 가치 요소에 의존하고 싶겠지만 항상 유리한 것은 아니다. 따라서 정말 명심해야 할 점은 특정 가치 요소들이 장기간 상대적으로 더 좋은 성과를 기록한다는 사실과, 바로 그런 가치 요소에 포트폴리오를 집중해야 한다는 점이다. 그런데 특정 가치 요소가 저조한 성과를 내는 바로 그 순간 우리는 흔들린다. 과연 이후에 좋은 수익률을 기록할지 의심한다. 하지만 이때야말로 이 책이 제공하는 장기 데이터를 떠올려야 할 때임을 명심하자. 그림 8.1은 전체 주식 저PCR 상위 10% 주식의 수익률에서 전체 주식 수익률을 뺀 5년 평균 초과 혹은 미달 연 수익률이다.

그림 8.1. 5년 평균 초과(미달) 연 수익률: 전체 주식 저PCR 상위 10% – 전체 주식(1964/01/01~2009/12/31)

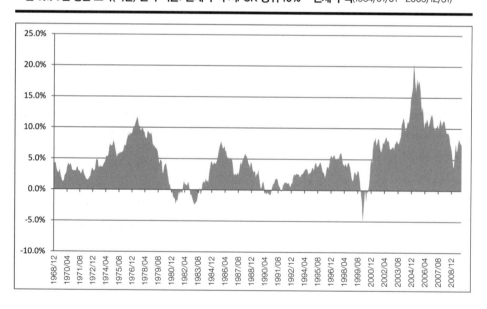

월가의 퀀트 투자 바이블

대형주는 수익성이 떨어지지만 변동성도 작다

표 8.6~8.10은 대형주 결과를 요약해 보여준다. 1963년 대형주 저PCR 상위 10% 주식에 투자한 1만 달러는 2009년 말 347만 690달러로 늘어 연 수익률 13.56%를 기록했다. 대형주에 투자한 1만 달러가 87만 2,861달러가 되어 연 수익률 10.20%를 기록한 것에 비해 월등히 나은 성과다. 이 주식의 표준편차는 16.22%로 대형주의 16.50%보다 약간 낮은 동시에 전체 주식 저PCR 상위 10% 주식보다도 낮았다. 샤프

표 8.6. 연 수익률과 위험도: 대형주 저PCR 상위 10%와 대형주(1964/01/01~2009/12/31)

		대형주 저PCR 상위 10%	대형주
산술평균 수익률		15.05%	11.72%
기하평균 수익률		13.56%	10.20%
중위 수익률		18.93%	17.20%
표준편차		16.22%	16.50%
상방 편차		10.69%	9.70%
하방 편차		11.63%	11.85%
추적오차		8.02	0.00
상승 개월 수		341	332
하락 개월 수		211	220
최대 하락률		-62.15%	-53.77%
베타		0.86	1.00
T-통계량(m=0)		5.90	4.58
샤프지수(Rf=5%)		0.53	0.32
소르티노지수(MAR=10%)		0.31	0.02
1만 달러 투자 시		$3,470,690	$872,861
1년 수익률	최저치	-56.00%	-46.91%
	최고치	62.39%	68.96%
3년 수익률	최저치	-16.60%	-15.89%
	최고치	37.30%	33.12%
5년 수익률	최저치	-1.90%	-5.82%
	최고치	31.70%	28.95%
7년 수익률	최저치	-0.36%	-4.15%
	최고치	25.59%	22.83%
10년 수익률	최저치	2.54%	-0.15%
	최고치	21.44%	19.57%
기대수익률	최저치	-17.39%	-21.28%
	최고치	47.49%	44.72%

표 8.7. 대형주 저PCR 상위 10%의 대형주 대비 기저율(1964/01/01~2009/12/31)

기준 기간	대형주 저PCR 상위 10%가 더 높은 달	비율	초과수익률(연 수익률)
1년	354/541	65%	3.31%
3년	371/517	72%	3.54%
5년	371/493	75%	3.59%
7년	396/469	84%	3.55%
10년	415/433	96%	3.48%

그림 8.2. 5년 평균 초과(미달) 연 수익률: 대형주 저PCR 상위 10% – 대형주(1964/01/01~2009/12/31)

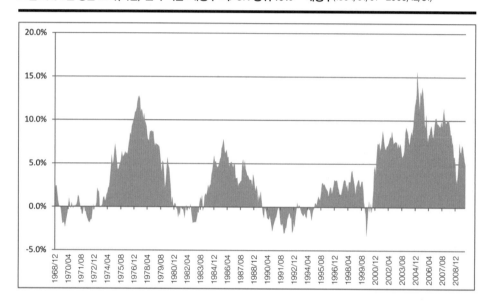

지수는 0.53을 기록해 대형주의 0.32보다 높았다.

표 8.7은 대형주의 기저율이다. 대형주 저PCR 상위 10% 주식이 모든 5년 단위 기간의 75%에서 대형주를 능가한다. 즉, 꾸준히 보유하면 75%의 승률로 대형주를 능가할 수 있다는 얘기다. 이때 이 주식은 대형주를 평균 41%p 차이로 앞섰다. 대형주를 밑돈 나머지 25%는 모집단보다 평균 8%p 낮았다. 이 주식이 최악의 성과를 거둔 것은 2000/02에 끝난 5년으로, 누적 수익률 144%를 기록하는 동안 대형주는 180%를 달성했다. 연 수익률로 환산하면 19.56%, 대형주는 22.86%를 기록했다. 반면 최고의 5년은 2007/10에 끝난 시기인데 이 주식의 누적 수익률은 292%, 대형주

월가의 퀀트 투자 바이블

는 149%였다. 연 수익률로 환산하면 31.4% 대 19.99%였다. 이 전략을 고수하면 시장을 능가할 확률이 명백히 높다.

최악의 시나리오, 최고와 최악의 수익률

표 8.3과 8.8을 보면 전체 주식과 대형주 저PCR 상위 10% 주식이 최악의 시나리오를 경험한 것은 2007~2009년 하락기였다. 이때 전체 주식 저PCR 상위 10% 주식은 61%, 대형주 저PCR 상위 10% 주식은 62% 손실을 기록했다. 다른 가치 요소와 마찬가지로 PCR도 2007~2009년에 다른 침체기에 비해 더 큰 손실을 경험했다. 예를 들어 1973~1974년 침체기에는 두 그룹 모두 손실이 40% 이하였다. 1963~2009년 기간에 20% 넘는 손실을 전체 주식 저PCR 상위 10% 주식은 7번, 대형주 저PCR 상위 10% 주식은 6번 겪었다. 위험 회피적인 투자자라면 대형주 투자를 선호할 것이다.

표 8.8. 최악의 시나리오: 대형주 저PCR 상위 10%가 20% 이상 하락한 사례(1964/01/01~2009/12/31)

고점 월	지수 고점	저점 월	지수 저점	회복 월	하락률(%)	하락 기간(개월)	회복 기간(개월)
1969/01	2.04	1970/06	1.27	1972/11	-37.87	17	29
1972/11	2.14	1974/09	1.58	1975/05	-26.24	22	8
1987/08	23.54	1987/11	17.12	1989/01	-27.30	3	14
1989/09	29.12	1990/10	20.47	1991/10	-29.71	13	12
2001/05	156.58	2002/09	117.33	2003/08	-25.06	16	11
2007/10	478.28	2009/02	181.00		-62.15	16	
평균					-34.72	14.5	14.8

표 8.4, 8.5, 8.9, 8.10은 다양한 기간에 전체 주식과 대형주가 겪은 최고와 최악의 시나리오를 요약해서 보여준다. 투자 기간 5년을 보는 투자자라면 전체 주식이든 대형주든 별 차이가 없다. 전체 주식 저PCR 상위 10% 주식이 겪은 최악의 시나리오는 1973/11에 끝난 5년으로 투자한 1만 달러가 8,215달러로 줄었고, 대형주 저PCR 상위 10% 주식의 최악의 시나리오는 2009/02에 끝난 5년 동안 투자한 1만 달러가

9,085달러로 감소한 것이다. 투자 기간을 10년으로 늘리면 저PCR 상위 10% 주식이 대형주에서보다 전체 주식에서 더 유리함을 볼 수 있다. 전체 주식 저PCR 상위 10% 주식은 1974/09에 끝난 10년 동안 1만 달러가 겨우 1만 7,736달러로 증가한 것이 최악의 기록이었다. 반면 대형주 저PCR 상위 10% 주식은 같은 기간 동안 투자한 1만 달러가 1만 2,852달러로 증가한 것이 최악으로, 전체 주식보다 더 적었다.

표 8.9. 연 수익률 최저치와 최고치(%, 1964/01/01~2009/12/31)

		1년	3년	5년	7년	10년
대형주 저PCR 상위 10%	최저치	-56.00	-16.60	-1.90	-0.36	2.54
	최고치	62.39	37.30	31.70	25.59	21.44
대형주	최저치	-46.91	-15.89	-5.82	-4.15	-0.15
	최고치	68.96	33.12	28.95	22.83	19.57
대형주 저PCR 하위 10%	최저치	-60.95	-37.26	-15.89	-7.31	-8.54
	최고치	79.14	39.67	28.37	22.59	19.16

표 8.10. 1만 달러 투자 시 기말 원리금 최저치와 최고치(달러, 1964/01/01~2009/12/31)

		1년	3년	5년	7년	10년
대형주 저PCR 상위 10%	최저치	4,400	5,800	9,085	9,749	12,852
	최고치	16,239	25,885	39,628	49,276	69,780
대형주	최저치	5,309	5,951	7,409	7,434	9,848
	최고치	16,896	23,591	35,656	42,189	59,747
대형주 저PCR 하위 10%	최저치	3,905	2,470	4,209	5,878	4,094
	최고치	17,914	27,248	34,858	41,597	57,716

고PCR 주식은 위험하다

다른 가치 요소에서 보았듯 PCR이 높은 주식은 나쁜 투자처다. 표 8.11~8.13은 데이터를 요약해서 보여주고 표 8.4와 8.5는 고PCR 주식의 최고와 최악의 시나리오를 보여준다.

전체 주식 고PCR 상위 10%(저PCR 하위 10%) 주식은 8개 연도에서 전체 주식을 15%p 이상 밑돈 반면, 전체 주식을 15%p 이상 능가한 것은 3번에 그쳤다. 그

표 8.11. 연 수익률과 위험도: 전체 주식 저PCR 하위 10%와 전체 주식(1964/01/01~2009/12/31)

		전체 주식 저PCR 하위 10%	전체 주식
산술평균 수익률		7.15%	13.26%
기하평균 수익률		3.49%	11.22%
중위 수익률		12.66%	17.16%
표준편차		26.09%	18.99%
상방 편차		15.82%	10.98%
하방 편차		18.70%	13.90%
추적오차		10.71	0.00
상승 개월 수		312	329
하락 개월 수		240	223
최대 하락률		-86.49%	-55.54%
베타		1.28	1.00
T-통계량(m=0)		1.80	4.47
샤프지수(Rf=5%)		-0.06	0.33
소르티노지수(MAR=10%)		-0.35	0.09
1만 달러 투자 시		$48,471	$1,329,513
1년 수익률	최저치	-58.46%	-46.49%
	최고치	126.83%	84.19%
3년 수익률	최저치	-43.45%	-18.68%
	최고치	36.00%	31.49%
5년 수익률	최저치	-19.26%	-9.91%
	최고치	25.37%	27.66%
7년 수익률	최저치	-12.72%	-6.32%
	최고치	18.35%	23.77%
10년 수익률	최저치	-11.15%	1.01%
	최고치	14.23%	22.05%
기대수익률	최저치	-45.04%	-24.73%
	최고치	59.33%	51.24%

나마 능가한 것도 시장이 거품기에 있었던 짧은 기간에 집중되었다. 대체로 탁월한 성과 직후에는 큰 하락이 뒤따랐다. 투기성이 강한 시장이었던 1967년, 이 주식은 73.21%의 수익률을 보여 전체 주식보다 28.26%p 높았지만 이후 3년 동안 극히 저조한 수익률을 기록했다. 눈부신 연 수익률 69.95%를 기록한 1999년 이후 수년간 이어진 부진함 역시 데이터를 무시하고 당대 가장 화려한 주식을 사려는 투자자에게 경종을 울린다. 전체 주식 저PCR 하위 10% 주식은 2000년에 41%, 2001년에 14%, 2002년에 47%의 손실을 기록했다.

장기에 걸쳐 보더라도 마찬가지다. 1963/12/31에 전체 주식 저PCR 하위 10% 주식에 투자한 1만 달러는 2009/12/31에 겨우 4만 8,471달러로 늘어 연 수익률 3.49%에 그쳤다. 전체 주식에 비해 한참 모자란다. 샤프지수는 형편없는 -0.06이었다. 미국 단기 국채에 투자한 것보다도 못하다. 1963/12/31에 미국 단기 국채에 1만 달러 투자했다면 2009/12/31에 12만 778달러가 되어 연 수익률 5.57%를 달성했을 것이다.

표 8.12에서 보듯 전체 주식 저PCR 하위 10% 주식은 전체 주식을 모든 5년 단위 기간에서 단 6%, 10년 단위 기간에서는 단 2% 능가했을 뿐이다. 2009/02에 끝난 10년 기간 동안 이 주식은 연 11.15% 손실을 기록했다. 10년 전에 1만 달러를 투자했다면 2009/02에 겨우 3,065달러 남았다. 그림 8.3은 전체 주식 저PCR 하위 10% 주식의 수익률에서 전체 주식 수익률을 뺀 5년 평균 초과 혹은 미달 연 수익률이다. 표 8.13은 이 그룹이 20% 넘게 하락한 모든 기록을 보여준다.

표 8.12. 전체 주식 저PCR 하위 10%의 전체 주식 대비 기저율(1964/01/01~2009/12/31)

기준 기간	전체 주식 저PCR 하위 10%가 더 높은 달	비율	초과수익률(연 수익률)
1년	163/541	30%	-5.53%
3년	77/517	15%	-7.43%
5년	29/493	6%	-7.99%
7년	30/469	6%	-8.29%
10년	10/433	2%	-8.48%

표 8.13. 최악의 시나리오: 전체 주식 저PCR 하위 10%가 20% 이상 하락한 사례(1964/01/01~2009/12/31)

고점 월	지수 고점	저점 월	지수 저점	회복 월	하락률(%)	하락 기간(개월)	회복 기간(개월)
1966/04	1.65	1966/10	1.30	1967/01	-21.14	6	3
1968/12	3.10	1974/09	1.06	1980/07	-65.79	69	70
1980/11	4.32	1982/07	2.66	1983/01	-38.38	20	6
1983/06	5.85	1984/07	3.61	1987/07	-38.21	13	36
1987/08	6.03	1987/11	3.74	1989/05	-38.06	3	18
1989/09	6.38	1990/10	3.92	1991/10	-38.44	13	12
1992/02	7.34	1992/08	5.75	1993/10	-21.64	6	14
1994/01	7.81	1995/01	6.22	1995/08	-20.41	12	7
1996/05	9.49	1997/04	7.00	1997/09	-26.28	11	5
1998/04	10.10	1998/08	6.25	1999/04	-38.08	4	8
2000/02	19.72	2009/02	2.66		-86.49	108	
평균					-39.36	24.09	17.9

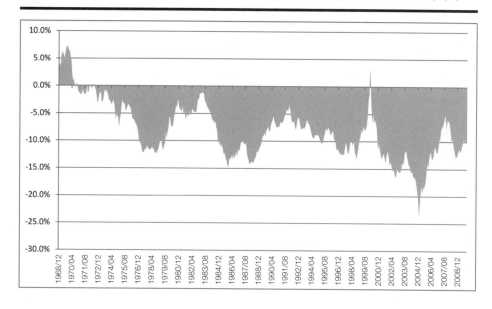

대형주 역시 얻어맞았다

대형주 저PCR 하위 10% 주식이라고 해서 나을 게 없다. 표 8.14~8.16이 결과를 요약해 보여준다. 1963/12/31에 대형주 저PCR 하위 10% 주식에 투자한 1만 달러는 2009년 말에 16만 5,494달러로 늘었지만 이는 대형주에 투자해 얻었을 금액의 25%에 그친다. 샤프지수는 참담한 0.06이었다. 표 8.15에서 보듯 이 주식은 모든 5년 단위 기간에서 18%, 10년 단위 기간에서는 7%만 대형주 모집단을 능가했다.

앞서 밸류에이션이 높은 비싼 주식들의 특징을 살펴보면서 알게 된 것처럼, 대형주 저PCR 하위 10% 주식이 기록한 수익률에 초점을 맞추면 투자 전략의 효과를 가늠하는 유일한 방법은 장기에 걸친 분석임을 다시 확인할 수 있다.

이 책 초판이 출간된 1996년에도 저PCR 하위 10% 주식을 피하라고 충고했다. 하지만 책을 읽은 투자자가 평소 저PCR 하위 10% 주식을 예의 주시했다면, 이 주식이 역사적으로 형편없는 성과를 낸 것이 사실이지만 1990년대 후반의 상승장

표 8.14. 연 수익률과 위험도: 대형주 저PCR 하위 10%와 대형주(1964/01/01~2009/12/31)

	대형주 저PCR 하위 10%	대형주
산술평균 수익률	8.72%	11.72%
기하평균 수익률	6.29%	10.20%
중위 수익률	15.33%	17.20%
표준편차	21.08%	16.50%
상방 편차	12.44%	9.70%
하방 편차	15.82%	11.85%
추적오차	9.58	0.00
상승 개월 수	312	332
하락 개월 수	240	220
최대 하락률	-77.33%	-53.77%
베타	1.15	1.00
T-통계량(m=0)	2.70	4.58
샤프지수(Rf=5%)	0.06	0.32
소르티노지수(MAR=10%)	-0.06	0.02
1만 달러 투자 시	$165,494	$872,861

		대형주 저PCR 하위 10%	대형주
1년 수익률	최저치	-60.95%	-46.91%
	최고치	79.14%	68.96%
3년 수익률	최저치	-37.26%	-15.89%
	최고치	39.67%	33.12%
5년 수익률	최저치	-15.89%	-5.82%
	최고치	28.37%	28.95%
7년 수익률	최저치	-7.31%	-4.15%
	최고치	22.59%	22.83%
10년 수익률	최저치	-8.54%	-0.15%
	최고치	19.16%	19.57%
기대수익률	최저치	-33.45%	-21.28%
	최고치	50.89%	44.72%

표 8.15. 대형주 저PCR 하위 10%의 대형주 대비 기저율(1964/01/01~2009/12/31)

기준 기간	대형주 저PCR 하위 10%가 더 높은 달	비율	초과수익률(연 수익률)
1년	228/541	42%	-2.36%
3년	134/517	26%	-3.44%
5년	90/493	18%	-3.98%
7년	53/469	11%	-4.33%
10년	31/433	7%	-4.62%

에서는 꽤 좋은 성과를 냈다고 생각할 수 있다. 대형주 저PCR 하위 10% 주식은 1996/12~2000/09에 가장 뛰어난 5년 성과를 기록했는데 연 수익률이 23%에 육박해

대형주의 18.65%를 확실하게 능가했다. 이 책에서 제시한 증거가 허튼소리로 보였을 것이다. 그러나 훨씬 더 중요한 장기 데이터를 이해하고 이 주식을 철저히 외면했다면 이후 5년에 걸쳐 거의 모든 수익이 날아가는 대참사를 피할 수 있었을 것이다.

표 8.16에서 보듯 2000~2002년에 대형주 저PCR 하위 10% 주식은 77% 폭락해 대공황 시기인 1929~1932년의 하락과 맞먹었다! 장기 데이터로 투자자를 만류하지 못했다면 기저율로는 확실히 말릴 수 있었을 것이다. 표 8.12와 8.15에 있는 기저율

표 8.16. 최악의 시나리오: 대형주 저PCR 하위 10%가 20% 이상 하락한 사례(1964/01/01~2009/12/31)

고점 월	지수 고점	저점 월	지수 저점	회복 월	하락률(%)	하락 기간(개월)	회복 기간(개월)
1969/12	2.36	1970/06	1.58	1971/04	-32.98	6	10
1972/12	3.26	1974/09	1.29	1980/11	-60.29	21	74
1981/05	3.49	1982/07	2.63	1982/11	-24.66	14	4
1983/06	4.83	1984/07	3.55	1986/01	-26.50	13	18
1987/09	7.16	1987/11	4.92	1989/05	-31.24	2	18
1990/05	8.11	1990/10	6.08	1991/04	-25.03	5	6
1998/06	23.78	1998/08	18.80	1998/12	-20.96	2	4
2000/02	42.86	2002/09	9.72		-77.33	31	
평균					-37.37	11.75	19.14

그림 8.4. 5년 평균 초과(미달) 연 수익률: 대형주 저PCR 하위 10% - 대형주(1964/01/01~2009/12/31)

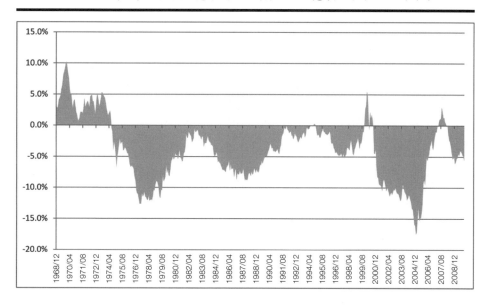

을 보면 대형주 저PCR 하위 10% 주식은 10년 단위 기간에서 대형주를 능가할 확률이 7%에 그친다. 그림 8.4는 대형주 저PCR 하위 10% 주식의 수익률에서 대형주 수익률을 뺀 5년 평균 초과 혹은 미달 연 수익률이다.

최악의 시나리오, 최고와 최악의 수익률

저PCR 상위 10% 주식과 달리 저PCR 하위 10% 주식의 수익률은 처참하다. 표 8.13에서 보듯 전체 주식 저PCR 하위 10% 주식은 20% 넘는 하락을 11번이나 겪었고 주식시장 침체기에 특히 하락 폭이 컸다. 1970년대 초에는 66% 손실을 기록했고, 2000~2002년 침체기에는 정점에서 저점으로 무려 86% 하락해서 1929~1932년 대공황기의 S&P500지수 낙폭보다도 컸다. 전체 주식 저PCR 하위 10% 주식은 지난 40년 동안 전체 주식 모집단을 확실히 밑돌았고 전체 주식 저PCR 상위 10% 주식을 극적으로 밑돌았다. 투자한 1만 달러가 지난 40년의 최악의 시나리오대로 흘러갔다면 10년 만에 3,000달러로 줄어들었을 것이다. 표 8.4와 8.5는 모든 투자 기간의 수익률을 보여준다.

대형주는 약간 나았다. 표 8.16에서 보듯 대형주 저PCR 하위 10% 주식은 지난 46년 동안 20% 넘는 하락을 8번 겪었고, 특히 시장이 침체기일 때 더 안 좋아서 1973~1974년에 60%, 2000~2002년에 77% 하락하는 끔찍한 성과를 기록했다. 이 주식의 최고와 최악의 시나리오 모두 대형주 모집단에 뒤져 투자 전략으로 추천할 이유가 하나도 없다. 단, 투기가 만연한 시장에서는 예외적으로 좋은 성과를 거두었다. 표 8.9와 8.10은 모든 보유 기간에서 얻은 최고와 최악의 수익률을 보여준다. 표 8.17과 8.18은 전체 주식과 대형주에서 저PCR 상위 10% 주식과 하위 10% 주식이 10년 단위로 기록한 연 수익률을 보여준다.

표 8.17. 전체 주식 10년 단위 연 수익률(%, 1964/01/01~2009/12/31)

	1960년대	1970년대	1980년대	1990년대	2000년대
전체 주식 저PCR 상위 10%	15.86	13.64	19.27	16.62	15.78
전체 주식 저PCR 하위 10%	16.70	0.96	7.79	9.36	-10.32
전체 주식	13.36	7.56	16.78	15.35	4.39

표 8.18. 대형주 10년 단위 연 수익률(%, 1964/01/01~2009/12/31)

	1960년대	1970년대	1980년대	1990년대	2000년대
대형주 저PCR 상위 10%	6.89	11.89	19.71	16.22	10.79
대형주 저PCR 하위 10%	15.40	0.33	12.51	17.69	-8.54
대형주	8.16	6.65	17.34	16.38	2.42

십분위수

전체 주식의 PCR 십분위수 분석 결과는 앞서 보았던 다른 가치 요소 분석과 동일하다. 저PCR 상위 10% 주식이 하위 10% 주식을 크게 능가한다. 상위에서 하위로 갈수록 위험은 치솟고 수익률은 폭락한다. 그림 8.5와 표 8.19에서 보듯 1963년에 전체 주식 저PCR 상위 10% 주식에 투자한 1만 달러는 2009년 말에 1,018만 7,545달러로 늘어난 반면, 저PCR 하위 10% 주식에 투자한 결과는 4만 8,471달러가 되어 미국 단기 국채보다 적다. 게다가 저PCR 하위 10% 주식의 표준편차는 26.09%로, 저PCR 상위 10% 주식의 18.47%에 비해 현격히 높은 위험을 보였다. 하방 위험 역시 저PCR 상위 10% 주식보다 훨씬 높았다. 그림 8.5에서 보듯 현금흐름 한 단위당 더 높은 가격을 지불할수록 수익률이 계속 떨어져 저PCR 하위 10% 주식은 결국 단기 국채보다 못한 성과를 낸다.

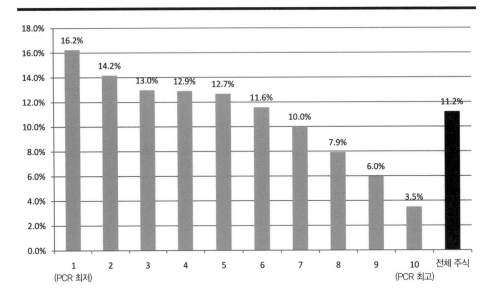

그림 8.5. 전체 주식 저PCR 십분위수 수익률(1964/01/01~2009/12/31)

표 8.19. 전체 주식 저PCR 십분위수 수익률 요약(1964/01/01~2009/12/31)

십분위수	1만 달러 투자 시	연 수익률(산술평균)	연 수익률(기하평균)	표준편차	샤프지수
1(PCR 최저)	$10,187,545	18.23%	16.25%	18.47%	0.61
2	$4,424,631	15.60%	14.16%	15.85%	0.58
3	$2,730,088	14.45%	12.97%	16.12%	0.49
4	$2,651,411	14.47%	12.90%	16.61%	0.48
5	$2,416,830	14.27%	12.67%	16.75%	0.46
6	$1,538,825	13.26%	11.57%	17.31%	0.38
7	$805,018	11.97%	10.01%	18.74%	0.27
8	$332,293	10.49%	7.91%	21.59%	0.13
9	$144,235	9.10%	5.97%	23.96%	0.04
10(PCR 최고)	$48,471	7.15%	3.49%	26.09%	-0.06
전체 주식	$1,329,513	13.26%	11.22%	18.99%	0.33

　　대형주 분석 역시 전체 주식과 완벽하게 일치하진 않지만 상당히 유사하다. 대형주 저PCR 상위 10% 주식에 투자한 1만 달러는 2009년 말에 347만 690달러로 늘어 대형주에 투자했을 때보다 거의 260만 달러나 많다. 표 8.19와 8.20, 그림 8.5와 8.6이 결과를 요약해 보여준다.

월가의 퀀트 투자 바이블

그림 8.6. 대형주 저PCR 십분위수 수익률(1964/01/01~2009/12/31)

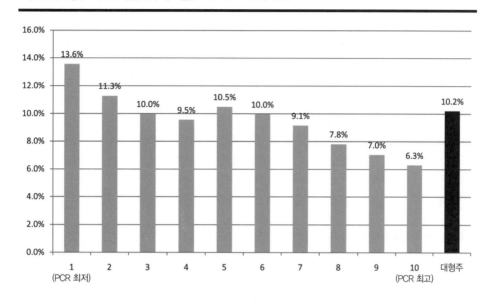

표 8.20. 대형주 저PCR 십분위수 수익률 요약(1964/01/01~2009/12/31)

십분위수	1만 달러 투자 시	연 수익률(산술평균)	연 수익률(기하평균)	표준편차	샤프지수
1(PCR 최저)	$3,470,690	15.05%	13.56%	16.22%	0.53
2	$1,361,303	12.45%	11.27%	14.56%	0.43
3	$796,263	11.19%	9.98%	14.77%	0.34
4	$663,741	10.85%	9.55%	15.35%	0.30
5	$984,904	11.86%	10.49%	15.64%	0.35
6	$787,794	11.35%	9.96%	15.87%	0.31
7	$559,672	10.59%	9.14%	16.25%	0.25
8	$316,980	9.40%	7.80%	17.15%	0.16
9	$228,099	9.09%	7.03%	19.30%	0.11
10(PCR 최고)	$165,494	8.72%	6.29%	21.08%	0.06
대형주	$872,861	11.72%	10.20%	16.50%	0.32

시사점

저PCR 주식의 승률이 단연 높다. 강력한 추가 요소(예를 들어 고PCR 주식의 위험을 흡수할 성공적인 성장주 모형)가 없다면 고PCR주는 피하고 저PCR주에 집중해야 한다.

사례 연구

잉여현금흐름은 어떤가?

많은 애널리스트가 주식의 순현금흐름(Net CF)보다 잉여현금흐름(Free CF)을 활용한 주가잉여현금흐름배수 (Price-to-Free-Cash-Flow, P/FCF)를 주목하게 되었다. 배당금 형태로 주주에게 돌려주거나 공개 시장에서 자사주를 매입하는 원천인 잉여현금흐름을 기업의 가장 중요한 수치로 인식하기 때문이다. 잉여현금흐름은 순현금흐름에서 자본적 지출과 배당금, 우선주 배당금을 뺀 것이다. 기업의 경영 활동으로 번 돈에서 모든 지불 의무를 수행하고 남은 돈이다. 잉여현금흐름이 순현금흐름 대비 어떤 성과를 거두었는지 살펴보자. 표 8.CS1은

표 8.CS1. 연 수익률과 위험도: 전체 주식 저PCR 상위 10%와 전체 주식 저 주가/잉여현금흐름 상위 10%
(1964/01/01~2009/12/31)

		전체 주식 저PCR 상위 10%	전체 주식 저 주가/잉여현금흐름 상위 10%
산술평균 수익률		18.23%	17.53%
기하평균 수익률		16.25%	15.49%
중위 수익률		22.64%	22.10%
표준편차		18.47%	18.75%
상방 편차		12.15%	11.98%
하방 편차		14.04%	14.14%
추적오차		7.63	7.21
상승 개월 수		357	359
하락 개월 수		195	193
최대 하락률		-60.87%	-61.66%
베타		0.89	0.91
T-통계량(m=0)		6.19	5.88
샤프지수(Rf=5%)		0.61	0.56
소르티노지수(MAR=10%)		0.45	0.39
1만 달러 투자 시		$10,187,545	$7,532,596
1년 수익률	최저치	-54.24%	-51.68%
	최고치	89.55%	83.93%
3년 수익률	최저치	-18.63%	-20.76%
	최고치	45.20%	41.35%
5년 수익률	최저치	-3.86%	-7.12%
	최고치	32.98%	36.33%
7년 수익률	최저치	-0.39%	-3.81%
	최고치	27.49%	29.68%
10년 수익률	최저치	5.90%	3.58%
	최고치	25.86%	27.18%
기대수익률	최저치	-18.70%	-19.96%
	최고치	55.16%	55.02%

1963/12/31~2009/12/31에 전체 주식 모집단에서 저PCR과 저 주가/잉여현금흐름 상위 10% 주식에 각각 투자한 결과를 보여준다.

이 46년 동안 저PCR이 저 주가/잉여현금흐름 주식을 연 76bp 차이로 능가한다. 1963/12/31에 전체 주식 저 PCR 상위 10% 주식에 투자한 1만 달러는 2009/12/31에 1,018만 7,545달러로 늘어 연 수익률 16.25%를 달성해 753만 2,596달러에 그친 저 주가/잉여현금흐름 상위 10% 주식을 크게 능가했다. 비록 적긴 하지만 표 8.CS2와 8.CS3에서 보듯 기저율 역시 저PCR 상위 10% 주식이 나았다. 따라서 단 하나의 요소를 사용해야 한다면 전통적인 순현금흐름을 사용하는 것이 낫다. 하지만 이 책의 후반부에서 살펴보듯 복수 요소 모형처럼 여러 요소 사이의 작용이 반영되는 경우에는 잉여현금흐름이 더 나을 때도 있다.

표 8.CS2. 전체 주식 저 주가/잉여현금흐름 상위 10%의 전체 주식 대비 기저율(1968/01/01~2009/12/31)

기준 기간	전체 주식 저 주가/잉여현금흐름 상위 10%가 더 높은 달	비율	초과수익률(연 수익률)
1년	355/493	72%	4.37%
3년	375/469	80%	4.62%
5년	407/445	91%	4.79%
7년	414/421	98%	4.87%
10년	385/385	100%	4.66%

표 8.CS3. 전체 주식 저PCR 상위 10%의 전체 주식 대비 기저율(1968/01/01~2009/12/31)

기준 기간	전체 주식 저PCR 상위 10%가 더 높은 달	비율	초과수익률(연 수익률)
1년	356/493	72%	4.76%
3년	401/469	86%	5.03%
5년	401/445	90%	5.07%
7년	413/421	98%	4.94%
10년	384/385	100%	4.51%

WHAT
WORK$
ON WALL
$TREET

09

주가매출액배수(PSR)

가던 길을 바꾸지 않으면
목적지에 도달할 수 있을 것이다.

| 노자 | 중국 철학자

이 책 초판에서 나는 주식의 주가매출액배수(PSR)가 최고의 가치 요소라고 했다. 하지만 요소를 결합하는 방법을 찾아낸 지금은 아니다. PSR은 여전히 단독으로든 복수 요소 모형에서든 좋은 활약을 보이지만 분석 대상을 전체 월별 데이터로 넓히면 EV/EBITDA가 최고의 가치 요소 자리를 차지한다. PSR이 왕좌를 내준 이유는 2가지다. 첫째, 단순하게 리밸런싱 주기인 12월 하나를 기준으로 개별 요소인 PSR이 가장 낮은 50종목을 선정하지 않고 결합 요소로서 PSR을 십분위수로 나누어 분석하니 분석 대상이 확대되었다. 둘째, 2007년과 2008년의 주식시장이 특히 PSR에 치명적이었다.

모든 개별 요소 모형이 안은 문제점은 단 몇 년의 결과가 우리가 알아낸 사실을 뒤집을 수 있다는 점이다. 방향은 여전히 맞을 수 있다. 즉, PER과 EV/EBITDA, PCR, PSR 등이 낮은 주식이 높은 주식을 월등히 능가하는 건 맞다. 하지만 46년 전체를 놓고 보면 몇몇 안 좋았던 연도 때문에 상대적인 수익률이 바뀌는 것은 문제가 있다. 이 책의 3판에는 여전히 50종목으로 구성한 포트폴리오를 분석의 근간으로 삼았는데 월별 데이터를 사용한 1963/12/31~2009/12/31 기간 PSR이 가장 낮은 50종목은 연 수익률 15.19%, 최대 낙폭(maximum drawdown, MDD) 46.93%를 기록했다. 한편 PER이 가장 낮은 50종목은 연 수익률 14.64%, MDD 44.81%를 기록했다. 통상 25년 넘는 데이터로 도출한 결론은 안전하게 미래에 적용할 수 있다. 1963~2003년은 40년에 걸친 데이터를 제공한다. 그럼에도 불구하고 이후 6년이 통상적인 생각을 뒤집었다. 2003년 이래 PSR이 가장 낮은 50종목은 연 수익률 7.29%, MDD는 무려 75.04%까지 나빠진 반면 PER이 가장 낮은 50종목은 연 수익률 14.26%, MDD는 64.42%를 기록했다. 물론 경제 여건이 1929~1932년 대공황과 흡사했다는 점을 감안해야 한다. 하지만 PSR처럼 오직 50개 주식에 집중한 단일 가치 요소가 단 6년의 결과에 이토록 큰 영향을 받는 것을 보고, 극심한 단기 변화의 영향을 줄여줄 보다 광범위한 결합 가치 요소 개발이 필요해졌다. 이 요소들은 책 후반부에서 다시 논의하고 여기서는 PSR의 결과만 보겠다.

PSR은 PER과 비슷하지만 기업의 순이익 대신 매출액을 사용한다. 투자자가 PER 이 낮은 주식을 선호하듯 PSR이 낮은 주식을 선호하는 것은 가격이 싸다고 생각하기 때문이다. 켄 피셔Ken Fisher가 1984년 저서 《슈퍼 스톡스(Super Stocks)》를 통해 PSR 을 유명하게 만들었다. 피셔는 책에서 PSR을 "주식의 인기도를 알 수 있는 거의 완벽한 척도"라며 희망과 과장이 고PSR 주식의 가격을 더 높일 거라고 경고했다.

역시 전체 주식과 대형주 모집단에서 저PSR 상위 10% 주식과 하위 10% 주식을 분석 대상으로 삼을 것이다. 또한 PSR에 따라 등급을 매겼을 때 두 모집단에 비해 상 대적으로 어떨지도 살펴볼 것이다. 포트폴리오는 해마다 리밸런싱하고 미래 참조 편향을 피하기 위해 지연된 데이터만 분석하기로 한다.

결과

표 9.1에서 보듯 1963/12/31에 전체 주식 저PSR 상위 10% 주식에 투자한 1만 달러 는 2009/12/31에 504만 4,457달러로 늘어 연 수익률 14.49%를 기록했다. 전체 주식 에 투자해 얻은 132만 9,513달러의 4배에 이른다. 표 9.2에서 보듯 이 주식은 전체 주식을 모든 10년 단위 기간에서 89% 능가했다. 샤프지수는 0.46을 기록해 위험 조 정 수익률도 훌륭했다. 표 9.1은 전체 주식 저PSR 상위 10% 주식의 수익률을 요약해 보여주고, 표 9.2는 전체 주식 대비 기저율을 보여준다.

기저율을 다양한 기간에 걸친 승률로 해석하면 모든 5년 단위 기간에서 전체 주 식을 75%의 확률로 능가했음을 알 수 있다. 전체 주식 저PSR 상위 10% 주식이 전체 주식을 능가한 모든 경우를 보면 누적 수익률이 평균 40%p 앞섰다. 반대로 나머지 25%에서는 차이가 훨씬 적어 누적 수익률이 평균 14%p 모자랐을 뿐이다.

5년 단위 기간을 보면 전체 주식 저PSR 상위 10% 주식이 전체 주식 대비 최고의 성과를 거둔 때는 2005/02에 끝난 시기로 이 주식은 누적 수익률 157%, 전체 주식은

표 9.1. 연 수익률과 위험도: 전체 주식 저PSR 상위 10%와 전체 주식(1964/01/01~2009/12/31)

		전체 주식 저PSR 상위 10%	전체 주식
산술평균 수익률		16.95%	13.26%
기하평균 수익률		14.49%	11.22%
중위 수익률		20.06%	17.16%
표준편차		20.68%	18.99%
상방 편차		13.41%	10.98%
하방 편차		15.38%	13.90%
추적오차		7.68	0.00
상승 개월 수		343	329
하락 개월 수		209	223
최대 하락률		-65.98%	-55.54%
베타		1.01	1.00
T-통계량(m=0)		5.17	4.47
샤프지수(Rf=5%)		0.46	0.33
소르티노지수(MAR=10%)		0.29	0.09
1만 달러 투자 시		$5,044,457	$1,329,513
1년 수익률	최저치	-54.83%	-46.49%
	최고치	98.93%	84.19%
3년 수익률	최저치	-22.44%	-18.68%
	최고치	46.36%	31.49%
5년 수익률	최저치	-9.51%	-9.91%
	최고치	33.53%	27.66%
7년 수익률	최저치	-4.58%	-6.32%
	최고치	28.58%	23.77%
10년 수익률	최저치	4.05%	1.01%
	최고치	26.95%	22.05%
기대수익률	최저치	-24.41%	-24.73%
	최고치	58.32%	51.24%

표 9.2. 전체 주식 저PSR 상위 10%의 전체 주식 대비 기저율(1964/01/01~2009/12/31)

기준 기간	전체 주식 저PSR 상위 10%가 더 높은 달	비율	초과수익률(연 수익률)
1년	368/541	68%	3.58%
3년	371/517	72%	3.03%
5년	372/493	75%	2.94%
7년	374/469	80%	2.83%
10년	386/433	89%	2.70%

23%를 기록했다. 연 수익률로 환산하면 이 주식은 20.76%, 전체 주식은 2.28%다.

전체 주식 대비 최악의 5년은 2000/02에 끝난 시기로 이 주식은 누적 수익률 84%,

전체 주식은 172%를 기록했다. 누적 수익률로는 88%p 차이였고 연 수익률로는 이 주식이 13.02%, 전체 주식은 22.18%이었다.

10년 단위 기간을 보면 89% 승률로 누적 수익률 108%p 차이로 능가했다. 반면 모집단을 밑돈 11%의 경우에는 평균 38%p 뒤처졌다. 잊지 말아야 할 사실은 2000년의 몇 개월 동안 전체 주식을 세 자릿수로 크게 밑돌았기 때문에 숫자가 상당히 과장되어 보인다는 점이다. 그림 9.1은 이 주식의 수익률에서 전체 주식 수익률

그림 9.1. 5년 평균 초과(미달) 연 수익률: 전체 주식 저PSR 상위 10% − 전체 주식(1964/01/01~2009/12/31)

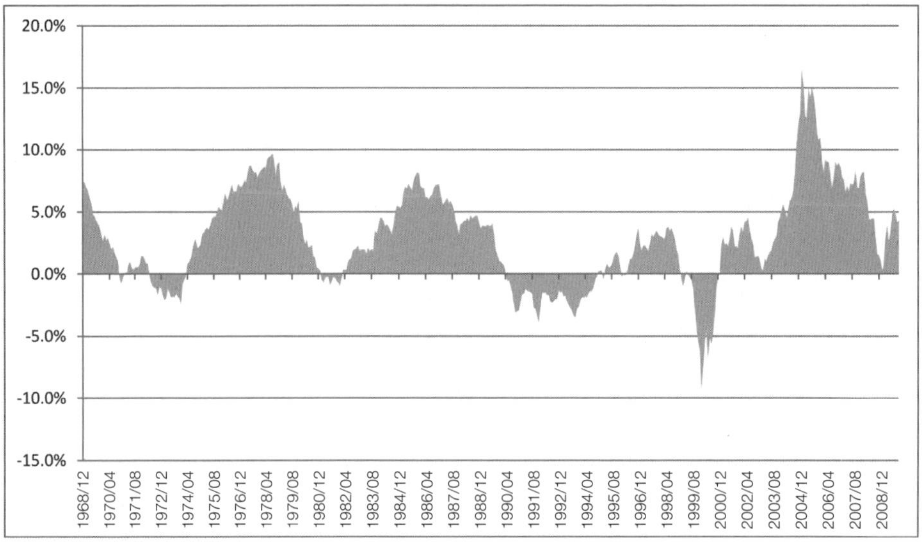

표 9.3. 최악의 시나리오: 전체 주식 저PSR 상위 10%가 20% 이상 하락한 사례(1964/01/01~2009/12/31)

고점 월	지수 고점	저점 월	지수 저점	회복 월	하락률(%)	하락 기간(개월)	회복 기간(개월)
1966/02	1.97	1966/09	1.57	1967/03	−20.28	7	6
1968/11	3.60	1970/06	1.83	1976/01	−49.15	19	67
1987/08	42.55	1987/11	27.94	1989/01	−34.34	3	14
1989/08	52.32	1990/10	30.89	1992/01	−40.97	14	15
1998/04	178.70	1998/08	129.94	2001/04	−27.29	4	32
2002/04	234.56	2003/02	152.64	2003/08	−34.92	10	6
2007/05	628.57	2009/02	213.83		−65.98	21	
평균					−38.99	11.14	23.33

표 9.4. 연 수익률 최저치와 최고치(%, 1964/01/01~2009/12/31)

		1년	3년	5년	7년	10년
전체 주식 저PSR 상위 10%	최저치	-54.83	-22.44	-9.51	-4.58	4.05
	최고치	98.93	46.36	33.53	28.58	26.95
전체 주식	최저치	-46.49	-18.68	-9.91	-6.32	1.01
	최고치	84.19	31.49	27.66	23.77	22.05
전체 주식 저PSR 하위 10%	최저치	-73.19	-51.96	-39.96	-21.38	-14.79
	최고치	207.00	52.33	37.51	25.11	18.47

표 9.5. 1만 달러 투자 시 기말 원리금 최저치와 최고치(달러, 1964/01/01~2009/12/31)

		1년	3년	5년	7년	10년
전체 주식 저PSR 상위 10%	최저치	4,517	4,667	6,068	7,202	14,878
	최고치	19,893	31,353	42,448	58,094	108,710
전체 주식	최저치	5,351	5,379	5,936	6,330	11,054
	최고치	18,419	22,734	33,903	44,504	73,345
전체 주식 저PSR 하위 10%	최저치	2,681	1,108	1,686	1,857	2,018
	최고치	30,700	35,347	49,172	47,987	54,462

을 뺀 5년 평균 초과 혹은 미달 연 수익률이다. 표 9.3은 이 주식 최악의 시나리오를, 표 9.4와 9.5는 다양한 기간에 기록한 최고와 최악의 수익률을 보여준다.

대형주 저PSR 상위 10% 주식도 잘했다

표 9.6에서 보듯 대형주 저PSR 상위 10% 주식도 대형주를 능가했지만 시가총액이 더 작은 주식도 포함하는 전체 주식에서만큼 압도적이지는 않았다. 1963/12/31에 투자한 1만 달러는 2009년 말에 147만 652달러로 늘어 연 수익률 11.46%를 달성했다. 대형주에 1만 달러 투자해 얻은 87만 2,861달러보다 상당히 좋았다. 이 주식은 샤프지수도 0.37을 기록해 0.32에 그친 대형주를 능가했다.

표 9.6. 연 수익률과 위험도: 대형주 저PSR 상위 10%와 대형주(1964/01/01~2009/12/31)

		대형주 저PSR 상위 10%	대형주
산술평균 수익률		13.16%	11.72%
기하평균 수익률		11.46%	10.20%
중위 수익률		14.05%	17.20%
표준편차		17.38%	16.50%
상방 편차		11.22%	9.70%
하방 편차		12.89%	11.85%
추적오차		8.01	0.00
상승 개월 수		336	332
하락 개월 수		216	220
최대 하락률		-59.89%	-53.77%
베타		0.94	1.00
T-통계량(m=0)		4.85	4.58
샤프지수(Rf=5%)		0.37	0.32
소르티노지수(MAR=10%)		0.11	0.02
1만 달러 투자 시		$1,470,652	$872,861
1년 수익률	최저치	-53.11%	-46.91%
	최고치	71.13%	68.96%
3년 수익률	최저치	-15.98%	-15.89%
	최고치	37.52%	33.12%
5년 수익률	최저치	-6.15%	-5.82%
	최고치	32.78%	28.95%
7년 수익률	최저치	-5.08%	-4.15%
	최고치	25.34%	22.83%
10년 수익률	최저치	-0.88%	-0.15%
	최고치	20.80%	19.57%
기대수익률	최저치	-21.61%	-21.28%
	최고치	47.92%	44.72%

대형주 저PSR 상위 10% 주식의 기저율은 5년과 10년 단위 기간 모두에서 좋았다. 특히 10년 기간에서는 모집단을 전체의 74%에서 능가했다. 표 9.7은 결과를 요

표 9.7. 대형주 저PSR 상위 10%의 대형주 대비 기저율(1964/01/01~2009/12/31)

기준 기간	대형주 저PSR 상위 10%가 더 높은 달	비율	초과수익률(연 수익률)
1년	310/541	57%	1.60%
3년	307/517	59%	1.41%
5년	312/493	63%	1.34%
7년	326/469	70%	1.31%
10년	320/433	74%	1.34%

그림 9.2. 5년 평균 초과(미달) 연 수익률: 대형주 저PSR 상위 10% – 대형주(1964/01/01~2009/12/31)

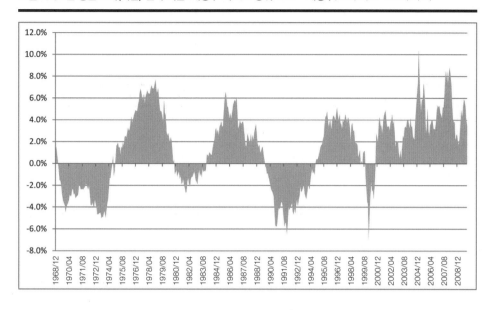

약해 보여준다. 그림 9.2는 대형주 저PSR 상위 10% 주식의 수익률에서 대형주 수익
률을 뺀 5년 평균 초과 혹은 미달 연 수익률이다.

최악의 시나리오, 최고와 최악의 수익률

표 9.3과 9.8은 전체 주식과 대형주 할 것 없이 저PSR 상위 10% 주식이 2007~2009년
하락장에서 최악의 폭락을 경험한 것을 보여준다. 2007/05~2009/02 기간에 전체
주식 저PSR 상위 10% 주식은 65.98% 하락해 같은 기간 55.30% 하락한 전체 주식
보다 10%p 더 떨어졌다. 2007/10~2009/02 기간에 대형주 저PSR 상위 10% 주식은
59.89% 하락했고 같은 기간 대형주는 54.21% 하락했다. 지난 46년 동안 전체 주식
저PSR 상위 10% 주식은 20% 넘는 하락을 7번 겪었는데 몇몇은 아주 빠르게 진행되
었다. 표 9.3을 보면 이 주식은 7개월 이하의 짧은 기간에 20% 넘는 하락을 3번 경험

했다. 이 투자 전략을 따를 때 명심해야 할 일이다. 표 9.8에서 보듯 대형주 저PSR 상위 10% 주식 역시 비슷한 양상을 보인다.

표 9.8. 최악의 시나리오: 대형주 저PSR 상위 10%가 20% 이상 하락한 사례(1964/01/01~2009/12/31)

고점 월	지수 고점	저점 월	지수 저점	회복 월	하락률(%)	하락 기간(개월)	회복 기간(개월)
1968/11	1.94	1974/09	1.14	1976/01	−41.21	70	16
1987/08	16.51	1987/11	10.78	1989/03	−34.70	3	16
1989/08	18.97	1990/10	12.22	1992/02	−35.55	14	16
2001/05	87.58	2003/03	56.21	2003/11	−35.82	22	8
2007/10	208.48	2009/02	83.62		−59.89	16	
평균					−41.43	25	14

1973/12에 끝난 최악의 5년 기간 동안 전체 주식 저PSR 상위 10% 주식에 투자한 1만 달러는 6,068달러로 줄어 연 수익률 -9.51%를 기록했다. 대형주 저PSR 상위 10% 주식에서는 최악의 5년이 1973/11에 끝났는데 투자한 1만 달러가 7,279달러로 줄어 연 수익률 -6.15%를 기록했다. 전체 주식 저PSR 상위 10% 주식은 1987/07에 끝난 5년이 최고의 기간으로, 투자한 1만 달러는 4만 2,448달러로 늘어 연 수익률 33.53%를 기록했다. 대형주 저PSR 상위 10% 주식 역시 같은 기간에 최고의 성적을 냈는데 투자한 1만 달러가 4만 1,276달러로 늘어 연 수익률 32.78%를 기록했다. 표 9.4와 9.5, 9.9, 9.10 등은 다른 보유 기간의 수익률도 보여준다.

전체 주식 대비 전체 주식 저PSR 상위 10% 주식이 최고의 성과를 거둔 기간은 2005/02에 끝난 5년으로 저PSR 상위 10% 주식은 누적 수익률 157%, 전체 주식은 겨우 24%를 기록해 133%p에 이르는 차이를 보였다. 반대로 전체 주식 대비 전체 주식 저PSR 상위 10% 주식이 가장 안 좋았던 기간은 2000/02에 끝난 5년, 즉 IT 버블이 절정에 달했던 시기로 전체 주식이 누적 수익률 176%를 기록하는 동안 저PSR 상위 10% 주식은 겨우 84%만을 기록해 92%p 차이로 밑돌았다. 그림 9.1은 전체 주식 저PSR 상위 10% 주식의 수익률에서 전체 주식 수익률을 뺀 5년 평균 초과 혹은 미달 연 수익률이다.

표 9.9. 연 수익률 최저치와 최고치(%, 1964/01/01~2009/12/31)

		1년	3년	5년	7년	10년
대형주 저PSR 상위 10%	최저치	-53.11	-15.98	-6.15	-5.08	-0.88
	최고치	71.13	37.52	32.78	25.34	20.80
대형주	최저치	-46.91	-15.89	-5.82	-4.15	-0.15
	최고치	68.96	33.12	28.95	22.83	19.57
대형주 저PSR 하위 10%	최저치	-79.08	-46.46	-25.76	-16.84	-11.37
	최고치	105.17	48.15	35.67	25.67	20.02

표 9.10. 1만 달러 투자 시 기말 원리금 최저치와 최고치(달러, 1964/01/01~2009/12/31)

		1년	3년	5년	7년	10년
대형주 저PSR 상위 10%	최저치	4,689	5,932	7,279	6,944	9,152
	최고치	17,113	26,006	41,276	48,605	66,155
대형주	최저치	5,309	5,951	7,409	7,434	9,848
	최고치	16,896	23,591	35,656	42,189	59,747
대형주 저PSR 하위 10%	최저치	2,092	1,535	2,255	2,750	2,991
	최고치	20,517	32,514	45,962	49,490	62,025

대형주 저PSR 상위 10% 주식은 1995/10에 끝난 5년 동안 누적 수익률 190%를 기록해, 111%를 기록한 대형주를 79%p 차이로 능가한 것이 최고의 기록이다. 반대로 2000/02에 끝난 5년에는 이 주식의 누적 수익률이 109%였던 반면 대형주는 185%를 기록해 76%p 밑도는 최악의 성적을 기록했다.

고PSR 주식은 독이다

표 9.11에서 보듯 전체 주식 고PSR 주식(저PSR 하위 10% 주식)은 최악의 성과를 기록한 주식이라는 불명예를 안았다. 1963/12/31에 투자한 1만 달러는 2009/12/31에 4만 5,711달러로 늘어나는 데 그쳐 연 수익률 3.36%에 해당한다. 미국 단기 국채에 1만 달러를 투자해 12만 778달러로 늘리는 것이 훨씬 나았다. 샤프지수는 -0.06으로 최악이었다.

표 9.11. 연 수익률과 위험도: 전체 주식 저PSR 하위 10%와 전체 주식(1964/01/01~2009/12/31)

	전체 주식 저PSR 하위 10%	전체 주식
산술평균 수익률	7.05%	13.26%
기하평균 수익률	3.36%	11.22%
중위 수익률	12.29%	17.16%
표준편차	26.24%	18.99%
상방 편차	16.57%	10.98%
하방 편차	19.73%	13.90%
추적오차	13.16	0.00
상승 개월 수	312	329
하락 개월 수	240	223
최대 하락률	-91.41%	-55.54%
베타	1.21	1.00
T-통계량(m=0)	1.77	4.47
샤프지수(Rf=5%)	-0.06	0.33
소르티노지수(MAR=10%)	-0.34	0.09
1만 달러 투자 시	$45,711	$1,329,513

		전체 주식 저PSR 하위 10%	전체 주식
1년 수익률	최저치	-73.19%	-46.49%
	최고치	207.00%	84.19%
3년 수익률	최저치	-51.96%	-18.68%
	최고치	52.33%	31.49%
5년 수익률	최저치	-29.96%	-9.91%
	최고치	37.51%	27.66%
7년 수익률	최저치	-21.38%	-6.32%
	최고치	25.11%	23.77%
10년 수익률	최저치	-14.79%	1.01%
	최고치	18.47%	22.05%
기대수익률	최저치	-45.44%	-24.73%
	최고치	59.53%	51.24%

표 9.12에 참담한 기록을 요약했다. 어떤 1년 기간에서든 전체 주식이 전체 주식 저PSR 하위 10% 주식을 69% 승률로 능가한다. 1980/12/31~1984/12/31 기간이 특히 끔찍했다. 전체 주식에 투자한 1만 달러는 50% 넘게 늘어나 1만 5,915달러가 된 반면, 전체 주식 저PSR 하위 10% 주식에 투자한 1만 달러는 해마다 거의 7%씩 손실이 나서 6,759달러로 줄어들었다. 불행히도 이런 끔찍한 성과는 드물지 않다. 시장 상황과 무관하게 이 주식은 전체 주식을 밑도는 것이 다반사였다. 반복하지만 유일한 예외는 시장이 극도로 투기적일 때뿐이다. 전체 주식 저PSR 하위 10% 주식의 수

익률을 연도별로 보면 최고의 해는 주식시장의 거품이 정점에 달한 1999년임을 알 수 있다. 1년 단위 기간의 최고는 2000/02에 끝난 시기로 입이 떡 벌어지는 207% 수익률을 기록했다. 투자자들이 왜 이런 치명적인 주식에 빠져드는지 알 수 있는 대목이다. 끝내 이 주식에 손을 댔다면 2001/09에 끝난 1년을 맞닥뜨려야 했다. 이때 이 주식은 73% 넘게 하락했다. 사실상 모든 시장 상황을 통틀어 이 주식은 수익률 최하위에 위치하며, 어쩌다 가뭄에 콩 나는 식으로 좋은 수익률을 보일 뿐이다.

표 9.12. 전체 주식 저PSR 하위 10%의 전체 주식 대비 기저율(1964/01/01~2009/12/31)

기준 기간	전체 주식 저PSR 하위 10%가 더 높은 달	비율	초과수익률(연 수익률)
1년	170/541	31%	-5.21%
3년	110/517	21%	-7.15%
5년	70/493	14%	-7.63%
7년	38/469	8%	-7.90%
10년	10/433	2%	-7.87%

5년 단위 기간 수익률을 보면 전체 주식이 전체 주식 저PSR 하위 10% 주식을 86% 승률로 능가한다. 10년 단위 기간에서는 98%로 올라간다.

그러나 주식시장 거품이 정점을 찍은 2000/02까지의 1년을 다시 보자. 전체 주식 저PSR 하위 10% 주식은 207% 수익률을 달성했고, 1999/12까지의 1년에는 111% 수익을 올렸다. 이 주식은 과대포장되기 마련인데 가치가 하늘로 치솟아서 2000/02에는 수익률 53%를 기록한 전체 주식을 비웃고, 1999/12에는 32%를 기록한 모집단을 79%p 차이로 따돌렸다. 이토록 화끈한 주식의 1년 성과를 바라보는 투자자의 감정이 어떨지 상상해보라. 인기에 올라타고 싶은 마음이 굴뚝같을 것이다. 하지만 장구한 시간 앞에 그런 어리석음은 숨을 곳이 없다. 2000년 2월, 천상의 수익률 207%를 뒤로한 채 직후 1년 동안 71% 손실을 경험하게 된다. 그리고 마침내 이 주식이 부르는 마지막 노래, 2000/02~2009/02 기간에 무려 91% 하락한다. 표 9.11과 9.12, 9.13은 비극을 있는 그대로 보여준다. 다양한 보유 기간에 발생한 최고와 최악의 시나리오를 확인하려면 표 9.4와 9.5를 다시 보기 바란다. 그림 9.3은 전체 주식 저PSR

하위 10% 주식의 수익률에서 전체 주식 수익률을 뺀 5년 평균 초과 혹은 미달 연 수익률이다.

표 9.13. 최악의 시나리오: 전체 주식 저PSR 하위 10%가 20% 이상 하락한 사례(1964/01/01~2009/12/31)

고점 월	지수 고점	저점 월	지수 저점	회복 월	하락률(%)	하락 기간(개월)	회복 기간(개월)
1969/05	2.24	1970/06	1.20	1972/02	-46.22	13	20
1972/12	2.45	1974/09	1.04	1979/06	-57.70	21	57
1980/02	3.77	1980/03	2.92	1980/07	-22.61	1	4
1980/11	5.58	1982/07	2.96	1983/06	-47.02	20	11
1983/06	5.80	1984/07	3.49	1987/02	-39.80	13	31
1987/08	6.55	1987/11	4.26	1989/11	-34.91	3	24
1990/06	6.79	1990/10	5.23	1991/02	-22.93	4	4
1992/01	9.17	1994/06	6.46	1995/09	-29.57	29	15
1996/05	12.15	1998/08	7.23	1999/03	-40.45	27	7
2000/02	34.36	2009/02	2.95		-91.41	108	
평균					-43.26	23.9	19.22

그림 9.3. 5년 평균 초과(미달) 연 수익률: 전체 주식 저PSR 하위 10% - 전체 주식(1964/01/01~2009/12/31)

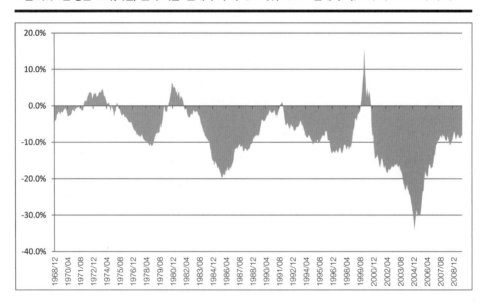

대형주가 조금 낮다

표 9.14에서 보듯 대형주 저PSR 하위 10% 주식 역시 비슷한 운명이다. 1963/12/31
에 대형주 저PSR 하위 10% 주식에 투자한 1만 달러는 2009년 말에 8만 2,579달러로
늘어 연 수익률 4.70%를 기록한다. 대형주에 투자한 것과 비교해도 저조하지만 전
체 주식 저PSR 하위 10% 주식에 비해서도 그저 조금 나을 뿐이다. 전체 주식 저PSR
하위 10% 주식과 마찬가지로 대형주 저PSR 하위 10% 주식은 미국 단기 국채보다도

표 9.14. 연 수익률과 위험도: 대형주 저PSR 하위 10%와 대형주(1964/01/01~2009/12/31)

		대형주 저PSR 하위 10%	대형주
산술평균 수익률		7.39%	11.72%
기하평균 수익률		4.70%	10.20%
중위 수익률		11.43%	17.20%
표준편차		22.14%	16.50%
상방 편차		13.35%	9.70%
하방 편차		17.78%	11.85%
추적오차		11.83	0.00
상승 개월 수		318	332
하락 개월 수		234	220
최대 하락률		-86.24%	-53.77%
베타		1.14	1.00
T-통계량(m=0)		2.19	4.58
샤프지수(Rf=5%)		-0.01	0.32
소르티노지수(MAR=10%)		-0.30	0.02
1만 달러 투자 시		$82,579	$872,861
1년 수익률	최저치	-79.08%	-46.91%
	최고치	105.17%	68.96%
3년 수익률	최저치	-46.46%	-15.89%
	최고치	48.15%	33.12%
5년 수익률	최저치	-25.76%	-5.82%
	최고치	35.67%	28.95%
7년 수익률	최저치	-16.84%	-4.15%
	최고치	25.67%	22.83%
10년 수익률	최저치	-11.37%	-0.15%
	최고치	20.02%	19.57%
기대수익률	최저치	-36.88%	-21.28%
	최고치	51.67%	44.72%

표 9.15. 대형주 저PSR 하위 10%의 대형주 대비 기저율(1964/01/01~2009/12/31)

기준 기간	대형주 저PSR 하위 10%가 더 높은 달	비율	초과수익률(연 수익률)
1년	213/541	39%	-3.55%
3년	141/517	27%	-5.18%
5년	74/493	15%	-5.88%
7년	50/469	11%	-6.27%
10년	16/433	4%	-6.44%

표 9.16. 최악의 시나리오: 대형주 저PSR 하위 10%가 20% 이상 하락한 사례(1964/01/01~2009/12/31)

고점 월	지수 고점	저점 월	지수 저점	회복 월	하락률(%)	하락 기간(개월)	회복 기간(개월)
1969/12	1.91	1970/06	1.32	1971/04	-30.95	6	10
1972/12	2.65	1974/09	1.05	1980/11	-60.39	21	74
1980/11	2.91	1982/07	1.73	1983/05	-40.46	20	10
1983/06	3.13	1984/07	2.36	1985/12	-24.51	13	17
1987/08	5.18	1987/11	3.50	1989/07	-32.50	3	20
1998/04	14.51	1998/08	11.34	1998/12	-21.84	4	4
2000/02	33.58	2002/09	4.62		-86.24	31	
평균					-42.41	14	22.5

그림 9.4. 5년 평균 초과(미달) 연 수익률: 대형주 저PSR 하위 10% − 대형주(1964/01/01~2009/12/31)

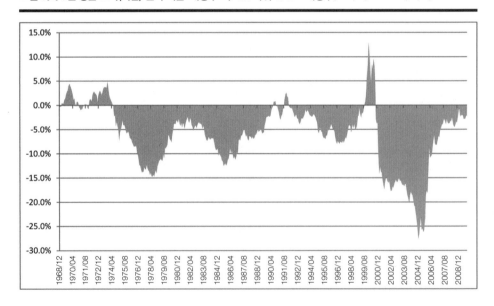

월가의 퀀트 투자 바이블

못했다. 샤프지수는 -0.01로 대형주의 0.32에 한참 모자란다. 표 9.15에서 보듯 모든 기저율이 나쁘다. 10년 단위 기간의 96%에서 대형주를 밑돈다. 표 9.16을 보면 이 주식은 20% 넘는 하락을 7번 겪었고 최악은 2000년대 초반 IT 버블 붕괴 직후 86% 손실을 기록한 2000/02~2002/09 기간이다. 그림 9.4는 대형주 저PSR 하위 10% 주식의 수익률에서 대형주 수익률을 뺀 5년 평균 초과 혹은 미달 연 수익률이다.

최악의 시나리오, 최고와 최악의 수익률

표 9.13은 이미 살펴본 대로 전체 주식 저PSR 하위 10% 주식의 처참한 성과를 요약해서 보여준다. 1963년 이래로 이 주식은 20% 넘는 손실을 10번 겪었고 2000/02에 시작된 하락에서 91% 손실을 본 경우가 최악이었다.

이 주식의 절댓값 기준 최고의 성과는 2000/02에 끝난 5년에 나와서 연 수익률 37.51%를 달성했고 투자한 1만 달러를 4만 9,172달러로 늘렸다. 반대로 절댓값 기준 최악의 성과는 2005/02에 끝난 5년에 기록했다. 연 수익률은 -29.96%였고 투자한 1만 달러는 1,686달러로 줄었다. 표 9.4와 9.5를 통해 다른 기간 동안 거둔 최고와 최악의 성과를 확인하기 바란다.

한편 전체 주식 저PSR 하위 10% 주식은 상댓값 기준으로도 절댓값과 마찬가지인 2000/02에 끝난 5년에 최고의 기록을 세웠다. 누적 수익률 392%여서 전체 주식의 176%를 216%p 차이로 능가했다. 연 수익률로 환산하면 37.51%로 전체 주식의 22.18%보다 훨씬 좋았다. 반대로 상댓값 기준 최악의 성과는 1986/08에 끝난 5년에 발생했는데 누적 수익률 11.18%를 기록해 전체 주식의 148%보다 137%p 낮았다. 연 수익률로 환산하면 이 주식은 2.14%인 반면 전체 주식은 19.95%다. 표 9.5는 투자한 1만 달러의 최종 금액을 기간별로, 그리고 최고와 최저 금액별로 보여준다. 그림 9.3은 전체 주식 저PSR 하위 10% 주식 수익률에서 전체 주식 수익률을 뺀 5년 평균 초과 혹은 미달 연 수익률이다.

표 9.16은 1963년 이래 대형주 저PSR 하위 10% 주식이 20% 넘게 하락한 7번을 나타낸다. 최악의 86% 하락은 2000/02~2002/09에 발생했다.

대형주 저PSR 하위 10% 주식의 절댓값 기준 5년 수익률 최고는 2000/02에 끝난 시기에 기록한 연 수익률 35.67%로서, 투자한 1만 달러가 4만 5,962달러로 늘어났다. 절댓값 기준 최악의 5년 성과는 2005/02에 연 수익률 -25.76%를 기록하고 1만 달러를 2,255달러로 줄여놓은 경우다. 표 9.9와 9.10에는 다양한 기간에 걸친 최고, 최악의 성과가 나와 있다.

대형주 대비 대형주 저PSR 하위 10% 주식이 거둔 상대적인 성과를 보자. 절댓값 기준과 마찬가지로 최고의 5년은 2000/02에 끝난 시기로 이 그룹은 누적 수익률 360%를 달성해 같은 기간 대형주 모집단이 기록한 182% 대비 178%p 앞섰다. 반면 최악의 5년은 2001/07에 끝난 시기로 이 그룹은 누적 수익률 -9%를, 대형주는 88%를 기록해 97%p 차이로 뒤처졌다. 연 수익률로 환산하면 이 그룹은 해마다 1.90% 손실을 본 반면 대형주는 연 13.44% 수익을 올린 셈이다. 그림 9.4는 대형주 저PSR 하위 10% 주식의 수익률에서 대형주 수익률을 뺀 5년 평균 초과 혹은 미달 연 수익률이다. 표 9.17과 9.18은 10년 단위로 전체 주식과 대형주 모집단의 수익률을 각각

표 9.17. 전체 주식 10년 단위 연 수익률(%, 1964/01/01~2009/12/31)

	1960년대	1970년대	1980년대	1990년대	2000년대
전체 주식 저PSR 상위 10%	16.90	11.44	20.03	12.82	12.43
전체 주식 저PSR 하위 10%	11.58	5.60	7.23	12.98	-14.79
전체 주식	13.36	7.56	16.78	15.35	4.39

표 9.18. 대형주 10년 단위 연 수익률(%, 1964/01/01~2009/12/31)

	1960년대	1970년대	1980년대	1990년대	2000년대
대형주 저PSR 상위 10%	5.99	8.80	18.54	14.95	7.30
대형주 저PSR 하위 10%	11.40	0.16	11.40	17.05	-11.37
대형주	8.16	6.65	17.34	16.38	2.42

저PSR 상위 10% 주식과 하위 10% 주식과 비교해 보여준다.

십분위수

PSR의 십분위수별 수익률을 통해 전체 주식 저PSR 상위 20% 주식에 집중하는 것이 훨씬 낫다는 결론에 도달한다. 표 9.19와 그림 9.5를 보라. 저PSR 상위 11~20% 주식이 사실 상위 10% 주식보다 낫다. 상위 11~20% 주식은 1963~2009년 동안 연 수익률 14.53%를 기록했고 상위 10% 주식은 14.49%였다. 겨우 4bp 차이지만 기저율을 봐도 상위 11~20%가 상위 10%보다 낫다. 상위 11~20% 주식은 전체 주식을 5년 단위 기간에서는 90%, 10년 단위 기간에서는 97% 능가한다. 상위 10% 주식과 상위 11~20% 주식을 합치면 수익률과 기저율이 모두 더 좋아진다. 저PSR 상위 10%와 상위 11~20% 사이에 살짝 역전이 있었지만 그 이후로는 연 수익률이 쭉 내리막길이다. 상위 10%와 11~20%를 합친 연 수익률 14.54%에서 쭉 내려가 하위 10%의 저조한 3.36%에 이른다.

표 9.19. 전체 주식 저PSR 십분위수 수익률 요약(1964/01/01~2009/12/31)

십분위수	1만 달러 투자 시	연 수익률(산술평균)	연 수익률(기하평균)	표준편차	샤프지수
1(PSR 최저)	$5,044,457	16.95%	14.49%	20.68%	0.46
2	$5,128,129	16.61%	14.53%	18.98%	0.50
3	$3,587,828	15.57%	13.64%	18.32%	0.47
4	$2,744,842	14.78%	12.98%	17.74%	0.45
5	$2,075,249	13.97%	12.30%	17.12%	0.43
6	$1,465,785	12.95%	11.45%	16.32%	0.40
7	$806,593	11.51%	10.01%	16.37%	0.31
8	$365,406	9.89%	8.14%	17.89%	0.18
9	$173,591	8.84%	6.40%	21.16%	0.07
10(PSR 최고)	$45,711	7.05%	3.36%	26.24%	-0.06
전체 주식	$1,329,513	13.26%	11.22%	18.99%	0.33

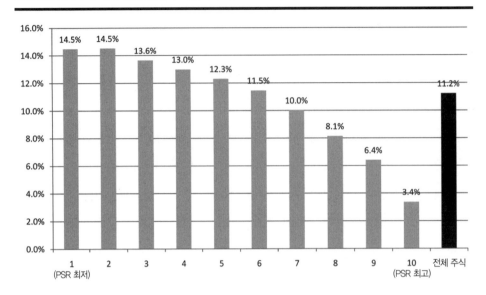

그림 9.5. 전체 주식 저PSR 십분위수 수익률(1964/01/01~2009/12/31)

대형주에서도 상황은 비슷하지만 정도는 조금 덜하다. 여기서도 역시 대형주 저
PSR 상위 11~20% 주식이 상위 10% 주식을 능가해서 연 수익률 11.77% 대 11.46%
다. 따라서 여기서도 대형주 저PSR 상위 20% 주식에 집중한 투자가 빛을 발했을 것
이다. 기저율 역시 대형주 저PSR 상위 11~20% 주식이 더 좋아서 5년 단위 기간에서
81%, 10년 단위 기간에서는 94%로 대형주를 능가했다. 전체 주식 경우에서 보았듯

표 9.20. 대형주 저PSR 십분위수 수익률 요약(1964/01/01~2009/12/31)

십분위수	1만 달러 투자 시	연 수익률(산술평균)	연 수익률(기하평균)	표준편차	샤프지수
1(PSR 최저)	$1,470,652	13.16%	11.46%	17.38%	0.37
2	$1,672,056	13.36%	11.77%	16.77%	0.40
3	$1,324,507	12.76%	11.21%	16.59%	0.37
4	$1,158,334	12.19%	10.88%	15.33%	0.38
5	$1,037,505	11.86%	10.62%	14.99%	0.37
6	$553,407	10.27%	9.12%	14.53%	0.28
7	$486,962	10.04%	8.81%	14.95%	0.26
8	$369,957	9.55%	8.17%	15.97%	0.20
9	$304,900	9.43%	7.71%	17.77%	0.15
10(PSR 최고)	$82,579	7.39%	4.70%	22.14%	−0.01
대형주	$872,861	11.72%	10.20%	16.50%	0.32

월가의 퀀트 투자 바이블

그림 9.6. 대형주 저PSR 십분위수 수익률(1964/01/01~2009/12/31)

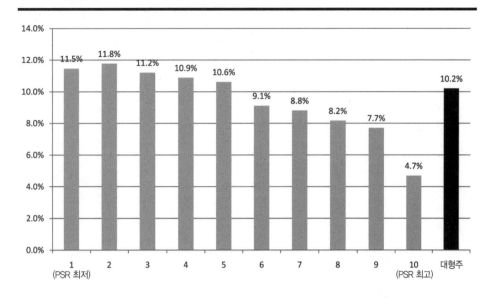

이 대형주에서도 똑같이 저PSR 상위 10%에서 상위 11~20% 산을 살짝 넘고 나면 갈수록 수익률이 떨어져 하위 10% 주식에 도달하면 미국 단기 국채조차 밑돌게 된다. 표 9.20과 그림 9.6은 대형주에서의 결과를 요약해 보여준다.

시사점

왕좌를 내주긴 했지만 저PSR 주식은 시장을 꾸준히 능가한다. PSR이 높은 주식이 시장을 능가하는 유일한 경우는 투자자들이 조심성과 현명한 투자 결정을 내팽개치고 가장 화끈한 '스토리'를 제공하는 주식으로 돌진하는, 비이성적이고 과열된 정서를 보일 때뿐이다. 하지만 그런 시기는 금방 지나가고, 신나게 놀고 나면 지불해야 할 대가도 큰 법이다. 전체 주식에서든 대형주에서든 저PSR 하위 10% 주식은 차라리 현금으로 두는 것보다 못한 투자가 된다. 나중에 PSR을 다른 가치 요소와 결합해 더 좋은 결과를 내는 방법을 살펴보겠다.

WHAT
WORK$
ONWALL
$TREET

10

주가순자산배수(PBR): 만성적으로 저조하지만 길게 보면 승자

사람은 사실을 보고 싶은 대로
그리기 십상이다.

| 이솝 | Easop, 그리스 작가

싼 주식을 찾을 때 PER보다 주가순자산배수(Price-to-Book Ratio, PBR)가 더 중요하다고 믿는 투자자가 많다. 영리한 최고재무책임자(CFO)라면 수익을 조작하기가 어렵지 않다는 것이 이유다. 우스갯소리 하나 소개하겠다. CFO를 고용하려는 기업이 하나 있었다. 면접 때 후보에게 물어보는 질문은 딱 하나였다. "2 더하기 2는 얼마입니까?" 모두가 4라고 대답할 때 유일하게 다른 답을 낸 사람이 채용되었다. "어떤 숫자를 원하십니까?"

PBR은 주가를 주당순자산(book value per share, BPS)으로 나누어 구한다. 이때 BPS는 보통주 1주가 갖는 청산가치로 대신한다. PBR이 낮은 주식을 사는 투자자는 기업의 자산을 청산가치에 근접한 가격에 비싸지 않게 매수하기 때문에 분명 보상받을 거라는 것이 핵심이다.

PBR은 오랫동안 각광받았다. 현대적인 증권 분석의 아버지인 벤저민 그레이엄은 《현명한 투자자(The Intelligent Investor)》에서 이를 투자 규칙의 근간으로 삼았다. 즉, '안전마진'을 확보하기 위해 주식을 순자산가치의 1.2배 넘는 가격에 매수해서는 안 된다고 했다. (그레이엄은 브랜드 인지도 같은 무형자산이 많은 기업의 주식은 순자산가치의 2.5배에 사더라도 괜찮다고 인정했다.)

유진 파마와 케네스 프렌치는 "The Cross-Section of Expected Stock Returns(주식의 기대수익률의 단면)"라는 이름으로 발표한 3개 요소 모형에서 PBR을 신격화했다. 두 사람은 단순한 3개 요소 모형을 통해 포트폴리오의 수익률 대부분을 설명할 수 있다고 했다. 3개 요소는 다음과 같다.

- 포트폴리오가 주식시장 전체를 어떻게 반영하는가?
- 포트폴리오가 소형주를 어떻게 반영하는가?
- 포트폴리오의 PBR은 얼마인가?

파마와 프렌치는 PBR을 활용해 대형주, 소형주, 가치주, 성장주로 구분한 포트폴리오를 만들었다. 대형 가치주와 소형 가치주 포트폴리오는 각각 대형주와 소형주 중 PBR이 가장 낮은 하위 30%의 주식으로 구성했고, 반대로 대형 성장주와 소형 성 장주 포트폴리오는 각각 대형주와 소형주 중 PBR이 가장 높은 상위 30% 주식으로 구성했다. 모든 포트폴리오는 1927년에 시작해 가치투자가 성장투자 대비 장기에 걸쳐 얼마나 효과 있는지를 알 수 있게 했다.

같은 결론을 끌어낸 유사한 연구들이 있지만 분석 기간은 짧았다. 그중 하나는 1989년 1월 11일 자 〈월스트리트 저널〉에 게재된 마크 레인가넘Mark Reinganum 교수의 연구다. 레인가넘은 1970~1983년 동안 당해 연도에 주가가 3배 오른 222개 주식의 공통점을 찾아보았다. 눈에 띈 특징 하나는 이들 승자주 다수의 주가가 BPS보다 낮 았다는 사실이었다. 또 다른 예로는 로저 이보트슨Roger Ibbotson의 "Decile Portfolios of the New York Stock Exchange, 1967-1984(뉴욕증권거래소 주식의 십분위수 포트폴리 오, 1967~1984)" 논문을 들 수 있는데, 이보트슨은 PBR이 가장 낮은 십분위수 주식이 연 수익률 14.36%를 기록한 반면 PBR이 가장 높은 십분위수 주식은 6.06%에 그쳤 음을 입증해 보였다.

《월가의 퀀트 투자 바이블》도 비슷하지만 다른 결론을

1927~2009년에 걸친 전체 주식, 대형주의 결과를 통해 우리 역시 PBR이 낮은 주식 이 통한다는 결론에 이르렀다. 하지만 PBR이 낮은 주식, 특히 가장 낮은 10% 주식 이 극히 저조한 성과를 내는 아주 긴 기간이 있음을 발견했다. 표 10.1은 이보트슨 이 연구한 1967~1984년 기간을 우리 데이터로 분석한 결과를 보여준다. PBR에 따 라 전체 주식을 십분위수로 나눴는데 1번 십분위수가 PBR이 가장 낮은 주식(저PBR 상위 10% 주식), 10번 십분위수가 PBR이 가장 높은 주식(저PBR 하위 10% 주식)이다. 대 상인 18년 동안 거의 완벽하게 내림차순으로 수익률이 떨어진다. 전체 주식 저PBR

상위 10% 주식의 연 수익률 16.60%를 시작으로 투자자가 BPS당 더 많은 주가를 지불함에 따라 수익률이 나빠져 저PBR 하위 11~20%와 10% 주식에서는 각각 6.54%, 6.90%를 기록한다. 표에서 보듯 저PBR 하위 30% 주식에 투자하는 대신 단기 미국 국채에 투자했다면 연 수익률 7.43%를 기록해 더 나았다.

표 10.1. 전체 주식 저PBR 십분위수 수익률 요약(1967/01/01~1984/12/31)

십분위수	1만 달러 투자 시	연 수익률(산술평균)	연 수익률(기하평균)	표준편차	샤프지수
1(PBR 최저)	$158,792	19.03%	16.60%	20.69%	0.56
2	$152,607	18.25%	16.35%	18.33%	0.62
3	$109,027	15.83%	14.19%	17.15%	0.54
4	$77,946	13.78%	12.08%	17.53%	0.40
5	$64,544	12.77%	10.92%	18.40%	0.32
6	$62,868	12.77%	10.75%	19.17%	0.30
7	$47,530	11.15%	9.05%	19.68%	0.21
8	$35,503	9.61%	7.29%	20.76%	0.11
9	$31,285	9.10%	6.54%	21.87%	0.07
10(PBR 최고)	$33,246	10.13%	6.90%	24.47%	0.08
전체 주식	$67,282	13.22%	11.17%	19.29%	0.32

그런데 더 긴 기간을 분석하면 앞선 18년 기간에서 발견된 패턴이 들어맞지 않는 것이 문제다. 구할 수만 있다면 가장 긴 데이터세트로 주식의 수익률을 분석하는 것이 제일 좋다. PBR로 주식의 투자수익률을 분석해 이를 다시 입증하겠다.

이제 CRSP 데이터와 파마-프렌치의 PBR 데이터를 이용해 1927~1963년의 36년 기간을 보자. 표 10.2를 보면 놀랍게도 PBR이 가장 낮은 전체 주식 저PBR 상위 10% 주식의 수익률이 가장 나빴다. 저PBR 상위 11~40% 주식 모두 전체 주식을 능가해 PBR이 낮은 주식이 좋은 성과를 낸 건 사실이지만 상위 10%, 즉 PBR이 가장 낮은 주식은 아니었다.

같은 기간 동안 파마-프렌치의 대형 가치주와 소형 가치주 포트폴리오는 각각 연수익률 10.81%와 11.77%를 기록했다. 이유는 두 가지일 수 있다. 첫째, 파마-프렌치는 마이크로주를 포함한 반면 이 책은 배제했다. 둘째, 파마-프렌치는 PBR이 가장 낮은 30% 주식을 하나로 묶어 사실상 1~3번 십분위수를 통합했다.

표 10.2. 전체 주식 저PBR 십분위수 수익률 요약(1927/01/01~1963/12/31)

십분위수	1만 달러 투자 시	연 수익률(산술평균)	연 수익률(기하평균)	표준편차	샤프지수
1(PBR 최저)	$144,371	14.62%	7.48%	37.21%	0.07
2	$317,579	14.41%	9.80%	29.70%	0.16
3	$399,400	14.28%	10.48%	26.70%	0.21
4	$374,866	13.72%	10.29%	25.42%	0.21
5	$317,254	12.87%	9.79%	23.95%	0.20
6	$287,508	12.40%	9.50%	23.04%	0.20
7	$231,167	11.76%	8.86%	22.96%	0.17
8	$248,432	11.65%	9.07%	21.62%	0.19
9	$228,206	11.29%	8.82%	21.07%	0.18
10(PBR 최고)	$169,542	10.55%	7.95%	21.57%	0.14
전체 주식	$289,901	12.81%	9.53%	24.62%	0.18

끝으로 제2차 세계대전 이후 PBR이 낮은 주식을 매수하는 투자 전략이 어땠는지를 살펴보자. 표 10.3을 보면 낯익은 패턴이 보인다. PBR이 낮은 주식이 PBR이 높은 주식은 물론 전체 주식 역시 가볍게 능가함을 알 수 있다. 전체 주식 저PBR 상위 10% 주식과 상위 11~20% 주식은 전체 주식을 평균 2.35%p 이상의 차이로 능가하는 반면 저PBR 하위 11~20% 주식과 하위 10% 주식은 모집단을 평균 2.33%p 이상의 차이로 밑돈다.

표 10.3. 전체 주식 저PBR 십분위수 수익률 요약(1946/01/01~2009/12/31)

십분위수	1만 달러 투자 시	연 수익률(산술평균)	연 수익률(기하평균)	표준편차	샤프지수
1(PBR 최저)	$40,122,085	16.14%	13.84%	20.12%	0.44
2	$50,429,660	15.87%	14.25%	16.84%	0.55
3	$33,859,330	14.94%	13.54%	15.70%	0.54
4	$16,188,434	13.64%	12.24%	15.72%	0.46
5	$10,839,492	13.02%	11.54%	16.21%	0.40
6	$8,868,366	12.80%	11.19%	16.92%	0.37
7	$4,672,115	11.80%	10.08%	17.52%	0.29
8	$2,909,845	11.16%	9.27%	18.45%	0.23
9	$2,739,699	11.36%	9.17%	19.90%	0.21
10(PBR 최고)	$2,326,032	11.64%	8.89%	22.27%	0.17
전체 주식	$10,561,110	13.25%	11.49%	17.63%	0.37

세부 기간 분석을 통해 배우는 점

다양한 세부 기간을 분석함으로써 우리는 중요한 3가지를 알 수 있다.

1. 단기간 분석은 과장이 있을 수 있으니 감안해서 받아들여야 한다. 1967~1984년 데이터 분석만 보았다면 저PBR 주식을 매수하는 것이 환상적인 전략이라고 생각했을 것이다. 반면 표 10.2가 보여주는 1927~1963년 데이터를 분석했다면 저PBR 주식을 매수하는 것이 물론 좋지만 저PBR 상위 10% 주식은 무조건 피했어야 함을 알 수 있다. 가장 저조한 성과(연 수익률 7.48%)를 냈기 때문이다. 뒤에서 살펴볼 1926~2009년 기간은 가장 긴 분석 기간으로 PBR이라는 가치 요소의 진면목을 보여줄 것이다.

2. 분석 기간이 달라짐에 따라 결과가 상반되게 나오는 가치 요소는 조심스럽게 다뤄야 한다. 뒤에서 살펴볼 자사주 매입 수익률(buyback yield), 주주수익률(shareholder yield), 가격 모멘텀(price momentum) 등은 PBR처럼 변덕스럽지 않고 꾸준하고 안정적인 모습을 보인다.

3. 여러 가치 요소를 결합해서 사용하는 것이 가장 좋을 수 있다. 1926~1963년에 전체 주식 저PBR 상위 10% 주식은 매우 저조한 성과를 냈는데, 이처럼 특정 가치 요소가 제대로 역할하지 못할 때 다른 요소들, 이를테면 PER, PSR, PCR 등이 제 기능을 발휘해 전체적으로 가치투자가 효과를 볼 수 있다. 15장에서 더 자세하게 다루겠다.

끝으로 하나 더 언급하면 어떤 가치 요소라도 아주 긴 시간 동안 저조한 성과를 냄으로써 진면목이 드러나지 않을 수 있다. 표 10.4에서 보듯 전체 주식 저PBR 상위 10% 주식의 저조한 성과는 거의 대부분 대공황기의 일이다. 1927~1939년에 전체 주식 저PBR 상위 10% 주식은 사실 해마다 6.55% 손실을 본 반면 저PBR 하위 11~20% 주식은 해마다 4.78% 수익을 냈다. 자금난에 처한 기업이 가치주로 여겨졌기 때문일 수 있다. 로버트 하우겐Robert Haugen은 자신의 논문 "The Effects of Intrigue, Liquidity, Imprecision, and Bias on the Cross-Section of Expected Stock Returns(음모와 유동성, 부정확성, 편향 등이 주식의 기대수익률 단면에 미치는 영향)"에서 "파마와 프렌치에 따르면 PBR이 낮은 주식, 즉 가치주는 재정난에 처한 기업이기 십상이다. 그렇다면 이들 주식의 높은 수익률은 놀라운 일이 아니다. 가치주의 높은 기대수익률은 상대적으로 취약한 재무 상태에 처한 기업에 투자하는 투자자가 요구하는 위험 프리미엄으로 볼 수 있다"라고 주장했다.

표 10.4. 전체 주식 저PBR 십분위수 수익률 요약(1927/01/01~1939/12/31)

십분위수	1만 달러 투자 시	연 수익률(산술평균)	연 수익률(기하평균)	표준편차	샤프지수
1(PBR 최저)	$4,142	8.16%	-6.55%	56.69%	-0.20
2	$12,124	11.34%	1.49%	45.07%	-0.08
3	$14,167	10.71%	2.72%	40.14%	-0.06
4	$14,623	10.12%	2.97%	38.07%	-0.05
5	$15,060	9.56%	3.20%	35.51%	-0.05
6	$15,275	9.25%	3.31%	33.95%	-0.05
7	$16,392	9.87%	3.87%	33.74%	-0.03
8	$17,720	9.78%	4.50%	31.55%	-0.02
9	$18,349	9.75%	4.78%	30.29%	-0.01
10(PBR 최고)	$14,671	7.74%	2.99%	29.64%	-0.07
전체 주식	$14,126	9.46%	2.69%	36.50%	-0.06

PBR이 낮은 주식이 정말로 재무 상태가 취약하고 위험한 기업을 대변한다면 대공황과 같은 어려운 시기에 이들 기업이 무더기로 파산해 결과적으로 가장 낮은 성과를 내는 것은 당연한 일이다. 최근의 대폭락장인 2007~2009년 동안 PBR이 낮은 주식들 역시 다르지 않았다. 아마도 대공황기 이래 처음으로 투자자들은 극도로 취약한 경제 환경을 예상했고 그 결과 이 주식들은 최하위 성과를 기록하고 말았다. 표 10.5는 이를 요약해 보여준다.

표 10.5. 전체 주식 저PBR 십분위수 수익률 요약(2007/05/01~2009/02/28)

십분위수	1만 달러 투자 시	연 수익률(산술평균)	연 수익률(기하평균)	표준편차	샤프지수
1(PBR 최저)	$3,203	-43.59%	-46.26%	29.65%	-1.73
2	$4,433	-33.73%	-35.83%	24.58%	-1.66
3	$4,763	-31.34%	-33.27%	23.15%	-1.65
4	$4,874	-30.46%	-32.43%	23.27%	-1.61
5	$4,994	-29.56%	-31.53%	23.17%	-1.58
6	$5,001	-29.39%	-31.47%	23.79%	-1.53
7	$5,227	-27.72%	-29.81%	23.53%	-1.48
8	$5,151	-28.15%	-30.36%	24.28%	-1.46
9	$5,184	-27.80%	-30.12%	24.75%	-1.42
10(PBR 최고)	$4,729	-31.21%	-33.53%	25.30%	-1.52
전체 주식	$4,618	-32.23%	-34.39%	24.56%	-1.60

전체 기간

이제 전체 기간인 1926~2009년의 결과를 보자. 전체 주식 PBR 포트폴리오는 1926/12/31에 시작해 2009/12/31까지 이어져서 83년 치 데이터를 갖추었다. 표 10.6에서 보듯 이 기간 최고의 성과는 연 수익률 12.68%를 기록하고 1만 달러를 2억 달러로 늘린 저PBR 상위 11~20% 주식이 차지했다. 연 수익률 10.46%를 기록하고 1만 달러를 3,850만 달러로 늘린 전체 주식을 현저히 앞선다. PBR이 가장 높은 저PBR 하위 10% 주식은 최악의 성적을 냈다. 표 10.7은 전체 주식과 저PBR 상위 10% 주식, 상위 11~20% 주식, 하위 10% 주식을 비교해 보여준다. 일관성 있는 설명을 위해, 실제로는 상위 11~20% 주식이 더 높은 수익을 냈지만 저PBR 상위 10% 주식과 저PBR 하위 10% 주식을 비교한다.

표 10.6. 전체 주식 저PBR 십분위수 수익률 요약(1927/01/01~2009/12/31)

십분위수	1만 달러 투자 시	연 수익률(산술평균)	연 수익률(기하평균)	표준편차	샤프지수
1(PBR 최저)	$74,047,642	15.94%	11.33%	29.26%	0.22
2	$200,324,516	15.74%	12.68%	23.73%	0.32
3	$149,843,701	14.83%	12.28%	21.58%	0.34
4	$66,442,393	13.59%	11.19%	20.99%	0.29
5	$41,728,068	12.88%	10.57%	20.55%	0.27
6	$31,212,269	12.52%	10.18%	20.55%	0.25
7	$15,157,464	11.65%	9.22%	20.90%	0.20
8	$10,270,496	11.13%	8.71%	20.91%	0.18
9	$8,789,844	11.09%	8.51%	21.57%	0.16
10(PBR 최고)	$6,440,263	11.09%	8.10%	23.14%	0.13
전체 주식	$38,542,780	13.06%	10.46%	21.67%	0.25

결과

표 10.7은 전체 주식 저PBR 상위 10% 주식에 투자한 결과를 보여준다. 표에는 상위 11~20% 주식의 결과도 있어서, 투자 기간이 길어지면 저PBR 상위 11~20% 주식이 낫다는 것을 알 수 있다. 1926/12/31에 전체 주식 저PBR 상위 10% 주식에 1만 달러를 투자했다면 2009년 말에는 7,400만 달러로 늘어 연 수익률 11.33%를 기록, 같은 기간에 연 수익률 10.46%를 기록하고 투자한 1만 달러를 3,850만 달러로 늘린 전체 주식보다 약 87bp 앞섰다.

표준편차로 측정한 위험은 21.67%를 기록한 전체 주식에 비해 29.26%를 기록한 저PBR 상위 10% 주식이 훨씬 높았다. 더 높은 위험과 약간 상회하는 수익률을 결합한 결과 저PBR 상위 10% 주식의 샤프지수는 0.22, 전체 주식은 0.25였다. 이를 통해 PBR이 가장 낮은 상위 10%보다는 상위 11~20% 주식이 낫다는 것을 알 수 있다. 저PBR 상위 10% 주식은 모든 기저율이 좋아서 전체 주식을 5년 단위 기간에서는 66% 승률로, 10년 단위 기간에서는 77% 승률로 능가했다. 표 10.8은 모든 기간에 걸친 기저율을 보여준다. 그림 10.1은 저PBR 상위 10% 주식의 수익률에서 전체 주식 수

	전체 주식 저PBR 상위 10%	전체 주식 저PBR 상위 11~20%	전체 주식
산술평균 수익률	15.94%	15.74%	13.06%
기하평균 수익률	11.33%	12.68%	10.46%
중위 수익률	17.51%	18.76%	18.54%
표준편차	29.26%	23.73%	21.67%
상방 편차	23.60%	18.47%	14.78%
하방 편차	20.75%	16.88%	16.03%
추적오차	12.16	7.23	0.00
상승 개월 수	603	622	606
하락 개월 수	393	374	390
최대 하락률	-92.09%	-89.45%	-85.45%
베타	1.25	1.04	1.00
T-통계량(m=0)	4.63	5.64	5.19
샤프지수(Rf=5%)	0.22	0.32	0.25
소르티노지수(MAR=10%)	0.06	0.16	0.03
1만 달러 투자 시	$74,047,642	$200,324,516	$38,542,780

		전체 주식 저PBR 상위 10%	전체 주식 저PBR 상위 11~20%	전체 주식
1년 수익률	최저치	-78.25%	-75.10%	-66.72%
	최고치	314.58%	292.62%	201.69%
3년 수익률	최저치	-55.17%	-50.53%	-45.99%
	최고치	57.73%	54.57%	51.03%
5년 수익률	최저치	-34.61%	-28.56%	-23.07%
	최고치	42.38%	50.78%	41.17%
7년 수익률	최저치	-21.07%	-10.98%	-7.43%
	최고치	30.70%	28.05%	23.77%
10년 수익률	최저치	-15.55%	-6.43%	-5.31%
	최고치	28.03%	26.71%	22.05%
기대수익률	최저치	-42.58%	-31.73%	-30.28%
	최고치	74.45%	63.21%	56.39%

표 10.8. 전체 주식 저PBR 상위 10%의 전체 주식 대비 기저율(1927/01/01~2009/12/31)

기준 기간	전체 주식 저PBR 상위 10%가 더 높은 달	비율	초과수익률(연 수익률)
1년	573/985	58%	2.73%
3년	570/961	59%	1.48%
5년	617/937	66%	1.52%
7년	664/913	73%	1.55%
10년	673/877	77%	1.69%

익률을 뺀 5년 평균 초과 혹은 미달 연 수익률이다. 이를 보통 알파라고 한다.

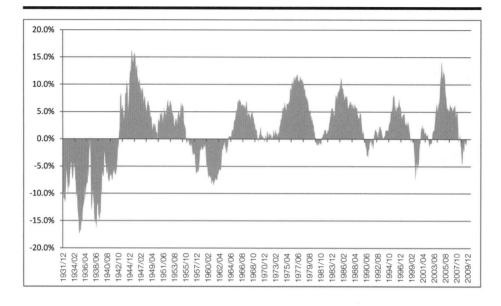

대형주 저PBR 주식도 전체 주식과 비슷하다

표 10.9는 대형주 저PBR 주식을 십분위수로 구분한 투자 성적을 보여준다. 전체 주식에서와 마찬가지로 저PBR 상위 11~20% 주식이 가장 좋았다. 그렇지만 일관성을

표 10.9. 대형주 저PBR 십분위수 수익률 요약(1927/01/01~2009/12/31)

십분위수	1만 달러 투자 시	연 수익률(산술평균)	연 수익률(기하평균)	표준편차	샤프지수
1(PBR 최저)	$43,856,220	14.24%	10.63%	25.96%	0.22
2	$56,571,661	13.53%	10.97%	21.79%	0.27
3	$36,137,654	12.56%	10.37%	20.10%	0.27
4	$32,295,187	12.26%	10.22%	19.34%	0.27
5	$17,180,598	11.46%	9.39%	19.43%	0.23
6	$15,713,733	11.34%	9.27%	19.40%	0.22
7	$18,382,056	11.54%	9.48%	19.35%	0.23
8	$14,882,149	11.36%	9.20%	19.76%	0.21
9	$7,500,437	10.56%	8.30%	20.29%	0.16
10(PBR 최고)	$4,728,676	10.22%	7.70%	21.38%	0.13
대형주	$21,617,372	11.75%	9.69%	19.35%	0.24

유지하기 위해 저PBR 상위 10% 주식에 집중하기로 한다. 1926/12/31에 대형주 저PBR 상위 10% 주식에 투자한 1만 달러는 2009년 말에 4,400만 달러가 되어 연 수익률 10.63%를 기록했다. 같은 기간 1만 달러를 2,200만 달러로 늘려 연 수익률 9.69%를 기록한 대형주보다 94bp 높다. 표준편차로 측정한 위험은 저PBR 상위 10% 주식이 높아서 25.96%를 기록한 반면 대형주는 19.35%였다. 그 결과 샤프지수는 이 주식이 0.22, 대형주가 0.24였다. 표 10.10에서 보듯 모든 기저율은 양의 값이었고 이 주식은 대형주를 모든 5년 단위 기간에서는 71%, 10년 단위 기간에서는 83% 능가했다. 그림 10.2는 대형주 저PBR 상위 10% 주식의 수익률에서 대형주 수익률을 뺀 5년 평균 초과 혹은 미달 연 수익률이다.

표 10.10. 대형주 저PBR 상위 10%의 대형주 대비 기저율(1927/01/01~2009/12/31)

기준 기간	대형주 저PBR 상위 10%가 더 높은 달	비율	초과수익률(연 수익률)
1년	569/985	58%	2.84%
3년	589/961	61%	1.67%
5년	667/937	71%	1.66%
7년	707/913	77%	1.78%
10년	727/877	83%	2.02%

그림 10.2. 5년 평균 초과(미달) 연 수익률: 대형주 저PBR 상위 10% − 대형주(1927/01/01~2009/12/31)

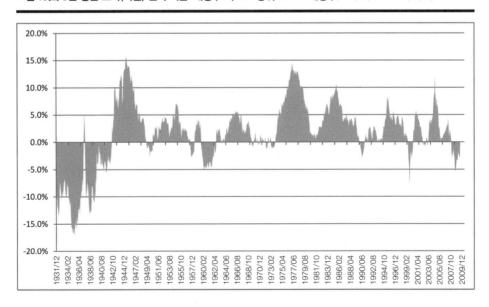

최악의 시나리오, 최고와 최악의 수익률

10장 도입부에서 보았듯이 전체 84년 기간 동안 저PBR 상위 10% 주식은 힘든 시기를 몇 차례 겪었다. 전체 주식과 대형주 공히 최악의 시나리오는 1929/08~1932/05 시기로 이때 전체 주식 저PBR 상위 10% 주식은 92%, 대형주 저PBR 상위 10% 주식은 93% 폭락을 경험했다. 84년 동안 전체 주식 저PBR 주식 상위 10%는 20% 넘는 손실이 13번 발생했다. 두 번째로 나빴던 폭락은 2007/05~2009/02에 있었던 69% 손실이다. 표 10.11은 전체 주식 저PBR 상위 10% 주식이 20% 넘는 손실을 기록한 시기를 모두 보여준다. 대형주 저PBR 상위 10% 주식은 20% 넘는 손실을 10번 경험했고, 전체 주식과 마찬가지로 두 번째로 나빴던 폭락은 2007/05~2009/02 기간이어서 67% 손실을 기록했다. 표 10.12는 대형주 저PBR 상위 10% 주식의 기록이다.

표 10.13과 10.14를 보자. 전체 주식 저PBR 상위 10% 주식의 최고 5년은 1946/05에 끝난 시기로 연 수익률 42.38%를 기록하고 투자한 1만 달러는 5만 8,512달러로 늘어났다. 최악의 5년은 1932/05에 끝난 5년으로 연 수익률 -34.61%를

표 10.11. 최악의 시나리오: 전체 주식 저PBR 상위 10%가 20% 이상 하락한 사례(1927/01/01~2009/12/31)

고점 월	지수 고점	저점 월	지수 저점	회복 월	하락률(%)	하락 기간 (개월)	회복 기간 (개월)
1929/08	1.81	1932/05	0.14	1945/11	-92.09	33	162
1946/05	2.19	1947/05	1.42	1950/04	-35.28	12	35
1956/03	8.70	1957/12	5.98	1958/09	-31.28	21	9
1959/07	11.89	1960/10	9.12	1962/02	-23.31	15	16
1962/02	11.96	1962/06	9.26	1963/03	-22.56	4	9
1966/02	26.77	1966/09	20.33	1967/03	-24.03	7	6
1968/11	45.99	1970/06	25.01	1975/06	-45.61	19	60
1987/08	687.27	1987/11	479.51	1989/01	-30.23	3	14
1989/08	867.71	1990/10	501.08	1992/01	-42.25	14	15
1998/04	3,445.35	1998/08	2,490.25	2001/01	-27.72	4	29
2001/06	3,971.13	2001/09	3,111.64	2002/03	-21.64	3	6
2002/04	4,104.00	2002/09	2,652.83	2003/07	-35.36	5	10
2007/05	10,227.81	2009/02	3,150.42		-69.20	21	
평균					-38.50	12	30.92

고점 월	지수 고점	저점 월	지수 저점	회복 월	하락률(%)	하락 기간 (개월)	회복 기간 (개월)
1929/08	1.93	1932/05	0.14	1946/05	-92.85	33	168
1946/05	1.95	1947/05	1.30	1950/04	-33.39	12	35
1956/03	8.29	1957/12	5.92	1958/08	-28.55	21	8
1959/07	11.68	1960/09	9.04	1961/08	-22.63	14	11
1969/01	34.40	1970/06	19.76	1972/11	-42.57	17	29
1972/11	35.13	1974/09	25.24	1975/04	-28.15	22	7
1987/08	491.83	1987/11	367.32	1988/10	-25.32	3	11
1989/08	667.71	1990/10	414.92	1991/08	-37.86	14	10
2001/05	3,623.29	2002/09	2,047.84	2004/02	-43.48	16	17
2007/05	6,664.50	2009/02	2,167.83		-67.47	21	
평균					-42.23	17.3	32.89

표 10.13. 연 수익률 최저치와 최고치(%, 1927/01/01~2009/12/31)

		1년	3년	5년	7년	10년
전체 주식 저PBR 상위 10%	최저치	-78.25	-55.17	-34.61	-21.07	-15.55
	최고치	314.58	57.73	42.38	30.70	28.03
전체 주식	최저치	-66.72	-45.99	-23.07	-7.43	-5.31
	최고치	201.69	51.03	41.17	23.77	22.05

표 10.14. 1만 달러 투자 시 기말 원리금 최저치와 최고치(달러, 1927/01/01~2009/12/31)

		1년	3년	5년	7년	10년
전체 주식 저PBR 상위 10%	최저치	2,175	901	1,196	1,908	1,845
	최고치	41,458	39,243	58,512	65,138	118,330
전체 주식	최저치	3,328	1,576	2,695	5,825	5,793
	최고치	30,169	34,452	56,062	44,504	73,345

기록하고 투자한 1만 달러는 1,196달러로 줄어들었다.

전체 주식 모집단 대비 가장 좋은 5년 성과는 1946/01에 끝난 기간에 나왔다. 전체 주식 저PBR 상위 10% 주식은 누적 수익률 463.62%를 기록해 211.18%를 기록한 전체 주식을 252%p 능가했다. 연 수익률로는 이 주식은 41.32%, 전체 주식은 25.49%였다.

전체 주식 대비 가장 나빴던 5년 성과는 1937/08에 끝난 시기에 발생했다. 전체 주식 저PBR 상위 10% 주식은 누적 수익률 65.66%를 기록해 180.60%를 기록한 전체 주식을 114.94%p 밑돌았다. 연 수익률로 보면 이 주식은 10.62%, 전체 주식은 22.92%였다. 그림 10.1은 이 주식 수익률에서 전체 주식 수익률을 뺀 5년 평균 초과 혹은 미달 연 수익률이다.

표 10.15와 10.16을 보면 대형주 저PBR 상위 10% 주식이 절댓값에서 최고 수익률을 기록한 5년은 1937/05에 끝난 시기임을 알 수 있다. 이때 연 수익률 41.36%를 기록했고 투자한 1만 달러가 5만 6,442달러로 늘었다. 절댓값으로 최악의 5년은 1932/05에 끝난 시기로 이 주식은 연 수익률 -33.65%를 기록했고, 투자한 1만 달러는 1,286달러로 줄어들었다.

표 10.15. 연 수익률 최저치와 최고치(%, 1927/01/01~2009/12/31)

		1년	3년	5년	7년	10년
대형주 저PBR 상위 10%	최저치	-83.47	-56.45	-33.65	-20.02	-15.27
	최고치	285.97	49.80	41.36	28.27	24.64
대형주	최저치	-66.63	-43.53	-20.15	-6.95	-5.70
	최고치	159.52	45.64	36.26	22.83	19.57

표 10.16. 1만 달러 투자 시 기말 원리금 최저치와 최고치(달러, 1927/01/01~2009/12/31)

		1년	3년	5년	7년	10년
대형주 저PBR 상위 10%	최저치	1,653	826	1,286	2,094	1,907
	최고치	38,597	33,612	56,442	57,119	90,463
대형주	최저치	3,337	1,800	3,247	6,041	5,561
	최고치	25,952	30,890	46,970	42,189	59,747

대형주 대비 상대적으로 가장 좋았던 시기는 1945/05에 끝난 5년이었다. 이 주식은 누적 수익률 304%를 기록해 117%를 기록한 대형주를 187%p 능가했다. 연 수익률로 보면 이 주식은 32.23%, 대형주는 16.81%였다.

대형주 대비 상대적으로 가장 나빴던 시기는 1936/09에 끝난 5년이었다. 이 기간에 누적 수익률 42%를 기록해 126%를 기록한 전체 주식을 84%p 밑돌았다. 연 수익률로는 이 주식 7.31%, 대형주 17.70%였다. 그림 10.2는 대형주 저PBR 상위 10% 주식 수익률에서 대형주 수익률을 뺀 5년 평균 초과 혹은 미달 연 수익률이다.

고PBR 주식은 형편없다

이미 십분위수에서 살펴보았듯이 고PBR 주식(저PBR 하위 10% 주식)은 전체 주식이든 대형주든 형편없는 수익률을 기록했다. 전체 주식을 먼저 보자.

결과

표 10.17에서 보듯 1926/12/31에 전체 주식 저PBR 하위 10% 주식에 투자한 1만 달러는 2009년 말에 644만 263달러가 되어 연 수익률 8.10%를 기록했다. 이는 전체 주식에 투자한 1만 달러가 3,850만 달러, 연 수익률 10.46%를 기록한 것에 비해 3,200만 달러나 부족한 성과다. 위험 역시 높아서 전체 주식이 표준편차 21.67%였던 반면 이 주식은 23.14%를 기록했다. 낮은 수익률과 높은 위험을 합친 결과 이 주식의 샤프지수는 0.13으로 전체 주식의 0.25를 밑돌았다. 표 10.17이 관련 수치를 보여준다.

이 주식의 기저율은 모두 음이었고 5년 단위 기간에서는 26%, 10년 단위 기간에서는 12% 승률로 전체 주식을 능가했을 뿐이다. 표 10.18은 보유 기간별 기저율을 보여준다. 그림 10.3은 전체 주식 저PBR 하위 10% 주식의 수익률에서 전체 주식 수익률을 뺀 5년 평균 초과 혹은 미달 연 수익률이다.

표 10.17. 연 수익률과 위험도: 전체 주식 저PBR 하위 10%와 전체 주식(1927/01/01~2009/12/31)

		전체 주식 저PBR 하위 10%	전체 주식
산술평균 수익률		11.09%	13.06%
기하평균 수익률		8.10%	10.46%
중위 수익률		15.63%	18.54%
표준편차		23.14%	21.67%
상방 편차		14.26%	14.78%
하방 편차		17.44%	16.03%
추적오차		9.63	0.00
상승 개월 수		596	606
하락 개월 수		400	390
최대 하락률		-83.37%	-85.45%
베타		0.97	1.00
T-통계량(m=0)		4.16	5.19
샤프지수(Rf=5%)		0.13	0.25
소르티노지수(MAR=10%)		-0.11	0.03
1만 달러 투자 시		$6,440,263	$38,542,780
1년 수익률	최저치	-59.59%	-66.72%
	최고치	124.23%	201.69%
3년 수익률	최저치	-44.02%	-45.99%
	최고치	50.10%	51.03%
5년 수익률	최저치	-18.83%	-23.07%
	최고치	37.16%	41.17%
7년 수익률	최저치	-8.95%	-7.43%
	최고치	28.34%	23.77%
10년 수익률	최저치	-6.28%	-5.31%
	최고치	24.07%	22.05%
기대수익률	최저치	-35.20%	-30.28%
	최고치	57.38%	56.39%

표 10.18. 전체 주식 저PBR 하위 10%의 전체 주식 대비 기저율(1927/01/01~2009/12/31)

기준 기간	전체 주식 저PBR 하위 10%가 더 높은 달	비율	초과수익률(연 수익률)
1년	423/985	43%	-1.85%
3년	290/961	30%	-2.46%
5년	243/937	26%	-2.60%
7년	159/913	17%	-2.64%
10년	103/877	12%	-2.55%

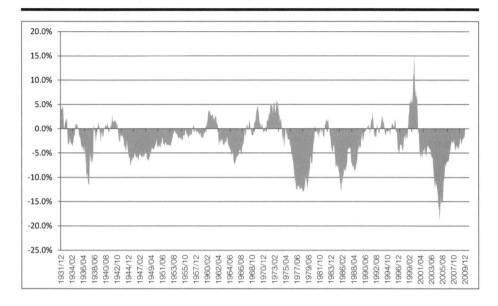

대형주도 고전한다

대형주 저PBR 하위 10% 주식 역시 변변치 못해서 1926/12/31에 투자한 1만 달러
는 겨우 472만 8,676달러로 늘어 연 수익률 7.70%를 기록했다. 대형주에 1만 달
러를 투자했다면 2,160만 달러로 늘고 연 수익률 9.69%를 달성했을 테니 이보다
1,700만 달러나 밑도는 성과다. 위험 역시 대형주는 표준편차 19.35%인 반면 이 주
식은 21.38%였다. 그 결과 대형주의 샤프지수가 0.24인 데 반해 이 주식은 샤프지수
0.13에 그쳤다. 표 10.19가 관련 수치를 보여준다.

대형주 저PBR 하위 10% 주식의 모든 기저율은 음의 값이고 대형주를 5년 단위
기간에서는 32%, 10년 단위 기간에서는 18% 승률로 능가했을 뿐이다. 표 10.20은
보유 기간별 기저율이다. 그림 10.4는 대형주 저PBR 하위 10% 주식의 수익률에서
대형주 수익률을 뺀 5년 평균 초과 혹은 미달 연 수익률이다.

표 10.19. 연 수익률과 위험도: 대형주 저PBR 하위 10%와 대형주(1927/01/01~2009/12/31)

	대형주 저PBR 하위 10%	대형주
산술평균 수익률	10.22%	11.75%
기하평균 수익률	7.70%	9.69%
중위 수익률	14.35%	16.75%
표준편차	21.38%	19.35%
상방 편차	13.68%	13.10%
하방 편차	15.86%	14.40%
추적오차	10.23	0.00
상승 개월 수	581	609
하락 개월 수	415	387
최대 하락률	-83.70%	-84.33%
베타	0.97	1.00
T-통계량(m=0)	4.16	5.25
샤프지수(Rf=5%)	0.13	0.24
소르티노지수(MAR=10%)	-0.14	-0.02
1만 달러 투자 시	$4,728,676	$21,617,372

		대형주 저PBR 하위 10%	대형주
1년 수익률	최저치	-62.21%	-66.63%
	최고치	100.70%	159.52%
3년 수익률	최저치	-44.40%	-43.53%
	최고치	53.03%	45.64%
5년 수익률	최저치	-21.48%	-20.15%
	최고치	38.92%	36.26%
7년 수익률	최저치	-11.37%	-6.95%
	최고치	29.33%	22.83%
10년 수익률	최저치	-7.65%	-5.70%
	최고치	25.98%	19.57%
기대수익률	최저치	-32.55%	-26.96%
	최고치	52.99%	50.46%

표 10.20. 대형주 저PBR 하위 10%의 대형주 대비 기저율(1927/01/01~2009/12/31)

기준 기간	대형주 저PBR 하위 10%가 더 높은 달	비율	초과수익률(연 수익률)
1년	427/985	43%	-1.40%
3년	355/961	37%	-1.85%
5년	301/937	32%	-1.92%
7년	195/913	21%	-1.96%
10년	160/877	18%	-1.88%

그림 10.4. 5년 평균 초과(미달) 연 수익률: 대형주 저PBR 하위 10% - 대형주(1927/01/01~2009/12/31)

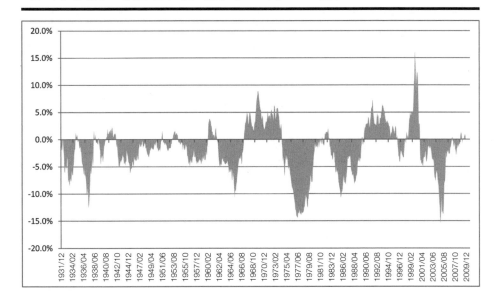

최악의 시나리오, 최고와 최악의 수익률

전체 주식 저PBR 하위 10% 주식은 20% 넘는 하락을 총 14번 겪었다. 최악의 폭락은 1929/08~1932/05에 기록한 83.37% 손실이었다. 두 번째로 나빴던 기록은 2000/02~2002/09 기간으로 73.67% 손실을 기록했다. 표 10.21은 20% 넘는 하락을 모두 보여준다.

　　절댓값 기준으로 전체 주식 저PBR 하위 10% 주식이 최고의 성과를 기록한 기간은 2000/02에 끝난 5년으로 연 수익률 37.16%를 기록하고 투자한 1만 달러는 4만 8,545달러로 늘어났다. 반대로 절댓값 기준 최악의 5년은 1934/07에 끝난 기간으로 연 수익률은 -18.83%를 기록하고 1만 달러는 3,524달러로 줄었다. 표 10.22와 10.23을 참조하기 바란다.

표 10.21. 최악의 시나리오: 전체 주식 저PBR 하위 10%가 20% 이상 하락한 사례(1927/01/01~2009/12/31)

고점 월	지수 고점	저점 월	지수 저점	회복 월	하락률(%)	하락 기간 (개월)	회복 기간 (개월)
1929/08	2.44	1932/05	0.41	1945/10	-83.37	33	161
1946/05	3.27	1948/11	2.27	1950/05	-30.52	30	18
1957/07	10.09	1957/12	7.88	1958/08	-21.90	5	8
1961/11	20.41	1962/10	12.06	1965/09	-40.92	11	35
1966/04	25.77	1966/10	20.55	1967/01	-20.26	6	3
1968/12	42.59	1970/06	24.00	1972/01	-43.64	18	19
1972/05	52.13	1974/09	19.55	1980/01	-62.50	28	64
1980/11	89.55	1982/07	54.33	1983/01	-39.33	20	6
1983/06	121.55	1984/07	76.03	1986/04	-37.45	13	21
1987/08	163.87	1987/11	102.29	1989/08	-37.58	3	21
1990/06	172.47	1990/10	127.83	1991/02	-25.88	4	4
1996/05	473.89	1997/04	354.03	1997/09	-25.29	11	5
1998/04	548.69	1998/08	394.82	1998/12	-28.04	4	4
2000/02	1324.42	2002/09	348.69		-73.67	31	
평균					-40.74	15.5	28.38

표 10.22. 연 수익률 최저치와 최고치(%, 1927/01/01~2009/12/31)

		1년	3년	5년	7년	10년
전체 주식 저PBR 하위 10%	최저치	-59.59	-44.02	-18.83	-8.95	-6.28
	최고치	124.23	50.10	37.16	28.34	24.07
전체 주식	최저치	-66.72	-45.99	-23.07	-7.43	-5.31
	최고치	201.69	51.03	41.17	23.77	22.05

표 10.23. 1만 달러 투자 시 기말 원리금 최저치와 최고치(달러, 1927/01/01~2009/12/31)

		1년	3년	5년	7년	10년
전체 주식 저PBR 하위 10%	최저치	4,041	1,754	3,524	5,188	5,229
	최고치	22,423	33,820	48,545	57,345	86,454
전체 주식	최저치	3,328	1,576	2,695	5,825	5,793
	최고치	30,169	34,452	56,062	44,504	73,345

상대적으로 전체 주식 저PBR 하위 10% 주식이 최고의 성과를 기록한 5년은 2000/02에 끝난 기간으로 누적 수익률 385.45%를 기록해, 172.30%를 기록한 전체 주식을 213.15%p 차이로 능가했다. 연 수익률로 보면 이 주식은 연 37.16%, 전체 주

식은 22.18%였다.

반대로 상대적으로 최악의 성과를 낸 5년은 1937/05에 끝난 기간으로 이 주식이 누적 수익률 266.98%를 기록하는 사이 전체 주식은 460.62%를 기록해 193.64%p 차이로 밑돌았다. 연 수익률로 보면 이 주식은 연 29.70%, 전체 주식은 41.17%였다. 그림 10.3은 전체 주식 저PBR 하위 10% 주식의 수익률에서 전체 주식 수익률을 뺀 5년 평균 초과 혹은 미달 연 수익률이다.

대형주

1926~2009년 동안 대형주 저PBR 하위 10% 주식은 20% 넘는 하락을 10번 경험했다. 최악의 폭락은 1929/08~1932/06 동안 83.70% 하락한 경우이고, 두 번째 나빴던 기록은 2000/02~2002/09 동안 70.70% 하락한 경우다. 표 10.24는 20% 넘는 모든 하락을 보여준다.

절댓값 기준으로 대형주 저PBR 하위 10% 주식이 최고의 성과를 낸 기간은 2000/02에 끝난 5년으로 연 수익률은 38.92%, 투자한 1만 달러는 5만 1,747달러로

표 10.24. 최악의 시나리오: 대형주 저PBR 하위 10%가 20% 이상 하락한 사례(1927/01/01~2009/12/31)

고점 월	지수 고점	저점 월	지수 저점	회복 월	하락률(%)	하락 기간 (개월)	회복 기간 (개월)
1929/08	2.07	1932/06	0.34	1949/12	-83.70	34	210
1957/07	6.75	1957/12	5.21	1958/09	-22.86	5	9
1961/11	11.76	1962/10	7.11	1965/08	-39.58	11	34
1969/12	21.51	1970/06	15.13	1971/03	-29.66	6	9
1972/12	30.88	1974/09	11.92	1980/09	-61.41	21	72
1980/11	37.32	1982/07	23.71	1983/02	-36.47	20	7
1983/06	48.36	1984/05	32.42	1986/03	-32.96	11	22
1987/08	78.13	1987/11	51.52	1989/07	-34.05	3	20
1998/06	349.36	1998/08	278.94	1998/11	-20.16	2	3
2000/02	809.32	2002/09	237.15		-70.70	31	
평균					-43.15	14.4	42.89

늘어났다. 반대로 최악의 5년은 1933/03에 끝난 기간으로 연 수익률은 -21.48%, 투자한 1만 달러는 2,985달러로 줄어들었다. 표 10.25와 10.26을 참조하기 바란다.

표 10.25. 연 수익률 최저치와 최고치(%, 1927/01/01~2009/12/31)

		1년	3년	5년	7년	10년
대형주 저PBR 하위 10%	최저치	-62.21	-44.40	-21.48	-11.37	-7.65
	최고치	100.70	53.03	38.92	29.33	25.98
대형주	최저치	-66.72	-45.99	-23.07	-7.43	-5.31
	최고치	201.69	51.03	41.17	23.77	22.05

표 10.26. 1만 달러 투자 시 기말 원리금 최저치와 최고치(달러, 1927/01/01~2009/12/31)

		1년	3년	5년	7년	10년
대형주 저PBR 하위 10%	최저치	3,779	1,719	2,985	4,297	4,511
	최고치	20,070	35,839	51,747	60,509	100,730
대형주	최저치	3,337	1,800	3,247	6,041	5,561
	최고치	25,952	30,890	46,970	42,189	59,747

상댓값 기준으로 대형주 저PBR 하위 10% 주식이 최고의 성과를 낸 5년은 2000/02에 끝난 기간으로 누적 수익률 417.47%를 기록해, 179.90%를 기록한 대형주를 237.57%p 차이로 능가했다. 연 수익률로 보면 이 주식은 38.92%, 대형주는 22.18%였다.

반대로 상댓값 기준으로 최악의 성과를 낸 5년은 1937/05에 끝난 기간으로 이 주식은 누적 수익률 196.49%를 기록한 반면 대형주는 369.71%를 기록해 173.22%p 차이로 밑돌았다. 연 수익률로 보면 이 주식은 24.28%, 대형주는 41.17%였다. 그림 10.4는 대형주 저PBR 하위 10% 주식의 수익률에서 대형주 수익률을 뺀 5년 평균 초과 혹은 미달 연 수익률이다.

시사점

앞서 보았던 것처럼 전체 주식과 대형주 모집단 모두에서 저PBR 상위 11~20% 주식과 21~30% 주식이 상위 10% 주식보다 월등히 앞서는 성과를 보여준다. 그림 10.5와 10.6을 참조하기 바란다. 1926~2009년 동안 저PBR 상위 11~20% 주식은 연 수익률 12.71%를 기록해 11.26%에 머문 상위 10% 주식을 능가했다. 전체 주식 저PBR 상위 11~20% 주식은 기저율도 좋아서 전체 주식을 모든 5년 기간에서 79%, 모든 10년 기간에서는 87% 능가했다. 상위 21~30% 주식은 전체 주식을 모든 5년 기간에서 78%, 모든 10년 기간에서는 93% 능가했다. 상위 10% 주식보다 훨씬 좋은 성적이다.

표 10.4에서 보듯 이런 차이의 대부분은 1926~1939년에 저PBR 상위 10% 주식이 고전했기 때문이다. 대폭락과 대공황의 충격은 가장 위험한 주식을 강타했고 이때 파산한 기업도 즐비하다. 이런 데이터가 추가된 것은 매우 시의적절하다. 2007~2009년의 폭락장에서 투자자들은 80년 전과 유사한 공포심을 드러냈고, 위험한 주식을 무자비하게 응징한 투자자들의 태도가 이를 잘 보여줬다.

표 10.27과 10.28은 10년 기간별로 저PBR 상위 10% 주식과 저PBR 하위 10% 주식이 전체 주식과 대형주에서 어떤 성과를 냈는지 보여준다. 데이터가 많아질수록 배우는 것도 많아진다. PBR이라는 요소로 주식을 선별하는 데 지난 84년의 데이터가 시사하는 점은 다음과 같다.

- 일정 기간만 분석한 연구를 조심하라. 예를 들어 로저 이보트슨의 논문 "뉴욕증권거래소의 십분위수별 주식 포트폴리오, 1967~1984"는 저PBR 상위 10% 주식이 연 수익률 14.36%를 달성한 반면 저PBR 하위 10%는 연 수익률 6.06%를 기록했다고 밝힌다. 하지만 겨우 18년의 데이터일 뿐이어서 탄탄한

표 10.27. 전체 주식 10년 단위 연 수익률(%, 1927/01/01~2009/12/31)

	1920년대	1930년대	1940년대	1950년대	1960년대	1970년대	1980년대	1990년대	2000년대
전체 주식 저PBR 상위 10%	9.79	-10.97	17.34	18.53	11.34	13.29	21.25	14.68	9.12
전체 주식 저PBR 하위 10%	13.26	0.10	7.31	17.38	10.27	2.84	12.31	20.31	-4.79
전체 주식	12.33	-0.03	11.57	18.07	10.72	7.56	16.78	15.35	4.39

표 10.28. 대형주 10년 단위 연 수익률(%, 1927/01/01~2009/12/31)

	1920년대	1930년대	1940년대	1950년대	1960년대	1970년대	1980년대	1990년대	2000년대
대형주 저PBR 상위 10%	17.17	-11.63	14.45	19.77	8.84	12.71	22.07	15.67	5.12
대형주 저PBR 하위 10%	8.38	-2.13	7.45	15.42	9.31	0.26	14.39	22.78	-3.27
대형주	17.73	-1.05	9.65	17.06	8.31	6.65	17.34	16.38	2.42

결론으로 보기엔 한계가 있다.

- 가치 요소로 본 상위 10% 주식이 항상 최고의 성과를 내는 것은 아니다. 이번 4판에서 주식을 십분위수로 나누어 검토하기로 한 것은 상하위 50개 주식만 살펴보는 방법이 너무 제한적이라고 생각했기 때문이다. 앞서 보았듯이 전체적으로 저PBR 주식이 거둔 성과 대부분은 상위 11~30% 주식에서 나왔다. 모든 요소를 십분위수로 구분해 검토하면 각 투자 요소가 얼마나 일관된 수익률 양상을 보이는지 판단하기에 좋다.

- 1920년대와 1930년대에 저PBR 상위 10% 주식의 수익률이 편중되었기 때문에 저PBR 주식의 1926~1963년 성과가 전체 주식을 밑돌고 말았다. 하지만 좀 더 깊게 들여다보면 대부분 1930년대에 입은 타격 때문임을 알 수 있다. 데이터는 최대한 깊숙이 들여다봐야 한다는 사실을 다시 한번 깨닫게 해주는 사례다.

- 이 결과는 단일 요소에만 의존하면 위험하다는 점을 강조한다. 1926~1963년

분석을 1963년에 했다면 PBR이 요소로서 적당하지 않다고 생각했을 것이다. 저PBR 상위 10%와 하위 10% 둘 다 전체 주식을 밑돌았기 때문이다. 1926~1963년에 전체 주식은 연 수익률 9.43%를 달성한 반면 저PBR 상위 10% 주식은 7.41%, 하위 10% 주식은 7.71%를 기록했다. 연구 대상을 전체 기간으로 확장해야 이유를 알 수 있었다. 단일 요소가 아니라 여러 요소를 함께 봐야 하는 이유이기도 하다. 15장에서 자세히 다루겠다.

끝으로 그림 10.5와 10.6을 통해 전체 주식과 대형주의 십분위수별 수익을 다시 살펴보기 바란다.

그림 10.5. 전체 주식 저PBR 십분위수 수익률(1927/01/01~2009/12/31)

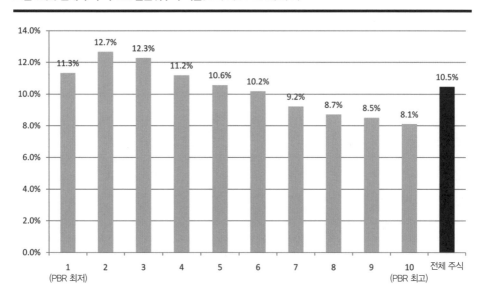

그림 10.6. 대형주 저PBR 십분위수 수익률(1927/01/01~2009/12/31)

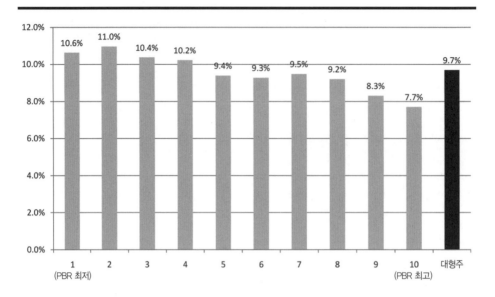

이제 배당수익률이 종목 선정에 어떤 역할을 하는지 살펴보자.

11

배당수익률:
소득을 설계하다

WHAT WORKS ON WALL STREET

10월. 주식 투기에 유난히도 위험한 때다.
7월과 1월, 9월, 4월, 11월, 5월, 3월, 6월,
12월, 8월, 2월 역시 마찬가지다.

| 마크 트웨인 | Mark Twain, 미국 소설가

일 년 열두 달이 주식 투자에 유난히 위험하다고 생각하는 투자자들은 배당수익률이 높은 주식에서 안식처를 찾는다. 역사적으로 볼 때 주식의 총수익률 중 배당수익률이 절반 이상이었기 때문에 높은 배당금을 주는 주식에 집중하는 게 현명하다고 생각들 한다. 게다가 배당수익률은 장난치기도 쉽지 않다. 기업은 배당금을 지급하든가, 미루든가, 아니면 취소해야 하기 때문이다.

배당수익률은 연간 배당금을 주식의 현재 가격으로 나눈 후 100을 곱해 백분율로 나타낸다. 즉, 배당금을 연 1달러 주는 기업의 주가가 현재 10달러면 배당수익률은 10%다.

지금부터 1926년 시작되는 CRSP 데이터를 활용해 전체 주식과 대형주에서 배당수익률이 높은 주식을 살펴보겠다.

결과

표 11.1을 보면 1926/12/31에 전체 주식 배당수익률 상위 10% 주식에 투자한 1만 달러가 2009/12/31에 1억 233만 1,244달러가 되어 연 수익률 11.77%를 기록한 것을 알 수 있다. 이 기간 동안 전체 주식에 투자한 1만 달러가 3,850만 달러로 늘고 연 수익률 10.46%를 달성한 것에 비해 6,300만 달러 많다. 표준편차로 측정한 위험은 이 주식이 20.15%, 전체 주식이 21.67%였다. 샤프지수는 0.34로 전체 주식의 0.25를 능가했다. 표 11.2에서 보듯 모든 기저율은 양의 값이었고 모든 5년 단위 기간에서 67%, 모든 10년 단위 기간에서는 75% 승률로 전체 주식을 능가했다.

하락 면에서는 이 그룹이 모든 1년과 3년, 5년, 7년, 10년 기간에서 전체 주식보다 더 많이 하락했다. 3년 기간 최저 수익률은 -51.80%인 반면 전체 주식은 -45.99%였다. 10년 기간에서도 최저 수익률은 -7.84%인 반면 전체 주식은 -5.31%였다. 십분위수별로 살펴볼 때 다시 설명하겠지만 전체 주식 배당수익률 상위 10% 주식은 상위 11~40% 주식을 밑돌았다. 모두 평균 이상의 배당금을 지급하는 주식이지만 상위 10% 주식은 11~40% 주식에는 없는 고유의 위험을 갖는 것이 이유일 수 있다.

표 11.1. 연 수익률과 위험도: 전체 주식 배당수익률 상위 10%와 전체 주식(1927/01/01~2009/12/31)

		전체 주식 배당수익률 상위 10%	전체 주식
산술평균 수익률		14.00%	13.06%
기하평균 수익률		11.77%	10.46%
중위 수익률		17.23%	18.54%
표준편차		20.15%	21.67%
상방 편차		15.15%	14.78%
하방 편차		15.91%	16.03%
추적오차		9.29	0.00
상승 개월 수		638	606
하락 개월 수		358	390
최대 하락률		-90.03%	-85.45%
베타		0.84	1.00
T-통계량(m=0)		5.96	5.19
샤프지수(Rf=5%)		0.34	0.25
소르티노지수(MAR=10%)		0.11	0.03
1만 달러 투자 시		$102,331,244	$38,542,780
1년 수익률	최저치	-74.39%	-66.72%
	최고치	214.52%	201.69%
3년 수익률	최저치	-51.80%	-45.99%
	최고치	58.05%	51.03%
5년 수익률	최저치	-29.24%	-23.07%
	최고치	44.41%	41.17%
7년 수익률	최저치	-10.39%	-7.43%
	최고치	27.58%	23.77%
10년 수익률	최저치	-7.84%	-5.31%
	최고치	22.60%	22.05%
기대수익률	최저치	-26.29%	-30.28%
	최고치	54.30%	56.39%

표 11.2. 전체 주식 배당수익률 상위 10%의 전체 주식 대비 기저율(1927/01/01~2009/12/31)

기준 기간	전체 주식 배당수익률 상위 10%가 더 높은 달	비율	초과수익률(연 수익률)
1년	535/985	54%	1.21%
3년	611/961	64%	1.50%
5년	628/937	67%	1.49%
7년	610/913	67%	1.57%
10년	659/877	75%	1.59%

구체적으로 보면 최고의 성과는 배당수익률 상위 21~30% 주식에서 나왔는데 1926/12/31에 투자한 1만 달러는 2009/12/31에 1억 4,500만 달러가 되어 연 수익률 12.23%를 달성했다. 위험 역시 표준편차 18.71%를 기록해 상대적으로 낮았다. 또한 모든 1, 3, 5, 7, 10년 기간의 최저 수익률 역시 가장 좋았다. 표 11.1과 11.2를 참조하기 바란다. 그림 11.1은 배당수익률 상위 10% 주식의 수익률에서 전체 주식 수익률을 뺀 5년 평균 초과 혹은 미달 연 수익률이다.

그림 11.1. 5년 평균 초과(미달) 연 수익률: 전체 주식 배당수익률 상위 10% − 전체 주식(1927/01/01~2009/12/31)

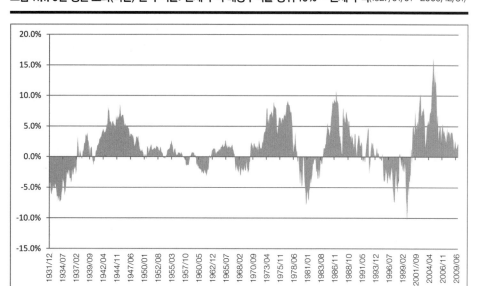

대형주

1926/12/31에 대형주 배당수익률 상위 10% 주식에 1만 달러를 투자했다면 2009/12/31에는 5,167만 8,232달러로 늘어 연 수익률 10.85%를 기록했을 것이다. 이는 같은 기간에 대형주에 투자해 얻은 수익, 즉 1만 달러가 2,161만 7,372달러로 늘고 연 수익률 9.69%를 기록한 것을 1.16%p 능가하는 수치다. 이 주식의 위험은

표준편차 19.36%로, 19.35%를 기록한 대형주와 사실상 같았다. 위험은 같지만 수익률 절댓값이 높아 샤프지수는 0.30을 기록했다. 보유 기간이 짧을수록 절댓값으로 본 이 주식의 손실은 대형주보다 컸지만 수익을 낼 때에도 역시 모집단보다 현격히 컸다. 보유 기간이 10년이 되면 대형주 배당수익률 상위 10% 주식은 대형주보다 하방 위험이 줄었고 수익을 낼 때 역시 더 많이 올랐다. 표 11.3은 1926~2009년 기간을 비교해서 보여준다.

표 11.3. 연 수익률과 위험도: 대형주 배당수익률 상위 10%와 대형주(1927/01/01~2009/12/31)

		대형주 배당수익률 상위 10%	대형주
산술평균 수익률		12.90%	11.75%
기하평균 수익률		10.85%	9.69%
중위 수익률		13.89%	16.75%
표준편차		19.36%	19.35%
상방 편차		14.57%	13.10%
하방 편차		14.45%	14.40%
추적오차		9.29	0.00
상승 개월 수		605	609
하락 개월 수		391	387
최대 하락률		-88.81%	-84.33%
베타		0.89	1.00
T-통계량(m=0)		5.74	5.25
샤프지수(Rf=5%)		0.30	0.24
소르티노지수(MAR=10%)		0.06	-0.02
1만 달러 투자 시		$51,678,232	$21,617,372
1년 수익률	최저치	-73.79%	-66.63%
	최고치	241.44%	159.52%
3년 수익률	최저치	-50.25%	-43.53%
	최고치	57.13%	45.64%
5년 수익률	최저치	-27.58%	-20.15%
	최고치	44.16%	36.26%
7년 수익률	최저치	-9.53%	-6.95%
	최고치	27.31%	22.83%
10년 수익률	최저치	-5.64%	-5.70%
	최고치	22.25%	19.57%
기대수익률	최저치	-25.83%	-26.96%
	최고치	51.62%	50.46%

표 11.4. 대형주 배당수익률 상위 10%의 대형주 대비 기저율(1927/01/01~2009/12/31)

기준 기간	대형주 배당수익률 상위 10%가 더 높은 달	비율	초과수익률(연 수익률)
1년	513/985	52%	1.50%
3년	611/961	64%	1.35%
5년	652/937	70%	1.42%
7년	670/913	73%	1.49%
10년	713/877	81%	1.45%

고배당주에 투자하는 전략은 대형주 주식에서 조금 더 일관성을 보였다. 대형주 배당수익률 상위 10% 주식은 대형주를 모든 10년 단위 기간에서 81% 승률로 능가했다. 표 11.4는 기저율을 보여준다. 앞서 전체 주식에서 보았듯이 대형주 배당수익률 상위 10% 주식 역시 상위 21~30% 주식을 밑돌았다. 때에 따라서는 고배당수익률이 단독으로 쓰기엔 안 좋은 요소일 수 있다. 대형주 배당수익률 상위 21~30% 주식은 연 수익률 11.06%과 표준편차 18.05% 덕분에 샤프지수 0.34를 기록했다. 이후 26장에서 배당수익률이 시장 선도주와 결합하면 더 강력한 투자 전략이 될 수 있음을 다루겠다. 그림 11.2는 대형주 배당수익률 상위 10% 주식의 수익률에서 대형주 수익률을 뺀 5년 평균 초과 혹은 미달 연 수익률이다.

그림 11.2. 5년 평균 초과(미달) 연 수익률: 대형주 배당수익률 상위 10% − 대형주(1927/01/01~2009/12/31)

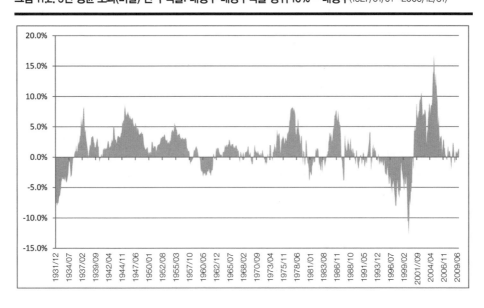

최악의 시나리오, 최고와 최악의 수익률

전체 주식 배당수익률 상위 10% 주식은 20% 넘는 하락을 6번 경험했고 최악은 1929/08~1932/05 겪은 90% 손실이었다. 폭락이 얼마나 심했는지, 1944/03이 되어서야 원래 수준을 회복했다. 2007/10~2009/02 하락장에서는 61% 손실을 경험했다. 이 주식은 1932/05에 끝난 5년 동안 최악의 수익률인 연 -29.24%를 기록하며 투자한 1만 달러가 1,774달러로 줄어드는 것을 지켜봐야 했다. 위험 회피적인 투자자가 도저히 감내하기 힘든 수익률로, 고배당 주식을 선별할 때 시가총액이 중요함을 일깨워준다. 표 11.5는 전체 주식 배당수익률 상위 10% 주식의 최악의 시나리오를 보여준다.

이 주식 최고의 5년은 1937/05에 끝난 기간으로 연 수익률 44.41%를 달성하고 투자한 1만 달러는 6만 2,799달러로 늘어났다. 표 11.6과 11.7은 다양한 기간에 걸친 최고와 최악의 수익률을 보여준다.

표 11.5. 최악의 시나리오: 전체 주식 배당수익률 상위 10%가 20% 이상 하락한 사례(1927/01/01~2009/12/31)

고점 월	지수 고점	저점 월	지수 저점	회복 월	하락률(%)	하락 기간(개월)	회복 기간(개월)
1929/08	1.97	1932/05	0.20	1944/03	-90.03	33	142
1946/05	4.48	1947/05	3.11	1950/01	-30.45	12	32
1957/05	16.81	1957/12	13.11	1958/07	-22.03	7	7
1969/01	80.98	1970/06	56.47	1971/04	-30.27	17	10
1972/11	89.62	1974/09	64.03	1975/06	-28.55	22	9
2007/10	13,652.95	2009/02	5,301.97		-61.17	16	
평균					-43.75	17.83	40

표 11.6. 연 수익률 최저치와 최고치(%, 1927/01/01~2009/12/31)

		1년	3년	5년	7년	10년
전체 주식 배당수익률 상위 10%	최저치	-74.39	-51.80	-29.24	-10.39	-7.84
	최고치	214.52	58.05	44.41	27.58	22.60
전체 주식	최저치	-66.72	-45.99	-23.07	-7.43	-5.31
	최고치	201.69	51.03	41.17	23.77	22.05

표 11.7. 1만 달러 투자 시 기말 원리금 최저치와 최고치(달러, 1927/01/01~2009/12/31)

		1년	3년	5년	7년	10년
전체 주식 배당수익률 상위 10%	최저치	2,561	1,119	1,774	4,638	4,420
	최고치	31,452	39,482	62,799	55,000	76,707
전체 주식	최저치	3,328	1,576	2,695	5,825	5,793
	최고치	30,169	34,452	56,062	44,504	73,345

전체 주식 대비 상대적으로 거둔 최고의 성과는 2005/02에 끝난 5년에 발생해서, 누적 수익률 154%를 달성해 전체 주식의 23%를 131%p 차이로 현격하게 능가했다. 연 수익률로 보면 이 주식은 20.52%, 전체 주식은 4.28%다.

거품이 절정이었던 2000/02 직후부터 2005/02까지의 기간은 가치투자의 작은 황금기였던 것 같다. 앞 장에서 보았듯이 여러 가치 요소가 이 시기에 전체 시장 대비 최고의 성과를 거뒀다. 어쩌면 거품기의 말도 안 되는 밸류에이션에 대한 반발이었을 수도 있고, 거품기 동안 투자자들이 투자의 기본으로 돌아간 것일 수도 있다.

이 주식이 전체 주식 대비 최악의 성과를 거둔 것은 짐작한 대로 2000/02에 끝난 5년으로, 이 주식은 누적 수익률 75%였던 반면 전체 주식은 172%를 기록해 97%p 차이로 밑돌았다. 연 수익률로는 이 주식은 11.80%, 전체 주식은 22.18%였다. 표 11.5와 11.6, 11.7, 그림 11.1은 모든 최악의 시나리오, 최고와 최악의 수익률을 다양한 기간에 걸쳐 보여준다.

대형주

대형주 배당수익률 상위 10% 주식이 20% 넘는 하락을 8번 경험한 것은 사실이지만, 저점에서 빠르게 주가를 회복하는 저력을 보여준 것도 사실이다. 1929/08~1932/06에 겪은 89% 손실과 2007/10~2009/02에 겪은 59% 손실을 제외하면 다른 하락장에서는 상대적으로 덜 하락했다. 표 11.8에서 보듯 1972~1974년 하락장에서 겨우 29% 손실을, 2000~2003년 하락장에서는 겨우 26% 손실을 겪었다. 표 11.9와 11.10에서 연 수익률로 본 최고와 최악의 시나리오를 확인할 수 있는데, 절댓값으로 본 최고의 수익률은 1937/05에 끝난 5년에 기록한 연 44.16%였고 투자한 1만 달러는 6만 2,267달러로 늘었다. 최악의 5년은 1932/05에 끝난 기간으로 연 수익률 -27.58%를 기록하고 투자한 1만 달러는 1,992달러로 줄어들었다. 표에는 다양한 기간에 걸친 최고와 최악의 수익률이 정리되어 있다.

표 11.8. 최악의 시나리오: 대형주 배당수익률 상위 10%가 20% 이상 하락한 사례(1927/01/01~2009/12/31)

고점 월	지수 고점	저점 월	지수 저점	회복 월	하락률(%)	하락 기간(개월)	회복 기간(개월)
1929/08	1.96	1932/06	0.22	1944/05	-88.81	34	143
1946/05	4.06	1947/05	2.91	1949/12	-28.28	12	31
1956/07	17.85	1957/12	13.82	1958/07	-22.58	17	7
1969/01	65.54	1970/06	45.94	1972/01	-29.89	17	19
1972/11	71.94	1974/09	51.12	1975/06	-28.95	22	9
1999/08	2,311.57	2000/02	1,847.93	2000/08	-20.06	9	6
2002/03	3,338.43	2003/02	2,480.85	2003/12	-25.69	11	10
2007/10	6,674.33	2009/02	2,766.36		-58.55	16	
평균					-37.85	17.25	32.14

표 11.9. 연 수익률 최저치와 최고치(%, 1927/01/01~2009/12/31)

		1년	3년	5년	7년	10년
대형주 배당수익률 상위 10%	최저치	-73.79	-50.25	-27.58	-9.53	-5.64
	최고치	241.44	57.13	44.16	27.31	22.25
대형주	최저치	-66.63	-43.53	-20.15	-6.95	-5.70
	최고치	159.52	45.64	36.26	22.83	19.57

표 11.10. 1만 달러 투자 시 기말 원리금 최저치와 최고치(달러, 1927/01/01~2009/12/31)

		1년	3년	5년	7년	10년
대형주 배당수익률 상위 10%	최저치	2,621	1,231	1,992	4,959	5,596
	최고치	34,144	38,793	62,267	54,196	74,569
대형주	최저치	3,337	1,800	3,247	6,041	5,561
	최고치	25,952	30,890	46,970	42,189	59,747

대형주 배당수익률 상위 10% 주식이 상대적으로 최고의 성과를 낸 5년은 1937/06에 끝난 시기로 이 주식은 누적 수익률 501%를 달성한 반면 대형주는 346%를 기록해 155%p 차이로 능가했다. 연 수익률로는 이 주식이 43.14%, 대형주가 34.85%였다. 반대로 이 주식이 상대적으로 최악의 성과를 거둔 5년은 2000/02에 끝난 기간으로 이 주식은 누적 수익률 62%였던 반면 대형주는 180%여서 118%p 차이로 밑돌았다. 연 수익률로 환산하면 이 주식은 10.11%, 대형주는 22.86%였다.

대형주 배당수익률 상위 10% 주식은 가치주가 성장주를 능가하는 시장 환경에서 가장 빛을 발해서 74%의 승률로 능가한다. 또한 채권이 주식을 능가하는 환경에서도 좋은 성과를 내서 65%의 승률로 능가한다.

십분위수

하지만 배당수익률 주식을 십분위수로 나누어 전체를 분석해보면 이야기가 조금 달라진다. 배당수익률 상위 80% 주식이 전체 주식을 능가하는 반면 하위 20% 주식, 즉 배당수익률이 가장 낮은 주식 20%는 시장 지표를 밑돈다. 그리고 배당수익률 상위 11~40% 주식이 상위 10% 주식을 능가하기 때문에, 꼭 상위 10%만 고집하기보다는 폭넓게 고배당 주식을 선별하는 것이 낫다. 이후 장에서 다시 보겠지만 고배당 주식을 다룰 때에는 먼저 다른 조건들을 만족한 후에 고배당수익률이라는 요소를 적용하는 것이 훨씬 좋은 방법이다. 11장 끝에 첨부한 사례 연구를 보면 고배당 주식을 고를 때 대형주이면서 시장 선도주를 택하는 것이 훨씬 나은 이유를 알 수 있을 것이다.

대형주를 십분위수로 나누어 분석하면 상위 11~20% 주식이 상위 10% 주식을 아주 살짝 능가하는 걸 알 수 있다. 대형주를 배당수익률 순서대로 나열하면 상위 50% 주식이 대형주를 능가하고 특히 상위 40% 주식은 의미 있는 차이로 능가한다. 한편 하위 50% 주식은 모두 대형주를 밑돌았는데 큰 차이는 아니다. 다만 하위 10% 주식은 눈에 띄게 밑돌았다. 표 11.11~11.14, 그림 11.3과 11.4가 결과를 요약해 보여준다.

표 11.11. 전체 주식 10년 단위 연 수익률(%, 1927/01/01~2009/12/31)

	1920년대	1930년대	1940년대	1950년대	1960년대	1970년대	1980년대	1990년대	2000년대
전체 주식 배당수익률 상위 10%	13.02	-2.61	14.82	18.33	10.75	10.63	20.41	11.76	11.23
전체 주식 배당수익률 하위 10%	15.30	0.80	8.11	18.63	10.76	5.04	15.31	13.34	5.16
전체 주식	12.33	-0.03	11.57	18.07	10.72	7.56	16.78	15.35	4.39

표 11.12. 대형주 10년 단위 연 수익률(%, 1927/01/01~2009/12/31)

	1920년대	1930년대	1940년대	1950년대	1960년대	1970년대	1980년대	1990년대	2000년대
대형주 배당수익률 상위 10%	14.13	-1.60	12.68	18.60	8.79	8.85	19.08	10.83	9.98
대형주 배당수익률 하위 10%	12.65	-1.95	7.63	19.60	10.11	2.30	13.27	14.85	2.40
대형주	17.73	-1.05	9.65	17.06	8.31	6.65	17.34	16.38	2.42

표 11.13. 전체 주식 배당수익률 십분위수 수익률 요약(1927/01/01~2009/12/31)

십분위수	1만 달러 투자 시	연 수익률(산술평균)	연 수익률(기하평균)	표준편차	샤프지수
1(배당수익률 최고)	$102,331,244	14.00%	11.77%	20.15%	0.34
2	$121,953,398	13.96%	12.00%	18.78%	0.37
3	$144,731,790	14.19%	12.23%	18.71%	0.39
4	$129,380,536	13.99%	12.08%	18.49%	0.38
5	$86,874,622	13.45%	11.55%	18.51%	0.35
6	$65,007,160	13.14%	11.16%	18.91%	0.33
7	$50,304,616	12.85%	10.81%	19.10%	0.30
8	$41,851,221	12.73%	10.57%	19.67%	0.28
9	$32,351,872	12.59%	10.23%	20.61%	0.25
10(배당수익률 최저)	$21,823,869	12.46%	9.71%	22.18%	0.21
전체 주식	$38,542,780	13.06%	10.46%	21.67%	0.25

표 11.14. 대형주 배당수익률 십분위수 수익률 요약(1927/01/01~2009/12/31)

십분위수	1만 달러 투자 시	연 수익률(산술평균)	연 수익률(기하평균)	표준편차	샤프지수
1(배당수익률 최고)	$51,678,232	12.90%	10.85%	19.36%	0.30
2	$59,523,837	12.91%	11.04%	18.45%	0.33
3	$60,461,472	12.87%	11.06%	18.05%	0.34
4	$50,153,882	12.59%	10.81%	17.96%	0.32
5	$29,632,548	11.96%	10.11%	18.35%	0.28
6	$23,573,631	11.62%	9.81%	18.10%	0.27
7	$19,314,301	11.44%	9.54%	18.56%	0.24
8	$19,021,660	11.60%	9.52%	19.39%	0.23
9	$18,186,725	11.80%	9.46%	20.57%	0.22
10(배당수익률 최저)	$8,485,983	11.18%	8.46%	22.13%	0.16
대형주	$21,617,372	11.75%	9.69%	19.35%	0.24

그림 11.3. 전체 주식 배당수익률 십분위수 수익률(1927/01/01~2009/12/31)

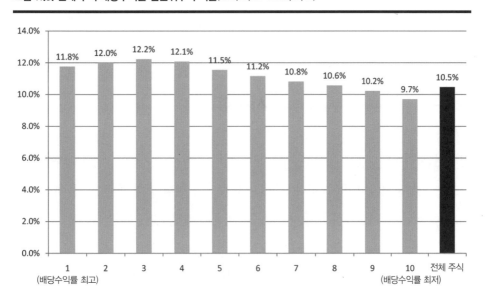

그림 11.4. 대형주 배당수익률 십분위수 수익률(1927/01/01~2009/12/31)

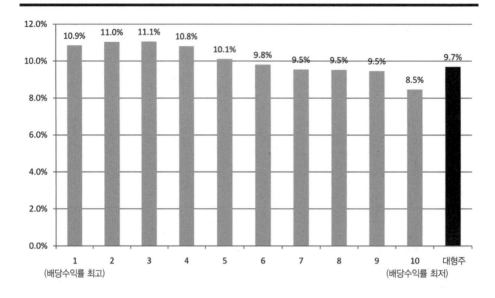

시사점

광범위한 시장지수에 투자하든, 구체적인 투자 전략에 투자하든, 배당수익률 단독
으로는 만병통치약이 될 수 없다. 다시 말해 주식을 선별할 때 배당수익률에만 의존
해서는 안 된다. 13장에서 보겠지만 주주수익률이 배당수익률에만 의존하는 것보다
낫다.

투자자 대다수에겐 5년이 최장 투자 기간이다. 그림 11.1에서 보았듯 고배당 주
식이 시장을 한참 밑도는 수익률을 낸 5년 기간이 상당히 많았다. 실제로 1980~
2000년 기간에 전체 주식 배당수익률 상위 10% 주식은 비록 미미한 0.05%p(5bp) 차
이라 해도 전체 주식을 밑돈 것이 사실이다. 그래도 여전히 배당수익률에만 의존해
가치주를 선별하고자 하는 투자자라면 일반적으로 더 탄탄한 재무제표와 오랜 역사
를 지닌, 잘 알려지고 규모가 큰 기업의 주식을 고르는 것이 낫다. 11장 끝에 첨부한

두 번째 사례 연구를 통해, 주식을 선별할 때 탄탄한 현금흐름과 대규모 매출액, 대량의 유통 주식 수 등과 같은 추가 기준을 포함하면 대형주 고배당 주식이 훨씬 뛰어난 위험 조정 수익률을 내는 것을 알 수 있다.

사례 연구 #1

높은 배당 성향과 배당금 삭감이 배당 투자 전략에 영향을 주는가?

고배당 주식을 좋아하는 사람들은 기업의 이익 중 배당금으로 지급되는 금액이 초미의 관심사다. 일반적으로 이익 중 상당 부분을 배당금으로 지급하는 기업의 주식이 이익을 재투자하는 기업의 주식보다 못하다고 생각하는 게 합리적이다. 배당 성향payout ratio과 관련한 CRSP 데이터는 없지만 1963년 이후의 컴퓨스탯 데이터는 구할 수 있다.

배당 성향에 따른 주식의 수익률을 살펴본 결과 중간에 위치한 주식이 제일 좋은 성과를 냈다. 특히 배당 성향 상위 41~70% 주식이 가장 좋았다. 배당 성향이 높은 주식은 좋은 투자처가 아님을 부분적으로 뒷받침하는 결과다. 부분적으로만 뒷받침하는 것은 전체 주식을 밑도는 것이 배당 성향 상위 10%와 하위 20% 주식이기 때문이다. 투자자들은 기업 이익의 일부만 배당금으로 지급하는 주식을 좋아하지, 배당금을 가장 많이 지급하는 상위 10% 주식은 안 좋아하는 게 아닐까 싶다. 배당 성향 상위 41~50% 주식의 수익률이 가장 좋았는데 1964~2009년에 연 수익률이 12.81%로 전체 주식의 11.24%와 비교된다. 배당 성향 상위 10% 주식은 10.40%였고, 가장 저조한 것은 배당 성향 하위 10% 주식으로 10.33%였다. 이처럼 배당 성향 상위 10% 주식이 곧 배당수익률 상위 10% 주식이기 때문에, 배당수익률로만 주식을 선별할 때에는 배당 성향이 가장 높은 상위 10% 주식은 피하는 것이 좋다.

기업이 배당금을 50% 미만 삭감한 4,722건을 분석한 우리 연구에 따르면 삭감 이듬해 주식 수익률 하락은 평균 0.7%에 그쳤다. 반면 배당금을 50% 이상 삭감한 801건의 이듬해 주식 수익률은 벤치마크 대비 평균 3.6%p 밑돌았다. 배당을 전액 취소한 3,329건이 최악의 수익률 하락을 보여서 이듬해에 벤치마크 대비 평균 5.1%p 밑돌았다.

한편 배당금을 늘린 46,358건을 분석한 우리 연구에 따르면 이들 주식은 이듬해에 벤치마크를 평균 4.5%p 차이로 능가했다. 최고의 수익률 증가는 배당금을 지급하지 않던 기업이 배당금 지급을 시작한 경우다. 배당금 지급을 시작한 6,035건을 분석한 결과 이듬해 벤치마크를 9.2%p 차이로 능가했다.

배당금을 50% 넘게 삭감하거나 아예 배당을 취소하는 주식은 팔고 다른 고배당 주식을 사라는 것이 데이터가 제시하는 결론이다.

사례 연구 #2

고배당이면서 시장을 선도하는 주식

고배당 주식에 관심 있는 투자자라면 시장 선도주로 범위를 한정한 후 그 안에서 고배당주를 찾는 것이 최선이라는 게 우리의 결론이다. 시장 선도주가 되려면 다음의 조건을 만족시켜야 함을 기억하자.

- 대형주에 속하면서 공익기업이 아니다.
- 유통 주식 수가 데이터세트의 평균 이상이다.
- 현금흐름이 평균 이상이다.
- 매출액이 평균의 1.5배 이상이다(즉 평균보다 50% 이상 크다).

상기 기준을 컴퓨스탯 데이터에 적용하면 잘 알려진 대기업 350~400개로 압축되므로 이를 우리의 배당수익률가중 투자 전략의 출발점으로 삼는다. 이렇게 골라낸 시장 선도주에서 저EV/EBITDA 하위 50% 주식을 버리면 이제 시장 선도주이면서 재무 상태가 가장 좋은 50% 주식만 남는다. 이 과정을 거치면 선별한 주식의 배당성향이 그대로 유지되거나 높아질 가능성을 최대한 키울 수 있다. 이 주식에서 배당수익률이 가장 높은 50종목에 집중한다. 우리 목적은 수입을 늘리는 것이므로 아래와 같은 방법으로 배당수익률이 가장 높은 주식에 가중치를 두기로 한다.

- 배당수익률 상위 25% 주식은 포트폴리오 내 가중치 1.5배
- 상위 26~50% 주식은 가중치 1.25배
- 상위 51~75% 주식은 가중치 0.75배
- 나머지 25% 주식은 가중치 0.5배

2010/10에 상기 기준에 따라 구성한 포트폴리오는 배당수익률이 4.51%로 같은 시기 미국 10년물 채권 수익률 2.63%를 크게 능가한다. 배당수익률가중 투자 전략은 역사적으로 채권에 견줄 만한 배당수익률과 함께 자본 증식의 여지도 제공했다. 표 11.CS2.1은 배당수익률가중 투자 전략이 시장 선도주 모집단 대비 어떤 성과를 냈는지 보여준다. 1963/12/31에 이 전략에 투자한 1만 달러는 2009/12/31(배당 재투자 가정)에 465만 5,000달러가 되어 연 수익률 14.29%를 기록함으로써, 시장 선도주 모집단에 투자해 얻은 141만 1,897달러를 월등히 앞선다. 이 전략의 위험은 15.38%로 시장 선도주의 16.13%보다 좋았고, 샤프지수 역시 0.60으로 시장 선도주의 0.39를 능가

했다. 게다가 이 전략은 손실을 경험한 5년 기간이 한 번도 없었다. 위험 회피적인 투자자에겐 더할 나위 없이 매력적이다. 표 11.CS2.2에서 보듯 이 그룹의 모든 기저율은 양의 값이었고 시장 선도주 모집단을 모든 5년 기간에서는 84%, 10년 기간에서는 96% 승률로 능가했다. 그림 11.CS2.1은 이 투자 전략의 5년 평균 연 수익률에서 시장 선도주 모집단의 수익률을 뺀 수치를 보여준다.

추가로 이 전략의 순수한 배당 소득 창출 능력을 시험해보았다. 1963년에 목돈을 투자한 후 2009년까지 지급되는 배당 소득은 재투자하지 않고 모두 소비하는 것으로 가정했다. 그 결과 이 전략의 소득은 해마다 평균 10% 증가했다. 1963~2009년 동안 전년 대비 소득이 줄어든 경우는 딱 5번 있었다. 주목할 점은 포트폴리오의 원금 가치가 전체 46년 중 10개 연도에서 감소한 와중에도 수입이 꾸준히 증가했다는 점이다. 포트폴리오의 소득만 떼어서 10년 기간씩 이동하며 살펴보면 모든 10년 기간 동안 소득이 거의 148% 증가했고, 어떤 10년 기간이든 최소 69%의 소득 증가를 기록했다. 이토록 좋은 결과를 낼 수 있었던 것은 주가가 하락한 해에는 배당수익률이

표 11.CS2.1. 연 수익률과 위험도: 고배당 포트폴리오와 시장 선도주(1964/01/01~2009/12/31)

		고배당 포트폴리오	시장 선도주
산술평균 수익률		15.63%	12.82%
기하평균 수익률		14.29%	11.36%
중위 수익률		20.14%	14.62%
표준편차		15.38%	16.13%
상방 편차		10.03%	10.00%
하방 편차		10.44%	11.66%
추적오차		5.86	0.00
상승 개월 수		343	335
하락 개월 수		209	217
최대 하락률		-52.44%	-54.03%
베타		0.89	1.00
T-통계량(m=0)		6.44	5.10
샤프지수(Rf=5%)		0.60	0.39
소르티노지수(MAR=10%)		0.41	0.12
1만 달러 투자 시		$4,655,000	$1,411,897
1년 수익률	최저치	-45.86%	-48.15%
	최고치	65.28%	66.79%
3년 수익률	최저치	-9.23%	-13.61%
	최고치	39.15%	34.82%
5년 수익률	최저치	0.01%	-4.36%
	최고치	36.38%	31.52%
7년 수익률	최저치	0.83%	-2.93%
	최고치	28.89%	24.56%
10년 수익률	최저치	3.11%	1.01%
	최고치	23.92%	19.69%
기대수익률	최저치	-15.13%	-19.44%
	최고치	46.39%	45.07%

증가했기 때문이다. 채권의 이자 소득과 주식의 자본 소득 둘 다를 원하는 투자자에게 이 전략은 채권을 대신할 진정한 주식 투자 전략이라는 것이 결론이다. 더구나 분석한 46년 전체에 걸쳐 포트폴리오 투자 원금은 누적 수익률 5,538%를 달성했다. 더 자세한 연구 내용은 http://www.osam.com/commentary.aspx를 참고하기 바란다.

표 11.CS2.2. 고배당 포트폴리오의 시장 선도주 대비 기저율(1964/01/01~2009/12/31)

기준 기간	고배당 포트폴리오가 더 높은 달	비율	초과수익률(연 수익률)
1년	353/541	65%	2.69%
3년	401/517	78%	2.88%
5년	413/493	84%	2.98%
7년	408/469	87%	3.04%
10년	416/433	96%	3.09%

그림 11.CS2.1. 5년 평균 초과(미달) 연 수익률: 고배당 포트폴리오 − 시장 선도주(1964/01/01~2009/12/31)

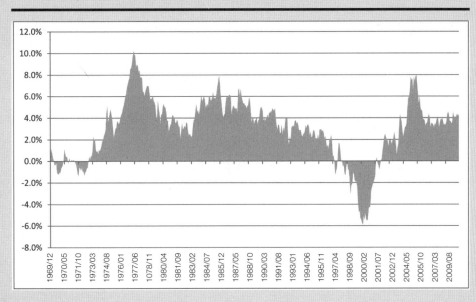

WHAT
WORK$
ON WALL
$TREET

12

자사주 매입 수익률

전망은 남들이 보지 못하는 것을
보는 예술이다.

| 조녀선 스위프트 | Jonathan Swift, 영국 소설가

배당수익률에 집중하는 투자자는 많지만 자사주 매입 수익률을 살피는 투자자는 적다. 자사주 매입 수익률은 오늘의 유통 주식 수를 1년 전 유통 주식 수와 비교해 계산한다. 오늘 유통 주식 수가 90인데 1년 전에는 100이었다면 자사주 매입 수익률은 줄어든 주식 수 10을 1년 전 유통 주식 수인 100으로 나눈 값, 즉 10%가 된다. 반대로 오늘의 유통 주식 수가 100인데 1년 전에는 90이었다면 자사주 매입 수익률은 -11%가 된다. 기업이 주식을 추가 발행했다는 의미다.

어떤 기업이 자사주를 매입한다면 경영진이 판단하건대 주식이 저평가되어 있고 따라서 주식을 염가에 살 수 있다는 논리다. 주주를 위해 주가를 지탱하는 방법이기도 하다. 따라서 현금 대신 배당금을 지급하는 것으로 볼 수 있다. 자사주 매입은 1990년대 이후 급속도로 유행했다. 존 스토John D. Stowe와 데니스 맥리비Dennis W. McLeavey, 제럴드 핀토Jerald E. Pinto는 자신들의 논문 "Share Repurchases and Stock Valuation Models(자사주 매입과 주식 밸류에이션 모형)"에서 "배당금 대비 자사주 매입 금액이 1987~2006년에 상당히 늘었는데 자사주 매입 금액을 현금 배당금으로 나눈 비율이 이 시기 후반에는 거의 2배에 달했다"라고 지적했다. 또한 "20세기 초부터 70년 동안은 기업의 배당금 대비 자사주 매입 비율이 대체로 하찮은 수준이었다. (하지만) 1990년대에 자사주 매입이 배당금 지급보다 가파르게 증가했고 기업 이익을 지급하는 방법으로 배당금을 빠르게 대체했다"라고 했다. 따라서 자사주 매입 수익률이 높은 주식이 낮은 주식에 비해 투자 수익률이 좋을 것이라는 이론이다. 누가 맞는지 보자.

결과

자사주 매입 수익률을 계산하는 데 CRSP 데이터를 활용할 수 있어서 1926/12/31을 시작으로 1만 달러를 각각 전체 주식과 대형주의 자사주 매입 수익률 상위 10%와 하위 10% 주식에 투자하기로 한다. 자사주 매입 수익률 하위 10% 주식에도 투자하는 것은 이들 기업이 주식을 추가 발행하는 경우가 많기 때문이다. 경영진이 자사주가 고평가되어 있다고 판단하고 이를 이용해 주식을 추가 발행하는 경우다. 전체 주식과 대형주의 자사주 매입 수익률 상위 10% 주식부터 보자. 늘 그렇듯이 계절성을 피하기 위해 결합 포트폴리오 방법론을, 미래 참조 편향을 피하기 위해 지연된 데이터를 사용한다.

1926/12/31에 전체 주식 자사주 매입 수익률 상위 10% 주식에 투자한 1만 달러는 2009/12/31에 4억 2,120만 3,905달러가 되어 연 수익률 13.69%를 기록했다. 한

표 12.1. 연 수익률과 위험도: 전체 주식 자사주 매입 수익률 상위 10%와 전체 주식(1927/01/01~2009/12/31)

		전체 주식 자사주 매입 수익률 상위 10%	전체 주식
산술평균 수익률		16.86%	13.06%
기하평균 수익률		13.69%	10.46%
중위 수익률		20.94%	18.54%
표준편차		24.32%	21.67%
상방 편차		19.94%	14.78%
하방 편차		17.56%	16.03%
추적오차		8.97	0.00
상승 개월 수		630	606
하락 개월 수		366	390
최대 하락률		-85.43%	-85.45%
베타		1.04	1.00
T-통계량(m=0)		5.87	5.19
샤프지수(Rf=5%)		0.36	0.25
소르티노지수(MAR=10%)		0.21	0.03
1만 달러 투자 시		$421,203,905	$38,542,780
1년 수익률	최저치	-65.20%	-66.72%
	최고치	248.23%	201.69%
3년 수익률	최저치	-44.28%	-45.99%
	최고치	59.81%	51.03%
5년 수익률	최저치	-20.80%	-23.07%
	최고치	41.35%	41.17%
7년 수익률	최저치	-3.79%	-7.43%
	최고치	30.22%	23.77%
10년 수익률	최저치	-7.45%	-5.31%
	최고치	27.95%	22.05%
기대수익률	최저치	-31.79%	-30.28%
	최고치	65.50%	56.39%

편 전체 주식에 투자한 1만 달러는 3,854만 2,780달러가 되어 연 수익률 10.46%를 기록했다. 위험은 자사주 매입 수익률 상위 10% 주식이 높아 표준편차 24.32%를 기록한 반면 전체 주식은 21.67%였다. 하방 위험도 살짝 높아서 17.56%를 기록해 전체 주식의 16.03%보다 약간 높았다. 위험이 조금 나빴지만 샤프지수 0.36을 기록해 전체 주식의 0.25를 크게 앞섰다. 표 12.1이 관련 통계 자료를 보여준다.

모든 기저율은 양의 값이었고 5년 단위 기간에는 89%, 10년 기간에도 89% 승률로 전체 주식을 능가했다. 표 12.2는 다양한 보유 기간별 기저율이다. 이 주식은 대형 가치주가 좋은 성과를 낼 때와 채권이 주식을 능가할 때 특히 좋은 성과를 냈다.

표 12.2. 전체 주식 자사주 매입 수익률 상위 10%의 전체 주식 대비 기저율(1927/01/01~2009/12/31)

기준 기간	전체 주식 자사주 매입 수익률 상위 10%가 더 높은 달	비율	초과수익률(연 수익률)
1년	700/985	71%	3.41%
3년	830/961	86%	3.18%
5년	835/937	89%	3.18%
7년	827/913	91%	3.17%
10년	784/877	89%	3.13%

그림 12.1. 5년 평균 초과(미달) 연 수익률: 전체 주식 자사주 매입 수익률 상위 10% − 전체 주식
(1927/01/01~2009/12/31)

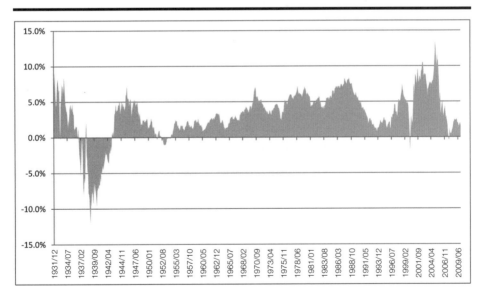

또한 미국 주식시장이든 다른 나라 주식시장이든 가리지 않고 좋은 성과를 냈다. 그림 12.1은 전체 주식 자사주 매입 수익률 상위 10% 주식의 수익률에서 전체 주식 수익률을 뺀 5년 평균 초과 혹은 미달 연 수익률이다.

대형주 역시 성과가 탁월하다

1926/12/31에 대형주 자사주 매입 수익률 상위 10% 주식에 투자한 1만 달러는 2009/12/31에 2억 5,001만 9,446달러로 늘어 연 수익률 12.98%를 달성했다. 대형주에 투자한 1만 달러가 2,161만 7,372달러로 늘어 연 수익률 9.69%를 달성한 것에 비해 월등히 앞서는 성과다. 하지만 위험은 이 주식이 높았다. 대형주의 표준편차가 19.35%인 데 반해 이 주식의 표준편차는 23.11%였다. 하방 위험 역시 대형주의 14.40%보다 이 주식이 17.13%로 높았다. 하지만 수익률이 워낙 높아 샤프지수는 0.35로 대형주의 0.24를 크게 능가했다. 표 12.3이 관련 수치를 보여준다.

모든 기저율은 양의 값이었고 모든 5년 기간에서 85%, 모든 10년 기간에는 88% 승률로 대형주를 능가했다. 표 12.4는 보유 기간별 기저율이다. 12장 초반에 소개한 논문에 따르면 20세기의 첫 70년 동안은 자사주 매입이 흔한 일이 아니었지만 이 시기에 자사주 매입을 실시한 주식의 수익률은 매우 탁월했다. 1927~1963년에 전체 주식 자사주 매입 수익률 상위 10% 주식의 연 수익률은 11.11%로 전체 주식의 9.53%와 비교된다. 같은 기간 대형주 자사주 매입 수익률 상위 10% 주식의 연 수익률은 10.58%로 대형주의 9.06%와 비교된다. 그림 12.2는 대형주 자사주 매입 수익률 상위 10% 주식의 수익률에서 대형주 수익률을 뺀 5년 평균 초과 혹은 미달 연 수익률이다.

표 12.3. 연 수익률과 위험도: 대형주 자사주 매입 수익률 상위 10%와 대형주(1927/01/01~2009/12/31)

	대형주 자사주 매입 수익률 상위 10%	대형주
산술평균 수익률	15.88%	11.75%
기하평균 수익률	12.98%	9.69%
중위 수익률	20.93%	16.75%
표준편차	23.11%	19.35%
상방 편차	18.26%	13.10%
하방 편차	17.13%	14.40%
추적오차	8.96	0.00
상승 개월 수	621	609
하락 개월 수	375	387
최대 하락률	-85.95%	-84.33%
베타	1.11	1.00
T-통계량(m=0)	5.85	5.25
샤프지수(Rf=5%)	0.35	0.24
소르티노지수(MAR=10%)	0.17	-0.02
1만 달러 투자 시	$250,019,446	$21,617,372
1년 수익률 최저치	-66.57%	-66.63%
1년 수익률 최고치	204.71%	159.52%
3년 수익률 최저치	-45.01%	-43.53%
3년 수익률 최고치	47.23%	45.64%
5년 수익률 최저치	-19.46%	-20.15%
5년 수익률 최고치	38.25%	36.26%
7년 수익률 최저치	-8.78%	-6.95%
7년 수익률 최고치	29.94%	22.83%
10년 수익률 최저치	-10.19%	-5.70%
10년 수익률 최고치	26.96%	19.57%
기대수익률 최저치	-30.34%	-26.96%
기대수익률 최고치	62.11%	50.46%

표 12.4. 대형주 자사주 매입 수익률 상위 10%의 대형주 대비 기저율(1927/01/01~2009/12/31)

기준 기간	대형주 자사주 매입 수익률 상위 10%가 더 높은 달	비율	초과수익률(연 수익률)
1년	715/985	73%	3.61%
3년	783/961	81%	3.04%
5년	793/937	85%	3.04%
7년	800/913	88%	3.06%
10년	776/877	88%	3.06%

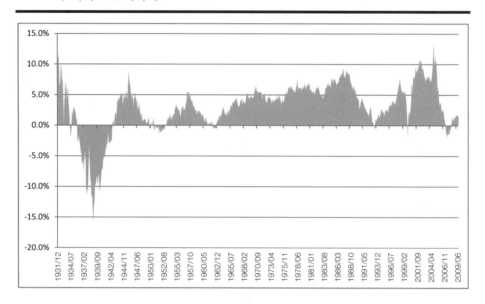

최악의 시나리오, 최고와 최악의 수익률

전체 주식 자사주 매입 수익률 상위 10% 주식은 20% 넘는 하락을 9번 경험했다.
최악은 1929/09~1932/05에 85.43% 하락한 경우다. 2007/05~2009/02 시기에는
53.28% 하락해, 55.54% 하락한 전체 주식보다 조금 나았다. 표 12.5에 1927~2009년
동안 20% 넘게 하락한 모든 경우를 열거했다.

절댓값 기준으로 최고의 성과를 낸 5년은 1937/05에 끝난 시기로, 투자한 1만
달러는 5만 6,424달러로 늘어 연 수익률 41.35%를 기록했다. 반면 최악의 5년은
1933/03에 끝난 시기로 투자한 1만 달러는 3,115달러로 줄어 연 수익률이 -20.80%
였다.

이 주식은 전체 주식 대비 1987/07에 끝난 5년 동안 최고의 성과를 냈다. 누적 수
익률로 보면 363%이고 전체 주식이 239%여서 전체 주식을 124%p 능가했다. 연 수

익률로 환산하면 이 주식이 35.88%이고 전체 주식이 27.66%다. 반면 상대적인 최악의 성과는 1938/12에 끝난 5년으로, 이 주식의 누적 수익률이 2.39%였던 반면 전체주식은 72%여서 74%p 차이로 밑돌았다. 연 수익률로는 이 주식 -0.48%, 전체 주식11.44%였다. 표 12.6과 12.7은 투자한 1만 달러가 다양한 보유 기간 후 최종적으로얼마나 늘거나 줄었는지를 보여준다. 그림 12.1은 이 주식의 수익률에서 전체 주식수익률을 뺀 5년 평균 초과 혹은 미달 연 수익률이다.

표 12.5. 최악의 시나리오: 전체 주식 자사주 매입 수익률 상위 10%가 20% 이상 하락한 사례
(1927/01/01~2009/12/31)

고점 월	지수 고점	저점 월	지수 저점	회복 월	하락률(%)	하락 기간(개월)	회복 기간(개월)
1929/09	2.74	1932/05	0.40	1944/06	-85.43	32	145
1946/05	5.77	1947/05	4.12	1949/12	-28.61	12	31
1962/02	46.93	1962/06	36.67	1963/05	-21.84	4	11
1968/11	156.90	1970/06	100.81	1972/01	-35.75	19	19
1972/11	170.81	1974/09	96.36	1976/01	-43.58	22	16
1987/08	2,730.86	1987/11	1,859.87	1989/03	-31.89	3	16
1989/08	3,287.60	1990/10	2,512.94	1991/02	-23.56	14	4
1998/04	14,643.54	1998/08	11,579.48	1999/05	-20.92	4	9
2007/05	52,090.76	2009/02	24,336.60		-53.28	21	
평균					-38.32	14.56	31.38

표 12.6. 연 수익률 최저치와 최고치(%, 1927/01/01~2009/12/31)

		1년	3년	5년	7년	10년
전체 주식 자사주 매입 수익률 상위 10%	최저치	-65.20	-44.28	-20.80	-3.79	-7.45
	최고치	248.23	59.81	41.35	30.22	27.95
전체 주식	최저치	-66.72	-45.99	-23.07	-7.43	-5.31
	최고치	201.68	51.03	41.17	23.77	22.05

표 12.7. 1만 달러 투자 시 기말 원리금 최저치와 최고치(달러, 1927/01/01~2009/12/31)

		1년	3년	5년	7년	10년
전체 주식 자사주 매입 수익률 상위 10%	최저치	3,480	1,730	3,115	7,629	4,612
	최고치	34,823	40,815	56,424	63,495	117,555
전체 주식	최저치	3,328	1,576	2,695	5,825	5,793
	최고치	30,169	34,452	56,062	44,504	73,345

대형주

표 12.8은 대형주 자사주 매입 수익률 상위 10% 주식의 최악의 시나리오를 보여준다. 이 주식은 1929/08~1932/05에 85.95% 하락이라는 최악의 기록을 냈다. 20% 넘는 하락을 7번 경험했고 2007/05~2009/02에는 51.56% 하락했다.

표 12.8. 최악의 시나리오: 대형주 자사주 매입 수익률 상위 10%가 20% 이상 하락한 사례
(1927/01/01~2009/12/31)

고점 월	지수 고점	저점 월	지수 저점	회복 월	하락률(%)	하락 기간(개월)	회복 기간(개월)
1929/08	3.91	1932/05	0.55	1945/11	-85.95	33	162
1946/05	4.70	1947/05	3.58	1949/12	-23.95	12	31
1968/11	96.03	1970/06	70.12	1971/01	-26.98	19	7
1972/11	123.95	1974/09	78.26	1975/06	-36.86	22	9
1987/08	1,768.36	1987/11	1,211.45	1989/01	-31.49	3	14
1989/08	2,202.89	1990/10	1,723.00	1991/02	-21.78	14	4
2007/05	30,304.22	2009/02	14,679.98		-51.56	21	
평균					-39.80	17.71	37.83

이 주식이 최고의 성과를 거둔 기간은 1987/07에 끝난 5년으로, 투자한 1만 달러는 5만 511달러로 늘고 연 수익률은 38.25%를 기록했다. 최악의 5년은 1934/08에 끝난 기간으로, 투자한 1만 달러는 3,390달러로 줄고 연 수익률은 -19.46%였다.

상대적으로나 절대적으로나 최고의 5년은 1987/07에 끝난 기간으로 이 주식은 누적 수익률 405%를 기록해 257%의 대형주를 148%p 차로 능가했다. 대형주 대비 상대적으로 최악의 성과를 낸 5년은 1937/08에 끝난 기간으로 이 주식은 누적 수익률 58%, 대형주는 152%를 기록해 94%p 차이로 밑돌았다. 표 12.9와 12.10은 다양한 보유 기간 후 투자한 1만 달러가 최종적으로 늘거나 준 금액을 보여주고, 그림 12.2는 이 주식 수익률에서 대형주 수익률을 뺀 5년 평균 초과 혹은 미달 연 수익률이다.

표 12.9. 연 수익률 최저치와 최고치(%, 1927/01/01~2009/12/31)

		1년	3년	5년	7년	10년
대형주 자사주 매입 수익률 상위 10%	최저치	-66.57	-45.01	-19.46	-8.78	-10.19
	최고치	204.71	47.23	38.25	29.94	26.96
대형주	최저치	-66.63	-43.53	-20.15	-6.95	-5.70
	최고치	159.52	45.64	36.26	22.83	19.57

표 12.10. 1만 달러 투자 시 기말 원리금 최저치와 최고치(달러, 1927/01/01~2009/12/31)

		1년	3년	5년	7년	10년
대형주 자사주 매입 수익률 상위 10%	최저치	3,343	1,663	3,390	5,256	3,412
	최고치	30,471	31,917	50,511	62,547	108,818
대형주	최저치	3,337	1,800	3,247	6,041	5,561
	최고치	25,952	30,890	46,970	42,189	59,747

자사주 매입 수익률이 낮은 주식은 재앙이다

자사주 매입 수익률이 가장 낮은 주식은 자사주를 매입하는 대신 주식을 추가 발행하는 기업들이다. 절대로 좋은 투자처가 아니다. 먼저 전체 주식을 살펴보고 이어서 대형주를 살펴보겠다. 1926/12/31에 전체 주식 자사주 매입 수익률 하위 10% 주식에 투자한 1만 달러는 2009/12/31 120만 4,517달러로 늘어나 연 수익률 5.94%를 기록했다. 같은 기간 연 수익률 10.46%를 기록한 전체 주식의 결과보다 3,700만 달러나 적다. 표준편차도 24.05%로 전체 주식의 21.67%보다 높았다. 샤프지수 역시 0.04를 기록해 0.25인 전체 주식을 한참 밑돌았다. 모든 기저율은 음의 값이었고 모든 5년 단위 기간에서는 겨우 2% 승률로 전체 주식을 능가했으며 10년 단위 기간에서는 한 번도 능가하지 못했다. 표 12.11과 12.12는 기간별 기저율과 관련된 수치를 보여준다. 그림 12.3은 이 주식의 수익률에서 전체 주식 수익률을 뺀 5년 평균 초과 혹은 미달 연 수익률이다.

표 12.11. 연 수익률과 위험도: 전체 주식 자사주 매입 수익률 하위 10%와 전체 주식(1927/01/01~2009/12/31)

	전체 주식 자사주 매입 수익률 하위 10%	전체 주식
산술평균 수익률	9.02%	13.06%
기하평균 수익률	5.94%	10.46%
중위 수익률	15.77%	18.54%
표준편차	24.05%	21.67%
상방 편차	16.83%	14.78%
하방 편차	17.65%	16.03%
추적오차	4.77	0.00
상승 개월 수	580	606
하락 개월 수	416	390
최대 하락률	-88.38%	-85.45%
베타	1.09	1.00
T-통계량(m=0)	3.28	5.19
샤프지수(Rf=5%)	0.04	0.25
소르티노지수(MAR=10%)	-0.23	0.03
1만 달러 투자 시	$1,204,517	$38,542,780

		전체 주식 자사주 매입 수익률 하위 10%	전체 주식
1년 수익률	최저치	-68.72%	-66.72%
	최고치	211.93%	201.69%
3년 수익률	최저치	-49.95%	-45.99%
	최고치	47.88%	51.03%
5년 수익률	최저치	-26.38%	-23.07%
	최고치	39.21%	41.17%
7년 수익률	최저치	-13.15%	-7.43%
	최고치	21.28%	23.77%
10년 수익률	최저치	-8.01%	-5.31%
	최고치	17.67%	22.05%
기대수익률	최저치	-39.08%	-30.28%
	최고치	57.13%	56.39%

표 12.12. 전체 주식 자사주 매입 수익률 하위 10%의 전체 주식 대비 기저율(1927/01/01~2009/12/31)

기준 기간	전체 주식 자사주 매입 수익률 하위 10%가 더 높은 달	비율	초과수익률(연 수익률)
1년	219/985	22%	-4.07%
3년	89/961	9%	-4.33%
5년	20/937	2%	-4.42%
7년	0/913	0%	-4.50%
10년	0/877	0%	-4.51%

그림 12.3. 5년 평균 초과(미달) 연 수익률: 전체 주식 자사주 매입 수익률 하위 10% − 전체 주식
(1927/01/01~2009/12/31)

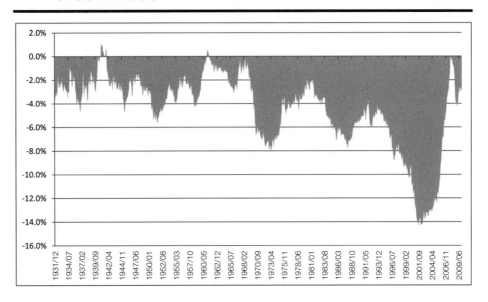

대형주도 좋지 않다

1926/12/31에 대형주 자사주 매입 수익률 최저 10% 주식에 1만 달러를 투자했다면 2009/12/31에 139만 7,168달러로 늘어 연 수익률 6.13%를 기록했을 것이다. 대형주에 투자해 2,161만 7,372달러로 늘릴 수 있었던 것에 비해 2,000만 달러 넘게 부족하다. 표준편차는 21.93%로 대형주의 19.35%보다 나빴다. 샤프지수 역시 대형주의 0.24에 비해 한참 모자라는 0.05를 기록했다. 표 12.13이 자세한 수치를 보여준다. 모든 기저율은 음의 값이었고, 모든 5년 단위 기간에서는 대형주를 11% 승률로 능가했을 뿐이고 모든 10년 단위 기간에서는 승률이 겨우 4%였다. 표 12.14는 모든 보유 기간에 걸친 기저율이다. 그림 12.4는 이 주식의 수익률에서 대형주 수익률을 뺀 5년 평균 초과 혹은 미달 연 수익률이다.

표 12.13. 연 수익률과 위험도: 대형주 자사주 매입 수익률 하위 10%와 대형주(1927/01/01~2009/12/31)

		대형주 자사주 매입 수익률 하위 10%	대형주
산술평균 수익률		8.67%	11.75%
기하평균 수익률		6.13%	9.69%
중위 수익률		13.50%	16.75%
표준편차		21.93%	19.35%
상방 편차		16.00%	13.10%
하방 편차		16.07%	14.40%
추적오차		5.90	0.00
상승 개월 수		585	609
하락 개월 수		411	387
최대 하락률		-88.05%	-84.33%
베타		1.10	1.00
T-통계량(m=0)		3.47	5.25
샤프지수(Rf=5%)		0.05	0.24
소르티노지수(MAR=10%)		-0.24	-0.02
1만 달러 투자 시		$1,397,168	$21,617,372
1년 수익률	최저치	-68.72%	-66.63%
	최고치	209.17%	159.52%
3년 수익률	최저치	-48.96%	-43.53%
	최고치	51.99%	45.64%
5년 수익률	최저치	-25.95%	-20.15%
	최고치	38.38%	36.26%
7년 수익률	최저치	-12.05%	-6.95%
	최고치	21.37%	22.83%
10년 수익률	최저치	-7.69%	-5.70%
	최고치	15.59%	19.57%
기대수익률	최저치	-35.19%	-26.96%
	최고치	52.53%	50.46%

표 12.14. 대형주 자사주 매입 수익률 하위 10%의 대형주 대비 기저율(1927/01/01~2009/12/31)

기준 기간	대형주 자사주 매입 수익률 하위 10%가 더 높은 달	비율	초과수익률(연 수익률)
1년	300/985	30%	-3.04%
3년	216/961	22%	-3.26%
5년	105/937	11%	-3.29%
7년	47/913	5%	-3.39%
10년	37/877	4%	-3.46%

그림 12.4. 5년 평균 초과(미달) 연 수익률: 대형주 자사주 매입 수익률 하위 10% − 대형주
(1927/01/01~2009/12/31)

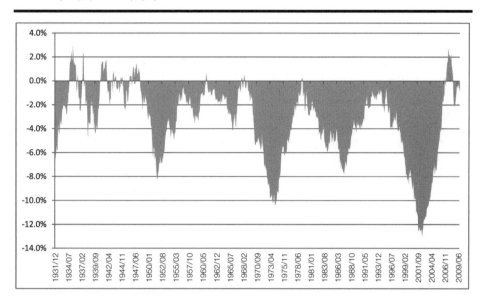

최악의 시나리오, 최고와 최악의 수익률

전체 주식 자사주 매입 수익률 최하위 10% 주식은 1927~2009년에 20% 넘는 하락을 10번 경험했다. 최악은 1929/08~1932/06에 88% 하락한 것이다. 1968/11~1974/09에도 71%에 달하는 하락을 경험했고 2000/02 시작한 하락장에서도 65% 손실을 입었다. 표 12.15가 최악의 시나리오들을 보여준다.

이 주식의 절댓값 기준 최고 5년 수익률은 1937/05에 끝난 시기에 투자한 1만 달러를 5만 2,273달러로 늘려 연 수익률 39.21%를 달성한 것이다. 반대로 최악의 수익률은 1932/05에 끝난 5년 동안 투자한 1만 달러가 2,162달러로 줄어 연 수익률 -26.38%를 기록한 경우다.

상댓값으로 보면 1940/12에 끝난 5년 동안 연 수익률 6%를 기록해. -0.3%를 기록한 전체 주식을 6%p 차로 능가한 것이 최고의 기록이다. 반대로 2000/03에 끝난

표 12.15. 최악의 시나리오: 전체 주식 자사주 매입 수익률 하위 10%가 20% 이상 하락한 사례
(1927/01/01~2009/12/31)

고점 월	지수 고점	저점 월	지수 저점	회복 월	하락률(%)	하락 기간(개월)	회복 기간(개월)
1929/08	1.94	1932/06	0.22	1945/10	-88.38	34	160
1946/05	2.66	1947/05	1.75	1951/01	-34.18	12	44
1961/11	12.49	1962/06	8.86	1964/06	-29.09	7	24
1968/11	30.05	1974/09	8.74	1980/07	-70.91	70	70
1981/05	39.88	1982/07	29.95	1982/11	-24.91	14	4
1983/06	54.64	1984/07	39.82	1985/11	-27.12	13	16
1987/08	78.79	1987/11	50.44	1989/08	-35.98	3	21
1989/09	80.01	1990/10	57.08	1991/03	-28.65	13	5
1998/04	162.27	1998/08	108.29	1999/12	-33.27	4	16
2000/02	184.13	2009/02	64.42		-65.01	108	
평균					-43.75	27.8	40

5년 동안에는 이 주식이 누적 수익률 71%에 그친 반면 전체 주식은 156%를 기록해 85%p 차이로 밑돌아 최악이었다. 표 12.16과 12.17은 투자한 1만 달러가 다양한 기간에 걸쳐 거둔 최고와 최악의 성과를 보여준다. 그림 12.3은 이 주식의 수익률에서 전체 주식 수익률을 뺀 5년 평균 초과 혹은 미달 연 수익률이다.

표 12.16. 연 수익률 최저치와 최고치(%, 1927/01/01~2009/12/31)

		1년	3년	5년	7년	10년
전체 주식 자사주 매입 수익률 하위 10%	최저치	-68.72	-49.95	-26.38	-13.15	-8.01
	최고치	211.93	47.88	39.21	21.28	17.67
전체 주식	최저치	-66.72	-45.99	-23.07	-7.43	-5.31
	최고치	201.69	51.03	41.17	23.77	22.05

표 12.17. 1만 달러 투자 시 기말 원리금 최저치와 최고치(달러, 1927/01/01~2009/12/31)

		1년	3년	5년	7년	10년
전체 주식 자사주 매입 수익률 하위 10%	최저치	3,128	1,254	2,162	3,727	4,339
	최고치	31,193	32,341	52,273	38,587	50,909
전체 주식	최저치	3,328	1,576	2,695	5,825	5,793
	최고치	30,169	34,452	56,062	44,504	73,345

대형주

대형주 자사주 매입 수익률 하위 10% 주식은 20% 넘는 하락을 10번 경험했다. 1929/08~1932/05에 88.05% 하락한 경우가 최악이다. 2000/08~2002/09에는 61%, 2007/10~2009/02에는 60% 하락했다. 표 12.18은 이 주식 최악의 경우를 모두 보여준다.

절대적 수치로 이 주식이 최고의 수익을 낸 것은 1937/05에 끝난 5년으로 투자한 1만 달러를 5만 747달러로 늘려 연 수익률 38.38%를 기록했다. 최악은 1932/05에 끝난 5년 동안 투자한 1만 달러가 2,227달러로 줄고 연 수익률 -25.95%를 기록한 경우다. 표 12.19와 12.20은 투자한 1만 달러가 얼마나 늘거나 줄었는지를 다양한 보유 기간별로 보여준다.

표 12.18. 최악의 시나리오: 대형주 자사주 매입 수익률 하위 10%가 20% 이상 하락한 사례 (1927/01/01~2009/12/31)

고점 월	지수 고점	저점 월	지수 저점	회복 월	하락률(%)	하락 기간(개월)	회복 기간(개월)
1929/08	1.87	1932/05	0.22	1945/11	-88.05	33	162
1946/05	2.36	1947/05	1.71	1951/01	-27.38	12	44
1961/12	10.33	1962/06	7.68	1964/01	-25.63	6	19
1968/11	19.42	1974/09	6.72	1980/09	-65.37	70	72
1983/06	29.84	1984/07	22.96	1985/05	-23.04	13	10
1987/08	50.26	1987/11	34.62	1989/05	-31.12	3	18
1989/08	56.63	1990/10	42.21	1991/02	-25.45	14	4
1998/04	161.95	1998/08	120.20	1999/04	-25.78	4	8
2000/08	175.56	2002/09	68.59	2007/04	-60.93	25	55
2007/10	199.66	2009/02	80.17		-59.85	16	
평균					-43.26	19.6	43.56

표 12.19. 연 수익률 최저치와 최고치(%, 1927/01/01~2009/12/31)

		1년	3년	5년	7년	10년
대형주 자사주 매입 수익률 하위 10%	최저치	-68.72	-48.96	-25.95	-12.05	-7.69
	최고치	209.17	51.99	38.38	21.37	15.59
대형주	최저치	-66.63	-43.53	-20.15	-6.95	-5.7
	최고치	159.52	45.64	36.26	22.83	19.57

표 12.20. 1만 달러 투자 시 기말 원리금 최저치와 최고치(달러, 1927/01/01~2009/12/31)

		1년	3년	5년	7년	10년
대형주 자사주 매입 수익률 하위 10%	최저치	3,128	1,329	2,227	4,072	4,491
	최고치	30,917	35,113	50,747	38,804	42,574
대형주	최저치	3,337	1,800	3,247	6,041	5,561
	최고치	25,952	30,890	46,970	42,189	59,747

상대적 수치로 보면 이 주식이 대형주를 상대로 최고의 성과를 낸 5년은 1937/06에 끝난 기간으로 누적 수익률 386%를 기록해 모집단의 346%를 40%p 차이로 능가했다. 반대로 최악의 상대 성과는 1987/07에 끝난 5년 동안 누적 수익률 164%를 기록해 257%를 기록한 대형주를 93%p 차이로 밑돈 경우다. 그림 12.4는 이 주식의 수익률에서 대형주 수익률을 뺀 5년 평균 초과 혹은 미달 연 수익률이다.

십분위수

자사주 매입 수익률이 다른 요소들과 다른 점은 기업들의 수치가 완전히 똑같아서 순위를 매길 수 없는 경우가 있다는 점이다. 주식을 매입하지 않고 발행하지도 않는 기업은 자사주 매입 수익률이 모두 0이다. 전체 주식과 대형주에서 자사주 매입 수익률 순위에 따라 주식을 나열하면 상위 31~70%에 속하는 기업 중 10% 이상이 몇 달 동안 자사주 매입 수익률이 0인 경우가 있어 데이터를 구하는 데 문제가 생긴다. 결과적으로 기업들을 세분하지 못하고 한 덩어리로 묶게 된다. 예를 들어 자사주 매입이 전무한 기업이 20%에 달해 상위 51~60%와 61~70% 주식으로 세분하지 못하는 경우가 생길 수 있다. 이런 경우 상위 51~70% 주식을 하나의 그룹으로 묶음으로써 여기 속한 주식들 간에는 월별 수익률에 차이를 두지 않았다. 이때에도 상위 10%와 하위 10% 주식에는 영향이 없는데 상위 10%는 어차피 자사주 매입이 가장 활발한 기업이고 하위 10%는 주식을 발행하는 기업이기 때문이다.

전체 주식의 십분위수를 분석해보니 특이하게도 자사주 매입 수익률 상위 80% 주식이 모두 모집단을 능가했고, 하위 20% 주식만이 모집단을 확연한 차이로 밑돌아서 하위 10% 주식은 연 수익률 5.94%, 하위 11~20% 주식은 8.60%를 기록했다. 그러나 상위 10% 주식의 수익률이 탁월해서, 이 주식에만 집중하고 신주를 활발하게 발행하는 하위 20% 주식은 멀리해야 한다는 결론이 나온다. 표 12.21과 12.22는 전체 주식과 대형주 모집단에서 10년 기간별로 자사주 매입 수익률 상위 10%와 하위 10% 주식의 수익률을 보여준다. 표 12.23과 그림 12.5는 전체 주식의 결과다.

표 12.21. 전체 주식 10년 단위 연 수익률(%, 1927/01/01~2009/12/31)

	1920년대	1930년대	1940년대	1950년대	1960년대	1970년대	1980년대	1990년대	2000년대
전체 주식 자사주 매입 수익률 상위 10%	21.36	-1.89	14.69	19.82	13.51	12.97	22.42	17.52	10.02
전체 주식 자사주 매입 수익률 하위 10%	5.31	-1.59	8.48	15.11	8.24	2.80	11.15	7.94	-3.09
전체 주식	12.33	-0.03	11.57	18.07	10.72	7.56	16.78	15.35	4.39

표 12.22. 대형주 10년 단위 연 수익률(%, 1927/01/01~2009/12/31)

	1920년대	1930년대	1940년대	1950년대	1960년대	1970년대	1980년대	1990년대	2000년대
대형주 자사주 매입 수익률 상위 10%	31.00	-3.72	11.91	19.56	11.40	12.10	23.43	18.40	8.00
대형주 자사주 매입 수익률 하위 10%	4.65	-1.80	8.34	13.75	6.86	0.83	12.93	11.77	-1.77
대형주	17.73	-1.05	9.65	17.06	8.31	6.65	17.34	16.38	2.42

표 12.23. 전체 주식 자사주 매입 수익률 십분위수 수익률 요약(1927/01/01~2009/12/31)

십분위수	1만 달러 투자 시	연 수익률(산술평균)	연 수익률(기하평균)	표준편차	샤프지수
1(자사주 매입 수익률 최고)	$421,203,905	16.86%	13.69%	24.32%	0.36
2	$119,843,583	15.14%	11.98%	24.46%	0.29
3	$85,516,305	14.59%	11.53%	24.17%	0.27
4	$75,029,995	14.38%	11.35%	24.07%	0.26
5	$68,380,894	13.65%	11.23%	20.92%	0.30
6	$59,335,635	13.56%	11.04%	21.32%	0.28
7	$81,823,740	14.19%	11.47%	22.09%	0.28
8	$45,119,547	13.49%	10.67%	22.52%	0.25
9	$9,388,666	11.30%	8.60%	22.17%	0.16
10(자사주 매입 수익률 최저)	$1,204,517	9.02%	5.94%	24.05%	0.04
전체 주식	$38,542,780	13.06%	10.46%	21.67%	0.25

그림 12.5. 전체 주식 자사주 매입 수익률 십분위수 수익률(1927/01/01~2009/12/31)

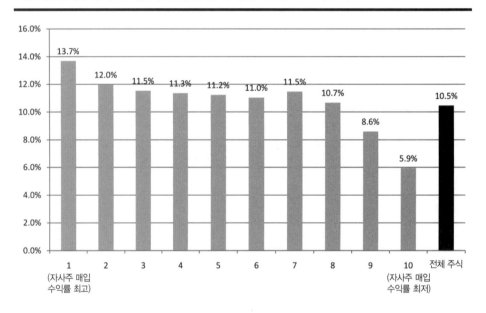

대형주에서는 자사주 매입 수익률 상위 70% 주식이 모집단을 능가했지만 상위 31~40% 주식과 51~60% 주식은 아주 미세한 차이로 능가했다. 이는 앞서 지적한 문제, 즉 자사주 매입이 전무한 기업들을 한데 묶은 결과라고 짐작된다. 전체 주식과 마찬가지로 하위 20% 주식은 절대 피해야 한다. 표 12.24와 그림 12.6을 참조하기 바란다.

표 12.24. 대형주 자사주 매입 수익률 십분위수 수익률 요약(1927/01/01~2009/12/31)

십분위수	1만 달러 투자 시	연 수익률(산술평균)	연 수익률(기하평균)	표준편차	샤프지수
1(자사주 매입 수익률 최고)	$250,019,446	15.88%	12.98%	23.11%	0.35
2	$145,516,544	15.15%	12.24%	23.22%	0.31
3	$113,823,003	14.68%	11.91%	22.76%	0.30
4	$25,737,268	12.51%	9.92%	22.24%	0.22
5	$38,376,139	12.46%	10.45%	19.09%	0.29
6	$22,742,972	11.90%	9.76%	19.72%	0.24
7	$53,593,671	13.19%	10.90%	20.32%	0.29
8	$19,536,117	11.84%	9.56%	20.28%	0.22
9	$8,615,546	10.90%	8.48%	21.18%	0.16
10(자사주 매입 수익률 최저)	$1,397,168	8.67%	6.13%	21.93%	0.05
대형주	$21,617,372	11.75%	9.69%	19.35%	0.24

그림 12.6. 대형주 자사주 매입 수익률 기준 십분위수 수익률(1927/01/01~2009/12/31)

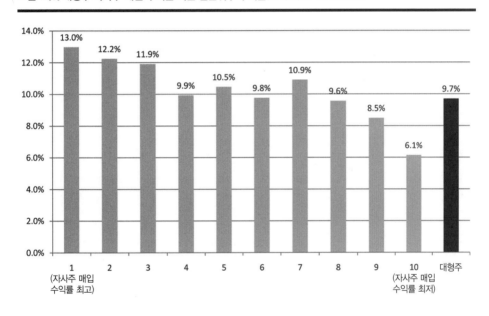

시사점

주주들에게 현금을 돌려주는 방법으로는 배당금보다 자사주 매입이 더 낫다. 자사주 매입 수익률이 높은 상위 10% 주식이 시장보다 월등히 좋은 수익률을 보여서 과거 83년 기간에서 전체 주식을 연 3.23%p 능가했다. 반면 자사주 매입 수익률 최하위 10% 주식은 83년 동안 전체 주식을 연 4.52%p 밑돌았다. 상위 10% 주식과 하위 10% 주식 간 수익률 스프레드는 연평균 7.75%p로서 5년 단위 기간 전체에서 상당히 일관되게 나타난다. 그 분석에서 자사주 매입 수익률 하위 10% 주식은 전체 주식 모집단을 5년 단위 기간에서 98% 승률로 밑돌았다. 결론적으로 자사주 매입 수익률은 주식의 상대적인 매력을 평가하는 데 매우 탁월한 요소다.

13

주주수익률

WHAT WORKS ON WALL STREET

나의 불행보다는 남의 불행을 통해
현명해지는 것이 훨씬 낫다.

| 이솝

이제 주주수익률에 집중해보자. 주주수익률은 주식의 배당수익률과 자사주 매입 수익률을 하나로 합쳐 배당금 형태로든, 자사주 매입을 위한 현금의 형태로든 기업이 주주에게 돌려주는 현금의 총합을 비율로 나타낸 것이다. 예를 들어 어떤 기업의 배당수익률이 5%이고 자사주 매입 수익률이 10%라면 이 주식의 주주수익률은 15%다. 주주수익률이 높을수록 낮은 주식보다 매력적이라는 생각이다. 이것이 사실인지 알아보자.

결과

전체 주식과 대형주에서 주주수익률 순서대로 주식을 십분위수로 구분해서 살펴보기 위해 늘 해왔듯이 포트폴리오를 조합한다. CRSP 데이터를 이용해 1926/12/31에 1만 달러를 투자해 2009/12/31까지 보유한다. 이 기간 동안 전체 주식 주주수익률 상위 10% 주식에 투자한 1만 달러는 2억 9,836만 3,138달러로 늘어 연 수익률 13.22%였다. 같은 기간 전체 주식에 투자한 1만 달러는 3,854만 2,780달러로 늘어 연 수익률 10.46%였다. 표준편차로 측정한 위험은 이 주식이 20.19%를 기록해 21.67%를 기록한 전체 주식보다 낮았다. 하방 위험 역시 15.90%가 나와서 16.03%인 모집단보다 낮았다. 표 13.1부터 13.5는 전체 주식 주주수익률 상위 10% 주식의 성과를 요약해서 보여준다.

모든 기저율은 양의 값이었고 이 주식은 5년 단위 기간에서는 86%, 10년 단위 기간에서는 93% 승률로 전체 주식을 능가했다. 표 13.2는 다양한 보유 기간별 기저율이다. 이 전략은 소형 가치주가 소형 성장주를 능가할 때와 대형 가치주가 대형 성장주를 능가할 때 특히 좋은 성과를 냈다. 또한 채권이 주식을 능가하는 시장 환경에서도 좋은 성과를 냈다. 그림 13.1은 전체 주식 주주수익률 상위 10% 주식의 수익률에서 전체 주식 수익률을 뺀 5년 평균 초과 혹은 미달 수익률이다.

표 13.1. 연 수익률과 위험도: 전체 주식 주주수익률 상위 10%와 전체 주식(1927/01/01~2009/12/31)

		전체 주식 주주수익률 상위 10%	전체 주식
산술평균 수익률		15.50%	13.06%
기하평균 수익률		13.22%	10.46%
중위 수익률		19.52%	18.54%
표준편차		20.19%	21.67%
상방 편차		14.68%	14.78%
하방 편차		15.90%	16.03%
추적오차		6.79	0.00
상승 개월 수		648	606
하락 개월 수		348	390
최대 하락률		-88.98%	-85.45%
베타		0.89	1.00
T-통계량(m=0)		6.54	5.19
샤프지수(Rf=5%)		0.41	0.25
소르티노지수(MAR=10%)		0.20	0.03
1만 달러 투자 시		$298,363,138	$38,542,780
1년 수익률	최저치	-72.39%	-66.72%
	최고치	210.02%	201.69%
3년 수익률	최저치	-50.26%	-45.99%
	최고치	57.28%	51.03%
5년 수익률	최저치	-27.92%	-23.07%
	최고치	43.17%	41.17%
7년 수익률	최저치	-9.38%	-7.43%
	최고치	31.00%	23.77%
10년 수익률	최저치	-7.42%	-5.31%
	최고치	27.18%	22.05%
기대수익률	최저치	-24.89%	-30.28%
	최고치	55.89%	56.39%

표 13.2. 전체 주식 주주수익률 상위 10%와 전체 주식의 수익률 비교(1927/01/01~2009/12/31)

기준 기간	전체 주식 주주수익률 상위 10%가 더 높은 달	비율	초과수익률(연 수익률)
1년	654/985	66%	2.63%
3년	783/961	81%	2.90%
5년	810/937	86%	2.96%
7년	833/913	91%	3.08%
10년	815/877	93%	3.13%

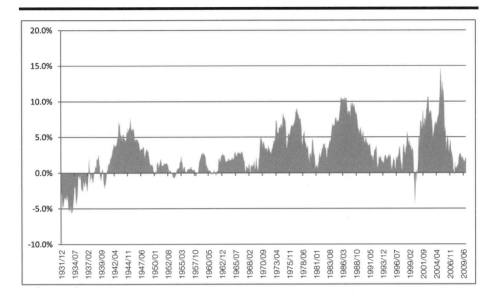

대형주도 성과가 좋다

1926/12/31에 대형주 주주수익률 상위 10% 주식에 투자한 1만 달러는 2009/12/31에 2억 1,733만 1,288달러로 늘어 연 수익률 12.79%를 달성했다. 이 주식의 표준편차는 대형주보다 약간 낮아서 19.31%, 대형주는 19.35%였다. 높은 수익률과 낮은 위험이 결합한 결과 샤프지수가 0.40이 되어 대형주의 0.24를 크게 능가했다. 표 13.6부터 13.10까지 관련 수치를 요약해 보여준다.

모든 기저율은 양의 값이었고 5년 단위 기간에서는 90%, 10년 단위 기간에서는 97% 승률로 대형주를 능가했다. 표 13.7은 보유 기간별 기저율이다. 이 주식은 대형 가치주가 대형 성장주를 능가할 때와 채권이 주식을 능가하는 시장 환경에서 특히 좋은 성과를 보였다. 그림 13.2는 대형주 주주수익률 상위 10% 주식의 수익률에서 대형주 수익률을 뺀 5년 평균 초과 혹은 미달 수익률이다.

최악의 시나리오, 최고와 최악의 수익률

1926~2009년에 전체 주식 주주수익률 상위 10% 주식은 20% 넘는 하락을 7번 경험했다. 최악은 1929/08~1932/05에 89% 하락한 경우다. 2007/05~2009/02에 55% 하락한 경우를 제외하면 앞서 살펴본 다른 전략들에 비해 상대적으로 하락이 완만한 편이었다. 예를 들어 2000~2003년 하락장에서는 20% 미만 하락해, 같은 기간 동안 20% 넘게 하락하며 최악의 시나리오를 쓴 다른 전략들과 다른 면모를 보였다. 표 13.3은 각각의 하락과 관련된 수치를 보여준다.

표 13.3. 최악의 시나리오: 전체 주식 주주수익률 상위 10%가 20% 이상 하락한 사례(1927/01/01~2009/12/31)

고점 월	지수 고점	저점 월	지수 저점	회복 월	하락률(%)	하락 기간(개월)	회복 기간(개월)
1929/08	2.05	1932/05	0.23	1943/05	-88.98	33	132
1946/05	4.73	1947/05	3.34	1949/12	-29.51	12	31
1969/01	108.40	1970/06	75.43	1971/04	-30.42	17	10
1972/11	120.51	1974/09	82.91	1975/06	-31.20	22	9
1987/08	2,004.81	1987/11	1,476.23	1989/01	-26.37	3	14
1989/08	2,451.44	1990/10	1,924.29	1991/02	-21.50	14	4
2007/05	36,406.26	2009/02	16,490.49		-54.70	21	
평균					-40.38	17.43	33.33

절댓값 기준으로 최고의 성과를 낸 5년은 1937/05에 끝난 시기로, 투자한 1만 달러는 6만 161달러로 늘어 연 수익률 43.17%를 기록했다. 반면 최악의 5년은 1932/05에 끝난 시기로, 투자한 1만 달러는 1,945달러로 줄고 연 수익률은 -27.92%였다. 표 13.4는 다양한 보유 기간에 걸친 최고와 최악의 수익률이고, 표 13.5는 이 기간 동안 투자한 1만 달러의 최종 금액이다.

이 주식은 1987/07에 끝난 5년에 전체 주식 대비 최고의 성과를 냈다. 전체 주식 누적 수익률이 239%였던 반면 이 주식의 누적 수익률은 371%여서 132%p 차이로 능가했다. 반면 상대적인 최악의 성과는 2000/02에 끝난 5년으로 이 주식의 누적 수익률이

표 13.4. 연 수익률 최저치와 최고치(%, 1927/01/01~2009/12/31)

		1년	3년	5년	7년	10년
전체 주식 주주수익률 상위 10%	최저치	-72.39	-50.26	-27.92	-9.38	-7.42
	최고치	210.02	57.28	43.17	31.00	27.18
전체 주식	최저치	-66.72	-45.99	-23.07	-7.43	-5.31
	최고치	201.69	51.03	41.17	23.77	22.05
전체 주식 주주수익률 하위 10%	최저치	-68.26	-49.89	-27.07	-13.76	-6.90
	최고치	234.90	48.95	43.55	23.60	17.80

표 13.5. 1만 달러 투자 시 기말 원리금 최저치와 최고치(달러, 1927/01/01~2009/12/31)

		1년	3년	5년	7년	10년
전체 주식 주주수익률 상위 10%	최저치	2,761	1,231	1,945	5,017	4,626
	최고치	31,002	38,910	60,161	66,193	110,679
전체 주식	최저치	3,328	1,576	2,695	5,825	5,793
	최고치	30,169	34,452	56,062	44,504	73,345
전체 주식 주주수익률 하위 10%	최저치	3,174	1,258	2,063	3,548	4,894
	최고치	33,490	33,045	60,946	44,069	51,450

127%인 반면 전체 주식은 172%여서 45%p 차이로 밑돌았다. 그림 13.1은 전체 주식 대비 이 주식의 수익률이 얼마나 많거나 적었는지를 전체 기간에 걸쳐 보여준다.

1929~2009년에 대형주 주주수익률 상위 10% 주식은 20% 넘는 하락을 7번 경험했다. 1929/08~1932/06에 87% 하락한 것이 최악이다. 2007/10~2009/02 기간에 53% 하락한 경우를 제외하면 이 주식은 형제나 다름없는 전체 주식 주주수익률 상위 10% 주식과 비슷하게 하락했다. 전체 주식에서와 마찬가지로 2000~2003년 하락장에서 20% 미만 하락했고, 1973~1974년 하락장에서도 28% 하락하는 데 그쳤다. 표 13.8은 20% 넘는 모든 하락을 보여준다.

절댓값 기준으로 이 주식이 최고의 성과를 거둔 기간은 1937/05에 끝난 5년으로, 투자한 1만 달러는 6만 2,095달러로 늘고 연 수익률은 44.08%다. 최악의 5년은 1932/05에 끝난 기간으로, 투자한 1만 달러는 2,288달러로 줄고 연 수익률은 -25.54%다. 표 13.9와 13.10은 모든 보유 기간에서 얻은 최고와 최악의 수익률을 보여준다.

표 13.6. 연 수익률과 위험도: 대형주 주주수익률 상위 10%와 대형주(1927/01/01~2009/12/31)

		대형주 주주수익률 상위 10%	대형주
산술평균 수익률		14.86%	11.75%
기하평균 수익률		12.79%	9.69%
중위 수익률		18.03%	16.75%
표준편차		19.31%	19.35%
상방 편차		14.07%	13.10%
하방 편차		14.59%	14.40%
추적오차		6.54	0.00
상승 개월 수		628	609
하락 개월 수		368	387
최대 하락률		−87.43%	−84.33%
베타		0.94	1.00
T-통계량(m=0)		6.57	5.25
샤프지수(Rf=5%)		0.40	0.24
소르티노지수(MAR=10%)		0.19	−0.02
1만 달러 투자 시		$217,331,288	$21,617,372
1년 수익률	최저치	−73.02%	−66.63%
	최고치	234.00%	159.52%
3년 수익률	최저치	−48.31%	−43.53%
	최고치	58.49%	45.64%
5년 수익률	최저치	−25.54%	−20.15%
	최고치	44.08%	36.26%
7년 수익률	최저치	−7.66%	−6.95%
	최고치	29.52%	22.83%
10년 수익률	최저치	−4.17%	−5.70%
	최고치	25.50%	19.57%
기대수익률	최저치	−23.75%	−26.96%
	최고치	53.47%	50.46%

표 13.7. 대형주 주주수익률 상위 10%와 대형주의 수익률 비교(1927/01/01~2009/12/31)

기준 기간	대형주 주주수익률 상위 10%가 더 높은 달	비율	초과수익률(연 수익률)
1년	658/985	67%	3.29%
3년	777/961	81%	3.24%
5년	843/937	90%	3.33%
7년	869/913	95%	3.42%
10년	855/877	97%	3.41%

표 13.8. 최악의 시나리오: 대형주 주주수익률 상위 10%가 20% 이상 하락한 사례(1927/01/01~2009/12/31)

고점 월	지수 고점	저점 월	지수 저점	회복 월	하락률(%)	하락 기간(개월)	회복 기간(개월)
1929/08	2.11	1932/06	0.26	1943/03	-87.43	34	129
1946/05	5.07	1947/05	3.75	1949/12	-26.10	12	31
1968/11	85.84	1970/06	60.64	1972/01	-29.36	19	19
1972/11	97.80	1974/09	70.09	1975/06	-28.34	22	9
1987/08	1,378.44	1987/11	1,020.06	1988/10	-26.00	3	11
1989/08	1,796.96	1990/10	1,422.98	1991/02	-20.81	14	4
2007/10	25,856.5	2009/02	12,239.88		-52.66	16	
평균					-38.67	17.14	33.83

표 13.9. 연 수익률 최저치와 최고치(%, 1927/01/01~2009/12/31)

		1년	3년	5년	7년	10년
대형주 주주수익률 상위 10%	최저치	-73.02	-48.31	-25.54	-7.66	-4.17
	최고치	234.00	58.49	44.08	29.52	25.50
대형주	최저치	-66.63	-43.53	-20.15	-6.95	-5.70
	최고치	159.52	45.64	36.26	22.83	19.57
대형주 주주수익률 하위 10%	최저치	-68.79	-48.88	-26.55	-13.44	-7.94
	최고치	253.61	55.40	41.34	22.39	15.85

표 13.10. 1만 달러 투자 시 기말 원리금 최저치와 최고치(달러, 1927/01/01~2009/12/31)

		1년	3년	5년	7년	10년
대형주 주주수익률 상위 10%	최저치	2,698	1,381	2,288	5,723	6,533
	최고치	33,400	39,810	62,095	61,149	96,932
대형주	최저치	3,337	1,800	3,247	6,041	5,561
	최고치	25,952	30,890	46,970	42,189	59,747
대형주 주주수익률 하위 10%	최저치	3,121	1,336	2,138	3,642	4,370
	최고치	35,361	37,529	56,416	41,130	43,533

대형주 대비 상대적으로 최고의 성과를 거둔 기간은 1937/06에 끝난 5년으로 누적 수익률 498%를 기록해 대형주의 346%를 152%p 차이로 능가했다. 반면 최악의 성과는 2000/02에 끝난 5년 동안 누적 수익률 137%를 기록하며 대형주의 누적 수익률 180%를 43%p 차이로 밑돈 경우다. 그림 13.2는 이 주식 수익률에서 대형주 수익률을 뺀 5년 평균 초과 혹은 미달 연 수익률이다.

그림 13.2. 5년 평균 초과(미달) 연 수익률: 대형주 주주수익률 상위 10% − 대형주(1927/01/01~2009/12/31)

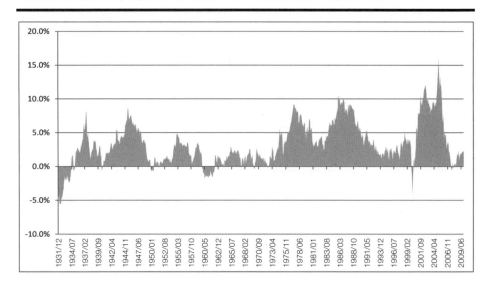

전체 주식 주주수익률 하위 10% 주식은 재앙이다

주주수익률이 가장 낮은 주식에 투자한 경우를 보자. 1926/12/31에 투자한 1만 달러는 2009/12/31에 133만 4,762달러가 되어 연 수익률 6.07%를 기록했다. 말할 것도 없이 전체 주식에 투자해 얻었을 3,854만 2,780달러에 비해 형편없다. 위험이 높아 이 주식의 표준편차는 25.78%로 전체 주식의 21.67%와 비교된다. 하방 위험 역시 높아 이 주식이 18.38%, 전체 주식이 16.03%였다. 형편없는 수익률과 높은 위험이 결합한 결과 샤프지수는 0.04로 전체 주식의 0.25에 비해 현격하게 나빴다. 표 13.11과 13.12, 13.13은 전체 주식 주주수익률 하위 10% 주식의 모든 수치를 담았다.

모든 기저율은 음의 값이었고 5년 단위 기간에서는 9%, 10년 단위 기간에서는 4% 승률로만 전체 주식을 능가했을 뿐이다. 표 13.12는 모든 보유 기간의 기저율이다. 그림 13.3은 이 주식 수익률에서 전체 주식 수익률을 뺀 5년 평균 초과 혹은 미달 연 수익률이다. 표 13.13은 20% 넘는 모든 하락을 보여준다.

월가의 퀀트 투자 바이블

표 13.11. 연 수익률과 위험도: 전체 주식 주주수익률 하위 10%와 전체 주식(1927/01/01~2009/12/31)

	전체 주식 주주수익률 하위 10%	전체 주식
산술평균 수익률	9.58%	13.06%
기하평균 수익률	6.07%	10.46%
중위 수익률	16.52%	18.54%
표준편차	25.78%	21.67%
상방 편차	18.72%	14.78%
하방 편차	18.38%	16.03%
추적오차	6.15	0.00
상승 개월 수	580	606
하락 개월 수	416	390
최대 하락률	-88.56%	-85.45%
베타	1.17	1.00
T-통계량(m=0)	3.25	5.19
샤프지수(Rf=5%)	0.04	0.25
소르티노지수(MAR=10%)	-0.21	0.03
1만 달러 투자 시	$1,334,762	$38,542,780
1년 수익률 최저치	-68.26%	-66.72%
최고치	234.90%	201.69%
3년 수익률 최저치	-49.89%	-45.99%
최고치	48.95%	51.03%
5년 수익률 최저치	-27.07%	-23.07%
최고치	43.55%	41.17%
7년 수익률 최저치	-13.76%	-7.43%
최고치	23.60%	23.77%
10년 수익률 최저치	-6.90%	-5.31%
최고치	17.80%	22.05%
기대수익률 최저치	-41.97%	-30.28%
최고치	61.13%	56.39%

표 13.12. 전체 주식 주주수익률 하위 10%의 전체 주식 대비 기저율(1927/01/01~2009/12/31)

기준 기간	전체 주식 주주수익률 하위 10%가 더 높은 달	비율	초과수익률(연 수익률)
1년	263/985	27%	-3.57%
3년	171/961	18%	-4.12%
5년	83/937	9%	-4.23%
7년	56/913	6%	-4.33%
10년	36/877	4%	-4.37%

표 13.13. 최악의 시나리오: 전체 주식 주주수익률 하위 10%가 20% 이상 하락한 사례(1927/01/01~2009/12/31)

고점 월	지수 고점	저점 월	지수 저점	회복 월	하락률(%)	하락 기간(개월)	회복 기간(개월)
1929/08	1.88	1932/05	0.22	1945/02	-88.56	33	153
1946/05	3.45	1947/05	2.18	1951/01	-36.83	12	44
1961/11	15.60	1962/06	10.88	1965/01	-36.83	7	31
1966/04	21.90	1966/10	17.15	1967/01	-21.66	6	3
1968/11	37.00	1974/09	10.22	1980/07	-72.38	70	70
1981/05	52.20	1982/07	35.45	1983/01	-32.09	14	6
1983/06	67.61	1984/07	47.17	1986/02	-30.23	13	19
1987/08	90.43	1987/11	57.30	1989/08	-36.63	3	21
1989/09	91.29	1990/10	64.65	1991/03	-29.18	13	5
1998/04	181.75	1998/08	120.75	1999/12	-33.56	4	16
2000/02	208.17	2009/02	70.79		-65.99	108	
평균					-43.40	26	37

그림 13.3. 5년 평균 초과(미달) 연 수익률: 전체 주식 주주수익률 하위 10% − 전체 주식(1927/01/01~2009/12/31)

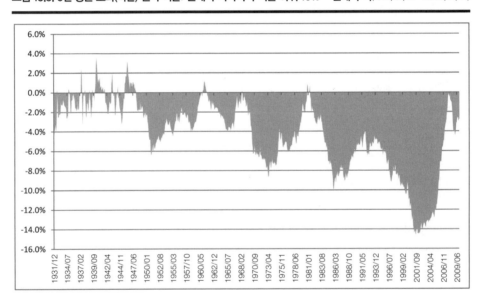

대형주가 전체 주식보다 나쁘다

1926/12/31에 대형주 주주수익률 최저 10% 주식에 1만 달러를 투자했다면 2009/12/31에 118만 2,249달러로 늘어 연 수익률 5.92%를 기록했을 것이다. 이는 대형주에 투자해 1만 달러를 2,161만 7,372달러로 늘리며 연 수익률 9.69%를 기록할 수 있었던 것에 비해 한참 모자라는 성과다. 표준편차는 23.90%로 대형주의 19.35%보다 나빴다. 샤프지수 역시 대형주의 0.24에 비해 한참 낮은 0.04를 기록했다. 표 13.14~13.16에 대형주와 비교한 자세한 수치를 담았다.

표 13.14. 연 수익률과 위험도: 대형주 주주수익률 하위 10%와 대형주(1927/01/01~2009/12/31)

		대형주 주주수익률 하위 10%	대형주
산술평균 수익률		8.89%	11.75%
기하평균 수익률		5.92%	9.69%
중위 수익률		12.56%	16.75%
표준편차		23.90%	19.35%
상방 편차		18.21%	13.10%
하방 편차		16.89%	14.40%
추적오차		7.30	0.00
상승 개월 수		579	609
하락 개월 수		417	387
최대 하락률		-88.63%	-84.33%
베타		1.19	1.00
T-통계량(m=0)		3.26	5.25
샤프지수(Rf=5%)		0.04	0.24
소르티노지수(MAR=10%)		-0.24	-0.02
1만 달러 투자 시		$1,182,249	$21,617,372
1년 수익률	최저치	-68.79%	-66.63%
	최고치	253.61%	159.52%
3년 수익률	최저치	-48.88%	-43.53%
	최고치	55.40%	45.64%
5년 수익률	최저치	-26.55%	-20.15%
	최고치	41.34%	36.26%
7년 수익률	최저치	-13.44%	-6.95%
	최고치	22.39%	22.83%
10년 수익률	최저치	-7.94%	-5.70%
	최고치	15.85%	19.57%
기대수익률	최저치	-38.91%	-26.96%
	최고치	56.68%	50.46%

모든 기저율은 음의 값이었고 모든 5년 단위 기간에서 대형주를 14% 승률로 능가했고 10년 기간에서는 단 4% 승률로 대형주를 능가했다. 표 13.15는 모든 보유 기간의 기저율을 나타낸다. 그림 13.4는 이 주식의 수익률에서 대형주 수익률을 뺀 5년 평균 초과 혹은 미달 연 수익률이다.

표 13.15. 대형주 주주수익률 하위 10%의 대형주 대비 기저율(1927/01/01~2009/12/31)

기준 기간	대형주 주주수익률 하위 10%가 더 높은 달	비율	초과수익률(연 수익률)
1년	280/985	28%	-2.98%
3년	200/961	21%	-3.49%
5년	131/937	14%	-3.54%
7년	65/913	7%	-3.68%
10년	34/877	4%	-3.79%

그림 13.4. 5년 평균 초과(미달) **연 수익률: 대형주 주주수익률 하위 10% - 대형주**(1927/01/01~2009/12/31)

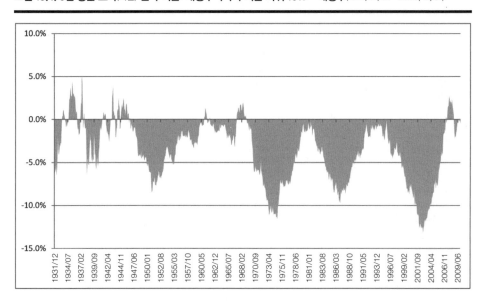

최악의 시나리오, 최고와 최악의 수익률

전체 주식 주주수익률 하위 10% 주식은 20% 넘는 하락을 11번 경험했다. 최악은 1929/08~1932/05에 있었던 89% 하락이다. 1968/11~1974/09의 극심한 하락장에서도 하락 폭이 72%에 달했다. 2000/02~2009/02에는 66% 하락했다. 표 13.13은 전체 기간에서 20% 넘게 하락한 모든 경우다.

절댓값 기준으로 이 주식 최고의 5년은 1937/05에 끝난 시기로, 투자한 1만 달러를 6만 946달러로 늘려 연 수익률 43.55%를 기록했다. 반대로 최악은 1932/05에 끝난 5년 동안 투자한 1만 달러가 2,063달러로 줄어 연 수익률 -27.07%를 기록한 경우다. 표 13.4와 13.5가 모든 보유 기간의 최고와 최악의 수익률을 보여준다.

상댓값 기준으로 보면 1937/05에 끝난 5년 동안 누적 수익률 509%를 기록해 전체 주식의 461%를 48%p 차이로 능가한 것이 최고였다. 반대로 2000/03에 끝난 5년에는 이 주식의 누적 수익률이 71%에 그친 반면 전체 주식은 165%를 기록해 94%p 차이로 밀돈 것이 상댓값으로 최악의 성과였다. 그림 13.3은 전체 주식 대비 이 주식이 거둔 수익률을 5년 단위 기간에 걸쳐 보여준다. 결코 예쁜 그림이 아니다.

대형주 주주수익률 하위 10% 주식은 1926~2009년 기간 동안 20% 넘는 하락을 11번 경험했다. 1929/08~1932/05에 89% 하락한 것이 최악이었고 1968/11~1974/09에도 68% 하락하는 큰 타격을 입었다. 2000/08~2002/09에는 62%, 2007/10~2009/02에는 59% 하락했다. 표 13.16은 1926년 이후 20% 넘는 하락을 모두 보여준다.

절댓값으로 최고의 수익을 낸 기간은 1937/05에 끝난 5년으로 투자한 1만 달러를 5만 6,416달러로 늘려 연 수익률 41.34%를 기록했다. 최악은 1932/05에 끝난 5년 동안 투자한 1만 달러가 2,138달러로 줄고 연 수익률 -26.55%를 기록한 경우다. 표 13.9와 13.10은 모든 보유 기간에 걸친 최고와 최악의 경우를 보여준다.

표 13.16. 최악의 시나리오: 대형주 주주수익률 하위 10%가 20% 이상 하락한 사례(1927/01/01~2009/12/31)

고점 월	지수 고점	저점 월	지수 저점	회복 월	하락률(%)	하락 기간(개월)	회복 기간(개월)
1929/08	1.90	1932/05	0.22	1945/10	-88.63	33	161
1946/05	2.43	1947/05	1.64	1951/02	-32.70	12	45
1961/11	10.22	1962/06	7.37	1963/12	-27.91	7	18
1968/11	19.71	1974/09	6.21	1980/11	-68.49	70	74
1981/05	22.04	1982/07	15.74	1983/01	-28.59	14	6
1983/06	27.15	1984/07	20.13	1985/11	-25.86	13	16
1987/08	41.56	1987/11	28.60	1989/05	-31.18	3	18
1990/05	47.07	1990/10	34.76	1991/02	-26.16	5	4
1998/04	134.61	1998/08	99.42	1999/04	-26.14	4	8
2000/08	146.87	2002/09	56.55	2007/04	-61.50	25	55
2007/10	165.07	2009/02	67.61		-59.04	16	
평균					-43.29	18	41

표 13.17. 전체 주식 10년 단위 연 수익률(%, 1927/01/01~2009/12/31)

	1920년대	1930년대	1940년대	1950년대	1960년대	1970년대	1980년대	1990년대	2000년대
전체 주식 주주수익률 상위 10%	14.39	-2.11	14.62	19.32	12.25	13.09	23.15	16.33	10.53
전체 주식	12.33	-0.03	11.57	18.07	10.72	7.56	16.78	15.35	4.39
전체 주식 주주수익률 하위 10%	4.31	0.05	9.37	15.30	8.02	2.73	10.32	7.77	-3.23

표 13.18. 대형주 10년 단위 연 수익률(%, 1927/01/01~2009/12/31)

	1920년대	1930년대	1940년대	1950년대	1960년대	1970년대	1980년대	1990년대	2000년대
대형주 주주수익률 상위 10%	16.34	-0.07	12.55	19.20	8.96	11.84	23.42	17.37	9.63
대형주	17.73	-1.05	9.65	17.06	8.31	6.65	17.34	16.38	2.42
대형주 주주수익률 하위 10%	4.86	-1.41	7.39	14.03	7.28	-0.10	11.60	11.83	-1.61

상댓값으로 보면 이 주식이 대형주를 상대로 최고의 성과를 낸 5년은 1937/06에 끝난 기간으로 누적 수익률 414%를 기록해 대형주의 346%를 68%p 차이로 능가했다. 반대로 최악의 상대 성과는 1987/07에 끝난 5년 동안 누적 수익률 158%를 기록해, 257%를 기록한 대형주를 99%p 차이로 밑돈 경우다. 그림 13.4는 이 주식과 대형주 수익률 차이의 5년 단위 수치를 보여준다. 전체 주식과 마찬가지로 보기 좋은 그림이 아니다. 표 13.17과 13.18은 전체 주식과 대형주 모집단에서 주주수익률 상위 10% 주식과 하위 10% 주식이 각각 기록한 연 수익률을 보여준다.

십분위수

전체 주식 모집단을 자사주 매입 수익률로 분석한 결과보다 주주수익률로 분석한 결과가 더 일관적이었다. 그림 13.5와 표 13.19를 보면 수익률이 순서대로 나열되어서 전체 주식 주주수익률 상위 10% 주식의 수익률이 가장 좋고 하위 10% 주식의 수익률이 가장 나빴다. 전체 83년 동안 상위 10% 주식과 하위 10% 주식의 스프레드가 연평균 7.14%p여서 최종 값이 막대한 차이가 났다.

대형주 모집단의 십분위수 분석 결과도 전체 주식 모집단의 결과와 비슷했다. 그림 13.6과 표 13.20은 대형주 모집단에서도 수익률이 순서대로 나열된 것을 보여주어서 주주수익률 상위 10% 주식이 하위 10% 주식을 크게 능가한다. 전체 83년 동안 상위 10% 주식과 하위 10% 주식의 스프레드는 연평균 6.87%p로 역시 최종적으로 막대한 차이를 낳았다.

그림 13.5. 전체 주식 주주수익률 십분위수 수익률(1927/01/01~2009/12/31)

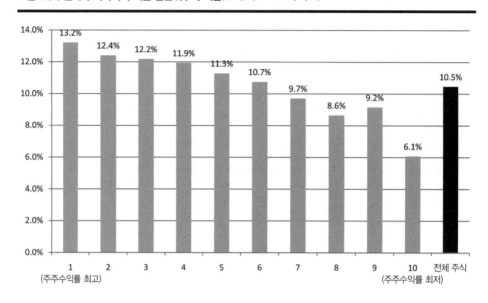

표 13.19. 전체 주식 주주수익률 십분위수 수익률 요약(1927/01/01~2009/12/31)

십분위수	1만 달러 투자 시	연 수익률(산술평균)	연 수익률(기하평균)	표준편차	샤프지수
1(주주수익률 최고)	$298,363,138	15.50%	13.22%	20.19%	0.41
2	$164,632,206	14.35%	12.41%	18.66%	0.40
3	$138,927,917	14.08%	12.18%	18.43%	0.39
4	$116,208,174	13.93%	11.94%	18.91%	0.37
5	$71,061,645	13.42%	11.28%	19.61%	0.32
6	$47,745,959	13.15%	10.75%	20.71%	0.28
7	$21,930,224	12.55%	9.71%	22.60%	0.21
8	$9,775,556	11.97%	8.65%	24.65%	0.15
9	$14,358,062	13.01%	9.15%	26.68%	0.16
10(주주수익률 최저)	$1,334,762	9.58%	6.07%	25.78%	0.04
전체 주식	$38,542,780	13.06%	10.46%	21.67%	0.25

월가의 퀀트 투자 바이블

그림 13.6. 대형주 주주수익률 십분위수 수익률(1927/01/01~2009/12/31)

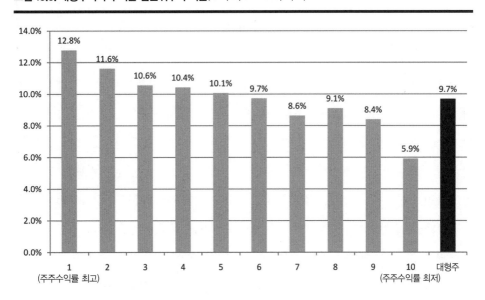

표 13.20. 대형주 주주수익률 십분위수 수익률 요약(1927/01/01~2009/12/31)

십분위수	1만 달러 투자 시	연 수익률(산술평균)	연 수익률(기하평균)	표준편차	샤프지수
1(주주수익률 최고)	$217,331,288	14.86%	12.79%	19.31%	0.40
2	$91,230,690	13.40%	11.61%	17.93%	0.37
3	$41,546,263	12.32%	10.56%	17.91%	0.31
4	$37,632,925	12.22%	10.43%	18.07%	0.30
5	$28,687,731	11.94%	10.07%	18.37%	0.28
6	$22,224,338	11.76%	9.73%	19.11%	0.25
7	$9,720,068	11.00%	8.64%	20.73%	0.18
8	$13,821,435	11.71%	9.10%	21.71%	0.19
9	$8,115,199	11.42%	8.41%	23.57%	0.14
10(주주수익률 최저)	$1,182,249	8.89%	5.92%	23.90%	0.04
대형주	$21,617,372	11.75%	9.69%	19.35%	0.24

시사점

주식을 선별하는 요소로는 주주수익률과 자사주 매입 수익률이 배당수익률 단독보다 낫다. 자사주 매입 수익률 단독으로 배당수익률과 주주수익률 모두를 능가했지만, 주주수익률이 자사주 매입 수익률보다 덜 심하게 하락했고 기저율도 더 좋았다. 자신의 포트폴리오가 벤치마크를 74%p나 밑도는 것을 5년 동안 지켜보기 힘든 투자자라면 주주수익률로 가는 것이 맞다. 주주수익률은 벤치마크 대비 45%p 하락이 가장 심한 경우이기 때문이다. 자사주 매입 수익률과 주주수익률 둘 다 주식을 선별하는 좋은 요소다. 자사주 매입 수익률과 주주수익률이 가장 높은 주식을 찾는 가치 투자자에게는 물론, 두 요소의 하위 10% 주식을 피하고자 하는 성장 투자자에게도 그렇다.

14

재무 비율

WHAT WORKS ON WALL STREET

매출액에서 비용을 뺀 것이 이익이라는 점을 사람들에게
상기시켜라. 당신이 똑똑하다고 여길 것이다.

| 스콧 애덤스 | Scott Adams, 미국 만화가

이제 매력적인 주식과 피해야 할 주식을 선별하는 데 도움이 될 각종 회계 비율을 살펴보자. 몇몇 학술 논문에 따르면 주가발생액배수[=주가/주당발생액, 발생액(accruals) = 손익계산서상 당기순이익-현금흐름표상 영업활동현금흐름]와 자산회전율asset turnover 같은 재무 비율이 주식 선별에 도움이 된다. 이 장에서는 다양한 재무 비율을 개괄한 후 정말로 효과를 입증할 근거가 있는지 조사한다. 주식을 선별하는 데 실질적으로 유용한 재무 비율만 살펴본다. 대부분은 효과를 입증할 만큼 명확한 증거를 제시하지 못했다. 예를 들어 자산/자기자본Assets-to-Equity, 부채 비율 등의 비율은 고려할 만한 효과를 입증하지 못했다. 그럼에도 불구하고 재무 비율 몇몇은 주식의 미래 성과를 꽤 괜찮게 예측했고, 주가발생액배수가 단연 최고였다.

주가발생액배수

주가발생액배수를 통해 기업 이익의 품질을 알 수 있다고 생각하는 애널리스트가 많고, 이들은 이 값이 낮을수록 이익의 질이 높다고 판단한다. 이 값이 높으면 안 팔릴 것을 알면서도 재고를 대리점에 밀어내는 식으로 허위 매출을 '밀어 넣었을' 가능성이 크기 때문이다. 주가발생액배수가 높은 주식은 향후 부정적인 어닝 쇼크를 발표할 가능성이 크고 결국 주가에 악영향을 끼친다는 논리다. 사실인지 확인해보자.

표 14.1은 주가발생액배수를 기준으로 전체 주식을 십분위수로 구분해 1963~2009년 동안 각 십분위수에 1만 달러를 투자한 결과를 보여준다. 10번이 주가발생액배수가 가장 낮은 10% 주식이다. 전체 주식 주가발생액배수 하위 10% 주식이 시장을 능가하는 것을 명확히 확인할 수 있고, 하위 30% 주식 모두 시장을 능가했으며, 특히 하위 20% 주식은 현격한 차이로 능가했다. 동시에 주가발생액배수 상위 20% 주식은 전체 주식을 큰 차이로 밑돌았다. 표 14.2는 상위 10%와 하위 10% 주식의 결과를 자세하게 보여준다.

표 14.1. 전체 주식 주가발생액배수 십분위수 수익률 요약(1964/01/01~2009/12/31)

십분위수	1만 달러 투자 시	연 수익률(산술평균)	연 수익률(기하평균)	표준편차	샤프지수
1(주가발생액배수 최고)	$482,948	11.37%	8.79%	21.47%	0.18
2	$463,666	11.12%	8.70%	20.84%	0.18
3	$585,626	11.85%	9.25%	21.65%	0.20
4	$708,911	12.13%	9.71%	20.86%	0.23
5	$947,994	12.57%	10.40%	19.66%	0.27
6	$1,244,211	12.97%	11.06%	18.45%	0.33
7	$1,105,662	12.44%	10.77%	17.24%	0.33
8	$1,467,435	12.94%	11.45%	16.23%	0.40
9	$2,874,786	14.66%	13.10%	16.51%	0.49
10(주가발생액배수 최저)	$4,800,813	16.70%	14.36%	20.13%	0.47
전체 주식	$1,329,513	13.26%	11.22%	18.99%	0.33

표 14.2. 연 수익률과 위험도: 전체 주식 주가발생액배수 상위 10%, 하위 10%, 전체 주식(1964/01/01~2009/12/31)

	전체 주식 주가발생액배수 상위 10%	전체 주식 주가발생액배수 하위 10%	전체 주식
산술평균 수익률	11.37%	16.70%	13.26%
기하평균 수익률	8.79%	14.36%	11.22%
중위 수익률	13.62%	19.06%	17.16%
표준편차	21.47%	20.13%	18.99%
상방 편차	12.57%	13.10%	10.98%
하방 편차	15.47%	14.94%	13.90%
추적오차	4.96	6.75	0.00
상승 개월 수	316	345	329
하락 개월 수	236	207	223
최대 하락률	-60.25%	-63.33%	-55.54%
베타	1.10	1.00	1.00
T-통계량(m=0)	3.42	5.24	4.47
샤프지수(Rf=5%)	0.18	0.47	0.33
소르티노지수 (MAR=10%)	-0.08	0.29	0.09
1만 달러 투자 시	$482,948	$4,800,813	$1,329,513
1년 수익률 최저치	-51.98%	-54.53%	-46.49%
최고치	86.79%	112.37%	84.19%
3년 수익률 최저치	-22.33%	-20.77%	-18.68%
최고치	35.84%	47.50%	31.49%
5년 수익률 최저치	-11.31%	-6.68%	-9.91%
최고치	28.55%	34.00%	27.66%
7년 수익률 최저치	-7.05%	-0.86%	-6.32%
최고치	24.78%	25.06%	23.77%
10년 수익률 최저치	-0.65%	4.74%	1.01%
최고치	21.36%	24.43%	22.05%
기대수익률 최저치	-31.57%	-23.56%	-24.73%
최고치	54.31%	56.96%	51.24%

전체 주식 주가발생액배수 하위 10% 주식의 모든 기저율은 양의 값이었고, 5년 단위 기간에서는 전체 주식을 86%, 10년 단위 기간에서는 91% 승률로 능가했다. 반면 주가발생액배수 상위 10% 주식의 모든 기저율은 음의 값이었고 5년 단위 기간에서는 전체 주식을 25%, 10년 기간에서는 12% 승률로 능가했을 뿐이다. 표 14.3과 14.4는 모든 기간에서 두 주식의 기저율을 보여준다.

표 14.3. 전체 주식 주가발생액배수 하위 10%의 전체 주식 대비 기저율(1964/01/01~2009/12/31)

기준 기간	전체 주식 주가발생액배수 하위 10%가 더 높은 달	비율	초과수익률(연 수익률)
1년	346/541	64%	3.04%
3년	400/517	77%	2.92%
5년	422/493	86%	2.90%
7년	404/469	86%	2.81%
10년	396/433	91%	2.72%

표 14.4. 전체 주식 주가발생액배수 상위 10%의 전체 주식 대비 기저율(1964/01/01~2009/12/31)

기준 기간	전체 주식 주가발생액배수 상위 10%가 더 높은 달	비율	초과수익률(연 수익률)
1년	218/541	40%	-1.90%
3년	168/517	32%	-2.51%
5년	123/493	25%	-2.78%
7년	90/469	19%	-3.02%
10년	51/433	12%	-3.40%

대형주

표 14.5는 대형주 주가발생액배수 기준 모든 십분위수 주식을 보여준다. 전체 주식에서와 마찬가지로 주가발생액배수가 낮은 주식이 높은 주식보다 수익률이 좋았지만 전체 주식에서만큼 차이가 크지는 않다. 대형주 주가발생액배수 하위 10% 주식은 1963~2009년에 연 수익률 12.67%를 기록한 반면 상위 10% 주식은 연 수익률 8.48%를 기록했다. 대형주는 10.20%였다. 표 14.6은 상위 10%와 하위 10% 주식을 상세하게 보여준다.

표 14.5. 대형주 주가발생액배수 십분위수 수익률 요약(1964/01/01~2009/12/31)

십분위수	1만 달러 투자 시	연 수익률(산술평균)	연 수익률(기하평균)	표준편차	샤프지수
1(주가발생액배수 최고)	$423,609	10.18%	8.48%	17.53%	0.20
2	$378,951	9.95%	8.22%	17.74%	0.18
3	$639,736	11.09%	9.46%	17.19%	0.26
4	$571,142	10.74%	9.19%	16.79%	0.25
5	$617,850	10.88%	9.38%	16.50%	0.27
6	$413,896	9.83%	8.43%	15.96%	0.21
7	$730,698	11.09%	9.78%	15.46%	0.31
8	$470,284	9.91%	8.73%	14.72%	0.25
9	$1,286,892	12.29%	11.14%	14.44%	0.43
10(주가발생액배수 최저)	$2,415,916	14.08%	12.67%	15.85%	0.48
대형주	$872,861	11.72%	10.20%	16.50%	0.32

표 14.6. 연 수익률과 위험도: 대형주 주가발생액배수 상위 10%, 하위 10%, 대형주(1964/01/01~2009/12/31)

		대형주 주가발생액배수 상위 10%	대형주 주가발생액배수 하위 10%	대형주
산술평균 수익률		10.18%	14.08%	11.72%
기하평균 수익률		8.48%	12.67%	10.20%
중위 수익률		14.01%	18.70%	17.20%
표준편차		17.53%	15.85%	16.50%
상방 편차		10.33%	9.99%	9.70%
하방 편차		12.98%	11.10%	11.85%
추적오차		5.90	7.38	0.00
상승 개월 수		322	339	332
하락 개월 수		230	213	220
최대 하락률		-54.83%	-53.48%	-53.77%
베타		1.00	0.86	1.00
T-통계량(m=0)		3.77	5.67	4.58
샤프지수(Rf=5%)		0.20	0.48	0.32
소르티노지수(MAR=10%)		-0.12	0.24	0.02
1만 달러 투자 시		$423,609	$2,415,916	$872,861
1년 수익률	최저치	-49.21%	-45.26%	-46.91%
	최고치	70.19%	72.99%	68.96%
3년 수익률	최저치	-19.18%	-10.83%	-15.89%
	최고치	35.68%	39.51%	33.12%
5년 수익률	최저치	-9.61%	-0.66%	-5.82%
	최고치	29.41%	32.88%	28.95%
7년 수익률	최저치	-4.29%	-0.25%	-4.15%
	최고치	23.53%	25.99%	22.83%
10년 수익률	최저치	-1.71%	2.75%	-0.15%
	최고치	20.79%	20.36%	19.57%
기대수익률	최저치	-24.87%	-17.61%	-21.28%
	최고치	45.24%	45.78%	44.72%

표 14.7과 14.8은 두 주식의 기저율을 보여준다. 대형주 주가발생액배수 하위 10% 주식의 기저율은 모든 기간에서 양의 값이었고 5년 단위 기간에서는 74%, 10년 단위 기간에서는 89% 승률로 대형주를 능가했다. 반면 대형주 주가발생액배수 상위 10% 주식의 기저율은 모두 음의 값이었고 5년 기간에서는 37%, 10년 기간에서는 19% 승률로 대형주를 능가했을 뿐이다.

표 14.7. 대형주 주가발생액배수 하위 10%의 대형주 대비 기저율(1964/01/01~2009/12/31)

기준 기간	대형주 주가발생액배수 하위 10%가 더 높은 달	비율	초과수익률(연 수익률)
1년	330/541	61%	2.51%
3년	369/517	71%	2.59%
5년	365/493	74%	2.55%
7년	350/469	75%	2.47%
10년	384/433	89%	2.41%

표 14.8. 대형주 주가발생액배수 상위 10%의 대형주 대비 기저율(1964/01/01~2009/12/31)

기준 기간	대형주 주가발생액배수 상위 10%가 더 높은 달	비율	초과수익률(연 수익률)
1년	207/541	38%	-1.36%
3년	202/517	39%	-1.66%
5년	181/493	37%	-1.90%
7년	132/469	28%	-2.11%
10년	83/433	19%	-2.34%

시사점

주가발생액배수가 낮은 주식을 가까이하고 높은 주식을 멀리한 투자자는 분명 좋은 결과를 볼 것이다. 주가발생액배수가 낮은 주식은 양질의 이익을 낳는 반면 배수가 높은 주식은 부정적인 어닝 쇼크를 경험할 가능성이 크다.

자산/자기자본 비율

자산/자기자본 비율은 기업의 총자산과 주주가 소유한 부분, 흔히 주주나 소유주의 자본이라고 부르는 부분의 관계를 보여준다. 기본적으로 기업이 레버리지, 즉 영업 활동을 위해 부채를 얼마나 사용하는지를 보여준다. 자산/자기자본 비율이 높은 기업은 영업활동을 위해 상당한 부채를 쓰는 반면, 자산/자기자본이 낮은 기업은 영업 활동을 위해 부채 대신 현금흐름을 사용한다. 이 비율의 십분위수 분석 결과를 살펴보자.

표 14.9는 전체 주식을 자산/자기자본 비율에 따라 십분위수로 나눈 후 투자한 결과다. 표의 맨 위가 자산/자기자본 비율이 가장 높은 10% 주식이고 맨 아래가 자산/자기자본 비율이 가장 낮은 10% 주식이다. 다시 말해 자산/자기자본 하위 10% 주식은 부채와 레버리지가 가장 작고, 상위 10% 주식은 부채와 레버리지가 가장 크다. 표를 보면 전체 주식 자산/자기자본 하위 10% 주식은 피해야 한다. 약간의 부채는 있는 것이 좋고, 부채가 아예 없거나 너무 적으면 주가의 움직임에 나쁘다는 얘기다. 표 14.10은 전체 주식 자산/자기자본 상위 10% 주식과 하위 10% 주식의 결과를 자세하게 보여준다.

표 14.9. 전체 주식 자산/자기자본 비율 십분위수 수익률 요약(1964/01/01~2009/12/31)

십분위수	1만 달러 투자 시	연 수익률(산술평균)	연 수익률(기하평균)	표준편차	샤프지수
1(자산/자기자본 비율 최고)	$1,299,802	12.90%	11.16%	17.59%	0.35
2	$1,146,410	12.88%	10.86%	18.94%	0.31
3	$1,374,211	12.91%	11.30%	16.87%	0.37
4	$1,027,534	12.08%	10.59%	16.27%	0.34
5	$1,360,122	12.90%	11.27%	16.97%	0.37
6	$1,333,908	13.12%	11.22%	18.32%	0.34
7	$1,535,471	13.67%	11.56%	19.28%	0.34
8	$1,071,593	12.96%	10.70%	20.09%	0.28
9	$967,971	13.03%	10.45%	21.49%	0.25
10(자산/자기자본 비율 최저)	$254,268	10.14%	7.29%	22.81%	0.10
전체 주식	$1,329,513	13.26%	11.22%	18.99%	0.33

표 14.10. 연 수익률과 위험도: 전체 주식 자산/자기자본 비율 상위 10%, 하위 10%, 전체 주식
(1964/01/01∼2009/12/31)

	전체 주식 자산/자기자본 비율 상위 10%	전체 주식 자산/자기자본 비율 하위 10%	전체 주식
산술평균 수익률	12.90%	10.14%	13.26%
기하평균 수익률	11.16%	7.29%	11.22%
중위 수익률	15.78%	16.92%	17.16%
표준편차	17.59%	22.81%	18.99%
상방 편차	10.83%	14.23%	10.98%
하방 편차	13.54%	16.54%	13.90%
추적오차	9.84	8.62	0.00
상승 개월 수	337	326	329
하락 개월 수	215	226	223
최대 하락률	-64.20%	-79.51%	-55.54%
베타	0.79	1.12	1.00
T-통계량(m=0)	4.70	2.88	4.47
샤프지수(Rf=5%)	0.35	0.10	0.33
소르티노지수(MAR=10%)	0.09	-0.16	0.09
1만 달러 투자 시	$1,299,802	$254,268	$1,329,513

		상위 10%	하위 10%	전체 주식
1년 수익률	최저치	-54.34%	-58.70%	-46.49%
	최고치	83.27%	151.77%	84.19%
3년 수익률	최저치	-26.05%	-39.82%	-18.68%
	최고치	46.01%	41.62%	31.49%
5년 수익률	최저치	-11.85%	-17.83%	-9.91%
	최고치	32.59%	30.85%	27.66%
7년 수익률	최저치	-4.60%	-10.87%	-6.32%
	최고치	34.80%	22.39%	23.77%
10년 수익률	최저치	-0.83%	-6.69%	1.01%
	최고치	25.58%	18.29%	22.05%
기대수익률	최저치	-22.28%	-35.47%	-24.73%
	최고치	48.08%	55.75%	51.24%

　　부채가 너무 많아도 좋지 않다는 점에 주목하기 바란다. 실현되지 않을지도 모르는 기회를 좇느라 턱없이 많은 부채를 쌓아 올리는, 지나치게 공격적인 기업일 수 있다. 표에서 보듯 자산/자기자본 상위 10% 주식은 연 수익률이 11.16%로 전체 주식 수익률을 살짝 밑돌았다. 표 14.11과 14.12는 자산/자기자본 상위 10% 주식과 하위 10% 주식의 기저율을 보여준다.

표 14.11. 전체 주식 자산/자기자본 비율 상위 10%의 전체 주식 대비 기저율(1964/01/01~2009/12/31)

기준 기간	전체 주식 자산/자기자본 비율 상위 10%가 더 높은 달	비율	초과수익률(연 수익률)
1년	279/541	52%	0.39%
3년	280/517	54%	1.09%
5년	295/493	60%	1.50%
7년	279/469	59%	1.64%
10년	271/433	63%	1.55%

표 14.12. 전체 주식 자산/자기자본 비율 하위 10%의 전체 주식 대비 기저율(1964/01/01~2009/12/31)

기준 기간	전체 주식 자산/자기자본 비율 하위 10%가 더 높은 달	비율	초과수익률(연 수익률)
1년	191/541	35%	-2.99%
3년	116/517	22%	-3.93%
5년	103/493	21%	-4.11%
7년	91/469	19%	-4.24%
10년	84/433	19%	-4.29%

대형주

표 14.13은 대형주를 자산/자기자본 비율에 따라 십분위수로 구분한 결과를 보여준다. 전체 주식에서와 마찬가지로 여기서 도출할 수 있는 유의미한 결론은 자산/자기자본 비율이 가장 낮은 10%는 피해야 한다는 사실이다. 역시나 자산/자기자본 비율 상위 61~70% 주식이 가장 좋은 성과를 기록했다. 적당한 부채는 기업의 전망에 이롭다는 의미다. 표 14.14는 대형주 자산/자기자본 상위 10% 주식과 하위 10%

표 14.13. 대형주 자산/자기자본 비율 십분위수 수익률 요약(1964/01/01~2009/12/31)

십분위수	1만 달러 투자 시	연 수익률(산술평균)	연 수익률(기하평균)	표준편차	샤프지수
1(자산/자기자본 비율 최고)	$571,201	11.48%	9.19%	20.30%	0.21
2	$574,361	10.82%	9.21%	17.07%	0.25
3	$397,276	9.57%	8.33%	15.06%	0.22
4	$546,167	10.21%	9.09%	14.37%	0.28
5	$900,896	11.47%	10.28%	14.65%	0.36
6	$808,299	11.30%	10.02%	15.23%	0.33
7	$936,552	11.77%	10.37%	15.92%	0.34
8	$813,004	11.57%	10.03%	16.67%	0.30
9	$514,567	10.68%	8.94%	17.71%	0.22
10(자산/자기자본 비율 최저)	$317,916	9.91%	7.81%	19.57%	0.14
대형주	$872,861	11.72%	10.20%	16.50%	0.32

주식의 결과를 자세하게 보여준다. 표 14.15와 14.16에서는 두 주식의 기저율을 대형주와 비교했다.

표 14.14. 연 수익률과 위험도: 대형주 자산/자기자본 비율 상위 10%, 하위 10%, 대형주
(1964/01/01∼2009/12/31)

		대형주 자산/자기자본 비율 상위 10%	대형주 자산/자기자본 비율 하위 10%	대형주
산술평균 수익률		11.48%	9.91%	11.72%
기하평균 수익률		9.19%	7.81%	10.20%
중위 수익률		12.35%	9.92%	17.20%
표준편차		20.30%	19.57%	16.50%
상방 편차		13.45%	12.79%	9.70%
하방 편차		14.61%	14.41%	11.85%
추적오차		10.00	8.83	0.00
상승 개월 수		324	325	332
하락 개월 수		228	227	220
최대 하락률		-74.87%	-72.53%	-53.77%
베타		1.07	1.06	1.00
T-통계량(m=0)		3.65	3.29	4.58
샤프지수(Rf=5%)		0.21	0.14	0.32
소르티노지수(MAR=10%)		-0.06	-0.15	0.02
1만 달러 투자 시		$571,201	$317,916	$872,861
1년 수익률	최저치	-67.28%	-63.16%	-46.91%
	최고치	77.49%	110.51%	68.96%
3년 수익률	최저치	-31.13%	-31.52%	-15.89%
	최고치	47.08%	43.54%	33.12%
5년 수익률	최저치	-14.00%	-12.49%	-5.82%
	최고치	31.87%	33.66%	28.95%
7년 수익률	최저치	-6.55%	-6.34%	-4.15%
	최고치	30.28%	27.95%	22.83%
10년 수익률	최저치	-3.15%	-3.04%	-0.15%
	최고치	26.47%	23.05%	19.57%
기대수익률	최저치	-29.13%	-29.24%	-21.28%
	최고치	52.08%	49.05%	44.72%

표 14.15. 대형주 자산/자기자본 비율 상위 10%의 대형주 대비 기저율(1964/01/01∼2009/12/31)

기준 기간	대형주 자산/자기자본 비율 상위 10%가 더 높은 달	비율	초과수익률(연 수익률)
1년	292/541	54%	-0.06%
3년	266/517	51%	0.09%
5년	218/493	44%	0.33%
7년	181/469	39%	0.35%
10년	159/433	37%	0.24%

표 14.16. 대형주 자산/자기자본 비율 하위 10%의 대형주 대비 기저율(1964/01/01~2009/12/31)

기준 기간	대형주 자산/자기자본 비율 하위 10%가 더 높은 달	비율	초과수익률(연 수익률)
1년	204/541	38%	-1.60%
3년	154/517	30%	-2.41%
5년	112/493	23%	-2.54%
7년	101/469	22%	-2.64%
10년	42/433	10%	-2.75%

시사점

부채가 꼭 나쁜 것은 아니어서 대형주 자산/자기자본 비율 61~70% 주식의 수익률이 가장 높았다. 부채를 거의 사용하지 않는 91~100% 주식의 수익률이 가장 낮았다는 사실은 너무 보수적인 기업은 시장에서 좋은 기회를 놓칠지 모른다는 것을 시사한다. 전체 주식과 대형주 모두에서 자산/자기자본 비율이 가장 낮은 91~100% 주식이 모집단의 수익률을 하회했다. 어느 정도의 부채는 좋다.

자산회전율

자산회전율은 매출액을 총자산으로 나눈 것이다. 기업이 자산을 얼마나 효과적으로 사용하는지 가늠한다. 자산회전율이 높을수록 기업이 자산을 더 효과적으로 사용한다고 볼 수 있다. 표 14.17은 전체 주식을 자산회전율에 따라 십분위수로 구분한 결과다. 전체 주식 자산회전율 상위 20% 주식이 전체 주식을 확연히 능가한 반면 하위 20% 주식은 현격하게 밑돌았다. 표 14.18은 전체 주식 대비 상위 10%와 하위 10% 주식의 성과를 보여준다. 표 14.19에서 보듯 전체 주식 자산회전율 상위 10% 주식의 기저율은 모두 양의 값이지만 주가발생액배수에서만큼 큰 차이는 아니다. 이 주식은 5년 단위 기간에서는 76%, 10년 단위 기간에서는 87% 승률로 전체 주식을 능가했다. 반면 자산회전율 하위 10% 주식의 모든 기저율은 음의 값이었고 전체 주식을 5년과 10년 단위 기간에서 모두 42% 승률로 능가했다.

표 14.17. 전체 주식 자산회전율 십분위수 수익률 요약(1964/01/01~2009/12/31)

십분위수	1만 달러 투자 시	연 수익률(산술평균)	연 수익률(기하평균)	표준편차	샤프지수
1(자산회전율 최고)	$2,761,259	15.26%	13.00%	19.87%	0.40
2	$2,005,972	14.45%	12.21%	19.78%	0.36
3	$1,642,909	13.90%	11.73%	19.60%	0.34
4	$1,566,766	13.76%	11.61%	19.43%	0.34
5	$1,566,380	13.83%	11.61%	19.79%	0.33
6	$1,291,645	13.28%	11.15%	19.47%	0.32
7	$1,488,492	13.43%	11.49%	18.56%	0.35
8	$1,017,147	12.15%	10.57%	16.80%	0.33
9	$295,650	9.27%	7.64%	17.27%	0.15
10(자산회전율 최저)	$521,728	10.60%	8.98%	17.16%	0.23
전체 주식	$1,329,513	13.26%	11.22%	18.99%	0.33

표 14.18. 연 수익률과 위험도: 전체 주식 자산회전율 상위 10%, 하위 10%, 전체 주식(1964/01/01~2009/12/31)

	전체 주식 자산회전율 상위 10%	전체 주식 자산회전율 하위 10%	전체 주식
산술평균 수익률	15.26%	10.60%	13.26%
기하평균 수익률	13.00%	8.98%	11.22%
중위 수익률	18.01%	14.26%	17.16%
표준편차	19.87%	17.16%	18.99%
상방 편차	11.92%	10.45%	10.98%
하방 편차	14.37%	13.14%	13.90%
추적오차	5.97	8.81	0.00
상승 개월 수	342	342	329
하락 개월 수	210	210	223
최대 하락률	-62.08%	-63.29%	-55.54%
베타	1.00	0.80	1.00
T-통계량(m=0)	4.88	4.00	4.47
샤프지수(Rf=5%)	0.40	0.23	0.33
소르티노지수(MAR=10%)	0.21	-0.08	0.09
1만 달러 투자 시	$2,761,259	$521,728	$1,329,513
1년 수익률 최저치	-46.39%	-52.75%	-46.49%
1년 수익률 최고치	107.27%	82.38%	84.19%
3년 수익률 최저치	-24.00%	-27.49%	-18.68%
3년 수익률 최고치	42.07%	41.60%	31.49%
5년 수익률 최저치	-11.35%	-14.79%	-9.91%
5년 수익률 최고치	32.05%	29.53%	27.66%
7년 수익률 최저치	-5.92%	-6.33%	-6.32%
7년 수익률 최고치	29.32%	29.67%	23.77%
10년 수익률 최저치	1.61%	-4.63%	1.01%
10년 수익률 최고치	25.14%	22.15%	22.05%
기대수익률 최저치	-24.48%	-23.71%	-24.73%
기대수익률 최고치	55.00%	44.92%	51.24%

표 14.19. 전체 주식 자산회전율 상위 10%와 전체 주식의 수익률 비교(1964/01/01~2009/12/31)

기준 기간	전체 주식 자산회전율 상위 10%가 더 높은 달	비율	초과수익률(연 수익률)
1년	321/541	59%	2.37%
3년	343/517	66%	2.04%
5년	373/493	76%	2.05%
7년	384/469	82%	1.98%
10년	376/433	87%	1.79%

표 14.20. 전체 주식 자산회전율 하위 10%의 전체 주식 대비 기저율(1964/01/01~2009/12/31)

기준 기간	전체 주식 자산회전율 하위 10%가 더 높은 달	비율	초과수익률(연 수익률)
1년	224/541	41%	-1.91%
3년	214/517	41%	-1.28%
5년	206/493	42%	-0.88%
7년	196/469	42%	-0.73%
10년	180/433	42%	-0.72%

대형주

표 14.21은 자산회전율에 따라 대형주 주식을 십분위수로 구분해 보여준다. 전체 주식처럼 대형주 자산회전율 상위 10% 주식이 대형주를 능가한 반면 하위 20% 주식은 모집단을 현격하게 밑돌았다. 그런데 전체 주식과는 달리 대형주 자산회전율 상위 71~80% 주식의 수익률이 가장 저조하다. 따라서 자산회전율은 주가발생액

표 14.21. 대형주 자산회전율 십분위수 수익률 요약(1964/01/01~2009/12/31)

십분위수	1만 달러 투자 시	연 수익률(산술평균)	연 수익률(기하평균)	표준편차	샤프지수
1(자산회전율 최고)	$1,194,287	12.49%	10.96%	16.56%	0.36
2	$865,900	11.79%	10.18%	17.02%	0.30
3	$830,433	11.62%	10.08%	16.63%	0.31
4	$849,555	11.70%	10.14%	16.75%	0.31
5	$793,584	11.57%	9.98%	16.97%	0.29
6	$561,131	10.67%	9.15%	16.63%	0.25
7	$695,511	11.10%	9.66%	16.16%	0.29
8	$345,274	9.26%	8.00%	15.21%	0.20
9	$432,955	9.97%	8.54%	16.18%	0.22
10(자산회전율 최저)	$380,644	10.29%	8.23%	19.39%	0.17
대형주	$872,861	11.72%	10.20%	16.50%	0.32

표 14.22. 연 수익률과 위험도: 대형주 자산회전율 상위 10%, 하위 10%, 대형주(1964/01/01~2009/12/31)

	대형주 자산회전율 상위 10%	대형주 자산회전율 하위 10%	대형주
산술평균 수익률	12.49%	10.29%	11.72%
기하평균 수익률	10.96%	8.23%	10.20%
중위 수익률	11.31%	12.23%	17.20%
표준편차	16.56%	19.39%	16.50%
상방 편차	10.45%	13.13%	9.70%
하방 편차	11.48%	13.87%	11.85%
추적오차	6.81	10.49	0.00
상승 개월 수	323	323	332
하락 개월 수	229	229	220
최대 하락률	-54.64%	-75.82%	-53.77%
베타	0.92	0.99	1.00
T-통계량(m=0)	4.84	3.44	4.58
샤프지수(Rf=5%)	0.36	0.17	0.32
소르티노지수(MAR=10%)	0.08	-0.13	0.02
1만 달러 투자 시	$1,194,287	$380,644	$872,861
1년 수익률 최저치	-45.03%	-67.52%	-46.91%
최고치	65.03%	74.96%	68.96%
3년 수익률 최저치	-19.20%	-33.06%	-15.89%
최고치	36.30%	49.44%	33.12%
5년 수익률 최저치	-7.97%	-16.99%	-5.82%
최고치	30.79%	31.53%	28.95%
7년 수익률 최저치	-5.50%	-8.57%	-4.15%
최고치	25.20%	31.39%	22.83%
10년 수익률 최저치	-0.17%	-5.66%	-0.15%
최고치	22.53%	26.06%	19.57%
기대수익률 최저치	-20.64%	-28.49%	-21.28%
최고치	45.61%	49.07%	44.72%

배수처럼 명확한 선별 기준은 못 된다. 표 14.22는 상위 10%와 하위 10% 주식의 결과를 자세하게 실었다.

표 14.23은 대형주 자산회전율 상위 10% 주식의 기저율, 표 14.24는 하위 10% 주식의 기저율이다. 대형주 자산회전율 상위 10% 주식의 모든 기저율은 양의 값이지만 주가발생액배수처럼 높지는 않아서 10년 단위 기간의 60%에서 대형주를 능가했다. 한편 대형주 자산회전율 하위 10% 주식의 모든 기저율은 음의 값이지만 주가발생액배수처럼 낮지는 않았다.

표 14.23. 대형주 자산회전율 상위 10%의 대형주 대비 기저율(1964/01/01~2009/12/31)

기준 기간	대형주 자산회전율 상위 10%가 더 높은 달	비율	초과수익률(연 수익률)
1년	304/541	56%	1.03%
3년	322/517	62%	0.89%
5년	306/493	62%	0.76%
7년	300/469	64%	0.72%
10년	261/433	60%	0.65%

표 14.24. 대형주 자산회전율 하위 10%의 대형주 대비 기저율(1964/01/01~2009/12/31)

기준 기간	대형주 자산회전율 하위 10%가 더 높은 달	비율	초과수익률(연 수익률)
1년	255/541	47%	-1.17%
3년	220/517	43%	-0.94%
5년	205/493	42%	-0.68%
7년	172/469	37%	-0.61%
10년	148/433	34%	-0.71%

시사점

자산회전율 상위 10% 주식은 하위 10% 주식과 전체 주식을 모두 능가하지만 수익률이 주가발생액배수 하위 10% 주식만큼 일관되게 좋지는 않다. 대형주에서도 마찬가지다. 투자자는 자산회전율이 높은 주식을 선호하되, 다른 요소의 점수가 높다면 자산회전율이 낮다고 해서 무조건 피할 일은 아니다.

현금흐름/부채 비율

현금흐름/부채cash flow-to-debt 비율은 보상배율coverage ratio이라고도 하는데 기업의 부채 총액 대비 현금흐름이 어떠한지를 가늠한다. 연간 현금흐름으로 부채를 상환할 능력을 가리켜서, 비율이 높을수록 부채를 상환할 능력이 좋다. 표 14.25는 전체 주식을 현금흐름/부채 비율에 따라 십분위수로 구분해 보여준다. 전체 주식 현금흐름/부채 하위 20% 주식의 수익률이 가장 눈에 띄는데 전체 주식 수익률을 한참 밑돈다.

전체 분석 기간 46년에 걸쳐 전체 주식 현금흐름/부채 하위 10% 주식의 연 수익률은 2.41%로 전체 주식은 물론 미국 단기 국채조차 밑돈다. 샤프지수는 -0.10으로 우리가 살펴본 수치 중 가장 낮다. 한편 전체 주식 현금흐름/부채 상위 10% 주식이 전체 주식을 약간 능가하는 데 비해 상위 51~60% 주식이 최고 수익률을 기록한 점도 흥미롭다. 시장은 부채를 공격적으로 사용하는 기업을 보상하지만, 현금흐름이 충분하지 않으면서 부채를 지나치게 많이 사용하는 기업은 가차 없이 응징한다고 볼 수 있다. 표 14.26은 상위 10%와 하위 10% 주식의 결과를 자세하게 보여준다.

기저율은 표 14.27과 14.28에서 확인할 수 있다. 표에서 보듯 전체 주식 현금흐름/부채 하위 10% 주식은 형편없는 수익률을 기록하며 전체 주식을 5년 단위 기간에서 겨우 5% 승률로 능가했고, 10년 단위 기간에서는 능가한 기록이 아예 없다. 이 주식의 수익률이 가장 좋았던 5년은 짐작한 대로 2000/02에 끝난 기간이었다. 현금흐름/부채가 가장 낮다는 것, 다시 말해 보상배율이 가장 낮다는 것은 곧 투기성이 높다는 의미여서 이 주식은 이 기간 동안 연 수익률 27.08%를 기록했다. 그러나 이때를 정점으로 2009/02까지 93% 하락을 겪는다.

표 14.25. 전체 주식 현금흐름/부채 비율 십분위수 수익률 요약(1964/01/01~2009/12/31)

십분위수	1만 달러 투자 시	연 수익률(산술평균)	연 수익률(기하평균)	표준편차	샤프지수
1(현금흐름/부채 비율 최고)	$1,709,196	14.22%	11.83%	20.65%	0.33
2	$2,142,515	14.44%	12.38%	19.09%	0.39
3	$2,286,232	14.38%	12.53%	17.99%	0.42
4	$2,715,232	14.77%	12.96%	17.80%	0.45
5	$2,498,614	14.58%	12.75%	17.88%	0.43
6	$3,123,742	15.14%	13.30%	17.89%	0.46
7	$2,359,119	14.36%	12.61%	17.52%	0.43
8	$1,122,794	12.47%	10.81%	17.20%	0.34
9	$172,921	8.53%	6.39%	19.70%	0.07
10(현금흐름/부채 비율 최저)	$29,894	6.24%	2.41%	26.84%	-0.10
전체 주식	$1,329,513	13.26%	11.22%	18.99%	0.33

표 14.26 연 수익률과 위험도: 전체 주식 현금흐름/부채 비율 상위 10%, 하위 10%, 전체 주식
(1964/01/01~2009/12/31)

	전체 주식 현금흐름/부채 비율 상위 10%	전체 주식 현금흐름/부채 비율 하위 10%	전체 주식
산술평균 수익률	14.22%	6.24%	13.26%
기하평균 수익률	11.83%	2.41%	11.22%
중위 수익률	17.07%	10.49%	17.16%
표준편차	20.65%	26.84%	18.99%
상방 편차	13.17%	17.38%	10.98%
하방 편차	14.29%	20.16%	13.90%
추적오차	6.26	12.28	0.00
상승 개월 수	336	309	329
하락 개월 수	216	243	223
최대 하락률	-54.66%	-92.73%	-55.54%
베타	1.04	1.29	1.00
T-통계량(m=0)	4.39	1.53	4.47
샤프지수(Rf=5%)	0.33	-0.10	0.33
소르티노지수(MAR=10%)	0.13	-0.38	0.09
1만 달러 투자 시	$1,709,196	$29,894	$1,329,513

		전체 주식 현금흐름/부채 비율 상위 10%	전체 주식 현금흐름/부채 비율 하위 10%	전체 주식
1년 수익률	최저치	-46.86%	-71.56%	-46.49%
	최고치	121.96%	173.31%	84.19%
3년 수익률	최저치	-17.81%	-52.46%	-18.68%
	최고치	42.20%	40.27%	31.49%
5년 수익률	최저치	-7.18%	-28.23%	-9.91%
	최고치	33.26%	27.86%	27.66%
7년 수익률	최저치	-3.13%	-20.10%	-6.32%
	최고치	26.88%	23.45%	23.77%
10년 수익률	최저치	3.09%	-14.93%	1.01%
	최고치	24.91%	20.52%	22.05%
기대수익률	최저치	-27.08%	-47.44%	-24.73%
	최고치	55.52%	59.93%	51.24%

표 14.27. 전체 주식 현금흐름/부채 비율 상위 10%의 전체 주식 대비 기저율(1964/01/01~2009/12/31)

기준 기간	전체 주식 현금흐름/부채 비율 상위 10%가 더 높은 달	비율	초과수익률(연 수익률)
1년	253/541	47%	0.87%
3년	229/517	44%	0.47%
5년	262/493	53%	0.43%
7년	261/469	56%	0.41%
10년	253/433	58%	0.30%

표 14.28. 전체 주식 현금흐름/부채 비율 하위 10%의 전체 주식 대비 기저율(1964/01/01~2009/12/31)

기준 기간	전체 주식 현금흐름/부채 비율 하위 10%가 더 높은 달	비율	초과수익률(연 수익률)
1년	132/541	24%	-6.64%
3년	53/517	10%	-8.35%
5년	27/493	5%	-8.62%
7년	9/469	2%	-8.78%
10년	0/433	0%	-8.62%

대형주

표 14.29는 대형주 주식을 현금흐름/부채 비율에 따라 십분위수로 나누어 보여준다. 전체 주식에서 보았듯이 하위 20% 주식의 성과가 극도로 저조했다. 다른 요소들처럼 전체 주식에 비해 대형주에서는 차이가 다소 완화되었다. 표 14.30은 상위 10%와 하위 10% 주식의 결과를 더 자세하게 보여준다. 전체 주식에서와 마찬가지로 시장의 투기 성향이 극에 달할 때에만 현금흐름/부채 하위 10% 주식의 수익률이 좋았다. 5년 단위 수익률이 가장 좋았던 것은 각각 1999/12와 2000/02, 2000/03에 끝난 기간이었다.

표 14.31과 14.32는 상위 10%와 하위 10% 주식의 기저율이다. 전체 주식에서처럼 대형주 현금흐름/부채 상위 10% 주식 역시 시장에서 최고 대우를 받지 못했다. 시장은 이들 주식이 너무 보수적이라고 판단하는지도 모르겠다. 10년 단위 기간에

표 14.29. 대형주 현금흐름/부채 비율 십분위수 수익률 요약(1964/01/01~2009/12/31)

십분위수	1만 달러 투자 시	연 수익률(산술평균)	연 수익률(기하평균)	표준편차	샤프지수
1(현금흐름/부채 비율 최고)	$483,462	10.94%	8.80%	19.70%	0.19
2	$1,357,088	12.80%	11.27%	16.61%	0.38
3	$1,190,025	12.39%	10.95%	16.05%	0.37
4	$1,204,561	12.40%	10.98%	15.99%	0.37
5	$1,105,736	12.19%	10.77%	15.97%	0.36
6	$694,449	11.02%	9.66%	15.70%	0.30
7	$783,434	11.28%	9.94%	15.55%	0.32
8	$463,146	9.93%	8.70%	15.01%	0.25
9	$376,237	9.53%	8.21%	15.58%	0.21
10(현금흐름/부채 비율 최저)	$180,177	8.61%	6.49%	19.72%	0.08
대형주	$872,861	11.72%	10.20%	16.50%	0.32

표 14.30. 연 수익률과 위험도: 대형주 현금흐름/부채 비율 상위 10%, 하위 10%, 대형주
(1964/01/01~2009/12/31)

	대형주 현금흐름/부채 비율 상위 10%	대형주 현금흐름/부채 비율 하위 10%	대형주
산술평균 수익률	10.94%	8.61%	11.72%
기하평균 수익률	8.80%	6.49%	10.20%
중위 수익률	12.36%	10.31%	17.20%
표준편차	19.70%	19.72%	16.50%
상방 편차	12.57%	12.41%	9.70%
하방 편차	14.22%	15.21%	11.85%
추적오차	8.66	9.05	0.00
상승 개월 수	311	323	332
하락 개월 수	241	229	220
최대 하락률	-71.34%	-77.96%	-53.77%
베타	1.07	1.06	1.00
T-통계량(m=0)	3.59	2.85	4.58
샤프지수(Rf=5%)	0.19	0.08	0.32
소르티노지수(MAR=10%)	-0.08	-0.23	0.02
1만 달러 투자 시	$483,462	$180,177	$872,861
1년 수익률 최저치	-62.64%	-66.18%	-46.91%
최고치	86.88%	70.98%	68.96%
3년 수익률 최저치	-29.12%	-31.88%	-15.89%
최고치	47.76%	35.62%	33.12%
5년 수익률 최저치	-11.47%	-16.60%	-5.82%
최고치	34.75%	30.94%	28.95%
7년 수익률 최저치	-4.98%	-8.72%	-4.15%
최고치	27.72%	25.78%	22.83%
10년 수익률 최저치	-1.95%	-10.64%	-0.15%
최고치	25.19%	21.42%	19.57%
기대수익률 최저치	-28.45%	-30.83%	-21.28%
최고치	50.33%	48.06%	44.72%

표 14.31. 대형주 현금흐름/부채 비율 상위 10%의 대형주 대비 기저율(1964/01/01~2009/12/31)

기준 기간	대형주 현금흐름/부채 비율 상위 10%가 더 높은 달	비율	초과수익률(연 수익률)
1년	238/541	44%	-0.59%
3년	177/517	34%	-1.22%
5년	172/493	35%	-1.45%
7년	148/469	32%	-1.58%
10년	67/433	15%	-1.63%

표 14.32. 대형주 현금흐름/부채 비율 하위 10%의 대형주 대비 기저율(1964/01/01~2009/12/31)

기준 기간	대형주 현금흐름/부채 비율 하위 10%가 더 높은 달	비율	초과수익률(연 수익률)
1년	206/541	38%	-2.45%
3년	180/517	35%	-2.71%
5년	138/493	28%	-2.65%
7년	105/469	22%	-2.64%
10년	70/433	16%	-2.44%

서는 겨우 15% 승률로 대형주를 능가했을 뿐이다. 한편 대형주 현금흐름/부채 하위 10% 주식의 기저율은 모두 음의 값으로 5년 단위 기간에서 28%, 10년 단위 기간에서는 16% 승률로 대형주를 능가했을 뿐이다.

시사점

투자자는 현금흐름/부채 하위 10% 주식은 피해야 한다. 투기와 거품이 가득한 시장 환경에서만 빛날 뿐이어서 경종으로 삼아야 한다. 이 주식이 일정 기간 동안 전체 주식을 월등히 능가하면 충격적인 시장 하락기가 올 가능성이 크다. 수익률 패턴은 대형주 모집단에서도 비슷했지만 전체 주식 모집단만큼 심하진 않았다.

부채 비율

부채 비율은 기업의 총부채를 주주의 자본으로 나눈 값으로, 기업이 금융 레버리지를 얼마나 사용하는지를 가늠한다. 즉 기업이 부채를 얼마나 공격적으로 사용하는지 측정한다. 차차 보겠지만 부채 비율은 모두가 아는 요소여도 단독으로는 좋은 주식을 선별하는 데 한계가 있다. 이후 이 요소를 다른 요소와 결합하면 도움이 되지만 단독으로는 별 쓸모가 없다는 것을 보게 될 것이다. 표 14.33은 전체 주식 부채 비율 상위 10% 주식과 하위 10% 주식의 결과이고 표 14.34와 14.35는 각각의 기저율이다. 표 14.36은 전체 주식 십분위수 모두의 결과를 실었다. 표에서 보듯 상위 10%와 하위 10% 주식 모두 전체 주식을 밑돌았다. 십분위수로 나누어 분석해보니 시장이 부채를 너무 공격적으로도, 너무 보수적으로도 사용하지 않는 기업을 보상한다는 사실 외에는 별다른 결론을 끌어내지 못한다.

표 14.33. 연 수익률과 위험도: 전체 주식 부채 비율 상위 10%, 하위 10%, 전체 주식(1964/01/01~2009/12/31)

		전체 주식 부채 비율 상위 10%	전체 주식 부채 비율 하위 10%	전체 주식
산술평균 수익률		12.90%	13.15%	13.26%
기하평균 수익률		10.90%	10.54%	11.22%
중위 수익률		18.24%	15.78%	17.16%
표준편차		18.83%	21.70%	18.99%
상방 편차		11.60%	14.09%	10.98%
하방 편차		14.52%	15.18%	13.90%
추적오차		7.29	7.57	0.00
상승 개월 수		339	330	329
하락 개월 수		213	222	223
최대 하락률		-66.85%	-63.65%	-55.54%
베타		0.92	1.07	1.00
T-통계량(m=0)		4.39	3.88	4.47
샤프지수(Rf=5%)		0.31	0.26	0.33
소르티노지수(MAR=10%)		0.06	0.04	0.09
1만 달러 투자 시		$1,166,094	$1,003,009	$1,329,513
1년 수익률	최저치	-57.49%	-46.65%	-46.49%
	최고치	86.83%	149.23%	84.19%
3년 수익률	최저치	-25.57%	-26.80%	-18.68%
	최고치	36.95%	45.60%	31.49%
5년 수익률	최저치	-10.74%	-7.70%	-9.91%
	최고치	27.88%	35.17%	27.66%
7년 수익률	최저치	-3.78%	-2.50%	-6.32%
	최고치	27.82%	26.79%	23.77%
10년 수익률	최저치	-0.94%	0.45%	1.01%
	최고치	22.06%	22.96%	22.05%
기대수익률	최저치	-24.77%	-30.24%	-24.73%
	최고치	50.56%	56.55%	51.24%

표 14.34. 전체 주식 부채 비율 상위 10%의 전체 주식 대비 기저율(1964/01/01~2009/12/31)

기준 기간	전체 주식 부채 비율 상위 10%가 더 높은 달	비율	초과수익률(연 수익률)
1년	303/541	56%	-0.05%
3년	317/517	61%	0.41%
5년	293/493	59%	0.79%
7년	264/469	56%	0.81%
10년	240/433	55%	0.68%

표 14.35. 전체 주식 부채 비율 하위 10%의 전체 주식 대비 기저율(1964/01/01~2009/12/31)

기준 기간	전체 주식 부채 비율 하위 10%가 더 높은 달	비율	초과수익률(연 수익률)
1년	232/541	43%	-0.08%
3년	176/517	34%	-0.73%
5년	167/493	34%	-0.80%
7년	137/469	29%	-0.85%
10년	106/433	24%	-0.94%

표 14.36. 전체 주식 부채 비율 십분위수 수익률 요약(1964/01/01~2009/12/31)

십분위수	1만 달러 투자 시	연 수익률(산술평균)	연 수익률(기하평균)	표준편차	샤프지수
1(부채 비율 최고)	$219,325	12.90%	10.90%	18.83%	0.31
2	$745,636	11.54%	9.83%	17.47%	0.28
3	$886,549	11.58%	10.24%	15.50%	0.34
4	$1,018,729	12.17%	10.57%	16.90%	0.33
5	$1,297,926	13.06%	11.16%	18.35%	0.34
6	$1,820,955	13.92%	11.98%	18.48%	0.38
7	$1,962,633	14.11%	12.16%	18.51%	0.39
8	$1,152,898	13.05%	10.87%	19.70%	0.30
9	$577,042	11.81%	9.22%	21.58%	0.20
10(부채 비율 최저)	$1,003,009	13.15%	10.54%	21.70%	0.26
전체 주식	$1,329,513	13.26%	11.22%	18.99%	0.33

대형주

표 14.37과 14.38을 보니 대형주에서도 부채 비율의 효과가 같다. 표 14.39와 14.40은 부채 비율 상위 10% 주식과 하위 10% 주식의 기저율이다.

	대형주 부채 비율 상위 10%	대형주 부채 비율 하위 10%	대형주
산술평균 수익률	10.78%	11.00%	11.72%
기하평균 수익률	8.75%	8.87%	10.20%
중위 수익률	11.19%	11.69%	17.20%
표준편차	19.26%	19.63%	16.50%
상방 편차	12.94%	12.40%	9.70%
하방 편차	13.52%	14.63%	11.85%
추적오차	8.87	8.49	0.00
상승 개월 수	321	323	332
하락 개월 수	231	229	220
최대 하락률	-73.17%	-72.61%	-53.77%
베타	1.04	1.08	1.00
T-통계량(m=0)	3.62	3.62	4.58
샤프지수(Rf=5%)	0.19	0.20	0.32
소르티노지수(MAR=10%)	-0.09	-0.08	0.02
1만 달러 투자 시	$473,838	$498,044	$872,861
1년 수익률 최저치	-64.73%	-64.69%	-46.91%
1년 수익률 최고치	73.85%	84.86%	68.96%
3년 수익률 최저치	-29.26%	-32.21%	-15.89%
3년 수익률 최고치	44.13%	40.82%	33.12%
5년 수익률 최저치	-13.20%	-12.38%	-5.82%
5년 수익률 최고치	29.92%	31.06%	28.95%
7년 수익률 최저치	-5.98%	-4.97%	-4.15%
7년 수익률 최고치	28.13%	24.97%	22.83%
10년 수익률 최저치	-3.78%	-2.74%	-0.15%
10년 수익률 최고치	24.91%	22.23%	19.57%
기대수익률 최저치	-27.74%	-28.26%	-21.28%
기대수익률 최고치	49.30%	50.27%	44.72%

표 14.38. 대형주 부채 비율 십분위수 수익률 요약(1964/01/01~2009/12/31)

십분위수	1만 달러 투자 시	연 수익률(산술평균)	연 수익률(기하평균)	표준편차	샤프지수
1(부채 비율 최고)	$473,838	10.78%	8.75%	19.26%	0.19
2	$498,126	10.17%	8.87%	15.37%	0.25
3	$397,269	9.43%	8.33%	14.18%	0.24
4	$432,889	9.84%	8.54%	15.42%	0.23
5	$677,925	11.00%	9.60%	15.94%	0.29
6	$771,443	11.34%	9.91%	16.06%	0.31
7	$865,571	11.63%	10.18%	16.13%	0.32
8	$1,227,251	12.49%	11.02%	16.21%	0.37
9	$719,520	11.35%	9.74%	17.07%	0.28
10(부채 비율 최저)	$498,044	11.00%	8.87%	19.63%	0.20
대형주	$872,861	11.72%	10.20%	16.50%	0.32

표 14.39. 대형주 부채 비율 상위 10%의 대형주 대비 기저율(1964/01/01~2009/12/31)

기준 기간	대형주 부채 비율 상위 10%가 더 높은 달	비율	초과수익률(연 수익률)
1년	257/541	48%	-0.69%
3년	225/517	44%	-0.56%
5년	191/493	39%	-0.35%
7년	159/469	34%	-0.37%
10년	147/433	34%	-0.41%

표 14.40. 대형주 부채 비율 하위 10%의 대형주 대비 기저율(1964/01/01~2009/12/31)

기준 기간	대형주 부채 비율 하위 10%가 더 높은 달	비율	초과수익률(연 수익률)
1년	240/541	44%	-0.66%
3년	189/517	37%	-1.23%
5년	184/493	37%	-1.51%
7년	159/469	34%	-1.70%
10년	103/433	24%	-1.79%

시사점

부채 비율 단독으로는 주식 선별에 큰 도움이 안 된다. 14장 끝에서 부채 비율을 다른 요소와 결합하면 기업의 재무 건전성을 파악하는 데 아주 좋다는 점을 다시 살펴보겠다.

외부 자금 조달

외부 자금 조달에 크게 의존하는 기업의 미래 주식 투자 수익률이 좋지 않다는 결론은 학계에서 잘 정립된 이론이다. 논문 "The Relation between Corporate Financing Activities, Analysts' Forecasts and Stock Returns(기업 금융 활동과 애널리스트의 전망, 주식 투자 수익률의 상관관계)"에서 공저자인 마크 브래드쇼Mark Bradshaw와 스콧 리처드슨Scott Richardson, 리처드 슬론Richard Sloan은 "외부 자금 조달과 미래의 주식 투자 수익률 사이에 부(-)의 관계가 있음을 입증한 연구 결과는 많다. 이를테면 주식 공개상장 직후(Ritter, 1991) 또는 추가 유상증자 직후(Loughran and Ritter, 1997), 채권 발행 직후(Spiess and Affleck-Graves, 1999) 몇 년 동안은 주식 투자 수익률이 매우 낮다"라고 주장한다. 채권을 발행하든 주식을 발행하든, 외부 자금 조달과 기업의 영업활동을 통해 자체 마련한 현금을 비교하려면 외부 자금 조달로 구한 현금을 기업의 평균 자산으로 나눈 값을 계산하면 된다. 일반적으로 외부 자금 조달이 많은 기업은 자체 조달 현금이 많은 기업에 비해 더 많은 위험에 노출된다고 생각한다. 이런 판단이 맞는지 확인해보자.

이번 분석을 위한 데이터는 1971/09/30부터 있기 때문에 전체 기간은 38년에 그친다. 표 14.41은 전체 주식을 외부 자금 조달에 따라 십분위수로 구분한 결과다. 표에서 보듯 높은 외부 자금 조달은 주식의 수익률에 치명적이었다. 전체 주식 외부 자금 조달 상위 10% 주식은 전체 기간에 걸쳐 오히려 돈을 잃은 반면, 외부 자금 조달 하위 10% 주식은 전체 주식을 현격히 능가했다. 외부 자금 조달 상위 10% 주식에 투자한 1만 달러는 38년 후 9,759달러로 줄어 연 수익률 -0.06%를 기록했다. 인플레이션을 감안하기 전의 수익률이 이렇다. 인플레이션을 감안하면 투자한 1만 달러의 최종 가치는 겨우 1,843달러에 그친다. 스스로 필요한 현금을 벌어들이지 못하는 기업의 참담한 결과다.

표 14.41. 전체 주식 외부 자금 조달 십분위수 수익률 요약(1971/10/01~2009/12/31)

십분위수	1만 달러 투자 시	연 수익률(산술평균)	연 수익률(기하평균)	표준편차	샤프지수
1(외부 자금 조달 최고)	$9,759	4.16%	-0.06%	28.28%	-0.18
2	$95,130	8.97%	6.07%	22.98%	0.05
3	$348,976	12.02%	9.73%	20.17%	0.23
4	$588,344	13.46%	11.24%	19.82%	0.31
5	$853,099	14.67%	12.33%	20.31%	0.36
6	$1,348,145	15.79%	13.68%	19.20%	0.45
7	$1,078,799	14.75%	13.02%	17.43%	0.46
8	$1,645,795	15.90%	14.27%	16.83%	0.55
9	$1,443,403	15.47%	13.88%	16.62%	0.53
10(외부 자금 조달 최저)	$1,535,774	15.80%	14.07%	17.34%	0.52
전체 주식	$587,200	13.35%	11.24%	19.34%	0.32

외부 자금 조달 상위 10% 주식은 MDD 92%라는 불명예스러운 기록도 갖고 있다. 표 14.42에서 더 자세한 수치를 확인할 수 있다. 표 14.43에 나타난 기저율은 모두 음의 값이었고, 모든 5년 단위 기간에서는 겨우 7% 승률로 전체 주식을 능가했고 10년 기간에서는 아예 능가한 경우가 없다. 이 주식의 수익률이 좋았던 유일한 경우는 인플레이션이 매우 높은 시기다. 최고의 5년은 1980/11에 끝난 시기로 연 수익률 30.22%를 기록했다.

외부 자금 조달 하위 10% 주식은 정반대. 투자한 1만 달러는 153만 5,774달러

표 14.42. 연 수익률과 위험도: 전체 주식 외부 자금 조달 상위 10%, 하위 10%, 전체 주식
(1971/10/01~2009/12/31)

		전체 주식 외부 자금 조달 상위 10%	전체 주식 외부 자금 조달 하위 10%	전체 주식
산술평균 수익률		4.16%	15.80%	13.35%
기하평균 수익률		-0.06%	14.07%	11.24%
중위 수익률		11.38%	18.71%	17.02%
표준편차		28.28%	17.34%	19.34%
상방 편차		16.86%	10.42%	11.21%
하방 편차		20.90%	13.28%	14.21%
추적오차		12.46	4.85	0.00
상승 개월 수		258	288	272
하락 개월 수		201	171	187
최대 하락률		-91.78%	-50.35%	-55.54%
베타		1.36	0.87	1.00
T-통계량(m=0)		0.89	5.26	4.03
샤프지수(Rf=5%)		-0.18	0.52	0.32
소르티노지수(MAR=10%)		-0.48	0.31	0.09
1만 달러 투자 시		$9,759	$1,535,774	$587,200
1년 수익률	최저치	-72.97%	-39.90%	-46.49%
	최고치	142.44%	76.60%	84.19%
3년 수익률	최저치	-52.51%	-14.51%	-18.68%
	최고치	36.94%	30.47%	31.49%
5년 수익률	최저치	-28.55%	-4.38%	-7.00%
	최고치	30.22%	28.74%	27.66%
7년 수익률	최저치	-20.53%	1.07%	-0.67%
	최고치	23.92%	25.12%	23.77%
10년 수익률	최저치	-15.05%	5.62%	1.65%
	최고치	16.80%	23.14%	22.05%
기대수익률	최저치	-52.40%	-18.88%	-25.32%
	최고치	60.71%	50.49%	52.03%

표 14.43. 전체 주식 외부 자금 조달 상위 10%의 전체 주식 대비 기저율(1971/10/01~2009/12/31)

기준 기간	전체 주식 외부 자금 조달 상위 10%가 더 높은 달	비율	초과수익률(연 수익률)
1년	93/448	21%	-9.00%
3년	41/424	10%	-10.96%
5년	26/400	7%	-11.50%
7년	12/376	3%	-11.98%
10년	0/340	0%	-12.31%

표 14.44. 전체 주식 외부 자금 조달 하위 10%의 전체 주식 대비 기저율(1971/10/01~2009/12/31)

기준 기간	전체 주식 외부 자금 조달 하위 10%가 더 높은 달	비율	초과수익률(연 수익률)
1년	307/448	69%	2.14%
3년	365/424	86%	2.38%
5년	365/400	91%	2.45%
7년	368/376	98%	2.56%
10년	340/340	100%	2.62%

가 되어 연 수익률 14.07%를 기록했다. 이는 전체 주식에 투자해 최종적으로 얻었을 58만 7,200달러의 3배에 가까운 금액이다. 표 14.44에서 보듯 기저율은 당연히 양의 값으로 5년 단위 기간에서 91%, 10년 단위 기간에서 100% 승률로 전체 주식을 능가했다.

대형주

표 14.45는 대형주를 외부 자금 조달에 따라 십분위수로 구분한 결과다. 전체 주식 모집단에서 보았던 것처럼 대형주 외부 자금 조달 상위 10% 주식이 가장 나쁜 성과를 거두었다. 1971/09/30에 이 주식에 투자한 1만 달러는 2009/12/31에 3만 3,769달러가 되어 연 수익률 3.23%를 기록해서 미국 단기 국채의 투자 수익률을 한참 밑돌았다. MDD는 87%였다. 표 14.46에서 외부 자금 조달 상위 10% 주식과 하위 10% 주식을 더 자세하게 비교한다. 표 14.47은 기저율을 담았는데 외부 자금 조달 상위 10% 주식은 모든 기저율이 음의 값이었고 5년 단위 기간에서 겨우 2% 승률로 전체 주식을 능가했고 10년 기간에서는 아예 능가하지 못했다.

표 14.45. 대형주 외부 자금 조달 십분위수 수익률 요약(1971/10/01~2009/12/31)

십분위수	1만 달러 투자 시	연 수익률(산술평균)	연 수익률(기하평균)	표준편차	샤프지수
1(외부 자금 조달 최고)	$33,769	6.14%	3.23%	23.10%	-0.08
2	$198,753	9.95%	8.13%	18.14%	0.17
3	$295,478	10.94%	9.26%	17.45%	0.24
4	$479,333	12.36%	10.65%	17.60%	0.32
5	$403,146	11.65%	10.15%	16.47%	0.31
6	$849,698	13.85%	12.32%	16.48%	0.44
7	$853,317	13.66%	12.33%	15.40%	0.48
8	$635,094	12.78%	11.46%	15.39%	0.42
9	$783,726	13.41%	12.08%	15.42%	0.46
10(외부 자금 조달 최저)	$621,863	12.74%	11.40%	15.52%	0.41
대형주	$481,960	12.29%	10.66%	17.03%	0.33

표 14.46. 연 수익률과 위험도: 대형주 외부 자금 조달 상위 10%, 하위 10%, 대형주(1971/10/01~2009/12/31)

	대형주 외부 자금 조달 상위 10%	대형주 외부 자금 조달 하위 10%	대형주
산술평균 수익률	6.14%	12.74%	12.29%
기하평균 수익률	3.23%	11.40%	10.66%
중위 수익률	11.34%	14.12%	16.49%
표준편차	23.10%	15.52%	17.03%
상방 편차	13.46%	9.98%	10.04%
하방 편차	18.25%	10.85%	12.30%
추적오차	10.24	6.21	0.00
상승 개월 수	255	281	274
하락 개월 수	204	178	185
최대 하락률	-86.85%	-47.48%	-53.77%
베타	1.24	0.85	1.00
T-통계량(m=0)	1.60	4.80	4.23
샤프지수(Rf=5%)	-0.08	0.41	0.33
소르티노지수(MAR=10%)	-0.37	0.13	0.05
1만 달러 투자 시	$33,769	$621,863	$481,960
1년 수익률 최저치	-78.50%	-44.24%	-46.91%
1년 수익률 최고치	71.06%	51.89%	68.96%
3년 수익률 최저치	-48.14%	-11.77%	-15.89%
3년 수익률 최고치	32.01%	39.25%	33.12%
5년 수익률 최저치	-25.81%	-3.80%	-4.67%
5년 수익률 최고치	26.15%	31.21%	28.95%
7년 수익률 최저치	-16.30%	-0.29%	-0.96%
7년 수익률 최고치	19.09%	22.62%	22.83%
10년 수익률 최저치	-14.70%	1.37%	-0.15%
10년 수익률 최고치	17.16%	19.98%	19.57%
기대수익률 최저치	-40.05%	-18.29%	-21.78%
기대수익률 최고치	52.33%	43.78%	46.35%

표 14.47. 대형주 외부 자금 조달 상위 10%의 대형주 대비 기저율(1971/10/01~2009/12/31)

기준 기간	대형주 외부 자금 조달 상위 10%가 더 높은 달	비율	초과수익률(연 수익률)
1년	109/448	24%	-5.53%
3년	21/424	5%	-6.82%
5년	8/400	2%	-7.45%
7년	2/376	1%	-7.96%
10년	0/340	0%	-8.03%

표 14.48. 대형주 외부 자금 조달 하위 10%의 대형주 대비 기저율(1971/10/01~2009/12/31)

기준 기간	대형주 외부 자금 조달 하위 10%가 더 높은 달	비율	초과수익률(연 수익률)
1년	240/448	54%	0.27%
3년	211/424	50%	0.29%
5년	223/400	56%	0.35%
7년	234/376	62%	0.58%
10년	250/340	74%	0.73%

전체 주식에서와는 달리 대형주 외부 자금 조달 하위 10% 주식은 대형주를 겨우 연 0.74%p 능가했다. 투자한 1만 달러는 2009/12/31에 62만 1,863달러가 되어 연 수익률 11.40%를 기록했다. 외부 자금 조달 상위 61~70% 주식이 연 12.33%를 낸 것과 비교된다. 한편 대형주 외부 자금 조달 하위 10% 주식의 기저율은 표 14.48에서 보듯 모두 양의 값이었고 5년 단위 기간에서는 56%, 10년 단위 기간에서는 74% 승률로 대형주를 능가했다. MDD는 47%로, 대형주 외부 자금 조달 상위 10% 주식의 87%와 비교된다.

시사점

전체 주식과 대형주 모두에서 현금을 자체 조달하지 않고 외부에서 조달해 사용하는 주식은 피하는 것이 상책이다. 전체 주식 외부 자금 조달 상위 10% 주식은 오히려 투자금을 잃었고, 대형주 외부 자금 조달 상위 10% 주식은 미국 단기 국채 수익률조차 밑돌았다. 전체 주식과 대형주 모두에서 외부 자금 조달 하위 10% 주식은 각각의 모집단을 능가했고 특히 전체 주식을 현격히 능가했다. 전체 주식, 대형주 할 것 없이 외부 자금 조달 하위 10% 주식은 기저율이 양의 값이었지만, 외부 자금 조달 상위 10% 주식은 10년 단위 기간에서 모집단을 한 번도 능가하지 못했다. 시사점은 명백하다. 부채가 많은 기업, 자금이 필요하다고 해서 습관적으로 주식을 발행하는 기업의 주식은 피해야 한다.

부채 증가율

이름 그대로 기업이 빚더미에 올라앉으면 어떤지를 가늠하는 비율이다. 표 14.49에서 보듯 부채 증가율이 높은 주식은 시장을 현격하게 밑돌았다. 전체 주식 부채 증가율 상위 10% 주식의 수익률은 46년 기간 동안 연 6.64%로 전체 주식을 크게 밑돈다. 표 14.50에서 보듯 기저율 역시 형편없어서 모든 5년 단위 기간에서 4% 승률로 전체 주식을 능가했고 10년 단위 기간에서는 단 한 번도 없었다. 표 14.51은 부채 증가율 상위 10% 주식과 하위 10% 주식의 결과를 상세하게 보여주고, 표 14.52는 부채 증가율 하위 10% 주식의 기저율을 보여준다.

표 14.49. 전체 주식 부채 증가율 십분위수 수익률 요약(1964/01/01~2009/12/31)

십분위수	1만 달러 투자 시	연 수익률(산술평균)	연 수익률(기하평균)	표준편차	샤프지수
1(부채 증가율 최고)	$192,676	9.33%	6.64%	22.09%	0.07
2	$731,127	11.88%	9.78%	19.36%	0.25
3	$982,781	12.24%	10.49%	17.66%	0.31
4	$1,258,342	12.64%	11.08%	16.61%	0.37
5	$1,400,209	12.77%	11.34%	15.96%	0.40
6	$1,923,115	13.52%	12.11%	15.79%	0.45
7	$2,708,537	14.45%	12.95%	16.21%	0.49
8	$2,904,657	14.84%	13.12%	17.34%	0.47
9	$3,403,915	15.61%	13.51%	19.10%	0.45
10(부채 증가율 최저)	$1,141,501	13.61%	10.85%	22.14%	0.26
전체 주식	$1,329,513	13.26%	11.22%	18.99%	0.33

표 14.50. 전체 주식 부채 증가율 상위 10%의 전체 주식 대비 기저율(1964/01/01~2009/12/31)

기준 기간	전체 주식 부채 증가율 상위 10%가 더 높은 달	비율	초과수익률(연 수익률)
1년	135/541	25%	-3.74%
3년	60/517	12%	-4.65%
5년	22/493	4%	-5.13%
7년	0/469	0%	-5.35%
10년	0/433	0%	-5.52%

표 14.51 연 수익률과 위험도: 전체 주식 부채 증가율 상위 10%, 하위 10%, 전체 주식(1964/01/01~2009/12/31)

		전체 주식 부채 증가율 상위 10%	전체 주식 부채 증가율 하위 10%	전체 주식
산술평균 수익률		9.33%	13.61%	13.26%
기하평균 수익률		6.64%	10.85%	11.22%
중위 수익률		14.58%	18.11%	17.16%
표준편차		22.09%	22.14%	18.99%
상방 편차		12.93%	13.56%	10.98%
하방 편차		16.20%	15.79%	13.90%
추적오차		5.05	6.36	0.00
상승 개월 수		321	333	329
하락 개월 수		231	219	223
최대 하락률		-69.24%	-66.25%	-55.54%
베타		1.14	1.12	1.00
T-통계량(m=0)		2.75	3.93	4.47
샤프지수(Rf=5%)		0.07	0.26	0.33
소르티노지수(MAR=10%)		-0.21	0.05	0.09
1만 달러 투자 시		$192,676	$1,141,501	$1,329,513
1년 수익률	최저치	-52.74%	-48.68%	-46.49%
	최고치	83.43%	110.21%	84.19%
3년 수익률	최저치	-27.08%	-29.70%	-18.68%
	최고치	31.54%	39.31%	31.49%
5년 수익률	최저치	-15.96%	-9.56%	-9.91%
	최고치	26.78%	31.74%	27.66%
7년 수익률	최저치	-12.34%	-3.83%	-6.32%
	최고치	22.09%	24.99%	23.77%
10년 수익률	최저치	-3.68%	-1.85%	1.01%
	최고치	17.75%	21.96%	22.05%
기대수익률	최저치	-34.85%	-30.67%	-24.73%
	최고치	53.51%	57.88%	51.24%

표 14.52. 전체 주식 부채 증가율 하위 10%의 전체 주식 대비 기저율(1964/01/01~2009/12/31)

기준 기간	전체 주식 부채 증가율 하위 10%가 더 높은 달	비율	초과수익률(연 수익률)
1년	277/541	51%	0.34%
3년	270/517	52%	-0.22%
5년	236/493	48%	-0.41%
7년	206/469	44%	-0.50%
10년	194/433	45%	-0.47%

대형주

표 14.53은 대형주를 부채 증가율에 따라 십분위수로 구분한 결과다. 전체 주식에서처럼 부채를 쌓아 올리는 주식, 즉 대형주 부채 증가율 상위 10% 주식은 대형주 모집단과 부채를 신중히 다루는 기업, 즉 부채 증가율 하위 10% 주식에 비해 수익률이 크게 떨어진다. 그런데 표를 보면 대형주 부채 증가율 하위 10% 주식이 부채 증가율 하위 11~40% 주식보다 못해서, 시장은 부채를 가장 보수적으로 대하는 기업들을 선호하지 않는다는 것을 시사한다. 표 14.54는 부채 증가율 상위 10% 주식과 하위 10% 주식의 수익률을 보여준다.

표 14.53. 대형주 부채 증가율 십분위수 수익률 요약(1964/01/01~2009/12/31)

십분위수	1만 달러 투자 시	연 수익률(산술평균)	연 수익률(기하평균)	표준편차	샤프지수
1(부채 증가율 최고)	$250,512	9.09%	7.25%	18.37%	0.12
2	$494,002	10.39%	8.85%	16.77%	0.23
3	$425,858	9.91%	8.50%	16.04%	0.22
4	$519,169	10.22%	8.97%	15.12%	0.26
5	$611,814	10.54%	9.36%	14.67%	0.30
6	$682,149	10.79%	9.61%	14.61%	0.32
7	$1,216,176	12.21%	11.00%	14.75%	0.41
8	$1,371,176	12.54%	11.29%	14.97%	0.42
9	$1,598,403	13.12%	11.66%	16.11%	0.41
10(부채 증가율 최저)	$1,006,941	12.30%	10.55%	17.69%	0.31
대형주	$872,861	11.72%	10.20%	16.50%	0.32

표 14.54. 연 수익률과 위험도: 대형주 부채 증가율 상위 10%, 하위 10%, 대형주(1964/01/01~2009/12/31)

	대형주 부채 증가율 상위 10%	대형주 부채 증가율 하위 10%	대형주
산술평균 수익률	9.09%	12.30%	11.72%
기하평균 수익률	7.25%	10.55%	10.20%
중위 수익률	13.70%	15.92%	17.20%
표준편차	18.37%	17.69%	16.50%
상방 편차	10.98%	10.60%	9.70%
하방 편차	13.26%	12.94%	11.85%
추적오차	5.62	4.90	0.00
상승 개월 수	317	326	332
하락 개월 수	235	226	220
최대 하락률	-63.62%	-55.95%	-53.77%
베타	1.06	1.03	1.00
T-통계량(m=0)	3.22	4.47	4.58
샤프지수(Rf=5%)	0.12	0.31	0.32
소르티노지수(MAR=10%)	-0.21	0.04	0.02
1만 달러 투자 시	$250,512	$1,006,941	$872,861
1년 수익률 최저치	-51.38%	-44.94%	-46.91%
최고치	69.05%	63.25%	68.96%
3년 수익률 최저치	-27.99%	-21.98%	-15.89%
최고치	34.45%	34.83%	33.12%
5년 수익률 최저치	-11.54%	-5.92%	-5.82%
최고치	28.86%	29.44%	28.95%
7년 수익률 최저치	-4.45%	-3.04%	-4.15%
최고치	21.29%	22.35%	22.83%
10년 수익률 최저치	-4.29%	-0.46%	-0.15%
최고치	16.41%	20.63%	19.57%
기대수익률 최저치	-27.65%	-23.07%	-21.28%
최고치	45.84%	47.67%	44.72%

표 14.55와 14.56은 대형주 부채 증가율 상위 10% 주식과 하위 10% 주식의 기저율이다. 예상대로 상위 10% 주식의 기저율은 모두 음의 값이었고 모든 5년 단위 기간에서 18%, 10년 단위 기간에서는 겨우 3% 승률로 대형주를 능가했다. 한편 하위 10% 주식의 기저율도 별로 좋지 않아서 10년 단위 기간에서 겨우 38% 승률로 대형주를 능가했을 뿐이다. 앞서와 마찬가지로 부채를 쌓아 올리는 상위 10% 주식은 피해야 한다는 것만이 확실한 결론이다.

표 14.55. 대형주 부채 증가율 상위 10%의 대형주 대비 기저율(1964/01/01~2009/12/31)

기준 기간	대형주 부채 증가율 상위 10%가 더 높은 달	비율	초과수익률(연 수익률)
1년	191/541	35%	-2.48%
3년	119/517	23%	-3.04%
5년	90/493	18%	-3.38%
7년	55/469	12%	-3.66%
10년	12/433	3%	-3.86%

표 14.56. 대형주 부채 증가율 하위 10%의 대형주 대비 기저율(1964/01/01~2009/12/31)

기준 기간	대형주 부채 증가율 하위 10%가 더 높은 달	비율	초과수익률(연 수익률)
1년	328/541	61%	0.56%
3년	314/517	61%	0.29%
5년	281/493	57%	0.11%
7년	228/469	49%	-0.04%
10년	166/433	38%	-0.12%

시사점

투자자들은 자신의 포트폴리오에 포함한 기업들이 얼마나 빠른 속도로 부채를 늘려가는지 살펴야 하며, 부채 증가율이 높은 상위 10% 주식은 피해야 한다.

감가상각비/자본적 지출

감가상각비/자본적 지출depreciation expense to capital expense은 기업이 고정자산을 감가상각하는 속도와 이를 대체하기 위한 현금을 상대적으로 가늠해본다. 보수적인 경영진은 고정자산을 대체하는 것보다 더 빠른 속도로 감가상각하는 경우가 많다. 단기적으로 이익이 줄지만 장기적으로 더 큰 이익을 볼 수 있다. 반대로 공격적인 경영진은 기계 설비의 쓸모를 과장해 감가상각비를 줄임으로써 미래의 이익에 부정적인 영향을 준다.

표 14.57을 보면 감가상각비/자본적 지출이 가장 낮은 하위 10% 주식은 수익률

표 14.57. 전체 주식 감가상각비/자본적 지출 십분위수 수익률 요약(1964/01/01~2009/12/31)

십분위수	1만 달러 투자 시	연 수익률(산술평균)	연 수익률(기하평균)	표준편차	샤프지수
1(감가상각비/자본적 지출 최고)	$1,931,495	14.86%	12.12%	21.90%	0.33
2	$2,820,689	15.21%	13.05%	19.44%	0.41
3	$2,550,921	14.74%	12.80%	18.38%	0.42
4	$2,580,867	14.74%	12.83%	18.30%	0.43
5	$1,830,339	13.81%	11.99%	17.91%	0.39
6	$1,622,204	13.58%	11.70%	18.26%	0.37
7	$1,140,232	12.73%	10.85%	18.34%	0.32
8	$965,810	12.41%	10.45%	18.72%	0.29
9	$504,411	11.07%	8.90%	19.75%	0.20
10(감가상각비/자본적 지출 최저)	$107,705	8.15%	5.30%	22.88%	0.01
전체 주식	$1,329,513	13.26%	11.22%	18.99%	0.33

표 14.58. 연 수익률과 위험도: 전체 주식 감가상각비/자본적 지출 상위 10%, 하위 10%, 전체 주식
(1964/01/01~2009/12/31)

	전체 주식 감가상각비/자본적 지출 상위 10%	전체 주식 감가상각비/자본적 지출 하위 10%	전체 주식
산술평균 수익률	14.86%	8.15%	13.26%
기하평균 수익률	12.12%	5.30%	11.22%
중위 수익률	21.99%	12.08%	17.16%
표준편차	21.90%	22.88%	18.99%
상방 편차	13.04%	13.53%	10.98%
하방 편차	15.71%	16.81%	13.90%
추적오차	6.06	7.25	0.00
상승 개월 수	326	319	329
하락 개월 수	226	233	223
최대 하락률	-65.18%	-71.68%	-55.54%
베타	1.11	1.15	1.00
T-통계량(m=0)	4.32	2.33	4.47
샤프지수(Rf=5%)	0.33	0.01	0.33
소르티노지수(MAR=10%)	0.14	-0.28	0.09
1만 달러 투자 시	$1,931,495	$107,705	$1,329,513
1년 수익률 최저치	-44.19%	-56.41%	-46.49%
최고치	99.09%	86.53%	84.19%
3년 수익률 최저치	-27.98%	-34.19%	-18.68%
최고치	37.41%	34.28%	31.49%
5년 수익률 최저치	-11.75%	-16.09%	-9.91%
최고치	33.82%	26.76%	27.66%
7년 수익률 최저치	-4.82%	-10.53%	-6.32%
최고치	27.38%	19.90%	23.77%
10년 수익률 최저치	-3.58%	-5.29%	1.01%
최고치	25.69%	15.37%	22.05%
기대수익률 최저치	-28.94%	-37.60%	-24.73%
최고치	58.65%	53.91%	51.24%

표 14.59. 전체 주식 감가상각비/자본적 지출 상위 10%의 전체 주식 대비 기저율(1964/01/01~2009/12/31)

기준 기간	전체 주식 감가상각비/자본적 지출 상위 10%가 더 높은 달	비율	초과수익률(연 수익률)
1년	314/541	58%	1.54%
3년	326/517	63%	1.07%
5년	308/493	62%	0.97%
7년	295/469	63%	1.00%
10년	314/433	73%	1.21%

표 14.60. 전체 주식 감가상각비/자본적 지출 하위 10%의 전체 주식 대비 기저율(1964/01/01~2009/12/31)

기준 기간	전체 주식 감가상각비/자본적 지출 하위 10%가 더 높은 달	비율	초과수익률(연 수익률)
1년	156/541	29%	-4.77%
3년	94/517	18%	-5.87%
5년	58/493	12%	-6.49%
7년	26/469	6%	-6.97%
10년	0/433	0%	-7.33%

이 연 5.3%로 전체 주식은 물론 30일짜리 미국 단기 국채조차 밑돈다. 기계 설비의 감가상각비를 미루는 공격적인 기업은 향후 대규모 손실을 기록하며 결국 대가를 치르는 것을 알 수 있다. 표 14.58은 감가상각비/자본적 지출 상위 10% 주식과 하위 10% 주식의 결과를 자세하게 보여준다. 표 14.59와 14.60은 전체 주식에 대한 이들의 기저율이다. 하위 10% 주식의 기저율은 끔찍해서 5년 단위 기간에서 겨우 12% 승률로 전체 주식을 능가했을 뿐이며 10년 단위 기간에서는 능가한 경우가 전혀 없다.

대형주

표 14.61을 보면 대형주에서 수익률이 가장 저조한 부류는 감가상각비/자본적 지출 하위 20% 주식이다. 그리고 감가상각비/자본적 지출 상위 10%보다 11~30% 주식의 성과가 더 좋은데, 시장은 회계를 약간 공격적으로 다루는 기업을 선호하는 것 같다. 표 14.62는 대형주 감가상각비/자본적 지출 상위 10% 주식과 하위 10% 주식의 결과를 자세하게 보여준다.

표 14.61. 대형주 감가상각비/자본적 지출 십분위수 수익률 요약(1964/01/01~2009/12/31)

십분위수	1만 달러 투자 시	연 수익률(산술평균)	연 수익률(기하평균)	표준편차	샤프지수
1(감가상각비/자본적 지출 최고)	$718,161	11.55%	9.74%	18.05%	0.26
2	$1,052,498	12.07%	10.65%	15.96%	0.35
3	$1,243,777	12.43%	11.05%	15.69%	0.39
4	$848,074	11.51%	10.13%	15.76%	0.33
5	$666,059	10.94%	9.56%	15.87%	0.29
6	$846,052	11.52%	10.13%	15.86%	0.32
7	$639,233	10.85%	9.46%	15.88%	0.28
8	$497,939	10.23%	8.87%	15.79%	0.24
9	$422,308	10.05%	8.48%	16.93%	0.21
10(감가상각비/자본적 지출 최저)	$296,664	9.56%	7.65%	18.70%	0.14
대형주	$872,861	11.72%	10.20%	16.50%	0.32

표 14.62. 연 수익률과 위험도: 대형주 감가상각비/자본적 지출 상위 10%, 하위 10%, 대형주(1964/01/01~2009/12/31)

	대형주 감가상각비/자본적 지출 상위 10%	대형주 감가상각비/자본적 지출 하위 10%	대형주
산술평균 수익률	11.55%	9.56%	11.72%
기하평균 수익률	9.74%	7.65%	10.20%
중위 수익률	15.69%	11.42%	17.20%
표준편차	18.05%	18.70%	16.50%
상방 편차	10.89%	11.17%	9.70%
하방 편차	12.94%	13.61%	11.85%
추적오차	5.82	8.20	0.00
상승 개월 수	325	313	332
하락 개월 수	227	239	220
최대 하락률	-57.70%	-66.24%	-53.77%
베타	1.04	1.02	1.00
T-통계량(m=0)	4.13	3.32	4.58
샤프지수(Rf=5%)	0.26	0.14	0.32
소르티노지수(MAR=10%)	-0.02	-0.17	0.02
1만 달러 투자 시	$718,161	$296,664	$872,861
1년 수익률 최저치	-50.86%	-53.66%	-46.91%
1년 수익률 최고치	73.50%	50.79%	68.96%
3년 수익률 최저치	-20.79%	-28.81%	-15.89%
3년 수익률 최고치	34.49%	34.29%	33.12%
5년 수익률 최저치	-9.83%	-10.55%	-5.82%
5년 수익률 최고치	29.82%	26.21%	28.95%
7년 수익률 최저치	-4.02%	-6.24%	-4.15%
7년 수익률 최고치	22.89%	19.41%	22.83%
10년 수익률 최저치	-4.22%	-2.84%	-0.15%
10년 수익률 최고치	20.13%	18.28%	19.57%
기대수익률 최저치	-24.55%	-27.84%	-21.28%
기대수익률 최고치	47.65%	46.97%	44.72%

표 14.63과 14.64는 상위 10%와 하위 10% 주식의 기저율이다. 짐작대로 하위 10% 주식의 기저율은 모두 음의 값으로 5년 단위 기간에서 18% 승률로 대형주를 능가했을 뿐이고 10년 기간에서는 전혀 능가하지 못했다.

표 14.63. 대형주 감가상각비/자본적 지출 상위 10%의 대형주 대비 기저율(1964/01/01~2009/12/31)

기준 기간	대형주 감가상각비/자본적 지출 상위 10%가 더 높은 달	비율	초과수익률(연 수익률)
1년	272/541	50%	-0.01%
3년	285/517	55%	-0.09%
5년	243/493	49%	-0.01%
7년	265/469	57%	0.05%
10년	260/433	60%	0.14%

표 14.64. 대형주 감가상각비/자본적 지출 하위 10%의 대형주 대비 기저율(1964/01/01~2009/12/31)

기준 기간	대형주 감가상각비/자본적 지출 상위 10%가 더 높은 달	비율	초과수익률(연 수익률)
1년	213/541	39%	-1.94%
3년	166/517	32%	-2.50%
5년	88/493	18%	-2.90%
7년	45/469	10%	-3.17%
10년	2/433	0%	-3.28%

시사점

기계 설비의 감가상각을 미루는 기업은 조심해야 한다. 나중에 부정적인 이익을 초래하는 경우가 대부분이고 역사적으로도 미국 단기 국채를 밑도는 수익률을 기록했다.

순영업자산 증가율

순영업자산net operating assets은 영업자산에서 영업부채를 뺀 것이다. 기업 활동을 사업 활동과 금융 활동으로 구분하고 기업이 금융 활동이 아닌 사업 활동을 통해 어떤 성과를 올렸는지 파악한다. 논문 "Do Investors Overvalue Firms with Bloated Balance Sheets?(투자자들은 재무제표가 부풀려진 기업을 과대평가하는가?)"에서 공저자인 데이비드 허슐라이퍼David Hirshleifer 등은 다음과 같이 주장했다. "순영업이익(회계상 부가가치의 합계) 누적분이 잉여현금흐름(실제 현금 부가가치의 합계) 누적분을 넘어서면 이후 이익 성장이 둔화된다. 투자자의 주의력에 한계가 있어서 회계 수익성에만 초점을 맞추고 현금 수익성을 등한시하게 되면 이 둘의 차이가 누적된 결과인 순영업자산의 크기를 통해 기업의 영업 실적 발표가 얼마나 과도한 낙관주의를 낳을지 가늠할 수 있다. 1964~2002년 데이터를 분석한 결과 순영업자산을 총자산으로 나눈 값의 크기는 주식의 장기 수익률에 매우 부정적인 영향을 미쳤다." 이들의 주장은 계속된다. "순영업자산의 크기는 (…) 영업 활동 및 실적 발표가 투자자의 과도한 낙관주의를 얼마나 불러올지를 가늠한다. (…) 다시 말해 기업 규모를 반영해 조정한 순영업자산이 크면 최근에 거둔 이익 성과가 지속되기 어렵다는 의미다."

표 14.65 데이터가 위의 주장을 뒷받침한다. 전체 주식 순영업자산 증가율 상위 10% 주식은 연 수익률이 고작 3.5%였다. 전체 주식은 물론이고 미국 단기 국채보다도 못하다. 순영업자산 증가율이 낮은 주식들, 특히 상위 71~80% 주식과 81~90% 주식은 연 수익률이 각각 14.09%와 14.42%를 기록해 전체 주식을 현격하게 능가했다. 전체 주식 순영업자산 증가율 상위 10%와 하위 10% 주식의 결과는 표 14.66

표 14.65. 전체 주식 순영업자산 증가율 십분위수 수익률 요약(1964/01/01~2009/12/31)

십분위수	1만 달러 투자 시	연 수익률(산술평균)	연 수익률(기하평균)	표준편차	샤프지수
1(순영업자산 증가율 최고)	$48,617	6.86%	3.50%	24.94%	-0.06
2	$317,719	10.53%	7.81%	22.16%	0.13
3	$619,971	11.60%	9.39%	19.90%	0.22
4	$1,101,751	12.59%	10.76%	17.98%	0.32
5	$1,561,767	13.17%	11.61%	16.61%	0.40
6	$1,804,138	13.38%	11.96%	15.91%	0.44
7	$2,741,662	14.38%	12.98%	15.72%	0.51
8	$4,303,364	15.74%	14.09%	16.93%	0.54
9	$4,915,954	16.43%	14.42%	18.60%	0.51
10(순영업자산 증가율 최저)	$1,859,794	14.76%	12.03%	21.93%	0.32
전체 주식	$1,329,513	13.26%	11.22%	18.99%	0.33

표 14.66. 연 수익률과 위험도: 전체 주식 순영업자산 증가율 상위 10%, 하위 10%, 전체 주식
(1964/01/01~2009/12/31)

	전체 주식 순영업자산 증가율 상위 10%	전체 주식 순영업자산 증가율 하위 10%	전체 주식
산술평균 수익률	6.86%	14.76%	13.26%
기하평균 수익률	3.50%	12.03%	11.22%
중위 수익률	12.47%	20.88%	17.16%
표준편차	24.94%	21.93%	18.99%
상방 편차	14.47%	13.58%	10.98%
하방 편차	18.64%	15.91%	13.90%
추적오차	8.89	6.49	0.00
상승 개월 수	319	336	329
하락 개월 수	233	216	223
최대 하락률	-83.42%	-68.42%	-55.54%
베타	1.25	1.11	1.00
T-통계량(m=0)	1.81	4.28	4.47
샤프지수(Rf=5%)	-0.06	0.32	0.33
소르티노지수(MAR=10%)	-0.35	0.13	0.09
1만 달러 투자 시	$48,617	$1,859,794	$1,329,513

		전체 주식 순영업자산 증가율 상위 10%	전체 주식 순영업자산 증가율 하위 10%	전체 주식
1년 수익률	최저치	-66.27%	-50.68%	-46.49%
	최고치	104.57%	118.44%	84.19%
3년 수익률	최저치	-44.30%	-29.94%	-18.68%
	최고치	34.49%	41.45%	31.49%
5년 수익률	최저치	-21.14%	-13.35%	-9.91%
	최고치	26.76%	34.59%	27.66%
7년 수익률	최저치	-13.62%	-5.26%	-6.32%
	최고치	22.22%	28.44%	23.77%
10년 수익률	최저치	-9.75%	-3.39%	1.01%
	최고치	15.86%	24.38%	22.05%
기대수익률	최저치	-43.01%	-29.09%	-24.73%
	최고치	56.74%	58.62%	51.24%

표 14.67. 전체 주식 순영업자산 증가율 상위 10%의 전체 주식 대비 기저율(1964/01/01~2009/12/31)

기준 기간	전체 주식 순영업자산 증가율 상위 10%가 더 높은 달	비율	초과수익률(연 수익률)
1년	142/541	26%	-6.09%
3년	64/517	12%	-7.68%
5년	14/493	3%	-8.37%
7년	0/469	0%	-8.78%
10년	0/433	0%	-9.00%

표 14.68. 전체 주식 순영업자산 증가율 하위 11~20%의 전체 주식 대비 기저율(1964/01/01~2009/12/31)

기준 기간	전체 주식 순영업자산 증가율 하위 11~20%가 더 높은 달	비율	초과수익률(연 수익률)
1년	412/541	76%	3.01%
3년	447/517	86%	3.06%
5년	484/493	98%	3.14%
7년	466/469	99%	3.23%
10년	433/433	100%	3.32%

표 14.69. 전체 주식 순영업자산 증가율 하위 10%의 전체 주식 대비 기저율(1964/01/01~2009/12/31)

기준 기간	전체 주식 순영업자산 증가율 하위 10%가 더 높은 달	비율	초과수익률(연 수익률)
1년	318/541	59%	1.56%
3년	336/517	65%	0.99%
5년	340/493	69%	1.03%
7년	331/469	71%	1.17%
10년	331/433	76%	1.38%

에 나타냈다. 상위 10% 주식의 기저율은 처참해서 5년 단위 기간에서 고작 3% 승률로 전체 주식을 능가했고, 10년 단위 기간에서는 능가한 기록이 전무하다. 표 14.67이 자세하게 보여준다. 최고의 성과를 낸 하위 11~20% 주식의 기저율은 표 14.68에서 보듯 사뭇 다르다. 전체 주식을 5년 단위 기간에서 98%, 10년 단위 기간에서는 100% 승률로 능가했다. 표 14.69는 순영업자산 증가율이 가장 낮은 하위 10% 주식의 기저율이다.

대형주

표 14.70은 대형주를 순영업자산 증가율에 따라 십분위수로 구분한 결과를 보여준다. 결과는 전체 주식과 마찬가지다. 대형주 순영업자산 증가율 상위 10% 주식의 연 수익률은 5.79%인 반면 하위 11~20% 주식의 수익률은 12.22%로 대형주를 여유있게 따돌렸다. 한편 순영업자산 증가율 하위 10% 주식도 대형주를 능가했지만 하위 11~20% 주식만큼은 아니다. 표 14.71은 상위 10% 주식과 하위 10% 주식의 수익률을 자세하게 보여준다.

표 14.70. 대형주 순영업자산 증가율 십분위수 수익률 요약(1964/01/01~2009/12/31)

십분위수	1만 달러 투자 시	연 수익률(산술평균)	연 수익률(기하평균)	표준편차	샤프지수
1(순영업자산 증가율 최고)	$132,953	7.87%	5.79%	19.54%	0.04
2	$246,147	9.09%	7.21%	18.54%	0.12
3	$398,181	9.92%	8.34%	16.94%	0.20
4	$500,413	10.19%	8.88%	15.43%	0.25
5	$595,644	10.46%	9.29%	14.58%	0.29
6	$877,239	11.32%	10.22%	14.17%	0.37
7	$1,066,589	11.79%	10.68%	14.17%	0.40
8	$1,648,166	12.84%	11.74%	14.07%	0.48
9	$2,007,746	13.55%	12.22%	15.40%	0.47
10(순영업자산 증가율 최저)	$1,406,317	12.98%	11.35%	16.99%	0.37
대형주	$872,861	11.72%	10.20%	16.50%	0.32

표 14.71. 연 수익률과 위험도: 대형주 순영업자산 증가율 상위 10%, 하위 10%, 대형주(1964/01/01~2009/12/31)

		대형주 순영업자산 증가율 상위 10%	대형주 순영업자산 증가율 하위 10%	대형주
산술평균 수익률		7.87%	12.98%	11.72%
기하평균 수익률		5.79%	11.35%	10.20%
중위 수익률		11.25%	15.09%	17.20%
표준편차		19.54%	16.99%	16.50%
상방 편차		11.57%	10.15%	9.70%
하방 편차		15.04%	12.71%	11.85%
추적오차		7.57	5.57	0.00
상승 개월 수		317	345	332
하락 개월 수		235	207	220
최대 하락률		-78.05%	-58.76%	-53.77%
베타		1.10	0.97	1.00
T-통계량(m=0)		2.64	4.90	4.58
샤프지수(Rf=5%)		0.04	0.37	0.32
소르티노지수(MAR=10%)		-0.28	0.11	0.02
1만 달러 투자 시		$132,953	$1,406,317	$872,861
1년 수익률	최저치	-67.89%	-46.51%	-46.91%
	최고치	74.43%	63.59%	68.96%
3년 수익률	최저치	-39.29%	-22.64%	-15.89%
	최고치	30.06%	43.60%	33.12%
5년 수익률	최저치	-18.44%	-4.39%	-5.82%
	최고치	25.53%	34.03%	28.95%
7년 수익률	최저치	-9.21%	-0.73%	-4.15%
	최고치	19.91%	26.33%	22.83%
10년 수익률	최저치	-7.38%	-1.02%	-0.15%
	최고치	16.53%	22.57%	19.57%
기대수익률	최저치	-31.22%	-21.01%	-21.28%
	최고치	46.95%	46.97%	44.72%

표 14.72와 14.73, 14.74는 각각 순영업자산 증가율 상위 10% 주식과 하위 10% 주식, 하위 11~20% 주식의 기저율이다. 하위 11~20% 주식을 포함한 것은 하위 10% 주식보다 기저율이 훨씬 좋기 때문이다. 투자자들이 순영업자산을 살펴볼 때에는 십분위수보다 상중하의 3가지로 구분하는 것이 나을 수도 있겠다. 그럼에도 불구하고 순영업자산 증가율 상위 10% 주식은 기저율이 형편없어서 5년 단위 기간에서 겨우 10% 승률로 대형주를 능가했고 10년 기간에서는 능가한 기록이 없다.

표 14.72. 대형주 순영업자산 증가율 상위 10%의 대형주 대비 기저율(1964/01/01~2009/12/31)

기준 기간	대형주 순영업자산 증가율 상위 10%가 더 높은 달	비율	초과수익률(연 수익률)
1년	193/541	36%	-3.42%
3년	129/517	25%	-4.30%
5년	48/493	10%	-4.88%
7년	33/469	7%	-5.32%
10년	0/433	0%	-5.52%

표 14.73. 대형주 순영업자산 증가율 하위 10%의 대형주 대비 기저율(1964/01/01~2009/12/31)

기준 기간	대형주 순영업자산 증가율 하위 10%가 더 높은 달	비율	초과수익률(연 수익률)
1년	324/541	60%	1.49%
3년	341/517	66%	1.38%
5년	330/493	67%	1.32%
7년	316/469	67%	1.26%
10년	328/433	76%	1.31%

표 14.74. 대형주 순영업자산 증가율 하위 11~20%의 대형주 대비 기저율(1964/01/01~2009/12/31)

기준 기간	대형주 순영업자산 증가율 하위 11~20%가 더 높은 달	비율	초과수익률(연 수익률)
1년	318/541	59%	1.85%
3년	397/517	77%	2.04%
5년	426/493	86%	2.12%
7년	433/469	92%	2.19%
10년	392/433	91%	2.22%

시사점

지금까지 재무상태표의 항목을 쭉 살펴보니 기업의 장부와 기록만 가지고도 해당 주식의 전망에 대해 많은 것을 알 수 있었다. 순영업자산 증가율은 주가발생액배수처럼 다른 요소로는 매력적일지라도 결국 투자자를 실망시킬 주식을 선별하는 데 아주 좋은 요소다.

발생액/총자산

리처드 로슨Richard Lawson은 글 "Measuring Company Quality(기업의 정성적 평가)"에서 "발생액은 기업 이익의 품질을 측정하는 최고의 정성적 평가 척도다. 미국에서는 이미 상당한 주목을 끌었고, 지난 10년 동안 세계적으로도 그렇다. 특히 미국 학계와 금융계는 발생액이 효과적인 역(逆)신호 역할을 하는 것을 발견했다. 발생액은 기업의 이익이 실제 사업과 얼마나 괴리되어 있는지 측정하기 때문인데 시장이 가격을 잘못 매기기 일쑤다"라고 했다. 앞서 주가발생액배수에서처럼 대전제는 여전히 발생액/총자산이 낮을수록 이익의 품질이 높다는 것이다. 반대로 발생액/총자산이 큰 주식일수록 미래에 부정적인 어닝 쇼크를 경험할 가능성이 크다. 이제 그게 사실인지 확인해보겠다.

표 14.75는 1963/12/31~2009/12/31 기간에 전체 주식을 발생액/총자산에 따라 십분위수로 구분한 결과를 보여준다. 전체 주식 발생액/총자산 하위 10% 주식에 투자한 1만 달러는 317만 8,230달러로 늘어 연 수익률 13.34%를 기록했다. 전체 주식에 투자했을 경우 기록했을 연 수익률 11.22%와 최종 금액 130만 달러의 3배에 가깝다. 표 14.76은 이 주식의 기저율을 보여주는데 모두 양의 값이었고 5년 단위 기간에서 70%, 10년 단위 기간에서는 78% 승률로 전체 주식을 능가했다.

발생액/총자산 상위 10% 주식에 투자한 결과는 완전히 반대다. 투자한 1만 달러는 겨우 7만 1,913달러가 되었고 연 수익률도 4.38%에 그쳤다. 미국 단기 국채에 투자했다면 훨씬 나았을 것이다. 표 14.77에서 보듯 기저율은 참담한 수준으로 전체 주식을 5년 단위 기간에서 겨우 4% 승률로 능가했을 뿐이며 10년 기간에서는 능가한 경우가 전무하다. 표 14.78은 상위 10% 주식과 하위 10% 주식, 전체 주식을 자세하게 비교해 보여준다.

표 14.75. 전체 주식 발생액/총자산 십분위수 수익률 요약(1964/01/01~2009/12/31)

십분위수	1만 달러 투자 시	연 수익률(산술평균)	연 수익률(기하평균)	표준편차	샤프지수
1(발생액/총자산 최고)	$71,913	7.69%	4.38%	24.75%	-0.02
2	$627,508	11.83%	9.42%	20.79%	0.21
3	$1,050,321	12.72%	10.65%	19.15%	0.29
4	$1,509,326	13.33%	11.52%	17.87%	0.36
5	$2,233,050	14.10%	12.48%	16.89%	0.44
6	$2,468,826	14.34%	12.72%	16.88%	0.46
7	$2,030,988	13.89%	12.25%	17.02%	0.43
8	$2,271,665	14.37%	12.52%	18.05%	0.42
9	$2,884,961	15.24%	13.10%	19.27%	0.42
10(발생액/총자산 최저)	$3,178,230	16.12%	13.34%	21.92%	0.38
전체 주식	$1,329,513	13.26%	11.22%	18.99%	0.33

표 14.76. 전체 주식 발생액/총자산 하위 10%의 전체 주식 대비 기저율(1964/01/01~2009/12/31)

기준 기간	전체 주식 발생액/총자산 하위 10%가 더 높은 달	비율	초과수익률(연 수익률)
1년	379/541	70%	2.99%
3년	372/517	72%	2.14%
5년	347/493	70%	1.92%
7년	321/469	68%	1.84%
10년	338/433	78%	1.94%

표 14.77. 전체 주식 발생액/총자산 상위 10%의 전체 주식 대비 기저율(1964/01/01~2009/12/31)

기준 기간	전체 주식 발생액/총자산 상위 10%가 더 높은 달	비율	초과수익률(연 수익률)
1년	148/541	27%	-5.57%
3년	56/517	11%	-6.94%
5년	19/493	4%	-7.64%
7년	6/469	1%	-8.02%
10년	0/433	0%	-8.43%

표 14.78. 연 수익률과 위험도: 전체 주식 발생액/총자산 상위 10%, 하위 10%, 전체 주식
(1964/01/01~2009/12/31)

	전체 주식 순영업자산 증가율 상위 10%	전체 주식 순영업자산 증가율 하위 10%	전체 주식
산술평균 수익률	7.69%	16.12%	13.26%
기하평균 수익률	4.38%	13.34%	11.22%
중위 수익률	12.61%	22.50%	17.16%
표준편차	24.75%	21.92%	18.99%
상방 편차	14.77%	12.98%	10.98%
하방 편차	17.41%	16.24%	13.90%
추적오차	8.18	6.20	0.00
상승 개월 수	314	335	329
하락 개월 수	238	217	223
최대 하락률	-77.80%	-69.09%	-55.54%
베타	1.26	1.11	1.00
T-통계량(m=0)	2.04	4.65	4.47
샤프지수(Rf=5%)	-0.02	0.38	0.33
소르티노지수(MAR=10%)	-0.32	0.21	0.09
1만 달러 투자 시	$71,913	$3,178,230	$1,329,513
1년 수익률 최저치	-59.71%	-53.01%	-46.49%
최고치	97.43%	115.44%	84.19%
3년 수익률 최저치	-32.09%	-30.42%	-18.68%
최고치	35.79%	44.52%	31.49%
5년 수익률 최저치	-21.15%	-8.69%	-9.91%
최고치	25.29%	35.90%	27.66%
7년 수익률 최저치	-17.50%	-3.33%	-6.32%
최고치	20.89%	29.82%	23.77%
10년 수익률 최저치	-7.01%	-1.03%	1.01%
최고치	15.56%	26.06%	22.05%
기대수익률 최저치	-41.81%	-27.72%	-24.73%
최고치	57.19%	59.97%	51.24%

대형주

표 14.79는 대형주를 발생액/총자산에 따라 십분위수로 구분한 결과다. 전체 주식과 마찬가지로 대형주 발생액/총자산 하위 10% 주식이 가장 뛰어났다. 이 주식의 수익률은 11.99%로 상위 10% 주식의 6.18%를 크게 능가했다. 표 14.80은 상위 10% 주식과 하위 10% 주식, 대형주를 비교해서 자세히 보여준다.

표 14.81은 발생액/총자산 상위 10% 주식의 기저율이 매우 일관되게 나쁘다는 것을 명확하게 보여준다. 대형주를 5년 단위 기간에서 겨우 6% 승률로 능가했을 뿐

표 14.79. 대형주 발생액/총자산 십분위수 수익률 요약(1964/01/01~2009/12/31)

십분위수	1만 달러 투자 시	연 수익률(산술평균)	연 수익률(기하평균)	표준편차	샤프지수
1(발생액/총자산 최고)	$157,901	8.18%	6.18%	19.22%	0.06
2	$426,474	9.98%	8.50%	16.45%	0.21
3	$375,261	9.53%	8.20%	15.65%	0.20
4	$657,927	10.71%	9.53%	14.65%	0.31
5	$1,122,873	12.00%	10.81%	14.63%	0.40
6	$1,073,892	11.90%	10.70%	14.68%	0.39
7	$1,217,792	12.25%	11.00%	14.96%	0.40
8	$1,034,194	12.03%	10.61%	15.98%	0.35
9	$1,261,567	12.59%	11.09%	16.35%	0.37
10(발생액/총자산 최저)	$1,830,510	13.87%	11.99%	18.17%	0.38
대형주	$872,861	11.72%	10.20%	16.50%	0.32

표 14.80. 연 수익률과 위험도: 대형주 발생액/총자산 상위 10%, 하위 10%, 대형주(1964/01/01~2009/12/31)

	대형주 발생액/총자산 상위 10%	대형주 발생액/총자산 하위 10%	대형주
산술평균 수익률	8.18%	13.87%	11.72%
기하평균 수익률	6.18%	11.99%	10.20%
중위 수익률	9.86%	18.02%	17.20%
표준편차	19.22%	18.17%	16.50%
상방 편차	11.60%	10.72%	9.70%
하방 편차	13.79%	13.55%	11.85%
추적오차	6.85	7.03	0.00
상승 개월 수	305	344	332
하락 개월 수	247	208	220
최대 하락률	-58.61%	-69.58%	-53.77%
베타	1.09	1.02	1.00
T-통계량(m=0)	2.78	4.87	4.58
샤프지수(Rf=5%)	0.06	0.38	0.32
소르티노지수(MAR=10%)	-0.28	0.15	0.02
1만 달러 투자 시	$157,901	$1,830,510	$872,861
1년 수익률 최저치	-49.87%	-51.37%	-46.91%
1년 수익률 최고치	67.88%	78.34%	68.96%
3년 수익률 최저치	-21.48%	-31.01%	-15.89%
3년 수익률 최고치	27.99%	46.11%	33.12%
5년 수익률 최저치	-10.02%	-8.45%	-5.82%
5년 수익률 최고치	25.49%	35.06%	28.95%
7년 수익률 최저치	-7.99%	-2.84%	-4.15%
7년 수익률 최고치	18.68%	30.00%	22.83%
10년 수익률 최저치	-2.93%	-0.83%	-0.15%
10년 수익률 최고치	15.19%	23.24%	19.57%
기대수익률 최저치	-30.26%	-22.48%	-21.28%
기대수익률 최고치	46.62%	50.21%	44.72%

이고 10년 기간에서는 능가한 경우가 아예 없다. 반대로 표 14.82는 발생액/총자산 하위 10% 주식의 기저율이 모두 양의 값이며 대형주를 10년 단위 기간에서 82% 승률로 능가했음을 보여준다.

표 14.81. 대형주 발생액/총자산 상위 10%의 대형주 대비 기저율(1964/01/01~2009/12/31)

기준 기간	대형주 발생액/총자산 상위 10%가 더 높은 달	비율	초과수익률(연 수익률)
1년	159/541	29%	-3.70%
3년	74/517	14%	-4.33%
5년	32/493	6%	-4.74%
7년	22/469	5%	-4.98%
10년	1/433	0%	-5.24%

표 14.82. 대형주 발생액/총자산 하위 10%의 대형주 대비 기저율(1964/01/01~2009/12/31)

기준 기간	대형주 발생액/총자산 하위 10%가 더 높은 달	비율	초과수익률(연 수익률)
1년	345/541	64%	2.64%
3년	380/517	74%	2.03%
5년	384/493	78%	1.63%
7년	363/469	77%	1.42%
10년	353/433	82%	1.45%

시사점

주가발생액배수에서와 마찬가지로 회계 장부로 장난치는 기업들은 결국 부정적인 어닝 쇼크로 투자자를 실망시키기 마련이다. 우리는 좋은 주식을 선별하는 것에 초점을 맞추고 있지만 몇몇 재무 비율은 장차 수익률이 곤두박질할 주식을 잘 알려주기 때문에 공매도하려는 투자자에게도 유용할 것이다.

발생액/평균자산

발생액과 관련된 또 다른 비율은 발생액을 기업의 평균자산과 비교하는 것이다. 여기서도 발생액/평균자산 값이 낮은 기업은 이익의 질이 높고, 이 값이 높은 기업은 이익의 질이 낮아서 나쁜 투자라고 전제한다. 기업의 평균자산을 구하려면 1971년부터 구축된 컴퓨스탯의 분기별 데이터를 사용해야 하므로 우리는 1971/09/30에 전체 주식을 발생액/평균자산으로 구분한 십분위수에 1만 달러씩 투자한다.

발생액/총자산과 마찬가지로 발생액/평균자산 역시 낮을수록 좋다는 것이 표 14.83을 통해 분명해진다. 전체 주식 발생액/평균자산 하위 10% 주식에 투자한 1만 달러는 118만 8,797달러로 늘어 연 수익률 13.31%를 기록했다. 같은 기간 전체 주식에 투자해 얻었을 58만 7,200달러의 2배가 넘는 금액이다. 전체 주식의 연 수익률은 11.24%였다. 표 14.84는 이 주식이 모두 양의 기저율을 기록하고 전체 주식을 모든 5년 단위 기간에서 71%, 10년 단위 기간에서는 73% 승률로 능가했음을 보여준다.

표 14.83. 전체 주식 발생액/평균자산 십분위수 수익률 요약(1971/10/01~2009/12/31)

십분위수	1만 달러 투자 시	연 수익률(산술평균)	연 수익률(기하평균)	표준편차	샤프지수
1(발생액/평균자산 최고)	$17,835	5.91%	1.52%	28.78%	-0.12
2	$163,775	10.65%	7.58%	23.49%	0.11
3	$458,772	12.91%	10.52%	20.58%	0.27
4	$710,848	13.75%	11.79%	18.54%	0.37
5	$773,494	13.81%	12.04%	17.63%	0.40
6	$808,397	13.81%	12.17%	17.01%	0.42
7	$1,082,229	14.67%	13.03%	17.01%	0.47
8	$1,270,308	15.23%	13.50%	17.40%	0.49
9	$1,252,980	15.29%	13.46%	17.85%	0.47
10(발생액/평균자산 최저)	$1,188,797	15.66%	13.31%	20.29%	0.41
전체 주식	$587,200	13.35%	11.24%	19.34%	0.32

표 14.84. 전체 주식 발생액/평균자산 하위 10%의 전체 주식 대비 기저율(1971/10/01~2009/12/31)

기준 기간	전체 주식 중 발생액/평균자산 하위 10%가 더 높은 달	비율	초과수익률(연 수익률)
1년	258/448	58%	2.19%
3년	269/424	63%	1.76%
5년	284/400	71%	1.80%
7년	276/376	73%	1.86%
10년	247/340	73%	1.94%

표 14.85. 전체 주식 발생액/평균자산 상위 10%의 전체 주식 대비 기저율(1971/10/01~2009/12/31)

기준 기간	전체 주식 중 발생액/평균자산 상위 10%가 더 높은 달	비율	초과수익률(연 수익률)
1년	131/448	29%	-7.43%
3년	45/424	11%	-9.43%
5년	31/400	8%	-9.79%
7년	16/376	4%	-10.02%
10년	1/340	0%	-10.23%

표 14.86. 연 수익률과 위험도: 전체 주식 발생액/평균자산 상위 10%, 하위 10%, 전체 주식
(1971/10/01~2009/12/31)

		전체 주식 발생액/평균자산 상위 10%	전체 주식 발생액/평균자산 하위 10%	전체 주식
산술평균 수익률		5.91%	15.66%	13.35%
기하평균 수익률		1.52%	13.31%	11.24%
중위 수익률		10.83%	19.61%	17.02%
표준편차		28.78%	20.29%	19.34%
상방 편차		17.67%	12.59%	11.21%
하방 편차		20.16%	14.36%	14.21%
추적오차		32.33	26.06	0.00
상승 개월 수		256	280	272
하락 개월 수		203	179	187
최대 하락률		-89.41%	-51.34%	-55.54%
베타		0.21	0.14	1.00
T-통계량(m=0)		1.24	4.46	4.03
샤프지수(Rf=5%)		-0.12	0.41	0.32
소르티노지수(MAR=10%)		-0.42	0.23	0.09
1만 달러 투자 시		$17,835	$1,188,797	$587,200
1년 수익률	최저치	-68.33%	-45.86%	-46.49%
	최고치	146.70%	93.05%	84.19%
3년 수익률	최저치	-49.09%	-15.36%	-18.68%
	최고치	36.70%	36.90%	31.49%
5년 수익률	최저치	-25.47%	-4.92%	-7.00%
	최고치	28.83%	30.74%	27.66%
7년 수익률	최저치	-17.77%	-0.06%	-0.67%
	최고치	24.78%	26.11%	23.77%
10년 수익률	최저치	-13.02%	4.89%	1.65%
	최고치	19.96%	24.61%	22.05%
기대수익률	최저치	-51.64%	-24.92%	-25.32%
	최고치	63.47%	56.25%	52.03%

전체 주식 발생액/평균자산 상위 10% 주식에 투자한 결과는 사뭇 다르다. 투자한 1만 달러는 겨우 1만 7,835달러가 되어 연 수익률 1.52%를 기록했다. 미국 단기 국채에 투자한 것보다 현격히 떨어지는 결과다. 게다가 인플레이션까지 감안하면 손실이 크다. 표 14.85에서 보듯 기저율은 모두 음의 값으로 전체 주식을 5년 단위 기간에서 겨우 8% 승률로 능가하고 10년 단위 기간에서는 한 번도 능가하지 못했다. 회계 장부를 갖고 노는 기업은 반드시 피해야 한다. 표 14.86은 발생액/평균자산 상위 10% 주식과 하위 10% 주식, 전체 주식을 비교해서 자세하게 보여준다.

대형주

표 14.87은 대형주 주식을 발생액/평균자산에 따라 십분위수로 나눈 결과를 보여준다. 전체 주식과 다르게 결과가 아주 매끄럽지는 않다. 전체 주식에서처럼 발생액/평균자산 상위 71~80% 주식과 81~90% 주식 모두 91~100% 주식, 즉 발생액/평균자산 하위 10% 주식을 능가했다. 전체 주식에서는 이들 3개 주식이 거의 비슷한 수익률을 기록했지만 대형주에서는 2개 주식이 하위 10% 주식을 현격한 차이로 능가했다. 하위 10% 주식은 여전히 대형주를 능가했지만 전체 주식에서처럼 압도적이지는 않았다. 발생액/평균자산 하위 10% 주식에 투자한 1만 달러는 56만 3,915달러로 늘어 연 수익률 11.12%를 기록했다. 대형주에 투자했다면 연 수익률 10.66%를

표 14.87. 대형주 발생액/평균자산 십분위수 수익률 요약(1971/10/01~2009/12/31)

십분위수	1만 달러 투자 시	연 수익률(산술평균)	연 수익률(기하평균)	표준편차	샤프지수
1(발생액/평균자산 최고)	$49,304	7.33%	4.26%	23.68%	-0.03
2	$204,802	10.15%	8.21%	18.72%	0.17
3	$298,729	10.88%	9.29%	17.11%	0.25
4	$477,735	12.04%	10.64%	15.92%	0.35
5	$434,451	11.74%	10.36%	15.78%	0.34
6	$655,943	12.96%	11.56%	15.84%	0.41
7	$950,182	13.98%	12.64%	15.39%	0.50
8	$1,015,254	14.22%	12.84%	15.64%	0.50
9	$1,508,368	15.38%	14.01%	15.52%	0.58
10(발생액/평균자산 최저)	$563,915	12.87%	11.12%	17.77%	0.34
대형주	$481,960	12.29%	10.66%	17.03%	0.33

기록하며 1만 달러를 48만 1,960달러로 늘렸을 것이므로 더 나은 결과이긴 하다. 표 14.88를 보면 기저율이 모두 양의 값이지만 넉넉한 수치는 아니라는 것을 알 수 있다. 이 주식은 대형주를 5년 단위 기간에서 48%, 10년 단위 기간에서는 70% 승률로 능가했다.

표 14.88. 대형주 발생액/평균자산 하위 10%의 대형주 대비 기저율(1971/10/01~2009/12/31)

기준 기간	대형주 중 발생액/평균자산 하위 10%가 더 높은 달	비율	초과수익률(연 수익률)
1년	226/448	50%	0.81%
3년	220/424	52%	0.47%
5년	190/400	48%	0.44%
7년	186/376	49%	0.48%
10년	239/340	70%	0.66%

발생액/평균자산은 우리가 피해야 할 주식을 알려줄 때 진정 빛을 발한다. 1971년에 발생액/평균자산 상위 10% 주식에 투자한 1만 달러는 겨우 4만 9,304달러로 늘어 연 수익률도 고작 4.26%에 그쳤다. 이는 연 수익률 10.66%를 기록한 대형주는 물론 미국 단기 국채에도 한참 뒤진다. 표준편차로 나타난 위험 역시 23.68%로 대형주의 17.03%보다 월등히 높았다. 그 결과 샤프지수는 -0.03이라는 암울한 숫자를 기록했다. MDD 역시 84%로 극심했다. 표 14.89에 자세한 수치를 기재했다. 표 14.90은 이 주식의 기저율이 모두 음의 값이었고 대형주를 5년 단위 기간에서 겨우 19%, 10년 단위 기간에서는 10%의 승률로 능가했음을 보여준다.

시사점

발생액/총자산과 마찬가지로 발생액/평균자산이 높은 주식은 피해야 한다. 회계 장부로 장난치는 기업들은 회계를 보수적으로 다루는 기업들보다 부정적인 어닝 쇼크로 투자자를 실망시킬 가능성이 훨씬 높다.

표 14.89. 연 수익률과 위험도: 대형주 발생액/평균자산 상위 10%, 하위 10%, 대형주(1971/10/01~2009/12/31)

	대형주 중 발생액/평균자산 상위 10%	대형주 중 발생액/평균자산 하위 10%	대형주
산술평균 수익률	7.33%	12.87%	12.29%
기하평균 수익률	4.26%	11.12%	10.66%
중위 수익률	10.69%	14.36%	16.49%
표준편차	23.68%	17.77%	17.03%
상방 편차	14.19%	11.22%	10.04%
하방 편차	18.38%	11.99%	12.30%
추적오차	27.74	23.63	0.00
상승 개월 수	257	269	274
하락 개월 수	202	190	185
최대 하락률	-83.64%	-55.41%	-53.77%
베타	0.14	0.08	1.00
T-통계량(m=0)	1.85	4.23	4.23
샤프지수(Rf=5%)	-0.03	0.34	0.33
소르티노지수(MAR=10%)	-0.31	0.09	0.05
1만 달러 투자 시	$49,304	$563,915	$481,960
1년 수익률 최저치	-74.68%	-50.49%	-46.91%
최고치	72.65%	65.19%	68.96%
3년 수익률 최저치	-43.26%	-16.33%	-15.89%
최고치	31.64%	39.63%	33.12%
5년 수익률 최저치	-22.45%	-2.84%	-4.67%
최고치	24.59%	32.03%	28.95%
7년 수익률 최저치	-12.51%	-0.18%	-0.96%
최고치	21.59%	26.14%	22.83%
10년 수익률 최저치	-12.55%	0.93%	-0.15%
최고치	19.02%	21.41%	19.57%
기대수익률 최저치	-40.03%	-22.67%	-21.78%
최고치	54.69%	48.41%	46.35%

표 14.90. 대형주 발생액/평균자산 상위 10%의 대형주 대비 기저율(1971/10/01~2009/12/31)

기준 기간	대형주 발생액/평균자산 상위 10%가 더 높은 달	비율	초과수익률(연 수익률)
1년	179/448	40%	-4.40%
3년	114/424	27%	-5.36%
5년	76/400	19%	-5.80%
7년	53/376	14%	-6.10%
10년	33/340	10%	-6.13%

재무 비율 결합하기

다음 장인 15장을 통틀어 우리는 단일 가치 요소만 살피는 대신 모든 가치 요소를 동시에 살피면 주식 선별을 더 일관되게 잘할 수 있는지 검토할 것이다. 예를 들어 PER, EV/EBITDA, PSR 모두에서 좋은 점수를 받은 주식이, 한 요소에서는 높은 점수를 받았지만 다른 요소에서는 그렇지 못한 주식보다 더 나은 수익을 내리라고 추정하는 것은 합리적이다. 여러 재무 비율을 결합해서 보는 것이 하나만 보는 것보다 나은지 살피면서 검토를 시작하자. 특히 다음 요소들을 결합하겠다.

- 발생액/총자산
- 순영업자산 증가율
- 발생액/평균자산
- 감가상각비/자본적 지출

이는 이익의 질이 높은 주식을 선별하려는 의도다. 대상은 전체 주식과 대형주에 속한 주식으로 위의 4개 요소에 각각 1~100 사이의 점수를 부여한다. 예를 들어 어떤 주식의 발생액/총자산 비율이 모집단의 최저 1%에 속하면 100점을 부여한다. 반대로 모집단의 최고 1%에 속하면 1점을 부여한다. 다른 요소에도 똑같은 방법으로 점수를 부여한다. 즉 어떤 주식이 순영업자산 증가율 기준 최하위 1%에 속하면 100점을 받는 식이다. 반대로 높을수록 좋은 비율, 이를테면 감가상각비/자본적 지출이 상위 1%에 속하는 주식이면 100점을, 하위 1%에 속하면 1점을 받는다. 어떤 요소의 수치가 없을 경우에는 50점을 부여한다. 이렇게 모든 요소에 점수를 주고 나면 주식마다 총점을 취합해서 순위를 매긴 후 십분위수로 구분한다. 점수가 가장 높은 상위 10% 주식부터 점수가 가장 낮은 하위 10% 주식까지 구분하는 것이다.

이처럼 새롭게 조합해 만든 요소를 종합이익품질Earnings Quality Composite이라고 부르기로 한다. 표 14.91에서 보듯 여러 재무 비율을 결합함으로써 더 일관되고 향상된 분석이 가능해진다. 1963/12/31에 종합이익품질 상위 10% 주식에 투자한 1만 달러는 2009/12/31에 899만 2,076달러로 늘어 연 수익률 15.93%를 달성했다. 같은 기간 동안 전체 주식에 투자한 1만 달러가 132만 9,513달러로 불어난 것보다 800만 달러 가까이 많은 금액이다. 전체 주식의 연 수익률은 11.22%였다. 위험은 표준편차 19.11%를 기록함으로써 전체 주식의 18.99%보다 살짝 높았다. 그럼에도 불구하고 수익률이 훨씬 좋았기 때문에 이 주식의 샤프지수는 0.57로 전체 주식의 0.33을 크게 능가했다.

표 14.91. 전체 주식 종합이익품질 십분위수 수익률 요약(1964/01/01~2009/12/31)

십분위수	1만 달러 투자 시	연 수익률(산술평균)	연 수익률(기하평균)	표준편차	샤프지수
1(종합이익품질 최고)	$8,992,076	18.07%	15.93%	19.11%	0.57
2	$4,902,190	16.23%	14.42%	17.74%	0.53
3	$2,837,680	14.79%	13.06%	17.36%	0.46
4	$1,532,421	13.15%	11.56%	16.79%	0.39
5	$1,313,455	12.77%	11.19%	16.81%	0.37
6	$1,616,169	13.14%	11.69%	16.05%	0.42
7	$1,020,448	12.30%	10.58%	17.51%	0.32
8	$592,812	11.32%	9.28%	19.12%	0.22
9	$407,634	10.81%	8.39%	20.84%	0.16
10(종합이익품질 최저)	$60,037	7.29%	3.97%	24.79%	-0.04
전체 주식	$1,329,513	13.26%	11.22%	18.99%	0.33

종합이익품질 상위 10% 주식의 기저율은 모두 양의 값이었고 5년 단위 기간에서는 95%, 10년 단위 기간에서는 100% 승률로 전체 주식을 능가했다. 표 14.92는 다양한 보유 기간의 기저율을 보여준다. 표 14.91을 보면 전체 주식 종합이익품질 하위 10% 주식의 성과는 참담했다. 1963/12/31에 이 주식에 투자한 1만 달러는 겨우 6만 37달러가 되었고 연 수익률도 3.97%에 그쳤다. 미국 단기 국채에 투자한 것보다 못한 수익률이다. 게다가 표준편차는 24.79%여서 샤프지수 -0.04라는 형편없는 수치를 기록했다. MDD는 73.54%로, 종합이익품질 상위 10% 주식의 54.83%는 물

론 전체 주식의 55.30%와도 큰 차이가 난다. 그리고 기저율은 표 14.93에서 보듯 매우 저조해 5년 단위 기간에서 겨우 6% 승률로 전체 주식을 능가했을 뿐이며 10년 단위 기간에서는 능가한 경우가 전혀 없다.

표 14.92. 전체 주식 종합이익품질 상위 10%의 전체 주식 대비 기저율(1964/01/01~2009/12/31)

기준 기간	전체 주식 종합이익품질 상위 10%가 더 높은 달	비율	초과수익률(연 수익률)
1년	455/541	84%	4.69%
3년	460/517	89%	4.78%
5년	466/493	95%	4.94%
7년	459/469	98%	5.13%
10년	433/433	100%	5.34%

표 14.93. 전체 주식 종합이익품질 하위 10%의 전체 주식 대비 기저율(1964/01/01~2009/12/31)

기준 기간	전체 주식 종합이익품질 하위 10%가 더 높은 달	비율	초과수익률(연 수익률)
1년	154/541	28%	-5.89%
3년	84/517	16%	-7.29%
5년	28/493	6%	-7.97%
7년	15/469	3%	-8.46%
10년	0/433	0%	-8.82%

개인 투자자에게 도움이 되는 또 한 가지

분석 대상을 25~50개 주식으로 줄이면 결과는 더 분명해진다. 어떤 개인 투자자가 종합이익품질 상위 25개 주식에 투자했다면 전체 주식에 투자한 것보다 훨씬 나은 수익을 올렸을 것이다. 표 14.94는 1963년에 종합이익품질 상위 25개 주식에 투자한 1만 달러가 1,961만 1,978달러로 늘어 연 수익률 17.92%를 기록했음을 보여준다. 같은 기간에 전체 주식에 투자한 1만 달러는 132만 9,513달러로 늘었을 텐데 그것보다 1,800만 달러나 많은 금액이다. 표준편차는 22.17%로 전체 주식의 위험보다는 높았지만 수익률이 워낙 좋아서 샤프지수는 이 주식이 0.58, 전체 주식은 0.33을 기록했다. 25개 주식으로 구성한 포트폴리오의 MDD는 57.26%로 전체 주식의 55.54%에 비해 크게 나쁘지 않았다.

표 14.94. 연 수익률과 위험도: 전체 주식 종합이익품질 하위 25종목, 상위 25종목, 전체 주식
(1964/01/01~2009/12/31)

	전체 주식 종합이익품질 하위 25종목	전체 주식 종합이익품질 상위 25종목	전체 주식
산술평균 수익률	4.86%	20.83%	13.26%
기하평균 수익률	0.08%	17.92%	11.22%
중위 수익률	8.99%	26.12%	17.16%
표준편차	30.18%	22.17%	18.99%
상방 편차	18.38%	13.87%	10.98%
하방 편차	20.83%	15.75%	13.90%
추적오차	15.35	8.60	0.00
상승 개월 수	298	344	329
하락 개월 수	254	208	223
최대 하락률	-90.10%	-57.26%	-55.54%
베타	1.44	1.08	1.00
T-통계량(m=0)	1.07	5.84	4.47
샤프지수(Rf=5%)	-0.16	0.58	0.33
소르티노지수(MAR=10%)	-0.48	0.50	0.09
1만 달러 투자 시	$10,389	$19,611,978	$1,329,513
1년 수익률 최저치	-68.25%	-43.19%	-46.49%
최고치	94.42%	120.34%	84.19%
3년 수익률 최저치	-49.24%	-21.52%	-18.68%
최고치	45.31%	49.64%	31.49%
5년 수익률 최저치	-25.80%	-9.05%	-9.91%
최고치	27.52%	40.75%	27.66%
7년 수익률 최저치	-20.99%	-1.46%	-6.32%
최고치	21.44%	37.29%	23.77%
10년 수익률 최저치	-15.19%	2.88%	1.01%
최고치	14.65%	35.04%	22.05%
기대수익률 최저치	-55.49%	-23.50%	-24.73%
최고치	65.21%	65.17%	51.24%

이 주식의 기저율은 모두 양의 값이었고 5년 단위 기간에서 90%, 10년 단위 기간에서는 100% 승률로 전체 주식을 능가했다. 표 14.95는 여러 보유 기간의 기저율이다.

표 14.95. 전체 주식 종합이익품질 상위 25종목의 전체 주식 대비 기저율(1964/01/01~2009/12/31)

기준 기간	전체 주식 종합이익품질 상위 25종목이 더 높은 달	비율	초과수익률(연 수익률)
1년	395/541	73%	7.73%
3년	416/517	80%	7.26%
5년	446/493	90%	7.38%
7년	438/469	93%	7.71%
10년	431/433	100%	8.28%

전체 주식 종합이익품질 하위 25개 주식으로 구성된 포트폴리오를 보면 어떤 주식을 피해야 할지 분명해진다. 1962~2009년 동안 하위 25개 주식 포트폴리오에 투자한 1만 달러는 1만 389달러로 늘어 연 수익률 0.08%를 기록했다. 인플레이션을 고려하면 투자금을 모두 날린 것이나 마찬가지다. 실제로 인플레이션을 반영하면 원래의 투자금 1만 달러는 2009년 말에 1,485달러 가치밖에 안 되었다. 위험마저 커서 표준편차가 30.18%였다. 그 결과 샤프지수는 참담한 -0.16을 기록했다. MDD는 포트폴리오 전체를 날릴 정도인 90.10%였다. 표 14.96에서 보듯 모든 기저율은 음의 값이었고 5년 단위 기간에서 전체 주식을 고작 7% 승률로 능가했을 뿐이며 10년 기간에서는 능가한 경우가 전혀 없다.

투자 범위를 25개에서 50개로 늘려도 결과는 마찬가지다. 1963~2009년 동안 전체 주식 종합이익품질 상위 50개 주식에 투자한 연 수익률은 16.78%인 반면 하위 50개 주식에 투자한 연 수익률은 0.83%였다.

표 14.96. 전체 주식 종합이익품질 하위 25종목의 전체 주식 대비 기저율(1964/01/01~2009/12/31)

기준 기간	전체 주식 종합이익품질 하위 25종목이 더 높은 달	비율	초과수익률(연 수익률)
1년	159/541	29%	-7.99%
3년	76/517	15%	-10.75%
5년	35/493	7%	-11.79%
7년	17/469	4%	-12.30%
10년	0/433	0%	-12.63%

대형주

대형주도 결과는 다르지 않지만 정도는 전체 주식보다 약했다. 표 14.97에서 보듯 1963/12/31에 대형주 종합이익품질 상위 10% 주식에 투자한 1만 달러는 257만 5,924달러로 늘어 연 수익률 12.83%를 기록하며 다른 모든 주식을 능가했다. 같은 기간 대형주에 투자해 연 수익률 10.20%를 기록하며 투자한 1만 달러를 87만 2,861달러로 늘린 것보다 훨씬 좋은 결과다. 이 주식의 표준편차는 15.91%로 대형주의 16.50%보다 살짝 낮았다. 그 결과 샤프지수는 0.49로 대형주의 0.32를 크게 능

표 14.97. 대형주 종합이익품질 십분위수 수익률 요약(1964/01/01~2009/12/31)

십분위수	1만 달러 투자 시	연 수익률(산술평균)	연 수익률(기하평균)	표준편차	샤프지수
1(종합이익품질 최고)	$2,575,924	14.25%	12.83%	15.91%	0.49
2	$1,716,641	13.01%	11.84%	14.45%	0.47
3	$1,116,015	12.02%	10.79%	14.84%	0.39
4	$1,173,365	12.18%	10.91%	15.06%	0.39
5	$837,890	11.39%	10.11%	15.25%	0.33
6	$784,911	11.37%	9.95%	16.05%	0.31
7	$488,031	10.35%	8.82%	16.71%	0.23
8	$393,881	9.74%	8.31%	16.14%	0.21
9	$313,195	9.37%	7.77%	17.11%	0.16
10(종합이익품질 최저)	$136,740	7.76%	5.85%	18.75%	0.05
대형주	$872,861	11.72%	10.20%	16.50%	0.32

표 14.98. 연 수익률과 위험도: 대형주 종합이익품질 하위 10%, 상위 10%, 대형주(1964/01/01~2009/12/31)

	대형주 종합이익품질 하위 10%	대형주 종합이익품질 상위 10%	대형주
산술평균 수익률	7.76%	14.25%	11.72%
기하평균 수익률	5.85%	12.83%	10.20%
중위 수익률	11.37%	17.31%	17.20%
표준편차	18.75%	15.91%	16.50%
상방 편차	10.99%	9.81%	9.70%
하방 편차	13.76%	10.91%	11.85%
추적오차	6.24	6.35	0.00
상승 개월 수	304	342	332
하락 개월 수	248	210	220
최대 하락률	-61.33%	-49.00%	-53.77%
베타	1.07	0.89	1.00
T-통계량(m=0)	2.71	5.71	4.58
샤프지수(Rf=5%)	0.05	0.49	0.32
소르티노지수(MAR=10%)	-0.30	0.26	0.02
1만 달러 투자 시	$136,740	$2,575,924	$872,861
1년 수익률 최저치	-52.05%	-43.38%	-46.91%
최고치	66.70%	56.88%	68.96%
3년 수익률 최저치	-25.76%	-12.96%	-15.89%
최고치	29.46%	42.92%	33.12%
5년 수익률 최저치	-12.30%	-2.90%	-5.82%
최고치	25.85%	34.95%	28.95%
7년 수익률 최저치	-8.13%	-1.24%	-4.15%
최고치	19.99%	27.57%	22.83%
10년 수익률 최저치	-5.70%	2.21%	-0.15%
최고치	14.63%	23.45%	19.57%
기대수익률 최저치	-29.75%	-17.56%	-21.28%
최고치	45.26%	46.07%	44.72%

표 14.99. 대형주 종합이익품질 하위 10%의 대형주 대비 기저율(1964/01/01~2009/12/31)

기준 기간	대형주 종합이익품질 하위 10%가 더 높은 달	비율	초과수익률(연 수익률)
1년	139/541	26%	-3.86%
3년	78/517	15%	-4.20%
5년	30/493	6%	-4.46%
7년	7/469	1%	-4.69%
10년	0/433	0%	-4.89%

표 14.100. 대형주 종합이익품질 상위 10%의 대형주 대비 기저율(1964/01/01~2009/12/31)

기준 기간	대형주 중 종합이익품질 상위 10%가 더 높은 달	비율	초과수익률(연 수익률)
1년	377/541	70%	2.75%
3년	428/517	83%	2.85%
5년	433/493	88%	2.88%
7년	434/469	93%	2.88%
10년	432/433	100%	2.95%

가했다. MDD는 49%여서 대형주의 53.77%보다 더 좋았다. 표 14.98은 대형주 종합이익품질 상위 10% 주식과 하위 10% 주식의 결과를 비교해서 상세하게 보여준다. 표 14.100에는 기저율을 적었는데 모두 양의 값이었고 5년 단위 기간에서 88%, 10년 단위 기간에서는 100% 승률로 대형주를 능가했다.

대형주 종합이익품질 하위 10% 주식은 투자한 1만 달러를 13만 6,740달러로 늘리며 연 수익률 5.85%를 기록했는데, 미국 단기 국채에 투자해 얻었을 연 수익률 5.57%를 살짝 능가하는 수준이다. 이 주식은 표준편차가 18.75%로 대형주의 16.50%보다 높았다. 높은 위험과 낮은 수익이 결합한 결과 샤프지수는 0.05로 대형주의 0.32와 큰 차이를 보인다. 표 14.99에서 보듯 기저율은 모두 음의 값이었고 5년 단위 기간에서는 겨우 6% 승률로 대형주를 능가했을 뿐이며 10년 기간에서는 한 번도 능가하지 못했다.

시사점

재무 비율은 중요하다. 기업들이 발생액을 어떻게 처리하는지, 감가상각이며 자본적 지출과 부채를 어떻게 다루는지 등은 모두 주가에 영향을 미친다. 많은 경우에서 보았듯이 어떤 주식을 피해야 할지 아는 것도 매우 중요하다. 예를 들어 부채 비율이 갑자기 증가하는 주식은 매우 조심해야 한다. 현금흐름/부채 비율이 낮은 주식도 마찬가지다. 모두 거품과 투기가 만연한 시장에서만 빛을 발하는 주식이며, 이런 주식이 크게 성공하는 것은 하락장이 가까워졌다는 좋은 신호다. 무엇보다 중요한 것은 여러 개별 요소를 결합한 종합이익품질이 훨씬 더 좋은 결과로 이어진다는 점이다. 나중에 살펴보겠지만 이렇게 결합한 요소는 시장을 크게 웃도는 복수 요소 투자 전략을 개발하는 데 큰 도움이 된다. 이제 PER, PSR 같은 전통적인 가치 척도도 그런지 살펴보자.

15

여러 가치 요소를
단일 결합 요소로 합치다

합리적 인간은 네스호의 괴물처럼,
보았다는 사람은 많아도
사진에 찍힌 적은 아주 드물다.

| 데이비드 드레먼 | David Dreman, 캐나다 투자 대가

앞선 장에서 언급했듯이 PER과 PCR, EV/EBITDA 같은 개별 요소들이 누가 최고인지 가리기 위해 시합하는 것 같다. 1996년 이 책의 초판이 나올 때만 해도 구할 수 있는 것은 요소별 12월 말 기준 연간 데이터가 유일해서 분석이 제한적이었다. 그때는 PSR이 개별 요소 중 최고라고 결론 내렸다. 하지만 월별 데이터를 사용할 수 있게 되어 훨씬 폭넓은 자료와 포트폴리오를 구성하는 정밀한 방법론까지 갖춘 지금은 개별 요소의 왕좌를 EV/EBITDA가 차지했다. 이유는 3가지다. 첫째, 새 방법론과 데이터 때문에 개별 요소를 살펴보는 방법이 달라졌다. 둘째, 2007/05~2009/02에 전체 주식 저PSR 10% 주식이 큰 타격을 입었다. 셋째, 다양한 기간을 분석하다 보면 '최고' 수익률을 기록하는 요소가 계속 변한다. 한때는 PSR이었다가 다른 때는 EV/EBITDA이고 또다시 EV/현금흐름으로 바뀌곤 한다.

여러 요소를 결합해서 '만능 가치 요소'를 만들어야겠다는 생각은 "Returns to Trading Strategies Based on PER and PSR(PER과 PSR에 근거한 투자 전략의 수익률)"이라는 논문을 읽고 나서 떠올렸다. 저자인 시바 네이선Siva Nathan과 쿠마르 시바쿠마르Kumar Sivakumar, 자야라만 비자야쿠마르Jayaraman Vijayakumar는 PER과 PSR을 결합한 결과가 각각을 단독 사용했을 때보다 더 좋았다고 주장했다. 세 사람은 "PER과 PSR을 동시에 사용해 주식을 매수하거나 공매도하면 연 평균 28.89%의 초과수익을 달성할 수 있었다. 이는 오쇼너시가 매년 PSR 최저 50개 주식을 매수해 달성한 연 수익률 16.01%를 한참 능가하는 수치다"라고 주장했다.

세 사람이 주장한 투자 전략이 효과적이고 탄탄한지 검증하기에는 기간(1990~1996)이 너무 짧다고 생각했지만 여러 가치 요소를 결합한다는 생각은 내 주의를 끌기에 충분했다. 위의 논문이 대상으로 한 기간은 IT 버블이 한창이던 1997~2000년을 포함하지 않았을 뿐만 아니라 가치 요소 대부분이 전반적으로 탁월한 성과를 낸 시기다. 예를 들어 1990/01/01~1996/12/31 동안 전체 주식 저PER 상위 10% 주식은 연 수익률 17%를 기록했고 저EV/EBITDA 상위 10% 주식 역시 연 수익률 19.37%를 달성했다. 한편 같은 기간 동안 저PSR 상위 10% 주식은 연 수익률

13.74%, 전체 주식은 13.80%를 기록했다. 다시 말해 같은 기간 동안 2개 가치 요소가 전체 주식을 현격한 차이로 능가한 반면 PSR은 전체 주식을 밑돌았다. 그래도 어쨌든 매우 흥미로운 생각이라고 여겨, 모든 개별 요소의 월별 데이터를 구할 수 있는 1963~2009년 기간을 대상으로 이론을 시험해보았다.

먼저 재무상태표와 현금흐름표의 요소만 분석해 가치 요소를 결합한 '순수' 효과를 살펴보고 이를 가치 요소 #1(Value Factor One)이라 부르겠다. 포함된 요소는 다음과 같다.

- PBR
- PER
- PSR
- EV/EBITDA
- PCR

이어서 '순수' 가치 요소 #1에 주주수익률을 결합해 결과가 더 향상되는지 확인한다. 다시 말해 두 번째 요소 결합 시험은 위 5개 요소에 (자사주 매입 수익률과 배당수익률을 합한) 주주수익률을 더한 것이다.

전체 주식과 대형주 모집단에 속한 모든 주식에 요소별로 1~100의 점수를 부여한다. 예를 들어 어떤 주식이 PER 하위 1%에 속하면 100점, 상위 1%에 속하면 1점을 주는 식이다. 다른 요소도 마찬가지로 PSR 하위 1%에 속하면 100점, 상위 1%에 속하면 1점을 준다. 요소가 없는 경우에는 50점을 준다. 주주수익률 상위 1%에 속하면 100점, 하위 1%에 속하면 1점, 저EV/EBITDA 상위 1%에 속하면 100점, 하위 1%에 속하면 1점, 이런 식이다. 모든 주식의 모든 요소에 점수를 매긴 다음 주식별로 점수를 취합하고 취합한 점수에 따라 십분위수로 구분한다. 취합한 점수가 가장 높은 주식이 상위 10%에 자리 잡는다.

따라서 상위 10%에 속한 주식은 PER, PSR 등이 가장 낮아서 결합 점수가 가장 높고, 하위 10%에 속한 주식은 PER, PSR 등이 가장 높다. 이제 전체 주식과 대형주 모집단의 '순수' 가치 요소 #1 성과를 먼저 살펴보겠다.

결과

1963/12/31에 가치 요소 #1(PBR, PER, PCR, PSR, EV/EBIDTA) 상위 10% 주식에 투자한 1만 달러는 2009/12/31에 1,468만 8,089달러가 되어 연 수익률 17.18%를 기록했다. 앞서 살펴본 개별 가치 요소 각각을 모두 능가하는 건 물론 전체 주식에 투자해 얻었을 연 수익률 11.22%와 최종 금액 132만 9,513달러를 한참 능가하는 성과다. 이 주식은 표준편차 18.09%를 기록해 18.99%를 기록한 전체 주식보다 위험도 작았다. 하방 편차는 13.50%로 역시 전체 주식의 13.90%보다 낮았다. 더 대단한 것은 1년 수익률 몇몇을 제외하면 모든 3년과 5년, 7년, 10년 수익률 최저치와 최고치가 전체 주식을 능가했다는 사실이다. 즉 가치 요소 #1 상위 10% 주식은 하방 위험을 더 잘 방어하면서 더 나은 수익률 최고치를 달성했다. 높은 수익률과 짝을 이룬 낮은 위험 덕에 이 주식은 그 어떤 요소보다 높은 샤프지수 0.67을 기록했다. 전체 주식이 기록한 샤프지수 0.33의 2배에 해당하는 수치다. 표 15.1은 가치 요소 #1과 관련된 상세한 수치를 보여준다. 표에서는 가치 요소 #1을 VC1(이하 동일)로 표기했다.

VC1의 모든 기저율은 양의 값이었고 모든 5년 단위 기간에서 98%, 10년 단위 기간에서는 100% 승률로 전체 주식을 능가했다. 표 15.2는 모든 보유 기간의 기저율이다. 표 15.3은 1963년 이래 20% 넘게 하락한 모든 경우를 보여주고 표 15.4와 15.5는 다양한 기간에 거둔 최고와 최악의 수익률을 보여준다. 15장 후반부에서 VC1의 최악의 시나리오를 살펴보면서 다시 보겠다. 그림 15.1은 전체 주식 VC1 상위 10% 주식 수익률에서 전체 주식 수익률을 뺀 5년 평균 초과 혹은 미달 연 수익률이다.

표 15.1. 연 수익률과 위험도: 전체 주식 VC1(저PBR, 저PER, 저PCR, 저PSR, 저EV/EBITDA) **상위 10%와 전체 주식**
(1964/01/01~2009/12/31)

		전체 주식 VC1 상위 10%	전체 주식
산술평균 수익률		19.09%	13.26%
기하평균 수익률		17.18%	11.22%
중위 수익률		23.52%	17.16%
표준편차		18.09%	18.99%
상방 편차		11.77%	10.98%
하방 편차		13.50%	13.90%
추적오차		7.50	0.00
상승 개월 수		363	329
하락 개월 수		189	223
최대 하락률		-57.78%	-55.54%
베타		0.88	1.00
T-통계량(m=0)		6.60	4.47
샤프지수(Rf=5%)		0.67	0.33
소르티노지수(MAR=10%)		0.53	0.09
1만 달러 투자 시		$14,688,089	$1,329,513
1년 수익률	최저치	-48.24%	-46.49%
	최고치	81.40%	84.19%
3년 수익률	최저치	-17.00%	-18.68%
	최고치	41.09%	31.49%
5년 수익률	최저치	-5.33%	-9.91%
	최고치	35.49%	27.66%
7년 수익률	최저치	-1.25%	-6.32%
	최고치	30.19%	23.77%
10년 수익률	최저치	6.08%	1.01%
	최고치	29.41%	22.05%
기대수익률	최저치	-17.10%	-24.73%
	최고치	55.28%	51.24%

표 15.2. 전체 주식 VC1 상위 10%의 전체 주식 대비 기저율(1964/01/01~2009/12/31)

기준 기간	전체 주식 VC1 상위 10%가 더 높은 달	비율	초과수익률(연 수익률)
1년	420/541	78%	5.70%
3년	481/517	93%	5.82%
5년	484/493	98%	5.88%
7년	462/469	99%	5.89%
10년	431/433	100%	5.80%

표 15.3. 최악의 시나리오: 전체 주식 VC1 상위 10%가 20% 이상 하락한 사례(1964/01/01~2009/12/31)

고점 월	지수 고점	저점 월	지수 저점	회복 월	하락률(%)	하락 기간(개월)	회복 기간(개월)
1969/01	3.39	1970/06	2.02	1972/02	-40.38	17	20
1972/11	3.51	1974/09	2.23	1975/05	-36.56	22	8
1987/08	61.55	1987/11	45.41	1989/01	-26.23	3	14
1989/08	77.09	1990/10	54.46	1991/03	-29.35	14	5
1998/04	356.62	1998/08	280.06	1999/06	-21.47	4	10
2002/04	591.59	2002/09	444.05	2003/07	-24.94	5	10
2007/05	1,638.90	2009/02	691.91		-57.78	21	
평균					-33.82	12.29	11.17

표 15.4. 연 수익률 최저치와 최고치(%, 1964/01/01~2009/12/31)

		1년	3년	5년	7년	10년
전체 주식 VC1 상위 10%	최저치	-48.24	-17.00	-5.33	-1.25	6.08
	최고치	81.40	41.09	35.49	30.19	29.41
전체 주식	최저치	-46.49	-18.68	-9.91	-6.32	1.01
	최고치	84.19	31.49	27.66	23.77	22.05
전체 주식 VC1 하위 10%	최저치	-71.59	-53.72	-31.25	-22.49	-16.22
	최고치	215.77	56.66	38.69	26.29	19.09

표 15.5. 1만 달러 투자 시 기말 원리금 최저치와 최고치(달러, 1964/01/01~2009/12/31)

		1년	3년	5년	7년	10년
전체 주식 VC1 상위 10%	최저치	5,176	5,717	7,604	9,155	18,041
	최고치	18,140	28,085	45,658	63,377	131,777
전체 주식	최저치	5,351	5,379	5,936	6,330	11,054
	최고치	18,419	22,734	33,903	44,504	73,345
전체 주식 VC1 하위 10%	최저치	2,841	991	1,536	1,681	1,704
	최고치	31,577	38,450	51,319	51,223	57,396

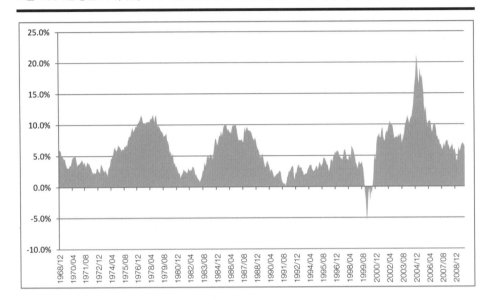

대형주 역시 견실하다

대형주 VC1 상위 10% 주식에 투자한 1만 달러는 333만 5,373달러로 늘어 연 수익률 13.46%를 기록했다. 대형주에 투자했다면 1만 달러는 87만 2,861달러가 되어 연 수익률 10.20%를 얻었을 테니, 대형주 VC1이 큰 차이로 능가했음을 알 수 있다. 전체 주식에서와 달리 대형주 VC1은 표준편차 16.68%를 기록해 16.50%를 낸 대형주보다 높았다. 하방 편차는 11.87% 대 11.85%로 사실상 같았다. 샤프지수는 0.51로, 0.32를 기록한 대형주를 크게 능가했다. 표 15.6이 자세한 수치를 보여준다.

대형주 VC1 상위 10% 주식의 모든 기저율은 양의 값이었고 5년 단위 기간에서 78%, 10년 단위 기간에서는 97% 승률로 대형주를 능가했다. 표 15.7은 모든 기간의 기저율이다. 그림 15.2는 대형주 VC1 상위 10% 주식 수익률에서 대형주 수익률을 뺀 5년 평균 초과 혹은 미달 연 수익률이다.

표 15.6. 연 수익률과 위험도: 대형주 VC1 상위 10%와 대형주(1964/01/01~2009/12/31)

		대형주 VC1 상위 10%	대형주
산술평균 수익률		15.04%	11.72%
기하평균 수익률		13.46%	10.20%
중위 수익률		18.42%	17.20%
표준편차		16.68%	16.50%
상방 편차		10.63%	9.70%
하방 편차		11.87%	11.85%
추적오차		8.20	0.00
상승 개월 수		344	332
하락 개월 수		208	220
최대 하락률		-61.86%	-53.77%
베타		0.89	1.00
T-통계량(m=0)		5.73	4.58
샤프지수(Rf=5%)		0.51	0.32
소르티노지수(MAR=10%)		0.29	0.02
1만 달러 투자 시		$3,335,373	$872,861
1년 수익률	최저치	-55.57%	-46.91%
	최고치	72.36%	68.96%
3년 수익률	최저치	-16.99%	-15.89%
	최고치	37.73%	33.12%
5년 수익률	최저치	-2.03%	-5.82%
	최고치	35.12%	28.95%
7년 수익률	최저치	0.26%	-4.15%
	최고치	27.27%	22.83%
10년 수익률	최저치	2.36%	-0.15%
	최고치	22.19%	19.57%
기대수익률	최저치	-18.31%	-21.28%
	최고치	48.40%	44.72%

표 15.7. 대형주 VC1 상위 10%와 대형주의 수익률 비교(1964/01/01~2009/12/31)

기준 기간	대형주 VC1 상위 10%가 더 높은 달	비율	초과수익률(연 수익률)
1년	339/541	63%	3.35%
3년	377/517	73%	3.50%
5년	385/493	78%	3.61%
7년	404/469	86%	3.61%
10년	420/433	97%	3.56%

그림 15.2. 5년 평균 초과(미달) 연 수익률: 대형주 VC1 상위 10% – 대형주(1964/01/01~2009/12/31)

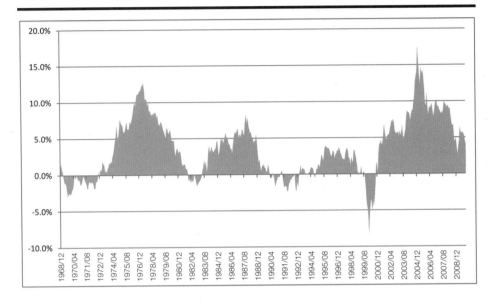

최악의 시나리오, 최고와 최악의 수익률

전체 주식 VC1 상위 10% 주식은 1964~2009년 동안 20% 넘는 하락을 7번 경험했다. 2007/05~2009/02 기간에 58% 하락한 것이 최대였다. 표 15.3이 7번의 하락을 모두 보여준다.

절댓값 기준 전체 주식 VC1 상위 10% 주식이 기록한 최고의 수익은 1979/09에 끝난 5년 동안 연 수익률 35.49%를 달성하며 투자한 1만 달러를 4만 5,658달러로 늘린 경우다. 표 15.5는 다른 최고와 최악의 기간 동안 투자한 1만 달러가 얼마로 늘거나 줄었는지를 나타낸다. 최악의 수익은 1973/12에 끝난 5년 동안 연 5.33% 손실이 나서 투자한 1만 달러가 7,604달러로 줄어든 경우다.

이 주식이 전체 주식에 비해 상대적으로 최고의 수익을 거둔 시기는 2005/02에 끝난 5년으로, 연 수익률 25.45%를 기록해 전체 주식의 연 수익률 4.38%를

21.07%p 차이로 능가했다. 누적 수익률로는 186%p 차이다. 반면 최악의 성과를 낸 기간은 2000/02에 끝난 5년으로, 이때 이 주식은 연 수익률 16.74%를 기록해 전체 주식의 연 수익률 22.54%를 연 5.8%p 차이로 밑돌았고 누적 수익률로는 59%p 하회했다. 그림 15.1은 전체 주식 VC1 상위 10% 주식 수익률에서 전체 주식 수익률을 뺀 5년 평균 초과 혹은 미달 연 수익률이다.

대형주 VC1 상위 10% 주식으로 눈을 돌리면 이는 1964~2009년 기간에 20% 넘는 하락을 7번 경험했다. 2007/10~2009/02 기간에 62% 하락한 것이 최대였다. 대형주에서도 전체 주식에서처럼 최대 62% 하락한 경우를 제외하면, 나머지 하락 6번은 다른 개별 요소에 비해 하락 정도가 덜했다. 표 15.8은 1964년 이래 20% 넘게 하락한 모든 경우를 보여준다.

표 15.8. 최악의 시나리오: 대형주 VC1 상위 10%가 20% 이상 하락한 사례(1964/01/01~2009/12/31)

고점 월	지수 고점	저점 월	지수 저점	회복 월	하락률(%)	하락 기간(개월)	회복 기간(개월)
1969/01	1.92	1970/06	1.22	1972/08	-36.07	17	26
1973/10	2.11	1974/09	1.58	1975/03	-24.88	11	6
1981/06	6.73	1982/07	5.33	1982/10	-20.74	13	3
1987/08	24.77	1987/11	18.70	1989/01	-24.51	3	14
1989/08	30.27	1990/10	22.38	1991/05	-26.07	14	7
2002/03	159.66	2002/09	125.42	2003/07	-21.44	6	10
2007/10	474.69	2009/02	181.04		-61.86	16	
평균					-30.80	11.43	11

이 주식이 절댓값 기준 최고의 수익을 낸 기간은 1987/07에 끝난 5년으로, 연 수익률 35.12%를 기록하며 투자한 1만 달러를 4만 5,044달러로 늘려놓았다. 반대로 절댓값 기준 최악의 5년은 2009/02에 끝난 기간으로, 매년 2.03% 손실이 발생해서 투자한 1만 달러는 9,027달러로 줄었다. 표 15.9와 15.10은 다양한 기간에 걸친 최고와 최악의 수익률을 보여준다.

이 주식이 상댓값 기준으로 최고의 수익을 낸 기간은 2005/02에 끝난 5년으로 연 수익률 19.30%를 기록해, 연 수익률 1.80%에 그친 대형주를 17.50%p 차이로 능

표 15.9. 연 수익률 최저치와 최고치(%, 1964/01/01~2009/12/31)

		1년	3년	5년	7년	10년
대형주 VC1 상위 10%	최저치	-55.57	-16.99	-2.03	0.26	2.36
	최고치	72.36	37.73	35.12	27.27	22.19
대형주	최저치	-46.91	-15.89	-5.82	-4.15	-0.15
	최고치	68.96	33.12	28.95	22.83	19.57
대형주 VC1 하위 10%	최저치	-78.05	-45.26	-25.22	-16.48	-11.49
	최고치	91.71	51.26	35.39	24.91	20.36

표 15.10. 1만 달러 투자 시 기말 원리금 최저치와 최고치(달러, 1964/01/01~2009/12/31)

		1년	3년	5년	7년	10년
대형주 VC1 상위 10%	최저치	4,443	5,720	9,027	10,180	12,626
	최고치	17,236	26,125	45,044	54,099	74,174
대형주	최저치	5,309	5,951	7,409	7,434	9,848
	최고치	16,896	23,591	35,656	42,189	59,747
대형주 VC1 하위 10%	최저치	2,195	1,640	2,339	2,835	2,951
	최고치	19,171	34,609	45,495	47,447	63,795

가했다. 누적 수익률로 환산하면 134%p 차이다. 반대로 상댓값 기준 최악의 성과를 거둔 기록은 2000/02에 끝난 5년 동안 연 수익률 14.67%에 그쳐 22.87%를 기록한 대형주를 연 8.2%p, 누적 수익률로는 84%p 차이로 밑돈 경우다. 그림 15.2는 대형주 VC1 상위 10% 주식 수익률에서 대형주 수익률을 뺀 5년 평균 초과 혹은 미달 연 수익률이다.

VC1 하위 10% 주식이 괜히 하위가 아니다

전체 주식 VC1 하위 10% 주식에 투자한 1만 달러는 2009/12/31에 겨우 3만 8,481달러가 되어 연 수익률 2.97%를 기록하는 데 그쳤다. 같은 기간 전체 주식은 1만 달러를 132만 9,513달러로 늘리며 연 수익률 11.22%를 기록했다. 더 심한 것은 30일짜리 미국 단기 국채에 투자했다면 1만 달러를 12만 778달러로 늘려 연 수익률

5.57%를 기록할 수 있었다는 사실이다. 위험 역시 VC1 하위 10% 주식의 표준편차는 27.80%로 전체 주식 모집단의 18.99%보다 높았다. 낮은 수익률과 높은 위험이 합쳐진 결과 이 주식의 샤프지수는 -0.07을 기록해 전체 주식의 0.33과 큰 차이를 보였다. 수익률 최저치 역시 끔찍한 수준이어서 10년 수익률 최저치는 -16.22%로 손실을 본 반면 같은 기간 전체 주식은 1.01%지만 수익을 냈다.

표 15.11. 연 수익률과 위험도: 전체 주식 VC1 하위 10%와 전체 주식(1964/01/01~2009/12/31)

		전체 주식 VC1 하위 10%	전체 주식
산술평균 수익률		7.11%	13.26%
기하평균 수익률		2.97%	11.22%
중위 수익률		10.97%	17.16%
표준편차		27.80%	18.99%
상방 편차		17.39%	10.98%
하방 편차		20.32%	13.90%
추적오차		14.03	0.00
상승 개월 수		312	329
하락 개월 수		240	223
최대 하락률		-92.81%	-55.54%
베타		1.30	1.00
T-통계량(m=0)		1.68	4.47
샤프지수(Rf=5%)		-0.07	0.33
소르티노지수(MAR=10%)		-0.35	0.09
1만 달러 투자 시		$38,481	$1,329,513
1년 수익률	최저치	-71.59%	-46.49%
	최고치	215.77%	84.19%
3년 수익률	최저치	-53.72%	-18.68%
	최고치	56.66%	31.49%
5년 수익률	최저치	-31.25%	-9.91%
	최고치	38.69%	27.66%
7년 수익률	최저치	-22.49%	-6.32%
	최고치	26.29%	23.77%
10년 수익률	최저치	-16.22%	1.01%
	최고치	19.09%	22.05%
기대수익률	최저치	-48.49%	-24.73%
	최고치	62.71%	51.24%

　　VC1 하위 10% 주식의 모든 기저율은 음의 값이었고 5년 단위 기간에서 전체 주식을 승률 15%로 능가했을 뿐이고 10년 기간에서는 승률이 4%에 그쳤다. 표 15.12

표 15.12. 전체 주식 VC1 하위 10%의 전체 주식 대비 기저율(1964/01/01~2009/12/31)

기준 기간	전체 주식 VC1 하위 10%가 더 높은 달	비율	초과수익률(연 수익률)
1년	186/541	34%	-5.02%
3년	121/517	23%	-7.57%
5년	76/493	15%	-8.30%
7년	47/469	10%	-8.62%
10년	18/433	4%	-8.69%

표 15.13. 최악의 시나리오: 전체 주식 VC1 하위 10%가 20% 이상 하락한 사례(1964/01/01~2009/12/31)

고점 월	지수 고점	저점 월	지수 저점	회복 월	하락률(%)	하락 기간(개월)	회복 기간(개월)
1968/12	2.82	1970/06	1.42	1972/02	-49.82	18	20
1972/05	3.11	1974/09	1.18	1980/01	-61.97	28	64
1980/02	3.38	1980/03	2.64	1980/07	-21.99	1	4
1980/11	5.02	1982/07	2.85	1983/04	-43.26	20	9
1983/06	6.02	1984/11	3.52	1987/03	-41.57	17	28
1987/08	6.33	1987/11	4.03	1990/05	-36.24	3	30
1990/05	6.40	1990/10	4.61	1991/03	-28.07	5	5
1992/01	8.54	1994/06	5.89	1995/09	-31.11	29	15
1996/05	11.43	1998/08	6.24	1999/03	-45.41	27	7
2000/02	33.15	2009/02	2.38		-92.81	108	
평균					-45.23	25.6	20.22

그림 15.3. 5년 평균 초과(미달) 연 수익률: 전체 주식 VC1 하위 10% − 전체 주식(1964/01/01~2009/12/31)

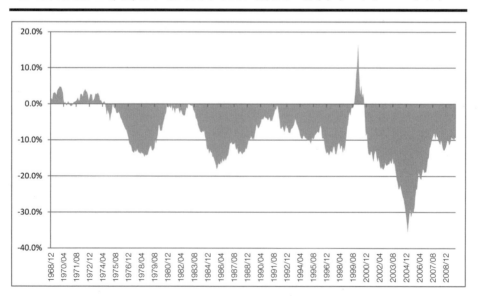

는 모든 기간의 기저율이다. 표 15.13은 1964년 이래 20% 이상 하락한 모든 기간을 보여준다. 그림 15.3은 전체 주식 VC1 하위 10% 주식의 수익률에서 전체 주식 수익률을 뺀 5년 평균 초과 혹은 미달 연 수익률인데 그림에서 보듯 초과수익보다는 미달이 대부분이었다.

대형주도 타격을 입었다

대형주 VC1 하위 10% 주식에 투자한 1만 달러는 2009/12/31에 9만 3,708달러가 되어 연 수익률 4.98%를 기록했다. 같은 기간 대형주에 투자해 연 수익률 10.20%를 달성하고 1만 달러가 87만 2,861달러로 증가한 것과 비교하면 초라한 수익률이다. 이 주식 역시 전체 주식에서처럼 연 수익률 5.57%를 기록한 미국 단기 국채를 밑돌았다. 위험도 표준편차 22.43%로 대형주의 16.50%보다 많이 높았다. 그 결과 이 주식의 샤프지수는 0.0을 기록해 0.32를 기록한 대형주를 크게 밑돌았다. 역시나 수익률 최저치도 대형주 모집단보다 많이 낮았다. 표 15.14는 대형주 VC1 하위 10% 주식과 대형주 모집단을 비교한 상세한 수치를 보여준다.

대형주 VC1 하위 10% 주식의 모든 기저율은 음의 값이었고 대형주를 5년 단위 기간에서는 18%, 10년 단위 기간에서는 7% 승률로 능가했을 뿐이다. 표 15.15는 모든 기간의 기저율이다. 그림 15.4는 대형주 VC1 하위 10% 주식의 수익률에서 대형주 수익률을 뺀 5년 평균 초과 혹은 미달 연 수익률이다.

표 15.14. 연 수익률과 위험도: 대형주 VC1 하위 10%와 대형주(1964/01/01~2009/12/31)

	대형주 VC1 하위 10%	대형주
산술평균 수익률	7.75%	11.72%
기하평균 수익률	4.98%	10.20%
중위 수익률	12.79%	17.20%
표준편차	22.43%	16.50%
상방 편차	13.82%	9.70%
하방 편차	17.47%	11.85%
추적오차	12.01	0.00
상승 개월 수	314	332
하락 개월 수	238	220
최대 하락률	-85.28%	-53.77%
베타	1.16	1.00
T-통계량(m=0)	2.26	4.58
샤프지수(Rf=5%)	0.00	0.32
소르티노지수(MAR=10%)	-0.29	0.02
1만 달러 투자 시	$93,708	$872,861
1년 수익률 최저치	-78.05%	-46.91%
최고치	91.71%	68.96%
3년 수익률 최저치	-45.26%	-15.89%
최고치	51.26%	33.12%
5년 수익률 최저치	-25.22%	-5.82%
최고치	35.39%	28.95%
7년 수익률 최저치	-16.48%	-4.15%
최고치	24.91%	22.83%
10년 수익률 최저치	-11.49%	-0.15%
최고치	20.36%	19.57%
기대수익률 최저치	-37.12%	-21.28%
최고치	52.61%	44.72%

표 15.15. 대형주 VC1 하위 10%의 대형주 대비 기저율(1964/01/01~2009/12/31)

기준 기간	대형주 VC1 하위 10%가 더 높은 달	비율	초과수익률(연 수익률)
1년	211/541	39%	-3.26%
3년	132/517	26%	-4.96%
5년	90/493	18%	-5.79%
7년	55/469	12%	-6.24%
10년	29/433	7%	-6.52%

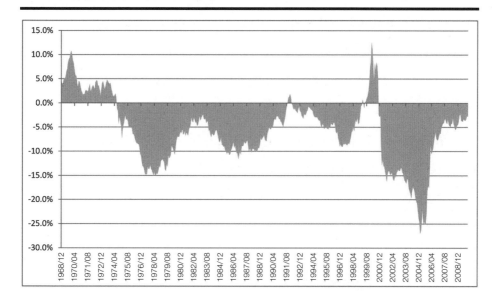

최악의 시나리오, 최고와 최악의 수익률

전체 주식 VC1 하위 10% 주식은 1964~2009년 동안 20% 넘는 하락을 10번 경험했다. 최악의 하락은 2000/02 시작한 92.81% 손실이었다. 더 나쁜 사실은 1964년 이래 40% 넘게 하락한 경우가 6번이나 있었다는 것이다. 표 15.13이 20% 넘는 모든 하락을 보여준다.

이 주식이 거둔 절댓값 기준 최고의 성과는 2000/02에 끝난 5년 동안 연 수익률 38.69%를 달성하며 투자한 1만 달러를 5만 1,319달러로 늘린 경우다. 절댓값 기준 최악의 성과는 2005/02에 끝난 5년 동안 연 수익률 -31.25%를 기록하며 투자한 1만 달러가 1,536달러로 줄어든 경우다. 표 15.5는 여러 기간에 걸친 최고와 최악의 시나리오에서 투자한 1만 달러가 얼마로 늘거나 줄었는지를 보여준다.

상댓값 기준 최고의 성과는 절댓값과 같은 시기인 2000/02에 끝난 5년 동안 발생해서 연 수익률이 38.69%에 달해 전체 주식의 22.54%를 여유 있게 능가했다. 연 수익률 16.15%p 차이이자 누적 수익률 237%p 차이다. 한편 상댓값 기준 최악의 성과는 2005/11에 끝난 5년에 연 수익률 -14.44%를 기록하며 손실을 낸 경우다. 전체 주식은 오히려 11.07% 수익을 냈다. 무려 연 수익률 25.51%p 차이이자 누적 수익률로는 123%p 차이다.

그림 15.3은 이 주식과 전체 주식의 5년 평균 수익률 차이를 보여준다. 전체 주식 VC1 상위 10% 주식과 하위 10% 주식이 전체 주식과 5년 평균 연 수익률이 얼마나 차이 났는지를 그림으로 표시한 그림 15.1과 15.3을 비교해 보면 두 주식 간 차이는 더 분명해진다.

대형주 VC1 하위 10% 주식은 1964~2009년 동안 20% 넘는 하락을 5번 경험했다. 최악은 2000/05~2002/09에 85% 하락한 경우다. 표 15.6은 1964~2009년에 발생한 20% 이상 하락을 모두 보여준다.

표 15.16. 최악의 시나리오: 대형주 VC1 하위 10%가 20% 이상 하락한 사례(1964/01/01~2009/12/31)

고점 월	지수 고점	저점 월	지수 저점	회복 월	하락률(%)	하락 기간(개월)	회복 기간(개월)
1969/12	2.48	1970/06	1.66	1971/06	-33.11	6	12
1972/12	3.36	1974/09	1.35	1983/02	-59.85	21	101
1983/06	4.06	1984/05	2.86	1986/02	-29.64	11	21
1987/08	5.84	1987/11	3.85	1989/07	-34.02	3	20
2000/02	37.43	2002/09	5.51		-85.28	31	
평균					-48.38	14.4	38.5

대형주 VC1 하위 10% 주식이 절댓값 기준 최고의 성과를 낸 것은 2000/02에 끝난 5년 동안 연 수익률 35.39%를 달성하며 투자한 1만 달러를 4만 5,495달러로 늘린 경우다. 절댓값 기준 최악의 성과는 2005/02에 끝난 5년 동안 연 수익률 -25.22%를 내며 투자한 1만 달러를 2,339달러로 줄여놓은 경우다. 다른 보유 기간에 발생한 최고와 최악의 시나리오와 투자한 1만 달러의 증감은 표 15.10을 참조하기 바란다.

상댓값 기준 최고의 성과를 낸 것은 역시 2000/02에 끝난 5년 동안이다. 이때 대형주 모집단은 연 수익률 23.06%를 기록한 반면 이 주식은 연 수익률 35.39%를 기록해 연 수익률로는 12.33%p, 누적 수익률로는 173%p 차이로 대형주를 능가했다. 반대로 상댓값 기준 최악의 성과는 1987/01에 끝난 5년 동안 연 수익률 11.83%를 기록해 연 수익률 22.54%를 기록한 대형주를 연 수익률 10.71%p, 누적 수익률 101%p 차이로 밑돈 경우다.

그림 15.4는 이 주식의 수익률에서 대형주 수익률을 뺀 5년 평균 초과 혹은 미달 연 수익률이다.

십분위수

표 15.17과 15.18은 전체 주식과 대형주 VC1 상위 10%, 하위 10% 주식의 연 수익률을 10년 단위로 보여준다. 그림 15.5와 15.6, 그리고 표 15.부록1과 15.부록2를 통해 전체 십분위수를 살펴보면 수익률이 계단처럼 거의 완벽하게 우하향하는 것이 보인다. 전체 주식 VC1 상위 50% 주식은 모두 전체 주식을 능가하는 반면 하위 50% 주식은 모집단을 밑돌았다. 심지어 하위 10%와 11~20% 주식은 미국 단기 국채조차 밑돌았다. 대형주도 다르지 않아서 상위 40% 주식은 대형주를 능가한 반면 41~100% 주식은 대형주 모집단을 밑돌았고 특히 하위 10% 주식은 미국 단기 국채조차 밑돌았다.

표 15.17. 전체 주식 10년 단위 연 수익률(%, 1964/01/01~2009/12/31)

	1960년대	1970년대	1980년대	1990년대	2000년대
전체 주식 VC1 상위 10%	16.84	14.78	22.21	16.34	15.73
전체 주식 VC1 하위 10%	15.88	2.22	7.42	13.85	-16.22
전체 주식	13.36	7.56	16.78	15.35	4.39

표 15.18. 대형주 10년 단위 연 수익률(%, 1964/01/01~2009/12/31)

	1960년대	1970년대	1980년대	1990년대	2000년대
대형주 VC1 상위 10%	6.54	12.75	19.84	14.64	11.10
대형주 VC1 하위 10%	16.37	−0.97	10.73	17.66	−11.49
대형주	8.16	6.65	17.34	16.38	2.42

그림 15.5. 전체 주식 VC1 십분위수 수익률(1964/01/01~2009/12/31)

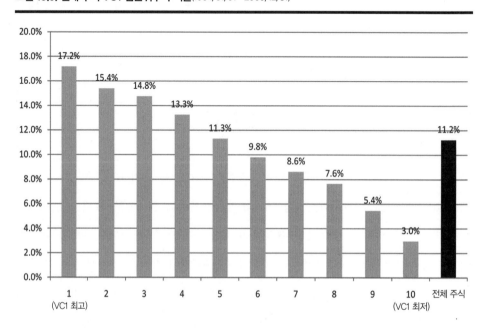

월가의 퀀트 투자 바이블

그림 15.6. 대형주 VC1 십분위수 수익률(1964/01/01~2009/12/31)

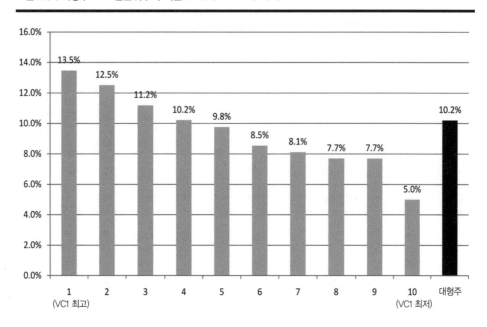

표 15.부록1. 전체 주식 VC1 십분위수 수익률 요약(1964/01/01~2009/12/31)

십분위수	1만 달러 투자 시	연 수익률(산술평균)	연 수익률(기하평균)	표준편차	샤프지수
1(VC1 최고)	$14,688,089	19.09%	17.18%	18.09%	0.67
2	$7,262,781	17.13%	15.40%	17.30%	0.60
3	$5,634,919	16.40%	14.76%	16.83%	0.58
4	$3,066,959	14.81%	13.26%	16.46%	0.50
5	$1,380,234	12.81%	11.31%	16.30%	0.39
6	$735,230	11.36%	9.79%	16.75%	0.29
7	$449,449	10.42%	8.62%	17.98%	0.20
8	$295,378	9.84%	7.64%	19.99%	0.13
9	$114,369	8.43%	5.44%	23.46%	0.02
10(VC1 최저)	$38,481	7.11%	2.97%	27.80%	−0.07
전체 주식	$1,329,513	13.26%	11.22%	18.99%	0.33

표 15.부록2. 대형주 VC1 십분위수 수익률 요약(1964/01/01~2009/12/31)

십분위수	1만 달러 투자 시	연 수익률(산술평균)	연 수익률(기하평균)	표준편차	샤프지수
1(VC1 최고)	$3,335,373	15.04%	13.46%	16.68%	0.51
2	$2,256,400	13.86%	12.50%	15.52%	0.48
3	$1,311,085	12.48%	11.18%	15.26%	0.41
4	$877,032	11.47%	10.21%	15.04%	0.35
5	$724,818	11.01%	9.76%	15.02%	0.32
6	$433,301	9.81%	8.54%	15.24%	0.23
7	$360,891	9.45%	8.11%	15.72%	0.20
8	$302,571	9.23%	7.69%	16.80%	0.16
9	$301,635	9.50%	7.69%	18.23%	0.15
10(VC1 최저)	$93,708	7.75%	4.98%	22.43%	0.00
대형주	$872,861	11.72%	10.20%	16.50%	0.32

주주수익률을 추가하면 결과가 좋아질까?

이제 주주수익률을 VC1, 즉 가치 요소 #1에 추가한다. 이를 가치 요소 #2(이하 VC2)라 부르고 VC1을 구성한 것과 동일한 방법으로 구성하겠다.

표 15.19에서 보이듯 VC1에 주주수익률을 더하면 전 기간의 전체 연 수익률이 12bp 향상된다. 게다가 표준편차는 0.99%p 낮아지고, 하방 편차는 0.69%p 개선된다. 수익률 최저치를 보면 보유 기간 5년에 도달한 후에는 주주수익률을 더한 쪽이 높아지는 것을 알 수 있다.

전체 주식에 대한 기저율은 거의 같지만 VC2(주주수익률 포함)와 VC1을 비교하면 VC2가 VC1을 모든 5년 단위 기간에서 59%, 10년 단위 기간에서는 71% 승률로 능가한다. 표 15.20은 모든 기간에 발생한 VC2와 VC1의 상대 전적을 기저율로 보여준다. 표 15.21은 10년 단위로 각각의 수익률을 나타낸다.

표 15.19. 연 수익률과 위험도: 전체 주식 VC2 상위 10%와 VC1 상위 10%(1964/01/01~2009/12/31)

		전체 주식 VC2 상위 10%	전체 주식 VC1 상위 10%
산술평균 수익률		19.00%	19.09%
기하평균 수익률		17.30%	17.18%
중위 수익률		22.74%	23.52%
표준편차		17.10%	18.09%
상방 편차		11.32%	11.77%
하방 편차		12.81%	13.50%
추적오차		8.10	7.50
상승 개월 수		368	363
하락 개월 수		184	189
최대 하락률		-58.07%	-57.78%
베타		0.81	0.88
T-통계량(m=0)		6.95	6.60
샤프지수(Rf=5%)		0.72	0.67
소르티노지수(MAR=10%)		0.57	0.53
1만 달러 투자 시		$15,416,651	$14,688,089
1년 수익률	최저치	-48.60%	-48.24%
	최고치	77.27%	81.40%
3년 수익률	최저치	-17.13%	-17.00%
	최고치	41.33%	41.09%
5년 수익률	최저치	-3.65%	-5.33%
	최고치	35.99%	35.49%
7년 수익률	최저치	-0.10%	-1.25%
	최고치	31.35%	30.19%
10년 수익률	최저치	6.17%	6.08%
	최고치	29.77%	29.41%
기대수익률	최저치	-15.20%	-17.10%
	최고치	53.20%	55.28%

표 15.20. 전체 주식 VC2 상위 10%의 VC1 상위 10% 대비 기저율(1964/01/01~2009/12/31)

기준 기간	전체 주식 VC2 상위 10%가 더 높은 달	비율	초과수익률(연 수익률)
1년	276/541	51%	-0.02%
3년	301/517	58%	0.15%
5년	289/493	59%	0.25%
7년	324/469	69%	0.31%
10년	306/433	71%	0.33%

표 15.21. 10년 단위 연 수익률(%, 1964/01/01~2009/12/31)

	1960년대	1970년대	1980년대	1990년대	2000년대
전체 주식 VC1 상위 10%	16.84	14.78	22.21	16.34	15.73
전체 주식 VC2 상위 10%	15.49	15.35	23.21	16.10	15.82
전체 주식 VC3 상위 10%	16.50	15.62	22.56	16.69	15.36
전체 주식	13.36	7.56	16.78	15.35	4.39

대형주는 차이가 더 분명하다. 표 15.22는 대형주 VC1과 VC2의 결과를 보여준다. 연 수익률은 13.46%에서 14.21%로 0.75%p 향상된다. 표준편차와 하방 편차는 물론 7년과 10년 수익률 최저치 모두 향상된다. 표 15.23에서 보듯 대형주 VC2는

표 15.22. 연 수익률과 위험도: 대형주 VC2 상위 10%와 VC1 상위 10%(1964/01/01~2009/12/31)

		대형주 VC2 상위 10%	대형주 VC1 상위 10%
산술평균 수익률		15.72%	15.04%
기하평균 수익률		14.21%	13.46%
중위 수익률		18.82%	18.42%
표준편차		16.26%	16.68%
상방 편차		10.61%	10.63%
하방 편차		11.53%	11.87%
추적오차		8.60	8.20
상승 개월 수		343	344
하락 개월 수		209	208
최대 하락률		-62.69%	-61.86%
베타		0.85	0.89
T-통계량(m=0)		6.13	5.73
샤프지수(Rf=5%)		0.57	0.51
소르티노지수(MAR=10%)		0.36	0.29
1만 달러 투자 시		$4,509,506	$3,335,373
1년 수익률	최저치	-56.23%	-55.57%
	최고치	72.26%	72.36%
3년 수익률	최저치	-18.46%	-16.99%
	최고치	38.87%	37.73%
5년 수익률	최저치	-3.29%	-2.03%
	최고치	37.09%	35.12%
7년 수익률	최저치	1.22%	0.26%
	최고치	29.30%	27.27%
10년 수익률	최저치	2.74%	2.36%
	최고치	24.02%	22.19%
기대수익률	최저치	-16.80%	-18.31%
	최고치	48.23%	48.40%

VC1을 5년 단위 기간에서 79%, 10년 단위 기간에서는 95% 승률로 능가한다. 주주수익률을 VC1에 더하면 총수익률과 위험은 물론, 전체 주식 모집단과 대형주 모집단에 대한 기저율 모두를 개선할 수 있다는 것이 결론이다.

표 15.23. 대형주 VC2 상위 10%의 VC1 상위 10% 대비 기저율(1964/01/01~2009/12/31)

기준 기간	대형주 VC2 상위 10%가 더 높은 달	비율	초과수익률(연 수익률)
1년	337/541	62%	0.65%
3년	392/517	76%	0.79%
5년	390/493	79%	0.89%
7년	389/469	83%	0.95%
10년	413/433	95%	1.02%

VC2의 주주수익률을 자사주 매입 수익률로 대체

만약 투자자가 최고의 가치 요소에는 관심 있지만 배당수익률에는 관심이 없다면 어떻게 할까? 이럴 땐 동일하게 하고 자사주 매입 수익률만 더하면 된다. VC1에 자사주 매입 수익률을 더한 새로운 결합 요소를 만들어 가치 요소 #3(이하 VC3)이라 부르기로 한다. 즉 다음 요소들을 결합한다.

- PBR
- PER
- PSR
- EV/EBITDA
- PCR
- 자사주 매입 수익률

앞에서 했듯이 모든 주식의 6개 요소에 1~100의 점수를 부여한다. 어떤 주식의

PER이 가장 낮은 1%에 속하면 100점을 주고, 가장 높은 1%에 속하면 1점을 주는 식이다. 다른 모든 요소도 마찬가지다. 이 과정을 마치면 주식별로 점수를 취합하고 합계에 따라 순위를 매긴 후 점수가 가장 높은 주식들이 상위 10%를 이루고 점수가 가장 낮은 주식들이 하위 10%를 형성하는 식으로 십분위수를 구성한다. VC3 상위 10% 주식은 PER, PSR 등은 가장 낮으면서 자사주 매입 수익률은 가장 높은 주식들이고, 반대로 VC3 하위 10% 주식은 PER, PSR 등은 가장 높으면서 자사주 매입 수익률은 가장 낮은 주식들이다.

표 15.24는 VC3 상위 10% 주식의 수익률 결과를 보여주고 표 15.25는 VC3 상위 10% 주식이 VC1 상위 10% 주식을 상대로 거둔 성과를 기저율을 통해 보여준다. 주주수익률을 더한 VC2에서처럼 자사주 매입 수익률을 더한 VC3 역시 연 수익률을 개선해 17.39%로 끌어올렸다. 표준편차는 17.68%로 낮아지고 샤프지수는 0.70으로 높아졌다. 기저율은 VC1과 동일하지만 예외적으로 3년 기간에서 전체 주식에 대한 VC3의 승률이 96%로 높아졌다. 그리고 VC2가 VC1을 능가한 것보다는 VC3가 VC1을 능가한 비율이 아주 조금 향상된 것이 표 15.25에서 확인된다.

자사주 매입 수익률을 더하면 피할 주식을 골라내기도 좋다. 표 15.26에서 보듯 VC3 하위 10% 주식의 연 수익률은 2.47%에 그친다. 표 15.27은 VC3 하위 10% 주식의 기저율인데 5년 단위 기간에서는 11%, 10년 단위 기간에서는 3% 승률로 전체 주식을 능가했을 뿐이다. 표 15.28과 15.29, 15.30은 대형주 VC3 하위 10% 주식의 성과, 상위 10%와 하위 10% 주식의 기저율을 보여준다.

표 15.24. 연 수익률과 위험도: 전체 주식 VC3(VC1+자사주 매입 수익률) 상위 10%와 VC1 상위 10%
(1964/01/01~2009/12/31)

		전체 주식 VC3 상위 10%	전체 주식 VC1 상위 10%
산술평균 수익률		19.22%	19.09%
기하평균 수익률		17.39%	17.18%
중위 수익률		24.91%	23.52%
표준편차		17.68%	18.09%
상방 편차		11.48%	11.77%
하방 편차		13.30%	13.50%
추적오차		7.52	7.50
상승 개월 수		368	363
하락 개월 수		184	189
최대 하락률		-58.04%	-57.78%
베타		0.85	0.88
T-통계량(m=0)		6.79	6.60
샤프지수(Rf=5%)		0.70	0.67
소르티노지수(MAR=10%)		0.56	0.53
1만 달러 투자 시		$15,940,452	$14,688,089
1년 수익률	최저치	-47.88%	-48.24%
	최고치	83.26%	81.40%
3년 수익률	최저치	-17.37%	-17.00%
	최고치	42.57%	41.09%
5년 수익률	최저치	-3.94%	-5.33%
	최고치	36.16%	35.49%
7년 수익률	최저치	-0.11%	-1.25%
	최고치	30.43%	30.19%
10년 수익률	최저치	6.47%	6.08%
	최고치	29.54%	29.41%
기대수익률	최저치	-16.14%	-17.10%
	최고치	54.57%	55.28%

표 15.25. 전체 주식 VC3 상위 10%의 VC1 상위 10% 대비 기저율(1964/01/01~2009/12/31)

기준 기간	전체 주식 VC3 상위 10%가 더 높은 달	비율	초과수익률(연 수익률)
1년	276/541	51%	0.17%
3년	303/517	59%	0.28%
5년	346/493	70%	0.36%
7년	358/469	76%	0.40%
10년	368/433	85%	0.41%

표 15.26. 연 수익률과 위험도: 전체 주식 VC3 하위 10%와 전체 주식(1964/01/01~2009/12/31)

	전체 주식 VC3 하위 10%	전체 주식
산술평균 수익률	6.69%	13.26%
기하평균 수익률	2.47%	11.22%
중위 수익률	10.69%	17.16%
표준편차	28.14%	18.99%
상방 편차	17.62%	10.98%
하방 편차	20.32%	13.90%
추적오차	14.03	0.00
상승 개월 수	308	329
하락 개월 수	244	223
최대 하락률	-92.77%	-55.54%
베타	1.32	1.00
T-통계량(m=0)	1.56	4.47
샤프지수(Rf=5%)	-0.09	0.33
소르티노지수(MAR=10%)	-0.37	0.09
1만 달러 투자 시	$30,733	$1,329,513
1년 수익률 최저치	-70.35%	-46.49%
최고치	216.74%	84.19%
3년 수익률 최저치	-52.67%	-18.68%
최고치	53.69%	31.49%
5년 수익률 최저치	-30.57%	-9.91%
최고치	36.42%	27.66%
7년 수익률 최저치	-22.02%	-6.32%
최고치	24.75%	23.77%
10년 수익률 최저치	-15.95%	1.01%
최고치	17.97%	22.05%
기대수익률 최저치	-49.59%	-24.73%
최고치	62.97%	51.24%

표 15.27. 전체 주식 VC3 하위 10%의 전체 주식 대비 기저율(1964/01/01~2009/12/31)

기준 기간	전체 주식 VC3 하위 10%가 더 높은 달	비율	초과수익률(연 수익률)
1년	176/541	33%	-5.46%
3년	115/517	22%	-8.12%
5년	52/493	11%	-8.86%
7년	37/469	8%	-9.16%
10년	11/433	3%	-9.21%

표 15.28. 연 수익률과 위험도: 대형주 VC3 하위 10%와 대형주(1964/01/01~2009/12/31)

	대형주 VC3 하위 10%	대형주
산술평균 수익률	7.57%	11.72%
기하평균 수익률	4.74%	10.20%
중위 수익률	11.85%	17.20%
표준편차	22.77%	16.50%
상방 편차	14.17%	9.70%
하방 편차	17.61%	11.85%
추적오차	12.04	0.00
상승 개월 수	319	332
하락 개월 수	233	220
최대 하락률	−85.90%	−53.77%
베타	1.19	1.00
T-통계량(m=0)	2.18	4.58
샤프지수(Rf=5%)	−0.01	0.32
소르티노지수(MAR=10%)	−0.30	0.02
1만 달러 투자 시	$84,019	$872,861
1년 수익률 최저치	−78.70%	−46.91%
최고치	91.71%	68.96%
3년 수익률 최저치	−46.12%	−15.89%
최고치	50.10%	33.12%
5년 수익률 최저치	−25.57%	−5.82%
최고치	33.58%	28.95%
7년 수익률 최저치	−16.41%	−4.15%
최고치	24.00%	22.83%
10년 수익률 최저치	−11.32%	−0.15%
최고치	19.33%	19.57%
기대수익률 최저치	−37.96%	−21.28%
최고치	53.10%	44.72%

표 15.29. 대형주 VC3 상위 10%의 대형주 대비 기저율(1964/01/01~2009/12/31)

기준 기간	대형주 VC3 상위 10%가 더 높은 달	비율	초과수익률(연 수익률)
1년	363/541	67%	4.00%
3년	402/517	78%	4.26%
5년	447/493	91%	4.46%
7년	439/469	94%	4.52%
10년	424/433	98%	4.53%

표 15.30. 대형주 VC3 하위 10%의 대형주 대비 기저율(1964/01/01~2009/12/31)

기준 기간	대형주 VC3 하위 10%가 더 높은 달	비율	초과수익률(연 수익률)
1년	206/541	38%	-3.46%
3년	135/517	26%	-5.20%
5년	80/493	16%	-6.04%
7년	54/469	12%	-6.54%
10년	28/433	6%	-6.83%

시사점

주식이 한두 개 요소에서 몇 점을 받았는지가 아니라 모든 가치 요소에서 몇 점을 받았는지 살피는 것이 투자자에게 도움이 된다. 모든 가치 요소를 결합하는 방법론을 채용함으로써 개별 요소에 필연적인 성과 등락을 피하고 단일 요소에 운명을 맡기는 위험을 완화할 수 있다. 물론 단일 요소에 올인할 때 더 유리한 시기가 분명 있다. 문제는 그때가 언제인지를 알 수 없다는 점이다. 예를 들어 1963~2009년 기간에서 최고의 개별 요소인 EV/EBITDA는 VC1을 모든 1년 단위 기간에서 겨우 45%, 5년 단위 기간에서는 46% 승률로 능가했을 뿐이다.

특정 개별 요소를 편애하는 것이 설득력을 얻는 경우는 복수 가치 요소 투자 전략에서 해당 요소가 핵심적인 역할을 할 때뿐이다. 예를 들어 배당수익률이 높은 시장 선도 기업의 주식을 매수하는 '배당수익률가중 투자 전략'이 있다고 하자. 계속해서 높은 배당금을 지급하는 능력이 전략의 가장 큰 고려 사항이므로, 이 경우에는 저 EV/EBITDA 하위 50% 주식을 제외하고 선도 주식에만 집중한다. 저EV/EBITDA는 기업이 부채에 비해 얼마나 버는지 살피기 때문에 해당 기업이 계속해서 배당금을 잘 지급하거나 늘릴 수 있는지 판단하는 근거가 된다. 하지만 이 경우에도 여러 가치 요소를 결합한 것이 무척 효과가 좋다는 것을 발견했다.

사례 연구

결합 가치 요소를 개인 투자자 포트폴리오에 적용

각 요소의 상위 10% 주식과 하위 10% 주식이 어떤 성과를 거뒀는지를 확인함으로써 밸류에이션이 높고 낮은 주식이 일반적으로 어떤 성과를 내는지 살펴보았다. 하지만 투자자가 단일 요소만 보고 주식을 매수하는 경우는 극히 드물다. VC1과 VC2 둘 다 훨씬 탄탄한 복수 요소 모형이기에 여기서 뽑아낸. 그래서 성향이 더 뚜렷한 포트폴리오의 성과를 확인하는 것이 의미 있다고 생각한다. 이제 VC1과 VC2의 상위 10% 주식을 25개와 50개 종목으로 줄여서 만든 포트폴리오가 어땠는지 확인해보자. 그리고 공매도에 관심 있는 투자자를 위해 하위 10%에 속한 주식 25개와 50개도 살펴보기로 한다.

표 15.CS1은 1만 달러를 각각 VC1 상위 25종목과 VC1 상위 50종목에 투자한 결과와 VC1 상위 10% 주식에 투자한 결과를 비교해 보여준다. 상위 25종목과 상위 50종목 모두 VC1 상위 10%보다 수익률이 약간 낫지만 대가가 있으니 변동성이 더 컸다. VC1 상위 25종목 포트폴리오는 표준편차가 20.54%, VC1 상위 50종목 포트폴리오는 19.47%인 반면 VC1 상위 10% 주식은 18.09%였다. 약간 큰 수익률과 변동성이 합쳐진 결과 VC1 상위 25종목의 샤프지수는 0.59, 상위 50종목은 0.63으로 모두 0.67을 기록한 상위 10% 주식을 밑돌았다. MDD 역시 VC1 상위 25종목과 상위 50종목 둘 다 상위 10% 주식보다 커서 VC1 상위 25종목이 64.09%, 상위 50종목이 60.33%였다.

표 15.CS2와 15.CS3에 VC1 상위 25종목과 VC1 상위 50종목의 기저율을 제시했다. 단기간에서는 상위 25종목이 약간 우위에 있는 것으로 보여서, 5년 단위 기간에는 상위 25종목이 상위 10% 주식을 승률 54%로 능가했다. 하지만 10년으로 길어지면 상황이 역전되어 상위 25종목은 상위 10% 주식을 승률 48%로 능가했을 뿐이다. 물론 상위 25종목과 상위 50종목 둘 다 10년 단위 기간에는 상위 10% 주식처럼 전체 주식을 100% 승률로 압도한다. 하지만 5년 단위 기간에는 상위 10% 주식처럼 전체 주식을 압도적으로 능가하지는 못한다. 표 15.2를 참조하기 바란다.

표 15.CS1. 연 수익률과 위험도: 전체 주식 VC1 상위 25종목, VC1 상위 50종목, VC1 상위 10%
(1964/01/01~2009/12/31)

	전체 주식 VC1 상위 25종목	전체 주식 VC1 상위 50종목	전체 주식 VC1 상위 10%
산술평균 수익률	19.64%	19.53%	19.09%
기하평균 수익률	17.20%	17.32%	17.18%
중위 수익률	20.91%	22.12%	23.52%
표준편차	20.54%	19.47%	18.09%
상방 편차	14.29%	13.16%	11.77%
하방 편차	14.35%	14.06%	13.50%
추적오차	10.06	8.81	7.50
상승 개월 수	355	356	363
하락 개월 수	197	196	189
최대 하락률	-64.09%	-60.33%	-57.78%
베타	0.94	0.92	0.88
T-통계량(m=0)	5.97	6.26	6.60
샤프지수(Rf=5%)	0.59	0.63	0.67
소르티노지수(MAR=10%)	0.50	0.52	0.53
1만 달러 투자 시	$14,842,204	$15,547,632	$14,688,089

		전체 주식 VC1 상위 25종목	전체 주식 VC1 상위 50종목	전체 주식 VC1 상위 10%
1년 수익률	최저치	-52.46%	-50.76%	-48.24%
	최고치	102.70%	92.25%	81.40%
3년 수익률	최저치	-19.06%	-16.86%	-17.00%
	최고치	48.12%	45.60%	41.09%
5년 수익률	최저치	-6.67%	-6.83%	-5.33%
	최고치	38.16%	36.32%	35.49%
7년 수익률	최저치	-1.97%	-2.37%	-1.25%
	최고치	31.45%	30.33%	30.19%
10년 수익률	최저치	5.22%	5.15%	6.08%
	최고치	25.48%	27.71%	29.41%
기대수익률	최저치	-21.43%	-19.42%	-17.10%
	최고치	60.71%	58.48%	55.28%

표 15.CS2. 전체 주식 VC1 상위 25종목의 VC1 상위 10% 대비 기저율(1964/01/01~2009/12/31)

기준 기간	전체 주식 VC1 상위 25종목이 더 높은 달	비율	초과수익률(연 수익률)
1년	270/541	50%	0.19%
3년	264/517	51%	-0.26%
5년	264/493	54%	-0.29%
7년	248/469	53%	-0.37%
10년	206/433	48%	-0.41%

표 15.CS3. 전체 주식 VC1 상위 50종목의 VC1 상위 10% 대비 기저율(1964/01/01~2009/12/31)

기준 기간	전체 주식 VC1 상위 50종목이 더 높은 달	비율	초과수익률(연 수익률)
1년	274/541	51%	0.20%
3년	264/517	51%	−0.04%
5년	241/493	49%	−0.10%
7년	224/469	48%	−0.15%
10년	182/433	42%	−0.18%

표 15.CS4. 전체 주식 VC1 상위 25종목의 전체 주식 대비 기저율(1964/01/01~2009/12/31)

기준 기간	전체 주식 VC1 상위 25종목이 더 높은 달	비율	초과수익률(연 수익률)
1년	381/541	70%	5.89%
3년	418/517	81%	5.57%
5년	412/493	84%	5.59%
7년	431/469	92%	5.52%
10년	433/433	100%	5.39%

표 15.CS5. 전체 주식 VC1 상위 50종목의 전체 주식 대비 기저율(1964/01/01~2009/12/31)

기준 기간	전체 주식 VC1 상위 50종목이 더 높은 달	비율	초과수익률(연 수익률)
1년	403/541	74%	5.90%
3년	422/517	82%	5.78%
5년	434/493	88%	5.79%
7년	460/469	98%	5.74%
10년	432/433	100%	5.62%

VC1 하위 10% 주식의 하위 25개, 50개 주식은 참담하다

표 15.CS6은 VC1 하위 10% 주식 중 하위 25개와 50개 주식으로 구성한 포트폴리오에 1만 달러를 투자한 결과를 보여준다. 다시 말해 전체 주식에서 가장 밸류에이션이 높은, 비싼 주식들이다. 표에서 보듯 그림이 전혀 아름답지 않다. 전체 46년 동안 두 포트폴리오 모두 돈을 잃었다. 하위 25개 주식으로 구성한 VC1 하위 25종목 포트폴리오는 연 수익률 −2.94%를 기록하며 1963/12/31에 투자한 1만 달러를 2009/12/31에 2,535달러로 줄여놓았다. 인플레이션은 반영하지도 않은 명목 수익률이 이 정도다. 인플레이션을 감안하면 1963년에 투자한 1만 달러는 2009년에 하나도 안 남았다. 50개 주식으로 구성한 VC1 하위 50종목 포트폴리오 역시 돈을 잃었다. 투자한 1만 달러는 5,296달러가 되어 연 수익률 −1.37%를 기록했다. 역시나 인플레이션을 감안하면 투자한 1만 달러가 흔적도 없이 사라진 것이다.

표 15.CS6. 연 수익률과 위험도: 전체 주식 VC1 하위 25종목, VC1 하위 50종목, VC1 하위 10%
(1964/01/01~2009/12/31)

		전체 주식 VC1 하위 25종목	전체 주식 VC1 하위 50종목	전체 주식 VC1 하위 10%
산술평균 수익률		2.29%	3.39%	7.11%
기하평균 수익률		-2.94%	-1.37%	2.97%
중위 수익률		6.45%	6.91%	10.97%
표준편차		31.98%	30.34%	27.80%
상방 편차		20.08%	18.99%	17.39%
하방 편차		21.54%	21.12%	20.32%
추적오차		18.94	17.10	14.03
상승 개월 수		285	285	312
하락 개월 수		267	267	240
최대 하락률		-96.51%	-95.38%	-92.81%
베타		1.42	1.37	1.30
T-통계량(m=0)		0.48	0.75	1.68
샤프지수(Rf=5%)		-0.25	-0.21	-0.07
소르티노지수(MAR=10%)		-0.60	-0.54	-0.35
1만 달러 투자 시		$2,535	$5,296	$38,481
1년 수익률	최저치	-67.75%	-70.05%	-71.59%
	최고치	230.25%	231.01%	215.77%
3년 수익률	최저치	-50.79%	-52.51%	-53.72%
	최고치	49.91%	50.85%	56.66%
5년 수익률	최저치	-29.13%	-30.56%	-31.25%
	최고치	29.90%	31.14%	38.69%
7년 수익률	최저치	-22.50%	-23.86%	-22.49%
	최고치	14.62%	15.98%	26.29%
10년 수익률	최저치	-17.41%	-19.18%	-16.22%
	최고치	5.55%	10.87%	19.09%
기대수익률	최저치	-61.67%	-57.29%	-48.49%
	최고치	66.25%	64.07%	62.71%

표 15.CS7과 15.CS8에서 보듯 모든 기저율은 음의 값이었고 특히 VC1 하위 25종목은 전체 주식을 모든 10년 단위 기간에서 밑돌았으며 VC1 하위 50종목은 그나마 나아서 46년 동안 딱 3번 능가했다.

위 주식을 공매도하려는 투자자는 이들이 주식시장 거품기 때 주가가 폭등하는 바로 그것임을 기억할 필요가 있다. 표 15.CS9를 보면 인터넷 버블기가 정점을 찍기 직전이던 1999년, VC1 하위 25종목과 VC1 하위 50종목에 속한 주식들의 주가가 각각 189%와 175% 상승한 것을 알 수 있다. 이후 20장에서 가격 모멘텀을 살펴볼 때 다시 보겠지만 이들 주식은 주식시장이 하락장을 빠져나올 때에도 좋은 성과를 낸다. 이런 시기에는 투기와 허황된 이야기가 단기에 사로잡힌 투자자의 마음을 끌기 마련이다. 하지만 시장 침체기에는 완전히 뭉개지는 주식들이다. 표 15.CS9의 2000년과 2001년, 2002년 수치를 보라. 따라서 이들 주식을 이용해 공매도하고 싶다면 이동평균과 손절매 주문stop-loss order 같은 기술적 투자 도구를 추가해 조심스럽게 투자하라고 충고한다. 그래야 주식시장이 거품기에 있거나 침체기를 막 빠져나올 때 재앙을 피할 수 있다. 표 15.CS6을 다시 보기 바란다. VC1 하위 25종목의 1년 최고 수익률은 230.25%, VC1 하위 50종목은 231.01%이었다. 3년으로 연장하더라도 각각 49.91%와 50.85%였다. 주식시장은 투자자 대부분이 버틸 수 있는 것보다 훨씬 더 오랫동안 비이성적으로 행동할 수 있다는 것을 명심하기 바란다. 그러니 위에서 본 것처럼 공매도 전략을 펼치고자 한다면 반드시 추가적인 분석 도구를 함께 활용해야 한다.

표 15.CS7. 전체 주식 VC1 하위 25종목의 전체 주식 대비 기저율(1964/01/01~2009/12/31)

기준 기간	전체 주식 VC1 하위 25종목이 더 높은 달	비율	초과수익률(연 수익률)
1년	154/541	28%	-9.58%
3년	73/517	14%	-14.00%
5년	25/493	5%	-15.06%
7년	24/469	5%	-15.56%
10년	0/433	0%	-15.99%

표 15.CS8. 전체 주식 VC1 하위 50종목의 전체 주식 대비 기저율(1964/01/01~2009/12/31)

기준 기간	전체 주식 VC1 하위 50종목이 더 높은 달	비율	초과수익률(연 수익률)
1년	162/541	30%	-8.51%
3년	96/517	19%	-12.09%
5년	26/493	5%	-12.94%
7년	27/469	6%	-13.28%
10년	3/433	1%	-13.47%

표 15.CS9. 연 수익률(%, 1998/01/01-2002/12/31)

연도	전체 주식 VC1 하위 25종목	전체 주식 VC1 하위 50종목
1998	2	1
1999	189	175
2000	-51	-53
2001	-46	-28
2002	-67	-52

VC2 상위 10% 25종목, 50종목 포트폴리오

표 15.CS10은 VC2 상위 10% 주식에서 뽑은 25개(VC2 상위 25종목)와 50개(VC2 상위 50종목) 주식 포트폴리오에 투자한 결과를 보여준다. VC2는 알다시피 주주수익률이 포함되었다. 주주수익률을 추가했더니 VC2 상위 25종목과 상위 50종목의 성과가 좋아져서 상위 10% 주식보다 수익률은 높아지고 MDD는 낮아졌다. 상위 50종목의 샤프지수 0.76은 상위 10% 주식의 0.72보다 높다.

표 15.CS10. 연 수익률과 위험도: 전체 주식 VC2 상위 25종목, VC2 상위 50종목, VC2 상위 10%
(1964/01/01~2009/12/31)

		전체 주식 VC2 상위 25종목	전체 주식 VC2 상위 50종목	전체 주식 VC2 상위 10%
산술평균 수익률		20.00%	20.46%	19.00%
기하평균 수익률		18.02%	18.61%	17.30%
중위 수익률		22.16%	21.72%	22.74%
표준편차		18.48%	17.80%	17.10%
상방 편차		12.79%	12.08%	11.32%
하방 편차		13.16%	12.84%	12.81%
추적오차		9.94	9.08	8.10
상승 개월 수		358	369	368
하락 개월 수		194	183	184
최대 하락률		−55.64%	−54.25%	−58.07%
베타		0.84	0.82	0.81
T-통계량(m=0)		6.74	7.15	6.95
샤프지수(Rf=5%)		0.70	0.76	0.72
소르티노지수(MAR=10%)		0.61	0.67	0.57
1만 달러 투자 시		$20,385,881	$25,656,756	$15,416,651
1년 수익률	최저치	−48.62%	−45.40%	−48.60%
	최고치	89.56%	84.67%	77.27%
3년 수익률	최저치	−13.17%	−12.91%	−17.13%
	최고치	46.84%	44.32%	41.33%
5년 수익률	최저치	−4.47%	−3.52%	−3.65%
	최고치	38.79%	37.09%	35.99%
7년 수익률	최저치	−0.82%	0.19%	−0.10%
	최고치	31.68%	30.44%	31.35%
10년 수익률	최저치	5.15%	6.30%	6.17%
	최고치	26.62%	28.78%	29.77%
기대수익률	최저치	−16.96%	−15.13%	−15.20%
	최고치	56.97%	56.06%	53.20%

표 15.CS11과 15.CS12는 VC2 상위 25종목과 상위 50종목이 전체 주식에 대해 거둔 기저율을 보여준다. 상위 10% 주식처럼 두 주식 모두 전체 주식을 10년 단위 기간에서 승률 100%로 능가한다. 그러나 VC1 상위 50종목과 다르게 VC2 상위 50종목은 7년 단위 기간에서 전체 주식을 99% 능가해 VC1보다 1%p 높았다. 표 15.CS13은 VC1 상위 25종목과 상위 50종목, VC2 상위 25종목과 상위 50종목의 연 수익률을 10년 단위로 보여준다.

표 15.CS11. 전체 주식 VC2 상위 25종목의 전체 주식 대비 기저율(1964/01/01~2009/12/31)

기준 기간	전체 주식 중 VC2 상위 25종목이 더 높은 달	비율	초과수익률(연 수익률)
1년	400/541	74%	6.45%
3년	421/517	81%	6.41%
5년	432/493	88%	6.46%
7년	440/469	94%	6.42%
10년	433/433	100%	6.34%

표 15.CS12. 전체 주식 VC2 상위 50종목의 전체 주식 대비 기저율(1964/01/01~2009/12/31)

기준 기간	전체 주식 VC2 상위 50종목이 더 높은 달	비율	초과수익률(연 수익률)
1년	420/541	78%	6.93%
3년	454/517	88%	7.00%
5년	474/493	96%	7.12%
7년	465/469	99%	7.13%
10년	433/433	100%	7.07%

표 15.CS13. 10년 단위 연 수익률(%, 1964/01/01~2009/12/31)

	1960년대	1970년대	1980년대	1990년대	2000년대
전체 주식 VC1 상위 25종목	14.60	13.78	20.38	17.71	18.64
전체 주식 VC1 상위 50종목	15.49	14.39	20.72	17.08	18.30
전체 주식 VC2 상위 25종목	13.88	13.97	22.53	18.37	19.89
전체 주식 VC2 상위 50종목	14.97	15.62	23.26	18.28	19.63
전체 주식	13.36	7.56	16.78	15.35	4.39

VC2 하위 10% 25종목, 50종목 포트폴리오

표 15.CS14는 VC2 하위 10% 주식에서 하위 25개(이하 VC2 하위 25종목), 50개(이하 VC2 하위 50종목) 주식으로 구성한 포트폴리오의 수익률을 보여준다. 앞서 본 VC1 하위 25종목과 하위 50종목처럼 수익률은 참담하다. VC2 하위 25종목은 1963/12/31에 투자한 1만 달러를 2009/12/31에 2,288달러로 줄여 연 수익률 −3.16%를 기록했다. 그것도 인플레이션을 고려하지 않은 명목 수익률이 그렇다. 더 안 좋은 기록은 VC2 하위 25종목의 MDD가 97%라는 사실이다. 자세한 수치는 표를 참조하기 바란다.

표 15.CS14. 연 수익률과 위험도: 전체 주식 VC2 하위 25종목, VC2 하위 50종목, VC2 하위 10%
(1964/01/01~2009/12/31)

		전체 주식 VC2 하위 25종목	전체 주식 VC2 하위 50종목	전체 주식 VC2 하위 10%
산술평균 수익률		1.98%	3.65%	6.89%
기하평균 수익률		−3.16%	−1.23%	2.63%
중위 수익률		4.15%	8.19%	10.16%
표준편차		31.69%	30.71%	28.26%
상방 편차		19.92%	19.48%	17.66%
하방 편차		21.66%	20.99%	20.35%
추적오차		18.57	17.41	14.16
상승 개월 수		284	290	305
하락 개월 수		268	262	247
최대 하락률		−97.01%	−94.16%	−92.67%
베타		1.41	1.39	1.33
T−통계량(m=0)		0.42	0.79	1.60
샤프지수(Rf=5%)		−0.26	−0.20	−0.08
소르티노지수(MAR=10%)		−0.61	−0.53	−0.36
1만 달러 투자 시		$2,288	$5,671	$33,018
1년 수익률	최저치	−68.56%	−64.60%	−69.93%
	최고치	188.42%	201.60%	218.30%
3년 수익률	최저치	−49.28%	−47.99%	−52.39%
	최고치	45.98%	44.85%	53.82%
5년 수익률	최저치	−30.58%	−26.68%	−30.36%
	최고치	30.82%	28.28%	36.62%
7년 수익률	최저치	−26.28%	−22.73%	−21.89%
	최고치	17.34%	17.56%	24.78%
10년 수익률	최저치	−19.09%	−16.99%	−15.80%
	최고치	8.59%	11.34%	18.11%
기대수익률	최저치	−61.39%	−57.76%	−49.64%
	최고치	65.35%	65.07%	63.42%

표 15.CS15와 15.CS16이 보여주듯 모든 기저율은 음의 값이었다. VC1에서와 마찬가지로 이들 주식은 시장이 거품기에 있거나 극심한 침체기를 막 벗어날 때 주가가 치솟는 경향이 있어 조심해야 한다. 따라서 앞서 VC1 하위 25개, 50개 주식을 공매도할 때 주의할 사항이 똑같이 적용된다. 표 15.CS17은 10년별 수익률이다.

표 15.CS15. 전체 주식 VC2 하위 25종목의 전체 주식 대비 기저율(1964/01/01~2009/12/31)

기준 기간	전체 주식 VC2 하위 25종목이 더 높은 달	비율	초과수익률(연 수익률)
1년	150/541	28%	-10.64%
3년	83/517	16%	-14.25%
5년	42/493	9%	-15.23%
7년	38/469	8%	-15.64%
10년	12/433	3%	-16.01%

표 15.CS16. 전체 주식 VC2 하위 50종목의 전체 주식 대비 기저율(1964/01/01~2009/12/31)

기준 기간	전체 주식 VC2 하위 50종목이 더 높은 달	비율	초과수익률(연 수익률)
1년	157/541	29%	-8.65%
3년	102/517	20%	-11.99%
5년	33/493	7%	-12.84%
7년	33/469	7%	-13.16%
10년	10/433	2%	-13.41%

표 15.CS17. 10년 단위 연 수익률(%, 1964/01/01~2009/12/31)

	1960년대	1970년대	1980년대	1990년대	2000년대
전체 주식 VC1 하위 25종목	16.81	-5.26	-0.61	2.13	-17.41
전체 주식 VC1 하위 50종목	16.18	-1.28	4.69	2.69	-19.18
전체 주식 VC2 하위 25종목	19.40	-2.17	0.78	-3.34	-18.61
전체 주식 VC2 하위 50종목	17.61	-0.60	2.84	1.02	-16.99
전체 주식	13.36	7.56	16.78	15.35	4.39

VC3 상위 10% 25종목, 50종목 포트폴리오

표 15.CS18은 VC3 상위 10% 주식에서 25개(이하 VC3 상위 25종목), 50개(이하 VC3 상위 50종목) 주식을 선별해 구성한 포트폴리오의 수익률을 보여준다. VC1과 VC2에서처럼 VC3 상위 25종목과 상위 50종목 포트폴리오 모두 상위 10% 주식을 능가했다. VC3 상위 50종목은 연 수익률 18.64%를 기록했고 모든 7년과 10년 기간에서 손실을 기록한 적이 없다. VC2 상위 50종목처럼 10년 단위 기간의 기저율은 100%였다. 표 15.CS19와 15.CS20은 VC3 상위 25종목과 상위 50종목이 전체 주식에 거둔 기저율을 보여준다.

표 15.CS18. 연 수익률과 위험도: 전체 주식 VC3 상위 25종목, VC3 상위 50종목, VC3 상위 10%
(1964/01/01~2009/12/31)

		전체 주식 VC3 상위 25종목	전체 주식 VC3 상위 50종목	전체 주식 VC3 상위 10%
산술평균 수익률		20.60%	20.63%	19.22%
기하평균 수익률		18.46%	18.64%	17.39%
중위 수익률		21.49%	24.01%	24.91%
표준편차		19.06%	18.37%	17.68%
상방 편차		12.72%	12.10%	11.48%
하방 편차		13.64%	13.56%	13.30%
추적오차		9.38	8.61	7.52
상승 개월 수		361	365	368
하락 개월 수		191	187	184
최대 하락률		-56.92%	-55.86%	-58.04%
베타		0.88	0.86	0.85
T-통계량(m=0)		6.72	6.98	6.79
샤프지수(Rf=5%)		0.71	0.74	0.70
소르티노지수(MAR=10%)		0.62	0.64	0.56
1만 달러 투자 시		$24,248,981	$26,017,798	$15,940,452
1년 수익률	최저치	-46.24%	-44.88%	-47.88%
	최고치	88.53%	85.38%	83.26%
3년 수익률	최저치	-15.12%	-14.22%	-17.37%
	최고치	45.74%	44.50%	42.57%
5년 수익률	최저치	-3.92%	-3.76%	-3.94%
	최고치	39.98%	38.71%	36.16%
7년 수익률	최저치	-0.43%	0.21%	-0.11%
	최고치	32.20%	30.91%	30.43%
10년 수익률	최저치	5.81%	6.92%	6.47%
	최고치	29.09%	29.15%	29.54%
기대수익률	최저치	-17.53%	-16.10%	-16.14%
	최고치	58.72%	57.36%	54.57%

표 15.CS19. 전체 주식 VC3 상위 25종목의 전체 주식 대비 기저율(1964/01/01~2009/12/31)

기준 기간	전체 주식 VC3 상위 25종목이 더 높은 달	비율	초과수익률(연 수익률)
1년	420/541	78%	6.98%
3년	456/517	88%	6.94%
5년	471/493	96%	7.07%
7년	467/469	100%	7.08%
10년	433/433	100%	7.02%

표 15.CS20. 전체 주식 VC3 상위 50종목의 전체 주식 대비 기저율(1964/01/01~2009/12/31)

기준 기간	전체 주식 VC3 상위 50종목이 더 높은 달	비율	초과수익률(연 수익률)
1년	439/541	81%	7.11%
3년	461/517	89%	7.18%
5년	478/493	97%	7.27%
7년	468/469	100%	7.26%
10년	433/433	100%	7.17%

VC3 하위 10% 25종목, 50종목 포트폴리오

VC3 하위 10% 주식에서 선별해 구성한 VC3 하위 25종목 포트폴리오와 VC3 하위 50종목 포트폴리오 역시 형편없는 성과를 기록했다. 표 15.CS21에 나타나듯 둘 다 전체 기간에 돈을 잃었다. VC3 하위 25종목은 연 수익률 −3.0%를 기록하며 1963/12/31에 투자한 1만 달러를 2009/12/31에 2,468달러로 줄여놓았다. VC3 하위 50종목은 연 수익률 −1.29%를 기록하며 투자한 1만 달러를 5,498달러로 줄여놓았다. 역시 기저율은 모두 음의 값이었고 VC3 하위 25종목과 하위 50종목 모두 10년 단위 기간에서 전체 주식을 거의 능가하지 못했다. 표 15.CS22와 15.CS23에 기저율을 표시했다.

이들 주식을 공매도하려고 한다면 거품기와 침체기 종료 무렵 주가가 급등할 수 있다는 사실을 명심하라고 다시 한번 당부한다. 예를 들어 VC3 하위 50종목은 2000/02에 끝난 5년 동안 연 수익률 28.78%를 기록해서, 공매도한 사람은 큰 곤란을 겪었을 것이다. 그러나 이런 기록은 역발상의 기회로 삼아야 한다. 이후 12개월에 걸쳐 66% 하락했고 그 후 3년 동안은 연 48%씩 하락했기 때문이다. 표 15.CS24는 VC3 하위 25종목과 하위 50종목 포트폴리오가 10년 기간별로 기록한 최고와 최악의 수익률을 보여준다.

표 15.CS21. 연 수익률과 위험도: 전체 주식 VC3 하위 25종목, VC3 하위 50종목, VC3 하위 10%
(1964/01/01~2009/12/31)

	전체 주식 VC3 하위 25종목	전체 주식 VC3 하위 50종목	전체 주식 VC3 하위 10%
산술평균 수익률	2.11%	3.53%	6.69%
기하평균 수익률	-3.00%	-1.29%	2.47%
중위 수익률	6.64%	9.98%	10.69%
표준편차	31.55%	30.53%	28.14%
상방 편차	19.95%	19.42%	17.62%
하방 편차	21.70%	20.99%	20.32%
추적오차	18.44	17.22	14.03
상승 개월 수	289	295	308
하락 개월 수	263	257	244
최대 하락률	-96.87%	-94.14%	-92.77%
베타	1.41	1.38	1.32
T-통계량(m=0)	0.45	0.77	1.56
샤프지수(Rf=5%)	-0.25	-0.21	-0.09
소르티노지수(MAR=10%)	-0.60	-0.54	-0.37
1만 달러 투자 시	$2,468	$5,498	$30,733
1년 수익률 최저치	-69.69%	-65.58%	-70.35%
최고치	189.70%	202.19%	216.74%
3년 수익률 최저치	-49.79%	-48.49%	-52.67%
최고치	43.83%	43.88%	53.69%
5년 수익률 최저치	-31.10%	-27.22%	-30.57%
최고치	28.11%	28.78%	36.42%
7년 수익률 최저치	-26.74%	-23.07%	-22.02%
최고치	17.52%	18.88%	24.75%
10년 수익률 최저치	-19.16%	-17.27%	-15.95%
최고치	11.25%	11.52%	17.97%
기대수익률 최저치	-61.00%	-57.52%	-49.59%
최고치	65.22%	64.58%	62.97%

표 15.CS22. 전체 주식 VC3 하위 25종목의 전체 주식 대비 기저율(1964/01/01~2009/12/31)

기준 기간	전체 주식 VC3 하위 25종목이 더 높은 달	비율	초과수익률(연 수익률)
1년	152/541	28%	-10.38%
3년	87/517	17%	-13.90%
5년	30/493	6%	-14.87%
7년	29/469	6%	-15.21%
10년	4/433	1%	-15.49%

월가의 퀀트 투자 바이블

표 15.CS23. 전체 주식 VC3 하위 50종목의 전체 주식 대비 기저율(1964/01/01~2009/12/31)

기준 기간	전체 주식 VC3 하위 50종목이 더 높은 달	비율	초과수익률(연 수익률)
1년	156/541	29%	-8.85%
3년	101/517	20%	-12.05%
5년	39/493	8%	-12.86%
7년	31/469	7%	-13.19%
10년	5/433	1%	-13.45%

표 15.CS24. 10년 단위 연 수익률(%, 1964/01/01~2009/12/31)

	1960년대	1970년대	1980년대	1990년대	2000년대
전체 주식 VC3 상위 25종목	15.00	17.42	21.78	18.07	18.74
전체 주식 VC3 상위 50종목	16.54	17.00	21.82	18.19	18.91
전체 주식 VC3 하위 25종목	18.03	-2.92	3.00	-2.84	-18.98
전체 주식 VC3 하위 50종목	18.00	-1.38	3.14	1.36	-17.27
전체 주식	13.36	7.56	16.78	15.35	4.39

시사점

VC1, VC2, VC3은 복수 요소 모형이기 때문에, 탁월한 장기 수익률, 납득할 만한 수준의 위험, 뛰어난 기저율을 갖춘 포트폴리오를 구성하고자 한다면 여기에서 25개 또는 50개 주식을 선별하는 방법이 아주 매력적인 전략일 수 있다. 반대로 공매도 전략을 펼치고자 한다면 하위 10% 주식에서 선별한 25개, 50개 주식을 출발점으로 삼을 수 있지만, 거품과 투기가 만연한 시장 상황이면 꼭 손절매 주문을 활용하기 바란다. 적어도 이들 주식이 역사적으로 얼마나 실망스러운 결과를 가져왔는지 알고 어떤 비용을 치르더라도 피해야 한다.

WHAT
WORK$
ONWALL
$TREET

16

가치 요소의 가치

발견은 남들과 같은 것을 보면서도
다른 생각을 하는 것이다.

| 얼베르트 센트죄르지 | Albert Szent-Gyorgyi, 미국 생화학자

개별 요소인 PER과 PSR, EV/EBITDA 등처럼 명확한 기준으로 주식을 십분위로 구분해 과거의 성과를 분석한 결과, 주식시장이 마구잡이가 아니라 매우 조직적으로 특정 주식을 보상하거나 응징한다는 것이 밝혀졌다. 이 책의 2차 개정판을 읽은 독자가 책에서 시키는 대로 했다면 2000~2003년에 고평가된 주식들이 당한 대참사를 피할 수 있었을 것이다. 2007~2009년의 극심한 하락장은 피하기가 훨씬 더 어려웠는데, 하락의 원흉인 공포에 따른 매도가 밸류에이션을 가리지 않고 모든 주식에 영향을 미쳤기 때문이다. 그럼에도 불구하고 밸류에이션에 주의를 기울였다면 2009년 1분기 이후의 회복장에서 더 좋은 기회를 잡을 수 있었을 것이다. 이 책 초판이 출간된 것은 1996년이지만 고평가된 주식의 장기 운명은 달라진 것이 없다. 장기 수익률이 참담하다.

그림 16.1에는 우연이 없다. 결합 가치 요소에서 가장 높은 점수를 받은 주식들은 전체 주식을 압도적으로 능가한다. 그리고 결합 가치 요소에서 가장 낮은 점수를 받은 주식들은 전체 주식을 형편없이 밑돈다. 충격적일 정도로 대비된다. 가치 요소 15개 중 12개에서 고평가된 주식이 미국 단기 국채를 밑돌았다. 수익률만 밑돈 것이 아니라 표준편차로 측정한 위험조차도 전체 주식 모집단을 능가한 가치 요소보다 더 높았다.

위험하다고 해서 수익률도 높은 것은 아니다

자본 자산 가격 결정 모형(Capital Asset Pricing Model, CAPM)의 중요한 원리는 위험이 클수록 높은 수익률로 보상받는다는 점이다. 덕분에 높은 수익률을 추구하는 투자자는 위험이 큰 주식을 좇는다. 하지만 그림 16.1이 보여주는 결과는 이런 원리와 어긋난다. 수익률이 전체 주식 모집단을 능가한 투자 전략 16개 중 12개가 전체 주식보다 낮은 표준편차를 기록했다. 반면 높은 위험이 항상 높은 수익률로 보상받은 것

그림 16.1. 전체 주식 1만 달러 투자 시 기말 원리금(1964/01/01~2009/12/31)

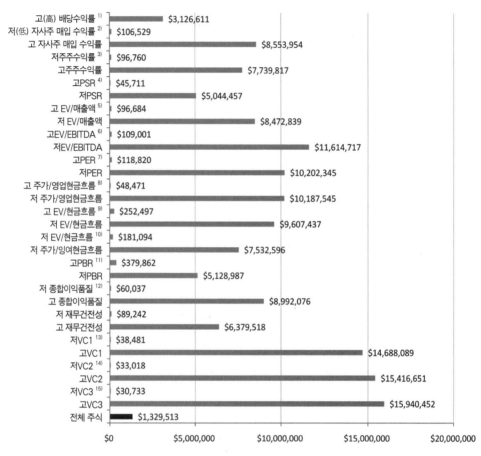

1. 배당수익률 = 주당배당금/주가
2. 자사주 매입 수익률 = 줄어든 주식 수/1년 전 유통 주식 수
3. 주주수익률 = 자사주 매입 수익률 + 배당수익률
4. PSR(주가매출액배수) = 주가/주당매출액
5. EV/매출액 = 기업 가치/매출액
6. EV/EBITDA = 기업 가치/(이자, 법인세, 감가상각비, 감모상각비 차감 전 순이익)
7. PER(주가수익배수) = 주가/주당순이익
8. 주가/영업현금흐름
9. EV/현금흐름 = 기업 가치/현금흐름
10. 주가/잉여현금흐름
11. PBR(주가순자산배수) = 주가/주당순자산
12. 14장 참조. (발생액/총자산, 순영업자산 증가율, 발생액/총자산, 감가상각비/자본적지출)
13. 15장 참조. VC1 = (저PBR, 저PER, 저PCR, 저PSR, 저EV/EBITDA)
14. 15장 참조. VC2 = VC1 + 고주주수익률
15. 15장 참조. VC3 = VC1 + 고 자사주 매입 수익률

그림 16.2. 전체 주식 전략별 샤프지수(높을수록 유리, 1964/01/01~2009/12/31)

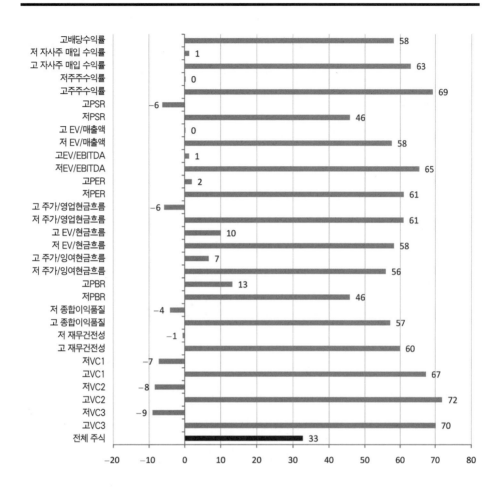

도 아니다. 그림 16.2가 보여주듯 고PER, 고PBR, 고PCR, 고PSR 등의 고위험 주식들은 수익률로 전혀 보상받지 못했고 오히려 전체 주식을 크게 밑돌았다. VC3 상위 10% 주식은 투자한 1만 달러를 1,594만 452달러로 늘리면서 표준편차가 17.68%였는데, VC3 하위 10% 주식은 1만 달러를 겨우 3만 733달러로 늘리면서도 표준편차는 28.14%를 기록했다.

CRSP 데이터를 이용해 추가로 37년을 분석해봐도 결론은 크게 다르지 않다. 1926~2009년 동안 전체 주식 주주수익률 상위 10% 주식에 투자했다면 연 수익률은 13.22%, 표준편차는 20.19%였다. 같은 기간 전체 주식에 투자했다면 연 수익률은 10.46%, 표준편차는 21.67%였다. 수치에서 보듯 더 높은 수익률을 더 낮은 표준편차로 달성한 것이다. 1963~2009년 데이터로 돌아가 보자. 전체 주식 주주수익률 하위 10% 주식에 투자했다면 연 수익률 5.06%, 표준편차 22.53%를 기록했을 것이다. 즉, 1963~2009년과 더 긴 기간인 1926~2009년 모두, 주주수익률이 높은 주식에 투자하는 전략이 전체 주식과 주주수익률이 낮은 주식에 투자한 전략을 수익률과 표준편차 모두에서 능가했다.

위험을 감수할 가치가 있는가?

그림 16.2는 모든 요소의 샤프지수, 그림 16.3은 소르티노지수를 보여준다. 흥미진진한 이야기를 갖춘 화려한 주식들 다수는 고PER, 고PBR, 고PCR, 고PSR을 동반하고 참담한 수익률 절댓값과 위험 조정 수익률을 기록했다. 1997/01~2000/03의 거품기와 거품이 터진 직후의 시기만큼 이를 극적으로 보여주는 사례도 찾아보기 힘들다. 1990년대 후반의 거품기 동안 투자자들은 고평가된 주식의 가격을 새로운 경지까지 끌어올렸다. 거품기의 전형적인 주문인 '이번엔 다르다'를 신봉하며 이익도 매출도 형편없는 주식을 오직 밝은 미래를 약속하는 '스토리' 하나만 믿고 매수한 투자자라면, 이 책의 개정판이 나온 1997년 이후 3년간은 정말 환상적인 수익을 올렸을 것이다. 한편 세월의 도전을 이겨낸 이 책의 투자 전략을 고수한 투자자라면 거품이 절정을 이룬 2000/03에 자신의 포트폴리오 성과를 보며 스스로 고루한 사람이 아닐까 생각했을지도 모른다.

1997/01/01~2000/03/31 동안 전체 주식 VC1 하위 10% 주식은 연 수익률

그림 16.3. 전체 주식 전략별 소르티노지수(높을수록 유리, 1964/01/01~2009/12/31)

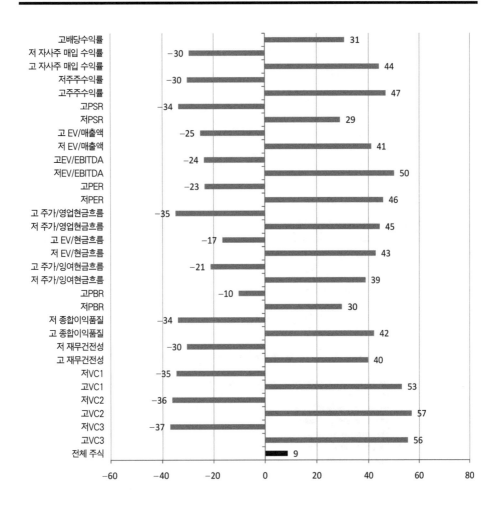

39.47%를 기록하며 투자한 1만 달러를 단 3년 3개월 만에 2만 9,482달러로 늘려놓 았다. 투기성 짙은 다른 주식들도 탁월하긴 마찬가지였다. 전체 주식 저PBR 하위 10% 주식 역시 연 수익률 37.70%를 찍으며 투자한 1만 달러를 2만 8,286달러까지 늘리는 기염을 토했다. 고평가된 모든 주식이 짧은 3년여 기간 동안 전체 주식을 압 도적으로 능가했다. 단기 성과에 집중하는 투자자라면 이번엔 '정말' 다른 게 아닐까 생각할 만했다. 하지만 과거의 거품을 아는 사람이라면 경제의 법칙이 결국 시장을

따라잡을 것을 알았다. 2000년 주식시장에 참여한 투자자라면 호라티우스Horatius의 《시론》에 나오는 저 유명한 문구 "지금은 실패했지만 회복하는 사람도 많을 것이고, 지금은 축하받지만 실패하는 사람도 많을 것이다"를 기억했으면 좋았을 것이다.

왜냐하면 그들은 추락했고, 그것도 아주 세게 추락했기 때문이다. 거품이 절정이던 2000/03에 투자한 근시안적 투자자라면 대재앙을 맞았을 것이다. 2000/03/31에 VC1 하위 10% 주식에 1만 달러를 투자했다면 2009/12/31에 겨우 1,441달러만 남아서 연 수익률 -18.02%를 기록했을 것이다. 전체 주식 저EV/매출액(7장 사례 연구 참조)

그림 16.4. 전체 주식 전략별 46년 연 수익률(1964/01/01~2009/12/31)

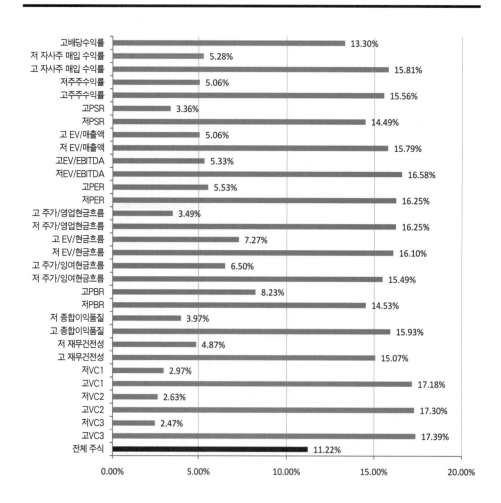

하위 10% 주식에 투자한 1만 달러도 1,647달러로 줄어 연 수익률 -16.89%를 기록했다. 하늘 높은 줄 모르고 고평가되었던 주식 모두가 같은 운명을 맞았다.

　시장과 크게 동떨어진 주식을 살 때에는 항상 위험을 먼저 생각해야 한다. 큰 위험이 큰 수익을 보증하지 않는다는 사실을 명심해야 한다. 그림 16.4와 16.5는 전체 주식에 적용한 모든 투자 전략의 연 수익률과 표준편차를 보여준다. 위험이 큰 전략은 결국 하나같이 하늘 높은 곳에서 땅으로 곤두박질했다.

그림 16.5. 전체 주식 전략별 수익률의 표준편차(높을수록 더 위험, 1964/01/01~2009/12/31)

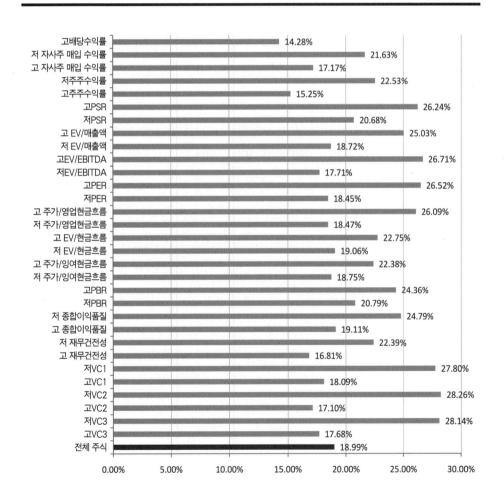

일관성을 끌어안아라

투자 전략을 선택할 때에는 시간의 도전을 견뎌내고 모집단을 상대로 기저율이 가장 높은 전략을 택해야 한다. 앞서 본 대로 VC1과 VC2, VC3에서 높은 점수를 받은 주식은 물론 EV/EBITDA, PER, PSR, PCR이 낮은 주식, 주주수익률과 자사주 매입 수익률이 높은 주식들은 한결같이 장기 기저율이 탁월했다. 반대로 VC1과 VC2, VC3에서 낮은 점수를 받은 주식, EV/EBITDA, PER, PSR, PCR이 높은 주식, 주주수익률과 자사주 매입 수익률이 낮은 주식들은 모두 기저율이 형편없었을 뿐만 아니라 거품이 만연한 상황에서만 반짝 두드러졌다. 다음에 또다시 특정 섹터가 뜨겁게 달아오르며 왜 이제 기존 밸류에이션 규칙이 틀렸는지 주장하는, 귀에 익은 근시안적 변명들이 들려올 때, 투자자들은 이 사실을 꼭 떠올려야 한다. 늘 마찬가지다. 주식시장의 기록이 남아 있는 모든 시기 동안 늘 그랬다.

잊지 말아야 할 또 하나는 특정 투자 전략이 과거에 얼마나 심하게 하락했었는지다. 그림 16.6은 1963~2009년 모든 투자 전략의 MDD를 보여준다. 2007~2009년 하락장은 1929~1932년 대공황 이후 두 번째로 극심한 하락장이었다. 그림 16.6은 이를 고통스러울 만큼 분명하게 보여준다. 장기간 탁월한 성과를 자랑해온 투자 전략들조차 예외 없이 극심한 하락을 경험했다. 모든 결합 가치 요소들도 57% 넘게 하락했다. 항상 최악의 시나리오를 생각해야 다음에 그런 일이 닥칠 때 어떻게 대처할지 알 수 있다. 역사적으로 보면 미국 주식시장은 예외 없이 극심한 하락장을 극복했다. 하지만 이런 사실도 시장에 공포감이 팽배할 때에는 큰 도움이 안 된다. 다음에 극심한 하락장이 오면 그림 16.6을 잘 기억했다가 하락장 이후 어떻게 될지 잘 생각해보기 바란다.

그림 16.6. 전체 주식 전략별 MDD(1964/01/01~2009/12/31)

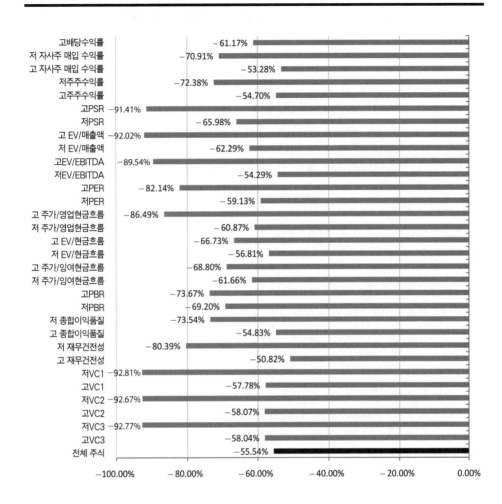

대형주의 결과도 전체 주식과 일치한다

그림 16.7에서 명백히 드러나듯이 대형주에서도 전체 주식 모집단에서 본 결과가 그대로 전개된다. 다만 정도는 조금 덜하다. 배수가 낮은 가치투자 전략들이 배수가 높은 전략과 시장 모두를 능가했다. 고평가되고 배수가 높은 투자 전략의 표준편차가 그렇지 않은 전략들보다 높았다. 그러면서 수익률도 낮았다. 하지만 절댓값으

그림 16.7. 대형주 1만 달러 투자 시 기말 원리금(1964/01/01~2009/12/31)

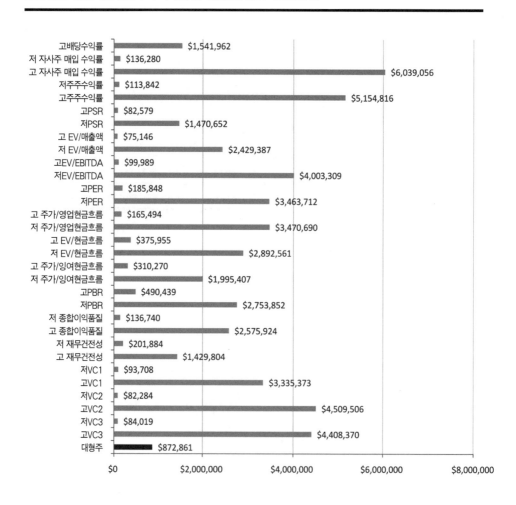

로 본 수익률 차이는 전체 주식보다 작았다. 대형주에서 최고의 성과를 낸 것은 자사주 매입 수익률 상위 10% 주식을 사는 전략이었다. 1964/01/01에 이 전략에 투자한 1만 달러는 2009/12/31에 603만 9,056달러로 늘었다. 또한 대형주 저EV/EBITDA 상위 10% 주식과 VC2 상위 10% 주식 역시 대형주를 큰 차이로 능가했다.

그림 16.7은 1964/01/01에 투자한 1만 달러가 다양한 투자 전략에서 최종적으로 얼마나 늘거나 줄었는지를 보여준다. 그림 16.8과 16.9는 모든 대형주 투자 전략의 위험 조정 수익률, 즉 샤프지수와 소르티노지수를 보여준다. 그림 16.10은 모든 대

그림 16.8. 대형주 전략별 샤프지수(높을수록 유리, 1964/01/01~2009/12/31)

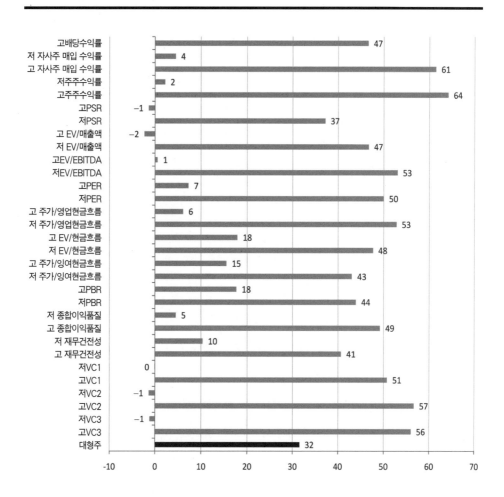

그림 16.9. 대형주 전략별 소르티노지수(높을수록 유리, 1964/01/01~2009/12/31)

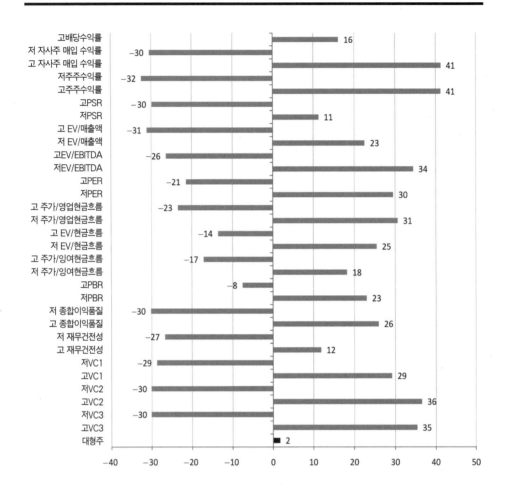

형주 투자 전략의 연 수익률을 보여준다.

그림 16.7을 보면 값비싸고 배수가 높은 투자 전략이 하나같이 대형주를 능가하지 못했다. 그중 7개는 미국 단기 국채조차 밑돌았다. 다시 말하면 지난 46년 동안 아예 주식시장에 투자하지 않은 것이 위의 투자 전략들에 투자한 것보다 나았다. 더 참담한 사실은 인플레이션을 감안하면 이들 값비싼 대형주 주식에 투자했을 때 46년 동안 실질 수익률이 사실상 0일 것이라는 점이다. 대형주 저EV/매출액 하위

그림 16.10. 대형주 전략별 46년 연 수익률(1964/01/01~2009/12/31)

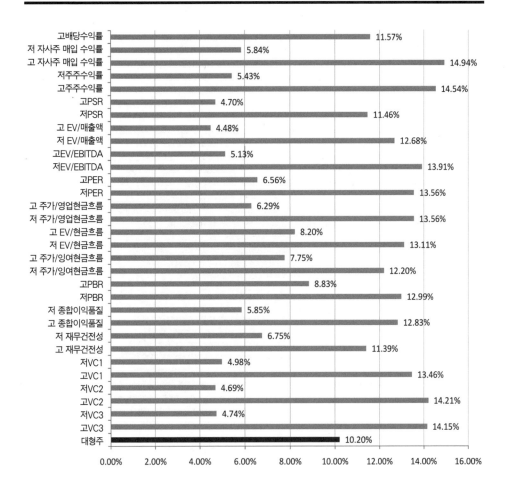

10% 주식에 1만 달러를 투자했다면 2009/12/31에 1만 788달러가 되었다. 인플레이션율을 감안하면 연 수익률 0.17%다. 같은 기간 무위험 자산인 미국 단기 국채에 1만 달러를 투자했다면 1만 7,238달러가 되어 연 수익률 1.19%를 달성했을 것이다.

위험 측면에서는, 탁월한 성과를 낸 대형주 투자 전략 여럿이 표준편차도 낮았다. 그림 16.11에서 보듯 대형주를 능가한 전략 중 9개가 더 낮은 위험으로 더 높은 수익률을 기록했다. 그림 16.8과 16.9가 보여주는 위험 조정 수익률에서 이들 9개

그림 16.11. 대형주 전략별 수익률의 표준편차(높을수록 더 위험, 1964/01/01~2009/12/31)

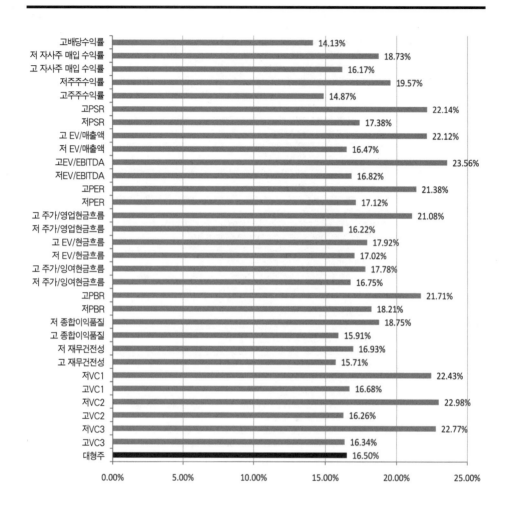

전략이 두드러진다.

대형주에서 샤프지수가 가장 높은 전략은 주주수익률, 자사주 매입 수익률, VC2가 가장 높은 주식들이다. 하지만 밸류에이션이 적당한 주식을 매수한 다른 전략들도 대형주보다 샤프지수가 높았다. 밸류에이션이 가장 높은 주식을 매수한 전략들만이 대형주보다 낮은 샤프지수를 기록했다.

그림 16.12에서 대형주 투자 전략들의 최악의 시나리오를 검토해보면 대형주를

그림 16.12. 대형주 전략별 MDD(1964/01/01~2009/12/31)

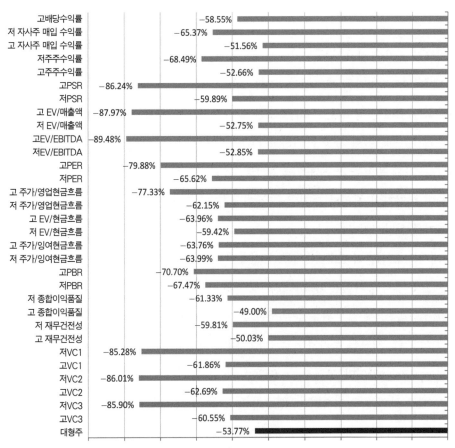

월등한 수익률 차이로 능가한 6개 전략이 더 낮은 MDD를 기록했음을 알 수 있다. 수익률과 MDD 모두 큰 경우에는 대형주보다 겨우 몇 %p 하락했다. 반면 대형주보다 수익률이 낮은 전략들은 한결같이 MDD가 훨씬 컸고, 그중 값비싼 전략 6개는 정점에서 저점까지 85% 이상 하락했다.

시사점

가치투자 전략은 강세장이든 약세장이든, 거품이 있든 거품이 꺼지든 일관되게 전략을 고수하는 투자자를 보상하는, 효과 있는 전략이다. 문제는 일관되게 고수하기가 굉장히 어렵다는 점이다. 우리는 모두 의사결정 과정을 통해 오늘의 주식시장을 인지하기 때문에, 현재 가장 화려하고 기대치와 배수가 높은 주식이 주의를 끌기 마련이다. 주가에 촉각을 곤두세우는 주식들, 친구와 동료들 사이에 회자되는 바로 그 주식들이 투자자의 주의와 투자금을 끌어당긴다. 그러나 이런 주식들이 장기에 걸쳐 투자자를 실망시킨다.

대형주 모집단의 모든 가치투자 전략이 대형주의 수익률을 절댓값과 위험 조정 기준 모두에서 능가했을 뿐 아니라, 경우에 따라서는 모집단을 4배나 능가했다. 굉장한 성과다. 전체 십분위수를 분석한 결과는 지금까지 알아낸 사실을 다시 한번 확증해준다. 즉, 시장을 능가하는 주식을 선별하려면 거의 언제나 각 요소의 상위 10%에서 찾으라는 것이다.

반대로 하위 10%에 속하는, 배수가 높은 주식들은 장기에 걸쳐 일관되게 모집단을 밑돈다. 위험은 더 크면서 수익률은 더 작다. 가끔은 아주 뛰어난 수익률을 보여 투자자들이 지나치게 높은 주가를 지불하게 하지만 일관되게 실망을 안겨주기 때문에, 극도로 설득력 있는 투자 전략이 아니라면 반드시 피해야 한다.

장기에 집중하는 것 배우기

여러분이 1998년에 이 책의 개정판을 사서 고평가된 주식에 투자하는 위험을 충분히 이해했다고 가정해보자. 그리고 실시간으로 그런 주식의 주가가 치솟는 것을 이후 2년에 걸쳐 지켜보기만 했다고 하자. 대개의 투자자라면 2년이 영원처럼 길게 느껴졌을 테고, 이 책의 모든 지식으로 단단히 무장한 여러분조차, 내가 확신하건대 주가가 치솟는 주식을 멀리하기가 무척이나 힘들었을 것이다. 속으로 생각했을 것이다. 장기 데이터에 따르면 그런 주식은 피하라고 하는데 주가가 오르는 건 저 주식들뿐이라, 모두가 이야기하고 글 쓰는 '신경제new economy'에 진짜 뭔가 특별한 것이 있는 게 아닐까?

일반적인 투자자와 다를 바 없다면 여러분도 서서히 조금씩 조금씩 투자 규칙을 완화하며 경제 방송이나 애널리스트 보고서에 언급되는 화려한 주식에 점점 더 손을 대려고 할 것이다. 그리고 마침내 시험 삼아 딱 한 번만 약을 해보겠다는 중독자처럼 마수에 걸려들고 말 것이다. 불행히도 여러분은 확률상 거품이 거의 터지기 직전에 발을 들여놓았을 가능성이 크다. 따라서 대가도 톡톡히 치를 확률이 크다. 이 책의 의미를 정말 제대로 살리려면 여러분은 이 책의 내용을 마음속 깊이 자기 것으로 만들고 긴 투자 안목을 가져야 한다. 지난 46년 동안 오래도록 고평가되고 하늘 높은 줄 모르고 오르기만 한 주식이 계속해서 그런 적은 한 번도 없다. 언제나 예외 없이 곤두박질하고 산화했다. 1997~2000년 시기에는 기술과 인터넷 관련주가 가장 뜨거운 주식이었다. 다음 거품기의 화려한 주식은 아마 다른 섹터에서 나올 것 같다. 시장은 언제나 경제학의 기초로 회귀하며 미래의 화려한 주식도 과거의 주식과 다를 바 없다는 점을 명심하기 바란다. 그래야만 이 책에서 제시한 장기간의 증거를 제대로 활용할 수 있을 것이다.

2000~2003년과 2007~2009년처럼 주식시장이 하락한 다음에 우리의 투자 전략이 어땠는지도 잘 생각해봐야 한다. 21세기 첫 10년 동안 주식시장 하락기가 연달아 오자 많은 투자자가 쓴맛을 보고 시장을 아예 떠났다. 그 결과 거의 틀림없이 자산 배분을 왜곡하는 실수를 해서 투자 수익이 크게 줄어들었다. 투자회사연합회에 따르면 2006/12/31~2010/08/11 기간에 투자자들은 주식 펀드에서 1,590억 달러를 빼내 7,090억 달러가 넘는 금액을 채권 펀드에 넣었다. 채권 수익률이 역사적인 저

점인 것을 생각하면 시간이 갈수록 손해 보는 투자가 될 가능성이 크다. 채권 수익률이 오르면 채권 값은 떨어지기 때문이다. 주가가 극심한 하락을 경험한 직후에는 주식의 장기 전망을 떠올리기가 쉽지 않지만 사실 바로 그때가 주식이 저평가되어 주가는 낮고 배당수익률은 높은 시점이라, 이때 용기를 내서 장기에 걸친 자산 배분을 고수한다면 나중에 큰 보상을 받을 수 있다. 표 16.1과 16.2는 전체 주식과 대형주에

표 16.1. 전체 주식 10년 단위 연 수익률(1964/01/01~2009/12/31)

	1960년대	1970년대	1980년대	1990년대	2000년대
전체 주식	13.36%	7.56%	16.78%	15.35%	4.39%
고VC3	16.50%	15.62%	22.56%	16.69%	15.36%
저VC3	15.54%	1.46%	6.76%	12.68%	-15.95%
고VC2	15.49%	15.35%	23.21%	16.10%	15.82%
저VC2	16.29%	1.48%	6.79%	12.80%	-15.80%
고VC1	16.84%	14.78%	22.21%	16.34%	15.73%
저VC1	15.88%	2.22%	7.42%	13.85%	-16.22%
고 재무건전성	15.13%	10.41%	19.67%	21.09%	9.56%
저 재무건전성	14.71%	4.78%	10.34%	7.12%	-7.44%
고 종합이익품질	17.30%	14.36%	20.46%	22.47%	6.33%
저 종합이익품질	14.95%	0.63%	5.89%	6.87%	-3.37%
저PBR	14.69%	13.29%	21.25%	14.68%	9.12%
고PBR	14.99%	2.84%	12.31%	20.31%	-4.79%
저 주가/잉여현금흐름	14.40%	13.59%	17.27%	18.88%	12.99%
고 주가/잉여현금흐름	11.51%	7.11%	11.32%	7.69%	-2.54%
저 EV/현금흐름	21.61%	11.89%	15.92%	21.31%	12.31%
고 EV/현금흐름	15.00%	7.12%	11.90%	7.05%	-1.03%
저 주가/영업현금흐름	15.86%	13.64%	19.27%	16.62%	15.78%
고 주가/영업현금흐름	16.70%	0.96%	7.79%	9.36%	-10.32%
저PER	17.68%	13.03%	20.38%	16.02%	14.86%
고PER	14.74%	1.61%	9.21%	13.73%	-6.55%
저EV/EBITDA	14.14%	13.82%	19.95%	18.59%	15.55%
고EV/EBITDA	18.72%	2.61%	11.97%	13.28%	-11.98%
저 EV/매출액	16.39%	12.44%	22.86%	15.60%	12.20%
고 EV/매출액	16.41%	5.74%	12.95%	13.49%	-15.50%
저PSR	16.90%	11.44%	20.03%	12.82%	12.43%
고PSR	11.58%	5.60%	7.23%	12.98%	-14.79%
고주주수익률	14.74%	13.09%	23.15%	16.33%	10.53%
저주주수익률	10.48%	2.73%	10.32%	7.77%	-3.23%
고 자사주 매입 수익률	16.94%	12.97%	22.42%	17.52%	10.02%
저 자사주 매입 수익률	10.20%	2.80%	11.15%	7.94%	-3.09%
고배당수익률	12.38%	10.63%	20.41%	11.76%	11.23%

다양한 투자 전략을 적용한 결과를 보여준다.

이제 성장 변수로 눈을 돌려 배수가 높은 주식에 투자하는 위험을 극복할 수 있
는, 주목할 만한 투자 전략을 찾아보자.

표 16.2. 대형주 10년 단위 연 수익률(1964/01/01~2009/12/31)

	1960년대	1970년대	1980년대	1990년대	2000년대
대형주	8.16%	6.65%	17.34%	16.38%	2.42%
고VC3	6.67%	13.80%	21.57%	15.56%	10.62%
저VC3	15.89%	-0.58%	10.00%	16.77%	-11.32%
고VC2	6.40%	13.65%	22.22%	15.04%	11.10%
저VC2	16.00%	-1.13%	9.84%	17.32%	-11.36%
고VC1	6.54%	12.75%	19.84%	14.64%	11.10%
저VC1	16.37%	-0.97%	10.73%	17.66%	-11.49%
고 재무건전성	8.21%	7.35%	16.66%	17.69%	6.30%
저 재무건전성	6.92%	3.01%	14.85%	12.85%	-2.82%
고 종합이익품질	9.26%	8.40%	22.75%	18.45%	4.82%
저 종합이익품질	7.72%	1.08%	12.94%	12.89%	-3.60%
저PBR	8.20%	12.71%	22.07%	15.67%	5.12%
고PBR	14.31%	0.26%	14.39%	22.78%	-3.27%
저 주가/잉여현금흐름	2.98%	11.91%	17.47%	17.48%	8.03%
고 주가/잉여현금흐름	4.14%	5.38%	18.48%	12.92%	-2.40%
저 EV/현금흐름	7.75%	11.06%	18.58%	18.16%	8.30%
고 EV/현금흐름	3.90%	7.97%	17.27%	12.73%	-1.60%
저 주가/영업현금흐름	6.89%	11.89%	19.71%	16.22%	10.79%
고 주가/영업현금흐름	15.40%	0.33%	12.51%	17.69%	-8.54%
저PER	8.48%	11.38%	18.48%	16.04%	11.60%
고PER	15.07%	-0.93%	13.52%	18.53%	-7.64%
저EV/EBITDA	5.35%	12.75%	19.31%	16.96%	12.15%
고EV/EBITDA	15.70%	0.41%	10.03%	21.78%	-14.27%
저 EV/매출액	6.38%	10.01%	20.96%	15.62%	8.47%
고 EV/매출액	13.49%	1.34%	8.67%	19.04%	-13.50%
저PSR	5.99%	8.80%	18.54%	14.95%	7.30%
고PSR	11.40%	0.16%	11.40%	17.05%	-11.37%
고주주수익률	8.71%	11.84%	23.42%	17.37%	9.63%
저주주수익률	6.70%	-0.10%	11.60%	11.83%	-1.61%
고 자사주 매입 수익률	12.35%	12.10%	23.43%	18.40%	8.00%
저 자사주 매입 수익률	6.52%	0.83%	12.93%	11.77%	-1.77%
고배당수익률	8.04%	8.85%	19.08%	10.83%	9.98%

WHAT
WORK$
ON WALL
$TREET

17

주당순이익(EPS) 증가율:
이익이 늘어나면
투자 수익도 늘어나는가?

아는 것 때문이 아니라,
안다고 생각하지만
사실은 아는 게 아닌 것 때문에
피해를 본다.

| 아르테무스 워드 | Artemus Ward, 미국 작가

이제 성장 투자와 관련된 요소를 살펴보자. 일반적으로 성장 투자자는 빠른 성장을 좋아하는 반면 가치투자자는 낮은 주가 배수, 이를테면 저PER, 저PSR 등을 좋아한다. 성장 투자자는 이익과 매출이 빠르게 성장하는 것을 좋아하고 그런 성장이 미래에도 계속 이어지기를 원한다. 대체로 PER이 높은 것은 신경 쓰지 않고, 빠르게 성장하면 일시적인 고평가는 얼마든지 뛰어넘을 수 있다고 생각한다. 그래서 이익이 빠르게 늘어난다면 기꺼이 높은 주가를 지불할 용의가 있다.

안타깝게도 컴퓨스탯 데이터는 장기 이익 추정치를 제공하지 않는다. 많은 성장 투자자는 포트폴리오를 구성할 때 이익 추정치에 크게 의존한다. 이익 추정치가 없다 보니 우리도 장기에 걸친 시험을 하는 데 한계가 있다. 한편 이익 추정치를 신뢰하기 힘들다는 연구 결과도 꽤 있다. 경제지 〈포브스〉 1993년 10월 11일 자에 데이비드 드레먼David Dreman이 쓴 글이 있다. 드레먼은 이 글에서 뉴욕증권거래소와 미국 증권거래소의 1973~1990년 분기별 애널리스트의 이익 추정치 중 6만 7,375개를 샘플로 뽑은 연구를 인용한다. 연구에 따르면 애널리스트 추정치의 평균 오차는 40%에 달했고 이익 추정치가 목표치에서 10% 넘게 빗나가는, 다시 말해 적중하지 못한 경우가 전체의 66%에 이른다. 따라서 나는 추정치가 아니라 실제 이익 변동치를 사용한다.

연간 EPS 증가율

먼저 전체 주식과 대형주에서 1년 동안 EPS 증가율이 가장 높은 10% 주식과 가장 낮은 10% 주식을 매수한 결과를 살펴본다. 이번 개정판인 4판에서는 팩트셋FactSet의 계산 공식을 바꿀 수 있어서 이익이 적자에서 흑자로, 또는 흑자에서 적자로 바뀐 주식도 살펴보게 되었다. 현재 연도 EPS에서 전년도 EPS를 뺀 값을 전년도 EPS의 절댓값으로 나누어 계산한다.

$$연간\ EPS\ 증가율 = (EPS_t - EPS_{t-1})\ /\ ABS(EPS_{t-1})$$

전체 주식 EPS 증가율 상위 10% 주식, 즉 1년 동안 EPS가 가장 크게 증가한 주식 10%에 투자한 결과를 보자. 늘 하던 대로 1만 달러를 투자해 매년 리밸런싱한다. 표 17.1과 17.2에서 보듯 EPS 증가율 상위 10% 주식은 전체 주식과 크게 다르지 않은 결과를 보여준다. 1963/12/31에 전체 주식 EPS 증가율 상위 10% 주식에 투자한 1만 달러는 2009/12/31에 175만 567달러가 되어 연 수익률 11.88%를 기록했다. 같은 기간 전체 주식에 투자해 1만 달러를 132만 9,513달러로 늘리고 연 수익률

표 17.1. 연 수익률과 위험도: 전체 주식 EPS 증가율 상위 10%와 전체 주식(1964/01/01~2009/12/31)

		전체 주식 EPS 증가율 상위 10%	전체 주식
산술평균 수익률		14.68%	13.26%
기하평균 수익률		11.88%	11.22%
중위 수익률		20.02%	17.16%
표준편차		22.10%	18.99%
상방 편차		12.81%	10.98%
하방 편차		15.77%	13.90%
추적오차		6.59	0.00
상승 개월 수		331	329
하락 개월 수		221	223
최대 하락률		-58.60%	-55.54%
베타		1.12	1.00
T-통계량(m=0)		4.23	4.47
샤프지수(Rf=5%)		0.31	0.33
소르티노지수(MAR=10%)		0.12	0.09
1만 달러 투자 시		$1,750,567	$1,329,513
1년 수익률	최저치	-50.36%	-46.49%
	최고치	89.75%	84.19%
3년 수익률	최저치	-17.47%	-18.68%
	최고치	44.57%	31.49%
5년 수익률	최저치	-12.12%	-9.91%
	최고치	34.81%	27.66%
7년 수익률	최저치	-8.46%	-6.32%
	최고치	25.99%	23.77%
10년 수익률	최저치	0.58%	1.01%
	최고치	20.64%	22.05%
기대수익률	최저치	-29.52%	-24.73%
	최고치	58.88%	51.24%

표 17.2. 전체 주식 EPS 증가율 상위 10%의 전체 주식 대비 기저율(1964/01/01~2009/12/31)

기준 기간	전체 주식 EPS 증가율 상위 10%가 더 높은 달	비율	초과수익률(연 수익률)
1년	303/541	56%	1.43%
3년	297/517	57%	0.74%
5년	288/493	58%	0.30%
7년	264/469	56%	0.05%
10년	262/433	61%	-0.01%

11.22%를 기록하는 것보다 아주 조금 나은 성과다. 위험 면에서는 이 주식이 표준편차 22.10%를 기록해 전체 주식의 18.99%보다 높았다. 따라서 이 주식의 샤프지수는 0.31인 반면 전체 주식은 0.33으로 약간 높았다.

하지만 이 주식은 몇몇 시기에 탁월한 성과를 올렸다. 1963/12/31~1967/12/31에는 전체 주식을 월등하게 능가해 투자한 1만 달러를 3만 1,189달러로 늘리며 연수익률 32.89%를 기록했다. 1976~1980년에도 연 수익률 33.03%를 기록해, 24.33%에 그친 전체 주식을 능가했다. 다만 장기에 걸쳐서는 일관성이 모자랐다. 위에서 언급한 두 번의 탁월한 시기 직후에는 전체 주식을 현저히 밑돌았다. 표 17.3은 이 전략이 20% 넘게 하락한 모든 경우를, 표 17.4와 17.5는 최고의 수익률과 최악의 수익률을 기록한 시기를 보여준다.

표 17.3. 최악의 시나리오: 전체 주식 EPS 증가율 상위 10%가 20% 이상 하락한 사례(1964/01/01~2009/12/31)

고점 월	지수 고점	저점 월	지수 저점	회복 월	하락률(%)	하락 기간(개월)	회복 기간(개월)
1966/04	1.98	1966/10	1.48	1967/01	-24.91	6	3
1968/11	3.91	1974/09	1.62	1978/04	-58.60	70	43
1978/08	4.98	1978/10	3.87	1979/03	-22.28	2	5
1980/02	7.39	1980/03	5.79	1980/07	-21.59	1	4
1980/11	10.41	1982/07	6.66	1983/02	-36.04	20	7
1983/06	13.11	1984/07	9.45	1986/02	-27.92	13	19
1987/08	19.31	1987/11	12.78	1989/04	-33.81	3	17
1989/09	21.86	1990/10	16.30	1991/03	-25.44	13	5
1998/04	83.20	1998/08	56.71	1999/11	-31.83	4	15
2000/02	109.50	2002/09	71.46	2003/12	-34.74	31	15
2007/10	230.01	2009/02	98.10		-57.35	16	
평균					-34.05	16.27	13.3

표 17.4. 연 수익률 최저치와 최고치(%, 1964/01/01~2009/12/31)

		1년	3년	5년	7년	10년
전체 주식 EPS 증가율 상위 10%	최저치	-50.36	-17.47	-12.12	-8.46	0.58
	최고치	89.75	44.57	34.81	25.99	20.64
전체 주식	최저치	-46.49	-18.68	-9.91	-6.32	1.01
	최고치	84.19	31.49	27.66	23.77	22.05
전체 주식 EPS 증가율 하위 10%	최저치	-59.14	-31.94	-12.47	-8.31	-4.25
	최고치	106.63	36.89	27.29	21.85	19.03

표 17.5. 1만 달러 투자 시 기말 원리금 최저치와 최고치(달러, 1964/01/01~2009/12/31)

		1년	3년	5년	7년	10년
전체 주식 EPS 증가율 상위 10%	최저치	4,964	5,621	5,240	5,388	10,600
	최고치	18,975	30,216	44,530	50,400	65,301
전체 주식	최저치	5,351	5,379	5,936	6,330	11,054
	최고치	18,419	22,734	33,903	44,504	73,345
전체 주식 EPS 증가율 하위 10%	최저치	4,086	3,152	5,138	5,450	6,477
	최고치	20,663	25,649	33,423	39,887	57,099

전체 주식 EPS 증가율 상위 10% 주식이 탁월한 성과를 낸 1976~1980년 직후 5년 동안 겨우 연 수익률 5.32%를 기록하는 것을 보면서 얼마나 화가 났을지 상상이 된다. 게다가 이 시기는 전체 주식이 연 수익률 16.13%를 기록한 활황장이었다. 그림 17.1은 EPS 증가율 상위 10% 주식과 전체 주식의 수익률 차이를 5년 단위 기간에 걸쳐 보여준다. 그림에서 보듯 전체 주식 EPS 증가율 상위 10% 주식은 1968년과 1980년에 끝난 시기에는 탁월한 초과수익을 보이며 앞섰지만 직후 쓰디쓴 실망이 찾아왔다. 이 그림에서 또 하나 흥미로운 시기는 바로 IT 거품기로, 이때는 기업의 이익이 정말 아무런 의미가 없었다. 그림에서 보듯 EPS 증가율 상위 10% 주식은 전체 주식 대비 우위가 전혀 없었다. 기저율을 보여주는 표 17.2를 보면 EPS 증가율 상위 10% 주식이나 전체 주식 모집단이나, 그냥 동전 던지기로 골라도 무방했을 정도로 차이가 미미했다. 이 주식은 5년 단위 기간에서는 58%, 10년 단위 기간에서는 61% 승률로 전체 주식을 능가했다.

월가의 퀀트 투자 바이블

그림 17.1. 5년 평균 초과(미달) 연 수익률: 전체 주식 EPS 증가율 상위 10% − 전체 주식(1964/01/01~2009/12/31)

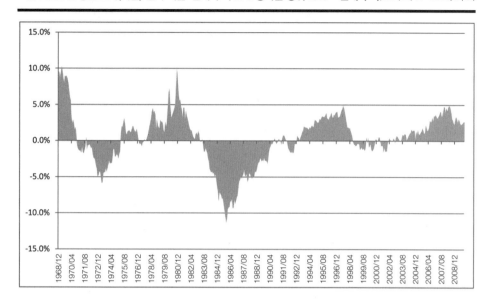

대형주는 더 나쁘다

대형주 EPS 증가율 상위 10% 주식도 좋지 않았다. 1963/12/31에 투자한 1만 달러는 2009/12/31에 55만 5,651달러가 되어 연 수익률 9.13%에 그쳤다. 같은 기간 대형주에 투자해 1만 달러를 87만 2,861달러로 늘리며 연 수익률 10.20%를 기록한 것보다 못한 성과다. 샤프지수도 0.22로 대형주의 0.32를 밑돌았다. 모든 기저율은 음의 값이었고 10년 단위 기간에서 대형주를 14% 승률로 능가했을 뿐이다. 표 17.6과 17.7은 관련 수치와 기저율을 보여준다.

　EPS 증가율 상위 10% 주식에 투자한 결과는 장기 일관성이 좋지 않다. 높은 기대를 충족하기 어렵기 때문이 아닐까 싶다. 탁월한 이익 실적에 고무된 투자자들은 견딜 수 없는 수준까지 기대를 끌어올린다. 그러다가 이익이 기대에 못 미치면 환상이 깨지고 환멸감에 주식을 내다 판다. 그림 17.2는 대형주 EPS 증가율 상위 10% 주식과 대형주의 수익률 차이를 5년 단위 기간에 걸쳐 나타낸 것이다. 실망스러운 그림이다.

표 17.6. 연 수익률과 위험도: 대형주 EPS 증가율 상위 10%와 대형주(1964/01/01~2009/12/31)

	대형주 EPS 증가율 상위 10%	대형주
산술평균 수익률	11.09%	11.72%
기하평균 수익률	9.13%	10.20%
중위 수익률	13.71%	17.20%
표준편차	18.83%	16.50%
상방 편차	11.03%	9.70%
하방 편차	13.00%	11.85%
추적오차	6.78	0.00
상승 개월 수	324	332
하락 개월 수	228	220
최대 하락률	-53.41%	-53.77%
베타	1.07	1.00
T-통계량(m=0)	3.80	4.58
샤프지수(Rf=5%)	0.22	0.32
소르티노지수(MAR=10%)	-0.07	0.02
1만 달러 투자 시	$555,651	$872,861
1년 수익률	최저치	-47.02%	-46.91%
	최고치	69.02%	68.96%
3년 수익률	최저치	-19.06%	-15.89%
	최고치	34.20%	33.12%
5년 수익률	최저치	-8.00%	-5.82%
	최고치	26.67%	28.95%
7년 수익률	최저치	-7.09%	-4.15%
	최고치	20.58%	22.83%
10년 수익률	최저치	-1.24%	-0.15%
	최고치	18.74%	19.57%
기대수익률	최저치	-26.57%	-21.28%
	최고치	48.74%	44.72%

표 17.7. 대형주 EPS 증가율 상위 10%의 대형주 대비 기저율(1964/01/01~2009/12/31)

기준 기간	대형주 EPS 증가율 상위 10%가 더 높은 달	비율	초과수익률(연 수익률)
1년	239/541	44%	-0.56%
3년	186/517	36%	-0.97%
5년	142/493	29%	-1.28%
7년	116/469	25%	-1.48%
10년	62/433	14%	-1.57%

그림 17.2. 5년 평균 초과(미달) 연 수익률: 대형주 EPS 증가율 상위 10% – 대형주(1964/01/01~2009/12/31)

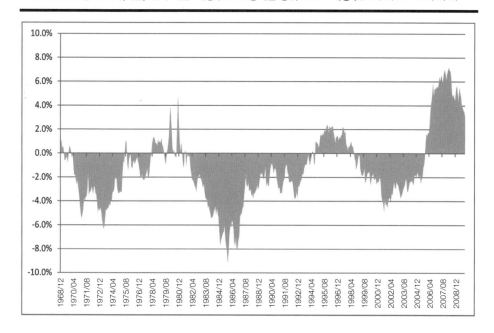

최고와 최악의 시나리오, 최고와 최악의 수익률

1963/12/31~2009/12/31 기간에 전체 주식 EPS 증가율 상위 10% 주식은 20% 넘는 하락을 11번 경험했다. 1968/11~1974/09에 58.60% 하락한 경우가 최악이었다. 2007/10~2009/02 기간도 이에 못지않은 57.35% 하락을 기록했다. 주가가 하락할 때 변동성도 커지는 경향을 보여 하방 편차도 15.77%로 전체 주식의 13.90%보다 좋지 못했다.

표 17.5는 전체 주식 EPS 증가율 상위 10% 주식에 투자한 1만 달러의 결과를 보여준다. 최고의 5년은 1980/11에 끝난 기간으로, 투자한 1만 달러가 4만 4,530달러가 되어 연 수익률 34.81%였다. 최악의 5년은 1974/09에 끝난 기간으로 투자한 1만 달러가 5,240달러로 줄어 연 수익률 -12.12%를 기록했다.

대형주 EPS 증가율 상위 10% 주식은 1963/12/31~2009/12/31 기간에 20% 넘는 하락을 9번 경험했다. 최악의 하락은 2007/10~2009/02에 53.41%를 잃은 경우다. 전체 주식에서와 마찬가지로 주가가 떨어질 때 변동성이 더 높아지면서 하방 편차 13%를 기록해 대형주의 11.85%보다 나빴다. 최고의 5년 투자 성과는 2007/10에 끝난 시기로, 투자한 1만 달러를 3만 2,611달러로 늘려 연 수익률은 26.67%다. 반면 최악의 시기는 1974/09에 끝난 5년으로, 투자한 1만 달러가 6,592달러로 줄어 연 수익률 -8.0%를 기록했다. 표 17.8은 최악의 시나리오, 표 17.9와 17.10은 모든 기간의 최고와 최악 수익률을 보여준다. 그림 17.1과 17.2는 1964~2009년 전체 주식과 대형주 EPS 증가율 상위 10% 주식의 수익률에서 모집단 수익률을 뺀 5년 평균 초과 혹은 미달 연 수익률이다.

표 17.8. 최악의 시나리오: 대형주 EPS 증가율 상위 10%가 20% 이상 하락한 사례(1964/01/01~2009/12/31)

고점 월	지수 고점	저점 월	지수 저점	회복 월	하락률(%)	하락 기간(개월)	회복 기간(개월)
1966/04	1.58	1966/10	1.19	1967/04	-25.02	6	6
1968/11	1.96	1974/09	1.04	1976/12	-46.59	70	27
1980/11	4.15	1982/07	2.61	1983/04	-36.96	20	9
1983/06	4.65	1984/05	3.66	1985/01	-21.32	11	8
1987/09	8.61	1987/11	6.07	1989/05	-29.42	2	18
1989/08	10.13	1990/10	7.51	1991/09	-25.82	14	11
1998/04	32.61	1998/08	25.59	1999/01	-21.53	4	5
2000/08	45.74	2003/02	23.19	2005/08	-49.29	30	30
2007/10	79.16	2009/02	36.88		-53.41	16	
평균					-34.37	19.22	14.25

표 17.9. 연 수익률 최저치와 최고치(%, 1964/01/01~2009/12/31)

		1년	3년	5년	7년	10년
대형주 EPS 증가율 상위 10%	최저치	-47.02	-19.06	-8.00	-7.09	-1.24
	최고치	69.02	34.20	26.27	20.58	18.74
전체 주식	최저치	-46.91	-15.89	-5.82	-4.15	-0.15
	최고치	68.96	33.12	28.95	22.83	19.57
대형주 EPS 증가율 하위 10%	최저치	-55.59	-27.26	-9.55	-6.21	-4.26
	최고치	62.25	33.14	27.10	22.58	20.99

표 17.10. 1만 달러 투자 시 기말 원리금 최저치와 최고치(달러, 1964/01/01~2009/12/31)

		1년	3년	5년	7년	10년
대형주 EPS 증가율 상위 10%	최저치	5,298	5,303	6,592	5,978	8,828
	최고치	16,902	24,169	32,611	37,068	55,698
전체 주식	최저치	5,309	5,951	7,409	7,434	9,848
	최고치	16,896	23,591	35,656	42,189	59,747
대형주 EPS 증가율 하위 10%	최저치	4,441	3,849	6,053	6,383	6,473
	최고치	16,225	23,600	33,169	41,574	67,211

상댓값 기준 전체 주식 EPS 증가율 상위 10% 주식의 최고 5년 투자 기간은 1980/11에 끝난 시기로, 누적 수익률 345%를 기록해 전체 주식의 203%를 142%p 차이로 능가했다. 반대로 최악의 성과를 낸 기간은 1985/12에 끝난 5년으로, 누적 수익률이 30%에 그친 반면 전체 주식은 113%를 기록해 83%p 차이로 밑돌았다.

상댓값 기준 대형주 EPS 증가율 상위 10% 주식이 대형주를 가장 크게 능가한 경우는 1980/11에 끝난 5년 동안 누적 수익률 177%를 기록해, 128%를 기록한 대형주를 49%p 차이로 앞섰을 때다. 그리고 최악의 5년은 1986/08에 끝난 시기로 누적 수익률 79%를 기록해, 150%를 기록한 대형주를 71%p 차이로 밑돌았다.

EPS 증가율 하위 주식 매수하기

어쩌면 EPS 증가율이 가장 나쁜 주식을 사는 것이 나을지도 모르겠다. 최소한 기대치가 높지 않을 테니까. 이제는 EPS가 흑자에서 적자로 바뀐 주식도 분석 대상에 포함하기 때문에, EPS 증가율 하위 10% 주식에는 EPS가 적자로 크게 떨어진 주식이 많을 것이다.

1963/12/31에 전체 주식 EPS 증가율 하위 10% 주식에 투자한 1만 달러는 2009/12/31에 35만 708달러로 늘어 연 수익률 8.04%를 기록했다. 같은 기간 전체 주식에 투자해 1만 달러를 132만 9,513달러로 늘릴 수 있었던 것에 비해 상당히 초라

하다. 표준편차는 23.34%로 전체 주식의 18.99%보다 높았다. 샤프지수 역시 0.13으로 전체 주식의 0.33에 비해 많이 안 좋았다. 기저율은 모두 음의 값이었고 5년 단위 기간에는 16%, 10년 단위 기간에는 단 2% 승률로 전체 주식을 능가했을 뿐이다. 표 17.11과 17.12, 17.13이 결과를 요약해 보여준다. 그림 17.3은 EPS 증가율 하위 10% 주식 수익률에서 전체 주식 수익률을 뺀 5년 평균 초과 혹은 미달 연 수익률이다.

표 17.11. 연 수익률과 위험도: 전체 주식 EPS 증가율 하위 10%와 전체 주식(1964/01/01~2009/12/31)

		전체 주식 EPS 증가율 하위 10%	전체 주식
산술평균 수익률		11.05%	13.26%
기하평균 수익률		8.04%	11.22%
중위 수익률		16.09%	17.16%
표준편차		23.34%	18.99%
상방 편차		14.64%	10.98%
하방 편차		16.90%	13.90%
추적오차		7.28	0.00
상승 개월 수		325	329
하락 개월 수		227	223
최대 하락률		-71.22%	-55.54%
베타		1.18	1.00
T-통계량(m=0)		3.06	4.47
샤프지수(Rf=5%)		0.13	0.33
소르티노지수(MAR=10%)		-0.12	0.09
1만 달러 투자 시		$350,708	$1,329,513
1년 수익률	최저치	-59.14%	-46.49%
	최고치	106.63%	84.19%
3년 수익률	최저치	-31.94%	-18.68%
	최고치	36.89%	31.49%
5년 수익률	최저치	-12.47%	-9.91%
	최고치	27.29%	27.66%
7년 수익률	최저치	-8.31%	-6.32%
	최고치	21.85%	23.77%
10년 수익률	최저치	-4.25%	1.01%
	최고치	19.03%	22.05%
기대수익률	최저치	-35.64%	-24.73%
	최고치	57.74%	51.24%

월가의 퀀트 투자 바이블

표 17.12. 전체 주식 EPS 증가율 하위 10%의 전체 주식 대비 기저율(1964/01/01~2009/12/31)

기준 기간	전체 주식 EPS 증가율 하위 10%가 더 높은 달	비율	초과수익률(연 수익률)
1년	209/541	39%	-2.14%
3년	145/517	28%	-3.17%
5년	80/493	16%	-3.44%
7년	52/469	11%	-3.58%
10년	10/433	2%	-3.52%

표 17.13. 최악의 시나리오: 전체 주식 EPS 증가율 하위 10%가 20% 이상 하락한 사례(1964/01/01~2009/12/31)

고점 월	지수 고점	저점 월	지수 저점	회복 월	하락률(%)	하락 기간(개월)	회복 기간(개월)
1969/01	2.94	1974/09	1.19	1978/05	-59.46	68	44
1981/05	5.67	1982/07	4.01	1982/11	-29.36	14	4
1983/06	7.95	1984/07	6.02	1986/02	-24.23	13	19
1987/08	10.65	1987/11	7.00	1989/05	-34.27	3	18
1989/08	11.49	1990/10	7.42	1992/01	-35.39	14	15
1998/04	29.52	1998/08	19.66	1999/04	-33.42	4	8
2000/02	54.32	2002/09	15.63		-71.22	31	
평균					-41.05	21	18

그림 17.3. 5년 평균 초과(미달) 연 수익률: 전체 주식 EPS 증가율 하위 10% - 전체 주식(1964/01/01~2009/12/31)

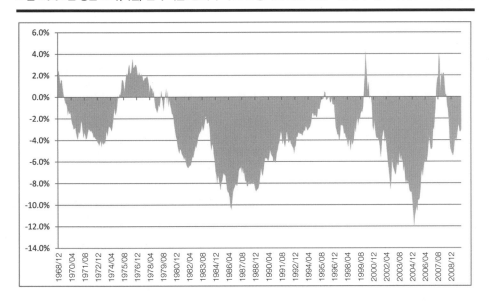

대형주가 더 나쁘다

대형주 EPS 증가율 하위 10% 주식에 투자한 1만 달러는 2009/12/31에 28만 5,002달러가 되어 연 수익률 7.55%를 기록했다. 같은 기간 대형주에 1만 달러를 투자해 87만 2,861달러로 늘리며 연 수익률 10.20%를 기록한 것과 큰 차이가 난다. 샤프지수는 0.14인 반면 대형주는 0.32였다. 표 17.14와 17.15, 17.16이 결과를 요약해 보여준다. 기저율은 전체 주식보다는 조금 나았다. 이 주식은 5년 단위 기간에

표 17.14. 연 수익률과 위험도: 대형주 EPS 증가율 하위 10%와 대형주(1964/01/01~2009/12/31)

	대형주 EPS 증가율 하위 10%	대형주
산술평균 수익률	9.43%	11.72%
기하평균 수익률	7.55%	10.20%
중위 수익률	13.63%	17.20%
표준편차	18.56%	16.50%
상방 편차	11.21%	9.70%
하방 편차	13.29%	11.85%
추적오차	6.79	0.00
상승 개월 수	319	332
하락 개월 수	233	220
최대 하락률	-67.30%	-53.77%
베타	1.05	1.00
T-통계량(m=0)	3.31	4.58
샤프지수(Rf=5%)	0.14	0.32
소르티노지수(MAR=10%)	-0.18	0.02
1만 달러 투자 시	$285,002	$872,861
1년 수익률 최저치	-55.59%	-46.91%
최고치	62.25%	68.96%
3년 수익률 최저치	-27.26%	-15.89%
최고치	33.14%	33.12%
5년 수익률 최저치	-9.55%	-5.82%
최고치	27.10%	28.95%
7년 수익률 최저치	-6.21%	-4.15%
최고치	22.58%	22.83%
10년 수익률 최저치	-4.26%	-0.15%
최고치	20.99%	19.57%
기대수익률 최저치	-27.68%	-21.28%
최고치	46.55%	44.72%

표 17.15. 대형주 EPS 증가율 하위 10%의 대형주 대비 기저율(1964/01/01~2009/12/31)

기준 기간	대형주 EPS 증가율 하위 10%가 더 높은 달	비율	초과수익률(연 수익률)
1년	200/541	37%	-1.85%
3년	160/517	31%	-2.17%
5년	122/493	25%	-2.26%
7년	57/469	12%	-2.34%
10년	37/433	9%	-2.22%

표 17.16. 최악의 시나리오: 대형주 EPS 증가율 하위 10%가 20% 이상 하락한 사례(1964/01/01~2009/12/31)

고점 월	지수 고점	저점 월	지수 저점	회복 월	하락률(%)	하락 기간(개월)	회복 기간(개월)
1966/01	1.24	1966/09	0.99	1967/04	-20.15	8	7
1969/01	1.61	1974/09	0.86	1976/02	-46.73	68	17
1981/03	2.57	1982/07	1.99	1982/11	-22.57	16	4
1987/09	6.71	1987/11	4.75	1989/01	-29.11	2	14
1989/08	8.21	1990/10	5.85	1991/05	-28.67	14	7
2000/08	42.69	2002/09	13.96	2007/09	-67.30	25	60
2007/10	44.70	2009/02	17.16		-61.62	16	
평균					-39.45	21.29	18.17

그림 17.4. 5년 평균 초과(미달) 연 수익률: 대형주 EPS 증가율 하위 10% - 대형주(1964/01/01~2009/12/31)

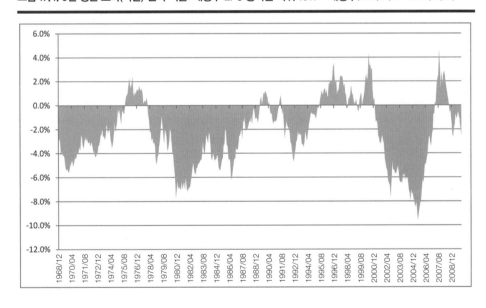

25%, 10년 단위 기간에는 9% 승률로 대형주를 능가했다. 그림 17.4는 대형주 EPS 증가율 최저 10% 주식 수익률에서 대형주 수익률을 뺀 5년 평균 초과 혹은 미달 연수익률이다. 표 17.17과 17.18은 10년 기간별로 전체 주식과 대형주의 EPS 증가율 하위 10% 주식의 연 수익률을 나타냈다.

표 17.17. 전체 주식 10년 단위 연 수익률(%, 1964/01/01~2009/12/31)

	1960년대	1970년대	1980년대	1990년대	2000년대
전체 주식 EPS 증가율 상위 10%	19.66	8.30	12.25	17.02	5.80
전체 주식 EPS 증가율 하위 10%	11.85	7.38	10.55	14.67	-1.97
전체 주식	13.36	7.56	16.78	15.35	4.39

표 17.18. 대형주 10년 단위 연 수익률(%, 1964/01/01~2009/12/31)

	1960년대*	1970년대	1980년대	1990년대	2000년대
대형주 EPS 증가율 상위 10%	8.30	5.40	13.32	15.94	2.88
대형주 EPS 증가율 하위 10%	3.13	4.76	15.60	16.29	-2.55
대형주	8.16	6.65	17.34	16.38	2.42

최고와 최악의 시나리오

1963/12/31~2009/12/31 기간에 전체 주식 EPS 증가율 하위 10% 주식은 20% 넘는 하락을 7번 경험했다. 2000/02~2002/09 기간에 71.22% 하락한 것이 최악이었다. 표 17.13은 1963년 이래 모든 하락을 보여준다. 전체 주식 EPS 증가율 상위 10% 주식이 그랬던 것처럼 전체 주식 EPS 증가율 하위 10% 주식 역시 주가가 하락할 때 변동성이 더 커졌다. 즉, 하방 편차가 16.90%로 전체 주식의 13.90%보다 더 컸다. 이 주식은 1979/12에 끝난 5년 동안 투자한 1만 달러를 3만 3,423달러로 늘려 연 수익률 27.29%를 기록한 것이 최고의 5년 성과였다. 반면 최악의 5년 성과는 2009/02에 끝난 5년 동안 투자한 1만 달러가 5,138달러로 줄어 연 수익률 -12.47%를 기록한 경우다.

그림 17.5. 전체 주식 EPS 증가율 십분위수 수익률(1964/01/01~2009/12/31)

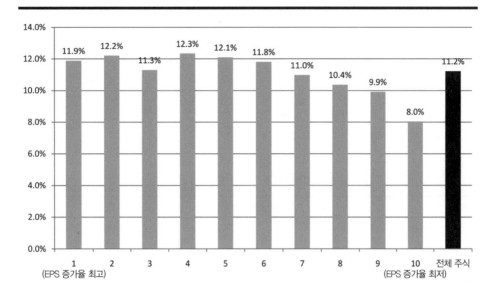

표 17.19. 전체 주식 EPS 증가율 십분위수 수익률 요약(1964/01/01~2009/12/31)

십분위수	1만 달러 투자 시	연 수익률(산술평균)	연 수익률(기하평균)	표준편차	샤프지수
1(EPS 증가율 최고)	$1,750,567	14.68%	11.88%	22.10%	0.31
2	$1,995,466	14.76%	12.20%	21.14%	0.34
3	$1,371,466	13.38%	11.29%	19.17%	0.33
4	$2,107,751	14.04%	12.34%	17.28%	0.42
5	$1,907,735	13.53%	12.09%	15.97%	0.44
6	$1,696,234	13.14%	11.81%	15.41%	0.44
7	$1,200,373	12.32%	10.97%	15.57%	0.38
8	$932,374	11.91%	10.36%	16.67%	0.32
9	$773,000	11.85%	9.91%	18.68%	0.26
10(EPS 증가율 최저)	$350,708	11.05%	8.04%	23.34%	0.13
전체 주식	$1,329,513	13.26%	11.22%	18.99%	0.33

　　대형주 EPS 증가율 하위 10% 주식은 20% 넘게 하락한 것이 총 7번이었고 2000/08~2002/09 기간에 67.3% 하락한 경우가 최악이었다. 2007/10~2009/02 기간에 61.62% 하락한 것이 그다음이었다. 대형주 EPS 증가율 상위 10% 주식과 마찬가지로 하위 10% 주식 역시 주가가 떨어질 때 더 심한 변동성을 보여 하방 편차 13.29%를 기록했다. 대형주의 하방 편차 11.85%보다 컸다. 이 주식이 최고의 성과

를 올린 5년은 1987/07에 끝난 시기로 투자한 1만 달러는 3만 3,169달러가 되어 연수익률은 27.10%였다. 최악의 성과는 2002/09에 끝난 5년 동안 발생했는데 투자한 1만 달러는 6,053달러로 줄어들었다. 표 17.9와 17.10은 대형주 EPS 증가율 하위 10% 주식이 경험한 최악의 시나리오뿐 아니라 다양한 단위 기간에 걸친 최고와 최악의 수익률을 보여준다. 표 17.20은 대형주의 주식을 EPS 증가율에 따라 십분위수로 구분해 각각의 수익률을 보여준다.

표 17.20. 대형주 EPS 증가율 십분위수 수익률 요약(1964/01/01~2009/12/31)

십분위수	1만 달러 투자 시	연 수익률(산술평균)	연 수익률(기하평균)	표준편차	샤프지수
1(EPS 증가율 최고)	$555,651	11.09%	9.13%	18.83%	0.22
2	$887,075	12.01%	10.24%	17.77%	0.29
3	$795,618	11.46%	9.98%	16.31%	0.31
4	$939,305	11.73%	10.38%	15.61%	0.34
5	$746,951	11.10%	9.83%	15.16%	0.32
6	$803,736	11.19%	10.01%	14.66%	0.34
7	$687,816	10.78%	9.63%	14.47%	0.32
8	$624,773	10.66%	9.41%	15.11%	0.29
9	$826,689	11.48%	10.07%	15.94%	0.32
10(EPS 증가율 최저)	$285,002	9.43%	7.55%	18.56%	0.14
대형주	$872,861	11.72%	10.20%	16.50%	0.32

상댓값 기준 전체 주식 EPS 증가율 상위 10% 주식이 거둔 최고의 성과는 2000/02에 끝난 5년 동안 누적 수익률 223%를 기록해, 172%를 기록한 전체 주식을 51%p 차이로 능가한 경우다. 반대로 최악의 성과는 1986/06에 끝난 시기에 누적 수익률 51%를 기록해, 136%를 기록한 전체 주식에 85%p 차이로 뒤진 경우다.

상댓값 기준 대형주 EPS 증가율 상위 10% 주식이 거둔 최고의 성과는 1995/10에 끝난 5년이다. 이때 누적 수익률은 154%여서, 143%인 대형주를 11%p 차이로 능가했다. 최악의 성과는 1986/06에 끝난 5년 동안 누적 수익률 80%를 기록해, 134%를 기록한 대형주를 54%p 차이로 밑돈 경우다. 그림 17.3과 17.4는 1964~2009년 기간에 전체 주식과 대형주의 EPS 증가율 하위 10% 주식 수익률에서 각 모집단의 수익률을 뺀 5년 평균 초과 혹은 미달 연 수익률이다.

십분위수

EPS 증가율에 따라 십분위수로 주식을 분석해도 주식 선별에는 크게 도움이 되지 않는다. 전체 주식에서는 사실 EPS 증가율 상위 31~40% 주식이 연 수익률 12.34%를 기록하며 가장 좋은 성과를 냈다. 수익 대부분은 상위 60% 이내의 주식에 집중되어 있는데, 모두가 전체 주식을 능가했지만 차이는 크지 않고 변동성도 크다. 상위 61~100% 주식, 즉 갈수록 EPS 증가율이 작아지는 주식들은 모두 전체 주식을 밑돌았다. 일관되게 이익이 좋지 않은 기업이 투자자에게 매력적으로 보일 리 없으니 놀라운 사실도 아니다.

대형주에서는 혼란이 가중된다. 여기서도 EPS 증가율 상위 31~40% 주식이 연 수익률 10.38%를 기록하며 가장 좋았다. 하지만 전체 주식과는 달리 상위 11~20% 주식과 31~40% 주식만이 대형주를 능가했다. 이렇게 결과를 종잡을 수 없으니 EPS 증가율 단독으로는 주식을 선별하는 요소로 사용할 수 없다는 결론에 이른다. 그런데

그림 17.6. 대형주 EPS 증가율 십분위수 수익률(1964/01/01~2009/12/31)

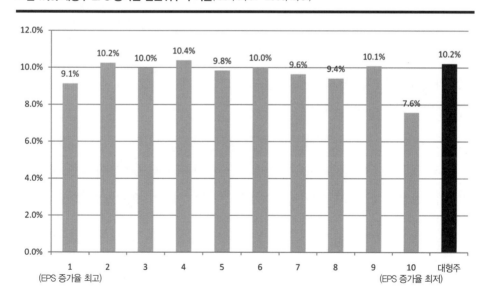

도 월스트리트에서 가장 흔하게 살펴보는 수치가 기업의 이익이라는 점은 참으로 역설적이다. 표 17.19와 17.20, 그림 17.5와 17.6은 전체적인 결과를 요약해 보여준다.

시사점

이익이 크게 늘었다는 사실 하나만 보고 주식을 매수하면 낭패 보기 십상이다. 전체 주식에서 이익이 크게 증가한 주식들의 주가가 날개를 달고 날아오르는 기간이 있었던 것은 사실이지만 시간이 지나면 일관성을 잃고 주가가 곤두박질하는 것은 물론 결국에는 전체 주식조차 밑도는 것을 확인했다. 이번 분석을 통해 이익이 도움 되는 요소인 것은 맞지만, 증가한 이익을 위해 투자자가 얼마나 높은 가격을 지불할 용의가 있는지, 그리고 시장이 그것을 상대적으로 얼마나 따라줄지와 같은 다른 변수도 함께 고려할 때만 유용하다는 것을 알 수 있다.

이익 하나만 따로 떼서 보면 안 되는 것은 극적으로 증가한 이익을 보고 흥분해서 이런 성과가 미래에도 계속될 거라고 지나치게 낙관론을 펴는 투자자가 많기 때문이다. EPS 증가율이 최상위에 있는 주식들이 거의 언제나 PER 배수도 가장 높다는 사실도 조만간 큰 실망이 뒤따를 것을 암시한다. 나중에 다시 자세히 보겠지만 이익이 큰 폭으로 증가한 동시에 주가도 강한 상승 경향을 보이는 주식들이 높은 수익률을 가져다주기도 한다. 하지만 지금은 1년 EPS 증가율이 컸다고 해서 이것 하나만 보고 주식을 매수해서는 안 된다고 알고 있자.

EPS 증가율이 저조한 주식을 매수하면 결과는 더 참담하다. 저조한 EPS 증가율은 그 하나만으로 주식을 살 이유가 전혀 되지 못한다. EPS 증가율이 높든 낮든, 이것 하나만으로 투자 결정을 내려서는 안 된다는 것이 역사가 주는 교훈이다.

18

순이익률: 기업의 순이익이 투자자에게도 이익이 되는가?

어제 생겼던 일이 오늘도 생겼다.
단, 다른 사람들에게.

| 월터 윈첼 | Walter Winchell, 미국 언론인

순이익률은 기업이 사업을 얼마나 효율적으로 운영하는지, 동종 업계 기업들을 상대로 얼마나 경쟁력이 있는지를 알 수 있는 훌륭한 잣대다. 순이익률이 큰 기업일 수록 업계 선두일 테니 더 좋은 투자처라고들 생각한다. 순이익률은 당기순이익을 매출액으로 나눈 값이다. 이때 순이익은 기업의 이익에서 배당금을 제외한 모든 비용을 뺀 것이다.

결과

분석을 위해 전체 주식과 대형주에서 순이익률 상위 10% 주식을 매수한다. 늘 하던 대로 미래 참조 편향을 피하기 위해 지연된 데이터를 사용해 1963/12/31에 1만 달러를 투자한다. 그리고 매년 리밸런싱한다.

1963/12/31에 전체 주식 순이익률 상위 10% 주식에 투자한 1만 달러는 2009/12/31에 91만 1,179달러가 되어 연 수익률 10.31%를 기록했다. 같은 기간 전체 주식에 투자한 1만 달러가 132만 9,513달러가 되어 연 수익률 11.22%를 기록한 것에 비해 41만 8,334달러 부족한 금액이다.

위험은 큰 차이가 없다. 이 주식의 표준편차는 17.05%, 전체 주식은 18.99%였다. 하방 편차 역시 그래서 이 주식이 12.82%, 전체 주식이 13.90%였다. 약간 모자라는 수익률과 약간 낮은 위험이 만난 샤프지수는 0.31로 전체 주식의 0.33과 거의 같은 수준이었다. 기저율은 동전 던지기와 다름없어서 이 주식은 전체 주식을 5년 단위 기간에는 47%, 10년 단위 기간에는 48% 승률로 능가했다. 표 18.1~18.5에 결과를 요약했다.

그림 18.1에서 보듯 전체 주식 순이익률 상위 10% 주식은 투자자가 입맛을 다실 만큼 매력적인 5년이 사실상 없었다. 1980년에 끝난 5년이 가장 성과가 좋았는데 이때는 EPS 증가율 상위 10% 주식 역시 가장 좋았다. 앞서 6장에서 밝혔듯이 연 수익

률과 누적 수익률은 달라 보일 수 있어서, 순이익률 상위 10% 주식의 초과수익 면에서는 1970년대 초반이 더 좋아 보이지만 누적 수익률 면에서는 1980년에 끝난 5년이 더 좋았다. 직관적으로는 EPS 증가율과 순이익률이 큰 주식이 좋은 투자처일 것 같지만 장기에 걸친 데이터는 달리 말한다. 왜냐하면 미래의 전망은 좋지만 현재의 기대치는 낮은 주식을 잘 매수하는 것이 투자 성공의 열쇠이기 때문이다. EPS 증가율과 순이익률이 큰 주식은 기본적으로 기대치가 높다. 이런 기대치 때문에 투자자들은 종종 지나친 주가를 지불하고, 이런 '초일류' 주식들이 불가피하게 저조한 성과를 내면 주가가 곤두박질하면서 성공이 실패로 바뀐다.

표 18.1. 연 수익률과 위험도: 전체 주식 순이익률 상위 10%와 전체 주식(1964/01/01~2009/12/31)

		전체 주식 순이익률 상위 10%	전체 주식
산술평균 수익률		11.93%	13.26%
기하평균 수익률		10.31%	11.22%
중위 수익률		13.44%	17.16%
표준편차		17.05%	18.99%
상방 편차		10.19%	10.98%
하방 편차		12.82%	13.90%
추적오차		6.50	0.00
상승 개월 수		334	329
하락 개월 수		218	223
최대 하락률		-53.32%	-55.54%
베타		0.84	1.00
T-통계량(m=0)		4.51	4.47
샤프지수(Rf=5%)		0.31	0.33
소르티노지수(MAR=10%)		0.02	0.09
1만 달러 투자 시		$911,179	$1,329,513
1년 수익률	최저치	-46.92%	-46.49%
	최고치	59.62%	84.19%
3년 수익률	최저치	-15.05%	-18.68%
	최고치	32.22%	31.49%
5년 수익률	최저치	-6.26%	-9.91%
	최고치	27.91%	27.66%
7년 수익률	최저치	-2.81%	-6.32%
	최고치	21.40%	23.77%
10년 수익률	최저치	0.05%	1.01%
	최고치	19.42%	22.05%
기대수익률	최저치	-22.17%	-24.73%
	최고치	46.04%	51.24%

표 18.2. 전체 주식 순이익률 상위 10%의 전체 주식 대비 기저율(1964/01/01~2009/12/31)

기준 기간	전체 주식 순이익률 상위 10%가 더 높은 달	비율	초과수익률(연 수익률)
1년	233/541	43%	-1.29%
3년	270/517	52%	-0.85%
5년	232/493	47%	-0.66%
7년	225/469	48%	-0.64%
10년	209/433	48%	-0.71%

표 18.3. 최악의 시나리오: 전체 주식 순이익률 상위 10%가 20% 이상 하락한 사례(1964/01/01~2009/12/31)

고점 월	지수 고점	저점 월	지수 저점	회복 월	하락률(%)	하락 기간(개월)	회복 기간(개월)
1969/01	1.85	1970/06	1.27	1972/02	-31.36	17	20
1972/12	2.14	1974/09	1.16	1977/01	-45.60	21	28
1980/11	5.36	1982/07	3.84	1983/02	-28.39	20	7
1983/06	6.27	1984/07	4.84	1985/06	-22.77	13	11
1987/08	9.75	1987/11	7.08	1989/05	-27.44	3	18
1998/04	39.43	1998/08	28.66	1999/06	-27.30	4	10
2000/08	56.99	2002/09	42.27	2003/10	-25.83	25	13
2007/10	115.91	2009/02	54.11		-53.32	16	
평균					-32.75	14.88	15.29

표 18.4. 연 수익률 최저치와 최고치(%, 1964/01/01~2009/12/31)

		1년	3년	5년	7년	10년
전체 주식 순이익률 상위 10%	최저치	-46.92	-15.05	-6.26	-2.81	0.05
	최고치	59.62	32.22	27.91	21.40	19.42
전체 주식	최저치	-46.49	-18.68	-9.91	-6.32	1.01
	최고치	84.19	31.49	27.66	23.77	22.05

표 18.5. 1만 달러 투자 시 기말 원리금 최저치와 최고치(달러, 1964/01/01~2009/12/31)

		1년	3년	5년	7년	10년
전체 주식 순이익률 상위 10%	최저치	5,308	6,131	7,238	8,193	10,046
	최고치	15,962	23,116	34,238	38,866	58,969
전체 주식	최저치	5,351	5,379	5,936	6,330	11,054
	최고치	18,419	22,734	33,903	44,504	73,345

그림 18.1. 5년 평균 초과(미달) 연 수익률: 전체 주식 순이익률 상위 10% - 전체 주식(1964/01/01~2009/12/31)

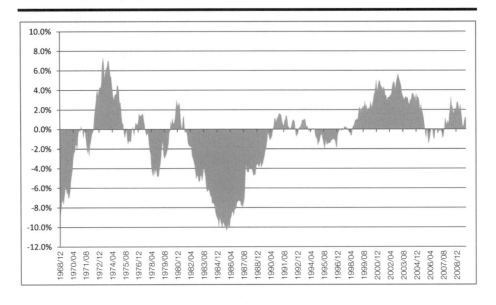

대형주도 전체 주식과 비슷하다

대형주 순이익률 상위 10% 주식의 성과도 전체 주식보다 나을 것이 없다. 1963/12/31~2009/12/31에 투자한 1만 달러는 43만 4,494달러가 되어 연 수익률 8.54%를 얻었다. 같은 기간 대형주에 투자했다면 1만 달러는 87만 2,861달러가 되었을 테니 이에 한참 못 미치는 금액이다. 대형주의 연 수익률은 10.20%였고 표준편차는 16.50%여서 대형주 순이익률 상위 10% 주식의 16.60%보다 살짝 낮았다. 대형주 순이익률 상위 10% 주식의 샤프지수는 0.21이고 대형주는 0.32였다. 이 주식의 기저율은 모두 음의 값이었고 10년 단위 기간에서 대형주를 겨우 승률 30%로 능가했을 뿐이다. 표 18.6부터 18.10까지 이 결과를 더 자세한 수치로 보여준다. 그림 18.2는 대형주 순이익률 상위 10% 주식의 수익률에서 대형주 수익률을 뺀 5년 평균 초과 혹은 미달 연 수익률이다.

표 18.6. 연 수익률과 위험도: 대형주 순이익률 상위 10%와 대형주(1964/01/01~2009/12/31)

		대형주 순이익률 상위 10%	대형주
산술평균 수익률		10.05%	11.72%
기하평균 수익률		8.54%	10.20%
중위 수익률		12.26%	17.20%
표준편차		16.60%	16.50%
상방 편차		10.11%	9.70%
하방 편차		11.83%	11.85%
추적오차		7.30	0.00
상승 개월 수		325	332
하락 개월 수		227	220
최대 하락률		-52.15%	-53.77%
베타		0.91	1.00
T-통계량(m=0)		3.93	4.58
샤프지수(Rf=5%)		0.21	0.32
소르티노지수(MAR=10%)		-0.12	0.02
1만 달러 투자 시		$434,494	$872,861
1년 수익률	최저치	-47.91%	-46.91%
	최고치	49.86%	68.96%
3년 수익률	최저치	-19.63%	-15.89%
	최고치	31.68%	33.12%
5년 수익률	최저치	-8.66%	-5.82%
	최고치	28.97%	28.95%
7년 수익률	최저치	-6.87%	-4.15%
	최고치	23.06%	22.83%
10년 수익률	최저치	-4.41%	-0.15%
	최고치	20.02%	19.57%
기대수익률	최저치	-23.15%	-21.28%
	최고치	43.25%	44.72%

표 18.7. 대형주 순이익률 상위 10%의 대형주 대비 기저율(1964/01/01~2009/12/31)

기준 기간	대형주 순이익률 상위 10%가 더 높은 달	비율	초과수익률(연 수익률)
1년	250/541	46%	-1.61%
3년	169/517	33%	-1.66%
5년	153/493	31%	-1.78%
7년	144/469	31%	-1.90%
10년	132/433	30%	-1.92%

표 18.8. 최악의 시나리오: 대형주 순이익률 상위 10%가 20% 이상 하락한 사례(1964/01/01~2009/12/31)

고점 월	지수 고점	저점 월	지수 저점	회복 월	하락률(%)	하락 기간(개월)	회복 기간(개월)
1965/09	1.22	1966/08	0.95	1967/09	-22.48	11	13
1968/11	1.37	1970/06	0.97	1971/03	-29.24	19	9
1972/11	1.55	1974/09	0.74	1980/01	-52.15	22	64
1980/11	2.02	1982/07	1.58	1983/01	-21.47	20	6
1987/08	4.72	1987/11	3.70	1989/04	-21.71	3	17
1998/04	22.25	1998/08	17.28	1998/12	-22.31	4	4
2000/08	34.79	2002/09	17.22	2006/01	-50.51	25	40
2008/05	51.24	2009/02	26.32		-48.64	9	
평균					-33.56	14.13	21.86

표 18.9. 연 수익률 최저치와 최고치(%, 1964/01/01~2009/12/31)

		1년	3년	5년	7년	10년
대형주 순이익률 상위 10%	최저치	-47.91	-19.63	-8.66	-6.87	-4.41
	최고치	49.86	31.68	28.97	23.06	20.02
대형주	최저치	-46.91	-15.89	-5.82	-4.15	-0.15
	최고치	68.96	33.12	28.95	22.83	19.57

표 18.10. 1만 달러 투자 시 기말 원리금 최저치와 최고치(달러, 1964/01/01~2009/12/31)

		1년	3년	5년	7년	10년
대형주 순이익률 상위 10%	최저치	5,209	5,192	6,358	6,076	6,368
	최고치	14,986	22,833	35,681	42,747	62,031
대형주	최저치	5,309	5,951	7,409	7,434	9,848
	최고치	16,896	23,591	35,656	42,189	59,747

최고와 최악의 시나리오, 최고와 최악의 수익률

순이익률 상위 10% 주식, 특히 대형주의 이 주식은 여태껏 보아온 다른 전략들만큼 극심한 하락을 경험하지는 않았다. 표 18.3을 보면 1964년 이래 전체 주식 순이익률 상위 10% 주식은 20% 넘는 하락을 8번 경험했고, 가장 심한 것은 2007/10~2009/02

그림 18.2. 5년 평균 초과(미달) 연 수익률: 대형주 순이익률 상위 10% - 대형주(1964/01/01~2009/12/31)

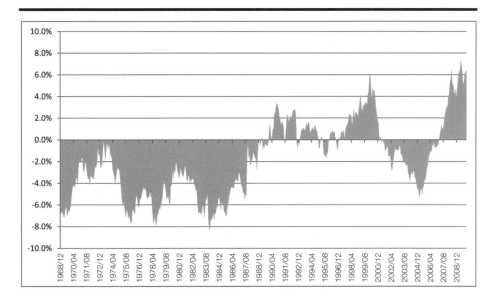

시기의 53.32% 하락이다. 표 18.4와 18.5에서 보듯 이 주식은 투자한 1만 달러를 3만 4,238달러로 늘려 최고의 성과를, 반대는 1만 달러를 7,238달러로 줄여 최악의 성과를 냈다.

대형주 순이익률 상위 10% 주식 역시 20% 넘는 하락을 8번 경험했다. 최악은 1972~1974년 하락장에서 경험한 52.15% 손실이었다. 최고의 성과는 1980/11에 끝난 5년 동안 1만 달러를 3만 5,681달러로 늘린 경우이고, 최악의 성과는 1974/09에 끝난 5년 동안 1만 달러를 6,358달러로 줄여놓은 경우다. 표 18.8부터 18.10까지 최고와 최악의 시나리오, 최고와 최악의 수익률을 각각 보여준다.

상대 성과를 보면 전체 주식에서는 1980/11에 끝난 5년 동안 순이익률 상위 10% 주식이 누적 수익률 242%를 기록해, 191%를 기록한 전체 주식을 51%p 차이로 능가한 것이 최고였다. 반대로 최악은 1985/03에 끝난 5년 동안 누적 수익률 82%를 기록해 전체 주식의 165%를 83%p 차이로 밑돈 경우다.

그림 18.2를 보면 대형주 순이익률 상위 10% 주식의 상대 성과 역시 크게 다르지

않았다. 2000/02에 끝난 5년 동안 이 주식은 누적 수익률 257%를 기록해, 182%를 기록한 대형주를 75%p 차이로 능가하며 최고 성과를 기록했다. 반대로 최악의 성과는 1987/07에 끝난 5년 동안 누적 수익률 187%를 기록해, 255%를 기록한 대형주를 68%p 차이로 밑돈 경우다. 표 18.11과 18.12는 전체 주식과 대형주의 순이익률 상위 10% 주식과 하위 10% 주식이 기록한 10년 단위 연 수익률이다.

표 18.11. 전체 주식 10년 단위 연 수익률(%, 1964/01/01~2009/12/31)

	1960년대	1970년대	1980년대	1990년대	2000년대
전체 주식 순이익률 상위 10%	8.09	8.91	11.51	16.04	6.34
전체 주식 순이익률 하위 10%	17.10	8.87	11.04	14.54	-15.04
전체 주식	13.36	7.56	16.78	15.35	4.39

표 18.12. 대형주 10년 단위 연 수익률(%, 1964/01/01~2009/12/31)

	1960년대	1970년대	1980년대	1990년대	2000년대
대형주 순이익률 상위 10%	2.86	2.46	14.54	18.47	3.13
대형주 순이익률 하위 10%	8.92	6.18	18.19	20.34	-8.62
대형주	8.16	6.65	17.34	16.38	2.42

십분위수

순이익률이 높다는 이유 하나만으로 주식을 매수하는 것은 좋은 생각이 아니다. 십분위수 분석의 결과는 오히려 반대여서 순이익률이 낮은 주식들이 높은 주식들을 능가했다. 단, 순이익률 하위 10% 주식과 11~20% 주식은 그렇지 못했다. 예를 들어 전체 주식 순이익률 상위 10% 주식에 투자한 1만 달러는 91만 1,179달러로 늘었는데 이는 전체 주식에 투자한 경우를 밑돌고, 특히 상위 61~70% 주식에 투자한 1만 달러가 205만 6,372달러로 늘어난 것에 비하면 한참 뒤처진다. 더 눈에 띄는 것은 하위 10% 주식을 제외하고 나머지 모든 주식이 상위 10% 주식을 능가했다는 사실이다. 순이익률 하위 10% 주식은 연 수익률이 5.75%에 그쳤는데, 미국 단기 국채의 연 수익률인 5.57%를 간신히 능가해 겨우 체면을 차렸다. 대형주에서도 결과는 비슷해 순이익률 순위가 낮은 주식들이 상위 10% 주식을 능가했다. 표 18.11~18.14, 그림 18.3과 18.4가 결과를 요약해 보여준다.

표 18.13. 전체 주식 순이익률 십분위수 수익률 요약(1964/01/01~2009/12/31)

십분위수	1만 달러 투자 시	연 수익률(산술평균)	연 수익률(기하평균)	표준편차	샤프지수
1(순이익률 최고)	$911,179	11.93%	10.31%	17.05%	0.31
2	$1,110,574	12.07%	10.78%	15.22%	0.38
3	$1,552,337	12.97%	11.59%	15.66%	0.42
4	$1,958,226	13.74%	12.16%	16.71%	0.43
5	$1,405,711	13.11%	11.35%	17.65%	0.36
6	$1,440,360	13.29%	11.41%	18.20%	0.35
7	$2,056,372	14.29%	12.28%	18.81%	0.39
8	$1,951,536	14.35%	12.15%	19.64%	0.36
9	$927,218	13.22%	10.35%	22.52%	0.24
10(순이익률 최저)	$130,773	9.83%	5.75%	27.29%	0.03
전체 주식	$1,329,513	13.26%	11.22%	18.99%	0.33

표 18.14. 대형주 순이익률 십분위수 수익률 요약(1964/01/01~2009/12/31)

십분위수	1만 달러 투자 시	연 수익률(산술평균)	연 수익률(기하평균)	표준편차	샤프지수
1(순이익률 최고)	$434,494	10.05%	8.54%	16.60%	0.21
2	$494,767	10.05%	8.85%	14.83%	0.26
3	$627,112	10.66%	9.41%	15.07%	0.29
4	$914,208	11.60%	10.31%	15.24%	0.35
5	$924,229	11.76%	10.34%	16.00%	0.33
6	$836,921	11.53%	10.10%	16.09%	0.32
7	$673,795	11.07%	9.58%	16.40%	0.28
8	$784,618	11.54%	9.95%	16.89%	0.29
9	$781,507	11.50%	9.94%	16.79%	0.29
10(순이익률 최저)	$418,270	10.67%	8.45%	19.92%	0.17
대형주	$872,861	11.72%	10.20%	16.50%	0.32

그림 18.3. 전체 주식 순이익률 십분위수 수익률(1964/01/01~2009/12/31)

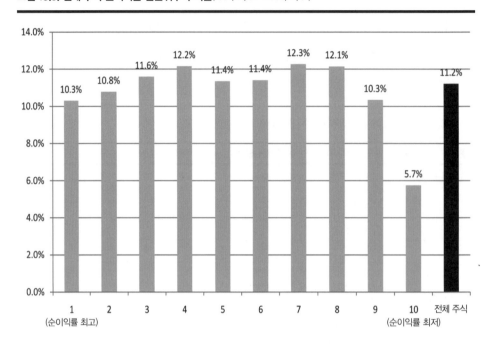

그림 18.4. 대형주 순이익률 십분위수 수익률(1964/01/01~2009/12/31)

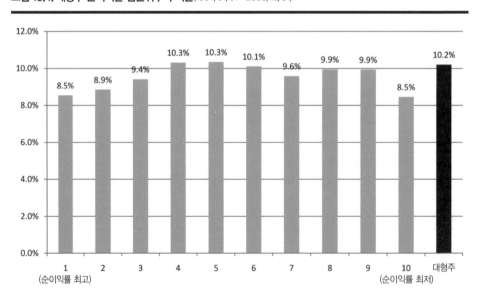

시사점

높은 순이익률 하나만 보고 주식을 매수하면 실망스러운 결과로 이어진다는 것은 역사가 주는 교훈이다. 확실한 교훈 한 가지는 순이익률 하위 10% 주식은 반드시 피해야 한다는 점이다.

WHAT
WORK$
ONWALL
$TREET

19

자기자본이익률(ROE)

나는 차라리 사람들이
진실이 아니라고 받아들이는 것보다
진실인지 의심하는 것을 보겠다.

| 프랭크 클라크 | Frank A. Clark, 미국 정치가

높은 자기자본이익률ROE은 성장주의 전형적인 특징이다. ROE는 당기순이익(미지급 배당금을 제외한 모든 비용을 차감한 이익)을 보통주 자본으로 나눈 값이다.

많은 이는 높은 순이익률과 마찬가지로 높은 ROE가 기업이 자기자본을 효율적으로 사용했음을 나타내는 좋은 수단이라고 믿는다. ROE가 높을수록 기업이 당신의 투자금을 훌륭하게 재투자할 능력이 더 뛰어나고, 그 기업 주식에 대한 투자도 성공적일 것이다.

결과

전체 주식과 대형주에서 ROE가 높은 주식과 낮은 주식을 조사했다. 1963/12/31에 전체 주식 ROE 상위 10% 주식에 1만 달러를 투자하는 것으로 시작한다. 또 전체 주식과 대형주의 주식을 ROE에 따라 십분위수로 구분해 성과를 검토했다. 늘 하던 대로 미래 참조 편향을 피하기 위해 지연된 데이터를 사용하고 매년 리밸런싱했다.

표 19.1에서 보는 것처럼, 1963/12/31 전체 주식 ROE 상위 10% 주식에 투자한 1만 달러는 2009/12/31에 206만 6,648달러가 되어 연 수익률 12.29%를 기록했다. 같은 기간 전체 주식에 투자한 1만 달러가 132만 9,513달러가 되어 연 수익률 11.22%를 기록한 것에 비해 약간 나은 결과다. 표준편차는 20.74로 전체 주식의 18.99%보다 약간 높지만 샤프지수는 전체 주식의 0.33보다 2bp 높은 0.35였다. 하방 편차는 15%로 전체 주식의 13.9%보다 약간 위험했다.

ROE 상위 10% 주식의 기저율은 매우 흥미롭다. 표 19.2에 나타난 것처럼 ROE 상위 10% 주식은 장기 투자보다는 단기 투자에서 더 좋은 성과가 나왔다. 3년 단위 기간과 5년 단위 기간의 수익률 기저율은 각각 63%와 66%로 7년, 10년의 57%, 51%보다 높았다. 표 19.3은 이 전략이 20% 이상 하락한 모든 경우를, 표 19.4와 19.5는 다양한 기간에 걸친 최고와 최악의 수익률을 나타낸다. 그림 19.1은 전체 주식 ROE

표 19.1. 연 수익률과 위험도: 전체 주식 ROE 상위 10%와 전체 주식(1964/01/01~2009/12/31)

		전체 주식 ROE 상위 10%	전체 주식
산술평균 수익률		14.75%	13.26%
기하평균 수익률		12.29%	11.22%
중위 수익률		18.08%	17.16%
표준편차		20.74%	18.99%
상방 편차		12.36%	10.98%
하방 편차		15.00%	13.90%
추적오차		6.28	0.00
상승 개월 수		334	329
하락 개월 수		218	223
최대 하락률		-63.88%	-55.54%
베타		1.04	1.00
T-통계량(m=0)		4.53	4.47
샤프지수(Rf=5%)		0.35	0.33
소르티노지수(MAR=10%)		0.15	0.09
1만 달러 투자 시		$2,066,648	$1,329,513
1년 수익률	최저치	-53.89%	-46.49%
	최고치	97.64%	84.19%
3년 수익률	최저치	-22.01%	-18.68%
	최고치	37.49%	31.49%
5년 수익률	최저치	-11.82%	-9.91%
	최고치	29.63%	27.66%
7년 수익률	최저치	-6.42%	-6.32%
	최고치	24.22%	23.77%
10년 수익률	최저치	0.88%	1.01%
	최고치	20.58%	22.05%
기대수익률	최저치	-26.73%	-24.73%
	최고치	56.23%	51.24%

* 기대수익률 최저치 = 산술평균 수익률 - 2σ
** 기대수익률 최고치 = 산술평균 수익률 + 2σ

표 19.2. 전체 주식 ROE 상위 10%의 전체 주식 대비 기저율(1964/01/01~2009/12/31)

기준 기간	전체 주식 ROE 상위 10%가 더 높은 달	비율	초과수익률(연 수익률)
1년	325/541	60%	1.61%
3년	324/517	63%	1.04%
5년	327/493	66%	0.76%
7년	267/469	57%	0.57%
10년	220/433	51%	0.25%

상위 10% 주식의 수익률에서 전체 주식 수익률을 뺀 5년 평균 초과 혹은 미달 연 수익률이다.

표 19.3. 최악의 시나리오: 전체 주식 ROE 상위 10%가 20% 이상 하락한 사례(1964/01/01~2009/12/31)

고점 월	지수 고점	저점 월	지수 저점	회복 월	하락률(%)	하락 기간(개월)	회복 기간(개월)
1968/11	3.24	1970/06	1.78	1971/12	-45.21	19	18
1972/05	4.12	1974/09	1.49	1978/08	-63.88	28	47
1978/08	4.32	1978/10	3.34	1979/06	-22.71	2	8
1981/05	8.30	1982/07	5.62	1982/12	-32.28	14	5
1983/06	11.47	1984/05	8.26	1985/12	-27.93	11	19
1987/08	18.67	1987/11	11.72	1989/07	-37.22	3	20
1990/06	20.37	1990/10	15.60	1991/02	-23.43	4	4
1998/04	79.73	1998/08	57.86	1999/06	-27.43	4	10
2000/08	105.19	2001/09	80.56	2003/08	-23.42	13	23
2007/10	252.05	2009/02	116.29		-53.86	16	
평균					-35.74	11.4	17.11

표 19.4. 연 수익률 최저치와 최고치(%, 1964/01/01~2009/12/31)

		1년	3년	5년	7년	10년
전체 주식 ROE 상위 10%	최저치	-53.89	-22.01	-11.82	-6.42	0.88
	최고치	97.64	37.49	29.63	24.22	20.58
전체 주식	최저치	-46.49	-18.68	-9.91	-6.32	1.01
	최고치	84.19	31.49	27.66	23.77	22.05
전체 주식 ROE 하위 10%	최저치	-68.28	-49.47	-24.34	-16.02	-11.65
	최고치	175.93	47.89	33.66	24.75	20.65

표 19.5. 1만 달러 투자 시 기말 원리금 최저치와 최고치(달러, 1964/01/01~2009/12/31)

		1년	3년	5년	7년	10년
전체 주식 ROE 상위 10%	최저치	4,611	4,744	5,332	6,284	10,916
	최고치	19,764	25,992	36,610	45,631	64,998
전체 주식	최저치	5,351	5,379	5,936	6,330	11,054
	최고치	18,419	22,734	33,903	44,504	73,345
전체 주식 ROE 하위 10%	최저치	3,172	1,290	2,480	2,945	2,898
	최고치	27,593	32,346	42,662	47,015	65,379

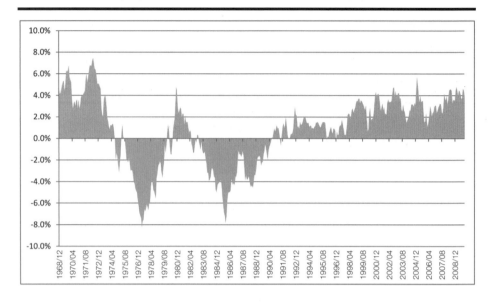

대형주는 약간 저조하다

한편 대형주 ROE 상위 10% 주식은 대형주보다 수익률이 약간 저조했고 표 19.6에서 자세히 확인할 수 있다. 1963/12/31 대형주 ROE 상위 10% 주식에 투자한 1만 달러는 2009/12/31에 65만 6,810달러가 되어 연 수익률 9.52%를 기록했다. 같은 기간 대형주에 투자했다면 얻었을 87만 2,861달러에 비해 실망스러운 금액이다. 게다가 이 주식은 표준편차가 17.5%로 대형주의 16.5%보다 높아 위험도 소폭 높다. 상대적으로 높은 위험과 낮은 수익률 때문에 이 주식의 샤프지수 0.26은 대형주의 0.32보다 낮았다.

대형주 ROE 상위 10% 주식의 기저율은 동전 던지기와 비슷해서 7년 단위 기간의 기저율은 48%, 10년 단위 기간은 50%다. 표 19.6~19.10은 대형주 관련 수익률을 요약해서 보여준다. 대형주 ROE 십분위수 전체의 수익률을 살펴본 결과, ROE로 주식을 선별하는 전략은 큰 의미가 없어 보인다. 그림 19.2는 대형주 ROE 상위 10%

주식의 수익률에서 대형주 주식 수익률을 뺀 5년 평균 초과 또는 미달 수익률이다.

표 19.6. 연 수익률과 위험도: 대형주 ROE 상위 10%와 대형주(1964/01/01~2009/12/31)

	대형주 ROE 상위 10%	대형주
산술평균 수익률	11.21%	11.72%
기하평균 수익률	9.52%	10.20%
중위 수익률	11.89%	17.20%
표준편차	17.50%	16.50%
상방 편차	10.88%	9.70%
하방 편차	11.94%	11.85%
추적오차	9.44	5.41
상승 개월 수	332	332
하락 개월 수	220	220
최대 하락률	-58.46%	-53.77%
베타	0.80	0.84
T-통계량(m=0)	4.14	4.58
샤프지수(Rf=5%)	0.26	0.32
소르티노지수(MAR=10%)	-0.04	0.02
1만 달러 투자 시	$656,810	$872,861
1년 수익률 최저치	-53.07%	-46.91%
최고치	63.93%	68.96%
3년 수익률 최저치	-19.26%	-15.89%
최고치	36.49%	33.12%
5년 수익률 최저치	-10.07%	-5.82%
최고치	29.20%	28.95%
7년 수익률 최저치	-8.05%	-4.15%
최고치	23.54%	22.83%
10년 수익률 최저치	-2.67%	-0.15%
최고치	21.19%	19.57%
기대수익률 최저치	-23.79%	-21.28%
최고치	46.22%	44.72%

표 19.7. 대형주 ROE 상위 10%의 대형주 대비 기저율(1964/01/01~2009/12/31)

기준 기간	대형주 ROE 상위 10%가 더 높은 달	비율	초과수익률(연 수익률)
1년	282/541	52%	-0.14%
3년	235/517	45%	-0.55%
5년	222/493	45%	-0.79%
7년	225/469	48%	-0.86%
10년	215/433	50%	-0.97%

표 19.8. 최악의 시나리오: 대형주 ROE 상위 10%가 20% 이상 하락한 사례(1964/01/01~2009/12/31)

고점 월	지수 고점	저점 월	지수 저점	회복 월	하락률(%)	하락 기간(개월)	회복 기간(개월)
1968/11	1.55	1970/06	1.06	1971/03	-31.64	19	9
1972/12	2.04	1974/09	0.85	1980/06	-58.46	21	69
1980/11	2.92	1982/07	1.72	1983/06	-41.09	20	11
1983/06	2.97	1984/05	2.35	1985/01	-20.98	11	8
1987/08	6.51	1987/11	4.33	1989/07	-33.51	3	20
2000/10	45.74	2002/09	29.32	2004/12	-35.89	23	27
2007/10	80.81	2009/02	41.40		-48.78	16	
평균					-38.62	16.14	24

표 19.9. 연 수익률 최저치와 최고치(%, 1964/01/01~2009/12/31)

		1년	3년	5년	7년	10년
대형주 ROE 상위 10%	최저치	-53.07	-19.26	-10.07	-8.05	-2.67
	최고치	63.93	36.49	29.20	23.54	21.19
전체 주식	최저치	-46.91	-15.89	-5.82	-4.15	-0.15
	최고치	68.96	33.12	28.95	22.83	19.57
대형주 ROE 하위 10%	최저치	-62.47	-38.53	-16.41	-7.84	-7.73
	최고치	74.65	37.66	27.27	23.81	19.83

표 19.10. 1만 달러 투자 시 기말 원리금 최저치와 최고치(달러, 1964/01/01~2009/12/31)

		1년	3년	5년	7년	10년
대형주 ROE 상위 10%	최저치	4,693	5,263	5,880	5,559	7,629
	최고치	16,393	25,429	36,003	43,913	68,341
전체 주식	최저치	5,309	5,951	7,409	7,434	9,848
	최고치	16,896	23,591	35,656	42,189	59,747
대형주 ROE 하위 10%	최저치	3,753	2,323	4,082	5,645	4,473
	최고치	17,465	26,088	33,386	44,589	61,047

최악의 시나리오, 최고와 최악의 수익률

표 19.3~19.5가 보여주듯이 ROE가 높은 주식들은 변동성이 크지 않다. ROE 상위 10% 주식은 1972/05~1974/09의 주가 대세 하락기에 64% 하락한 것이 최대였다. 이

그림 19.2. 5년 평균 초과(미달) 연 수익률: 대형주 ROE 상위 10% – 대형주(1964/01/01~2009/12/31)

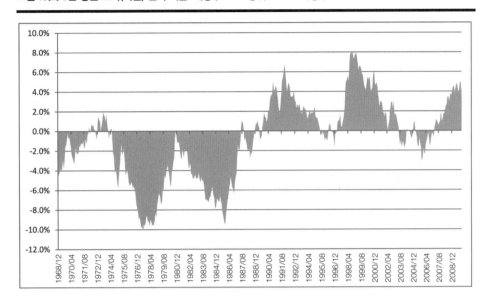

후 주식 폭락기에도 비슷해서 2007/10~2009/02에는 54% 하락했다. 1964~2009년 기간에 30% 이상 하락을 5번, 50% 이상 하락을 2번 경험했다. 표 19.5에서 살펴볼 수 있듯이, 이 주식이 기록한 최고의 수익은 1980/11 끝난 5년 동안 투자한 1만 달러가 3만 6,610달러로 늘어난 경우이고, 최악의 수익은 1974/09에 끝난 5년 동안 1만 달러가 5,332달러로 감소한 경우다.

이 주식이 전체 주식에 비해 상대적으로 최고의 수익을 거둔 것은 1980/11에 끝난 5년으로, 누적 수익률이 266%에 달해 전체 주식의 191%를 75%p 능가했다. 반면 최악의 수익을 거둔 것은 1985/11에 끝난 5년으로, 누적 수익률이 39%에 불과해 전체 주식의 97%를 58%p 밑돌았다.

표 19.8이 보여주듯 대형주 ROE 상위 10% 주식은 변동성이 약간 작다. 이 주식의 최악의 하락은 1970년대 폭락 장세에서 나타난 58%다. 1964~2009년 기간에 30% 넘는 하락을 6번 경험했고, 50% 이상 하락한 것도 1번 있었다. 최고의 5년은 1987/07에 끝난 5년으로, 투자한 1만 달러가 3만 6,003달러로 늘었다. 반면 최악의

5년은 1974/09에 끝난 5년으로, 투자한 1만 달러가 5,880달러로 줄어들었다.

상댓값 기준으로 대형주 ROE 상위 10% 주식이 대형주를 가장 크게 능가한 경우는 1990/06에 끝난 5년 동안 누적 수익률 253%를 기록한 것으로, 누적 수익률 168%를 기록한 대형주를 85%p 차이로 앞섰다. 최악의 5년은 1985/11에 끝난 시기로 누적 수익률이 21%에 그쳐 대형주의 87%를 66%p 밑돌았다.

ROE 하위 주식 매수하기

표 19.11. 연 수익률과 위험도: 전체 주식 ROE 하위 10%와 전체 주식(1964/01/01~2009/12/31)

		전체 주식 ROE 하위 10%	전체 주식
산술평균 수익률		9.97%	13.26%
기하평균 수익률		6.16%	11.22%
중위 수익률		15.82%	17.16%
표준편차		26.37%	18.99%
상방 편차		16.72%	10.98%
하방 편차		19.55%	13.90%
추적오차		11.44	0.00
상승 개월 수		318	329
하락 개월 수		234	223
최대 하락률		-89.50%	-55.54%
베타		1.28	1.00
T-통계량(m=0)		2.46	4.47
샤프지수(Rf=5%)		0.04	0.33
소르티노지수(MAR=10%)		-0.20	0.09
1만 달러 투자 시		$156,535	$1,329,513
1년 수익률	최저치	-68.28%	-46.49%
	최고치	175.93%	84.19%
3년 수익률	최저치	-49.47%	-18.68%
	최고치	47.89%	31.49%
5년 수익률	최저치	-24.34%	-9.91%
	최고치	33.66%	27.66%
7년 수익률	최저치	-16.02%	-6.32%
	최고치	24.75%	23.77%
10년 수익률	최저치	-11.65%	1.01%
	최고치	20.65%	22.05%
기대수익률	최저치	-42.76%	-24.73%
	최고치	62.71%	51.24%

표 19.11에서 볼 수 있듯이, 전체 주식 ROE 하위 10% 주식에 투자한 1만 달러는 2009/12/31에 15만 6,535달러가 되어 연 수익률 6.16%를 기록했다. 같은 기간 전체 주식에 1만 달러를 투자해 132만 9,513달러로 늘리며 연 수익률 11.22%를 기록한 것에는 한참 못 미친다. 위험 면에서는 이 주식의 표준편차가 26.37%, 전체 주식이 18.99%였다. 높은 위험과 낮은 수익률이 결합해 샤프지수가 0.04로 나와, 전체 주식의 0.33보다 현저하게 낮다. 모든 기저율은 음의 값이었고 5년 단위 기간에서 22%, 10년 단위 기간에서 29% 승률로 전체 주식을 능가했을 뿐이다. 그림 19.3은 전체 주식 ROE 하위 10% 주식의 수익률에서 전체 주식 수익률을 뺀 5년 평균 초과 또는 미달 수익률이다.

표 19.12. 전체 주식 ROE 하위 10%의 전체 주식 대비 기저율(1964/01/01~2009/12/31)

기준 기간	전체 주식 ROE 하위 10%가 더 높은 달	비율	초과수익률(연 수익률)
1년	201/541	37%	-2.82%
3년	133/517	26%	-4.76%
5년	106/493	22%	-5.20%
7년	112/469	24%	-5.39%
10년	126/433	29%	-5.24%

표 19.13. 최악의 시나리오: 전체 주식 ROE 하위 10%가 20% 이상 하락한 사례(1964/01/01~2009/12/31)

고점 월	지수 고점	저점 월	지수 저점	회복 월	하락률(%)	하락 기간(개월)	회복 기간(개월)
1969/01	3.06	1970/06	1.44	1976/03	-52.97	17	69
1981/05	7.56	1982/07	5.66	1982/11	-25.06	14	4
1983/06	11.50	1984/07	7.97	1987/03	-30.70	13	32
1987/08	13.31	1987/11	8.58	1989/05	-35.52	3	18
1989/08	14.32	1990/10	9.53	1991/10	-33.42	14	12
1996/05	26.69	1997/04	19.14	1998/04	-28.28	11	12
1998/04	26.98	1998/08	17.08	1999/01	-36.68	4	5
2000/02	73.06	2009/02	7.67		-89.50	108	
평균					-41.51	23	21.71

그림 19.3. 5년 평균 초과(미달) 연 수익률: 전체 주식 ROE 하위 10% − 전체 주식(1964/01/01~2009/12/31)

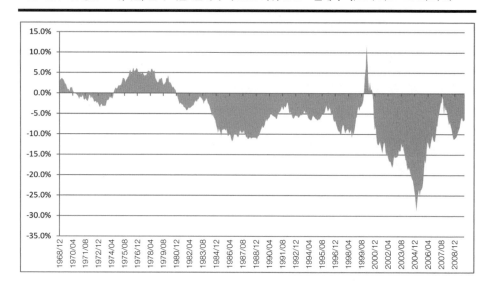

대형주

대형주 ROE 하위 10% 주식의 패턴은 전체 주식에서와 비슷하다. 대형주 ROE 하위 10% 주식에 투자한 1만 달러는 2009/12/31에 34만 47달러가 되어 연 수익률 7.97%를 기록했다. 같은 기간 대형주에 투자한 1만 달러가 87만 2,861달러로 늘어난 것에 비하면 매우 적은 금액이다. 이 주식의 표준편차는 19.51%로 대형주의 16.5%보다 매우 높다(표 19.14). 수익률이 낮고 위험이 높아서 샤프지수 또한 대형주의 0.32보다 낮은 0.15에 그쳤다. 표 19.15에 자세히 나타난 것처럼 기저율은 동전 던지기보다 못해서 5년 단위 기간에는 34%, 10년 단위 기간에는 41% 승률로 대형주를 능가했을 뿐이다. 표 19.6은 대형주 ROE 하위 10% 주식의 최악의 시나리오이고, 그림 19.4는 대형주 ROE 하위 10% 주식의 수익률에서 대형주 수익률을 뺀 5년 평균 초과 또는 미달 수익률이다.

월가의 퀀트 투자 바이블

표 19.14. 연 수익률과 위험도: 대형주 ROE 하위 10%와 대형주(1964/01/01~2009/12/31)

	대형주 ROE 하위 10%	대형주
산술평균 수익률	10.07%	11.72%
기하평균 수익률	7.97%	10.20%
중위 수익률	15.14%	17.20%
표준편차	19.51%	16.50%
상방 편차	11.87%	9.70%
하방 편차	14.73%	11.85%
추적오차	8.72	0.00
상승 개월 수	325	332
하락 개월 수	227	220
최대 하락률	-79.66%	-53.77%
베타	1.06	1.00
T-통계량(m=0)	3.35	4.58
샤프지수(Rf=5%)	0.15	0.32
소르티노지수(MAR=10%)	-0.14	0.02
1만 달러 투자 시	$340,047	$872,861
1년 수익률 최저치	-62.47%	-46.91%
최고치	74.65%	68.96%
3년 수익률 최저치	-38.53%	-15.89%
최고치	37.66%	33.12%
5년 수익률 최저치	-16.41%	-5.82%
최고치	27.27%	28.95%
7년 수익률 최저치	-7.84%	-4.15%
최고치	23.81%	22.83%
10년 수익률 최저치	-7.73%	-0.15%
최고치	19.83%	19.57%
기대수익률 최저치	-28.94%	-21.28%
최고치	49.08%	44.72%

표 19.15. 대형주 ROE 하위 10%의 대형주 대비 기저율(1964/01/01~2009/12/31)

기준 기간	대형주 ROE 하위 10%가 더 높은 달	비율	초과수익률(연 수익률)
1년	238/541	44%	-1.11%
3년	229/517	44%	-1.57%
5년	170/493	34%	-1.76%
7년	183/469	39%	-1.89%
10년	178/433	41%	-1.69%

고점 월	지수 고점	저점 월	지수 저점	회복 월	하락률(%)	하락 기간(개월)	회복 기간(개월)
1969/01	1.77	1970/06	1.06	1975/11	-40.18	17	65
1983/12	6.31	1984/07	4.93	1985/05	-21.95	7	10
1987/09	12.18	1987/11	8.39	1989/01	-31.11	2	14
1989/12	15.02	1990/10	11.21	1992/01	-25.35	10	15
2000/02	79.99	2002/09	16.27		-79.66	31	
평균					-39.65	13.4	26

그림 19.4. 5년 평균 초과(미달) 연 수익률: 대형주 ROE 하위 10% − 대형주(1964/01/01~2009/12/31)

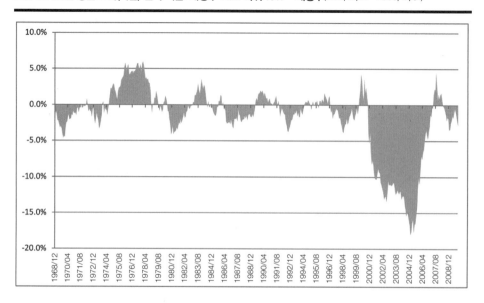

최악의 투자 시나리오, 최고와 최악의 수익률

절댓값 기준으로 전체 주식 ROE 하위 10% 주식의 최고의 5년은 2000/02에 끝난 시기로, 투자한 1만 달러가 4만 2,662달러로 늘었다. 최악의 5년은 2005/02에 끝난 시기로, 투자한 1만 달러가 4분의 1로 줄어 2,480달러가 되었다.

대형주 ROE 하위 10% 주식의 최고의 5년은 1987/07에 끝난 시기로, 투자한 1만 달러가 3만 3,386달러로 성장했다. 반면 최악의 5년은 2005/03에 끝난 시기인데 1만 달러가 4,082달러로 감소했다. 표 19.10은 다양한 투자 기간의 최종 평가액이다.

이번에는 상대 성과를 보자. 전체 주식 ROE 하위 10% 주식의 최고의 5년은 2000/02에 끝난 시기로 누적 수익률 327%를 달성해, 전체 주식이 기록한 176%를 151%p 능가했다. 반면 최악의 5년은 2004/11에 끝난 시기인데 누적 수익률이 -55% 여서 전체 주식의 48%를 103%p 밑돌았다.

대형주 ROE 하위 10% 주식은 1983/12에 끝난 5년이 최고의 시기여서 누적 수익률 193%를 달성하면서, 대형주의 129%를 64%p 능가했다. 반면 최악의 5년은 2005/02에 끝난 시기로 누적 수익률 -59%는 대형주의 7.37%를 66%p 밑돌았다.

전체 주식 ROE 하위 10% 주식의 MDD는 2000/02~2009/02에 발생한 89.5%이고, 1964~2009년 기간에 30% 이상 하락한 적이 6번이었다. 표 19.13은 이 주식이 20% 이상 하락한 기간과 규모를 보여준다.

한편 대형주 ROE 하위 10% 주식은 2000/02~2002/09에 최악의 하락을 경험해 79.66% 폭락했다. 1964~2009년 기간에 30% 이상 하락한 것은 3번이었다. 표 19.16은 이 주식이 20% 이상 하락한 기간과 규모를 보여준다. 표 19.17과 19.18에는 전체 주식과 대형주, ROE 상위와 하위 10% 주식의 10년 단위 성과를 표시했다.

표 19.17. 전체 주식 10년 단위 연 수익률(%, 1964/01/01~2009/12/31)

	1960년대	1970년대	1980년대	1990년대	2000년대
전체 주식 ROE 상위 10%	19.21	6.24	13.80	17.58	7.89
전체 주식 ROE 하위 10%	12.94	10.09	9.73	13.96	-11.10
전체 주식	13.36	7.56	16.78	15.35	4.39

표 19.18. 대형주 10년 단위 연 수익률(%, 1964/01/01~2009/12/31)

	1960년대*	1970년대	1980년대	1990년대	2000년대**
대형주 ROE 상위 10%	7.43	2.06	14.00	19.77	4.47
대형주 ROE 하위 10%	4.55	7.81	18.42	16.99	-7.25
대형주	8.16	6.65	17.34	16.38	2.42

십분위수

전체 주식을 ROE에 따라 십분위수로 나누면 상위 40%의 수익률은 전체 주식을 능가하지만 폭은 그리 크지 않다. 41~50% 주식은 전체 주식과 같은 수준이고, 51~60% 주식은 전체 주식보다 약간 낮다. 그러나 ROE가 하위 20% 수준으로 낮아져야 전체 주식보다 부진한 것이 눈에 띈다. ROE가 지나치게 낮은 주식은 피해야 한다는 것을 암시한다. 표 19.19, 19.20, 그림 19.5, 19.6에 이 연구 결과를 요약했다.

표 19.19. 전체 주식 ROE 십분위수 수익률 요약(1964/01/01~2009/12/31)

십분위수	1만 달러 투자 시	연 수익률(산술평균)	연 수익률(기하평균)	표준편차	샤프지수
1(ROE 최고)	$2,066,648	14.75%	12.29%	20.74%	0.35
2	$1,952,085	14.21%	12.15%	19.00%	0.38
3	$1,522,719	13.32%	11.54%	17.70%	0.37
4	$1,511,730	13.10%	11.53%	16.70%	0.39
5	$1,341,995	12.66%	11.24%	15.92%	0.39
6	$1,529,022	12.96%	11.55%	15.78%	0.42
7	$1,178,248	12.38%	10.92%	16.10%	0.37
8	$942,856	12.08%	10.39%	17.37%	0.31
9	$429,189	10.92%	8.52%	20.80%	0.17
10(ROE 최저)	$156,535	9.97%	6.16%	26.37%	0.04
전체 주식	$1,329,513	13.26%	11.22%	18.99%	0.33

표 19.20. 대형주 ROE 십분위수 수익률 요약(1964/01/01~2009/12/31)

십분위수	1만 달러 투자 시	연 수익률(산술평균)	연 수익률(기하평균)	표준편차	샤프지수
1(ROE 최고)	$656,810	11.21%	9.52%	17.50%	0.26
2	$950,133	12.01%	10.41%	17.01%	0.32
3	$570,816	10.69%	9.19%	16.51%	0.25
4	$727,485	11.20%	9.77%	16.12%	0.30
5	$634,558	10.79%	9.44%	15.64%	0.28
6	$684,187	10.89%	9.62%	15.18%	0.30
7	$713,593	10.96%	9.72%	14.96%	0.32
8	$541,295	10.37%	9.06%	15.39%	0.26
9	$472,148	10.13%	8.74%	15.92%	0.23
10(ROE 최저)	$340,047	10.07%	7.97%	19.51%	0.15
대형주	$872,861	11.72%	10.20%	16.50%	0.32

그림 19.5. 전체 주식 ROE 십분위수 수익률(1964/01/01~2009/12/31)

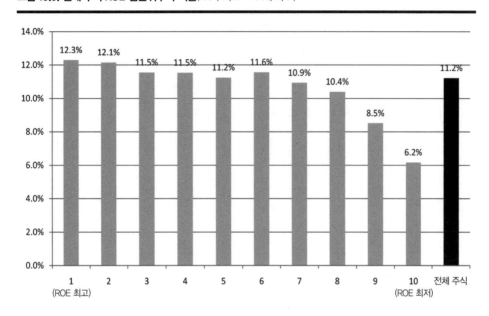

그림 19.6. 대형주 ROE 십분위수 수익률(1964/01/01~2009/12/31)

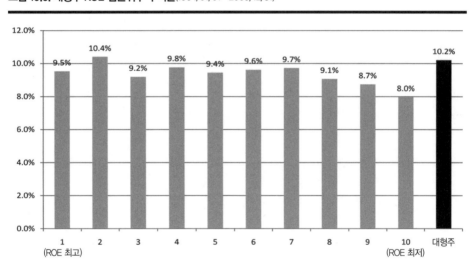

시사점

ROE는 주식 투자 성공 여부를 결정하는 데 그리 중요한 요소가 아니다. 데이터를 보면 ROE가 지나치게 낮은 기업은 피하는 것이 현명하다.

사례 연구

총자산이익률이 ROE보다 주식 성과를 더 잘 측정할까?

ROE 대신 총자산이익률(Return on Assets, ROA)을 같은 방법으로 분석한 결과, 전체 주식 ROA 상위 10% 주식은 ROE 상위 10% 주식만큼 좋은 성과를 내지 못한 반면, ROA 하위 10% 주식은 ROE 하위 10% 주식보다 성과가 상당히 저조했다. 같은 분석 기간 동안 ROA 하위 10% 주식에 투자한 1만 달러는 9만 4,087달러로 늘어나 연 수익률은 겨우 4.99%였다. 30일짜리 미국 단기 국채에 투자한 것보다 못한 수익이다. 그러나 알아두어야 할 것은 ROA 하위 10% 주식만 특별히 성과가 나빴고 나머지 주식들은 최고 성과를 낸 상위 41~50% 주변에 모여 있다는 점이다(표 19.CS1 참조). 1963~2009년 ROA 상위 41~50% 주식은 연 수익률 12.67%를 달성했고, ROA 상위 10%의 연 수익률은 11.81%였다. ROA 상위 10% 주식부터 상위 81~90% 주식까지 연 수익률의 최댓값과 최솟값 차이는 2.52%p에 불과하다. 즉, ROA 하위 10% 주식만 특히 성과가 부진했고, 나머지 주식은 성과에 유의미한 차이가 없었다. ROA를 기준으로 주식을 선정한다면 하위 10% 주식을 배제하는 데 중점을 두어야 한다는 의미다.

대형주 모집단에서도 비슷하게 혼란스러워서 ROA 상위 31~40% 주식이 연 수익률 10.72%로 가장 높았고, 상위 30% 주식, 상위 41~90% 주식은 연 수익률이 9.16%에서 10.29% 범위에 분포했다. 전체 주식 ROA 분석에서 본 것처럼, 대형주에서도 ROA 하위 10% 주식이 유일하게 투자를 피해야 한다는 것을 파악할 수 있다. 즉 ROA는 투자하지 않을 주식을 걸러내는 데에만 사용해야 한다(표 19.CS2 참조).

표 19.CS1. 전체 주식 ROA 십분위수 수익률 요약(1964/01/01~2009/12/31)

십분위수	1만 달러 투자 시	연 수익률(산술평균)	연 수익률(기하평균)	표준편차	샤프지수
1(ROA 최고)	$1,701,127	14.21%	11.81%	20.54%	0.33
2	$1,705,054	13.83%	11.82%	18.82%	0.36
3	$1,678,191	13.67%	11.78%	18.25%	0.37
4	$1,845,855	13.84%	12.01%	17.94%	0.39
5	$2,414,564	14.29%	12.67%	16.89%	0.45
6	$1,704,225	13.31%	11.82%	16.22%	0.42
7	$1,481,986	12.84%	11.48%	15.52%	0.42
8	$927,033	11.94%	10.35%	16.86%	0.32
9	$852,108	12.82%	10.15%	21.74%	0.24
10(ROA 최저)	$94,087	8.69%	4.99%	26.09%	0.00
전체 주식	$1,329,513	13.26%	11.22%	18.99%	0.33

표 19.CS2. 대형주 ROA 십분위수 수익률 요약(1964/01/01~2009/12/31)

십분위수	1만 달러 투자 시	연 수익률(산술평균)	연 수익률(기하평균)	표준편차	샤프지수
1(ROA 최고)	$706,761	11.57%	9.70%	18.40%	0.26
2	$797,887	11.53%	9.99%	16.66%	0.30
3	$904,311	11.73%	10.29%	16.09%	0.33
4	$1,081,541	12.06%	10.72%	15.54%	0.37
5	$759,824	11.18%	9.87%	15.42%	0.32
6	$649,230	10.75%	9.50%	15.07%	0.30
7	$570,490	10.36%	9.19%	14.58%	0.29
8	$563,438	10.41%	9.16%	15.09%	0.28
9	$617,474	11.03%	9.38%	17.28%	0.25
10(ROA 최저)	$281,146	10.00%	7.52%	21.17%	0.12
대형주	$872,861	11.72%	10.20%	16.50%	0.32

20

상대 가격 강도:
승자가 계속 승리한다

언제나 가장 빠른 자가 경주에서 이기고
가장 힘센 자가 전쟁에서 이기는 것은 아니다.
하지만 내기를 걸 때에는 여기에 걸어야 한다.

| 데이먼 러니언 | Damon Runyon, 미국 작가

"티커 테이프와 싸우지 말라."

"트렌드와 친하게 지내라."

"손실은 잘라내고, 이익은 가져가라."

월스트리트에서 회자되는 이런 말들은 모두 가격 모멘텀에 투자하라는 뜻이다. 월스트리트의 여러 믿음 중에서도 특히 가격 모멘텀 때문에 효율적 시장 가설(efficient market theory) 신봉자들이 울부짖는다. 효율적 시장 가설의 핵심은 과거의 가격으로 미래의 가격을 예측할 수 없다는 것이다. 어떤 주식의 가격은 1년에 세 배가 될 수 있지만, 효율적 시장 가설에 따르면 이는 내년의 주가에 어떠한 영향도 끼치지 않을 것이다. 효율적 시장 가설 신봉자들은 가격 모멘텀이 기업 재무 변수들과 무관하게 움직인다는 점도 싫어한다. 오르고 있는 주식에 올라타는 전략이 효과가 있다면 주가가 '기억'을 가지고 있고 미래의 방향에 대해 쓸 만한 정보를 담고 있다는 뜻이다.

제임스 서로위키James Surowiecki는 그의 책 《대중의 지혜(The Wisdom of Crowds)》에서 "상황이 맞아떨어지면 대중은 매우 현명해지고 종종 그들 중 가장 똑똑한 사람보다 더 똑똑해진다"라고 말했다. 그는 네 가지 조건이 충족된다면 대중의 집단지성이 소수의 전문가 집단의 판단을 능가할 것이라고 주장했다. 그 조건은 의견의 다양성, 구성원 간의 독립성, 분권화, 좋은 의견 수렴 방안이다. 그리고 나서 그는 여러 관점에서 대중이 개인보다 훨씬 정확하게 예측했던 일들을 열거했다.

일반적으로 이 네 가지 조건은 시장에서 가격이 결정되는 방식에도 존재해서, 주식의 최종 가격은 주식의 향방에 대한 시장의 의견을 수렴한다. 이것이 통하지 않는 것은 시장에 거품이 끼거나 터질 때뿐이다. 시장 상황이 극단으로 치달으면 사람들의 의견은 비슷해지고 대중은 더 나은 집단지성을 발휘할 능력을 상실한다.

반대로 다른 쪽에서는 가장 크게 손상된 주식을 사야 한다고 주장한다. 그들은 절대 가격 변화를 중심으로 해서 성과가 저조한 주식을 매수한다. 서로위키의 주장이 맞는다면, 절대 가격 측면에서 기준 이하의 주식을 매수하는 전략은 집단지성의 판단이 빗나가는 거품 붕괴 시점에만 효과가 있을 것이다. 확인해보자.

결과

이 연구에는 1926년부터의 CRSP 데이터를 사용했다. 1963년 이후로는 컴퓨스탯 데이터를 사용할 수 있으므로, 요소의 성과를 더 종합적으로 파악하기 위해 두 데이터를 병합했다. 우선 모집단을 전체 주식과 대형주로 구분하고, 각 모집단에서 6개월과 12개월의 가격 변화를 측정해 정렬한 뒤 십분위수로 구분해 최상위와 최하위를 비교한다. 나아가 십분위수 각각의 특성을 살펴보았다. (이 장 이후로 '상대 강도'와 '가격 상승분'을 같은 의미로 사용한다. 상대 강도가 가장 큰 주식은 지난 6개월 또는 12개월 동안 가격 상승분이 큰 주식이다.) 우선 6개월을 기준으로 가격 모멘텀이 최고·최악인 주식에 투자했을 때의 결과를 살펴보자.

6개월 가격 모멘텀 상위 10% 주식 매수하기

6개월과 12개월 가격 모멘텀 테스트의 기간을 동일하게 하기 위해서 1927/1/1을 테스트 시작 시점으로 설정하고, 6개월 가격 상승분 상위 10% 주식을 매수한다. 모든 테스트는 월간 데이터로 구성하고, 매년 리밸런싱한다.

표 20.1에 나타나듯 1926/12/31에 전체 주식 6개월 가격 모멘텀 상위 10% 주식에 투자한 1만 달러는 2009/12/31에 5억 7,283만 1,563달러가 되어 연 수익률 14.11%를 기록했다. 같은 기간 전체 주식에 투자한 1만 달러는 3,854만 2,780달러가 되어 연 수익률 10.46%로 저조했다. 위험 면에서는 이 주식의 표준편차가 24.54%로 전체 주식의 21.67%에 비해 다소 높았다. 샤프지수는 0.37을 보여 전체

주식의 0.27보다 크게 높았다. 표 20.2에서 보이듯 기저율은 모두 양의 값이었고 전체 주식을 5년 단위 기간에는 87%, 10년 단위 기간에는 98% 승률로 능가했다. 다른 기간들의 결과도 이 표에 수록했다.

표 20.1. 연 수익률과 위험도: 전체 주식 6개월 가격 모멘텀 상위 10%와 전체 주식(1927/01/01~2009/12/31)

		전체 주식 6개월 가격 모멘텀 상위 10%	전체 주식
산술평균 수익률		17.60%	13.06%
기하평균 수익률		14.11%	10.46%
중위 수익률		24.79%	18.54%
표준편차		24.54%	21.67%
상방 편차		15.24%	14.78%
하방 편차		17.90%	16.03%
추적오차		9.92	0.00
상승 개월 수		620	606
하락 개월 수		376	390
최대 하락률		-78.26%	-85.45%
베타		1.04	1.00
T-통계량(m=0)		6.06	5.19
샤프지수(Rf=5%)		0.37	0.25
소르티노지수(MAR=10%)		0.23	0.03
1만 달러 투자 시		$572,831,563	$38,542,780
1년 수익률	최저치	-59.29%	-66.72%
	최고치	175.23%	201.69%
3년 수익률	최저치	-38.12%	-45.99%
	최고치	59.15%	51.03%
5년 수익률	최저치	-15.54%	-23.07%
	최고치	43.45%	41.17%
7년 수익률	최저치	-3.32%	-7.43%
	최고치	33.36%	23.77%
10년 수익률	최저치	-3.90%	-5.31%
	최고치	29.64%	22.05%
기대수익률	최저치	-31.48%	-30.28%
	최고치	66.68%	56.39%

표 20.2. 전체 주식 6개월 가격 모멘텀 상위 10%의 전체 주식 대비 기저율(1927/01/01~2009/12/31)

기준 기간	전체 주식 6개월 가격 모멘텀 상위 10%가 더 높은 달	비율	초과수익률(연 수익률)
1년	666/985	68%	4.91%
3년	761/961	79%	4.21%
5년	814/937	87%	4.19%
7년	863/913	95%	4.16%
10년	862/877	98%	4.26%

5년 단위 기간에서 전체 주식 6개월 가격 모멘텀 상위 10% 주식이 전체 주식보다 우월한 성과를 보인 87% 기간에는 전체 주식을 49%p 능가한 반면, 성과가 저조한 13% 기간에는 단 10%p 낮았다. 표 20.3과 20.4에 최고와 최악의 수익률과 투자 금액 변화를 정리했다.

표 20.3. 연 수익률 최고치와 최저치(%, 1927/01/01~2009/12/31)

		1년	3년	5년	7년	10년
전체 주식 6개월 가격 모멘텀 상위 10%	최저치	-59.29	-38.12	-15.54	-3.32	-3.90
	최고치	175.23	59.15	43.45	33.36	29.64
전체 주식 6개월 가격 모멘텀 하위 10%	최저치	-77.67	-55.33	-33.99	-16.53	-11.34
	최고치	296.01	50.90	43.52	24.87	17.71
전체 주식	최저치	-66.72	-45.99	-23.07	-7.43	-5.31
	최고치	201.69	51.03	41.17	23.77	22.05

표 20.4. 1만 달러 투자 시 기말 원리금 최저치와 최고치(달러, 1927/01/01~2009/12/31)

		1년	3년	5년	7년	10년
전체 주식 6개월 가격 모멘텀 상위 10%	최저치	4,071	2,369	4,298	7,893	6,719
	최고치	27,523	40,308	60,736	75,006	134,125
전체 주식 6개월 가격 모멘텀 하위 10%	최저치	2,233	891	1,253	2,822	3,000
	최고치	39,601	34,363	60,885	47,347	51,077
전체 주식	최저치	3,328	1,576	2,695	5,825	5,793
	최고치	30,169	34,452	56,062	44,504	73,345

최고와 최악의 수익률 변동 폭을 보면 이처럼 변덕스러운 전략을 고수하기가 얼마나 어려운지 알 수 있다. 전체 주식 6개월 가격 모멘텀 상위 10% 주식의 우월한 성과는 매력적이다. 특히 1991년의 66%, 1999년의 101% 등은 놀랍다. 1926~2009년 기간 중 1990년대는 그야말로 이 주식에 최고의 10년이었다. 앞으로 책 후반부에서 주식 가격의 상대 강도를 다른 요소들과 결합하는 것이 단독으로 사용하는 것보다 훨씬 더 효과가 있음을 알게 될 것이다. 그러나 현재로서는 전체 주식 6개월 가격 모멘텀 상위 10% 주식이 전체 주식 대비 우월한 성과를 보이면서, 지난 83년간 연평균 수익률을 3.65% 끌어올리는 것으로 보인다. 표 20.3과 20.4는 이후 가격 모멘텀 하위 10% 주식의 결과에서 다시 살펴본다. 그림 20.1은 전체 주식 6개월 가격 모멘텀 상위 10% 주식

수익률에서 전체 주식 수익률을 뺀 5년 평균 초과 혹은 미달 수익률이다.

그림 20.1. 5년 평균 초과(미달) 연 수익률: 전체 주식 6개월 가격 모멘텀 상위 10% – 전체 주식
(1927/01/01~2009/12/31)

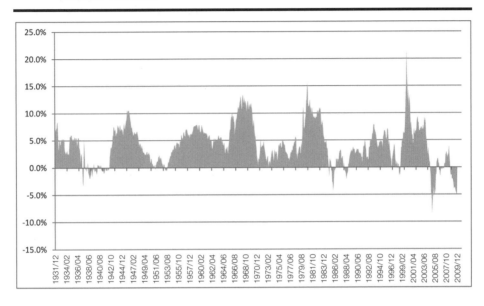

12개월 가격 모멘텀 상위 10% 주식 매수하기

이제 12개월 가격 모멘텀 상위 10% 주식의 성과를 살펴보자. 테스트 기간은 1926/12/31~2009/12/31로 같다. 표 20.5를 보면 이 주식에 투자한 1만 달러는 1억 5,623만 201달러가 되어 연 수익률 12.34%를 기록해서, 전체 주식의 3,854만 2,780달러보다 훨씬 우월했다. 위험 면에서는 표준편차가 24.78%로 전체 주식의 21.67%에 비해 다소 높다. 샤프지수는 0.30을 기록해 전체 주식의 0.25보다 높았다. 표 20.6에서 보이는 것처럼 이 주식은 전체 주식 6개월 가격 모멘텀 상위 10% 주식 보다는 낮지만 여전히 성과가 좋아서 전체 주식을 5년 단위 기간에서는 72%, 10년 단위 기간에서는 84%의 승률로 능가했다. 표 20.7과 20.8에는 최고와 최악의 수익 률과 투자 금액 변화를 정리했다. 이 표들도 이후 가격 모멘텀 하위 10% 투자 결과에서 다시 확인할 것이다. 그림 20.2는 전체 주식 12개월 가격 모멘텀 상위 10% 주식 수익률에서 전체 주식 수익률을 뺀 5년 평균 초과 혹은 미달 수익률이다.

표 20.5. 연 수익률과 위험도: 전체 주식 12개월 가격 모멘텀 상위 10%와 전체 주식(1927/01/01~2009/12/31)

		전체 주식 12개월 가격 모멘텀 상위 10%	전체 주식
산술평균 수익률		15.88%	13.06%
기하평균 수익률		12.34%	10.46%
중위 수익률		25.50%	18.54%
표준편차		24.78%	21.67%
상방 편차		14.75%	14.78%
하방 편차		18.45%	16.03%
추적오차		10.82	0.00
상승 개월 수		610	606
하락 개월 수		386	390
최대 하락률		-79.58%	-85.45%
베타		1.03	1.00
T-통계량(m=0)		5.45	5.19
샤프지수(Rf=5%)		0.30	0.25
소르티노지수(MAR=10%)		0.13	0.03
1만 달러 투자 시		$156,230,201	$38,542,780
1년 수익률	최저치	-64.71%	-66.72%
	최고치	157.56%	201.69%
3년 수익률	최저치	-39.36%	-45.99%
	최고치	52.96%	51.03%
5년 수익률	최저치	-16.35%	-23.07%
	최고치	39.45%	41.17%
7년 수익률	최저치	-4.94%	-7.43%
	최고치	29.78%	23.77%
10년 수익률	최저치	-5.76%	-5.31%
	최고치	27.22%	22.05%
기대수익률	최저치	-33.68%	-30.28%
	최고치	65.45%	56.39%

표 20.6. 전체 주식 12개월 가격 모멘텀 상위 10%의 전체 주식 대비 기저율(1927/01/01~2009/12/31)

기준 기간	전체 주식 12개월 가격 모멘텀 상위 10%가 더 높은 달	비율	초과수익률(연 수익률)
1년	603/985	61%	3.37%
3년	598/961	62%	2.45%
5년	675/937	72%	2.45%
7년	679/913	74%	2.41%
10년	734/877	84%	2.51%

표 20.7. 연 수익률 최고치와 최저치(%, 1927/01/01~2009/12/31)

		1년	3년	5년	7년	10년
전체 주식 12개월 가격 모멘텀 상위 10%	최저치	-64.71	-39.36	-16.35	-4.94	-5.76
	최고치	157.56	52.96	39.45	29.78	27.22
전체 주식 12개월 가격 모멘텀 하위 10%	최저치	-77.93	-53.98	-32.90	-16.37	-10.14
	최고치	294.88	54.61	41.31	23.70	19.31
전체 주식	최저치	-66.72	-45.99	-23.07	-7.43	-5.31
	최고치	201.69	51.03	41.17	23.77	22.05

표 20.8. 1만 달러 투자 시 기말 원리금 최저치와 최고치(달러, 1927/01/01~2009/12/31)

		1년	3년	5년	7년	10년
전체 주식 12개월 가격 모멘텀 상위 10%	최저치	3,529	2,230	4,096	7,015	5,528
	최고치	25,756	35,784	52,737	62,011	111,029
전체 주식 12개월 가격 모멘텀 하위 10%	최저치	2,207	975	1,360	2,861	3,433
	최고치	39,488	36,960	56,352	44,326	58,449
전체 주식	최저치	3,328	1,576	2,695	5,825	5,793
	최고치	30,169	34,452	56,062	44,504	73,345

그림 20.2. 5년 평균 초과(미달) 연 수익률: 전체 주식 12개월 가격 모멘텀 상위 10% - 전체 주식
(1927/01/01~2009/12/31)

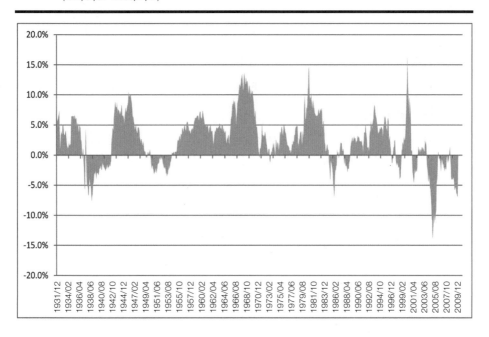

대형주 역시 괜찮다

대형주로 모집단을 한정하더라도 6개월 가격 모멘텀 상위 10% 주식의 우위는 변하지 않았다. 1926/12/31에 대형주 6개월 가격 모멘텀 상위 10% 주식에 투자한 1만 달러는 2009/12/31에 2억 3,209만 2,755달러가 되어 대형주의 2,161만 7,372달러의 10배가 넘었다. 대형주의 연 수익률은 9.69%이지만 이 주식은 12.88%를 기록했다. 위험 면에서는 이 주식의 표준편차가 22.65%로, 대형주의 19.35%보다 높았다. 그러

표 20.9. 연 수익률과 위험도: 대형주 6개월 가격 모멘텀 상위 10%와 대형주(1927/01/01~2009/12/31)

		대형주 6개월 가격 모멘텀 상위 10%	대형주
산술평균 수익률		15.81%	11.75%
기하평균 수익률		12.88%	9.69%
중위 수익률		22.40%	16.75%
표준편차		22.65%	19.35%
상방 편차		14.44%	13.10%
하방 편차		16.90%	14.40%
추적오차		9.62	0.00
상승 개월 수		615	609
하락 개월 수		381	387
최대 하락률		-81.81%	-84.33%
베타		1.06	1.00
T-통계량(m=0)		5.94	5.25
샤프지수(Rf=5%)		0.35	0.24
소르티노지수(MAR=10%)		0.17	-0.02
1만 달러 투자 시		$232,092,755	$21,617,372
1년 수익률	최저치	-57.73%	-66.63%
	최고치	150.84%	159.52%
3년 수익률	최저치	-40.90%	-43.53%
	최고치	67.35%	45.64%
5년 수익률	최저치	-19.02%	-20.15%
	최고치	48.55%	36.26%
7년 수익률	최저치	-6.52%	-6.95%
	최고치	37.36%	22.83%
10년 수익률	최저치	-6.79%	-5.70%
	최고치	32.45%	19.57%
기대수익률	최저치	-29.49%	-26.96%
	최고치	61.12%	50.46%

나 수익이 위험을 상쇄해서 샤프지수가 0.35로 대형주의 0.24에 비해 우월했다.

　표 20.10에 나타나듯 대형주 6개월 가격 모멘텀 상위 10% 주식은 기저율이 모두 양의 값이었고, 대형주를 5년 단위 기간에는 82%, 10년 단위 기간에는 93% 승률로 능가했다. 표 20.11과 20.12에는 최고와 최악의 수익률과 투자 금액 변화를 대형주와 비교해 상세하게 정리했다. 그림 20.3은 대형주 6개월 가격 모멘텀 상위 10% 주식 수익률에서 대형주 수익률을 뺀 5년 평균 초과 혹은 미달 수익률이다.

표 20.10. 대형주 6개월 가격 모멘텀 상위 10%의 대형주 대비 기저율(1927/01/01~2009/12/31)

기준 기간	대형주 6개월 가격 모멘텀 상위 10%가 더 높은 달	비율	초과수익률(연 수익률)
1년	663/985	67%	4.51%
3년	745/961	78%	3.55%
5년	771/937	82%	3.42%
7년	792/913	87%	3.40%
10년	816/877	93%	3.50%

표 20.11. 연 수익률 최고치와 최저치(%, 1927/01/01~2009/12/31)

		1년	3년	5년	7년	10년
대형주 6개월 가격 모멘텀 상위 10%	최저치	-57.73	-40.90	-19.02	-6.52	-6.79
	최고치	150.84	67.35	48.55	37.36	32.45
대형주 6개월 가격 모멘텀 하위 10%	최저치	-76.20	-52.90	-33.20	-15.72	-10.09
	최고치	248.01	46.25	41.27	24.82	16.40
대형주	최저치	-66.63	-43.53	-20.15	-6.95	-5.70
	최고치	159.52	45.64	36.26	22.83	10.57

표 20.12. 1만 달러 투자 시 기말 원리금 최저치와 최고치(달러, 1927/01/01~2009/12/31)

		1년	3년	5년	7년	10년
대형주 6개월 가격 모멘텀 상위 10%	최저치	4,227	2,065	3,482	6,238	4,953
	최고치	25,084	46,865	72,338	92,281	166,173
대형주 6개월 가격 모멘텀 하위 10%	최저치	2,380	1,045	1,330	3,020	3,453
	최고치	34,801	31,280	56,273	47,215	45,667
대형주	최저치	3,337	1,800	3,247	6,041	5,561
	최고치	25,952	30,890	46,970	42,189	59,747

그림 20.3. 5년 평균 초과(미달) 연 수익률: 대형주 6개월 가격 모멘텀 상위 10% − 대형주
(1927/01/01~2009/12/31)

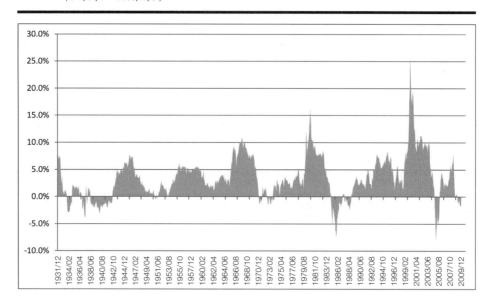

대형주 12개월 가격 모멘텀 상위 10% 주식 매수하기

표 20.13에서 보이듯 1926/12/31 대형주 12개월 가격 모멘텀 상위 10% 주식에 1만 달러를 투자하면 2009/12/31에 9,001만 397달러가 되어 연 수익률 11.59%를 기록하고, 대형주의 2,161만 7,372달러보다 매우 우월한 성과를 얻었다. 위험을 나타내는 표준편차는 23.11%로, 대형주의 19.35%보다 다소 높았다. 그럼에도 불구하고 샤프지수는 0.29를 기록해 대형주의 0.24를 넘어섰다. 표 20.14에 나타난 기저율은 모두 양의 값이었지만, 전체 주식에서처럼 6개월 주식의 성과보다는 낮았다. 대형주 12개월 가격 모멘텀 상위 10% 주식은 대형주를 5년 단위 기간에는 72%, 10년 단위 기간에는 84% 승률로 능가했다. 그림 20.4는 대형주 12개월 가격 모멘텀 상위 10% 주식 수익률에서 대형주 수익률을 뺀 5년 평균 초과 혹은 미달 수익률이다.

표 20.13. 연 수익률과 위험도: 대형주 12개월 가격 모멘텀 상위 10%와 대형주(1927/01/01~2009/12/31)

	대형주 12개월 가격 모멘텀 상위 10%	대형주
산술평균 수익률	14.65%	11.75%
기하평균 수익률	11.59%	9.69%
중위 수익률	21.31%	16.75%
표준편차	23.11%	19.35%
상방 편차	14.38%	13.10%
하방 편차	17.46%	14.40%
추적오차	11.14	0.00
상승 개월 수	606	609
하락 개월 수	390	387
최대 하락률	-81.56%	-84.33%
베타	1.05	1.00
T-통계량(m=0)	5.42	5.25
샤프지수(Rf=5%)	0.29	0.24
소르티노지수(MAR=10%)	0.09	-0.02
1만 달러 투자 시	$90,010,397	$21,617,372
1년 수익률 최저치	-59.67%	-66.63%
최고치	148.43%	159.52%
3년 수익률 최저치	-40.38%	-43.53%
최고치	66.27%	45.64%
5년 수익률 최저치	-18.40%	-20.15%
최고치	47.14%	36.26%
7년 수익률 최저치	-7.62%	-6.95%
최고치	35.36%	22.83%
10년 수익률 최저치	-7.97%	-5.70%
최고치	31.44%	19.57%
기대수익률 최저치	-31.58%	-26.96%
최고치	60.87%	50.46%

표 20.14. 대형주 12개월 가격 모멘텀 상위 10%의 대형주 대비 기저율(1927/01/01~2009/12/31)

기준 기간	대형주 12개월 가격 모멘텀 상위 10%가 더 높은 달	비율	초과수익률(연 수익률)
1년	603/985	61%	3.51%
3년	630/961	66%	2.30%
5년	675/937	72%	2.18%
7년	690/913	76%	2.11%
10년	741/877	84%	2.18%

그림 20.4. 5년 평균 초과(미달) 연 수익률: 대형주 12개월 가격 모멘텀 상위 10% – 대형주
(1927/01/01~2009/12/31)

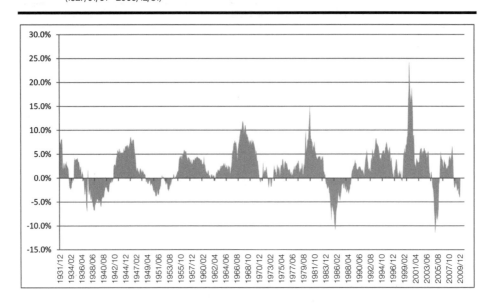

가격 성과 지표만 작동하는 이유

가격 모멘텀은 주가 전망에 대한 차별화된 정보를 전해주고, 이익 증가율 같은 요소들보다 훨씬 나은 지표다. 기업 이익이 많은 주식에 투자한 결과가 실망스러운 것을 보고, 많은 사람이 가격 상승률이 높은 주식과 왜 다른지 궁금해한다. 첫째, 가격 모멘텀은 시장이 만들어내는 현상이다. 둘째, 상대 강도가 좋은 종목이 PER이나 이익 증가율도 높을 거라는 기대는 틀렸다. 성과가 가장 좋은 종목을 사후 검토해보면 PER이나 PSR 기준으로 저평가된 종목이 아니다. 5년 이익 증가율과 1년 이익 증가율도 마찬가지다. 가격 모멘텀이 시장을 하회하는 주식보다는 낮지만 뛰어나게 좋은 수준은 아니다. 또한 서로위키의 '지혜로운 대중' 개념이 장기 가격 모멘텀 데이터에서 증명되었으니, 가격 움직임에 대한 전체 시장의 의견을 잘 반영하는 척도가 현재 가격이다.

강한 가격 모멘텀이 잘못된 길로 인도하는 시기는 버블의 정점, 또는 심한 약세장(40% 이상의 하락장) 후 반등 시기뿐이다. 1995/12/31~2000/02에 발생한 버블을 예로 들어보자. 전체 주식 6개월 가격 모멘텀 상위 10% 주식은 연평균 42.24% 상승하면서 4년여 만에 투자금 1만 달러를 4만 3,407달러로 불렸다. 전체 주식 20.13%의 2배가 넘는 성과다. 하지만 서로위키의 집단지성 상황은 실패했다. 모든 사람이 주가가 계속 상승할 거라고 생각했고, 이제 모두 알다시피 그 의견은 틀렸다. 이후 3년 동안 전체 주식 6개월 가격 모멘텀 상위 10% 주식은 지속적으로 손실을 기록하면서 가치가 반토막 났고, 연 수익률 -15.52%로 전체 시장의 -9.01%보다 저조했다.

가격 모멘텀 하위 주식의 결과에서 알 수 있는 것처럼, 가장 성과가 좋은 주식도 심한 약세장에서는 성과를 내기 어렵다. 이런 상황에서는 가격 모멘텀이 반전해 가격 모멘텀 하위 주식이 훨씬 나은 성과를 보인다. 예를 들어 1932년 5월에 주가가 바닥을 친 후 이듬해 6개월 가격 모멘텀 상위 10% 주식은 69.3% 상승한 반면 하위 10% 주식은 127.15% 상승했다. 전체 주식은 91.4% 상승했다. 망할 거라고 생각했던 기업들이 망하지 않을 수 있다는 것을 깨닫고 서둘러 재투자하기 때문이다. 1973~1974년 약세장과 2009년 2월에 끝난 약세장 이후에도 비슷한 경향을 보였다. 금융위기 직후 2009년 2월~12월은 1930년대 초와 비슷하게 반전이 심해서, 전체 주식 6개월 가격 모멘텀 하위 10% 주식은 132.21% 상승함으로써 2월에 투자한 1만 달러가 겨우 11개월 만에 2만 1,647달러가 되었다. 반면 전체 주식 가격 모멘텀 상위 10% 주식은 32% 상승하는 데 그쳐 2월의 1만 달러는 1만 2,868달러가 되었다. 전체 주식은 66% 상승해 1만 달러는 1만 5,883달러가 되었다.

이런 약세장 직후의 기술적 반등은 단기 이벤트이며 대개 1년만 지속된다. 이후 상황이 정상화되어 가격 모멘텀 상위 주식이 다른 주식들을 뛰어넘는다.

최악의 시나리오, 최고와 최악의 수익률

표 20.15~20.18을 살펴보면 전체 주식과 대형주 모집단 모두 가격 모멘텀 상위 10% 주식의 MDD는 모든 약세장의 어머니인 1929/08~1932/05 기간에 일어나서 78% 하락했다. 무섭게 보이지만 전체 주식의 85% 하락보다는 7%p 나은 성과다. 2008년 금융위기 때 전체 주식 가격 모멘텀 상위 10% 주식은 62% 하락해서, 전체 주식이 하락한 56%보다 6%p 크다. 이 주식은 1926~2009년 동안 20% 넘는 하락을 18번 겪었다. 표 20.15에서 최악의 시나리오의 성과를 확인할 수 있다.

전체 주식 12개월 가격 모멘텀 상위 10% 주식도 비슷하다. 1929/08~1932/05 기간에 80% 하락해서 전체 주식보다 5%p 낮다. 2000/02~2009/02에는 66% 하락했다. 표 20.16에 최악의 시나리오를 모두 제시한다. 이 주식은 1926~2009년 동안 20% 넘는 하락을 16번 경험했다.

대형주 6개월 가격 모멘텀 상위 10% 주식의 MDD는 1929/08~1933/02의 82%인데, 같은 기간 84% 하락한 대형주보다 2%p 나은 성과다. 2008/05~2009/02에는 60% 하락했다. 1926~2009년 동안 20% 넘는 하락을 13번 겪었다. 표 20.17이 최악의 시나리오들을 보여준다.

대형주 12개월 가격 모멘텀 상위 10% 주식은 1929/08~1932/05에 가장 크게 하락해서 82% 손실을 입었고, 2007/10~2009/02에는 63% 하락했다. 1926~2009년 동안 20% 넘는 하락을 15번 겪었고, 표 20.18에 최악의 시나리오들을 자세하게 담았다.

표 20.15. 최악의 시나리오: 전체 주식 6개월 가격 모멘텀 상위 10%가 20% 이상 하락한 사례
(1927/01/01~2009/12/31)

고점 월	지수 고점	저점 월	지수 저점	회복 월	하락률(%)	하락 기간(개월)	회복 기간(개월)
1929/08	2.50	1932/05	0.54	1936/10	−78.26	33	53
1937/03	3.14	1938/03	1.28	1943/03	−59.29	12	60
1946/05	9.51	1947/05	6.22	1950/02	−34.60	12	33
1957/06	44.77	1957/10	35.77	1958/07	−20.10	4	9
1961/11	105.65	1962/06	75.85	1963/08	−28.21	7	14
1966/04	251.21	1966/10	178.48	1967/03	−28.95	6	5
1968/11	481.45	1970/06	253.33	1972/05	−47.38	19	23
1972/05	487.44	1974/09	260.92	1976/06	−46.47	28	21
1978/08	856.81	1978/10	646.13	1979/04	−24.59	2	6
1980/02	1,391.01	1980/03	1,050.19	1980/07	−24.50	1	4
1980/11	2,132.17	1982/03	1,593.53	1982/11	−25.26	16	8
1983/06	3,363.92	1984/07	2,369.97	1985/11	−29.55	13	16
1987/08	6,048.80	1987/11	3,964.43	1989/04	−34.46	3	17
1990/05	7,100.84	1990/10	5,223.89	1991/02	−26.43	5	4
1996/05	24,155.26	1996/07	19,103.51	1997/07	−20.91	2	12
1998/04	29,247.49	1998/08	20,394.35	1998/12	−30.27	4	4
2000/02	82,912.64	2003/02	34,645.93	2006/01	−58.21	36	35
2007/10	103,850.95	2009/02	39,011.26		−62.44	16	
평균					−37.77	12.17	19.06

표 20.16. 최악의 시나리오: 전체 주식 12개월 가격 모멘텀 상위 10%가 20% 이상 하락한 사례
(1927/01/01~2009/12/31)

고점 월	지수 고점	저점 월	지수 저점	회복 월	하락률(%)	하락 기간(개월)	회복 기간(개월)
1929/08	2.52	1932/05	0.52	1937/01	−79.58	33	56
1937/03	2.77	1938/03	0.98	1943/04	−64.71	12	61
1946/05	7.58	1947/05	4.72	1950/05	−37.76	12	36
1957/06	29.27	1957/12	22.77	1958/08	−22.19	6	8
1961/11	66.77	1962/06	45.95	1963/12	−31.18	7	18
1966/04	152.40	1966/10	106.83	1967/03	−29.90	6	5
1968/11	294.31	1974/09	147.29	1976/12	−49.95	70	27
1978/08	491.36	1978/10	369.18	1979/04	−24.87	2	6
1980/02	763.58	1980/03	578.02	1980/07	−24.30	1	4
1980/11	1,206.64	1982/03	821.35	1983/01	−31.93	16	10
1983/06	1,707.68	1984/05	1,160.41	1985/11	−32.05	11	18
1987/08	2,993.02	1987/11	1,898.79	1989/05	−36.56	3	18
1990/05	3,482.48	1990/10	2,550.81	1991/02	−26.75	5	4
1996/05	11,467.48	1997/04	8,625.93	1997/08	−24.78	11	4
1998/04	12,927.70	1998/08	8,760.95	1999/01	−32.23	4	5
2000/02	33,099.41	2009/02	11,156.51		−66.29	108	
평균					−38.44	19.19	18.67

표 20.17. 최악의 시나리오: 대형주 6개월 가격 모멘텀 상위 10%가 20% 이상 하락한 사례
(1927/01/01~2009/12/31)

고점 월	지수 고점	저점 월	지수 저점	회복 월	하락률(%)	하락 기간(개월)	회복 기간(개월)
1929/08	3.21	1933/02	0.58	1944/12	-81.81	42	142
1946/05	6.01	1947/05	4.21	1949/12	-30.00	12	31
1961/11	55.69	1962/06	40.40	1963/05	-27.45	7	11
1966/04	119.63	1966/10	91.95	1967/03	-23.14	6	5
1968/11	166.09	1970/06	104.03	1972/02	-37.36	19	20
1972/05	185.87	1974/09	113.62	1976/01	-38.87	28	16
1980/02	474.82	1980/03	365.28	1980/06	-23.07	1	3
1980/11	715.67	1982/03	488.30	1983/03	-31.77	16	12
1983/06	880.50	1984/07	634.28	1985/06	-27.96	13	11
1987/08	1,774.29	1987/11	1,230.70	1989/04	-30.64	3	17
1998/06	10,047.71	1998/08	7,851.02	1998/11	-21.86	2	3
2000/02	31,098.19	2002/09	12,511.88	2007/03	-59.77	31	54
2008/05	39,866.89	2009/02	16,024.94		-59.80	9	
평균					-37.96	15	27.08

표 20.18. 최악의 시나리오: 대형주 12개월 가격 모멘텀 상위 10%가 20% 이상 하락한 사례
(1927/01/01~2009/12/31)

고점 월	지수 고점	저점 월	지수 저점	회복 월	하락률(%)	하락 기간(개월)	회복 기간(개월)
1929/08	3.36	1932/05	0.62	1945/01	-81.56	33	152
1946/05	5.65	1947/05	3.72	1950/05	-34.19	12	36
1956/07	22.94	1957/10	17.72	1958/09	-22.73	15	11
1961/11	42.52	1962/06	29.19	1963/08	-31.35	7	14
1966/04	85.78	1966/10	63.94	1967/03	-25.46	6	5
1968/11	121.18	1970/06	76.53	1972/01	-36.85	19	19
1972/05	139.34	1974/09	82.13	1976/02	-41.06	28	17
1980/02	322.28	1980/03	247.94	1980/06	-23.07	1	3
1980/11	492.63	1982/07	300.65	1983/05	-38.97	20	10
1983/06	535.11	1984/07	366.45	1985/11	-31.52	13	16
1987/08	1,038.15	1987/11	698.11	1989/05	-32.75	3	18
1989/09	1,221.49	1990/10	958.45	1991/02	-21.53	13	4
1998/06	5,324.91	1998/08	4,131.38	1998/12	-22.41	2	4
2000/02	16,305.59	2002/09	5,731.03	2007/10	-64.85	31	61
2007/10	17,380.34	2009/02	6,454.09		-62.87	16	
평균					-38.08	14.6	26.43

절댓값 기준 전체 주식 6개월 가격 모멘텀 상위 10% 주식이 기록한 최고의 성과는 2000/02에 끝난 5년 동안 연 수익률 43.45%를 달성하며 투자한 1만 달러를 6만 736달러로 늘린 경우다. 최악의 5년 수익률은 1993/03에 끝난 기간으로, 투자한 1만 달러가 4,298달러로 감소해 연 수익률은 -15.54%다. 표 20.19와 20.20은 다른 보유 기간들의 결과다.

표 20.19. 연 수익률 최고치와 최저치(%, 1927/01/01~2009/12/31)

		1년	3년	5년	7년	10년
전체 주식 6개월 가격 모멘텀 상위 10%	최저치	-59.29	-38.12	-15.54	-3.32	-3.90
	최고치	175.23	59.15	43.45	33.36	29.64
전체 주식 12개월 가격 모멘텀 상위 10%	최저치	-64.71	-39.36	-16.35	-4.94	-5.76
	최고치	157.56	52.96	39.45	29.78	27.22
전체 주식	최저치	-66.72	-45.99	-23.07	-7.43	-5.31
	최고치	201.69	51.03	41.17	23.77	22.05

표 20.20. 1만 달러 투자 시 기말 원리금 최저치와 최고치(달러, 1927/01/01~2009/12/31)

		1년	3년	5년	7년	10년
전체 주식 6개월 가격 모멘텀 상위 10%	최저치	4,071	2,369	4,298	7,893	6,719
	최고치	27,523	40,308	60,736	75,006	134,125
전체 주식 12개월 가격 모멘텀 상위 10%	최저치	3,529	2,230	4,096	7,015	5,528
	최고치	25,756	35,784	52,737	62,011	111,029
전체 주식	최저치	3,328	1,576	2,695	5,825	5,793
	최고치	30,169	34,452	56,062	44,504	73,345

전체 주식 6개월 가격 모멘텀 상위 10% 주식이 전체 주식에 비해 상대적으로 최고의 수익을 거둔 시기는 2000/02에 끝난 5년이었다. 최악의 수익은 2005/02에 끝난 5년으로, 전체 주식은 20% 상승한 데 비해 이 주식은 20% 손실을 냈다.

절댓값 기준 전체 주식 12개월 가격 모멘텀 상위 10% 주식의 수익률이 가장 높았던 때는 1980/11에 끝난 5년으로, 1만 달러가 5만 2,737달러가 되어 연 수익률은 39.45%다. 최악의 성과는 1932/05에 끝난 5년에 나왔는데, 연 수익률이 -16.35%여서 1만 달러가 4,096달러로 쪼그라들었다. 다른 보유 기간들의 결과는 표 20.19와

20.20에 실었다.

　전체 주식 12개월 가격 모멘텀 상위 10% 주식이 전체 주식에 비해 상대적으로 최고의 수익을 거둔 시기는 2000/02에 끝난 5년이었다. 전체 주식이 172% 상승한 동안 이 주식은 406% 상승해서 누적 수익률로 234%p 능가했다. 최악의 5년은 1937/06에 끝난 경우로, 전체 주식이 431% 상승한 데 비해 이 주식은 333% 상승해서 누적 수익률로 98%p 하회했다.

대형주

절댓값 기준 대형주 6개월 가격 모멘텀 상위 10% 주식의 최고 수익률은 2000/02에 끝난 5년으로, 1만 달러를 투자했을 경우 7만 2,338달러로 늘어나 연 수익률 48.55%를 기록했다. 최악의 5년 수익률은 1934/08에 끝난 기간에 나왔는데, 투자한 1만 달러가 3,482달러로 줄어들어 연 수익률 -19.02%가 되었다. 표 20.21과 20.22에서 다른 기간의 결과를 확인할 수 있다.

　대형주 6개월 가격 모멘텀 상위 10% 주식이 대형주에 비해 상대적으로 최고의 수익을 거둔 시기는 2000/02에 끝난 5년이었다. 최악의 상대 수익률은 1937/06에 끝난 5년에 나왔으니, 누적 수익률이 284%여서 대형주의 346%를 62%p 하회했다.

　절댓값 기준 대형주 12개월 가격 모멘텀 상위 10% 주식의 최고 수익은 2000/02에 끝난 5년에 나와서, 투자한 1만 달러가 6만 8,962달러로 증가해 연 수익률은 47.14%였다. 최악의 성과를 낸 시기는 1934/08에 끝난 5년으로, 1만 달러가 3,618달러로 쪼그라들어 매년 18.40% 손실을 입었다. 표 20.21과 20.22에서 다른 기간의 결과를 확인할 수 있다.

　12개월 가격 모멘텀 상위 10% 주식이 대형주에 비해 상대적으로 최고의 수익을 기록한 시기 역시 2000/02에 끝난 5년이다. 최악의 5년 누적 수익률은 1937/06에 끝난 시기에 나와서, 대형주의 수익률 346%보다 105%p 저조한 241%를 기록했다.

표 20.21. 연 수익률 최고치와 최저치(%, 1927/01/01~2009/12/31)

		1년	3년	5년	7년	10년
대형주 6개월 가격 모멘텀 상위 10%	최저치	-57.73	-40.90	-19.02	-6.52	-6.79
	최고치	150.84	67.35	48.55	37.36	32.45
대형주 12개월 가격 모멘텀 상위 10%	최저치	-59.67	-40.38	-18.40	-7.62	-7.97
	최고치	148.43	66.27	47.14	35.36	31.44
대형주	최저치	-66.63	-43.53	-20.15	-6.95	-5.70
	최고치	159.52	45.64	36.26	22.83	19.57

표 20.22. 1만 달러 투자 시 기말 원리금 최저치와 최고치(달러, 1927/01/01~2009/12/31)

		1년	3년	5년	7년	10년
대형주 6개월 가격 모멘텀 상위 10%	최저치	4,227	2,065	3,482	6,238	4,953
	최고치	25,084	46,865	72,338	92,281	166,173
대형주 12개월 가격 모멘텀 상위 10%	최저치	4,033	2,119	3,618	5,743	4,356
	최고치	24,843	45,964	68,962	83,273	153,965
대형주	최저치	3,337	1,800	3,247	6,041	5,561
	최고치	25,952	30,890	46,970	42,189	59,747

6개월 가격 모멘텀 하위 10% 주식 매수하기

시장보다 저조한 성과를 얻기 위해서 멀리 갈 필요는 없다. 1926/12/31에 전체 주식 6개월 가격 모멘텀 하위 10% 주식에 1만 달러를 투자했다면 2009/12/31에 29만 2,547달러로 늘어 연 수익률은 4.15%였다. 전체 주식에 투자했을 경우의 3,854만 2,780달러와 비교하면 너무 낮은 성과다. 이 주식의 표준편차는 29.26%로, 전체 주식의 21.67%보다 상당히 높았다. 최악의 수익률과 높은 위험 때문에 샤프지수는 0.03에 불과하다. 이 수익률이 얼마나 끔찍한지 첨언하면, 1926년의 1만 달러에 물가상승률을 반영하면 2009년 12월 31일 12만 3,966달러와 같다. 표 20.23은 이런 사실을 보여준다.

표 20.23. 연 수익률과 위험도: 전체 주식 6개월 가격 모멘텀 하위 10%와 전체 주식(1927/01/01~2009/12/31)

		전체 주식 6개월 가격 모멘텀 하위 10%	전체 주식
산술평균 수익률		8.50%	13.06%
기하평균 수익률		4.15%	10.46%
중위 수익률		8.10%	18.54%
표준편차		29.26%	21.67%
상방 편차		23.67%	14.78%
하방 편차		19.83%	16.03%
추적오차		10.74	0.00
상승 개월 수		559	606
하락 개월 수		437	390
최대 하락률		-91.78%	-85.45%
베타		1.29	1.00
T-통계량(m=0)		2.55	5.19
샤프지수(Rf=5%)		-0.03	0.25
소르티노지수(MAR=10%)		-0.30	0.03
1만 달러 투자 시		$292,547	$38,542,780
1년 수익률	최저치	-77.67%	-66.72%
	최고치	296.01%	201.69%
3년 수익률	최저치	-55.33%	-45.99%
	최고치	50.90%	51.03%
5년 수익률	최저치	-33.99%	-23.07%
	최고치	43.52%	41.17%
7년 수익률	최저치	-16.53%	-7.43%
	최고치	24.87%	23.77%
10년 수익률	최저치	-11.34%	-5.31%
	최고치	17.71%	22.05%
기대수익률	최저치	-50.01%	-30.28%
	최고치	67.02%	56.39%

표 20.24에 나오는 기저율을 보면 전체 주식 6개월 가격 모멘텀 하위 10% 주식은 5년 단위 기간에서 단 2%, 10년 단위 기간에서 1% 승률로만 전체 주식을 능가했다. 게다가 5년 단위 기간의 누적 손실 규모가 엄청나서 전 기간 평균으로 전체 주식을 42%p 하회했다. 그러나 최악의 결과는 10년 단위 누적 수익률에서 나왔으니 전체 주식을 142%p 하회했다. 그림 20.5는 이 주식의 수익률에서 전체 주식 수익률을 뺀 5년 평균 초과 혹은 미달 연 수익률이다.

표 20.24. 전체 주식 6개월 가격 모멘텀 하위 10%의 전체 주식 대비 기저율(1927/01/01~2009/12/31)

기준 기간	전체 주식 6개월 가격 모멘텀 하위 10%가 더 높은 달	비율	초과수익률(연 수익률)
1년	178/985	18%	−5.20%
3년	64/961	7%	−6.24%
5년	22/937	2%	−6.36%
7년	16/913	2%	−6.45%
10년	5/877	1%	−6.48%

그림 20.5. 5년 평균 초과(미달) 연 수익률: 전체 주식 6개월 가격 모멘텀 하위 10% − 전체 주식
(1927/01/01~2009/12/31)

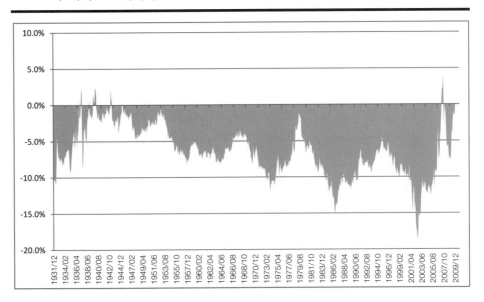

12개월 가격 모멘텀 하위 10% 주식 매수하기

표 20.25를 보면 전체 주식 12개월 가격 모멘텀 하위 10% 주식의 결과도 그리 좋지
않다. 1926/12/31에 이 주식에 1만 달러를 투자했다면 2009/12/31에 103만 8,156달
러로 늘어 연 수익률 5.75%를 기록했다. 위험은 전체 주식의 표준편차 21.67%보다
훨씬 높은 29.91%다. 낮은 수익률과 높은 변동성이 결합해서 만들어진 샤프지수는

0.03으로, 전체 주식의 0.25에 대비된다. 표 20.26에서 이 주식의 성과를 확인할 수 있다. 기저율은 모두 음의 값이고, 5년 단위 기간에서 7%, 10년 단위 기간에서 단 1% 승률로만 전체 주식을 능가했다.

표 20.25. 연 수익률과 위험도: 전체 주식 12개월 가격 모멘텀 하위 10%와 전체 주식(1927/01/01~2009/12/31)

		전체 주식 12개월 가격 모멘텀 하위 10%	전체 주식
산술평균 수익률		10.34%	13.06%
기하평균 수익률		5.75%	10.46%
중위 수익률		10.94%	18.54%
표준편차		29.91%	21.67%
상방 편차		24.66%	14.78%
하방 편차		20.30%	16.03%
추적오차		11.94	0.00
상승 개월 수		557	606
하락 개월 수		439	390
최대 하락률		-90.94%	-85.45%
베타		1.30	1.00
T-통계량(m=0)		3.01	5.19
샤프지수(Rf=5%)		0.03	0.25
소르티노지수(MAR=10%)		-0.21	0.03
1만 달러 투자 시		$1,038,156	$38,542,780
1년 수익률	최저치	-77.93%	-66.72%
	최고치	294.88%	201.69%
3년 수익률	최저치	-53.98%	-45.99%
	최고치	54.61%	51.03%
5년 수익률	최저치	-32.90%	-23.07%
	최고치	41.31%	41.17%
7년 수익률	최저치	-16.37%	-7.43%
	최고치	23.70%	23.77%
10년 수익률	최저치	-10.14%	-5.31%
	최고치	19.31%	22.05%
기대수익률	최저치	-49.48%	-30.28%
	최고치	70.17%	56.39%

표 20.26. 전체 주식 12개월 가격 모멘텀 하위 10%의 전체 주식 대비 기저율(1927/01/01~2009/12/31)

기준 기간	전체 주식 12개월 가격 모멘텀 하위 10%가 더 높은 달	비율	초과수익률(연 수익률)
1년	265/985	27%	-3.58%
3년	125/961	13%	-4.64%
5년	61/937	7%	-4.73%
7년	25/913	3%	-4.79%
10년	11/877	1%	-4.80%

앞에서 상위 10% 주식을 검토할 때 언급한 것처럼, 전체 주식 12개월 가격 모멘텀 하위 10% 주식이 시장보다 나은 기간은 심한 약세장(40% 이상 하락) 직후 반등하는 매우 짧은 구간뿐이다. 이 주식이 가장 높은 수익률을 기록한 것은 한 달 사이 82% 상승한 1932년 8월, 38% 상승한 2009년 4월이다. 심한 약세장 1년 후의 성과는 숨이 멎을 정도여서, 1933년 6월에 끝난 1년간의 수익률은 295%였고, 2003년 9월에 끝난 1년간은 112% 상승했다. 그러나 앞에서 보았던 것처럼 이런 수익률은 당연히 지속되지 않아서 곧 일반적인 상태인 끔찍한 성과로 돌아간다. 그러므로 이 주식 투자를 고려할 만한 시기는 급락 직후뿐이다. 그림 20.6은 이 주식의 수익률에서 전체 주식 수익률을 뺀 5년 평균 초과 혹은 미달 연 수익률이다.

그림 20.6. 5년 평균 초과(미달) 연 수익률: 전체 주식 12개월 가격 모멘텀 하위 10% − 전체 주식
(1927/01/01~2009/12/31)

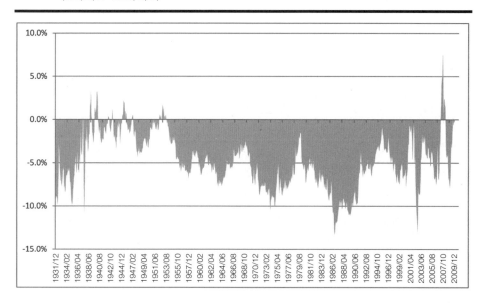

대형주도 마찬가지다

대형주 가격 모멘텀 하위 10% 주식의 성과 역시 치명적일 정도로 좋지 않았다.

1926/12/31에 6개월 가격 모멘텀 하위 10% 주식에 투자한 1만 달러는 2009/12/31에 겨우 62만 9,553달러가 되어 연 수익률은 5.12%다. 같은 기간 연 9.69% 상승한 대형주보다 훨씬 나쁜 결과다. 위험도 높아서 표준편차는 25.31%이고 샤프지수는 0.00이었다. 표 20.27에 결과를 요약했다.

표 20.27. 연 수익률과 위험도: 대형주 6개월 가격 모멘텀 하위 10%와 대형주(1927/01/01~2009/12/31)

	대형주 6개월 가격 모멘텀 하위 10%	대형주
산술평균 수익률	8.44%	11.75%
기하평균 수익률	5.12%	9.69%
중위 수익률	9.07%	16.75%
표준편차	25.31%	19.35%
상방 편차	19.86%	13.10%
하방 편차	17.92%	14.40%
추적오차	9.92	0.00
상승 개월 수	557	609
하락 개월 수	439	387
최대 하락률	-91.07%	-84.33%
베타	1.22	1.00
T-통계량(m=0)	2.93	5.25
샤프지수(Rf=5%)	0.00	0.24
소르티노지수(MAR=10%)	-0.27	-0.02
1만 달러 투자 시	$629,553	$21,617,372
1년 수익률 최저치	-76.20%	-66.63%
최고치	248.01%	159.52%
3년 수익률 최저치	-52.90%	-43.53%
최고치	46.25%	45.64%
5년 수익률 최저치	-33.20%	-20.15%
최고치	41.27%	36.26%
7년 수익률 최저치	-15.72%	-6.95%
최고치	24.82%	22.83%
10년 수익률 최저치	-10.09%	-5.70%
최고치	16.40%	19.57%
기대수익률 최저치	-42.18%	-26.96%
최고치	59.05%	50.46%

표 20.28에 나타난 것처럼 대형주의 기저율은 전체 주식보다 약간 좋다. 대형주 6개월 가격 모멘텀 하위 10% 주식은 5년 단위 기간에서 단 6%, 10년 단위 기간에서는 2% 승률로 대형주를 능가했다. 그림 20.7은 이 주식의 수익률에서 대형주 수익률

을 뺀 5년 평균 초과 혹은 미달 연 수익률이다.

그림 20.7. 5년 평균 초과(미달) 연 수익률: 대형주 6개월 가격 모멘텀 하위 10% – 대형주
(1927/01/01~2009/12/31)

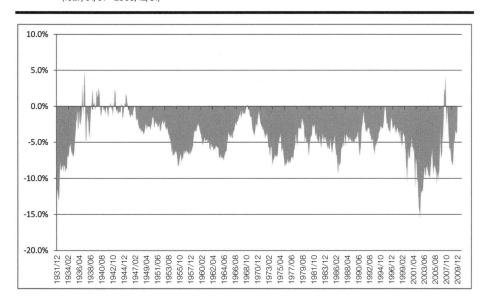

표 20.28. 대형주 6개월 가격 모멘텀 하위 10%의 대형주 대비 기저율(1927/01/01~2009/12/31)

기준 기간	대형주 6개월 가격 모멘텀 하위 10%가 더 높은 달	비율	초과수익률(연 수익률)
1년	269/985	27%	-3.72%
3년	106/961	11%	-4.30%
5년	53/937	6%	-4.26%
7년	40/913	4%	-4.28%
10년	19/877	2%	-4.24%

대형주 12개월 가격 모멘텀 하위 10% 주식 매수하기

1926/12/31에 대형주 12개월 가격 모멘텀 하위 10% 주식에 1만 달러를 투자했다면 2009/12/31에 158만 1,383달러로 늘어 연 수익률 6.29%를 기록했다. 대형주의 성과보다 2,000만 달러 이상 적지만, 6개월 가격 모멘텀 하위 10% 주식의 성과보다는

낫다. 표준편차는 25.66%로 대형주의 19.35%보다 높다. 샤프지수는 0.05이고, 기저

율은 모두 음의 값이며 5년 단위 기간에서 13%, 10년 단위 기간에서는 8% 승률로 대

표 20.29. 연 수익률과 위험도: 대형주 12개월 가격 모멘텀 하위 10%와 대형주(1927/01/01~2009/12/31)

		대형주 12개월 가격 모멘텀 하위 10%	대형주
산술평균 수익률		9.73%	11.75%
기하평균 수익률		6.29%	9.69%
중위 수익률		8.32%	16.75%
표준편차		25.66%	19.35%
상방 편차		20.44%	13.10%
하방 편차		18.10%	14.40%
추적오차		10.85	0.00
상승 개월 수		554	609
하락 개월 수		442	387
최대 하락률		-88.68%	-84.33%
베타		1.22	1.00
T-통계량(m=0)		3.31	5.25
샤프지수(Rf=5%)		0.05	0.24
소르티노지수(MAR=10%)		-0.20	-0.02
1만 달러 투자 시		$1,581,383	$21,617,372
1년 수익률	최저치	-75.47%	-66.63%
	최고치	245.23%	159.52%
3년 수익률	최저치	-49.52%	-43.53%
	최고치	49.31%	45.64%
5년 수익률	최저치	-30.18%	-20.15%
	최고치	39.71%	36.26%
7년 수익률	최저치	-14.62%	-6.95%
	최고치	24.64%	22.83%
10년 수익률	최저치	-7.44%	-5.70%
	최고치	19.27%	19.57%
기대수익률	최저치	-41.59%	-26.96%
	최고치	61.06%	50.46%

표 20.30. 대형주 12개월 가격 모멘텀 하위 10%의 대형주 대비 기저율(1927/01/01~2009/12/31)

기준 기간	대형주 12개월 가격 모멘텀 하위 10%가 더 높은 달	비율	초과수익률(연 수익률)
1년	326/985	33%	-2.48%
3년	196/961	20%	-3.14%
5년	125/937	13%	-3.08%
7년	73/913	8%	-3.07%
10년	67/877	8%	-3.03%

형주를 능가했다. 표 20.30은 다른 보유 기간들의 기저율이고, 그림 20.8은 이 주식의 수익률에서 대형주 수익률을 뺀 5년 평균 연 수익률(대부분 적자)이다.

그림 20.8. 5년 평균 초과(미달) 연 수익률: 대형주 12개월 가격 모멘텀 하위 10% − 대형주
(1927/01/01~2009/12/31)

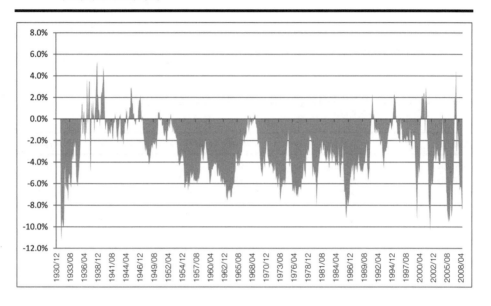

최고와 최악의 수익률

표 20.31~20.38의 결과는 매우 좋지 않다. 전체 주식 6개월 가격 모멘텀 하위 10% 주식의 성과는 끔찍해서 1929/06~1932/05에 92%, 1968/11~1974/09에 77%, 2000/02~2002/09에 73% 하락했다. 표 20.31에서 이 내용을 확인할 수 있다. 전체 주식 12개월 가격 모멘텀 하위 10% 주식의 성과는 어떨까? 별반 다르지 않다. 5년 단위 최고와 최악의 수익률에서 겉으로 드러나지는 않지만 1926~2009년의 5년 수익률 평균은 -19%였다. 미국 단기 국채의 누적 수익률보다 35%p 저조한 결과다. 손실 정도는 6개월 가격 모멘텀 하위 10% 주식만큼 나빠서 1929/08~1932/05에 91%,

1968/11~1974/09에 75%, 2007/05~2009/02에 70% 하락했다. 표 20.32는 전체 주식 12개월 가격 모멘텀 하위 10% 주식의 최악 시나리오를 보여준다.

이 주식에 투자할 만한 시기는 극심한 약세장 직후뿐이다. 이 주식들은 약세장 직후 1년 동안 매우 매력적이다. 예를 들어 1932년 중반 시장이 바닥을 찍고 1933년 6월 말까지 1년 동안 295% 급등했지만, 계속 강조했다시피 단기적 현상이다. 그 주식들은 다시 손실 구간으로 돌아갈 것이다. 전체 주식과 대형주의 가격 모멘텀 하

표 20.31. 최악의 시나리오: 전체 주식 6개월 가격 모멘텀 하위 10%가 20% 이상 하락한 사례
(1927/01/01~2009/12/31)

고점 월	지수 고점	저점 월	지수 저점	회복 월	하락률(%)	하락 기간(개월)	회복 기간(개월)
1929/08	1.65	1932/05	0.14	1945/11	-91.78	33	162
1946/05	1.98	1948/02	1.25	1950/08	-36.76	21	30
1957/03	4.48	1957/12	3.33	1958/07	-25.63	21	7
1961/05	6.47	1962/10	4.38	1965/01	-32.32	17	27
1968/11	12.71	1974/09	2.87	1983/04	-77.42	70	103
1983/06	14.80	1984/07	11.54	1986/03	-22.03	13	20
1987/08	18.37	1990/10	10.50	1992/02	-42.85	38	16
1998/04	34.19	1998/08	20.23	1999/12	-40.84	4	16
2000/02	37.91	2002/09	10.38		-72.61	31	
평균					-49.14	27.56	47.63

표 20.32 최악의 시나리오: 전체 주식 12개월 가격 모멘텀 하위 10%가 20% 이상 하락한 사례
(1927/01/01~2009/12/31)

고점 월	지수 고점	저점 월	지수 저점	회복 월	하락률(%)	하락 기간(개월)	회복 기간(개월)
1929/08	1.63	1932/05	0.15	1945/10	-90.94	33	161
1946/05	2.09	1948/02	1.38	1950/04	-34.01	21	26
1957/05	5.55	1957/12	4.27	1958/07	-22.96	7	7
1961/05	8.76	1962/10	5.87	1965/01	-33.06	17	27
1968/11	17.93	1974/09	4.44	1981/05	-75.22	70	80
1981/05	18.14	1982/07	13.17	1983/01	-27.39	14	6
1987/08	31.21	1990/10	18.50	1992/01	-40.72	38	15
1997/09	72.86	1998/08	43.61	1999/12	-40.15	11	16
2001/06	92.46	2002/09	31.49	2004/12	-65.94	15	27
2007/05	127.56	2009/02	38.21		-70.04	21	
평균					-50.04	24.7	40.56

위 10% 주식의 보유 기간별 최고와 최악의 시나리오는 표들에서 확인할 수 있다. 표 20.33과 20.34는 대형주 6개월과 12개월 가격 모멘텀 하위 10% 주식이 20% 이상 하락한 경우를 모았고, 표 20.35와 20.36은 전체 주식 6개월과 12개월 가격 모멘텀 하위 10% 주식의 최고와 최악 수익률을 보여준다. 표 20.37과 20.38은 대형주 6개월과 12개월 가격 모멘텀 하위 10% 주식의 최고와 최악 수익률을 담았다.

표 20.33. 최악의 시나리오: 대형주 6개월 가격 모멘텀 하위 10%가 20% 이상 하락한 사례
(1927/01/01~2009/12/31)

고점 월	지수 고점	저점 월	지수 저점	회복 월	하락률(%)	하락 기간(개월)	회복 기간(개월)
1929/08	1.63	1932/05	0.15	1946/04	-91.07	33	167
1946/05	1.73	1948/02	1.20	1950/04	-30.76	21	26
1961/12	5.75	1962/10	4.14	1964/06	-27.97	10	20
1968/11	10.34	1974/09	4.08	1980/07	-60.57	70	70
1981/05	12.30	1982/07	8.93	1982/12	-27.39	14	5
1987/08	27.16	1987/11	19.61	1989/01	-27.78	3	14
1989/08	31.32	1990/10	20.01	1991/05	-36.11	14	7
1998/04	81.83	1998/08	56.84	1999/04	-30.53	4	8
2001/01	95.01	2002/09	29.60		-68.85	20	
평균					-44.56	21	39.63

표 20.34. 최악의 시나리오: 대형주 12개월 가격 모멘텀 하위 10%가 20% 이상 하락한 사례
(1927/01/01~2009/12/31)

고점 월	지수 고점	저점 월	지수 저점	회복 월	하락률(%)	하락 기간(개월)	회복 기간(개월)
1929/08	1.59	1932/05	0.18	1945/09	-88.68	33	160
1946/05	2.10	1948/02	1.47	1950/01	-30.16	21	23
1961/08	8.18	1962/10	5.79	1964/06	-29.30	14	20
1968/11	14.85	1974/09	5.95	1980/07	-59.95	70	70
1981/05	18.41	1982/07	13.63	1982/11	-25.96	14	4
1987/08	42.36	1987/11	29.71	1989/01	-29.86	3	14
1989/08	49.56	1990/10	32.59	1991/04	-34.26	14	6
1998/04	147.04	1998/08	107.11	1999/01	-27.16	4	5
2001/01	217.31	2002/09	71.41	2007/04	-67.14	20	55
2007/05	229.40	2009/02	70.25		-69.38	21	
평균					-46.18	21.4	39.67

표 20.35. 연 수익률 최고치와 최저치(%, 1927/01/01~2009/12/31)

		1년	3년	5년	7년	10년
전체 주식 6개월 가격 모멘텀 하위 10%	최저치	-77.67	-55.33	-33.99	-16.53	-11.34
	최고치	296.01	50.90	43.52	24.87	17.71
전체 주식 12개월 가격 모멘텀 하위 10%	최저치	-77.93	-53.98	-32.90	-16.37	-10.14
	최고치	294.88	54.61	41.31	23.70	19.31
전체 주식	최저치	-66.72	-45.99	-23.07	-7.43	-5.31
	최고치	201.69	51.03	41.17	23.77	22.05

표 20.36. 1만 달러 투자 시 기말 원리금 최저치와 최고치(달러, 1927/01/01~2009/12/31)

		1년	3년	5년	7년	10년
전체 주식 6개월 가격 모멘텀 하위 10%	최저치	2,233	891	1,253	2,822	3,000
	최고치	39,601	34,363	60,885	47,347	51,077
전체 주식 12개월 가격 모멘텀 하위 10%	최저치	2,207	975	1,360	2,861	3,433
	최고치	39,488	36,960	56,352	44,326	58,449
전체 주식	최저치	3,328	1,576	2,695	5,825	5,793
	최고치	30,169	34,452	56,062	44,504	73,345

표 20.37. 연 수익률 최고치와 최저치(%, 1927/01/01~2009/12/31)

		1년	3년	5년	7년	10년
대형주 6개월 가격 모멘텀 하위 10%	최저치	-76.20	-52.90	-33.20	-15.72	-10.09
	최고치	248.01	46.25	41.27	24.82	16.40
대형주 12개월 가격 모멘텀 하위 10%	최저치	-75.47	-49.52	-30.18	-14.62	-7.44
	최고치	245.23	49.31	39.71	24.64	19.27
대형주	최저치	-66.63	-43.53	-20.15	-6.95	-5.70
	최고치	159.52	45.64	36.26	22.83	19.57

표 20.38. 1만 달러 투자 시 기말 원리금 최저치와 최고치(달러, 1927/01/01~2009/12/31)

		1년	3년	5년	7년	10년
대형주 6개월 가격 모멘텀 하위 10%	최저치	2,380	1,045	1,330	3,020	3,453
	최고치	34,801	31,280	56,273	47,215	45,667
대형주 12개월 가격 모멘텀 하위 10%	최저치	2,453	1,286	1,659	3,309	4,618
	최고치	34,523	33,288	53,231	46,733	58,265
대형주	최저치	3,337	1,800	3,247	6,041	5,561
	최고치	25,952	30,890	46,970	42,189	59,747

십분위수

전체 주식 6개월 가격 모멘텀 십분위의 수익률은 완벽한 계단 모양이어서, 상위 10%가 가장 꼭대기에 있고 그 아래로 점점 낮아져서 하위 10%가 가장 낮다. 상위 60%는 전체 주식을 능가했고, 하위 40%는 하회했다. 83년간 연 9.96% 차이가 나면서 투자금 1만 달러는 상위 10% 주식에서 5억 7,300만 달러, 하위 10% 주식에서 29만 3,000달러로 늘어났다. 아인슈타인^{Albert Einstein}은 "복리는 세계 여덟 번째 불가사의다. 그것을 이해하는 자는 돈을 벌고, 이해하지 못한 자는 잃는다"라고 말했다.

대형주 6개월 가격 모멘텀 십분위수도 비슷해서 상위 50% 주식은 대형주 성과를 상회하고 하위 50%는 하회했다. 표 20.39~20.42, 그림 20.9~20.12에 전체 주식과 대형주의 6개월과 12개월 가격 모멘텀 십분위수 성과를 상세하게 수록했다. 표 20.43과 20.44는 전체 주식과 대형주의 상위 10%와 하위 10% 누적 수익률을 1927년부터 2009년까지 10년 단위로 수록했다.

그림 20.9. 전체 주식 6개월 가격 모멘텀 십분위수 수익률(1927/01/01~2009/12/31)

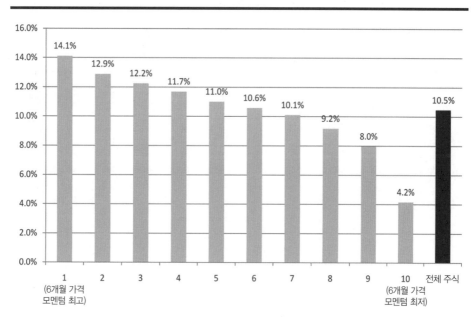

그림 20.10. 전체 주식 12개월 가격 모멘텀 십분위수 수익률(1927/01/01~2009/12/31)

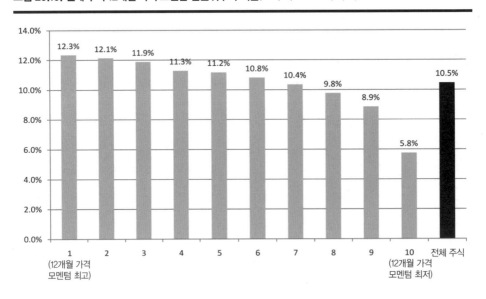

그림 20.11. 대형주 6개월 가격 모멘텀 십분위수 수익률(1927/01/01~2009/12/31)

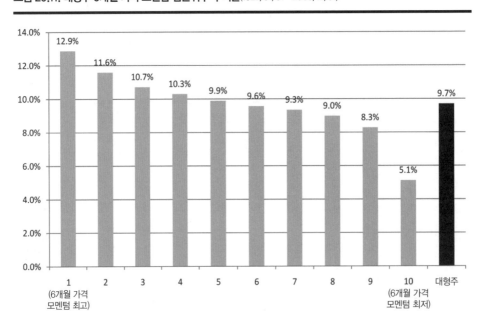

그림 20.12. 대형주 12개월 가격 모멘텀 십분위수 수익률(1927/01/01~2009/12/31)

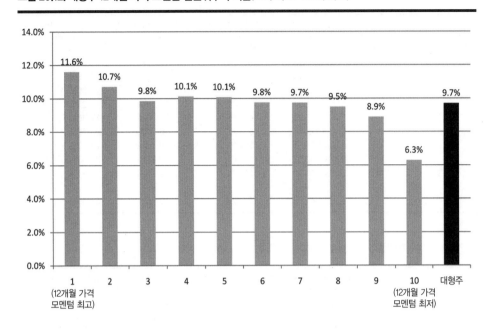

표 20.39. 전체 주식 6개월 가격 모멘텀 십분위수 수익률 요약(1927/01/01~2009/12/31)

십분위수	1만 달러 투자 시	연 수익률(산술평균)	연 수익률(기하평균)	표준편차	샤프지수
1(6개월 가격 모멘텀 최고)	$572,831,563	17.60%	14.11%	24.54%	0.37
2	$233,586,271	15.42%	12.88%	21.08%	0.37
3	$145,736,021	14.45%	12.24%	19.72%	0.37
4	$96,512,411	13.79%	11.69%	19.37%	0.35
5	$58,103,875	13.09%	11.01%	19.34%	0.31
6	$42,142,030	12.76%	10.58%	19.96%	0.28
7	$29,379,380	12.43%	10.10%	20.69%	0.25
8	$14,494,301	11.73%	9.17%	21.79%	0.19
9	$5,786,567	11.06%	7.96%	24.28%	0.12
10(6개월 가격 모멘텀 최저)	$292,547	8.50%	4.15%	29.26%	-0.03
전체 주식	$38,542,780	13.06%	10.46%	21.67%	0.25

표 20.40. 전체 주식 12개월 가격 모멘텀 십분위수 수익률 요약(1927/01/01~2009/12/31)

십분위수	1만 달러 투자 시	연 수익률(산술평균)	연 수익률(기하평균)	표준편차	샤프지수
1(12개월 가격 모멘텀 최고)	$156,230,201	15.88%	12.34%	24.78%	0.30
2	$134,035,688	14.61%	12.13%	20.85%	0.34
3	$110,707,814	14.08%	11.87%	19.76%	0.35
4	$71,040,889	13.35%	11.28%	19.20%	0.33
5	$65,466,534	13.22%	11.17%	19.21%	0.32
6	$49,893,393	12.97%	10.80%	19.86%	0.29
7	$35,520,440	12.70%	10.35%	20.79%	0.26
8	$22,713,816	12.44%	9.76%	22.37%	0.21
9	$11,442,307	12.04%	8.86%	24.53%	0.16
10(12개월 가격 모멘텀 최저)	$1,038,156	10.34%	5.75%	29.91%	0.03
전체 주식	$38,542,780	13.06%	10.46%	21.67%	0.25

표 20.41. 대형주 6개월 가격 모멘텀 십분위수 수익률 요약(1927/01/01~2009/12/31)

십분위수	1만 달러 투자 시	연 수익률(산술평균)	연 수익률(기하평균)	표준편차	샤프지수
1(6개월 가격 모멘텀 최고)	$232,092,755	15.81%	12.88%	22.65%	0.35
2	$89,230,630	13.77%	11.58%	19.73%	0.33
3	$46,577,967	12.66%	10.71%	18.66%	0.31
4	$33,882,890	12.14%	10.29%	18.26%	0.29
5	$24,961,686	11.69%	9.88%	18.09%	0.27
6	$19,542,852	11.39%	9.56%	18.27%	0.25
7	$16,522,196	11.29%	9.34%	18.95%	0.23
8	$12,587,294	11.10%	8.98%	19.90%	0.20
9	$7,351,529	10.73%	8.28%	21.58%	0.15
10(6개월 가격 모멘텀 최저)	$629,553	8.44%	5.12%	25.31%	0.00
대형주	$21,617,372	11.75%	9.69%	19.35%	0.24

표 20.42. 대형주 12개월 가격 모멘텀 십분위수 수익률 요약(1927/01/01~2009/12/31)

십분위수	1만 달러 투자 시	연 수익률(산술평균)	연 수익률(기하평균)	표준편차	샤프지수
1(12개월 가격 모멘텀 최고)	$90,010,397	14.65%	11.59%	23.11%	0.29
2	$46,324,623	12.94%	10.70%	19.93%	0.29
3	$24,317,249	11.85%	9.85%	19.00%	0.26
4	$29,752,173	11.96%	10.12%	18.24%	0.28
5	$28,856,078	11.89%	10.08%	18.08%	0.28
6	$22,675,942	11.53%	9.76%	17.96%	0.26
7	$22,364,844	11.74%	9.74%	19.33%	0.25
8	$18,561,262	11.68%	9.49%	20.22%	0.22
9	$11,729,923	11.47%	8.89%	22.09%	0.18
10(12개월 가격 모멘텀 최저)	$1,581,383	9.73%	6.29%	25.66%	0.05
대형주	$21,617,372	11.75%	9.69%	19.35%	0.24

표 20.43. 전체 주식 10년 단위 연 수익률(%, 1927/01/01~2009/12/31)

	1920년대	1930년대	1940년대	1950년대	1960년대	1970년대	1980년대	1990년대	2000년대
전체 주식 6개월 가격 모멘텀 상위 10%	15.45	2.74	16.31	23.61	17.77	11.73	18.94	24.28	-0.29
전체 주식 6개월 가격 모멘텀 하위 10%	0.55	-3.22	8.82	12.86	3.99	0.67	6.29	7.63	-1.70
전체 주식 12개월 가격 모멘텀 상위 10%	12.05	2.00	14.87	21.72	16.87	10.90	17.37	22.33	-4.36
전체 주식 12개월 가격 모멘텀 하위 10%	1.92	-3.62	10.13	14.34	4.95	1.31	7.95	10.60	2.66
전체 주식	12.33	-0.03	11.57	18.07	10.72	7.56	16.78	15.35	4.39

표 20.44. 대형주 10년 단위 연 수익률(%, 1927/01/01~2009/12/31)

	1920년대	1930년대	1940년대	1950년대	1960년대	1970년대	1980년대	1990년대	2000년대
대형주 6개월 가격 모멘텀 상위 10%	25.14	-1.00	13.00	20.90	13.47	10.70	17.83	27.63	-0.01
대형주 6개월 가격 모멘텀 하위 10%	5.21	-4.13	7.98	12.14	4.15	1.97	12.17	11.04	-2.94
대형주 12개월 가격 모멘텀 상위 10%	23.61	-1.26	12.23	19.11	12.98	10.03	15.82	26.79	-3.20
대형주 12개월 가격 모멘텀 하위 10%	7.07	-3.14	8.65	13.55	3.83	2.70	13.20	13.24	-0.48
대형주	17.73	-1.05	9.65	17.06	8.31	6.65	17.34	16.38	2.42

가격 모멘텀과 함께 사용할 만한 추가 요소들

가격 모멘텀과 함께 사용하면 유용할 추가 요소들을 소개한다. 첫째, 6개월간 일평균 거래액이다. CRSP 데이터는 거래액 정보가 없지만 1964년 시작되는 컴퓨스탯에는 정보가 있다. 6개월간 일평균 거래액을 분석한 결과, 상위 주식은 수익률이 낮고 하위 주식은 수익률이 높았다. 1963/12/31에 6개월 거래액 상위 10% 주식에 1만 달러를 투자하면 2009/12/31에 35만 7,900달러가 되어 연 수익률 8.09%를 거두었다. 이는 같은 기간 동안 연 11.24% 상승해 1만 달러를 132만 달러로 늘린 전체 주식의 성과에 훨씬 못 미친다. 반대로 6개월 거래액 하위 10% 주식에 1만 달러를 투자하면 290만 달러로 불어나 연 수익률 13.16%를 기록했다. 이론적으로 거래액이 많은 주식은 거래액이 적은 주식보다 투기성이 짙고, 이런 평판은 미래에 낮은 성과로 나타날 수 있다.

따라서 가격 모멘텀과 거래액을 연계하는 전략은 고려할 만하다. 거래액 하위 30% 주식에 가점을 주고 상위 20% 주식에 벌점을 주면 거래액이 큰 주식에는 페널티를 매기고 거래액이 적은 주식은 우대하게 된다. 종목 선정에 가격 모멘텀만 사용하고 있다면, 이를 추가할 경우 전략의 유연성이 높아질 것이다.

가격 모멘텀에 추가할 수 있는 또 다른 변수는 가격 변동성이다. 그러나 가격 변동성 상위 10% 주식은 피하는 것이 좋겠다. 이 주식은 1964~2009년의 성과가 연 6.94%로, 전체 주식의 11.24%보다 훨씬 낮다. 가격 변동성이 가장 큰 종목을 제외함으로써 가격 모멘텀 전략의 수익률 역시 제고할 수 있다.

마지막으로 6개월 가격 모멘텀 상위 주식을 우선하는 동시에 5년 가격 모멘텀이 낮은 종목에 가중치를 주어 가격 모멘텀의 복수 버전을 테스트하겠다.

시사점

이 장 처음에 인용한 데이먼 러니언의 말은 옳다. 6개월과 12개월 동안 승자는 계속해서 이기고 패자는 계속해서 진다. 여기서 패자는 손실이 난 주식이 아니라 전체 주식의 하위 10%를 말한다. 전체 주식의 십분위수 분석 결과를 살펴보면 가격 모멘텀 하위 10% 주식은 피하는 것이 최선이다.

충고는 간단하다. 재무적으로 파산하는 것이 목표가 아니라면 패자는 피하라. 이런 주식을 매수해야 하는 유일한 시기는 심한 약세장이 끝난 후 1년간으로, 이때 시장뿐 아니라 최상위 주식의 성과도 넘어서기 때문이다. 가격 모멘텀이 가장 강한 종목에 투자하되, 이들의 변동성이 인내를 계속 시험하리라는 것을 이해하라. 다음 장에서는 가격 모멘텀이 다른 요소들과 함께 사용하기에 훌륭한 요소이고, 가장 고평가된 주식을 피하는 데 유용하다는 것을 보여줄 것이다. 지금까지는 가격 모멘텀이 시장을 지속적으로, 상당한 차이로 능가하는 유일한 성장 요소다.

WHAT
WORK$
ON WALL
$TREET

21

복수 요소 모형을 이용한 성과 개선

WHAT WORKS ON WALL STREET

중요한 것은 누가 옳은가가 아니라
무엇이 옳은가다.

| 토머스 헉슬리 | Thomas Huxley, 영국 생물학자

지금까지 가치, 종합이익품질, 재무건전성을 제외하고 EV/EBITDA, PSR, PER 등 단일 요소의 성과를 알아보았다. 이 장에서는 두 가지 이상의 기준을 사용해 포트폴리오를 구성하는 방법을 알아본다. 목표에 따라 여러 요소를 사용하면 수익률을 높이거나, 위험을 줄이거나, 두 가지 모두 얻을 것이다. 복수 요소 전략을 분석하기 위해 CRSP 데이터세트를 사용한다. CRSP는 다루는 요소가 한정적이지만 1926년까지 거슬러 올라가므로 미국 주식시장 최악의 기간인 대공황에서 복수 요소 전략이 어떤 성과를 냈는지 분석할 수 있다. 복수 요소 전략들이 지난 80년간 어떻게 작동했는지 확인하면 모든 시장 상황에서 전략을 활용하는 방법에 대해 광범위한 영감을 얻을 것이다. 이후 장들에서는 CRSP 데이터세트에 포함되지 않는 요소들을 검토하기 위해 컴퓨스탯 데이터세트로 돌아간다. 지금은 지난 80년간 성과를 낸 복수 요소 전략들을 선별해보자.

가격 모멘텀과 주주수익률 결합하기

높은 주주수익률과 가격 모멘텀을 결합한 복수 요소 전략은 지금까지 살펴본 장기 투자 전략 중 성과가 가장 우수하다. 표 21.1은 아래 방법으로 구성한 모형의 성과를 보여준다.

- 소형주 모집단에서 선별
- 3개월 가격 모멘텀 > 소형주 모집단의 중앙값
- 6개월 가격 모멘텀 > 소형주 모집단의 중앙값
- 주주수익률이 가장 높은 25개 종목 매수

이 조건에 부합하는 상위 25개 종목을 유지하기 위해 매년 리밸런싱한다. 표

21.1을 보면 가격 모멘텀과 주주수익률을 단독 사용하는 것보다 결합한 전략의 성과가 더 낫다. 복수 요소 포트폴리오를 생성할 수 있는 가장 빠른 날짜인 1927년 12월 31일에 투자한 1만 달러는 2009년 12월 31일 19억 달러로 늘어나 연 수익률 15.98%를 기록했다. 표 21.2에 나타난 것처럼 소형주 6개월 가격 모멘텀 상위 25종목은 투자한 1만 달러가 2억 4,000만 달러로 증가해 연 수익률 13.09%를 올렸고, 소형주 주주수익률 상위 25종목은 1만 달러를 1억 8,300만 달러로 늘려 수익률은 12.71%였

표 21.1. 연 수익률과 위험도: 소형주 3&6개월 가격 모멘텀>중앙값, 주주수익률 상위 25종목; 소형주 3&6개월 가격 모멘텀>중앙값, 주주수익률 상위 50종목; 소형주(1928/01/01~2009/12/31)

		소형주 3&6개월 가격 모멘텀>중앙값, 주주수익률 상위 25종목	소형주 3&6개월 가격 모멘텀>중앙값, 주주수익률 상위 50종목	소형주 (= 시가총액 2억 달러 미만)
산술평균 수익률		18.10%	17.27%	13.52%
기하평균 수익률		15.98%	15.22%	10.55%
중위 수익률		25.29%	25.28%	19.28%
표준편차		19.10%	18.89%	23.19%
상방 편차		12.40%	12.40%	16.14%
하방 편차		14.80%	14.72%	16.93%
추적오차		7.95	7.47	1.00
상승 개월 수		640	640	596
하락 개월 수		344	344	388
최대 하락률		-76.86%	-76.36%	-86.12%
베타		0.78	0.78	1.00
T-통계량(m=0)		7.94	7.69	4.98
샤프지수(Rf=5%)		0.58	0.54	0.24
소르티노지수(MAR=10%)		0.40	0.35	0.03
1만 달러 투자 시		$1,909,317,736	$1,108,399,700	$37,383,049
1년 수익률	최저치	-55.29%	-54.88%	-66.91%
	최고치	160.02%	163.19%	233.48%
3년 수익률	최저치	-37.01%	-36.54%	-47.28%
	최고치	52.05%	49.41%	54.35%
5년 수익률	최저치	-13.52%	-13.37%	-21.72%
	최고치	39.98%	38.02%	44.18%
7년 수익률	최저치	0.20%	-0.49%	-7.64%
	최고치	34.29%	32.96%	27.35%
10년 수익률	최저치	-1.43%	-1.90%	-5.19%
	최고치	32.00%	29.09%	24.47%
기대수익률	최저치	-20.10%	-20.50%	-32.86%
	최고치	56.30%	55.05%	59.90%

월가의 퀀트 투자 바이블

		소형주 주주수익률 상위 25종목	소형주 6개월 가격 모멘텀 상위 25종목	소형주
산술평균 수익률		15.38%	18.07%	13.52%
기하평균 수익률		12.71%	13.09%	10.55%
중위 수익률		20.05%	28.40%	19.28%
표준편차		21.74%	29.39%	23.19%
상방 편차		15.10%	19.08%	16.14%
하방 편차		16.86%	21.00%	16.93%
추적오차		7.65	15.32	0.00
상승 개월 수		634	603	596
하락 개월 수		350	381	388
최대 하락률		-89.32%	-84.50%	-86.12%
베타		0.88	1.08	1.00
T-통계량(m=0)		6.00	5.15	4.98
샤프지수(Rf=5%)		0.35	0.28	0.24
소르티노지수(MAR=10%)		0.16	0.15	0.03
1만 달러 투자 시		$182,749,970	$240,040,089	$37,383,049
1년 수익률	최저치	-71.26%	-70.32%	-66.91%
	최고치	187.52%	256.16%	233.48%
3년 수익률	최저치	-50.54%	-39.47%	-47.28%
	최고치	55.01%	81.25%	54.35%
5년 수익률	최저치	-25.41%	-19.46%	-21.72%
	최고치	40.41%	52.06%	44.18%
7년 수익률	최저치	-9.16%	-9.43%	-7.64%
	최고치	32.84%	38.83%	27.35%
10년 수익률	최저치	-8.29%	-10.50%	-5.19%
	최고치	29.90%	32.97%	24.47%
기대수익률	최저치	-28.09%	-40.70%	-32.86%
	최고치	58.85%	76.85%	59.90%

다. 같은 기간 소형주 모집단에 1만 달러 투자했다면 3,740만 달러가 되어 10.55%의 수익률을 보였다.

위험은 낮아지고 기저율은 높아진다

가격 모멘텀과 주주수익률을 결합하면 총수익률이 현저하게 개선될 뿐 아니라 전반적인 위험도 낮추어서 기저율이 상당히 높아진다. 소형주 6개월 가격 모멘텀 상위 25종목 포트폴리오의 수익률 표준편차는 29.39%였고, 소형주 주주수익률 상위 25종목 포트폴리오의 표준편차는 21.74%였다. 그러나 가격 모멘텀과 주주수익률을 결합하면 표준편차가 19.10%까지 감소한다. 복수 요소 포트폴리오의 표준편차는 개별 요소들의 수치보다 낮을 뿐 아니라 같은 기간 23.19%를 기록한 소형주의 수치보다도 낮다. 낮은 변동성과 높은 수익률이 결합해 샤프지수 0.58을 기록해서 소형주 샤프지수 0.24의 2배 이상이다. 표 21.1과 21.2에 나타나듯, 가격 모멘텀과 주주수익률을 결합한 포트폴리오는 1년부터 10년까지의 기간 모두에서 수익률 최저치가 소형주 모집단보다 훨씬 높았다.

결합 포트폴리오의 기저율은 표 21.3에 기록했는데, 역시 요소를 따로 사용한 것보다 더 우수했다. 가격 모멘텀과 주주수익률을 결합한 포트폴리오는 소형주를 5년 단위 기간에서는 95%, 10년 기간에서는 99% 승률로 능가한다. 표 21.3은 다른 기간들의 결과다. 비교 편의를 위해 표 21.4와 21.5에는 단일 요소들의 기저율을 수록했다.

표 21.3. 소형주 3&6개월 가격 모멘텀>중앙값, 주주수익률 상위 25종목의 소형주 대비 기저율
(1928/01/01~2009/12/31)

기준 기간	소형주 3&6개월 가격 모멘텀>중앙값, 주주수익률 상위 25종목이 더 높은 달	비율	초과수익률(연 수익률)
1년	729/973	75%	4.88%
3년	886/949	93%	5.51%
5년	875/925	95%	5.47%
7년	866/901	96%	5.44%
10년	859/865	99%	5.39%

표 21.4. 소형주 주주수익률 상위 25종목의 소형주 대비 기저율(1928/01/01~2009/12/31)

기준 기간	소형주 주주수익률 상위 25종목이 더 높은 달	비율	초과수익률(연 수익률)
1년	559/973	57%	2.21%
3년	725/949	76%	2.47%
5년	723/925	78%	2.41%
7년	735/901	82%	2.43%
10년	763/865	88%	2.53%

표 21.5. 소형주 6개월 가격 모멘텀 상위 25종목의 소형주 대비 기저율(1928/01/01~2009/12/31)

기준 기간	소형주 6개월 가격 모멘텀 상위 25종목이 더 높은 달	비율	초과수익률(연 수익률)
1년	599/973	62%	5.23%
3년	645/949	68%	3.78%
5년	714/925	77%	3.71%
7년	782/901	87%	3.77%
10년	805/865	93%	3.99%

최악의 시나리오, 최고와 최악의 수익률

가격 모멘텀·주주수익률 결합 전략이 경험한 최악의 손실은 표 21.6에 나타난 것 처럼 1929/08~1932/05에 77% 하락한 것이다. 숨 막히는 하락이지만 같은 기 간 86% 하락한 소형주 모집단에 비하면 양호한 편이다. 결합 전략이 경험한 하 락 대부분은 부드러운 편이고, 50% 넘게 하락한 것은 1937/02~1938/03 55%와 2007/10~2009/02 53%의 두 번뿐이다.

표 21.6. 최악의 시나리오: 소형주 3&6개월 가격 모멘텀>중앙값, 주주수익률 상위 25종목이 20% 이상 하락한 사례(1928/01/01~2009/12/31)

고점 월	지수 고점	저점 월	지수 저점	회복 월	하락률(%)	하락 기간(개월)	회복 기간(개월)
1929/08	1.63	1932/05	0.38	1936/01	-76.86	33	44
1937/02	2.26	1938/03	1.01	1943/02	-55.38	13	59
1946/05	6.81	1947/05	4.81	1948/05	-29.40	12	12
1948/05	6.83	1949/06	5.44	1950/01	-20.30	13	7
1966/04	150.09	1966/09	118.60	1967/03	-20.98	5	6
1969/01	281.70	1970/06	205.99	1971/03	-26.88	17	9
1972/11	324.49	1974/09	233.21	1975/05	-28.13	22	8
1978/08	786.59	1978/10	628.88	1979/03	-20.05	2	5
1987/08	8,372.99	1987/11	6,021.27	1989/03	-28.09	3	16
2007/10	259,667.21	2009/02	123,154.99		-52.57	16	
평균					-35.86	14	18

절댓값 기준 최고의 5년은 모두 1938년대와 1980년대에 일어났는데, 가장 높은

것은 1937/05에 끝난 5년에 기록한 연 수익률 39.98%로서, 투자한 1만 달러가 5만 3,745달러로 늘어났다. 최악의 수익률은 1933/02에 끝난 5년에 기록한 -13.52%로, 투자한 1만 달러는 4,837달러로 줄어들었다. 표 21.7과 21.8에 다양한 기간에 걸친 최고, 최악의 성과가 나와 있다.

표 21.7. 연 수익률 최고치와 최저치(%, 1928/01/01~2009/12/31)

		1년	3년	5년	7년	10년
소형주 3&6개월 가격 모멘텀>중앙값,	최저치	-55.29	-37.01	-13.52	0.20	-1.43
주주수익률 상위 25종목	최고치	160.02	52.05	39.98	34.29	32.00
소형주 3&6개월 가격 모멘텀>중앙값,	최저치	-54.88	-36.54	-13.37	-0.49	-1.90
주주수익률 상위 50종목	최고치	163.19	49.41	38.02	32.96	29.09
소형주	최저치	-66.91	-47.28	-21.72	-7.64	-5.19
	최고치	233.48	54.35	44.18	27.35	24.47

표 21.8. 1만 달러 투자 시 기말 원리금 최저치와 최고치(달러, 1928/01/01~2009/12/31)

		1년	3년	5년	7년	10년
소형주 3&6개월 가격 모멘텀>중앙값,	최저치	4,471	2,499	4,837	10,144	8,660
주주수익률 상위 25종목	최고치	26,002	35,153	53,745	78,745	160,589
소형주 3&6개월 가격 모멘텀>중앙값,	최저치	4,512	2,556	4,880	9,661	8,255
주주수익률 상위 50종목	최고치	26,319	33,355	50,088	73,441	128,530
소형주	최저치	3,309	1,465	2,940	5,733	5,872
	최고치	33,348	36,775	62,313	54,327	89,249

결합 포트폴리오가 소형주 대비 거둔 상대 성과에서 최고의 5년은 1982/12에 끝난 시기로, 연 수익률은 소형주의 23.57%보다 높은 35.63%를 달성해 누적 수익률로는 소형주를 171%p 능가했다. 반면 최악의 5년은 1937/06에 끝난 5년으로, 이 전략은 연 수익률 37.57%, 소형주는 42.70%를 달성해 누적 수익률로 소형주를 99.1%p 하회했다. 그림 21.1은 이 전략의 수익률에서 소형주 수익률을 뺀 5년 평균 초과 혹은 미달 연 수익률이다.

그림 21.1. 5년 평균 초과(미달) 연 수익률: 소형주 3&6개월 가격 모멘텀>중앙값, 주주수익률 상위 25종목 –
소형주(1928/01/01~2009/12/31)

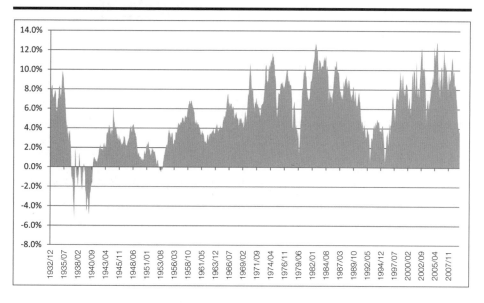

상위 50종목 포트폴리오도 괜찮다

이 전략의 50개 종목 버전도 더 집중된 25종목 전략과 비슷하게 우수한 성과를 보였다. 1926/12/31 투자한 1만 달러는 2009/12/31 11억 달러가 되어 연 수익률 15.22%를 거두었다. 수익의 표준편차는 18.89%로 낮아졌고, 20% 이상 하락한 것은 25종목 전략의 10회에서 7회로 낮아졌다. MDD는 약간 낮은 76.36%다. 따라서 25개 종목에서 50개 종목으로 분산 정도를 높이면 총수익의 연 76bp를 비용으로 치르는 대신 전반적인 변동성이 약간 낮아진다. 50종목 포트폴리오의 자세한 내용은 표 21.1을 참고하라.

마이크로주에 가치 특성과 가격 모멘텀 적용

25장에 나오는 최고 성장 전략들을 보면 성장 요소와 가치 요소를 결합할 때 가장 좋은 성과를 내는 것을 알게 된다. 근본적으로 투자자는 회복 중인 값싼 주식을 찾는데, 이들은 여전히 저평가 상태지만 가격 모멘텀을 축적하고 있다. 이 중에서 투자 가능한 마이크로주에 집중하면 성과를 높일 수 있다. (우리는 개인 투자자의 포트폴리오 규모가 1,000~2,500만 달러이면 시가총액 5,000만~2억 5,000만 달러인 종목에 투자할 수 있다고 생각한다.) 이번에 만든 복수 요소 포트폴리오는 아래 조건을 만족하는 25개 종목으로 구성된다.

- 매수 시 시가총액 5,000만~2억 5,000만 달러
- 저PBR 상위 30%
- 3개월과 6개월 가격 모멘텀 > 0
- 12개월 가격 모멘텀 상위 25개 종목 매수

전략의 성과를 확인해보자. 1927/12/31에 1만 달러를 투자하면 2009/12/31에 87억 8,000만 달러로 증가한다. 연 수익률 18.16%로 소형주의 10.55%보다 훨씬 높다. 소형주들은 이런 대규모 투자를 수용하기 어렵기 때문에 포트폴리오를 이만큼 성장시킬 수 없지만, 더 다각화한 포트폴리오에서 성과를 창출하는 요소로 고려할 가치가 있는 전략이다. 이 전략으로 투자하기 전에 변동성도 염두에 두어야 한다. 표준편차가 26.88%로 소형주의 23.19%보다 높기 때문이다. 그리고 주주수익률에 초점을 맞춘 가치 지향적 전략과 다르게, 이 전략은 10년 동안 매년 7.23% 하락한 구간이 있었다. 이를 견딜 수 있는 투자자는 거의 없을 것이다. 10년간 매년 7.23% 하락해서 1만 달러가 4,724달러로 쪼그라드는 것을 상상해보라. MDD가 무려 88%이

고, 1927~2009년 기간에 20% 이상 하락한 것이 11번이며, 그중 몇 번은 매우 심했다. 예를 들어 1929/02~1932/05에 88% 하락했는데, 표 21.10에 나오듯 최악의 상황이 끝났다고 생각한 1937/03~1938/03에 또다시 70% 하락했다. 이 악몽을 버틸 수 있는 투자자는 거의 없을 것이다. 변동성이 극심한 이 전략은 2007/10~2009/02에도 54% 하락했다. 따라서 아주 공격적인 투자자에게 적합하다.

표 21.9. 연 수익률과 위험도: 마이크로주 저PBR 상위 30%, 3&6개월 가격 모멘텀>0, 12개월 가격 모멘텀 상위 25종목; 저PBR 상위 30%, 3&6개월 가격 모멘텀>0, 12개월 가격 모멘텀 상위 50종목; 소형주 (1928/01/01~2009/12/31)

		마이크로주 저PBR 상위 30%, 3&6개월 가격 모멘텀>0, 12개월 가격 모멘텀 상위 25종목	마이크로주 저PBR 상위 30%, 3&6개월 가격 모멘텀>0, 12개월 가격 모멘텀 상위 50종목	소형주
산술평균 수익률		22.31%	21.34%	13.52%
기하평균 수익률		18.16%	17.39%	10.55%
중위 수익률		24.54%	26.12%	19.28%
표준편차		26.88%	26.33%	23.19%
상방 편차		20.21%	19.98%	16.14%
하방 편차		19.37%	19.24%	16.93%
추적오차		10.27	9.74	0.00
상승 개월 수		636	638	596
하락 개월 수		348	346	388
최대 하락률		-87.69%	-88.08%	-86.12%
베타		1.07	1.06	1.00
T-통계량(m=0)		6.84	6.71	4.98
샤프지수(Rf=5%)		0.49	0.47	0.24
소르티노지수(MAR=10%)		0.42	0.38	0.03
1만 달러 투자 시		$8,784,360,432	$5,130,796,619	$37,383,049
1년 수익률	최저치	-70.17%	-69.55%	-66.91%
	최고치	308.05%	286.06%	233.48%
3년 수익률	최저치	-47.75%	-48.20%	-47.28%
	최고치	67.92%	66.00%	54.35%
5년 수익률	최저치	-24.77%	-25.64%	-21.72%
	최고치	52.74%	49.59%	44.18%
7년 수익률	최저치	-10.97%	-12.07%	-7.64%
	최고치	40.79%	36.74%	27.35%
10년 수익률	최저치	-7.23%	-7.80%	-5.19%
	최고치	35.52%	32.86%	24.47%
기대수익률	최저치	-31.44%	-31.32%	-32.86%
	최고치	76.07%	74.00%	59.90%

표 21.10. 최악의 시나리오: 마이크로주 저PBR 상위 30%, 3&6개월 가격 모멘텀>0, 12개월 가격 모멘텀 상위 25종목이 20% 이상 하락한 사례(1928/01/01~2009/12/31)

고점 월	지수 고점	저점 월	지수 저점	회복 월	하락률(%)	하락 기간(개월)	회복 기간(개월)
1929/02	1.55	1932/05	0.19	1936/12	-87.69	39	55
1937/03	1.87	1938/03	0.56	1943/05	-70.17	12	62
1946/05	6.37	1947/05	4.18	1950/04	-34.34	12	35
1962/02	60.70	1962/06	48.08	1963/03	-20.79	4	9
1966/04	166.56	1966/10	124.74	1967/03	-25.10	6	5
1968/11	373.97	1970/06	188.00	1976/01	-49.73	19	67
1978/08	1,032.23	1978/10	795.42	1979/03	-22.94	2	5
1987/09	11,166.19	1987/11	7,716.16	1989/04	-30.90	2	17
1989/08	12,453.84	1990/10	9,451.78	1991/03	-24.11	14	5
1998/04	112,735.55	1998/08	84,250.35	1999/06	-25.27	4	10
2007/10	1,330,836.88	2009/02	613,609.69		-53.89	16	
평균					-40.45	12	27

표 21.11에 나타나듯이 이 전략의 기저율은 모두 양의 값이었고 5년 단위 기간에서는 91%, 10년 단위 기간에서는 95% 승률로 소형주를 능가했다. 절댓값 기준으로 5년 수익률 최고치를 분석해보니 흥미롭게도 대부분 1930년대와 1940년대에 몰려 있었지만, 2006/03에 끝난 5년에 강하게 상승해 수익률이 연 평균 45.30%에 달했다. 표 21.12와 21.13은 최고와 최악의 수익률을 보여준다. 그림 21.2는 이 전략의 수익률에서 소형주 수익률을 뺀 5년 평균 초과 혹은 미달 연 수익률이다. 이 전략은 변동성이 커서 포트폴리오의 가장 공격적인 부분에만 사용해야 한다는 것을 기억하라.

표 21.11. 마이크로주 저PBR 상위 30%, 3&6개월 가격 모멘텀>0, 12개월 가격 모멘텀 상위 25종목의 소형주 대비 기저율(1928/01/01~2009/12/31)

기준 기간	마이크로주 저PBR 상위 30%, 3&6개월 가격 모멘텀>0, 12개월 가격 모멘텀 상위 25종목이 더 높은 달	비율	초과수익률(연 수익률)
1년	716/973	74%	9.55%
3년	800/949	84%	8.73%
5년	839/925	91%	8.72%
7년	850/901	94%	8.63%
10년	819/865	95%	8.43%

표 21.12. 연 수익률 최고치와 최저치(%, 1928/01/01~2009/12/31)

		1년	3년	5년	7년	10년
마이크로주 저PBR 상위 30%, 3&6개월 가격	최저치	-70.17	-47.75	-24.77	-10.97	-7.23
모멘텀>0, 12개월 가격 모멘텀 상위 25종목	최고치	308.05	67.92	52.74	40.79	35.52
마이크로주 저PBR 상위 30%, 3&6개월 가격	최저치	-69.55	-48.20	-25.64	-12.07	-7.80
모멘텀>0, 12개월 가격 모멘텀 상위 50종목	최고치	286.06	66.00	49.59	36.74	32.86
소형주	최저치	-66.91	-47.28	-21.72	-7.64	-5.19
	최고치	233.48	54.35	44.18	27.35	24.47

표 21.13. 1만 달러 투자 시 기말 원리금 최저치와 최고치(달러, 1928/01/01~2009/12/31)

		1년	3년	5년	7년	10년
마이크로주 저PBR 상위 30%, 3&6개월 가격	최저치	2,983	1,426	2,409	4,432	4,724
모멘텀>0, 12개월 가격 모멘텀 상위 25종목	최고치	40,805	47,350	83,125	109,637	208,872
마이크로주 저PBR 상위 30%, 3&6개월 가격	최저치	3,045	1,390	2,273	4,064	4,439
모멘텀>0, 12개월 가격 모멘텀 상위 50종목	최고치	38,606	45,746	74,913	89,371	171,339
소형주	최저치	3,309	1,465	2,940	5,733	5,872
	최고치	33,348	36,775	62,313	54,327	89,249

그림 21.2. 5년 평균 초과(미달) 연 수익률: 마이크로주 저PBR 상위 30%, 3&6개월 가격 모멘텀>0, 12개월 가격 모멘텀 상위 25종목 − 소형주(1928/01/01~2009/12/31)

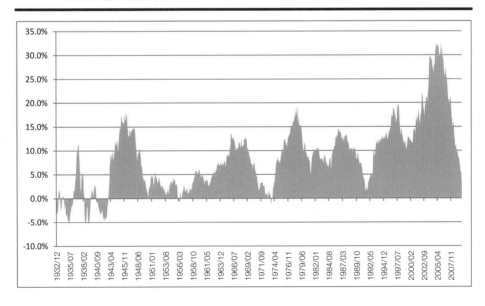

마지막으로 주의할 점이 몇 가지 있다. 첫째, 3&6개월 가격 모멘텀이 0보다 커야 하므로 하락장에서는 25개 종목을 구성하지 못할 수 있다. 예를 들어 2009년 3월에는 이 조건을 만족한 종목이 단 3개였다. 동일비중 포트폴리오의 편입 종목이 적으면 약세장 노출 정도도 줄어든다고 주장할 수 있다. 그러나 시장이 바닥이라면 포트폴리오 편입 종목 수 확대를 고려해야 한다. 예를 들어 이 전략에 1만 달러를 투자한다면 동일비중 적용 시 25개 종목에 400달러씩 할당하는데, 2009년 3월에는 조건을 만족하는 종목이 3개뿐이므로 1,200달러만 집행하게 된다.

둘째, 마이크로주는 다른 주식들과 상충하기 때문에 대체 투자 자산으로 분류해야 할지도 모른다. 대형주가 하락하거나 횡보할 때 이들은 종종 상승하고, 대형주 랠리 구간에서는 하락한다. 일반적인 시장의 움직임에 비해 기괴하게 움직이는 초소형주 포트폴리오를 유지하기란 아무리 공격적인 투자자라도 상당히 어려운 일이다.

셋째, 이 전략이 제공하는 성과의 상당 부분은 마이크로주에서 나온다. 이 전략을 소형주 모집단에 사용하면 연 수익률이 겨우 13.32%여서, 마이크로주에 적용할 때보다 훨씬 낮다. 따라서 가격 모멘텀과 주주수익률을 결합한 복수 요소 전략이 더 잘 맞을지도 모른다.

전체 주식에 3&6개월 가격 모멘텀과 주주수익률 적용

가격 모멘텀·주주수익률 복수 요소 전략이 소형주와 마이크로주에서만 좋은 성과를 낸다고 생각하지 말고 처음 전략으로 돌아가 전체 주식에 적용해보자. 3&6개월 가격 모멘텀이 중앙값보다 큰 종목들 중에서 주주수익률 상위 25개 주식을 매입하는 전략을 전체 주식 모집단에 적용하니 연 수익률 15.93%를 기록했다. 위험 19.07%, 샤프지수 0.57로 소형주 모집단 결과와 매우 비슷하다. 표 21.14에 전체 주식 버전의 결과를 담았다. 단, 전체 주식 전략의 7년과 10년 수익률 최저치는 소형주보다 낮다(손실이 커진다는 뜻이다).

		전체 주식 3&6개월 가격 모멘텀>중앙값, 주주수익률 상위 25종목	전체 주식
산술평균 수익률		18.05%	12.81%
기하평균 수익률		15.93%	10.20%
중위 수익률		25.20%	18.54%
표준편차		19.07%	21.75%
상방 편차		12.25%	14.85%
하방 편차		14.85%	16.07%
추적오차		7.54	0.00
상승 개월 수		637	597
하락 개월 수		347	387
최대 하락률		−78.14%	−85.45%
베타		0.82	1.00
T-통계량(m=0)		7.93	5.04
샤프지수(Rf=5%)		0.57	0.24
소르티노지수(MAR=10%)		0.40	0.01
1만 달러 투자 시		$1,838,450,713	$28,805,557
1년 수익률	최저치	−57.85%	−66.72%
	최고치	152.96%	201.69%
3년 수익률	최저치	−37.88%	−45.99%
	최고치	56.92%	51.03%
5년 수익률	최저치	−13.50%	−20.67%
	최고치	43.57%	41.17%
7년 수익률	최저치	−2.18%	−7.43%
	최고치	35.05%	23.77%
10년 수익률	최저치	−3.08%	−5.31%
	최고치	34.04%	22.05%
기대수익률	최저치	−20.09%	−30.70%
	최고치	56.19%	56.32%

전체 주식 버전은 MDD와 기저율도 비슷하다. MDD는 78%이고, 5년 단위 기간에서 93%, 10년 단위 기간에서 99% 승률로 전체 주식을 능가했다(표 21.15). 표 21.16에는 1928년 이후 20% 이상 하락한 기간들을 담았고, 표 21.17과 21.18은 기간별 최고와 최악의 결과를 보여준다. 따라서 이 전략은 소형주뿐 아니라 전체 주식에 적용해도 비슷한 성과를 기대할 수 있다. 표 21.19는 10년 단위의 연 수익률을 수록했고, 그림 21.3은 이 전략의 수익률에서 전체 주식 수익률을 뺀 5년 평균 초과 혹은 미달 연 수익률이다.

표 21.15. 전체 주식 3&6개월 가격 모멘텀>중앙값, 주주수익률 상위 25종목의 전체 주식 대비 기저율
(1928/01/01~2009/12/31)

기준 기간	전체 주식 3&6개월 가격 모멘텀>중앙값, 주주수익률 상위 25종목이 더 높은 달	비율	초과수익률(연 수익률)
1년	754/973	77%	5.61%
3년	877/949	92%	5.94%
5년	856/925	93%	5.88%
7년	846/901	94%	5.85%
10년	858/865	99%	5.82%

표 21.16. 최악의 시나리오: 전체 주식 3&6개월 가격 모멘텀>중앙값, 주주수익률 상위 25종목이 20% 이상 하락한 사례(1928/01/01~2009/12/31)

고점 월	지수 고점	저점 월	지수 저점	회복 월	하락률(%)	하락 기간(개월)	회복 기간(개월)
1929/08	1.68	1932/05	0.37	1936/08	-78.14	33	51
1937/02	1.93	1938/03	0.87	1943/02	-54.80	13	59
1946/05	5.66	1947/05	4.07	1948/05	-27.99	12	12
1961/11	56.24	1962/06	44.97	1963/03	-20.04	7	9
1966/04	125.82	1966/09	100.33	1967/03	-20.26	5	6
1969/01	224.68	1970/06	167.71	1971/02	-25.36	17	8
1972/11	265.15	1974/09	193.66	1975/05	-26.96	22	8
1980/02	1,133.15	1980/03	898.11	1980/06	-20.74	1	3
1987/08	7,539.72	1987/11	5,166.63	1989/04	-31.47	3	17
2007/10	247,468.17	2009/02	118,125.09		-52.27	16	
평균					-35.80	12.9	19.22

표 21.17. 연 수익률 최고치와 최저치(%, 1928/01/01~2009/12/31)

		1년	3년	5년	7년	10년
전체 주식 3&6개월 가격 모멘텀>중앙값, 주주수익률 상위 25종목	최저치	-57.85	-37.88	-13.50	-2.18	-3.08
	최고치	152.96	56.92	43.57	35.05	34.04
전체 주식	최저치	-66.72	-45.99	-20.67	-7.43	-5.31
	최고치	201.69	51.03	41.17	23.77	22.05

표 21.18. 1만 달러 투자 시 기말 원리금 최저치와 최고치(달러, 1928/01/01~2009/12/31)

		1년	3년	5년	7년	10년
전체 주식 3&6개월 가격 모멘텀>중앙값, 주주수익률 상위 25종목	최저치	4,215	2,397	4,844	8,570	7,314
	최고치	25,296	38,642	60,995	81,948	187,183
전체 주식	최저치	3,328	1,576	3,142	5,825	5,793
	최고치	30,169	34,452	56,062	44,504	73,345

표 21.19. 10년 단위 연 수익률(1928/01/01~2009/12/31)

	1920년대*	1930년대	1940년대	1950년대	1960년대	1970년대	1980년대	1990년대	2000년대**
전체 주식 3&6개월 가격 모멘텀>중앙값, 주주수익률 상위 25종목	11.89	1.27	14.95	22.51	16.36	17.24	25.20	21.24	11.27
전체 주식	2.93	−0.03	11.57	18.07	10.72	7.56	16.78	15.35	4.39

* 1920년대: 1928/01/01~1929/12/31
** 2000년대: 2000/01/01~2009/12/31

그림 21.3. 5년 평균 초과(미달) 연 수익률: 전체 주식 3&6개월 가격 모멘텀>중앙값, 주주수익률 상위 25종목 – 소형주(1928/01/01~2009/12/31)

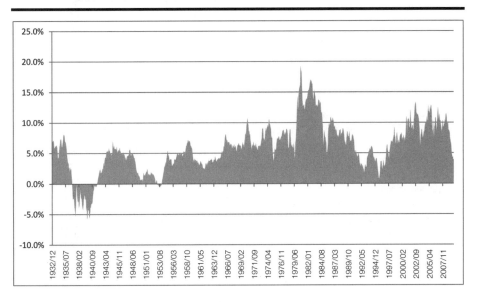

다양한 모집단에 장기 복수 요소 전략 적용

표 21.20~21.25는 CRSP 데이터세트를 사용해서 다양한 복수 요소 전략을 적용했을 때의 수익률과 기저율을 요약했다. 3&6개월 가격 모멘텀이 중앙값보다 높은 종목들 중 주주수익률 상위 25종목을 선택하는 전략은 대형주에서도 잘 작동하는 것을 확인할 수 있다. 표 21.24를 보면 대형주에 적용한 여러 전략 중에서도 가장 성과가 좋

아서 연 수익률 13.17%로 대형주의 9.45%보다 높다. 변동성은 17.98%로 대형주보다 낮아서 샤프지수는 대형주의 0.23보다 훨씬 높은 0.45를 기록했다. 표 21.25에 표시한 것처럼 기저율은 모두 양의 값이고, 5년 단위 기간에서는 88%, 10년 단위 기간에서는 96% 승률로 대형주를 능가했다.

표 21.20. 다양한 소형주 전략의 수익률(1928/01/01~2009/12/31, 연 수익률 내림차순)

	전략	연 수익률 (기하평균)	표준 편차	초과 수익률	샤프 지수	추적 오차	최대 하락률	베타
1	마이크로주 저PBR 상위 30%, 3&6개월 가격 모멘텀>0, 12개월 가격 모멘텀 상위 25종목	18.16%	26.88%	7.61%	0.49	10.27	-87.69%	1.07
2	마이크로주 저PBR 상위 30%, 3&6개월 가격 모멘텀>중앙값, 12개월 가격 모멘텀 상위 25종목	17.84%	24.98%	7.28%	0.51	9.71	-88.20%	0.99
3	마이크로주 저PBR 상위 30%, 3&6개월 가격 모멘텀>중앙값, 12개월 가격 모멘텀 상위 50종목	17.39%	24.60%	6.84%	0.50	9.44	-88.20%	0.98
4	마이크로주 저PBR 상위 30%, 3&6개월 가격 모멘텀>0, 12개월 가격 모멘텀 상위 50종목	17.39%	26.33%	6.84%	0.47	9.74	-88.08%	1.06
5	소형주 주주수익률 및 6개월 가격 모멘텀>중앙값, 저PBR 상위 25종목	15.99%	20.22%	5.44%	0.54	8.54	-78.80%	0.81
6	소형주 3&6개월 가격 모멘텀>중앙값, 주주수익률 상위 25종목	15.98%	19.10%	5.43%	0.58	7.95	-76.86%	0.78
7	소형주 저PBR 및 6개월 가격 모멘텀>중앙값, 자사주 매입 수익률 상위 25종목	15.67%	22.16%	5.12%	0.48	7.88	-82.73%	0.90
8	소형주 3&6개월 가격 모멘텀>중앙값, 저PBR 상위 50종목	15.61%	20.93%	5.06%	0.51	7.07	-79.00%	0.86
9	소형주 저PBR 상위 30%, 3&6개월 가격 모멘텀>중앙값, 주주수익률 상위 25종목	15.51%	22.76%	4.96%	0.46	9.05	-86.37%	0.91
10	소형주 주주수익률, 6개월 가격 모멘텀>중앙값, 저PBR 상위 50종목	15.49%	19.39%	4.94%	0.54	8.21	-78.77%	0.79
11	소형주 3&6개월 가격 모멘텀>중앙값, 저PBR 상위 25종목	15.35%	22.39%	4.80%	0.46	7.73	-81.60%	0.91
12	소형주 저PBR 상위 30%, 3&6개월 가격 모멘텀>중앙값, 12개월 가격 모멘텀 상위 25종목	15.30%	24.29%	4.75%	0.42	8.66	-86.27%	0.98
13	소형주 3&6개월 가격 모멘텀>중앙값, 주주수익률 상위 50종목	15.22%	18.89%	4.67%	0.54	7.47	-76.36%	0.78
14	소형주 저PBR, 주주수익률>중앙값, 6개월 가격 모멘텀 상위 25종목	15.21%	22.18%	4.66%	0.46	6.89	-84.67%	0.91
15	소형주 저PBR 상위 30%, 3&6개월 가격 모멘텀>중앙값, 주주수익률 상위 50종목	15.15%	23.10%	4.60%	0.44	8.69	-86.37%	0.93
16	소형주 저PBR, 6개월 가격 모멘텀>중앙값, 주주수익률 상위 25종목	15.14%	20.59%	4.59%	0.49	8.18	-81.96%	0.83

(다음 쪽에 이어짐)

표 21.20. 다양한 소형주 전략의 수익률(1928/01/01~2009/12/31, 연 수익률 내림차순)

	전략	연 수익률 (기하평균)	표준 편차	초과 수익률	샤프 지수	추적 오차	최대 하락률	베타
17	소형주 저PBR 상위 30%, 3&6개월 가격 모멘텀>중앙값, 12개월 가격 모멘텀 상위 50종목	15.06%	23.66%	4.50%	0.42	8.22	-86.27%	0.96
18	소형주 저PBR, 6개월 가격 모멘텀>중앙값, 자사주 매입 수익률 상위 50종목	14.79%	22.01%	4.24%	0.44	7.17	-83.52%	0.90
19	소형주 저PBR, 6개월 가격 모멘텀>중앙값, 주주수익률 상위 50종목	14.59%	21.21%	4.04%	0.45	7.95	-83.52%	0.86
20	소형주 저PBR, 주주수익률>중앙값, 6개월 가격 모멘텀 상위 50종목	14.40%	21.74%	3.85%	0.43	6.54	-87.36%	0.90
21	소형주 저PBR, 3&6개월 가격 모멘텀>중앙값, 12개월 가격 모멘텀 상위 25종목	14.29%	23.79%	3.74%	0.39	7.67	-82.92%	0.97
22	소형주 주주수익률, 3&6개월 가격 모멘텀>중앙값, 12개월 가격 모멘텀 상위 50종목	14.24%	21.21%	3.69%	0.44	7.74	-77.24%	0.86
23	소형주 저PBR, 3&6개월 가격 모멘텀>중앙값, 12개월 가격 모멘텀 상위 50종목	14.15%	22.87%	3.60%	0.40	6.94	-82.80%	0.94
24	소형주 저PBR, 자사주 매입 수익률>중앙값, 6개월 가격 모멘텀 상위 25종목	13.94%	29.96%	3.39%	0.30	14.63	-91.60%	1.14
25	소형주 주주수익률, 3&6개월 가격 모멘텀>중앙값, 12개월 가격 모멘텀 상위 25종목	13.90%	22.60%	3.34%	0.39	9.23	-76.45%	0.90
26	소형주 저PBR, 자사주 매입 수익률>중앙값, 6개월 가격 모멘텀 상위 50종목	13.59%	29.36%	3.03%	0.29	14.44	-91.60%	1.11
27	소형주 저PBR, 자사주 매입 수익률, 3개월 모멘텀>중앙값, 6개월 가격 모멘텀 상위 25종목	13.52%	26.67%	2.97%	0.32	13.76	-90.97%	1.00
28	소형주 저PBR 상위 30%, 3&6개월 가격 모멘텀>0, 12개월 가격 모멘텀 상위 25종목	13.26%	26.45%	2.71%	0.31	12.86	-94.82%	1.00
29	소형주 저PBR 상위 30%, 3&6개월 가격 모멘텀>0, 주주수익률 상위 25종목	13.24%	24.86%	2.69%	0.33	13.14	-94.82%	0.91
30	소형주 저PBR 상위 30%, 3&6개월 가격 모멘텀>0, 12개월 가격 모멘텀 상위 50종목	13.14%	25.80%	2.59%	0.32	12.58	-94.82%	0.97
31	소형주 저PBR, 자사주 매입 수익률, 3개월 모멘텀>중앙값, 6개월 가격 모멘텀 상위 50종목	13.09%	26.04%	2.54%	0.31	14.33	-90.97%	0.98
32	소형주 저PBR 상위 30%, 3&6개월 가격 모멘텀>0, 주주수익률 상위 50종목	12.96%	25.02%	2.41%	0.32	12.90	-94.82%	0.93
33	소형주 자사주 매입 수익률, 3개월 모멘텀>중앙값, 12개월 가격 모멘텀 상위 50종목	12.21%	25.07%	1.66%	0.29	11.78	-82.88%	0.99
34	소형주 자사주 매입 수익률, 3개월 모멘텀>중앙값, 12개월 가격 모멘텀 상위 25종목	12.06%	26.45%	1.50%	0.27	12.27	-82.88%	1.03
35	소형주	10.56%	23.19%		0.24		-86.12%	

표 21.21. 각 전략의 보유 기간별 소형주 대비 기저율(1928/01/01~2009/12/31, 수익률 내림차순)

	전략	1년	3년	5년	7년	10년
1	마이크로주 저PBR 상위 30%, 3&6개월 가격 모멘텀>0, 12개월 가격 모멘텀 상위 25종목	73.6%	84.3%	90.7%	94.3%	94.7%
2	마이크로주 저PBR 상위 30%, 3&6개월 가격 모멘텀>중앙값, 12개월 가격 모멘텀 상위 25종목	71.1%	82.8%	91.0%	93.2%	94.3%
3	마이크로주 저PBR 상위 30%, 3&6개월 가격 모멘텀>중앙값, 12개월 가격 모멘텀 상위 50종목	69.7%	82.0%	90.2%	92.6%	94.0%
4	마이크로주 저PBR 상위 30%, 3&6개월 가격 모멘텀>0, 12개월 가격 모멘텀 상위 50종목	73.7%	85.1%	90.2%	93.1%	94.1%
5	소형주 주주수익률 및 6개월 가격 모멘텀>중앙값, 저PBR 상위 25종목	74.0%	88.2%	94.4%	94.8%	99.0%
6	소형주 3&6개월 가격 모멘텀>중앙값, 주주수익률 상위 25종목	74.9%	93.4%	94.6%	96.1%	99.3%
7	소형주 저PBR 및 6개월 가격 모멘텀>중앙값, 자사주 매입 수익률 상위 25종목	74.1%	87.7%	91.6%	96.3%	98.0%
8	소형주 3& 6개월 가격 모멘텀>중앙값, 저PBR 상위 50종목	75.2%	89.6%	93.5%	95.0%	98.6%
9	소형주 저PBR 상위 30%, 3&6개월 가격 모멘텀>중앙값, 주주수익률 상위 25종목	73.1%	83.1%	87.4%	90.1%	91.8%
10	소형주 주주수익률, 6개월 가격 모멘텀>중앙값, 저PBR 상위 50종목	73.7%	90.0%	93.9%	94.8%	97.3%
11	소형주 3&6개월 가격 모멘텀>중앙값, 저PBR 상위 25종목	71.9%	81.0%	88.3%	90.7%	94.0%
12	소형주 저PBR 상위 30%, 3&6개월 가격 모멘텀>중앙값, 12개월 가격 모멘텀 상위 25종목	74.1%	84.3%	88.4%	90.6%	91.8%
13	소형주 3&6개월 가격 모멘텀>중앙값, 주주수익률 상위 50종목	74.2%	92.1%	95.2%	96.8%	98.4%
14	소형주 저PBR, 주주수익률>중앙값, 6개월 가격 모멘텀 상위 25종목	74.8%	89.3%	92.4%	92.1%	96.1%
15	소형주 저PBR 상위 30%, 3&6개월 가격 모멘텀>중앙값, 주주수익률 상위 50종목	71.8%	83.9%	86.6%	89.7%	91.8%
16	소형주 저PBR, 6개월 가격 모멘텀>중앙값, 주주수익률 상위 25종목	70.8%	85.1%	92.6%	95.9%	99.2%
17	소형주 저PBR 상위 30%, 3&6개월 가격 모멘텀>중앙값, 12개월 가격 모멘텀 상위 50종목	73.2%	83.9%	87.1%	90.5%	91.8%
18	소형주 저PBR, 6개월 가격 모멘텀>중앙값, 자사주 매입 수익률 상위 50종목	72.4%	85.8%	91.5%	91.1%	93.5%
19	소형주 저PBR, 6개월 가격 모멘텀>중앙값, 주주수익률 상위 50종목	70.1%	84.8%	89.3%	90.7%	93.5%
20	소형주 저PBR, 주주수익률>중앙값, 6개월 가격 모멘텀 상위 50종목	71.7%	87.9%	89.9%	92.1%	94.2%
21	소형주 저PBR, 3&6개월 가격 모멘텀>중앙값, 12개월 가격 모멘텀 상위 25종목	74.3%	85.0%	90.6%	92.2%	93.5%
22	소형주 주주수익률, 3&6개월 가격 모멘텀>중앙값, 12개월 가격 모멘텀 상위 50종목	77.7%	92.2%	93.3%	94.5%	97.2%
23	소형주 저PBR, 3&6개월 가격 모멘텀>중앙값, 12개월 가격 모멘텀 상위 50종목	73.5%	88.5%	91.8%	92.5%	94.9%

(다음 쪽에 이어짐)

표 21.21. 각 전략의 보유 기간별 소형주 대비 기저율(1928/01/01~2009/12/31, 수익률 내림차순)

	전략	1년	3년	5년	7년	10년
24	소형주 저PBR, 자사주 매입 수익률>중앙값, 6개월 가격 모멘텀 상위 25종목	66.5%	76.6%	81.9%	83.1%	89.1%
25	소형주 주주수익률, 3&6개월 가격 모멘텀>중앙값, 12개월 가격 모멘텀 상위 25종목	72.7%	85.5%	89.3%	91.8%	96.3%
26	소형주 저PBR, 자사주 매입 수익률>중앙값, 6개월 가격 모멘텀 상위 50종목	64.4%	76.0%	80.5%	81.9%	88.2%
27	소형주 저PBR, 자사주 매입 수익률, 3개월 모멘텀>중앙값, 6개월 가격 모멘텀 상위 25종목	69.0%	83.8%	90.7%	93.0%	95.1%
28	소형주 저PBR 상위 30%, 3&6개월 가격 모멘텀>0, 12개월 가격 모멘텀 상위 25종목	69.1%	79.1%	82.4%	85.8%	88.6%
29	소형주 저PBR 상위 30%, 3&6개월 가격 모멘텀>0, 주주수익률 상위 25종목	66.7%	78.7%	81.3%	86.1%	88.6%
30	소형주 저PBR 상위 30%, 3&6개월 가격 모멘텀>0, 12개월 가격 모멘텀 상위 50종목	68.9%	78.9%	81.0%	84.0%	87.2%
31	소형주 저PBR, 자사주 매입 수익률, 3개월 모멘텀>중앙값, 6개월 가격 모멘텀 상위 50종목	67.5%	81.9%	89.3%	91.6%	94.7%
32	소형주 저PBR 상위 30%, 3&6개월 가격 모멘텀>0, 주주수익률 상위 50종목	66.7%	76.5%	78.7%	83.9%	87.2%
33	소형주 자사주 매입 수익률, 3개월 모멘텀>중앙값, 12개월 가격 모멘텀 상위 50종목	65.8%	76.8%	83.7%	88.8%	96.4%
34	소형주 자사주 매입 수익률, 3개월 모멘텀>중앙값, 12개월 가격 모멘텀 상위 25종목	61.3%	70.4%	79.1%	86.5%	95.3%
35	소형주	0.0%	0.0%	0.0%	0.0%	0.0%

표 21.22. 다양한 전체 주식 전략의 수익률(1928/01/01~2009/12/31, 연 수익률 내림차순)

	전략	연 수익률 (기하평균)	표준 편차	초과 수익률	샤프 지수	추적 오차	최대 하락률	베타
1	전체 주식 3&6개월 가격 모멘텀>중앙값, 주주수익률 상위 25종목	15.93%	19.07%	5.73%	0.57	7.54	-78.14%	0.82
2	전체 주식 주주수익률, 6개월 가격 모멘텀>중앙값, 저PBR 상위 25종목	15.54%	20.28%	5.34%	0.52	7.98	-82.43%	0.87
3	전체 주식 저PBR 상위 30%, 3&6개월 가격 모멘텀>중앙값, 주주수익률 상위 25종목	15.43%	21.28%	5.23%	0.49	8.34	-85.93%	0.90
4	전체 주식 주주수익률 및 6개월 가격 모멘텀>중앙값, 저PBR 상위 50종목	15.35%	19.18%	5.15%	0.54	7.47	-80.20%	0.83
5	전체 주식 저PBR 및 6개월 가격 모멘텀>중앙값, 주주수익률 상위 25종목	15.32%	19.37%	5.12%	0.53	7.39	-82.19%	0.84
6	전체 주식 저PBR 및 6개월 가격 모멘텀>중앙값, 자사주 매입 수익률 상위 25종목	15.29%	21.22%	5.09%	0.49	7.79	-83.20%	0.91

(다음 쪽에 이어짐)

표 21.22. 다양한 전체 주식 전략의 수익률(1928/01/01~2009/12/31, 연 수익률 내림차순)

	전략	연 수익률 (기하평균)	표준 편차	초과 수익률	샤프 지수	추적 오차	최대 하락률	베타
7	전체 주식 3&6개월 가격 모멘텀>중앙값, 주 주수익률 상위 50종목	15.26%	18.37%	5.06%	0.56	6.87	-77.83%	0.81
8	전체 주식 저PBR, 주주수익률>중앙값, 6개월 가격 모멘텀 상위 25종목	15.26%	20.97%	5.06%	0.49	6.55	-82.44%	0.92
9	전체 주식 저PBR 상위 30%, 3&6개월 가격 모멘텀>중앙값, 12개월 가격 모멘텀 상위 25 종목	15.21%	23.34%	5.01%	0.44	8.08	-86.28%	1.01
10	전체 주식 3&6개월 가격 모멘텀>중앙값, 저 PBR 상위 50종목	15.04%	20.90%	4.84%	0.48	6.54	-81.32%	0.92
11	전체 주식 저PBR 및 자사주 매입 수익률>중 앙값, 6개월 가격 모멘텀 상위 25종목	14.82%	27.74%	4.61%	0.35	12.38	-85.31%	1.15
12	전체 주식 저PBR 상위 30%, 3&6개월 가격 모멘텀>중앙값, 주주수익률 상위 50종목	14.79%	21.57%	4.59%	0.45	8.11	-86.04%	0.92
13	전체 주식 저PBR 상위 30%, 3&6개월 가격 모멘텀>중앙값, 12개월 가격 모멘텀 상위 50 종목	14.75%	22.62%	4.55%	0.43	7.58	-86.00%	0.98
14	전체 주식 저PBR 및 6개월 가격 모멘텀>중앙 값, 자사주 매입 수익률 상위 50종목	14.75%	21.32%	4.54%	0.46	6.48	-83.88%	0.94
15	전체 주식 3&6개월 가격 모멘텀>중앙값, 저 PBR 상위 25종목	14.65%	22.66%	4.45%	0.43	7.70	-84.63%	0.98
16	전체 주식 저PBR, 자사주 매입 수익률, 3개월 모멘텀>중앙값, 6개월 가격 모멘텀 상위 25종목	14.63%	26.27%	4.43%	0.37	11.87	-83.38%	1.08
17	전체 주식 저PBR, 6개월 가격 모멘텀>중앙 값, 주주수익률 상위 50종목	14.50%	20.09%	4.30%	0.47	7.27	-83.63%	0.87
18	전체 주식 저PBR, 주주수익률>중앙값, 6개월 가격 모멘텀 상위 50종목	14.40%	20.88%	4.20%	0.45	5.96	-85.90%	0.92
19	전체 주식 저PBR, 자사주 매입 수익률>중앙 값, 6개월 가격 모멘텀 상위 50종목	14.38%	27.11%	4.18%	0.35	12.00	-85.31%	1.13
20	전체 주식 저PBR, 자사주 매입 수익률, 3개월 모멘텀>중앙값, 6개월 가격 모멘텀 상위 50종목	14.29%	25.62%	4.09%	0.36	11.50	-83.38%	1.05
21	전체 주식 주주수익률 및 3&6개월 가격 모멘 텀>중앙값, 12개월 가격 모멘텀 상위 25종목	14.04%	22.36%	3.84%	0.40	9.38	-74.29%	0.94
22	전체 주식 주주수익률 및 3&6개월 가격 모멘 텀>중앙값, 12개월 가격 모멘텀 상위 50종목	13.93%	20.94%	3.73%	0.43	7.56	-78.27%	0.90
23	전체 주식 저PBR, 3&6개월 가격 모멘텀>중 앙값, 12개월 가격 모멘텀 상위 25종목	13.88%	23.48%	3.68%	0.38	7.86	-83.26%	1.02
24	전체 주식 저PBR, 3&6개월 가격 모멘텀>중 앙값, 12개월 가격 모멘텀 상위 50종목	13.39%	22.55%	3.19%	0.37	6.66	-83.35%	0.99
25	전체 주식 저PBR 상위 30%, 3&6개월 가격 모멘텀>0, 주주수익률 상위 25종목	12.98%	24.15%	2.78%	0.33	12.73	-94.51%	0.94
26	전체 주식 저PBR 상위 30%, 3&6개월 가격 모멘텀>0, 12개월 가격 모멘텀 상위 25종목	12.96%	25.93%	2.76%	0.31	12.66	-94.51%	1.04

(다음 쪽에 이어짐)

월가의 퀀트 투자 바이블

표 21.22. 다양한 전체 주식 전략의 수익률(1928/01/01~2009/12/31, 연 수익률 내림차순)

	전략	연 수익률 (기하평균)	표준 편차	초과 수익률	샤프 지수	추적 오차	최대 하락률	베타
27	전체 주식 중 자사주 매입 수익률, 3개월 모멘텀>중앙값, 12개월 가격 모멘텀 상위 50종목	12.94%	26.27%	2.74%	0.30	10.75	-81.42%	1.11
28	전체 주식 저PBR 상위 30%, 3&6개월 가격 모멘텀>0, 12개월 가격 모멘텀 상위 50종목	12.86%	25.24%	2.66%	0.31	12.26	-94.53%	1.01
29	전체 주식 저PBR 상위 30%, 3&6개월 가격 모멘텀>0, 주주수익률 상위 50종목	12.76%	24.25%	2.55%	0.32	12.59	-94.53%	0.95
30	전체 주식 중 자사주 매입 수익률, 3개월 모멘텀>중앙값, 12개월 가격 모멘텀 상위 25종목	12.67%	27.66%	2.47%	0.28	12.39	-81.42%	1.15
31	전체 주식	10.20%	21.75%		0.24		-85.45%	

표 21.23. 각 전략의 보유 기간별 전체 주식 대비 기저율(1928/01/01~2009/12/31, 연 수익률 내림차순)

	전략	1년	3년	5년	7년	10년
1	전체 주식 3&6개월 가격 모멘텀>중앙값, 주주수익률 상위 25종목	77.5%	92.4%	92.5%	93.9%	99.2%
2	전체 주식 주주수익률, 6개월 가격 모멘텀>중앙값, 저PBR 상위 25종목	71.4%	85.6%	92.1%	93.2%	99.3%
3	전체 주식 저PBR 상위 30%, 3&6개월 가격 모멘텀>중앙값, 주주수익률 상위 25종목	73.6%	86.6%	91.1%	91.0%	94.5%
4	전체 주식 주주수익률 및 6개월 가격 모멘텀>중앙값, 저PBR 상위 50종목	76.8%	90.8%	93.7%	94.2%	99.4%
5	전체 주식 저PBR 및 6개월 가격 모멘텀>중앙값, 주주수익률 상위 25종목	72.6%	87.5%	94.5%	98.8%	100.0%
6	전체 주식 저PBR 및 6개월 가격 모멘텀>중앙값, 자사주 매입 수익률 상위 25종목	72.0%	84.6%	87.6%	89.8%	91.7%
7	전체 주식 3&6개월 가격 모멘텀>중앙값, 주주수익률 상위 50종목	78.4%	94.4%	95.0%	96.1%	99.3%
8	전체 주식 저PBR, 주주수익률>중앙값, 6개월 가격 모멘텀 상위 25종목	80.6%	92.0%	95.7%	97.6%	100.0%
9	전체 주식 저PBR 상위 30%, 3&6개월 가격 모멘텀>중앙값, 12개월 가격 모멘텀 상위 25종목	75.5%	85.0%	91.9%	92.2%	94.6%
10	전체 주식 3&6개월 가격 모멘텀>중앙값, 저PBR 상위 50종목	75.4%	87.5%	92.9%	94.2%	96.4%
11	전체 주식 저PBR 및 자사주 매입 수익률>중앙값, 6개월 가격 모멘텀 상위 25종목	70.9%	84.1%	89.3%	94.3%	96.9%
12	전체 주식 저PBR 상위 30%, 3&6개월 가격 모멘텀>중앙값, 주주수익률 상위 50종목	72.7%	84.5%	89.9%	90.7%	94.3%
13	전체 주식 저PBR 상위 30%, 3&6개월 가격 모멘텀>중앙값, 12개월 가격 모멘텀 상위 50종목	74.5%	85.1%	90.7%	91.6%	94.3%

(다음 쪽에 이어짐)

표 21.23. 각 전략의 보유 기간별 전체 주식 대비 기저율(1928/01/01~2009/12/31, 연 수익률 내림차순)

	전략	1년	3년	5년	7년	10년
14	전체 주식 저PBR 및 6개월 가격 모멘텀>중앙값, 자사주 매입 수익률 상위 50종목	74.5%	89.6%	92.0%	93.8%	95.3%
15	전체 주식 3&6개월 가격 모멘텀>중앙값, 저PBR 상위 25종목	70.1%	78.0%	83.9%	87.0%	91.0%
16	전체 주식 저PBR, 자사주 매입 수익률, 3개월 모멘텀>중앙값, 6개월 가격 모멘텀 상위 25종목	72.4%	82.6%	90.4%	95.2%	97.6%
17	전체 주식 저PBR, 6개월 가격 모멘텀>중앙값, 주주수익률 상위 50종목	71.7%	87.9%	94.6%	96.0%	99.0%
18	전체 주식 저PBR, 주주수익률>중앙값, 6개월 가격 모멘텀 상위 50종목	76.1%	91.8%	95.1%	96.8%	98.5%
19	전체 주식 저PBR, 자사주 매입 수익률>중앙값, 6개월 가격 모멘텀 상위 50종목	69.7%	83.5%	87.5%	92.0%	94.1%
20	전체 주식 저PBR, 자사주 매입 수익률, 3개월 모멘텀>중앙값, 6개월 가격 모멘텀 상위 50종목	71.8%	84.3%	91.7%	95.8%	97.2%
21	전체 주식 주주수익률 및 3&6개월 가격 모멘텀>중앙값, 12개월 가격 모멘텀 상위 25종목	69.7%	81.7%	85.8%	91.2%	98.2%
22	전체 주식 주주수익률 및 3&6개월 가격 모멘텀>중앙값, 12개월 가격 모멘텀 상위 50종목	76.9%	90.3%	91.0%	93.7%	97.2%
23	전체 주식 저PBR, 3&6개월 가격 모멘텀>중앙값, 12개월 가격 모멘텀 상위 25종목	74.2%	86.0%	88.6%	92.6%	94.0%
24	전체 주식 저PBR, 3&6개월 가격 모멘텀>중앙값, 12개월 가격 모멘텀 상위 50종목	74.6%	86.4%	91.2%	91.8%	94.3%
25	전체 주식 저PBR 상위 30%, 3&6개월 가격 모멘텀>0, 주주 수익률 상위 25종목	66.8%	78.6%	83.2%	87.6%	90.9%
26	전체 주식 저PBR 상위 30%, 3&6개월 가격 모멘텀>0, 12개월 가격 모멘텀 상위 25종목	70.2%	78.0%	83.2%	86.2%	89.7%
27	전체 주식 중 자사주 매입 수익률, 3개월 모멘텀>중앙값, 12개월 가격 모멘텀 상위 50종목	63.9%	74.6%	79.7%	85.8%	89.4%
28	전체 주식 저PBR 상위 30%, 3&6개월 가격 모멘텀>0, 12개월 가격 모멘텀 상위 50종목	70.1%	79.5%	81.9%	86.1%	88.2%
29	전체 주식 저PBR 상위 30%, 3&6개월 가격 모멘텀>0, 주주 수익률 상위 50종목	66.6%	76.9%	80.6%	85.0%	88.1%
30	전체 주식 중 자사주 매입 수익률, 3개월 모멘텀>중앙값, 12개월 가격 모멘텀 상위 25종목	60.0%	68.7%	75.2%	83.6%	83.7%
31	전체 주식	0.0%	0.0%	0.0%	0.0%	0.0%

표 21.24. 다양한 대형주 전략의 수익률(1928/01/01~2009/12/31, 연 수익률 내림차순)

	전략	연 수익률 (기하평균)	표준 편차	초과 수익률	샤프 지수	추적 오차	최대 하락률	베타
1	대형주 3&6개월 가격 모멘텀>중앙값, 주주수익률 상위 25종목	13.17%	17.98%	3.72%	0.45	5.90	-79.32%	0.88
2	대형주 자사주 매입 수익률, 3개월 모멘텀>중앙값, 12개월 가격 모멘텀 상위 25종목	12.87%	25.44%	3.42%	0.31	11.74	-83.19%	1.18
3	대형주 저PBR, 자사주 매입 수익률, 3개월 모멘텀>중앙값, 6개월 가격 모멘텀 상위 25종목	12.78%	26.45%	3.32%	0.29	13.71	-83.87%	1.18
4	대형주 주주수익률, 3&6개월 가격 모멘텀>중앙값, 12개월 가격 모멘텀 상위 25종목	12.78%	18.97%	3.32%	0.41	6.14	-80.08%	0.93
5	대형주 3&6개월 가격 모멘텀>중앙값, 저PBR 상위 25종목	12.66%	19.00%	3.20%	0.40	5.79	-82.18%	0.93
6	대형주 저PBR 및 자사주 매입 수익률>중앙값, 6개월 가격 모멘텀 상위 25종목	12.57%	24.69%	3.11%	0.31	11.17	-80.31%	1.14
7	대형주 저PBR, 자사주 매입 수익률, 3개월 모멘텀>중앙값, 6개월 가격 모멘텀 상위 50종목	12.56%	26.26%	3.10%	0.29	13.68	-83.87%	1.16
8	대형주 저PBR, 6개월 가격 모멘텀>중앙값, 자사주 매입 수익률 상위 25종목	12.54%	20.28%	3.08%	0.37	5.87	-86.70%	1.00
9	대형주 자사주 매입 수익률, 3개월 모멘텀>중앙값, 12개월 가격 모멘텀 상위 50종목	12.47%	24.64%	3.01%	0.30	10.95	-83.19%	1.15
10	대형주 주주수익률, 6개월 가격 모멘텀>중앙값, 저PBR 상위 25종목	12.37%	18.15%	2.92%	0.41	6.54	-82.43%	0.88
11	대형주 주주수익률, 3&6개월 가격 모멘텀>중앙값, 12개월 가격 모멘텀 상위 50종목	12.28%	18.09%	2.83%	0.40	5.27	-80.22%	0.90
12	대형주 자사주 매입 수익률>중앙값, 배당수익률 상위 25종목	12.23%	23.83%	2.77%	0.30	13.25	-85.17%	1.02
13	대형주 3&6개월 가격 모멘텀>중앙값, 주주수익률 상위 50종목	12.20%	18.13%	2.75%	0.40	5.15	-80.48%	0.90
14	대형주 자사주 매입 수익률>중앙값, 배당수익률 상위 50종목	12.17%	23.67%	2.72%	0.30	12.52	-85.17%	1.03
15	대형주 저PBR, 6개월 가격 모멘텀>중앙값, 주주수익률 상위 25종목	12.11%	19.53%	2.65%	0.36	6.54	-86.69%	0.95
16	대형주 저PBR, 주주수익률>중앙값, 6개월 가격 모멘텀 상위 25종목	12.06%	19.77%	2.61%	0.36	6.19	-88.57%	0.97
17	대형주 저PBR, 자사주 매입 수익률>중앙값, 6개월 가격 모멘텀 상위 50종목	11.96%	24.41%	2.50%	0.28	11.25	-80.31%	1.13
18	대형주 저PBR, 6개월 가격 모멘텀>중앙값, 자사주 매입 수익률 상위 50종목	11.93%	19.99%	2.47%	0.35	5.47	-86.68%	0.99
19	대형주 3&6개월 가격 모멘텀>중앙값, 저PBR 상위 50종목	11.85%	18.63%	2.39%	0.37	5.12	-81.63%	0.93
20	대형주 저PBR, 6개월 가격 모멘텀>중앙값, 주주수익률 상위 50종목	11.83%	19.60%	2.37%	0.35	6.02	-86.68%	0.96
21	대형주 주주수익률, 6개월 가격 모멘텀>중앙값, 저PBR 상위 50종목	11.80%	17.82%	2.35%	0.38	5.88	-82.54%	0.88

(다음 쪽에 이어짐)

표 21.24. 다양한 대형주 전략의 수익률(1928/01/01~2009/12/31, 연 수익률 내림차순)

	전략	연 수익률 (기하평균)	표준 편차	초과 수익률	샤프 지수	추적 오차	최대 하락률	베타
22	대형주 저PBR, 주주수익률>중앙값, 6개월 가격 모멘텀 상위 50종목	11.50%	19.51%	2.04%	0.33	6.13	-88.75%	0.95
23	대형주 저PBR, 3&6개월 가격 모멘텀>중앙값, 12개월 가격 모멘텀 상위 50종목	11.32%	20.12%	1.86%	0.31	5.64	-86.25%	0.99
24	대형주 저PBR, 3&6개월 가격 모멘텀>중앙값, 12개월 가격 모멘텀 상위 25종목	11.28%	20.72%	1.83%	0.30	6.28	-86.16%	1.02
25	대형주 저PBR>중앙값, 배당수익률 상위 50종목	10.34%	19.36%	0.89%	0.28	9.56	-88.30%	0.88
26	대형주 저PBR>중앙값, 배당수익률 상위 25종목	10.28%	19.96%	0.83%	0.26	10.45	-90.20%	0.88
27	대형주	9.45%	19.42%		0.23		-84.33%	

표 21.25. 각 전략의 보유 기간별 대형주 대비 기저율(1928/01/01~2009/12/31, 수익률 내림차순)

	전략	1년	3년	5년	7년	10년
1	대형주 3&6개월 가격 모멘텀>중앙값, 주주수익률 상위 25종목	71.7%	86.8%	88.2%	91.6%	96.0%
2	대형주 자사주 매입 수익률, 3개월 모멘텀>중앙값, 12개월 가격 모멘텀 상위 25종목	66.4%	79.3%	85.9%	90.9%	93.9%
3	대형주 저PBR, 자사주 매입 수익률, 3개월 모멘텀>중앙값, 6개월 가격 모멘텀 상위 25종목	69.9%	84.0%	93.7%	98.6%	100.0%
4	대형주 주주수익률, 3&6개월 가격 모멘텀>중앙값, 12개월 가격 모멘텀 상위 25종목	72.1%	85.9%	92.5%	96.1%	99.8%
5	대형주 3&6개월 가격 모멘텀>중앙값, 저PBR 상위 25종목	69.6%	82.8%	91.8%	93.1%	97.5%
6	대형주 저PBR 및 자사주 매입 수익률>중앙값, 6개월 가격 모멘텀 상위 25종목	69.9%	81.5%	91.1%	95.0%	97.6%
7	대형주 저PBR 및 자사주 매입 수익률, 3개월 모멘텀>중앙값, 6개월 가격 모멘텀 상위 50종목	68.3%	82.8%	92.5%	97.7%	99.5%
8	대형주 저PBR, 6개월 가격 모멘텀>중앙값, 자사주 매입 수익률 상위 25종목	68.2%	77.3%	86.9%	87.8%	94.0%
9	대형주 자사주 매입 수익률, 3개월 모멘텀>중앙값, 12개월 가격 모멘텀 상위 50종목	69.5%	81.5%	88.9%	92.0%	95.5%
10	대형주 주주수익률, 6개월 가격 모멘텀>중앙값, 저PBR 상위 25종목	67.4%	82.1%	86.2%	91.7%	99.0%
11	대형주 주주수익률, 3&6개월 가격 모멘텀>중앙값, 12개월 가격 모멘텀 상위 50종목	70.8%	85.6%	88.4%	93.0%	99.8%
12	대형주 자사주 매입 수익률>중앙값, 배당수익률 상위 25종목	57.6%	68.7%	75.1%	84.2%	88.6%
13	대형주 3&6개월 가격 모멘텀>중앙값, 주주수익률 상위 50종목	68.3%	83.0%	85.5%	88.3%	94.1%
14	대형주 자사주 매입 수익률>중앙값, 배당수익률 상위 50종목	59.0%	69.1%	76.6%	83.6%	89.4%
15	대형주 저PBR, 6개월 가격 모멘텀>중앙값, 주주수익률 상위 25종목	63.9%	72.0%	82.9%	84.6%	92.1%

(다음 쪽에 이어짐)

표 21.25. 각 전략의 보유 기간별 대형주 대비 기저율(1928/01/01~2009/12/31, 수익률 내림차순)

	전략	1년	3년	5년	7년	10년
16	대형주 저PBR, 주주수익률>중앙값, 6개월 가격 모멘텀 상위 25종목	69.6%	82.3%	88.2%	91.3%	94.7%
17	대형주 저PBR, 자사주 매입 수익률>중앙값, 6개월 가격 모멘텀 상위 50종목	67.3%	79.1%	86.6%	92.8%	95.4%
18	대형주 저PBR, 6개월 가격 모멘텀>중앙값, 자사주 매입 수익률 상위 50종목	69.5%	78.5%	87.8%	88.3%	94.3%
19	대형주 3&6개월 가격 모멘텀>중앙값, 저PBR 상위 50종목	65.0%	79.6%	85.4%	88.9%	93.8%
20	대형주 저PBR, 6개월 가격 모멘텀>중앙값, 주주수익률 상위 50종목	65.1%	73.0%	85.0%	87.2%	92.9%
21	대형주 주주수익률, 6개월 가격 모멘텀>중앙값, 저PBR 상위 50종목	65.4%	78.0%	83.9%	86.9%	93.9%
22	대형주 저PBR, 주주수익률>중앙값, 6개월 가격 모멘텀 상위 50종목	66.0%	76.0%	85.5%	86.3%	91.6%
23	대형주 저PBR, 3&6개월 가격 모멘텀>중앙값, 12개월 가격 모멘텀 상위 50종목	64.4%	73.3%	82.1%	87.6%	94.7%
24	대형주 저PBR, 3&6개월 가격 모멘텀>중앙값, 12개월 가격 모멘텀 상위 25종목	66.1%	74.7%	80.1%	87.3%	94.0%
25	대형주 저PBR>중앙값, 배당수익률 상위 50종목	56.8%	63.6%	61.9%	66.3%	77.7%
26	대형주 저PBR>중앙값, 배당수익률 상위 25종목	55.2%	67.3%	68.9%	70.9%	78.7%
27	대형주	0.0%	0.0%	0.0%	0.0%	0.0%

모멘텀을 가미한 이중 가치 전략

표 21.23을 보면 1928~2009년 기간 전체 주식 모집단에서 10년 기저율이 독보적인 전략이 2개 있다. 첫 번째는 PBR이 중앙값보다 작고(다시 말해 저PBR 하위 50% 제외) 6개월 가격 모멘텀이 중앙값 이상인 종목들 중에서 주주수익률 상위 25개 종목을 편입하는 전략이다. 이 전략은 전체 주식을 10년 단위 기간에서 100% 능가할 뿐 아니라 1년 단위 기간에서도 70% 승률을 보였다. 그러나 이런 안정적인 성과에는 약간의 비용이 따라서 연 수익률이 15.32%로, 가장 높은 전략보다 61bp 낮다. MDD 역시 82%로 크고 샤프지수도 더 낮다. 그럼에도 불구하고 1928~2009년 전 기간의 10년 기저율 100%는 매우 드문 사례다.

두 번째 전략은 전체 주식에서 PBR이 중앙값보다 작고 주주수익률이 중앙값보다 높은 종목들을 추린 후 12개월 가격 모멘텀 상위 25개 주식을 편입하는 것이다. 이 전략은 전체 주식을 1년 단위 기간에서 80%, 10년 단위 구간에서 100% 능가했다. 첫 번째 전략과 마찬가지로 안정적 성과에는 비용이 따라서, 연 수익률 15.26%는 최고 성과 전략보다 67bp 낮다. 다른 여러 전략의 결과는 표 21.20~21.25에 정리했다.

복수 요소 전략의 장기 성공

세 가지 모집단에서 두 가지 이상의 요소를 활용해 포트폴리오를 구성하면 모집단 패시브 투자보다 훨씬 나은 성과를 거둘 수 있다. 가격 모멘텀이 크거나 주주수익률이 높은 종목을 매수하는 것만으로도 성과가 좋지만, 먼저 가격 모멘텀이 좋은 것을 고른 다음 주주수익률이 높은 종목에 초점을 맞추는 식으로 이들 요소를 결합하면 더 낮은 위험으로 훨씬 나은 수익을 얻는다. 이 가치 특성과 성장 특성 조합은 컴퓨스탯 데이터세트를 사용해서 더 다양한 모형으로 살펴볼 것이다. 현재로는 단일 요소를 사용할 때보다 복수 요소를 조합하는 전략이 수익을 높이고 위험을 낮춘다는 장기 데이터를 얻었다.

시사점

단 하나의 장애물보다 일련의 장애물을 뛰어넘는 종목을 사는 것이 좋다. 수익률 절댓값과 위험 조정 수익률이 높게 나올 주식을 찾을 때 가치 특성과 성장 특성을 결합하는 방법이 최상이다. 가격 모멘텀과 주주수익률 같은 단일 요소를 결합하면 개별 요소를 단독 사용할 때보다 수익률을 높이는 동시에 위험을 낮출 수 있었다. 다음 장에서는 가격 모멘텀이나 주주수익률이 좋은 주식뿐 아니라 회계 요소, 즉 장부를 조작하지 않는지, 부채가 너무 많지 않은지, 외부 자금 조달로 전환하는지 등을 추가함으로써 성장 전략과 가치 전략의 성과를 더욱 개선할 수 있다는 것을 알게 될 것이다. 이제 시장 선도주 모집단과 소형주 모집단을 추가해 어떤 요소들이 작동하는지 알아보자.

WHAT
WORK$
ON WALL
$TREET

22

시장 선도주 모집단 해부: 우승 전략은?

숫자는 수사를 규율한다.
숫자 없이는
말도 안 되는 생각을 따르고,
있는 그대로의 세상을 무시하며,
세상을 주관적으로 개조하기 쉽다.

| 랠프 월도 에머슨 | Ralph Waldo Emerson, 미국 사상가

여러 요소를 사용해서 포트폴리오를 구성하면 투자 수익률을 높이고 위험을 낮출 수 있다는 것을 앞 장에서 확인했다. 이번 장에서는 복수 요소 모형 자체인 시장 선도주 모집단을 살펴보고, 수익률 향상을 위해 단일 요소 또는 여러 요소를 적용했다. 5장에서 시장 선도주 모집단이 강력한 S&P500과 유사하다는 것과, 널리 알려진 이 대형주들이 전체 주식, 대형주, S&P500을 상회하는 성과를 보였다는 것을 상기해보자. 시장 선도주 모집단은 모든 광범위한 유사 인덱스 포트폴리오 중에서 샤프지수가 가장 높았고, 다양한 시장 주기에서 성과가 가장 뛰어났다. 러셀1000지수 같은 대형주 인덱스의 성과 또한 상회했다.

시장 선도 기업은 공익기업이 아닌 기업 중에서 시가총액이 시장 평균보다 큰 기업이다(이제 최소 시가총액 5,000만 달러를 적용한다). 이 책의 이전 판에서는 단순히 데이터베이스 평균 시가총액을 기준으로 했는데 이 데이터베이스에는 작은 종목들도 포함되었다. 투자 불가 마이크로주들을 제거함으로써 시가총액 평균을 높이고 발행 주식 수, 현금흐름, 매출액이 종목 평균보다 50% 이상 높은 투자 가능 종목들만 포함했다. 컴퓨스탯 데이터세트에 이런 기준을 적용한 결과 전체 종목의 6%만이 시장 선도주로 선별되었다. 미국에서 거래되는 ADR을 포함한다는 점이 중요하다. 따라서 독일의 도이치텔레콤Deutsche Telekom, 일본의 NTT, 영국의 BP 같은 거대 기업들이 고려 대상에 포함된다. 이것이 미국 회사로만 구성된 S&P500의 성과와 비교할 때 특히 중요한 차이점이다. 새로운 세계 경제에서는 본사가 미국 외에 있는 기업에 투자하는 능력이 투자 성과에 유리할 수도 있다. 실제로 시장 선도주 모집단의 ADR이 수년간 상당히 증가해서 1995년에는 약 20%, 2003년 말에는 35%, 2010년 5월에는 48%를 차지했다.

또 중요한 점은 시장 선도주 모집단은 동일비중 방식이 적용되는 반면, S&P500 지수는 시가총액가중 방식으로 큰 기업에 훨씬 큰 가중치를 부여한다는 것이다. 2009년 시장 선도주 모집단에는 331개 주식이 포함되고, 시가총액 평균은 464억 달러, 중앙값은 273억 달러다. 반면 S&P500지수는 시가총액 평균이 211억 2,000만 달러, 중앙값은 93억 5,000만 달러이므로, 시장 선도주가 S&P500보다 훨씬 더 큰 종목들에 집중한다. S&P500지수와 시장 선도주를 비교할 때 또 다른 중요한 사실은 오랜 기간에 걸쳐 동일비중 지수가 시가총액가중 지수의 성과를 상회했다는 점이다. 표 22.1은 1963~2009년 시장 선도주를 전체 주식, 대형주, 소형주, S&P500과 비교한 결과다.

일반적으로 S&P500과 같은 대형 광범위 지수와 여기서 다루는 다른 모집단들은 투자 기간의 60%는 월 수익률이 양의 값이고 40%는 음의 값이다. 흥미롭게도 이 60 대 40 균형은 관찰 기간과 무관하게 지속되는 경향이 있다. 예를 들어

표 22.1. 연 수익률과 위험도: 시장 선도주, S&P500, 대형주, 전체 주식, 소형주(1964/01/01~2009/12/31)

		시장 선도주	S&P500	대형주	전체 주식	소형주
산술평균 수익률		12.82%	10.71%	11.72%	13.26%	13.94%
기하평균 수익률		11.36%	9.46%	10.20%	11.22%	11.60%
중위 수익률		14.62%	13.76%	17.20%	17.16%	19.28%
표준편차		16.13%	15.09%	16.50%	18.99%	20.31%
상방 편차		10.00%	9.37%	9.70%	10.98%	11.87%
하방 편차		11.66%	10.76%	11.85%	13.90%	14.83%
추적오차		7.63	8.69	5.41	0.00	2.21
상승 개월 수		335	342	332	329	329
하락 개월 수		217	210	220	223	223
최대 하락률		−54.03%	−50.95%	−53.77%	−55.54%	−58.48%
베타		0.78	0.71	0.84	1.00	1.07
T-통계량(m=0)		5.10	4.59	4.58	4.47	4.38
샤프지수(Rf=5%)		0.39	0.30	0.32	0.33	0.32
소르티노지수(MAR=10%)		0.12	−0.05	0.02	0.09	0.11
1만 달러 투자 시		$1,411,897	$639,147	$872,861	$1,329,513	$1,555,109
1년 수익률	최저치	−48.15%	−43.32%	−46.91%	−46.49%	−46.38%
	최고치	66.79%	61.01%	68.96%	84.19%	93.08%
3년 수익률	최저치	−13.61%	−16.10%	−15.89%	−18.68%	−19.53%
	최고치	34.82%	33.40%	33.12%	31.49%	34.00%
5년 수익률	최저치	−4.36%	−6.64%	−5.82%	−9.91%	−11.75%
	최고치	31.52%	29.72%	28.95%	27.66%	31.37%
7년 수익률	최저치	−2.93%	−3.85%	−4.15%	−6.32%	−7.64%
	최고치	24.56%	23.08%	22.83%	23.77%	27.35%
10년 수익률	최저치	1.01%	−3.43%	−0.15%	1.01%	1.08%
	최고치	19.69%	19.48%	19.57%	22.05%	24.47%
기대수익률	최저치	−19.44%	−19.46%	−21.28%	−24.73%	−26.69%
	최고치	45.07%	40.88%	44.72%	51.24%	54.57%

1926/01/01~2009/12/31 기간에 S&P500지수의 월 수익률은 양의 값이 62%, 음의 값이 38%였다. 이는 대형주 모집단의 양의 값 61%, 음의 값 39%와 비슷하다. 전체 주식 또한 위의 84년 동안 양의 값 61%, 음의 값 39%였다. 제2차 세계대전 이후의 기간만 보더라도 수치는 거의 변동 없이 약간 높은 양의 값 63%와 음의 값 37%를 기록했다. 1930년대 대공황이 지배한 1926~1944년 기간에도 여전히 S&P500지수의 월간 수익률은 58%가 양의 값이었다.

표 22.1을 살펴보면 소형주를 제외하고는 시장 선도주의 수익률이 절댓값 기준으로 가장 높았다. 위험 조정 기준으로는 시장 선도주의 수익률이 가장 높아서 샤프지수가 0.39로 다른 모집단들보다 높았다. 시장 선도주는 다양한 투자 기간 대부분에서 수익률 최저치 또한 양호했는데, 시장 하락기에도 성과의 하방 경직성이 상대적으로 견고하다는 뜻이다. 또한 5년 단위 기간 대부분에 S&P500과 대형주 모두를 능가했다. 5장에서 보았듯, 시장 선도주는 S&P500을 5년 단위 기간에서는 76%, 10년 단위 기간에서는 78% 능가했고, 대형주를 5년 단위 기간에서 75%, 10년 단위 기간에서는 89% 능가했다. 그림 22.1과 22.2는 이 전략의 수익률에서 S&P500과 대형주의 수익률을 뺀 5년 평균 초과 혹은 미달 연 수익률이다.

그림 22.1. 5년 평균 초과(미달) 연 수익률: 시장 선도주 – S&P500(1964/01/01~2009/12/31)

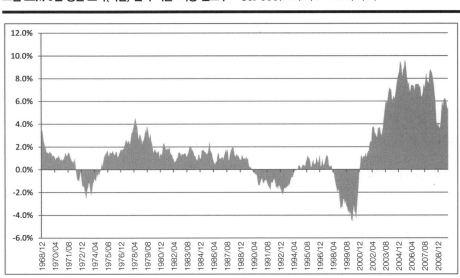

그림 22.2. 5년 평균 초과(미달) 연 수익률: 시장 선도주 – 대형주(1964/01/01~2009/12/31)

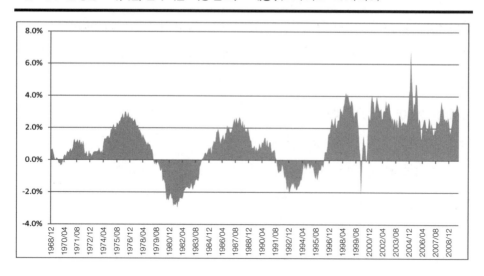

시장 선도주 전략 결과 요약

여기에서는 광범위한 전체 주식과 대형주에 유효한 것이 시장 선도주에도 똑같이 강력함을 보여주는 것이 목적이기 때문에 각 전략의 요약 데이터를 검토하는 데 그치겠다. 테스트한 모든 요소를 적용하기 위해 데이터는 1965년 9월에 시작한다. 표 22.2는 다양한 전략을 연 수익률 내림차순으로 정렬해 나열했다. 시장 선도주에서는 밸류에이션이 높은 요소들의 결과가 전체 주식과 대형주에서만큼 파괴적이지 않았는데, 주로 시장 선도 기업들의 규모 때문이다. 예를 들어 시장 선도주 전략의 최하위 성과 3가지인 VC3 하위 10% 전략은 연 수익률 7.71%, 주주수익률 하위 10% 전략은 7.25%, 자사주 매입 수익률 하위 10%(기본적으로 주식을 발행하는 기업) 전략은 6.76%를 기록했다.

표 22.2. 다양한 시장 선도주 전략의 수익률(1969/09-2009/12, 연 수익률 내림차순)

	전략	연 수익률 (기하평균)	표준 편차	초과 수익률	샤프 지수	추적 오차	최대 하락률	베타
1	시장 선도주 VC2 상위 20%, 6개월 가격 모멘텀 상위 25종목	15.34%	17.17%	4.70%	0.60	6.03	-52.74%	0.98
2	시장 선도주 VC2 상위 20%, 6개월 가격 모멘텀 상위 50종목	15.00%	17.16%	3.73%	0.58	5.27	-53.43%	1.00
3	시장 선도주 주주수익률 상위 25종목	14.94%	17.00%	3.66%	0.58	6.52	-57.57%	0.96
4	시장 선도주 VC2 상위 10%	14.84%	18.52%	3.57%	0.53	7.10	-62.16%	1.05
5	시장 선도주 주주수익률 상위 10%	14.72%	16.77%	3.44%	0.58	6.38	-56.44%	0.95
6	시장 선도주 3&6개월 가격 모멘텀>중앙값, 주주수익률 상위 25종목	14.65%	16.32%	3.38%	0.59	5.09	-56.33%	0.95
7	Cornerstone Value improved 50[1]	14.55%	16.19%	3.28%	0.59	5.11	-56.01%	0.94
8	시장 선도주 VC3 상위 10%	14.49%	18.29%	3.21%	0.52	6.90	-60.13%	1.03
9	시장 선도주 저EV/EBITDA 상위 10%	14.39%	18.15%	3.12%	0.52	7.53	-52.21%	1.01
10	시장 선도주 자사주 매입 수익률 상위 10%	14.28%	16.52%	3.01%	0.56	5.24	-53.60%	0.96
11	시장 선도주 VC1 상위 10%	14.27%	18.69%	3.00%	0.50	6.75	-60.56%	1.07
12	시장 선도주 저 EV/잉여현금흐름 상위 10%	13.75%	18.60%	2.48%	0.47	7.15	-62.79%	1.05
13	시장 선도주 저 주가/영업현금흐름 상위 10%	13.72%	18.76%	2.44%	0.46	7.09	-64.38%	1.06
14	시장 선도주 저PER 상위 10%	13.67%	19.07%	2.39%	0.45	7.25	-62.69%	1.08
15	시장 선도주 발생액/총자산 하위 10%	13.54%	17.66%	2.26%	0.48	6.89	-56.44%	0.99
16	Cornerstone Value 25 div yld[2]	13.49%	17.22%	2.21%	0.49	7.91	-65.01%	0.94
17	시장 선도주 6개월 가격 모멘텀 상위 10%	13.41%	18.27%	2.14%	0.46	8.67	-58.00%	0.98
18	시장 선도주 PSR<평균, 12개월 가격 모멘텀 상위 25종목	13.35%	17.01%	2.08%	0.49	6.12	-48.31%	0.97
19	시장 선도주 주가발생액배수 하위 10%	13.17%	18.38%	1.90%	0.44	7.28	-54.81%	1.03
20	시장 선도주 순영업자산 증가율 하위 10%	13.17%	16.62%	1.90%	0.49	5.24	-52.95%	0.96
21	시장 선도주 배당수익률 상위 10%	13.13%	16.96%	1.85%	0.48	7.59	-64.59%	0.93
22	시장 선도주 저 EV/매출액 상위 10%	13.04%	17.27%	1.76%	0.47	6.08	-51.07%	0.99
23	시장 선도주 저 주가/영업현금흐름 상위 10종목	12.89%	21.74%	1.62%	0.36	11.17	-75.55%	1.15
24	시장 선도주 PSR<평균, 12개월 가격 모멘텀 상위 50종목	12.79%	16.68%	1.52%	0.47	4.27	-52.04%	0.99
25	시장 선도주 12개월 가격 모멘텀 상위 10%	12.71%	19.38%	1.44%	0.40	10.42	-60.88%	1.00
26	시장 선도주 저 주가/잉여현금흐름 상위 10%	12.68%	19.44%	1.41%	0.40	7.79	-65.82%	1.09
27	시장 선도주 저PSR 상위 10%	12.28%	18.76%	1.00%	0.39	6.96	-58.12%	1.07
28	시장 선도주 저PBR 상위 10%	12.21%	19.95%	0.93%	0.36	8.20	-67.38%	1.12
29	시장 선도주 부채 증가율 하위 10%	12.17%	17.29%	0.90%	0.41	4.69	-48.85%	1.02
30	시장 선도주 ROA 상위 10%	11.77%	16.81%	0.50%	0.40	7.83	-48.00%	0.91
31	시장 선도주 순이익률 상위 10%	11.63%	15.77%	0.35%	0.42	6.33	-46.73%	0.89
32	시장 선도주 자산회전율 상위 10%	11.60%	16.84%	0.32%	0.39	7.00	-49.88%	0.94
33	시장 선도주 영업이익률 상위 10%	11.52%	16.92%	0.24%	0.39	6.91	-57.34%	0.95
34	시장 선도주 매출액 증가율 상위 10%	11.48%	19.11%	0.20%	0.34	7.67	-61.47%	1.07
35	시장 선도주	11.27%	16.37%		0.38		-54.03%	
36	시장 선도주 운전자본 하위 10%	11.27%	15.83%	-0.01%	0.40	5.89	-52.21%	0.90
37	시장 선도주 감가상각비/자본적 지출 상위 10%	11.21%	17.99%	-0.06%	0.35	6.07	-57.97%	1.03
38	시장 선도주 ROE 상위 10%	10.95%	16.86%	-0.33%	0.35	6.79	-51.13%	0.94

(다음 쪽에 이어짐)

표 22.2. 다양한 시장 선도주 전략의 수익률(1969/09~2009/12, 연 수익률 내림차순)

	전략	연 수익률 (기하평균)	표준 편차	초과 수익률	샤프 지수	추적 오차	최대 하락률	베타
39	시장 선도주 감가상각비/자본적 지출 하위 10%	10.68%	18.29%	-0.60%	0.31	6.43	-55.30%	1.05
40	시장 선도주 영업현금흐름 증가율 상위 10%	10.60%	19.34%	-0.67%	0.29	6.46	-65.37%	1.12
41	시장 선도주 자산회전율 하위 10%	10.35%	20.82%	-0.93%	0.26	10.60	-78.30%	1.10
42	시장 선도주 ROE 하위 10%	10.34%	18.95%	-0.93%	0.28	7.48	-61.32%	1.07
43	시장 선도주 주가발생액배수 상위 10%	10.09%	16.55%	-1.18%	0.31	5.80	-51.92%	0.95
44	시장 선도주 저 EV/잉여현금흐름 하위 10%	10.07%	18.10%	-1.21%	0.28	6.41	-60.38%	1.03
45	시장 선도주 ROA 하위 10%	10.06%	21.02%	-1.21%	0.24	8.75	-73.38%	1.18
46	시장 선도주 매출액 증가율 하위 10%	10.06%	18.49%	-1.22%	0.27	6.21	-63.69%	1.07
47	시장 선도주 운전자본 상위 10%	9.84%	16.98%	-1.44%	0.28	6.49	-63.97%	0.96
48	시장 선도주 순이익률 하위 10%	9.79%	18.53%	-1.48%	0.26	6.57	-59.32%	1.06
49	시장 선도주 저 주가/잉여현금흐름 하위 10%	9.75%	17.90%	-1.52%	0.27	6.31	-59.72%	1.02
50	시장 선도주 EPS 증가율 상위 10%	9.74%	18.26%	-1.53%	0.26	6.36	-53.81%	1.05
51	시장 선도주 저PBR 하위 10%	9.66%	17.15%	-1.62%	0.27	8.78	-51.30%	0.90
52	시장 선도주 영업현금흐름 증가율 하위 10%	9.55%	18.43%	-1.72%	0.25	5.10	-63.85%	1.08
53	시장 선도주 부채 증가율 상위 10%	9.40%	17.27%	-1.88%	0.25	4.17	-54.87%	1.02
54	시장 선도주 영업이익률 하위 10%	9.31%	18.06%	-1.96%	0.24	6.81	-54.95%	1.02
55	시장 선도주 배당수익률 하위 10%	9.25%	20.39%	-2.03%	0.21	9.73	-56.42%	1.10
56	시장 선도주 저EV/EBITDA 하위 10%	8.90%	19.44%	-2.37%	0.20	8.62	-65.29%	1.07
57	시장 선도주 EPS 증가율 하위 10%	8.83%	19.25%	-2.44%	0.20	6.78	-64.96%	1.11
58	시장 선도주 저PBR 하위 10%	8.74%	19.18%	-2.53%	0.20	8.21	-58.63%	1.06
59	시장 선도주 VC1 하위 10%	8.64%	17.55%	-2.63%	0.21	9.28	-57.66%	0.91
60	시장 선도주 순영업자산 증가율 상위 10%	8.58%	17.67%	-2.69%	0.20	5.85	-53.01%	1.02
61	시장 선도주 저PSR 하위 10%	8.57%	17.39%	-2.71%	0.21	9.02	-58.92%	0.91
62	시장 선도주 저 EV/매출액 하위 10%	8.53%	17.97%	-2.75%	0.20	7.84	-64.70%	0.99
63	시장 선도주 12개월 가격 모멘텀 하위 10%	8.52%	21.39%	-2.75%	0.16	9.05	-65.66%	1.20
64	시장 선도주 6개월 가격 모멘텀 하위 10%	8.30%	20.52%	-2.98%	0.16	7.54	-65.20%	1.18
65	시장 선도주 VC2 하위 10%	7.85%	18.03%	-3.43%	0.16	9.13	-60.68%	0.95
66	시장 선도주 발생액/총자산 상위 10%	7.82%	18.06%	-3.46%	0.16	5.78	-56.09%	1.05
67	시장 선도주 저 주가/영업현금흐름 하위 10%	7.80%	17.54%	-3.47%	0.16	8.41	-59.89%	0.94
68	시장 선도주 VC3 하위 10%	7.71%	17.86%	-3.56%	0.15	8.87	-59.42%	0.95
69	시장 선도주 주주수익률 하위 10%	7.25%	19.26%	-4.02%	0.12	6.48	-61.88%	1.11
70	시장 선도주 자사주 매입 수익률 하위 10%	6.76%	18.93%	-4.52%	0.09	5.49	-63.96%	1.11
71	30일 만기 미국 단기 국채	5.64%	0.82%	-5.64%	0.78	16.41	0.00%	0.00

1. 오쇼너시가 운용한 펀드
2. 오쇼너시가 운용한 펀드

그러나 여기서도 높은 성과와 낮은 성과의 차이가 놀랍다. 십분위수 전략의 최고는 시장 선도주 VC2 상위 10% 매수 전략(15장 VC2 참고)으로, 1만 달러 투자 시 460만 달러가 넘어 연 수익률 14.84%가 나왔다. 반면 최악은 시장 선도주 자사주 매입 수익률 하위 10%(다시 말해 자사주를 매입하지 않고 신주를 대량 발행하는 기업) 매수 전략으로, 투자한 1만 달러는 겨우 18만 1,791달러가 되어 연 수익률이 단 6.76%였다. VC2 전략의 성과가 15배다! 시장 선도주에 투자한 1만 달러는 같은 기간 110만 달러가 되어 연 수익률 11.27%였다.

연 수익률 내림차순으로 전략을 정렬하니 시장 선도주에서도 전체 종목과 대형주에서와 비슷하게 저PBR, 저PER, 저PSR, 저PCR과 VC2 같은 복합 요소 전략이 가장 높은 성과를 거둔 반면 고PBR, 고PER, 고PSR, 고PCR 전략은 가장 낮은 성과를 기록했다. 16장에서 모든 가치 요소들을 검토했을 때 발견한 것과 동일한 대칭이 나타난다.

복수 요소 전략들 또한 잘 작동한다

21장에서 살펴본 복수 요소 전략들 일부는 시장 선도주에도 잘 작동한다. 최고 성과를 낸 전략, 즉 시장 선도주 중 VC2 상위 20%, 6개월 모멘텀 상위 25종목을 매수하는 전략은 25장에서 자세하게 다루겠다. 1965/08/31에 투자한 1만 달러는 2009/12/31에 558만 5,470달러가 되어 연 수익률 15.34%를 기록했다. 같은 기간 시장 선도주가 110만 달러로 불려 연 수익률 11.27%를 얻은 것보다 훨씬 좋은 결과다. 표 22.3에 나와 있듯이 이 전략의 기저율은 모두 양의 값이었고, 시장 선도주를 5년 단위 기간에서는 92%, 10년 단위 기간에서는 100% 능가했다. 게다가 위험 조정 수익률이 시장 선도주 전략들 중 가장 높아서 샤프지수가 0.60이었다. 23장에서 시가총액이 더 작은 모집단에 이 전략을 적용하면 수익률 절댓값을 훨씬 높일 수 있음을 보여주겠지만, 여기서는 MDD가 가장 낮고 10년 기저율이 완벽해서 뛰어난 수익률을 냈다는 것을 알았다. 본질적으로 이런 유형의 전략은 회복 중인 값싼 주식을 사는 것이다. PSR이 평균 이하이면서 주가가 상승할 때 매수해야 한다. 모형에 가치 요소를 적용한다면 이런 형태의 모멘텀 전략이 거의 언제나 가장 효과가 좋다는 것을 명심하라.

또한 시장 선도주 주주수익률 상위 25종목 매수 등 가치 전략 몇 가지도 목록의 정상 가까이에 있다. 이 전략은 연 수익률 14.94%에 샤프지수 0.58을 기록했다.

표 22.3. 각 전략의 보유 기간별 시장 선도주 대비 기저율(1965/09~2009/12, 연 수익률 내림차순)

	전략	1년	3년	5년	7년	10년
1	시장 선도주 VC2 상위 20%, 6개월 가격 모멘텀 상위 25종목	73.0%	85.0%	92.0%	98.0%	100.0%
2	시장 선도주 VC2 상위 20%, 6개월 가격 모멘텀 상위 50종목	75.0%	86.0%	93.0%	97.0%	100.0%
3	시장 선도주 주주수익률 상위 25종목	65.3%	82.1%	90.3%	98.4%	100.0%
4	시장 선도주 VC2 상위 10%	64.1%	71.2%	79.7%	92.9%	98.8%
5	시장 선도주 주주수익률 상위 10%	64.9%	80.3%	91.3%	97.3%	100.0%
6	시장 선도주 3&6개월 가격 모멘텀>중앙값, 주주수익률 상위 25종목	67.0%	86.0%	98.0%	100.0%	100.0%
7	Cornerstone Value improved 50	69.1%	84.9%	96.6%	99.1%	100.0%
8	시장 선도주 VC3 상위 10%	63.3%	67.8%	78.9%	91.3%	96.9%
9	시장 선도주 저EV/EBITDA 상위 10%	68.1%	77.7%	83.5%	93.5%	99.5%
10	시장 선도주 자사주 매입 수익률 상위 10%	71.8%	86.9%	91.5%	95.1%	100.0%
11	시장 선도주 VC1 상위 10%	62.0%	70.6%	70.8%	88.0%	96.4%
12	시장 선도주 저 EV/잉여현금흐름 상위 10%	63.0%	73.6%	87.5%	87.1%	90.6%
13	시장 선도주 저 주가/영업현금흐름 상위 10%	60.7%	66.0%	73.8%	87.8%	97.1%
14	시장 선도주 저PER 상위 10%	61.4%	67.6%	65.1%	71.5%	64.6%
15	시장 선도주 발생액/총자산 하위 10%	66.2%	74.8%	81.2%	83.1%	92.5%
16	Cornerstone Value 25 div yld	57.4%	65.2%	67.4%	72.4%	84.3%
17	시장 선도주 6개월 가격 모멘텀 상위 10%	62.6%	71.0%	83.7%	93.8%	96.9%
18	시장 선도주 PSR<평균, 12개월 가격 모멘텀 상위 25종목	67.2%	77.9%	84.8%	88.2%	98.3%
19	시장 선도주 주가발생액배수 하위 10%	59.7%	65.2%	72.9%	80.8%	91.5%
20	시장 선도주 순영업자산 증가율 하위 10%	61.8%	73.8%	79.1%	84.6%	85.5%
21	시장 선도주 배당수익률 상위 10%	55.7%	61.2%	67.2%	74.2%	86.0%
22	시장 선도주 저 EV/매출액 상위 10%	63.5%	68.6%	75.1%	74.2%	81.4%
23	시장 선도주 저 주가/영업현금흐름 상위 10종목	57.2%	62.8%	68.5%	81.5%	91.0%
24	시장 선도주 PSR<평균, 12개월 가격 모멘텀 상위 50종목	64.1%	70.2%	73.2%	75.1%	80.1%
25	시장 선도주 12개월 가격 모멘텀 상위 10%	60.1%	66.0%	78.6%	83.1%	86.2%
26	시장 선도주 저 주가/잉여현금흐름 상위 10%	58.3%	61.8%	69.1%	71.3%	72.9%
27	시장 선도주 저PSR 상위 10%	57.6%	53.3%	60.0%	57.0%	64.4%
28	시장 선도주 저PBR 상위 10%	56.2%	55.5%	57.3%	64.1%	66.8%
29	시장 선도주 부채 증가율 하위 10%	60.3%	64.6%	73.6%	79.7%	86.9%
30	시장 선도주 ROA 상위 10%	51.2%	45.7%	47.8%	52.8%	52.8%
31	시장 선도주 순이익률 상위 10%	48.6%	52.1%	48.6%	54.8%	55.4%
32	시장 선도주 자산회전율 상위 10%	49.3%	52.9%	54.8%	56.1%	67.1%
33	시장 선도주 영업이익률 상위 10%	45.7%	46.5%	45.0%	50.8%	53.3%
34	시장 선도주 매출액 증가율 상위 10%	49.5%	43.5%	42.5%	45.7%	42.4%
35	시장 선도주	0.0%	0.0%	0.0%	0.0%	0.0%
36	시장 선도주 운전자본 하위 10%	55.1%	51.9%	56.9%	55.7%	59.8%
37	시장 선도주 감가상각비/자본적 지출 상위 10%	54.3%	61.4%	65.1%	70.2%	76.8%
38	시장 선도주 ROE 상위 10%	50.9%	43.9%	46.3%	44.3%	50.6%
39	시장 선도주 감가상각비/자본적 지출 하위 10%	45.3%	40.2%	38.3%	39.6%	39.5%
40	시장 선도주 영업현금흐름 증가율 상위 10%	46.8%	39.4%	45.0%	48.3%	40.2%
41	시장 선도주 자산회전율 하위 10%	51.2%	50.9%	56.4%	53.2%	49.2%
42	시장 선도주 ROE 하위 10%	50.1%	45.7%	38.7%	36.1%	38.7%

표 22.3. 각 전략의 보유 기간별 시장 선도주 대비 기저율(1965/09~2009/12, 연 수익률 내림차순)

전략	1년	3년	5년	7년	10년
43 시장 선도주 주가발생액배수 상위 10%	42.6%	37.4%	40.0%	37.6%	25.4%
44 시장 선도주 저 EV/잉여현금흐름 하위 10%	44.9%	40.0%	39.7%	38.3%	33.4%
45 시장 선도주 ROA 하위 10%	48.9%	34.0%	36.4%	37.4%	31.2%
46 시장 선도주 매출액 증가율 하위 10%	45.7%	33.4%	32.1%	26.7%	22.8%
47 시장 선도주 운전자본 상위 10%	41.8%	41.2%	41.0%	38.8%	37.5%
48 시장 선도주 순이익률 하위 10%	47.4%	42.5%	40.4%	37.4%	44.1%
49 시장 선도주 저 주가/잉여현금흐름 하위 10%	42.6%	34.0%	33.0%	27.2%	28.3%
50 시장 선도주 EPS 증가율 상위 10%	40.3%	32.4%	27.9%	22.5%	21.1%
51 시장 선도주 저PBR 하위 10%	43.4%	38.4%	34.9%	35.2%	20.8%
52 시장 선도주 영업현금흐름 증가율 하위 10%	39.5%	29.8%	22.6%	24.9%	19.4%
53 시장 선도주 부채 증가율 상위 10%	38.4%	30.0%	22.2%	11.8%	1.7%
54 시장 선도주 영업이익률 하위 10%	42.2%	37.6%	25.2%	26.5%	15.3%
55 시장 선도주 배당수익률 하위 10%	39.3%	25.8%	22.4%	18.5%	22.5%
56 시장 선도주 저EV/EBITDA 하위 10%	41.8%	32.0%	27.7%	26.9%	20.3%
57 시장 선도주 EPS 증가율 하위 10%	34.0%	24.7%	16.5%	10.2%	3.4%
58 시장 선도주 저PBR 하위 10%	40.7%	31.8%	28.1%	14.7%	8.7%
59 시장 선도주 VC1 하위 10%	39.0%	33.4%	32.1%	25.2%	9.7%
60 시장 선도주 순영업자산 증가율 상위 10%	35.5%	25.6%	16.1%	8.2%	1.7%
61 시장 선도주 저PSR 하위 10%	40.9%	37.8%	30.9%	28.3%	9.9%
62 시장 선도주 저 EV/매출액 하위 10%	36.5%	33.8%	34.7%	33.6%	24.0%
63 시장 선도주 12개월 가격 모멘텀 하위 10%	33.2%	20.9%	13.1%	5.3%	1.5%
64 시장 선도주 6개월 가격 모멘텀 하위 10%	33.6%	13.3%	6.8%	1.3%	0.0%
65 시장 선도주 VC2 하위 10%	34.9%	32.2%	20.3%	11.6%	5.8%
66 시장 선도주 발생액/총자산 상위 10%	26.5%	8.9%	1.1%	0.0%	0.0%
67 시장 선도주 저 주가/영업현금흐름 하위 10%	34.9%	28.2%	17.8%	14.3%	1.9%
68 시장 선도주 VC3 하위 10%	34.4%	29.0%	20.3%	10.0%	4.8%
69 시장 선도주 주주수익률 하위 10%	21.9%	13.1%	3.2%	0.2%	0.0%
70 시장 선도주 자사주 매입 수익률 하위 10%	23.2%	14.5%	4.4%	0.9%	0.0%
71 30일 만기 미국 단기 국채	32.4%	23.5%	16.7%	12.5%	10.7%

기저율

전략들의 기저율을 조사해보니 기저율 순위가 연 수익률 순위와 비슷했다. 연 수익률이 가장 높은 전략들은 장기 기저율이 가장 높고, 연 수익률이 가장 낮은 전략들은 기저율이 가장 낮았다. 상위 10개 전략은 모두 10년 기저율이 96% 이상이었고, 그중 7개는 모든 10년 단위 기간에서 시장 선도주 모집단을 상회했다. 하위 10개 전략 중 2개만이 10년 기저율을 겨우 두 자릿수 기록했고, 4개는 모든 10년 단위 기간에서 모집단을 넘어서지 못했다. 대형주와 전체 주식 모집단에서 확인했듯이, 시간이 갈수록 이기는 전략의 기저율은 강해지고 지는 전략의 기저율은 약해진다.

이번에 연구한 44년 동안, 시장 선도주를 상회하는 전략 일부는 수익률이 불규칙한 것이 특징이었다. 예를 들어 시장 선도주 매출액 증가율 상위 10% 주식 전략은 연 수익률이 11.48%였지만, 전체 수익률의 상당 부분은 2000/03에 끝난 3년에 집중되어 연 수익률 41.76%를 기록했다. 이 전략의 불규칙한 행동과 크고 집중된 급등 경향은 10년 단위 기저율에서 살펴볼 수 있어서, 전체 수익률이 좋은데도 불구하고 10년 단위 기간에서는 42%만이 모집단을 능가했다. 따라서 전체 수익률뿐 아니라 수익률의 장기적인 일관성 또한 고려해야 한다.

최악의 시나리오

기저율에서 확인한 것과 같이 전체 성과와 일관성이 낮은 전략들은 최악의 손실을 불러왔다. 자산회전율, 현금흐름/부채, ROA가 최악인 종목들은 모두 고점 대비 저점 하락률이 70%가 넘었다. 더 나은 전략인 시장 선도주에서 EV/EBITDA와 EV/매출액이 낮고 자사주 매입 수익률이 높은 종목을 매수하는 전략들은 모두 최악의 시나리오가 시장 선도주 모집단보다 양호했다. 표 22.2에 모든 시장 선도주 전략들이 기록한 MDD를 담았다.

시사점

시장 선도주 모집단에서는 더 광범위한 전체 주식과 대형주 모집단과 정확히 같은 것을 발견했다. 즉 가장 비싸고 인기 있는 종목에 투자하면 최악의 수익률을 기록한 반면, 가장 싼 종목에 집중하면 최고의 수익률을 기록했다. 게다가 연 수익률이 가장 높은 전략들은 일관성도 가장 높았다.

월가의 퀀트 투자 바이블

23

소형주 모집단 해부:
우승 전략은?

인간의 감정은 아는 것에 반비례한다.
더 적게 알수록 더 쉽게 뜨거워진다.

| 버트런드 러셀 | Bertrand Russell, 영국 철학자

시장 선도주 모집단에 이어 소형주 모집단을 구체적으로 살펴보자. 5장에서 살펴본 것처럼 시가총액이 가장 작은 종목들은 유동성이 낮기 때문에 매수하기가 거의 불가능하다. CRSP와 컴퓨스탯 데이터세트에서 가장 작은 종목들은 전체 수익률이 가장 좋았는데 이는 근본적으로 주가가 신기루와 같기 때문이다.

그래서 우리는 소형주 모집단을 CRSP와 컴퓨스탯에 있는 기업 중 시가총액이 2억 달러(인플레이션을 고려한 실질 가격) 이상이면서 데이터베이스 평균보다는 낮은 기업들로 정의한다. 여러 제약 때문에 선별 종목이 제한적인 시장 선도주 모집단과 달리 소형주 모집단은 종목이 훨씬 많다. 2009년 12월 31일 기준으로 소형주 모집단에는 2,355개 종목이 있고, 시가총액 가중평균은 16억 6,000만 달러, 중앙값은 8억 7,100만 달러였다. 같은 기준으로 2010년 6월 러셀2000지수의 시가총액 중앙값은 12억 달러였고, 소형주 모집단의 시가총액 가중평균이 러셀2000지수보다 4억 6,000만 달러 더 컸다.

표 23.1은 1926~2009년에 전체 주식과 대형주 모집단과 비교해 소형주 모집단이 어땠는지를 환기해준다. 표 23.2에는 여기서 검토하는 전략들의 분석 기간과 같은 1963~2009년의 결과를 담았다. 전체 주식 모집단에는 CRSP와 컴퓨스탯 데이터세트 내 시가총액이 2억 달러(인플레이션을 고려한 실질 가격) 이상인 기업이 모두 포함된다. 따라서 소형주 모집단에서 제외된 대기업이 많이 포함되어 있다. 두 지수 모두 동일비중 방식이므로 수익률이 예상보다 비슷한데, 전체 주식 모집단 내 훨씬 많은 소형주가 성과의 대부분을 차지하기 때문이다. 1926/12/31~2009/12/31 소형주 모집단 수익률은 전체 주식 모집단을 겨우 0.36%p 상회했다. 두 지수 모두 표준편차가 상대적으로 높아서 샤프지수는 0.25였다. 전체 주식 대비 소형주 모집단의 기저율은 모두 양의 값이었고, 전체 주식을 5년 단위 기간에서는 61%, 10년 단위 기간에서는 71% 능가했다. 같은 기간 대형주와 비교하면 소형주의 초과수익은 1.13%p로 증가한다. 그림 23.1과 그림 23.2는 소형주 모집단의 수익률에서 전체 주식과 대형주의 수익률을 뺀 5년 평균 초과 혹은 미달 연 수익률이다.

표 23.1. 연 수익률과 위험도: 소형주, 전체 주식, 대형주(1927/01/01~2009/12/31)

		소형주	전체 주식	대형주
산술평균 수익률		13.77%	13.06%	11.75%
기하평균 수익률		10.82%	10.46%	9.69%
중위 수익률		19.28%	18.54%	16.75%
표준편차		23.09%	21.67%	19.35%
상방 편차		16.05%	14.78%	13.10%
하방 편차		16.89%	16.03%	14.40%
추적오차		0.00	2.22	6.91
상승 개월 수		605	606	609
하락 개월 수		391	390	387
최대 하락률		-86.12%	-85.45%	-84.33%
베타		1.00	0.94	0.81
T-통계량(m=0)		5.12	5.19	5.25
샤프지수(Rf=5%)		0.25	0.25	0.24
소르티노지수(MAR=10%)		0.05	0.03	-0.02
1만 달러 투자 시		$50,631,666	$38,542,780	$21,617,372
1년 수익률	최저치	-66.91%	-66.72%	-66.63%
	최고치	233.48%	201.69%	159.52%
3년 수익률	최저치	-47.28%	-45.99%	-43.53%
	최고치	54.35%	51.03%	45.64%
5년 수익률	최저치	-24.56%	-23.07%	-20.15%
	최고치	44.18%	41.17%	36.26%
7년 수익률	최저치	-7.64%	-7.43%	-6.95%
	최고치	27.35%	23.77%	22.83%
10년 수익률	최저치	-5.19%	-5.31%	-5.70%
	최고치	24.47%	22.05%	19.57%
기대수익률	최저치	-32.41%	-30.28%	-26.96%
	최고치	59.96%	56.39%	50.46%

표 23.2에 1963~2009년 컴퓨스탯 데이터세트 내 모집단들의 성과를 비교했다. 여기서 소형주의 성과가 전체 주식의 성과를 겨우 0.38%p 상회하지만 변동성이 전체 주식보다 상대적으로 더 크기 때문에 샤프지수는 더 낮았다는 것을 알 수 있다. 같은 46년 동안 소형주 모집단은 대형주 모집단을 1.40%p 상회했다. 전체 주식 모

표 23.2. 연 수익률과 위험도: 소형주, 전체 주식, 대형주(1964/01/01~2009/12/31)

		소형주	전체 주식	대형주
산술평균 수익률		13.94%	13.26%	11.72%
기하평균 수익률		11.60%	11.22%	10.20%
중위 수익률		19.28%	17.16%	17.20%
표준편차		20.31%	18.99%	16.50%
상방 편차		11.87%	10.98%	9.70%
하방 편차		14.83%	13.90%	11.85%
추적오차		0.00	2.21	7.56
상승 개월 수		329	329	332
하락 개월 수		223	223	220
최대 하락률		-58.48%	-55.54%	-53.77%
베타		1.00	0.93	0.76
T-통계량(m=0)		4.38	4.47	4.58
샤프지수(Rf=5%)		0.32	0.33	0.32
소르티노지수(MAR=10%)		0.11	0.09	0.02
1만 달러 투자 시		$1,555,109	$1,329,513	$872,861
1년 수익률	최저치	-46.38%	-46.49%	-46.91%
	최고치	93.08%	84.19%	68.96%
3년 수익률	최저치	-19.53%	-18.68%	-15.89%
	최고치	34.00%	31.49%	33.12%
5년 수익률	최저치	-11.75%	-9.91%	-5.82%
	최고치	31.37%	27.66%	28.95%
7년 수익률	최저치	-7.64%	-6.32%	-4.15%
	최고치	27.35%	23.77%	22.83%
10년 수익률	최저치	1.08%	1.01%	-0.15%
	최고치	24.47%	22.05%	19.57%
기대수익률	최저치	-26.69%	-24.73%	-21.28%
	최고치	54.57%	51.24%	44.72%

집단의 수익률과 비교하면 절댓값으로는 상회했으나 기저율은 장기 CRSP 데이터 결과보다 낮았고, 5년 단위 기간에서는 53%, 10년 단위 기간에서는 55% 능가했다. 그럼에도 불구하고 이후 알아보려는 바와 같이 최고의 수익률 절댓값을 가진 전략을 찾는다면 소형주 모집단이 가장 적합하다.

그림 23.1. 5년 평균 초과(미달) 연 수익률: 소형주 − 전체 주식(1927/01/01~2009/12/31)

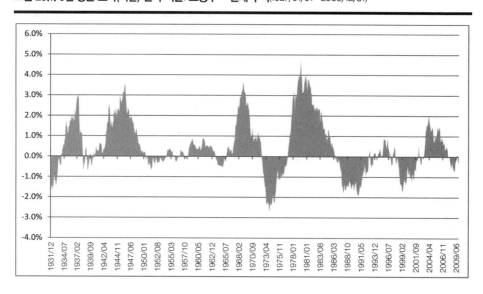

그림 23.2. 5년 평균 초과(미달) 연 수익률: 소형주 − 대형주(1927/01/01~2009/12/31)

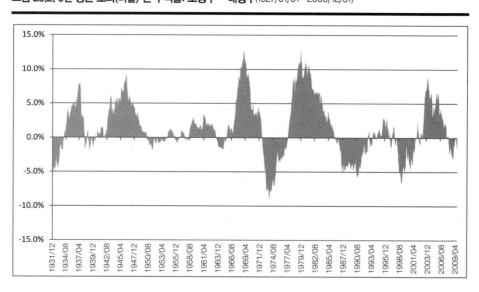

월가의 퀀트 투자 바이블

월간 데이터 검토: 요약

모든 소형주 전략을 완벽하게 테스트할 수 있는 기간은 1965/08/31~2009/12/31의 44년이다.

표 23.3은 모든 소형주 전략의 수익률을 보여준다. 한 가지 확실하게 해둘 것은, 가장 성과가 좋은 5개 전략은 우리 소형주 모집단에서 나오지 않았고, 개인 투자자가 초소형 종목 투자에서 낼 수 있는 수익률을 검증하기 위해 만든 마이크로주 모집단에서 나왔다는 것이다. 20장에서 이런 전략 몇 가지를 다루었으니 광범위한 분석은 20장을 참조하길 바란다.

표 23.3. 다양한 소형주 전략의 수익률(1965/09~2009/12, 연 수익률 내림차순)

	전략	연 수익률 (기하평균)	표준편차	초과 수익률	샤프 지수	추적 오차	최대 하락률	베타
1	마이크로주 저PBR 상위 30%, 3&6개월 가격 모멘텀>0, 12개월 가격 모멘텀 상위 25종목	22.33%	20.38%	10.97%	0.85	9.73	-53.89%	0.88
2	마이크로주 PSR<1, 3&6개월 가격 모멘텀>0, 12개월 가격 모멘텀 상위 10종목	22.29%	27.57%	10.93%	0.63	15.14	-57.64%	1.13
3	마이크로주 저PBR 상위 30%, 3&6개월 가격 모멘텀>중앙값, 12개월 가격 모멘텀 상위 25종목	21.78%	20.01%	10.42%	0.84	10.05	-55.64%	0.85
4	마이크로주 저PBR 상위 30%, 3&6개월 가격 모멘텀>0, 12개월 가격 모멘텀 상위 50종목	21.43%	19.17%	10.07%	0.86	8.86	-55.26%	0.84
5	마이크로주 PSR<1, 12개월 가격 모멘텀 상위 25종목	20.33%	27.14%	8.97%	0.56	15.45	-59.22%	1.09
6	소형주 VC3 상위 10%	19.37%	18.92%	8.01%	0.76	7.95	-59.68%	0.85
7	소형주 VC2 상위 10%	19.03%	18.14%	7.66%	0.77	8.29	-60.05%	0.81
8	소형주 저EV/EBITDA 상위 10%	18.96%	18.70%	7.60%	0.75	6.67	-55.94%	0.86
9	소형주 VC1 상위 10%	18.85%	19.37%	7.49%	0.72	7.86	-60.23%	0.87
10	소형주 저PBR 상위 30%, 3&6개월 가격 모멘텀>중앙값, 주주수익률 상위 25종목	18.84%	16.35%	7.48%	0.85	9.66	-49.20%	0.70
11	소형주 PSR<1, 3&6개월 가격 모멘텀>0, 12개월 가격 모멘텀 상위 50종목	18.80%	23.29%	7.44%	0.59	9.96	-56.62%	1.02
12	소형주 주주수익률, 6개월 가격 모멘텀>중앙값, 저PBR 상위 25종목	18.49%	18.70%	7.13%	0.72	9.29	-59.17%	0.81

(다음 쪽에 이어짐)

표 23.3. 다양한 소형주 전략의 수익률(1965/09~2009/12, 연 수익률 내림차순)

	전략	연 수익률 (기하평균)	표준편차	초과 수익률	샤프 지수	추적 오차	최대 하락률	베타
13	소형주 저PBR, 6개월 가격 모멘텀>중앙값, 자사주 매입 수익률 상위 25종목	18.44%	17.92%	7.07%	0.75	8.66	-50.98%	0.79
14	소형주 3&6개월 가격 모멘텀>중앙값, 주주수익률 상위 25종목	18.37%	16.72%	7.00%	0.80	8.39	-52.57%	0.75
15	소형주 저PBR 상위 30%, 3&6개월 가격 모멘텀>중앙값, 12개월 가격 모멘텀 상위 25종목	18.34%	19.87%	6.97%	0.67	8.86	-59.85%	0.87
16	소형주 저PBR 상위 30%, 3&6개월 가격 모멘텀>0, 12개월 가격 모멘텀 상위 25종목	18.33%	19.79%	6.97%	0.67	8.84	-59.65%	0.87
17	소형주 저PBR 상위 30%, 3&6개월 가격 모멘텀>0, 주주수익률 상위 25종목	18.28%	16.09%	6.92%	0.83	9.82	-52.42%	0.69
18	소형주 저PBR 상위 30%, 3&6개월 가격 모멘텀>0, 12개월 가격 모멘텀 상위 50종목	18.16%	18.42%	6.80%	0.71	8.31	-56.04%	0.82
19	소형주 저PBR 상위 30%, 3&6개월 가격 모멘텀>중앙값, 주주수익률 상위 50종목	18.15%	17.08%	6.79%	0.77	9.00	-49.60%	0.75
20	소형주 3&6개월 가격 모멘텀>중앙값, 저PBR 상위 25종목	18.00%	19.84%	6.64%	0.66	8.48	-59.60%	0.88
21	소형주 저PBR 상위 30%, 3&6개월 가격 모멘텀>중앙값, 12개월 가격 모멘텀 상위 50종목	17.97%	18.48%	6.61%	0.70	8.16	-54.41%	0.82
22	소형주 3&6개월 가격 모멘텀>중앙값, 저PBR 상위 50종목	17.92%	18.75%	6.55%	0.69	7.63	-56.80%	0.85
23	소형주 저PBR 상위 30%, 3&6개월 가격 모멘텀>0, 주주수익률 상위 50종목	17.85%	16.36%	6.49%	0.79	9.20	-55.34%	0.72
24	소형주 주주수익률, 6개월 가격 모멘텀>중앙값, 저PBR 상위 50종목	17.84%	17.59%	6.48%	0.73	8.89	-56.52%	0.77
25	소형주 저PBR, 6개월 가격 모멘텀>중앙값, 주주수익률 상위 25종목	17.64%	15.77%	6.28%	0.80	9.69	-50.87%	0.68
26	소형주 저 EV/잉여현금흐름 상위 10%	17.54%	20.60%	6.17%	0.61	6.67	-59.25%	0.95
27	소형주 저PER 상위 10%	17.53%	19.58%	6.17%	0.64	7.56	-56.31%	0.88
28	소형주 저PBR, 자사주 매입 수익률, 3개월 가격 모멘텀>중앙값, 6개월 가격 모멘텀 상위 25종목	17.47%	20.09%	6.10%	0.62	7.75	-59.70%	0.91
29	소형주 저PBR, 자사주 매입 수익률>중앙값, 6개월 가격 모멘텀 상위 25종목	17.42%	20.49%	6.05%	0.61	7.83	-61.12%	0.92
30	소형주 저 주가/영업현금흐름 상위 10%	17.39%	20.53%	6.03%	0.60	7.99	-65.23%	0.92
31	소형주 저PBR, 6개월 가격 모멘텀>중앙값, 자사주 매입 수익률 상위 50종목	17.30%	17.24%	5.94%	0.71	8.24	-49.81%	0.77
32	소형주 저PBR, 주주수익률>중앙값, 6개월 가격 모멘텀 상위 25종목	17.26%	19.40%	5.90%	0.63	7.72	-59.63%	0.87
33	소형주 3&6개월 가격 모멘텀>중앙값, 주주수익률 상위 50종목	17.26%	15.94%	5.90%	0.77	7.97	-50.21%	0.72

(다음 쪽에 이어짐)

월가의 퀀트 투자 바이블

표 23.3. 다양한 소형주 전략의 수익률(1965/09~2009/12, 연 수익률 내림차순)

전략		연 수익률 (기하평균)	표준편차	초과 수익률	샤프 지수	추적 오차	최대 하락률	베타
34	소형주 저PBR, 자사주 매입 수익률, 3개월 가격 모멘텀>중앙값, 6개월 가격 모멘텀 상위 50종목	17.24%	18.54%	5.87%	0.66	7.19	-56.03%	0.84
35	소형주 저 EV/매출액 상위 10%	17.13%	20.02%	5.77%	0.61	7.00	-64.82%	0.91
36	소형주 저PBR, 자사주 매입 수익률>중앙값, 6개월 가격 모멘텀 상위 50종목	17.05%	18.91%	5.68%	0.64	7.19	-56.68%	0.86
37	소형주 저PBR, 6개월 가격 모멘텀>중앙값, 주주수익률 상위 50종목	16.85%	15.48%	5.49%	0.77	9.51	-48.74%	0.68
38	소형주 저 주가/잉여현금흐름 상위 10%	16.77%	20.92%	5.41%	0.56	7.61	-63.76%	0.95
39	소형주 저PBR, 주주수익률>중앙값, 6개월 가격 모멘텀 상위 50종목	16.68%	17.96%	5.31%	0.65	7.49	-55.06%	0.81
40	소형주 저PBR, 3&6개월 가격 모멘텀>중앙값, 12개월 가격 모멘텀 상위 25종목	15.76%	21.47%	4.39%	0.50	8.68	-65.51%	0.95
41	소형주 저PBR, 3&6개월 가격 모멘텀>중앙값, 12개월 가격 모멘텀 상위 50종목	15.62%	19.60%	4.26%	0.54	7.70	-61.91%	0.88
42	소형주 자사주 매입 수익률 상위 10%	15.55%	18.17%	4.19%	0.58	6.33	-54.20%	0.84
43	소형주 주주수익률 상위 10%	15.45%	15.96%	4.09%	0.65	8.20	-55.73%	0.72
44	소형주 주주수익률, 3&6개월 가격 모멘텀>중앙값, 12개월 가격 모멘텀 상위 50종목	14.95%	21.24%	3.58%	0.47	7.83	-58.10%	0.96
45	소형주 저PSR 상위 10%	14.84%	22.46%	3.48%	0.44	8.79	-70.68%	1.00
46	소형주 3&6개월 가격 모멘텀>0, ROE>평균, 12개월 가격 모멘텀 상위 50종목	14.66%	29.34%	3.30%	0.33	15.31	-74.82%	1.24
47	소형주 주가발생액배수 하위 10%	14.47%	22.86%	3.10%	0.41	7.93	-66.72%	1.04
48	소형주 6개월 가격 모멘텀 상위 10%	14.38%	26.32%	3.01%	0.36	11.03	-63.10%	1.17
49	소형주 주주수익률, 3&6개월 가격 모멘텀>중앙값, 12개월 가격 모멘텀 상위 25종목	14.30%	23.54%	2.94%	0.40	9.92	-63.04%	1.04
50	소형주 자사주 매입 수익률, 3개월 가격 모멘텀>중앙값, 12개월 가격 모멘텀 상위 50종목	14.28%	24.14%	2.92%	0.38	9.42	-58.74%	1.08
51	소형주 저PBR 상위 10%	14.26%	22.11%	2.90%	0.42	8.49	-69.88%	0.99
52	소형주 60개월 가격 모멘텀 하위 10%	14.12%	24.83%	2.76%	0.37	9.51	-69.84%	1.12
53	소형주 배당수익률 상위 10%	13.83%	14.83%	2.47%	0.60	11.50	-62.48%	0.60
54	소형주 자산회전율 상위 10%	13.70%	21.31%	2.34%	0.41	5.93	-64.74%	0.99
55	소형주 자사주 매입 수익률, 3개월 가격 모멘텀>중앙값, 12개월 가격 모멘텀 상위 25종목	13.67%	26.48%	2.31%	0.33	12.09	-63.25%	1.15
56	소형주 현금흐름/부채 상위 10%	13.36%	20.72%	2.00%	0.40	5.50	-54.47%	0.97
57	소형주 ROA 상위 10%	13.10%	22.08%	1.74%	0.37	5.79	-61.96%	1.03
58	소형주 ROE 상위 10%	13.08%	22.87%	1.72%	0.35	6.51	-65.72%	1.07
59	소형주 EPS 증가율 상위 10%	12.86%	23.35%	1.50%	0.34	6.88	-64.25%	1.09
60	소형주 발생액/총자산 하위 10%	12.65%	24.78%	1.29%	0.31	8.55	-70.06%	1.14
61	소형주 12개월 가격 모멘텀 상위 10%	12.14%	26.95%	0.78%	0.27	11.67	-67.06%	1.20
62	소형주 영업이익률 상위 10%	11.81%	16.07%	0.45%	0.42	8.78	-53.55%	0.71
63	소형주 순이익률 상위 10%	11.70%	17.63%	0.34%	0.38	7.06	-52.87%	0.81

(다음 쪽에 이어짐)

표 23.3. 다양한 소형주 전략의 수익률(1965/09~2009/12, 연 수익률 내림차순)

전략	연 수익률 (기하평균)	표준편차	초과 수익률	샤프 지수	추적 오차	최대 하락률	베타
64 소형주 감가상각비/자본적 지출 상위 10%	11.69%	24.23%	0.33%	0.28	8.72	-69.57%	1.10
65 소형주	11.36%	20.60%		0.31		-58.48%	
66 소형주 부채 증가율 하위 10%	11.03%	23.89%	-0.33%	0.25	7.52	-67.10%	1.11
67 소형주 순영업자산 증가율 하위 10%	10.83%	25.57%	-0.54%	0.23	10.03	-75.46%	1.15
68 소형주 60개월 가격 모멘텀 상위 10%	8.78%	24.09%	-2.59%	0.16	8.19	-68.08%	1.11
69 소형주 주가발생액배수 상위 10%	8.64%	23.17%	-2.72%	0.16	6.08	-64.22%	1.09
70 소형주 저PBR 하위 10%	8.12%	26.81%	-3.24%	0.12	10.66	-74.79%	1.21
71 소형주 자산회전율 하위 10%	7.83%	17.68%	-3.54%	0.16	8.57	-62.16%	0.78
72 소형주 EPS 증가율 하위 10%	6.93%	26.17%	-4.44%	0.07	9.57	-72.16%	1.20
73 소형주 저 EV/잉여현금흐름 하위 10%	6.39%	26.05%	-4.98%	0.05	10.27	-73.23%	1.18
74 소형주 저 주가/잉여현금흐름 하위 10%	5.36%	25.22%	-6.00%	0.01	9.24	-72.60%	1.15
75 소형주 부채 증가율 상위 10%	5.25%	23.86%	-6.11%	0.01	6.38	-75.29%	1.12
76 소형주 12개월 가격 모멘텀 하위 10%	5.20%	27.41%	-6.16%	0.01	11.34	-79.12%	1.23
77 소형주 자사주 매입 수익률 하위 10%	5.10%	23.37%	-6.27%	0.00	4.97	-71.57%	1.11
78 소형주 주주수익률 하위 10%	4.88%	24.17%	-6.48%	0.00	5.60	-74.59%	1.15
79 소형주 저PER 하위 10%	4.78%	29.59%	-6.58%	-0.01	13.76	-82.67%	1.31
80 소형주 발생액/총자산 상위 10%	3.47%	26.62%	-7.89%	-0.06	9.13	-81.88%	1.24
81 소형주 저EV/EBITDA 하위 10%	3.28%	28.75%	-8.09%	-0.06	14.21	-87.57%	1.24
82 소형주 감가상각비/자본적 지출 하위 10%	3.27%	24.38%	-8.10%	-0.07	7.93	-72.64%	1.13
83 소형주 ROE 하위 10%	2.66%	30.11%	-8.70%	-0.08	14.66	-91.45%	1.32
84 소형주 6개월 가격 모멘텀 하위 10%	2.60%	27.07%	-8.77%	-0.09	10.20	-80.22%	1.24
85 소형주 저 EV/매출액 하위 10%	2.52%	25.98%	-8.84%	-0.10	12.13	-91.71%	1.12
86 소형주 저 주가/영업현금흐름 하위 10%	2.39%	28.72%	-8.97%	-0.09	13.22	-85.02%	1.27
87 소형주 현금흐름/부채 하위 10%	2.16%	29.59%	-9.20%	-0.10	14.44	-87.81%	1.29
88 소형주 순영업자산 증가율 상위 10%	1.84%	26.83%	-9.52%	-0.12	9.65	-85.63%	1.24
89 소형주 ROA 하위 10%	1.11%	29.56%	-10.26%	-0.13	15.07	-93.32%	1.26
90 소형주 영업이익률 하위 10%	0.90%	29.92%	-10.46%	-0.14	15.36	-93.74%	1.28
91 소형주 순이익률 하위 10%	0.81%	30.39%	-10.55%	-0.14	15.58	-94.14%	1.30
92 소형주 저PSR 하위 10%	0.16%	27.71%	-11.20%	-0.17	13.99	-93.67%	1.17
93 소형주 VC1 하위 10%	-0.80%	29.92%	-12.16%	-0.19	15.39	-94.37%	1.28
94 소형주 VC2 하위 10%	-0.92%	30.35%	-12.29%	-0.20	15.42	-94.46%	1.31
95 소형주 VC3 하위 10%	-1.35%	30.18%	-12.71%	-0.21	15.25	-94.72%	1.30

소형주 모집단에서 가장 좋은 전략 5가지는 'VC 1 상위 10%', 'VC2 상위 10%', 'VC3 상위 10%', '저EV/EBITDA 상위 10%', '저PBR 상위 30%, 3&6개월 모멘텀 > 중앙값, 주주수익률 상위 25종목'이다. 이 5가지 전략 중에서 표 23.4와 같이 기저율이 가장 높은 것은 소형주 저EV/EBTIDA 상위 10% 주식인데, 1년 단위 수익률이 소형주 모집단보다 높은 경우가 10번 중 8번이었고, 5년 단위와 10년 단위로는 100% 상회했다. 그러나 15장에서 배운 것처럼 단일 가치 요소의 기저율이 가장 높더라도 복

수 요소 조합을 사용하는 것이 더 나을 것이다. 복수 요소 전략들도 기저율이 매우 높고 연 수익률 절댓값도 높으며, 하나가 아니라 모든 가치 요소에 베팅하는 이점이 있다. 표 23.3에서 확인할 수 있듯이 단일 가치 요소 전체와 복수 요소 전략 대부분 의 성과가 소형주 모집단보다 훨씬 뛰어나다.

표 23.4. 각 전략의 보유 기간별 소형주 대비 기저율(1965/09~2009/12, 수익률 내림차순)

	전략	1년	3년	5년	7년	10년
1	마이크로주 저PBR 상위 30%, 3&6개월 가격 모멘텀>0, 12개월 가격 모멘텀 상위 25종목	78.9%	90.3%	98.9%	100.0%	100.0%
2	마이크로주 PSR, 3&6개월 가격 모멘텀>0, 12개월 가격 모멘텀 상위 10종목	69.3%	88.9%	98.1%	99.1%	100.0%
3	마이크로주 저PBR 상위 30%, 3&6개월 가격 모멘텀>중앙값, 12개월 가격 모멘텀 상위 25종목	77.2%	90.1%	99.2%	100.0%	100.0%
4	마이크로주 저PBR 상위 30%, 3&6개월 가격 모멘텀>0, 12개월 가격 모멘텀 상위 50종목	82.3%	93.4%	100.0%	100.0%	100.0%
5	마이크로주 PSR<1, 12개월 가격 모멘텀 상위 25종목	72.6%	85.1%	95.8%	99.6%	99.8%
6	소형주 VC3 상위 10%	83.3%	94.2%	99.4%	100.0%	100.0%
7	소형주 VC2 상위 10%	80.6%	93.4%	99.4%	99.8%	100.0%
8	소형주 저EV/EBITDA 상위 10%	82.0%	95.2%	100.0%	100.0%	100.0%
9	소형주 VC1 상위 10%	80.8%	92.6%	99.4%	100.0%	100.0%
10	소형주 저PBR 상위 30%, 3&6개월 가격 모멘텀>중앙값, 주주수익률 상위 25종목	75.0%	91.3%	97.5%	98.7%	100.0%
11	소형주 PSR<1, 6개월 가격 모멘텀>0, 12개월 가격 모멘텀 상위 50종목	74.1%	89.1%	97.5%	98.9%	100.0%
12	소형주 주주수익률, 6개월 가격 모멘텀>중앙값, 저PBR 상위 25종목	74.5%	89.9%	98.9%	98.4%	100.0%
13	소형주 저PBR, 6개월 가격 모멘텀>중앙값, 자사주 매입 수익률 상위 25종목	77.9%	95.2%	99.6%	100.0%	100.0%
14	소형주 3&6개월 가격 모멘텀>중앙값, 주주수익률 상위 25종목	74.9%	98.4%	100.0%	100.0%	100.0%
15	소형주 저PBR 상위 30%, 3&6개월 가격 모멘텀>중앙값, 12개월 가격 모멘텀 상위 25종목	77.0%	93.8%	100.0%	99.6%	100.0%
16	소형주 저PBR 상위 30%, 3&6개월 가격 모멘텀>0, 12개월 가격 모멘텀 상위 25종목	77.2%	91.5%	99.6%	99.6%	100.0%
17	소형주 저PBR 상위 30%, 3&6개월 가격 모멘텀>0, 주주수익률 상위 25종목	73.7%	91.3%	96.0%	98.4%	100.0%
18	소형주 저PBR 상위 30%, 3&6개월 가격 모멘텀>0, 12개월 가격 모멘텀 상위 50종목	78.5%	94.4%	99.6%	99.6%	100.0%
19	소형주 저PBR 상위 30%, 3&6개월 가격 모멘텀>중앙값, 주주수익률 상위 50종목	75.0%	93.8%	98.7%	98.4%	100.0%
20	소형주 3&6개월 가격 모멘텀>중앙값, 저PBR 상위 25종목	75.8%	88.3%	99.6%	99.6%	100.0%

(다음 쪽에 이어짐)

표 23.4. 각 전략의 보유 기간별 소형주 대비 기저율(1965/09~2009/12, 수익률 내림차순)

	전략	1년	3년	5년	7년	10년
21	소형주 저PBR 상위 30%, 3&6개월 가격 모멘텀>중앙값, 12개월 가격 모멘텀 상위 50종목	77.4%	93.8%	99.8%	99.6%	100.0%
22	소형주 3&6개월 가격 모멘텀>중앙값, 저PBR 상위 50종목	75.0%	93.0%	99.4%	99.3%	100.0%
23	소형주 저PBR 상위 30%, 3&6개월 가격 모멘텀>0, 주주수익률 상위 50종목	74.1%	89.5%	95.8%	99.3%	100.0%
24	소형주 주주수익률, 6개월 가격 모멘텀>중앙값, 저PBR 상위 50종목	72.4%	90.7%	97.3%	97.8%	100.0%
25	소형주 저PBR, 6개월 가격 모멘텀>중앙값, 주주수익률 상위 25종목	70.2%	89.3%	95.6%	99.1%	100.0%
26	소형주 저 EV/잉여현금흐름 상위 10%	73.5%	81.9%	83.9%	87.1%	92.0%
27	소형주 저PER 상위 10%	76.0%	86.7%	91.1%	95.3%	99.5%
28	소형주 저PBR, 자사주 매입 수익률, 3개월 가격 모멘텀>중앙값, 6개월 가격 모멘텀 상위 25종목	74.9%	93.8%	99.2%	99.8%	100.0%
29	소형주 저PBR, 자사주 매입 수익률>중앙값, 6개월 가격 모멘텀 상위 25종목	75.2%	93.4%	98.7%	99.3%	100.0%
30	소형주 저 주가/영업현금흐름 상위 10%	72.4%	82.3%	90.3%	94.0%	100.0%
31	소형주 저PBR, 6개월 가격 모멘텀>중앙값, 자사주 매입 수익률 상위 25종목	74.1%	92.0%	99.4%	99.6%	100.0%
32	소형주 저PBR, 주주수익률>중앙값, 6개월 가격 모멘텀 상위 25종목	76.8%	95.4%	98.7%	99.6%	100.0%
33	소형주 3&6개월 가격 모멘텀>중앙값, 주주수익률 상위 50종목	74.1%	97.2%	99.4%	100.0%	100.0%
34	소형주 저PBR, 자사주 매입 수익률, 3개월 가격 모멘텀>중앙값, 6개월 가격 모멘텀 상위 50종목	74.7%	94.0%	100.0%	100.0%	100.0%
35	소형주 저 EV/매출액 상위 10%	73.1%	86.9%	97.0%	99.8%	100.0%
36	소형주 저PBR, 자사주 매입 수익률>중앙값, 6개월 가격 모멘텀 상위 50종목	74.7%	95.2%	99.6%	100.0%	100.0%
37	소형주 저PBR, 6개월 가격 모멘텀>중앙값, 주주수익률 상위 50종목	67.9%	86.9%	94.1%	98.7%	100.0%
38	소형주 저 주가/잉여현금흐름 상위 10%	68.3%	77.7%	86.0%	87.8%	90.6%
39	소형주 저PBR, 주주수익률>중앙값, 6개월 가격 모멘텀 상위 50종목	71.2%	94.2%	100.0%	100.0%	100.0%
40	소형주 저PBR, 3&6개월 가격 모멘텀>중앙값, 12개월 가격 모멘텀 상위 25종목	75.8%	87.1%	96.6%	98.0%	98.8%
41	소형주 저PBR, 3&6개월 가격 모멘텀>중앙값, 12개월 가격 모멘텀 상위 50종목	73.9%	93.6%	98.3%	98.0%	100.0%
42	소형주 자사주 매입 수익률 상위 10%	77.7%	96.0%	98.9%	99.8%	100.0%
43	소형주 주주수익률 상위 10%	70.2%	88.1%	94.9%	98.4%	99.3%
44	소형주 주주수익률, 3&6개월 가격 모멘텀>중앙값, 12개월 가격 모멘텀 상위 50종목	77.9%	94.2%	96.0%	96.9%	97.8%
45	소형주 저PSR 상위 10%	68.1%	68.4%	75.9%	75.5%	79.4%
46	소형주 3&6개월 가격 모멘텀, ROE>평균, 12개월 가격 모멘텀 상위 50종목	64.5%	74.4%	82.9%	88.0%	94.2%

(다음 쪽에 이어짐)

월가의 퀀트 투자 바이블

표 23.4. 각 전략의 보유 기간별 소형주 대비 기저율(1965/09~2009/12, 수익률 내림차순)

	전략	1년	3년	5년	7년	10년
47	소형주 주가발생액배수 하위 10%	61.2%	69.0%	67.7%	70.2%	68.0%
48	소형주 6개월 가격 모멘텀 상위 10%	61.4%	72.6%	85.6%	91.1%	97.6%
49	소형주 주주수익률, 3&6개월 가격 모멘텀>중앙값, 12개월 가격 모멘텀 상위 25종목	72.2%	84.9%	91.8%	92.4%	97.1%
50	소형주 자사주 매입 수익률, 3개월 가격 모멘텀>중앙값, 12개월 가격 모멘텀 상위 50종목	69.1%	81.7%	87.3%	93.5%	98.3%
51	소형주 저PBR 상위 10%	61.0%	68.6%	75.9%	90.0%	97.6%
52	소형주 60개월 가격 모멘텀 하위 10%	61.6%	71.6%	75.7%	78.2%	72.9%
53	소형주 배당수익률 상위 10%	55.3%	69.2%	71.9%	73.1%	87.2%
54	소형주 자산회전율 상위 10%	60.1%	63.0%	68.7%	71.7%	77.7%
55	소형주 자사주 매입 수익률, 3개월 가격 모멘텀>중앙값, 12개월 가격 모멘텀 상위 25종목	63.3%	71.6%	77.6%	87.5%	95.6%
56	소형주 현금흐름/부채 상위 10%	53.7%	62.0%	70.0%	68.2%	62.7%
57	소형주 ROA 상위 10%	57.0%	64.8%	69.1%	65.5%	60.0%
58	소형주 ROE 상위 10%	58.2%	62.2%	64.1%	59.7%	58.4%
59	소형주 EPS 증가율 상위 10%	58.5%	56.7%	63.0%	65.9%	66.6%
60	소형주 발생액/총자산 하위 10%	49.9%	56.1%	52.2%	53.9%	47.2%
61	소형주 12개월 가격 모멘텀 상위 10%	58.0%	57.1%	66.6%	69.3%	74.1%
62	소형주 영업이익률 상위 10%	46.6%	51.7%	58.1%	58.1%	58.1%
63	소형주 순이익률 상위 10%	49.5%	59.6%	61.1%	58.8%	57.4%
64	소형주 감가상각비/자본적 지출 상위 10%	49.1%	50.1%	45.9%	39.6%	37.3%
65	소형주	0.0%	0.0%	0.0%	0.0%	0.0%
66	소형주 부채 증가율 하위 10%	47.6%	43.1%	37.4%	37.4%	38.3%
67	소형주 순영업자산 증가율 하위 10%	49.3%	50.1%	46.1%	44.1%	39.7%
68	소형주 60개월 가격 모멘텀 상위 10%	36.1%	32.8%	30.0%	24.3%	27.1%
69	소형주 주가발생액배수 상위 10%	39.5%	35.8%	33.4%	34.5%	23.0%
70	소형주 저PBR 하위 10%	41.7%	27.4%	21.4%	12.0%	5.6%
71	소형주 자산회전율 하위 10%	35.1%	33.0%	19.7%	17.8%	9.4%
72	소형주 EPS 증가율 하위 10%	32.1%	24.1%	17.8%	8.9%	4.8%
73	소형주 저 EV/잉여현금흐름 하위 10%	29.4%	23.3%	18.2%	12.5%	9.0%
74	소형주 저 주가/잉여현금흐름 하위 10%	27.3%	22.1%	16.1%	6.0%	1.7%
75	소형주 부채 증가율 상위 10%	22.5%	9.7%	2.1%	0.9%	0.0%
76	소형주 12개월 가격 모멘텀 하위 10%	20.9%	7.0%	3.4%	1.8%	0.0%
77	소형주 자사주 매입 수익률 하위 10%	16.5%	3.4%	0.8%	0.0%	0.0%
78	소형주 주주수익률 하위 10%	18.4%	7.0%	2.5%	0.0%	0.0%
79	소형주 저PER 하위 10%	29.4%	18.7%	10.1%	1.6%	0.2%
80	소형주 발생액/총자산 상위 10%	23.0%	8.5%	3.2%	1.3%	0.0%
81	소형주 저EV/EBITDA 하위 10%	23.6%	12.3%	4.9%	4.9%	1.2%
82	소형주 감가상각비/자본적 지출 하위 10%	29.6%	19.9%	13.1%	4.5%	0.0%
83	소형주 ROE 하위 10%	29.9%	26.0%	20.3%	17.6%	13.8%
84	소형주 6개월 가격 모멘텀 하위 10%	11.3%	3.0%	1.1%	1.3%	0.0%
85	소형주 저 EV/매출액 하위 10%	31.1%	18.3%	16.5%	10.7%	10.9%
86	소형주 저 주가/영업현금흐름 하위 10%	23.8%	10.3%	2.1%	0.7%	0.0%
87	소형주 현금흐름/부채 하위 10%	26.7%	17.1%	10.4%	2.4%	0.0%
88	소형주 순영업자산 증가율 상위 10%	25.5%	12.7%	6.1%	2.7%	0.0%
89	소형주 ROA 하위 10%	23.8%	11.1%	6.3%	6.2%	3.6%
90	소형주 영업이익률 하위 10%	26.3%	17.9%	17.1%	11.8%	7.3%

(다음 쪽에 이어짐)

표 23.4. 각 전략의 보유 기간별 소형주 대비 기저율(1965/09~2009/12, 수익률 내림차순)

전략	1년	3년	5년	7년	10년
91 소형주 순이익률 하위 10%	28.6%	20.3%	18.6%	12.0%	8.0%
92 소형주 저PSR 하위 10%	30.7%	20.9%	16.7%	11.8%	8.5%
93 소형주 VC1 하위 10%	28.2%	14.9%	9.7%	4.9%	1.0%
94 소형주 VC2 하위 10%	28.8%	13.5%	8.9%	4.2%	0.5%
95 소형주 VC3 하위 10%	27.6%	13.5%	7.4%	3.8%	0.5%

최악의 전략

또한 성과가 부정적일 거라고 짐작할 전략들을 목록의 가장 아래에서 발견했는데 여기에는 더 중요한 차이가 있었다. 즉 최악의 전략 3개는 과거 44년 동안 실제로 손실을 기록했다. 게다가 최악의 전략 22개는 같은 기간 동안 미국 단기 국채의 성과를 하회했다. 2009/12/31 끝나는 44년 동안 단기 국채에 투자한 1만 달러는 11만 3,721달러가 되어 연 수익률 5.64%를 기록했다. 최악의 전략 22개는 모두 무위험인 단기 국채 투자보다 크게 부진했다. 기저율 표에서 확인할 수 있듯이 최악의 전략들은 매우 일관되게 부진해서, 하위 26개 전략은 10년 단위 기간에서 소형주 모집단을 상회하지 못한 기간이 15% 이상이었고 그중 7개는 한 번도 상회하지 못했다.

최악의 전략 3가지는 소형주 VC1, VC2, VC3 하위 10% 종목 매수 전략이며, 투자한 1만 달러가 44년간 줄어들어 각각 7,012달러, 6,623달러, 5,468달러로 감소했다. 여기서 모든 수익률은 물가 상승률을 반영하지 않은 명목 수익률이고, 물가 상승률을 반영하면 투자금 1만 달러는 1,025달러, 969달러, 800달러로 감소했다. 이 전략들은 최악의 시나리오 역시 처참해서 모두 2000년 2월부터 2009년까지 낙폭이 90% 이상이었고, 1980년대 초부터 2000년대까지의 강세장 대부분을 완전히 자유 낙하해 1950년대 이후 가장 큰 강세장에서 80% 손실을 입었다. 소형주에 투자할 때 VC 점수가 가장 낮은 조합은 매우 위험하다. 맞는 말이다. 소기업은 일반적으로 사업 모형이 한두 개이므로, 엄청나게 과대평가되면 이후 무덤으로 갈 가능성이 높다.

그러나 공매도에 이런 전략들을 이용하려는 독자는 이런 주식들이 가치가 급등하는 해가 있다는 것을 명심해야 한다. 데이터를 보면 주식시장 버블기에 200% 이상 급등한 것이 종종 확인된다.

전반적으로 시장 선도주 모집단에서 확인했던 것과 같은 것을 소형주 모집단에서도 확인할 수 있다. 즉, 싼 주식은 비싼 주식보다 성과가 훨씬 뛰어나고, 상대적으로 높은 가치와 성장성을 결합한 복수 요소 모형의 성과가 정상이나 그 근처에 있다.

기저율

VC 전략 3가지 모두 소형주 모집단 대비 우수한 기저율을 보였다. 5년 단위 기간에서 각 전략의 수익률이 소형주 모집단보다 높은 경우가 99%였고 10년 단위로는 100%였다. 이 전략들은 명백히 승산이 높다. 우리는 절대 성과뿐 아니라 성과의 일관성에도 중점을 둔다는 것을 기억하라. 뛰어난 성과만으로는 충분하지 않다. 시장이 등락해도 흔들림 없이 고수할 수 있는 전략에 투자하려면 일관성이 매우 중요하다. 또한 이 전략들이 항상 100% 기저율을 가져다줄 거라고 기대해서는 안 된다. 예를 들어 더 장기인 CRSP 데이터세트로 검토해보니 기저율 100%를 달성하지 못하는 요소가 몇 가지 발견되었는데, 소형주 자사주 매입 수익률 상위 10% 주식의 5년 기저율은 89%, 10년 기저율은 87%로 하락했다. 여전히 좋은 성과지만 1963~2009년보다는 못하다.

다른 많은 전략도 마찬가지다. 소형주 3&6개월 모멘텀>중앙값, 주주수익률 상위 25종목 매수 전략을 살펴보자. 표 23.4가 보여주듯 1965~2009년에 기저율이 매우 뛰어나서 소형주 모집단을 3년 단위 기간에서는 98%, 5년과 10년 단위 기간에서는 100% 능가했다. 그러나 더 긴 1927~2009년을 살펴보면 3년 기저율은 98%에서 93%, 5년 기저율은 100%에서 95%, 10년 기저율은 100%에서 99%로 떨어졌다. 1965~2009년 동안 장기 기저율이 100%인 모든 전략에 대해 이런 점을 명심해야 한다. 장기 기저율은 여전히 엄청나게 인상적이지만 더 짧은 기간을 검토할 때에는 기대를 낮춰야 한다.

최악의 기저율

10년 단위 수익률을 분석해보니 소형주 전략 중 10개는 소형주 모집단의 성과를 전혀 상회하지 못했다. 기저율 관점에서 최악의 전략 2가지는 '소형주 자사주 매입 수익률 하위 10% 주식'과 '소형주 6개월 가격 모멘텀 하위 10% 주식' 매수 전략이다. 3년 단위로 수익률을 분석했을 때 소형주 자사주 매입 수익률 하위 10% 주식(본질적으로 신주를 대량 발행한 소기업들) 전략의 수익률이 소형주 모집단보다 높은 기간은 3%에 불과했고, 5년 단위 기간은 1% 미만이었으며, 7년과 10년 단위로는 전혀 상회하지 못했다. 6개월 모멘텀 하위 10% 주식이 그다음이다. 소형주 모집단을 3년 단위 기간에서는 단 3%, 5년 단위로는 1% 상회했고, 10년 단위로는 전혀 상회하지 못했다. 가격 모멘텀 하위 10% 주식 전략들은 심각한 하락장에서만 성과가 좋다는 것을 기억한다면, 이 주식이 2000~2003년과 2007~2008년의 약세장에서 연 수익률 세 자릿수를 기록한 것은 놀랍지 않다. 다른 모든 모집단에서처럼 이 놀라운 연 수익률에 속으면 안 된다. 이런 주식들은 위험하다.

증거가 더 필요한가? 1926년까지 데이터를 확장한 소형주 전략 2가지에 추가 데이터를 포함하니 기저율이 매우 비슷한 것을 확인했다. 5년 단위 수익률을 분석해보니 소형주 자사주 매입 수익률 하위 10% 주식은 전체 937개 기간 중 26개(약 3%)에서만 소형주 모집단을 상회했고 10년 단위로는 전혀 상회하지 못했다. 소형주 6개월 가격 모멘텀 하위 10% 주식 전략이 5년 단위 기간에서 소형주 모집단을 상회한 것은 전체 937개 중 15개(약 2%)뿐이었다. 앞에서 본 1963년부터의 데이터와 동일하게 이 종목들은 1927년부터의 10년 단위 기간에서 소형주 모집단을 전혀 상회하지 못했다.

소형주 모집단의 성과를 하회한 전략들 대부분이 일관성 있게 하회했기 때문에, 매수를 고려하는 소형주가 연속적으로 하락했는지 주의 깊게 검토해야 한다. 최악의 성과를 내는 것은 성과가 부정적일 것으로 쉽게 짐작할 수 있는 전략들, 즉 재무상태표를 속이는 종목들로서 소형주 중 발생액/총자산 상위 10%, 순영업자산 증가율 상위 10%, 부채 증가율 상위 10%, 최근 6개월과 12개월 가격 모멘텀 하위 10% 종목들이다. 이런 전략들은 모두 형편없으니 전염병을 대하듯 피해야 한다.

최악의 시나리오

표 23.3에는 다양한 소형주 전략의 MDD를 나열했다. 가장 먼저 눈에 띄는 것은 거의 모든 전략의 MDD가 50%를 초과한다는 것이다. 소형주에 투자해서 수익을 얻고 싶다면 일정 기간의 하락을 피하기는 어렵다. 소형주 주식은 근본적으로 대형주와 시장 선도주 종목들보다 변동성이 크다.

실제로 이런 대규모 하락이 2007~2008년 약세장에서 발생했고, 빠른 시일 내에 그런 규모의 하락이 나올 것 같지는 않지만 소형주 투자자는 대비해야 한다. 역사는 그런 하락에서 할 수 있는 최선의 행동이 추가 매수임을 보여준다. 그러나 또한 극소수 투자자만 실제로 그렇게 할 수 있다고 시사한다. 위대한 투자자 존 템플턴John Templeton 경은 자신이 좋아하는 주식들에 대해 시가보다 훨씬 낮은 가격으로 지정가 매수 주문을 넣곤 했다. 주식이 그렇게 낮은 가격대에 도달한다면, 그조차도 매수하지 말아야 할 새로운 이유를 생각해내고 싶어 할지도 모른다는 것을 알았기 때문이다. 사상 최고의 투자자 중 한 명도 심각한 약세장이 불러오는 마음의 동요가 현명한 투자를 방해할 수 있다는 점을 경계했다는 것을 기억하라. 나는 소형주 모집단보다 성과가 일관되게 훨씬 뛰어났던 전략(기저율이 가장 높은 전략)들만 사용하고, MDD가 소형주 모집단의 10% 이내에 있는 전략들로 선택의 폭을 제한하라고 조언한다. 그러면 훌륭한 성과를 내는 전략들을 유지하고, 또 다른 약세장이 왔을 때 고수하기 불가능한 전략들을 피하게 된다. 미리 알고 있으면 대처할 수 있다.

시사점

지난 44년 동안 가장 성과가 좋은 소형주 투자 전략은 소형주 모집단의 9배나 높은 성과를 기록했고, 저PER, 저PCR, 저PSR 주식 매수와 같이 일반적으로 성공적인 전략 다수가 소형주 전략의 성과를 크게 향상시켰다. 가치 요소는 소형주의 건전성을 측정하는 기준으로 우수해서 상위 10% 주식은 장기 성과가 훌륭했고 하위 10% 종목은 붕괴했다. 최고 성과를 내는 전략들은 또한 일관성이 있었고 5년과 10년 단위 기저율이 우수했다. 최고 성과를 내는 전략 두 가지는 소형주 자사주 매입 수익률 10% 주식과 소형주 6개월 가격 모멘텀 상위 10% 주식이었다. CRSP 데이터세트를 사용하면 1926년부터 컴퓨스탯 데이터세트가 시작된 1963년까지의 성과를 확인할 수 있어서 37년간의 데이터를 추가했다.

그러나 주의할 사항이 있다. 최고 전략마저도 50% 이상의 하락을 겪으며, 이는 모든 소형주 투자자가 마주해야 하는 현실이다. 그런 하락을 견딜 수 없다면 좀 더 안정적인 시장 선도주 혹은 대형주 전략을 고려해야 한다. 그러나 그런 롤러코스터를 탈 수 있다면, 소형주 전략들은 포트폴리오를 다변화하면서 전반적인 성과를 크게 개선하는 데 중요한 역할을 할 수 있다.

마지막으로 이런 소형주 전략들의 집중 투자 버전을 사용하기 전에 변동성을 신중하게 검토하라. 집중 투자는 성과와 변동성을 모두 높이지만 가장 중요하게 생각해야 할 것은 변동성이다. 많은 투자자가 성과에 매료되었다가 전략이 추락할 때 무너져서 포기한다. 어떤 전략이든 시도하기 전에 항상 최악의 시나리오를 살펴봐야 한다.

24

섹터 분석

모든 진리는 일단 발견하고 나면 이해하기 쉽다.
요점은 진리를 발견하는 것이다.

| 갈릴레오 갈릴레이 | Galileo Galilei, 이탈리아 과학자

이제 지금까지 점검한 요소들이 섹터 수준에서 어떻게 작동하는지 보자. 이 장의 범위는 다소 야심적이기 때문에 이것만으로도 책 한 권이 너끈히 나온다. 그러니 10가지 경제 섹터를 모두 포괄하기 위해서 토론을 간소화할 필요가 있다. 지금까지는 전체 주식과 대형주 모집단에서 십분위수 기준으로 성과를 검토했는데 이제는 전체 주식 모집단에서 5분위수(20% 구간) 기준을 사용하겠다. (특정 섹터는 구성 종목이 너무 적어서 십분위수 분석이 어렵고, 5분위수를 사용하면 섹터별 요소의 효율성에 대해 합리적인 결론을 도출할 수 있다.) 또한 10개 섹터 전체의 데이터가 있는 1968/12/31에 분석을 시작한다. 모든 섹터에 대해 다음과 같은 분석을 수행한다.

- 최고 분위수와 최저 분위수의 연 수익률
- 최고 분위수의 표준편차
- 최고 분위수의 샤프지수
- 최고 분위수의 수익률 – 최저 분위수의 수익률
- 최고 분위수의 수익률 – 해당 섹터 벤치마크의 수익률
- 최고 분위수의 MDD
- 최고 분위수의 베타

섹터별 최고 분위수와 최저 분위수의 기저율도 표 형태로 제공한다. 전체 주식 모집단에서 시작하고, 이 책에서 사용한 방법론을 사용해 섹터별 수익률을 계산하고, 섹터 내의 모든 주식은 동일비중을 적용했다.

2009년 기준 10개 섹터 현황

투자자 대다수가 아는 것처럼 경제는 크게 10개 섹터로 나뉜다.

1. 재량 소비재: 생필품이 아닌 재화와 서비스를 제공하는 기업들로 구성되며 2009년 현재 430종목이다. 예를 들면 럭셔리 재화, 고가 소매품, 호텔과 리조트 같은 여행 업종이 포함된다. 애버크롬비&피치, 아마존, 베드 배스&비욘드, 포드 자동차, 홈 디포, 인터컨티넨탈 호텔, 매리어트 인터내셔널, 맥도날드, 스타벅스 등이 속해 있다.

2. 필수 소비재: 음식, 가정용품, 담배, 약품을 판매하는 기업들로 구성되며 현재 141종목이다. 안호이저 부시, 캠벨 수프, 코카콜라, 돌 푸드, 제너럴 밀, 크래프트푸드, 필립 모리스, 프록터 앤 갬블, 월마트, USANA 헬스 사이언스 등이 속해 있다.

3. 에너지: 에너지 기업들로 구성되며 현재 220종목이다. 아메리칸 오일 가스, 쉐브론, 엑슨모빌, 핼리버튼, 노르딕 아메리칸 탱커 시핑, 프리시전 드릴링, 수노코, 트랜스 애틀랜틱 페트롤리엄, 발레로 에너지, 윌리엄스 컴퍼니 등이 속해 있다.

4. 금융: 개인과 기관에 금융 서비스를 제공하는 기업들로 구성되며 현재 408종목이다. AFLAC, 아메리칸 익스프레스, 뱅크 오브 뉴욕 멜론, 처브, 씨티그룹, 이*트레이드, 골드만삭스, 헌팅턴 뱅크셰어, JP모간체이스, 메트라이프, 스테이트 스트리트, US 뱅코프, 웰스파고, 자이언스 뱅코프 등이 속해 있다.

5. 의료: 개인과 기관에 의료 제품과 서비스를 제공하는 기업들로 구성되며 현재 323종목이다. 애보트 래버러토리, 백스터 인터내셔널, 바이오젠, 브리스톨-마이어스 스큅, 일라이릴리, 글락소스미스클라인, 휴마나, 라이프포인트 병원, 메드트로닉, 머크, 오웬&마이너, 화이자, 세인트주드 메디컬, 유나이티드헬스, 웰포인트, 졸 메디컬 주식 등이 속해 있다.

6. 제조: 제품 생산에 참여하는 기업들로 구성되며 현재 424종목이다. 3M, 아메리칸 우드마크, 보잉, 캐터필러, 디어, 델타항공, 에머슨 일렉트릭, 패스터널, GE, 굿리치, 허니웰 인터내셔널, 잉거솔랜드, 록히드 마틴, 나비스타, 프리시

전 캐스트파츠, 롤링스, 텔레다인 테크놀로지, UAL, 웨이스트 매니지먼트, 월드 컬러 프레스 등이 속해 있다.

7. 정보기술(IT): 정보기술을 개발하거나 개인과 기업에 판매하는 기업들로 구성되며 현재 501종목이 있다. 어도비, 애플, BMC 소프트웨어, 체크포인트, 시스코, 코어로직, 델, 이베이, 구글, 휴렛팩커드, 인텔, IBM, 재빌 서킷, 래티스 반도체, 맥아피, 마이크로소프트, 넷기어, 팜, 퀄컴, 레드햇, 실리콘 그래픽스, 시맨텍, 베리사인, 웨스턴 디지털, 야후 등이 속해 있다.

8. 소재: 원자재를 발굴하고 개발하고 가공하는 데 관련된 기업들로 구성되며 현재 240종목이다. AK스틸, 알코아, 칼곤 카본, CGA 마이닝, 다우 케미컬, 프리포트 맥모란 코퍼 앤 골드, 골드코프, H.B,풀러, 인너내셔널 페이퍼, 몬산토, 뉴몬트 마이닝, 포타시, 리오 틴토, 셔윈 윌리엄스, 와이어하우저, 야마나 골드 등이 속해 있다.

9. 통신: 개인과 기업에 통신 서비스를 제공하는 기업들로 구성되며 현재 96종목이 있다. AT&T, BCE, 신시내티 벨, 글로벌 크로싱, 립 와이어리스, 레벨 3 커뮤니케이션, 니폰 텔레그래프 & 텔레폰, 퀘스트 커뮤니케이션, 로저스 커뮤니케이션, 스프린트 넥스텔, 텔러스, US 셀룰러, 버라이즌 커뮤니케이션, 보나지 홀딩스 등이 있다.

10. 공익기업: 개인과 기업에 전기, 천연가스, 물을 공급하는 기업들로 구성되며 현재 114종목이 있다. 앨리게니 에너지, 아메리칸 일렉트릭 파워, 아메리칸 워터 웍스, 칼파인, CMS 에너지, 콘솔리데이티드 에디슨, 다이너지, 엘파소 일렉트릭, 엑셀론, 니코르, 엔스타, PG&E, 서던 컴퍼니, UGI, 웨스타 에너지, 엑셀 에너지 등이 있다.

재량 소비재 섹터

표 24.1은 재량 소비재 섹터의 요소별 수익률이다. 성과가 가장 좋은 요소는 EV/잉여현금흐름으로 연 수익률이 13.89%에 달했고, 전체 섹터 수익률은 연 9.6%다. 표 24.2에서 나타나듯 EV/잉여현금흐름 상위 20%의 기저율은 모두 양의 값이고 5년

표 24.1. 재량 소비재 섹터의 전략별 수익률(1967/12/31~2009/12/31, 상위 20% 수익률 내림차순)

전략	연 수익률(기하평균)		상위 20%					
	상위 20%	하위 20%	표준편차	샤프지수	스프레드 (상위-하위)	스프레드 (상위-벤치마크)	최대 하락률	베타
1 EV/잉여현금흐름	13.89%	4.92%	21.36%	0.42	8.97%	4.29%	−65.39%	0.95
2 주가/잉여현금흐름	13.79%	4.33%	22.15%	0.40	9.46%	4.18%	−68.13%	0.98
3 VC3	13.73%	4.47%	21.17%	0.41	9.26%	4.12%	−69.11%	0.92
4 VC2	13.65%	4.62%	21.06%	0.41	9.03%	4.05%	−69.53%	0.92
5 6개월 가격 모멘텀	13.65%	2.95%	23.03%	0.38	10.70%	4.04%	−65.23%	1.00
6 VC1	13.50%	5.23%	21.76%	0.39	8.27%	3.90%	−70.10%	0.95
7 자사주 매입 수익률	13.41%	3.88%	20.14%	0.42	9.52%	3.80%	−64.78%	0.90
8 순영업자산 증가율	13.32%	3.56%	21.72%	0.38	9.76%	3.72%	−70.81%	0.97
9 주주수익률	13.10%	4.79%	19.53%	0.41	8.31%	3.49%	−66.48%	0.86
10 EV/EBITDA	13.10%	3.83%	20.78%	0.39	9.27%	3.49%	−69.05%	0.91
11 EV/매출액	13.03%	6.75%	22.89%	0.35	6.28%	3.43%	−76.07%	1.00
12 9개월 가격 모멘텀	12.98%	3.37%	23.32%	0.34	9.61%	3.37%	−64.22%	1.01
13 3개월 가격 모멘텀	12.84%	3.61%	22.85%	0.34	9.23%	3.23%	−67.55%	1.01
14 주가/영업현금흐름	12.47%	2.80%	22.14%	0.34	9.67%	2.86%	−74.75%	0.97
15 12개월 가격 모멘텀	12.34%	4.37%	23.52%	0.31	7.98%	2.74%	−64.80%	1.01
16 부채 증가율	12.16%	5.70%	22.22%	0.32	6.45%	2.55%	−66.89%	1.00
17 PER	12.03%	4.63%	21.58%	0.33	7.40%	2.43%	−70.48%	0.95
18 총자산/발생액	11.98%	4.38%	22.07%	0.32	7.60%	2.38%	−65.57%	0.99
19 현금흐름/부채	11.71%	3.59%	21.02%	0.32	8.11%	2.10%	−69.97%	0.93
20 부채 비율	11.52%	6.43%	21.76%	0.30	5.09%	1.91%	−70.42%	0.97
21 자산회전율	11.30%	8.85%	24.59%	0.26	2.45%	1.70%	−73.86%	1.08
22 ROA	11.30%	6.07%	22.09%	0.29	5.22%	1.69%	−72.38%	0.97
23 ROE	11.18%	6.70%	23.09%	0.27	4.48%	1.58%	−74.29%	1.02
24 주가발생액배수	10.79%	7.25%	22.86%	0.25	3.54%	1.18%	−75.93%	1.01
25 1개월 가격 모멘텀	10.76%	5.76%	22.75%	0.25	4.99%	1.15%	−69.26%	1.02
26 배당수익률	10.67%	7.04%	19.24%	0.29	3.64%	1.07%	−67.86%	0.84
27 EPS 증가율	10.49%	6.12%	23.98%	0.23	4.37%	0.88%	−70.34%	1.06
28 PBR	10.15%	9.02%	22.84%	0.23	1.13%	0.55%	−76.72%	0.99
29 PSR	10.13%	7.05%	24.26%	0.21	3.08%	0.53%	−79.93%	1.05
30 벤치마크(재량 소비재)	9.60%		21.97%	0.21			−68.53%	
31 시가총액	8.82%	8.16%	23.81%	0.16	0.65%	−0.79%	−71.61%	1.06

단위 기간은 96.6%, 10년 단위 기간은 100% 확률로 섹터를 능가했다. 상위 20%와 하위 20%의 수익률 스프레드는 연 9%p에 이르고, EV/잉여현금흐름 하위 20%의 기저율은 표 24.3에 있듯이 매우 참혹해서 5년과 10년 단위 기간 모두 섹터를 밑돌았다.

재량 소비재 섹터에서 6개월 가격 모멘텀 상위 주식을 매수한 VC2와 VC3도 성과가 좋았다. 사실 모든 요소 중에서 6개월 가격 모멘텀 요소가 이 섹터에서 매우 잘 작동했다. 나중에 보면 이 요소는 다른 섹터에서 전혀 작동하지 않지만, 현재는 수익률 절댓값이 높을 뿐 아니라 기저율은 3년 단위 기준으로 최고, 1년 단위로는 3번째

표 24.2. 최고 20%: 전략 상위 20%의 보유 기간별 섹터 벤치마크(재량 소비재) **대비 기저율**
(1967/12/31~2009/12/31, 상위 20% 수익률 내림차순)

	전략	1년	3년	5년	7년	10년
1	EV/잉여현금흐름	73.7%	89.6%	96.6%	100.0%	100.0%
2	주가/잉여현금흐름	70.9%	88.9%	91.9%	94.5%	96.6%
3	VC3	65.0%	85.1%	91.7%	98.1%	99.0%
4	VC2	64.6%	83.6%	91.0%	97.6%	98.3%
5	6개월 가격 모멘텀	76.7%	91.3%	95.7%	97.2%	99.5%
6	VC1	65.2%	84.7%	94.4%	98.1%	98.3%
7	자사주 매입 수익률	70.2%	84.7%	91.3%	98.1%	100.0%
8	순영업자산 증가율	77.1%	89.8%	93.3%	95.0%	94.6%
9	주주수익률	64.4%	81.7%	90.8%	98.6%	99.3%
10	EV/EBITDA	61.7%	79.4%	86.8%	96.0%	99.5%
11	EV/매출액	63.2%	77.2%	87.4%	90.5%	97.5%
12	9개월 가격 모멘텀	71.9%	87.4%	89.9%	93.8%	96.6%
13	3개월 가격 모멘텀	76.9%	93.0%	96.2%	98.6%	99.5%
14	주가/영업현금흐름	63.0%	82.1%	91.0%	95.5%	99.3%
15	12개월 가격 모멘텀	70.0%	77.0%	87.7%	91.5%	94.1%
16	부채 증가율	71.1%	80.4%	88.3%	94.1%	93.8%
17	PER	58.5%	68.9%	74.2%	80.6%	82.3%
18	총자산/발생액	73.1%	84.0%	88.1%	84.6%	83.5%
19	현금흐름/부채	61.7%	70.9%	77.6%	80.6%	82.0%
20	부채 비율	59.7%	74.5%	85.9%	87.0%	86.9%
21	자산회전율	55.3%	59.8%	62.1%	76.3%	78.3%
22	ROA	59.7%	53.4%	63.5%	66.8%	67.7%
23	ROE	59.7%	60.4%	54.5%	58.8%	55.7%
24	주가발생액배수	57.9%	72.6%	79.8%	83.9%	89.9%
25	1개월 가격 모멘텀	61.1%	70.2%	81.2%	86.0%	87.4%
26	배당수익률	53.2%	65.5%	54.0%	56.2%	64.5%
27	EPS 증가율	56.7%	63.2%	67.0%	70.9%	71.9%
28	PBR	47.8%	52.3%	59.2%	62.8%	60.3%
29	PSR	52.2%	55.3%	65.5%	76.1%	78.8%
30	섹터 벤치마크(재량 소비재)	0.0%	0.0%	0.0%	0.0%	0.0%
31	시가총액	37.4%	33.0%	39.0%	38.6%	32.5%

표 24.3. 최악 20%: 전략 하위 20%의 보유 기간별 섹터 벤치마크(재량 소비재) **대비 기저율**
(1967/12/31~2009/12/31, 상위 20% 수익률 내림차순)

	전략	1년	3년	5년	7년	10년
1	EV/잉여현금흐름	18.6%	7.4%	0.0%	0.0%	0.0%
2	주가/잉여현금흐름	17.6%	9.1%	0.0%	0.0%	0.0%
3	VC3	33.6%	23.2%	11.2%	2.4%	1.5%
4	VC2	34.4%	26.4%	11.2%	2.4%	1.5%
5	6개월 가격 모멘텀	10.1%	0.4%	0.0%	0.0%	0.0%
6	VC1	36.6%	27.7%	13.2%	3.8%	3.0%
7	자사주 매입 수익률	22.3%	16.8%	9.6%	0.0%	0.0%
8	순영업자산 증가율	17.6%	7.2%	4.0%	0.5%	0.0%
9	주주수익률	28.1%	15.1%	8.1%	0.0%	0.0%
10	EV/EBITDA	29.1%	17.2%	6.5%	1.2%	1.2%
11	EV/매출액	39.1%	33.8%	21.7%	13.7%	8.9%
12	9개월 가격 모멘텀	11.7%	0.2%	0.0%	0.0%	0.0%
13	3개월 가격 모멘텀	8.5%	0.0%	0.0%	0.0%	0.0%
14	주가/영업현금흐름	22.1%	7.9%	2.5%	0.0%	0.0%
15	12개월 가격 모멘텀	14.4%	1.3%	0.0%	0.0%	0.0%
16	부채 증가율	26.9%	8.9%	2.7%	1.2%	0.0%
17	PER	31.2%	17.0%	7.0%	6.2%	4.9%
18	총자산/발생액	17.8%	9.8%	3.1%	4.3%	4.2%
19	현금흐름/부채	26.5%	16.0%	14.1%	17.1%	14.0%
20	부채 비율	35.6%	23.4%	13.2%	3.8%	3.0%
21	자산회전율	49.2%	38.9%	43.7%	39.6%	40.9%
22	ROA	39.3%	38.9%	26.7%	28.4%	25.4%
23	ROE	36.6%	36.2%	25.1%	30.1%	26.8%
24	주가발생액배수	38.5%	24.0%	23.3%	17.1%	14.5%
25	1개월 가격 모멘텀	9.9%	2.6%	0.4%	0.0%	0.0%
26	배당수익률	42.7%	30.9%	24.7%	18.7%	14.0%
27	EPS 증가율	32.8%	15.7%	6.3%	1.2%	0.5%
28	PBR	43.7%	45.1%	42.2%	30.3%	29.1%
29	PSR	40.7%	33.0%	23.5%	9.2%	7.6%
30	섹터 벤치마크(재량 소비재)	0.0%	0.0%	0.0%	0.0%	0.0%
31	시가총액	44.3%	48.5%	40.4%	35.1%	35.0%

로 높았다. 게다가 재량 소비재 섹터에서 매우 선명한 신호를 보내서, 42년간 6개월 가격 모멘텀 하위 20%의 수익률은 연 2.95%에 불과했다. 미국 단기 국채 수익률보다도 매우 낮으므로 이 전략을 고려하는 사람에게 분명한 경고를 보낸다. 6개월 가격 모멘텀 요소가 재량 소비재 섹터에서 잘 작동하는 것은 이 섹터가 자동차, 다양한 소비재, 인터넷 판매와 통신 판매, 미디어, 소매업 등의 다양한 기업들로 분산되어 있기 때문이라고 믿는다.

섹터의 수익률에 기여하지 못한 요소는 시가총액이 유일했다. 시가총액 하위

20%는 소형주로 구성되고 상위 20%는 대형주로 구성되지만 두 경우 모두 섹터 성과를 초과하지 못했다.

하방 위험

재량 소비재 섹터의 하방 위험은 섹터 자체를 포함해서 모든 전략의 MDD가 60%가 넘는다는 점이다. 최고 성과를 낸 요소도 65~70% 하락했다. 모든 하락은 1990년대 하락장에서 발생했고, 섹터 수익률을 4.29% 초과한 요소마저 극심한 주가 하락을 경험했다. 그러니 이 섹터에 투자하려면 변동성을 명심하라.

또한 하위 20%의 기저율을 담은 표 24.3을 주목해서 주의 깊게 공부해야 한다. EV/잉여현금흐름, 6개월 가격 모멘텀 또는 자사주 매입 수익률 요소의 하위 20%가 10개 섹터에서 얼마나 저조한 성과를 보이는지 나타내기 때문이다. 재량 소비재 섹터의 EV/잉여현금흐름 하위 20%는 5년 단위와 10년 단위 기간 전체에서 섹터를 하회했다. 6개월 가격 모멘텀 하위 20%(다시 말해 주가가 가장 많이 하락한 20%)는 3년, 5년, 10년 단위 기간 거의 전부에서 섹터를 하회했다. 표 24.3은 하위 20%에 속한 기업에 투자하려고 하면 얼마나 나쁜 확률이 쌓이는지 들려준다.

시사점

재량 소비재 섹터에 관심이 있다면 EV/잉여현금흐름, 주가/영업현금흐름, VC2나 VC3, 또는 3&6개월 가격 모멘텀 요소에 집중하는 것이 좋다. 일반적으로 가치 요소의 상위 20%에 속하는 종목들을 모은 다음 그중 6개월 가격 모멘텀이 가장 좋은 것을 선택함으로써 위 요소들을 모두 포함한 모형을 만들 수 있다. 마지막으로 이 섹터에 집중적으로 투자하기 전에 주가 변동성을 염두에 두라.

필수 소비재 섹터

표 24.4는 필수 소비재 섹터의 최고 수익률이 우리 가치 요소에서 나오는 것을 보여준다. 주주수익률이 연 수익률 17.8%로 최고였고 필수 소비재 섹터보다 4.22%p

표 24.4. 필수 소비재 섹터의 전략별 수익률(1967/12/31~2009/12/31, 상위 20% 수익률 내림차순)

| | 전략 | 연 수익률(기하평균) | | 상위 20% | | | | | |
		상위 20%	하위 20%	표준편차	샤프지수	스프레드 (상위-하위)	스프레드 (상위-벤치마크)	최대 하락률	베타
1	주주수익률	17.80%	10.19%	14.73%	0.87	7.61%	4.22%	-33.71%	0.87
2	배당수익률	17.75%	10.11%	14.88%	0.86	7.64%	4.18%	-35.16%	0.86
3	EV/잉여현금흐름	17.25%	9.48%	16.63%	0.74	0.08	3.68%	-49.02%	1.00
4	VC3	17.25%	6.76%	15.94%	0.77	10.49%	3.67%	-41.49%	0.95
5	VC2	17.19%	6.63%	15.86%	0.77	10.56%	3.62%	-41.60%	0.94
6	EV/EBITDA	16.96%	7.36%	15.95%	0.75	9.60%	3.38%	-43.60%	0.93
7	주가/잉여현금흐름	16.67%	9.29%	17.11%	0.68	7.38%	3.09%	-48.73%	1.03
8	VC1	16.55%	7.01%	16.12%	0.72	9.53%	2.97%	-43.33%	0.96
9	PER	16.20%	7.49%	15.84%	0.71	8.71%	2.62%	-46.07%	0.94
10	순영업자산 증가율	16.15%	9.01%	15.53%	0.72	7.14%	2.58%	-49.10%	0.94
11	자사주 매입 수익률	16.14%	9.85%	15.18%	0.73	6.30%	2.57%	-39.65%	0.90
12	주가/영업현금흐름	15.92%	6.79%	16.56%	0.66	9.13%	2.35%	-41.25%	0.98
13	EV/매출액	15.66%	7.89%	17.08%	0.62	7.76%	2.08%	-46.24%	0.98
14	총자산/발생액	15.65%	10.04%	15.39%	0.69	5.62%	2.08%	-49.58%	0.92
15	부채 증가율	15.00%	10.08%	16.22%	0.62	4.93%	1.43%	-49.37%	0.99
16	PBR	14.99%	10.87%	17.01%	0.59	4.12%	1.42%	-46.45%	0.99
17	PSR	14.85%	8.27%	17.44%	0.57	6.58%	1.28%	-48.77%	1.01
18	주가발생액배수	14.81%	10.28%	17.02%	0.58	4.52%	1.23%	-46.03%	1.01
19	부채 비율	14.36%	9.52%	16.24%	0.58	4.84%	0.79%	-49.76%	0.97
20	자산회전율	13.82%	10.41%	17.03%	0.52	3.41%	0.25%	-50.07%	0.98
21	섹터 벤치마크 (필수 소비재)	13.57%		15.76%	0.54			-52.15%	
22	EPS 증가율	13.44%	11.57%	17.78%	0.47	1.87%	-0.13%	-52.92%	1.07
23	6개월 가격 모멘텀	13.23%	11.66%	16.88%	0.49	1.57%	-0.35%	-49.44%	1.01
24	3개월 가격 모멘텀	12.97%	11.20%	16.58%	0.48	1.77%	-0.61%	-48.90%	1.01
25	ROE	12.89%	10.92%	16.83%	0.47	1.97%	-0.68%	-66.03%	0.99
26	9개월 가격 모멘텀	12.82%	11.93%	17.15%	0.46	0.89%	-0.75%	-48.86%	1.02
27	시가총액	12.67%	12.38%	18.63%	0.41	0.29%	-0.91%	-56.34%	1.09
28	1개월 가격 모멘텀	12.54%	11.69%	16.42%	0.46	0.85%	-1.04%	-52.78%	1.02
29	12개월 가격 모멘텀	12.51%	12.73%	17.35%	0.43	-0.22%	-1.06%	-51.01%	1.03
30	ROA	12.29%	10.64%	16.40%	0.44	1.65%	-1.29%	-64.71%	0.97
31	현금흐름/부채	11.58%	9.03%	15.63%	0.42	2.55%	-1.99%	-59.94%	0.92

높았다. 게다가 수익률 표준편차는 섹터 전체의 15.76%보다도 낮은 14.73%를 보였다. 마지막으로 최악의 시나리오에서 MDD가 겨우 33.71%여서 전체 섹터의 52.15%보다 훨씬 낮았다. 낮은 변동성과 높은 수익성이 결합해 만들어진 샤프지수 0.87은 10개 섹터에서 테스트한 모든 요소 중에서 가장 높다. 게다가 표 24.5를 보면 필수 소비재 섹터 주주수익률 상위 20% 주식은 기저율이 상당해서 5년 단위 기간의 98.7%, 10년 단위 기간의 100%가 섹터를 능가했다.

표 24.5. 최고 20%: 전략 상위 20%의 보유 기간별 섹터 벤치마크(필수 소비재) **대비 기저율**
(1967/12/31~2009/12/31, 상위 20% 수익률 내림차순)

	전략	1년	3년	5년	7년	10년
1	주주수익률	77.3%	88.1%	98.7%	100.0%	100.0%
2	배당수익률	73.7%	86.6%	95.7%	98.8%	100.0%
3	EV/잉여현금흐름	72.9%	84.3%	94.6%	100.0%	100.0%
4	VC3	70.4%	77.7%	86.1%	92.2%	95.1%
5	VC2	69.2%	77.9%	87.9%	91.0%	92.9%
6	EV/EBITDA	69.0%	75.7%	84.1%	92.9%	92.9%
7	주가/잉여현금흐름	68.4%	78.7%	90.8%	100.0%	99.3%
8	VC1	69.0%	75.3%	84.5%	89.6%	91.4%
9	PER	63.6%	74.7%	81.4%	88.2%	91.6%
10	순영업자산 증가율	69.2%	77.7%	85.4%	95.7%	97.5%
11	자사주 매입 수익률	65.2%	80.6%	82.7%	92.9%	97.5%
12	주가/영업현금흐름	65.2%	78.3%	84.5%	92.7%	95.1%
13	EV/매출액	61.1%	70.6%	77.6%	86.5%	92.9%
14	총자산/발생액	67.6%	80.4%	85.7%	97.9%	96.6%
15	부채 증가율	64.4%	65.1%	73.5%	82.5%	82.3%
16	PBR	54.3%	63.6%	64.8%	64.7%	68.5%
17	PSR	57.5%	61.9%	61.4%	68.0%	68.2%
18	주가발생액배수	57.5%	65.7%	65.9%	71.1%	79.6%
19	부채 비율	60.7%	55.5%	67.5%	76.3%	83.7%
20	자산회전율	53.6%	61.1%	61.2%	57.6%	62.3%
21	섹터 벤치마크 (필수 소비재)	0.0%	0.0%	0.0%	0.0%	0.0%
22	EPS 증가율	52.0%	52.8%	57.4%	47.6%	55.4%
23	6개월 가격 모멘텀	50.6%	47.2%	46.2%	39.3%	30.8%
24	3개월 가격 모멘텀	45.3%	39.4%	37.0%	30.3%	21.2%
25	ROE	46.4%	45.5%	41.0%	32.2%	27.3%
26	9개월 가격 모멘텀	49.2%	44.5%	41.9%	35.3%	25.4%
27	시가총액	46.4%	44.3%	41.5%	36.7%	37.2%
28	1개월 가격 모멘텀	34.6%	30.2%	32.3%	22.0%	14.8%
29	12개월 가격 모멘텀	47.4%	39.8%	38.1%	30.6%	22.2%
30	ROA	41.7%	34.7%	25.8%	17.3%	11.8%
31	현금흐름/부채	39.3%	27.4%	20.6%	7.3%	1.2%

성과가 가장 좋은 요소 5가지는 전 기간에서 17% 이상의 높은 수익을 거두었다. 우리 결합 가치 요소는 10개 섹터 성과표에서 대부분 정상이거나 그 근처에 있다. 성과 톱 5는 기저율도 우수했다.

하방 위험

이익 증가율, 가격 모멘텀, 또는 ROE가 가장 높은 주식을 매수하면 모두 섹터 평균 수익률에 미치지 못했다. 가격 모멘텀의 성과가 좋지 않은 것이 이상해 보일 수

표 24.6. 최악 20%: 전략 하위 20%의 보유 기간별 섹터 벤치마크(필수 소비재) **대비 기저율**
(1967/12/31~2009/12/31, 상위 20% 수익률 내림차순)

	전략	1년	3년	5년	7년	10년
1	주주수익률	28.3%	16.0%	6.1%	2.8%	0.7%
2	배당수익률	33.0%	20.9%	17.0%	6.2%	1.0%
3	EV/잉여현금흐름	21.5%	11.5%	4.0%	0.0%	1.2%
4	VC3	16.0%	10.6%	4.7%	0.0%	0.0%
5	VC2	17.8%	11.7%	4.7%	0.0%	0.0%
6	EV/EBITDA	19.6%	13.0%	4.9%	0.0%	0.0%
7	주가/잉여현금흐름	21.3%	11.5%	0.7%	0.0%	0.0%
8	VC1	16.8%	12.1%	4.9%	0.0%	0.0%
9	PER	22.9%	11.1%	4.7%	0.0%	0.0%
10	순영업자산 증가율	25.7%	11.7%	2.7%	0.0%	0.0%
11	자사주 매입 수익률	22.5%	6.4%	0.0%	0.0%	0.0%
12	주가/영업현금흐름	16.4%	8.9%	4.7%	0.0%	0.0%
13	EV/매출액	26.9%	18.3%	7.6%	0.0%	0.0%
14	총자산/발생액	20.9%	8.7%	2.9%	0.0%	0.0%
15	부채 증가율	20.9%	5.1%	0.0%	0.0%	0.0%
16	PBR	39.3%	29.4%	25.3%	20.9%	19.0%
17	PSR	26.3%	16.6%	9.2%	0.2%	0.0%
18	주가발생액배수	22.9%	9.1%	0.0%	0.0%	0.0%
19	부채 비율	28.9%	15.1%	4.9%	0.0%	0.0%
20	자산회전율	32.6%	19.6%	11.7%	6.6%	6.7%
21	섹터 벤치마크(필수 소비재)	0.0%	0.0%	0.0%	0.0%	0.0%
22	EPS 증가율	35.6%	25.3%	23.3%	19.9%	20.0%
23	6개월 가격 모멘텀	30.6%	18.1%	14.8%	9.2%	6.4%
24	3개월 가격 모멘텀	25.5%	11.3%	7.2%	2.8%	3.2%
25	ROE	36.4%	28.7%	26.2%	24.4%	23.2%
26	9개월 가격 모멘텀	32.2%	19.4%	12.3%	7.8%	6.2%
27	시가총액	45.3%	51.5%	50.9%	40.5%	41.1%
28	1개월 가격 모멘텀	28.5%	7.7%	0.2%	0.9%	0.0%
29	12개월 가격 모멘텀	36.4%	31.1%	22.0%	15.4%	9.9%
30	ROA	35.2%	33.6%	28.5%	21.3%	22.4%
31	현금흐름/부채	26.5%	24.3%	14.6%	8.8%	9.1%

월가의 퀀트 투자 바이블

있지만, 이 요소는 경기 순환주에서 잘 작동하고 필수 소비재 섹터에는 좋은 전략이 아니다. 필수 소비재 섹터는 연 수익률 13.57%로 10개 섹터 중에서 성과가 가장 좋았다. 그러니 주주수익률 같은 가치 요소를 활용하는 보수적인 투자자는 이 섹터에서 종목을 선정하면 정말 행복할 것이다. 또한 이 섹터에서는 최저 분위수 주식들을 피하고 싶을 것이다. 표 24.6을 보면 모든 결합 가치 요소의 하위 20% 주식은 7년과 10년 단위 기간 전체에서 섹터 수익률을 능가하지 못했고, 자사주 매입 수익률 하위 20% 주식도 5년, 7년, 10년 기간 동안 섹터 수익률보다 낮았다. 그러나 필수 소비재 섹터의 최저 분위수 주식들은 다른 섹터들의 최저 분위수 주식들만큼 심하게 저조하지는 않다. 저조하더라도 꽤 잘 해내서, 최고와 최저 분위수의 스프레드가 가장 큰 것이 VC2의 10.56%p였다. 따라서 전체적으로 볼 때 이 섹터는 위험 회피 투자자들에게 탁월한 선택이다.

시사점

필수 소비재 섹터는 보수적인 투자자들에게 잘 어울린다. 수익률이 10개 섹터 전체에서 가장 높고, 섹터 내에서 주주수익률, 배당수익률, 또는 결합 가치 요소가 좋은 종목에 집중하면 수익률을 더욱 높일 수 있다. 주식들에 집중해 투자 성과를 상당히 개선할 수 있기 때문이다. 24장 후반에서 보수적인 투자자가 어떻게 필수 소비재 섹터를 포트폴리오의 주종목으로 삼고자 하는지 보여줄 것이다.

에너지 섹터

표 24.7을 보면 에너지 섹터에 수익률 절댓값 최고 전략이 속해 있다. VC3 상위 20%의 수익률은 1967~2009년 연 18.50%이고, 최고와 최저 분위수의 성과 스프레드도 18.02%p로 가장 크다. 1967~2009년 VC3 하위 20%의 수익률은 0.48%에 불과해

서, 꾸준히 매수했다면 대단히 실망했을 것이다. 성과표의 정상에 있는 것은 다른 가치 요소(VC2와 VC3), EV/EBITDA, PER로서 이들이 톱 5를 구성한다. 이 톱 5 모두 MDD가 60% 이상인 것을 확인하고, 이들 고성과 에너지 주식에 투자할 때에는 변동성에 유념해야 한다.

표 24.7. 에너지 섹터의 전략별 수익률(1967/12/31~2009/12/31, 상위 20% 수익률 내림차순)

	전략	연 수익률(기하평균)		상위 20%					
		상위 20%	하위 20%	표준편차	샤프지수	스프레드 (상위-하위)	스프레드 (상위-벤치마크)	최대 하락률	베타
1	VC3	18.50%	0.48%	22.47%	0.60	18.02%	6.93%	-61.14%	0.84
2	VC2	18.36%	0.67%	21.84%	0.61	17.69%	6.79%	-60.31%	0.81
3	VC1	18.14%	0.94%	22.85%	0.58	17.20%	6.57%	-61.61%	0.85
4	EV/EBITDA	16.94%	2.20%	23.25%	0.51	14.75%	5.38%	-65.11%	0.87
5	PER	16.53%	3.01%	23.26%	0.50	13.52%	4.96%	-64.34%	0.87
6	EV/잉여현금흐름	16.52%	8.00%	24.63%	0.47	8.52%	4.95%	-64.57%	0.94
7	EV/매출액	16.35%	1.83%	22.46%	0.51	14.51%	4.78%	-60.32%	0.83
8	주가/잉여현금흐름	16.11%	7.18%	24.51%	0.45	8.93%	4.55%	-65.32%	0.93
9	주가/영업현금흐름	16.04%	3.58%	25.75%	0.43	12.46%	4.47%	-73.32%	0.97
10	PSR	15.78%	2.94%	22.95%	0.47	12.84%	4.21%	-61.43%	0.85
11	자사주 매입 수익률	15.33%	4.58%	22.31%	0.46	10.75%	3.76%	-60.16%	0.85
12	주주수익률	15.13%	5.75%	19.37%	0.52	9.38%	3.56%	-57.12%	0.71
13	PBR	14.97%	4.10%	25.12%	0.40	10.87%	3.41%	-69.83%	0.95
14	배당수익률	14.20%	6.78%	18.74%	0.49	7.42%	2.63%	-54.46%	0.67
15	자산회전율	13.59%	5.24%	23.24%	0.37	8.35%	2.03%	-57.89%	0.86
16	주가발생액배수	13.10%	8.42%	27.48%	0.29	4.68%	1.53%	-77.39%	1.04
17	순영업자산 증가율	12.78%	6.41%	24.52%	0.32	6.36%	1.21%	-68.32%	0.93
18	ROE	12.05%	5.05%	25.28%	0.28	7.01%	0.49%	-64.05%	0.95
19	총자산/발생액	11.92%	10.15%	25.86%	0.27	1.77%	0.35%	-72.12%	0.99
20	3개월 가격 모멘텀	11.79%	8.23%	26.56%	0.26	3.56%	0.23%	-72.67%	1.01
21	부채 비율	11.78%	6.33%	26.15%	0.26	5.45%	0.22%	-69.21%	0.99
22	ROA	11.62%	5.99%	24.65%	0.27	5.62%	0.05%	-63.55%	0.93
23	섹터 벤치마크(에너지)	11.57%		25.48%	0.26			-68.87%	
24	6개월 가격 모멘텀	11.46%	8.30%	26.98%	0.24	3.16%	-0.11%	-73.28%	1.01
25	부채 증가율	11.34%	8.60%	25.75%	0.25	2.74%	-0.23%	-67.61%	0.99
26	9개월 가격 모멘텀	10.99%	8.63%	27.34%	0.22	2.36%	-0.58%	-72.67%	1.02
27	현금흐름/부채	10.71%	6.07%	23.67%	0.24	4.65%	-0.85%	-60.71%	0.90
28	시가총액	10.49%	12.22%	28.83%	0.19	-1.73%	-1.08%	-75.84%	1.09
29	1개월 가격 모멘텀	10.18%	9.37%	26.26%	0.20	0.80%	-1.39%	-71.44%	1.02
30	12개월 가격 모멘텀	10.08%	9.83%	27.69%	0.18	0.25%	-1.49%	-72.33%	1.03
31	EPS 증가율	9.29%	8.60%	27.83%	0.15	0.69%	-2.27%	-74.15%	1.07

표 24.8에서 뚜렷하게 나타나듯 최고 성과 전략들의 기저율은 모두 양의 값이고
결합 가치 요소 3가지 모두 10년 단위 기간 전체에서 에너지 섹터를 능가했다.

표 24.8. 최고 20%: 전략 상위 20%의 보유 기간별 섹터 벤치마크(에너지) **대비 기저율**
(1967/12/31~2009/12/31, 상위 20% 수익률 내림차순)

	전략	1년	3년	5년	7년	10년
1	VC3	74.1%	84.0%	90.1%	99.1%	100.0%
2	VC2	73.5%	81.9%	86.8%	98.3%	100.0%
3	VC1	74.3%	85.7%	93.5%	98.3%	100.0%
4	EV/EBITDA	71.7%	76.8%	80.5%	91.5%	92.6%
5	PER	69.6%	78.3%	85.9%	96.0%	100.0%
6	EV/잉여현금흐름	73.9%	87.0%	91.7%	97.4%	100.0%
7	EV/매출액	65.0%	78.1%	87.2%	93.4%	94.6%
8	주가/잉여현금흐름	66.8%	87.9%	92.4%	99.3%	100.0%
9	주가/영업현금흐름	68.6%	79.1%	85.0%	91.5%	96.8%
10	PSR	61.9%	78.3%	83.0%	94.8%	95.3%
11	자사주 매입 수익률	66.6%	83.6%	91.7%	99.1%	99.5%
12	주주수익률	58.3%	67.0%	80.3%	86.7%	84.0%
13	PBR	65.0%	71.1%	87.2%	92.2%	90.6%
14	배당수익률	57.1%	62.1%	72.4%	73.9%	74.9%
15	자산회전율	52.8%	62.3%	65.9%	64.2%	66.7%
16	주가발생액배수	55.9%	66.2%	68.8%	69.2%	68.0%
17	순영업자산 증가율	59.3%	68.3%	74.0%	78.7%	76.6%
18	ROE	51.4%	51.1%	47.1%	44.1%	38.2%
19	총자산/발생액	50.8%	52.1%	54.0%	53.8%	50.5%
20	3개월 가격 모멘텀	58.1%	55.5%	67.3%	74.9%	82.0%
21	부채 비율	48.6%	45.3%	48.4%	50.2%	50.0%
22	ROA	50.4%	46.8%	45.1%	40.5%	38.2%
23	섹터 벤치마크(에너지)	0.0%	0.0%	0.0%	0.0%	0.0%
24	6개월 가격 모멘텀	54.0%	51.7%	60.3%	74.6%	83.0%
25	부채 증가율	50.8%	48.9%	43.7%	41.5%	42.4%
26	9개월 가격 모멘텀	50.2%	54.5%	54.3%	50.0%	52.5%
27	현금흐름/부채	38.7%	30.4%	28.7%	24.9%	22.2%
28	시가총액	50.4%	48.5%	49.3%	50.5%	52.5%
29	1개월 가격 모멘텀	36.4%	33.0%	24.9%	15.2%	11.8%
30	12개월 가격 모멘텀	47.2%	48.7%	43.0%	42.9%	37.2%
31	EPS 증가율	44.5%	40.4%	35.4%	24.6%	18.5%

하방 위험

필수 소비재 섹터에서 본 것처럼, 3개월 가격 모멘텀을 제외하면 가격 모멘텀 요
소는 테스트 기간 동안 섹터 평균 수익률을 초과하지 못한다. 부채 증가율, 현금흐
름/부채, EPS 요소도 수익률이 뒤떨어진다. 가격 모멘텀은 약간 뒤처질 뿐이어서 실

제로는 분석 기간 전반에서 기저율이 양의 값이지만 MDD가 73%여서 하락장에서 엄청난 변동성을 보일 수 있다고 경고한다.

최저 분위수에서는 모든 결합 가치 요소가 5년, 7년, 10년 기간에서 섹터를 전혀 이기지 못했고, 3년 기간에서는 단 1% 능가했다. 더 나쁘게도 이들은 하락장에서 큰 고통을 겪어서 에너지 섹터 VC3 하위 20%의 하락률이 무려 91%다! 표 24.9에서 분명해지듯이 에너지 섹터에서 결합 가치 요소의 하위 20%는 피해야 한다. 이 섹터는 밸류에이션이 정말 중요하다.

표 24.9. 최악 20%: 전략 하위 20%의 보유 기간별 섹터 벤치마크(에너지) **대비 기저율**
(1967/12/31~2009/12/31, 상위 20% 수익률 내림차순)

	전략	1년	3년	5년	7년	10년
1	VC3	11.9%	0.9%	0.0%	0.0%	0.0%
2	VC2	13.6%	0.9%	0.0%	0.0%	0.0%
3	VC1	13.0%	0.6%	0.0%	0.0%	0.0%
4	EV/EBITDA	20.2%	5.5%	2.5%	0.0%	0.0%
5	PER	25.1%	11.5%	4.5%	0.0%	0.0%
6	EV/잉여현금흐름	28.7%	16.4%	14.6%	10.7%	5.2%
7	EV/매출액	16.0%	8.9%	3.1%	0.0%	0.0%
8	주가/잉여현금흐름	29.4%	14.9%	13.5%	10.0%	3.7%
9	주가/영업현금흐름	25.3%	10.2%	0.4%	0.0%	0.0%
10	PSR	12.1%	6.2%	2.9%	0.0%	0.0%
11	자사주 매입 수익률	15.8%	8.1%	0.2%	0.0%	0.0%
12	주주수익률	18.8%	8.9%	1.1%	0.0%	0.0%
13	PBR	18.4%	3.0%	0.0%	0.0%	0.0%
14	배당수익률	30.6%	20.2%	13.7%	9.0%	6.9%
15	자산회전율	24.7%	20.2%	13.9%	4.3%	0.0%
16	주가발생액배수	38.5%	27.2%	22.6%	12.3%	7.9%
17	순영업자산 증가율	20.6%	12.3%	5.8%	4.5%	3.7%
18	ROE	30.8%	17.2%	10.1%	9.0%	6.9%
19	총자산/발생액	44.3%	36.8%	30.5%	16.1%	8.1%
20	3개월 가격 모멘텀	23.1%	10.0%	3.4%	1.4%	0.5%
21	부채 비율	29.1%	18.7%	13.2%	5.7%	0.0%
22	ROA	33.4%	21.5%	15.9%	17.5%	18.2%
23	섹터 벤치마크(에너지)	0.0%	0.0%	0.0%	0.0%	0.0%
24	6개월 가격 모멘텀	29.6%	13.4%	4.5%	4.0%	1.0%
25	부채 증가율	34.2%	28.1%	27.6%	17.3%	13.3%
26	9개월 가격 모멘텀	28.7%	16.4%	12.8%	7.8%	6.4%
27	현금흐름/부채	36.6%	28.1%	12.1%	10.2%	9.9%
28	시가총액	49.4%	47.2%	52.0%	46.2%	41.9%
29	1개월 가격 모멘텀	34.2%	21.5%	8.7%	6.4%	6.2%
30	12개월 가격 모멘텀	37.0%	34.5%	23.1%	19.4%	17.5%
31	EPS 증가율	36.0%	22.1%	11.4%	8.8%	7.1%

월가의 퀀트 투자 바이블

시사점

에너지 섹터 VC3 주식이 확실한 승자여서 수익률 절댓값이 모든 섹터의 모든 요소 중에서 가장 높다. 다만 높은 변동성 때문에 위험 조정 수익률이 낮아져서 샤프지수는 0.60이다. 또한 MDD가 61%에 달하므로 필수 소비재 주주수익률 상위 주식 등 변동성이 적은 전략과 병용하면 가장 좋을 수 있다.

에너지 섹터에서는 모든 결합 가치 요소의 최저 분위수를 피해야 한다. 이 주식들은 성과도 나쁘고 섹터 전체를 거의 능가하지 못한다. 실제로 테스트한 모든 요소의 최저 분위수는 반드시 피해야 하는데, 섹터를 초과하는 성과에는 거의 기여하지 못하고 위험만 상당히 증가시키기 때문이다.

금융 섹터

1990년대에는 금융 섹터가 S&P500지수의 40% 이상을 차지했지만 2009년에는 16.05%에 불과하다. 강자가 이렇게 추락하다니! 그러나 금융 섹터의 결합 가치 요소들, PER, 자사주 매입 수익률에 집중하면 여전히 높은 수익률을 얻을 수 있다. 표 24.10을 보면 금융 섹터에서 성과가 가장 좋은 전략은 에너지 섹터와 동일하게 VC3 상위 20% 주식이었다. 1967/12/31~2009/12/31 기간에 이 전략은 연 수익률 15.96%를 거두어서 섹터 수익률 12.37%를 3.59%p 초과했다. 표 24.11에서 나타나듯 모든 기간의 기저율이 양의 값이었고 5년 단위 기간에는 94%, 10년 단위 기간에는 100% 확률로 섹터를 능가했다. 그 외에 저PER 상위 20%와 자사주 매입 수익률 상위 20%도 성과가 좋았다. 게다가 금융 섹터 자사주 매입 수익률 상위 20% 주식은 섹터 내의 다른 요소들보다 샤프지수가 높아서 0.64가 나왔고, 이는 섹터 평균 0.42보다 뛰어나다.

표 24.10. 금융 섹터의 전략별 수익률(1967/12/31~2009/12/31, 상위 20% 수익률 내림차순)

| 전략 | 연 수익률(기하평균) | | 상위 20% | | | | | |
	상위 20%	하위 20%	표준편차	샤프지수	스프레드 (상위-하위)	스프레드 (상위-벤치마크)	최대 하락률	베타
1 VC3	15.96%	6.36%	18.65%	0.59	9.60%	3.59%	−61.73%	1.02
2 VC1	15.72%	6.96%	19.22%	0.56	8.77%	3.35%	−62.84%	1.05
3 PER	15.66%	7.39%	18.92%	0.56	8.27%	3.29%	−65.80%	1.03
4 VC2	15.66%	6.28%	18.55%	0.57	9.37%	3.28%	−62.67%	1.01
5 자사주 매입 수익률	15.65%	8.95%	16.69%	0.64	6.71%	3.28%	−55.99%	0.92
6 EV/EBITDA	14.92%	11.10%	18.25%	0.54	3.82%	2.55%	−54.17%	0.97
7 부채 비율	14.87%	7.72%	22.96%	0.43	7.15%	2.50%	−59.81%	1.10
8 주가/영업현금흐름	14.81%	7.16%	20.03%	0.49	7.65%	2.44%	−68.15%	1.09
9 주가/잉여현금흐름	14.78%	6.67%	21.63%	0.45	8.11%	2.41%	−65.75%	1.13
10 EV/잉여현금흐름	14.43%	8.59%	20.11%	0.47	5.84%	2.06%	−56.90%	1.04
11 주주수익률	14.36%	9.26%	16.50%	0.57	5.10%	1.98%	−58.58%	0.90
12 EV/매출액	13.73%	12.06%	18.18%	0.48	1.67%	1.36%	−55.55%	0.97
13 PSR	13.36%	7.11%	21.82%	0.38	6.25%	0.99%	−73.75%	1.18
14 PBR	13.17%	8.20%	20.26%	0.4	4.96%	0.79%	−74.68%	1.09
15 부채 증가율	13.05%	9.79%	17.38%	0.46	3.26%	0.68%	−57.69%	0.95
16 9개월 가격 모멘텀	12.92%	7.24%	18.32%	0.43	5.68%	0.55%	−53.43%	0.96
17 12개월 가격 모멘텀	12.87%	7.72%	18.56%	0.42	5.15%	0.49%	−54.05%	0.97
18 EPS 증가율	12.67%	9.33%	19.61%	0.39	3.35%	0.30%	−59.74%	1.06
19 배당수익률	12.63%	8.07%	17.58%	0.43	4.56%	0.26%	−66.33%	0.95
20 6개월 가격 모멘텀	12.51%	7.72%	18.20%	0.41	4.78%	0.13%	−53.34%	0.97
21 섹터 벤치마크(금융)	12.37%		17.74%	0.42			−62.46%	
22 ROE	12.09%	10.07%	19.77%	0.36	2.02%	−0.28%	−61.15%	1.06
23 현금흐름/부채	12.07%	9.86%	18.46%	0.38	2.21%	−0.30%	−63.94%	0.93
24 자산회전율	11.96%	13.19%	19.73%	0.35	−1.23%	−0.41%	−59.68%	1.03
25 시가총액	11.94%	10.80%	17.37%	0.4	1.14%	−0.43%	−60.74%	0.93
26 3개월 가격 모멘텀	11.89%	8.77%	18.12%	0.38	3.13%	−0.48%	−56.76%	0.98
27 ROA	11.87%	10.53%	19.14%	0.36	1.34%	−0.50%	−61.71%	1.00
28 1개월 가격 모멘텀	11.24%	10.02%	18.22%	0.34	1.22%	−1.13%	−60.43%	1.01

하방 위험

ROE, 현금흐름/부채, 자산회전율, 단기 가격 모멘텀 전략의 수익률 모두 섹터 평균보다 낮았다. 기저율 대부분이 음의 값이었고 이 섹터에서 종목을 선정하는 데 사용하면 안 된다. 가장 저조한 것으로 금융 섹터 결합 가치 요소의 최저 분위수들은 10년 단위 기간 전체에서 섹터를 한 번도 능가하지 못했고, 다른 기간에서도 승률이 매우 낮았다. 표 24.12는 금융 섹터 모든 요소에서 성과가 최악인 분위수의 기저율을 나열했다. 금융 섹터 결합 가치 요소 최악 분위수에서 유일하게 만회하는 것은

표 24.11. 최고 20%: 전략 상위 20%의 보유 기간별 섹터 벤치마크(금융) 대비 기저율
(1967/12/31~2009/12/31, 상위 20% 수익률 내림차순)

	전략	1년	3년	5년	7년	10년
1	VC3	78.7%	88.7%	94.4%	97.2%	100.0%
2	VC1	76.7%	82.8%	90.8%	93.4%	98.0%
3	PER	74.1%	79.4%	87.2%	87.2%	94.3%
4	VC2	79.8%	88.9%	89.9%	95.7%	99.3%
5	자사주 매입 수익률	77.7%	91.7%	97.3%	100.0%	100.0%
6	EV/EBITDA	69.4%	76.6%	85.2%	91.0%	91.1%
7	부채 비율	56.5%	65.1%	67.7%	71.8%	75.4%
8	주가/영업현금흐름	68.2%	67.7%	73.8%	79.9%	79.6%
9	주가/잉여현금흐름	64.4%	71.1%	85.7%	91.7%	92.9%
10	EV/잉여현금흐름	62.6%	66.4%	71.7%	81.8%	87.9%
11	주주수익률	67.6%	68.1%	75.6%	78.0%	83.5%
12	EV/매출액	54.3%	58.7%	56.5%	64.7%	69.2%
13	PSR	56.5%	58.7%	64.1%	64.5%	65.3%
14	PBR	61.1%	60.9%	64.8%	60.9%	63.3%
15	부채 증가율	59.1%	67.2%	62.3%	66.8%	76.6%
16	9개월 가격 모멘텀	59.7%	61.5%	63.9%	66.8%	73.9%
17	12개월 가격 모멘텀	57.9%	62.3%	61.4%	65.4%	72.4%
18	EPS 증가율	53.4%	44.9%	46.0%	52.4%	56.9%
19	배당수익률	55.5%	57.2%	61.4%	58.5%	53.0%
20	6개월 가격 모멘텀	56.3%	54.0%	51.8%	57.3%	68.0%
21	섹터 벤치마크(금융)	0.0%	0.0%	0.0%	0.0%	0.0%
22	ROE	52.2%	38.7%	41.3%	41.0%	38.4%
23	현금흐름/부채	46.0%	38.7%	40.6%	35.8%	39.9%
24	자산회전율	46.2%	43.2%	39.9%	37.9%	38.4%
25	시가총액	48.0%	43.4%	48.0%	54.0%	50.2%
26	3개월 가격 모멘텀	51.0%	45.7%	37.2%	39.3%	36.2%
27	ROA	42.3%	38.9%	35.7%	41.2%	38.2%
28	1개월 가격 모멘텀	41.7%	34.7%	25.8%	16.4%	10.8%

MDD가 그나마 양호한 61%로 다른 섹터들보다 낮다는 점이다. 그렇지만 다른 섹터들과 마찬가지로 금융 섹터에서도 최저 분위수 기업들은 피하는 것이 좋다.

시사점

금융 섹터에서 변동성 낮고 수익률 높은 주식을 원한다면 자사주 매입 수익률 상위 20% 기업을 고려해야 한다. 수익률은 섹터를 초과하고 MDD는 섹터보다 낮다. 위험 허용도가 크다면 금융 섹터 VC3 상위 20% 주식을 사는 것도 좋다.

분석한 요소들 대부분에서 최저 분위수의 주식은 피하고 싶을 것이다. 결합 가치

표 24.12. 최악 20%: 전략 하위 20%의 보유 기간별 섹터 벤치마크(금융) 대비 기저율
(1967/12/31~2009/12/31, 상위 20% 수익률 내림차순)

	전략	1년	3년	5년	7년	10년
1	VC3	18.6%	9.6%	0.4%	0.0%	0.0%
2	VC1	21.1%	12.8%	4.5%	0.0%	0.0%
3	PER	28.3%	18.9%	9.9%	1.9%	0.0%
4	VC2	18.2%	10.4%	0.9%	0.0%	0.0%
5	자사주 매입 수익률	20.2%	16.6%	1.1%	0.0%	0.0%
6	EV/EBITDA	38.5%	38.7%	44.6%	47.2%	44.3%
7	부채 비율	34.8%	20.4%	17.3%	11.6%	4.4%
8	주가/영업현금흐름	24.1%	17.4%	11.2%	5.9%	1.5%
9	주가/잉여현금흐름	26.5%	12.1%	7.6%	5.7%	3.0%
10	EV/잉여현금흐름	35.2%	24.3%	16.6%	19.7%	20.4%
11	주주수익률	27.3%	20.0%	9.4%	2.1%	0.0%
12	EV/매출액	49.2%	46.0%	50.9%	47.9%	53.7%
13	PSR	18.8%	11.3%	3.4%	0.2%	0.0%
14	PBR	28.3%	24.3%	14.6%	0.7%	0.0%
15	부채 증가율	28.5%	14.5%	1.1%	0.0%	0.0%
16	9개월 가격 모멘텀	23.3%	5.5%	0.9%	0.0%	0.0%
17	12개월 가격 모멘텀	24.3%	12.6%	1.1%	0.0%	0.0%
18	EPS 증가율	27.5%	21.3%	18.2%	13.3%	10.1%
19	배당수익률	37.2%	33.6%	26.9%	10.9%	3.2%
20	6개월 가격 모멘텀	22.7%	7.2%	1.1%	0.0%	0.0%
21	섹터 벤치마크(금융)	0.0%	0.0%	0.0%	0.0%	0.0%
22	ROE	34.8%	31.9%	23.8%	14.2%	9.9%
23	현금흐름/부채	32.4%	26.0%	19.5%	21.3%	24.6%
24	자산회전율	50.4%	63.6%	69.5%	78.0%	78.8%
25	시가총액	45.5%	42.8%	35.2%	26.1%	11.3%
26	3개월 가격 모멘텀	25.3%	15.5%	7.0%	0.2%	0.0%
27	ROA	38.3%	39.1%	25.1%	12.3%	9.6%
28	1개월 가격 모멘텀	30.4%	18.9%	14.8%	5.9%	3.0%

요소 3가지는 피해야 할 금융주를 선별하는 데 특히 유용하고, 자사주 매입 수익률과 부정적인 가격 모멘텀도 마찬가지다.

의료 섹터

2009년과 2010년에 뉴스에 많이 등장한 이 섹터에서는 우리가 분석한 다른 섹터들과 마찬가지로 밸류에이션이 가장 좋거나 주주수익률이 가장 높은 주식에 집중하는

것이 좋다. 표 24.13을 보면 의료 섹터의 최고 전략은 저PCR 상위 20%를 매수하는 것이다. 이 주식은 연 수익률이 17.59%에 달해서 섹터 평균인 10.55%보다 훨씬 높다. 수익률 표준편차는 20.85%로 섹터 전체의 23.16%보다 낮고 샤프지수는 0.60이다. 톱 5에는 결합 가치 요소 3가지와 주가/잉여현금흐름 전략이 더해진다.

표 24.13. 의료 섹터의 전략별 수익률(1967/12/31~2009/12/31, 상위 20% 수익률 내림차순)

	전략	연 수익률(기하평균)				상위 20%			
		상위 20%	하위 20%	표준편차	샤프지수	스프레드 (상위-하위)	스프레드 (상위-벤치마크)	최대 하락률	베타
1	주가/영업현금흐름	17.59%	1.14%	20.85%	0.60	16.45%	7.03%	-62.86%	0.76
2	VC2	17.50%	0.33%	20.01%	0.62	17.17%	6.94%	-55.29%	0.72
3	주가/잉여현금흐름	17.13%	3.57%	21.86%	0.55	13.56%	6.58%	-63.12%	0.83
4	VC3	17.01%	0.24%	20.14%	0.60	16.78%	6.46%	-56.06%	0.73
5	VC1	16.74%	0.42%	20.62%	0.57	16.31%	6.18%	-60.04%	0.74
6	EV/잉여현금흐름	16.20%	4.32%	21.67%	0.52	11.87%	5.64%	-62.83%	0.83
7	주주수익률	16.02%	3.05%	17.27%	0.64	12.97%	5.47%	-46.79%	0.63
8	PER	16.00%	2.33%	19.46%	0.57	13.67%	5.45%	-61.23%	0.71
9	PSR	15.52%	-0.25%	22.15%	0.48	15.77%	4.97%	-63.64%	0.79
10	EV/EBITDA	15.44%	1.62%	20.35%	0.51	13.82%	4.89%	-58.68%	0.73
11	EV/매출액	15.09%	-0.83%	21.62%	0.47	15.92%	4.54%	-61.44%	0.78
12	자사주 매입 수익률	14.91%	1.88%	18.56%	0.53	13.03%	4.36%	-57.07%	0.69
13	배당수익률	14.91%	5.28%	16.60%	0.60	9.63%	4.36%	-43.37%	0.60
14	주가발생액배수	14.38%	7.53%	24.15%	0.39	6.85%	3.83%	-65.91%	0.98
15	총자산/발생액	14.01%	4.51%	25.17%	0.36	9.50%	3.46%	-55.46%	1.04
16	PBR	13.65%	3.99%	21.92%	0.39	9.67%	3.10%	-62.57%	0.85
17	ROE	12.52%	3.28%	20.79%	0.36	9.24%	1.97%	-57.64%	0.80
18	자산회전율	12.03%	2.85%	22.46%	0.31	9.18%	1.48%	-67.07%	0.86
19	6개월 가격 모멘텀	11.95%	6.14%	27.72%	0.25	5.81%	1.40%	-56.85%	1.13
20	현금흐름/부채	11.77%	4.60%	22.70%	0.30	7.18%	1.22%	-68.24%	0.91
21	9개월 가격 모멘텀	11.73%	6.57%	28.04%	0.24	5.16%	1.18%	-60.93%	1.14
22	부채 비율	11.48%	3.21%	25.93%	0.25	8.27%	0.93%	-55.53%	1.06
23	순영업자산 증가율	11.44%	2.09%	25.91%	0.25	9.35%	0.89%	-67.35%	1.07
24	EPS 증가율	11.41%	7.26%	24.49%	0.26	4.16%	0.86%	-68.43%	0.97
25	12개월 가격 모멘텀	11.39%	7.33%	27.63%	0.23	4.06%	0.84%	-65.12%	1.12
26	부채 증가율	11.26%	4.53%	25.01%	0.25	6.72%	0.70%	-66.91%	1.04
27	3개월 가격 모멘텀	10.88%	6.06%	27.08%	0.22	4.82%	0.33%	-60.15%	1.12
28	ROA	10.80%	3.62%	20.51%	0.28	7.19%	0.25%	-54.87%	0.80
29	섹터 벤치마크(의료)	10.55%		23.16%	0.24			-62.71%	
30	1개월 가격 모멘텀	9.59%	7.15%	26.06%	0.18	2.44%	-0.96%	-63.21%	1.10
31	시가총액	6.88%	11.14%	29.24%	0.06	-4.26%	-3.68%	-79.99%	1.20

하방 위험이 낮고 샤프지수가 높은 전략을 원한다면 의료 섹터의 주주수익률 상

위 20% 주식을 고려해야 한다. 수익률은 정상을 차지한 저PCR 전략보다 1.57%p 낮은 16.02%지만, MDD는 저PCR 전략의 63%에 비해 47%로 낮다. 변동성도 훨씬 적어서 표준편차가 17.27%이고 따라서 샤프지수가 0.64로 높다. 표 24.14를 보면 기저율도 약간 높다.

표 24.14. 최고 20%: 전략 상위 20%의 보유 기간별 섹터 벤치마크(의료) 대비 기저율
(1967/12/31~2009/12/31, 상위 20% 수익률 내림차순)

	전략	1년	3년	5년	7년	10년
1	주가/영업현금흐름	70.4%	81.7%	87.7%	95.7%	99.3%
2	VC2	71.1%	85.1%	93.5%	98.3%	100.0%
3	주가/잉여현금흐름	68.0%	81.7%	90.6%	95.7%	98.5%
4	VC3	69.8%	83.0%	91.9%	97.9%	100.0%
5	VC1	66.8%	79.6%	90.8%	96.9%	100.0%
6	EV/잉여현금흐름	61.3%	75.5%	84.8%	78.4%	79.3%
7	주주수익률	73.1%	81.9%	89.7%	96.7%	99.5%
8	PER	68.4%	76.2%	89.5%	96.4%	100.0%
9	PSR	61.1%	70.0%	81.4%	84.8%	93.3%
10	EV/EBITDA	61.9%	74.3%	85.2%	92.9%	99.5%
11	EV/매출액	61.9%	71.7%	85.0%	90.5%	98.0%
12	자사주 매입 수익률	70.0%	80.0%	82.5%	94.1%	96.8%
13	배당수익률	67.8%	74.5%	77.6%	91.9%	97.8%
14	주가발생액배수	62.8%	70.9%	78.3%	84.1%	89.7%
15	총자산/발생액	64.8%	82.6%	90.6%	92.2%	94.1%
16	PBR	60.3%	62.3%	73.8%	81.8%	87.7%
17	ROE	58.9%	64.9%	64.1%	66.6%	59.6%
18	자산회전율	54.5%	58.9%	57.4%	54.0%	61.6%
19	6개월 가격 모멘텀	56.3%	64.3%	74.2%	86.5%	90.4%
20	현금흐름/부채	56.5%	68.3%	63.9%	62.6%	60.1%
21	9개월 가격 모멘텀	56.7%	60.6%	71.3%	74.9%	74.6%
22	부채 비율	47.8%	55.3%	53.8%	57.6%	58.6%
23	순영업자산 증가율	56.3%	57.0%	64.8%	73.0%	75.1%
24	EPS 증가율	65.0%	71.1%	76.9%	82.0%	86.7%
25	12개월 가격 모멘텀	54.9%	59.8%	67.3%	69.4%	72.4%
26	부채 증가율	57.5%	57.7%	56.5%	62.1%	60.1%
27	3개월 가격 모멘텀	49.0%	51.7%	61.4%	74.6%	78.1%
28	ROA	48.4%	55.1%	56.1%	51.2%	49.0%
29	섹터 벤치마크(의료)	0.0%	0.0%	0.0%	0.0%	0.0%
30	1개월 가격 모멘텀	36.4%	33.6%	40.8%	41.7%	38.9%
31	시가총액	36.0%	24.3%	18.8%	12.6%	13.8%

하방 위험

재량 소비재 섹터에서 본 것처럼, 의료 섹터 최고 분위수 기업들 대부분이 섹터 성과를 초과했다. 단, 1개월 가격 모멘텀과 시가총액 최소 주식은 섹터보다 저조했다.

의료 섹터에서는 최악 분위수 간의 성과 차이가 엄청나다. 표 24.13을 보면 PSR 과 EV/매출액이 높은 주식은 전 기간에서 성과가 저조한 데다가 고점에서 저점까지 의 하락률이 무려 91%다. PCR과 결합 가치 요소 3가지의 최악 분위수는 피해야 할 의료 섹터 주식을 골라내는 데 유용하다. 표 24.15를 보면 섹터보다 저조한 주식이 분명해진다.

표 24.15. 최악 20%: 전략 하위 20%의 보유 기간별 섹터 벤치마크(의료) 대비 기저율
(1967/12/31~2009/12/31, 상위 20% 수익률 내림차순)

	전략	1년	3년	5년	7년	10년
1	주가/영업현금흐름	18.6%	2.6%	0.2%	0.0%	0.0%
2	VC2	23.1%	5.3%	0.9%	0.0%	0.0%
3	주가/잉여현금흐름	27.9%	3.2%	0.0%	0.0%	0.0%
4	VC3	21.5%	4.9%	0.9%	0.0%	0.0%
5	VC1	21.9%	6.8%	1.1%	0.0%	0.0%
6	EV/잉여현금흐름	30.4%	10.0%	0.4%	0.0%	0.0%
7	주주수익률	23.1%	15.1%	14.1%	15.4%	14.3%
8	PER	23.1%	5.3%	0.9%	0.0%	0.0%
9	PSR	23.5%	9.4%	0.9%	0.0%	0.0%
10	EV/EBITDA	20.2%	8.1%	2.2%	0.0%	0.0%
11	EV/매출액	21.5%	5.1%	0.9%	0.0%	0.0%
12	자사주 매입 수익률	20.2%	12.1%	7.6%	3.6%	1.7%
13	배당수익률	23.1%	8.1%	3.6%	0.0%	0.0%
14	주가발생액배수	34.8%	17.9%	11.2%	2.8%	3.4%
15	총자산/발생액	23.3%	9.4%	3.1%	0.0%	0.7%
16	PBR	26.7%	13.6%	4.7%	0.0%	0.0%
17	ROE	33.8%	15.5%	16.6%	19.7%	20.9%
18	자산회전율	34.8%	23.2%	17.3%	18.5%	19.2%
19	6개월 가격 모멘텀	24.9%	9.6%	6.5%	4.3%	3.2%
20	현금흐름/부채	37.2%	30.2%	26.9%	28.2%	28.1%
21	9개월 가격 모멘텀	30.2%	14.5%	7.8%	5.0%	4.2%
22	부채 비율	22.3%	10.9%	4.0%	0.2%	0.0%
23	순영업자산 증가율	14.2%	6.0%	0.4%	0.0%	0.0%
24	EPS 증가율	34.2%	23.6%	10.8%	2.8%	0.0%
25	12개월 가격 모멘텀	33.2%	23.6%	13.7%	9.2%	8.4%
26	부채 증가율	18.8%	6.8%	0.0%	0.0%	0.0%
27	3개월 가격 모멘텀	22.3%	8.9%	6.1%	3.8%	2.2%
28	ROA	38.7%	23.0%	21.3%	26.8%	27.8%
29	섹터 벤치마크(의료)	0.0%	0.0%	0.0%	0.0%	0.0%
30	1개월 가격 모멘텀	22.1%	9.6%	4.7%	2.6%	0.0%
31	시가총액	54.7%	53.6%	56.3%	48.1%	49.0%

시사점

의료 섹터에서는 PCR이 가장 낮거나 결합 가치 요소 점수가 가장 높은 주식에 집중해야 한다. 위험을 회피하는 투자자는 주주수익률이 가장 높은 주식에 집중해야 하는데, 테스트한 요소들 중에서 샤프지수가 가장 높기 때문이다.

다른 섹터와 마찬가지로 의료 섹터 투자자들은 섹터 성과를 거의 능가하지 못하는 결합 가치 요소 하위 20% 주식을 피해야 한다. 실제로 분석한 모든 요소의 최악 20%에 속하는 의료 기업들은 거의 예외 없이 피해야 한다.

제조 섹터

세계적으로 유명한 다우존스산업지수에는 현재 비제조업 기업이 많이 포함되어 있지만, 여기에서는 더 순수하게 제조 섹터의 '제조' 기업을 들여다보자. 표 24.16을 보면 결합 가치 요소 3가지가 정상을 차지하고 그 뒤를 저EV/EBITDA와 주주수익률 전략이 따르고 있다. 성과가 가장 우수한 VC2 전략은 연 수익률 15.34%를 거두어 제조 섹터 수익률 9.82%보다 높다. 수익률 표준편차는 19.89%로 섹터의 표준편차 20.55%보다 낮다. 따라서 샤프지수가 테스트한 요소들 중에서 가장 높은 0.52다. 제조 섹터에서는 수익률 절댓값이 높은 전략이 위험 조정 수익률도 높다. 표 24.17에 나타난 것처럼 VC2는 기저율 역시 탁월해서 1년 단위 기간에는 82%, 5년, 7년, 10년 단위 기간에는 100% 승률로 섹터를 능가했다.

하방 위험

가격 모멘텀, ROE, 현금흐름/부채, EPS 증가율 모두 섹터를 초과하지 못했다. 6개월 가격 모멘텀과 현금흐름/부채를 제외하면 요소별 최고와 최저 분위수의 수익률 차이는 4%p 이하였다.

표 24.16. 제조 섹터의 전략별 수익률(1967/12/31~2009/12/31, 상위 20% 수익률 내림차순)

전략	연 수익률(기하평균)				상위 20%			
	상위 20%	하위 20%	표준편차	샤프지수	스프레드 (상위-하위)	스프레드 (상위-벤치마크)	최대 하락률	베타
1 VC2	15.34%	1.35%	19.89%	0.52	13.99%	5.52%	−56.23%	0.93
2 VC3	15.01%	1.46%	20.30%	0.49	13.55%	5.20%	−56.51%	0.95
3 VC1	14.65%	2.00%	20.67%	0.47	12.65%	4.84%	−56.86%	0.97
4 EV/EBITDA	14.37%	1.41%	20.10%	0.47	12.96%	4.55%	−58.83%	0.94
5 주주수익률	13.85%	2.53%	17.86%	0.50	11.32%	4.04%	−54.00%	0.84
6 EV/매출액	13.48%	4.17%	20.56%	0.41	9.31%	3.66%	−55.28%	0.97
7 PER	13.27%	3.18%	20.66%	0.40	10.09%	3.45%	−58.79%	0.97
8 배당수익률	13.09%	3.53%	18.15%	0.45	9.56%	3.27%	−61.03%	0.84
9 주가/영업현금흐름	13.05%	1.72%	21.78%	0.37	11.33%	3.24%	−61.07%	1.02
10 PBR	12.99%	4.94%	21.01%	0.38	8.05%	3.18%	−56.68%	0.98
11 자사주 매입 수익률	12.94%	2.72%	18.21%	0.44	10.22%	3.13%	−52.61%	0.86
12 EV/잉여현금흐름	12.88%	5.56%	20.74%	0.38	7.31%	3.06%	−57.48%	0.99
13 주가/잉여현금흐름	12.72%	4.65%	21.80%	0.35	8.07%	2.90%	−58.54%	1.03
14 순영업자산 증가율	11.72%	3.50%	20.17%	0.33	8.22%	1.90%	−60.65%	0.96
15 PSR	11.68%	4.25%	22.23%	0.30	7.43%	1.86%	−58.85%	1.04
16 주가발생액배수	11.60%	6.09%	21.95%	0.30	5.51%	1.78%	−60.05%	1.03
17 부채 비율	11.01%	4.39%	20.61%	0.29	6.62%	1.20%	−56.81%	0.98
18 총자산/발생액	10.83%	4.68%	20.70%	0.28	6.15%	1.01%	−60.83%	0.99
19 부채 증가율	10.69%	4.83%	20.52%	0.28	5.86%	0.87%	−58.28%	0.98
20 자산회전율	10.08%	7.71%	20.63%	0.25	2.37%	0.27%	−56.00%	0.98
21 섹터 벤치마크(제조)	9.82%		20.55%	0.23			−57.79%	
22 6개월 가격 모멘텀	9.76%	5.74%	21.91%	0.22	4.03%	−0.05%	−65.63%	1.02
23 현금흐름/부채	9.58%	3.73%	19.07%	0.24	5.85%	−0.24%	−54.34%	0.90
24 3개월 가격 모멘텀	9.46%	5.98%	21.54%	0.21	3.49%	−0.35%	−62.67%	1.02
25 ROE	9.35%	7.80%	21.37%	0.20	1.55%	−0.47%	−60.98%	1.01
26 9개월 가격 모멘텀	9.21%	5.93%	22.16%	0.19	3.28%	−0.61%	−67.11%	1.02
27 시가총액	9.16%	8.95%	21.95%	0.19	0.21%	−0.65%	−63.06%	1.04
28 ROA	8.97%	6.84%	19.84%	0.20	2.13%	−0.85%	−56.49%	0.93
29 12개월 가격 모멘텀	8.47%	6.73%	22.38%	0.16	1.75%	−1.34%	−67.70%	1.03
30 1개월 가격 모멘텀	8.38%	7.08%	21.28%	0.16	1.31%	−1.43%	−61.59%	1.02
31 EPS 증가율	8.31%	7.37%	22.33%	0.15	0.95%	−1.50%	−63.23%	1.06

표 24.18은 모든 결합 가치 요소의 최악 분위수에 속하는 제조 기업 전부를 피해야 한다는 것을 분명하게 보여준다. 3년 단위 기간의 기저율은 한 자릿수이고, 5년, 7년, 10년 단위 기간은 0이다. 주주수익률과 자사주 매입 수익률이 낮은 주식도 섹터를 거의 상회하지 못하니 피하는 것이 좋다. 가격 모멘텀 상위 20%조차 섹터 전체보다 성과가 저조하며, 가격 모멘텀 하위 20% 주식은 섹터를 거의 넘어서지 못하니 피해야만 한다.

표 24.17. 최고 20%: 전략 상위 20%의 보유 기간별 섹터 벤치마크(제조) 대비 기저율

(1967/12/31~2009/12/31, 상위 20% 수익률 내림차순)

	전략	1년	3년	5년	7년	10년
1	VC2	82.0%	93.4%	100.0%	100.0%	100.0%
2	VC3	79.1%	93.2%	100.0%	100.0%	100.0%
3	VC1	78.9%	91.3%	100.0%	100.0%	100.0%
4	EV/EBITDA	80.4%	93.2%	99.1%	100.0%	100.0%
5	주주수익률	70.6%	90.0%	95.7%	99.1%	99.8%
6	EV/매출액	71.3%	77.9%	86.8%	91.5%	98.8%
7	PER	71.9%	82.8%	94.8%	97.6%	98.5%
8	배당수익률	65.0%	82.8%	84.3%	92.9%	93.8%
9	주가/영업현금흐름	72.1%	83.8%	87.2%	98.1%	100.0%
10	PBR	66.0%	71.9%	78.3%	78.2%	85.2%
11	자사주 매입 수익률	71.9%	90.0%	94.2%	96.4%	99.8%
12	EV/잉여현금흐름	69.8%	73.8%	87.2%	100.0%	100.0%
13	주가/잉여현금흐름	71.5%	77.2%	80.5%	95.5%	97.8%
14	순영업자산 증가율	69.2%	81.3%	86.3%	94.8%	93.6%
15	PSR	62.6%	60.6%	60.5%	70.4%	70.4%
16	주가발생액배수	62.8%	74.7%	78.3%	79.4%	80.5%
17	부채 비율	57.5%	58.5%	66.8%	78.7%	76.1%
18	총자산/발생액	62.6%	64.5%	69.3%	73.2%	71.2%
19	부채 증가율	56.3%	68.7%	74.0%	78.0%	79.6%
20	자산회전율	53.8%	61.3%	60.8%	69.4%	79.6%
21	섹터 벤치마크(제조)	0.0%	0.0%	0.0%	0.0%	0.0%
22	6개월 가격 모멘텀	54.9%	53.4%	55.2%	57.6%	61.1%
23	현금흐름/부채	45.3%	48.3%	41.0%	40.5%	45.8%
24	3개월 가격 모멘텀	46.6%	45.3%	46.6%	45.3%	46.6%
25	ROE	49.8%	47.0%	49.8%	43.8%	47.5%
26	9개월 가격 모멘텀	52.6%	54.5%	54.7%	56.2%	57.1%
27	시가총액	42.7%	37.4%	36.5%	43.6%	43.3%
28	ROA	46.2%	36.2%	38.6%	35.5%	35.5%
29	12개월 가격 모멘텀	49.4%	49.6%	52.7%	52.8%	52.2%
30	1개월 가격 모멘텀	34.6%	21.5%	9.2%	4.7%	1.7%
31	EPS 증가율	46.4%	47.9%	47.5%	41.7%	36.2%

시사점

제조 섹터에 초점을 맞추었다면 주주수익률을 포함하는 VC2 점수가 가장 높은 주식을 매수해야 한다. 이 전략은 수익률 절댓값과 위험 조정 수익률이 가장 높고 기저율도 탁월하다.

반대로 VC2 최저 20%는 피해야 한다. 분석한 42년 기간에서 연 수익률은 겨우 1.35%이고 MDD는 72%였다. 게다가 5년, 7년, 10년 단위 기간에서 섹터 성과를 전혀 능가하지 못했다.

표 24.18. 최악 20%: 전략 하위 20%의 보유 기간별 섹터 벤치마크(제조) 대비 기저율

표 24.18. 최악 20%: 전략 하위 20%의 보유 기간별 섹터 벤치마크(제조) 대비 기저율
(1967/12/31~2009/12/31, 상위 20% 수익률 내림차순)

	전략	1년	3년	5년	7년	10년
1	VC2	19.6%	4.7%	0.0%	0.0%	0.0%
2	VC3	19.6%	4.0%	0.0%	0.0%	0.0%
3	VC1	20.6%	6.2%	0.2%	0.0%	0.0%
4	EV/EBITDA	20.0%	4.5%	0.2%	0.0%	0.0%
5	주주수익률	12.3%	3.4%	0.0%	0.0%	0.0%
6	EV/매출액	27.7%	13.2%	2.2%	0.0%	0.0%
7	PER	21.5%	8.3%	0.9%	0.2%	0.0%
8	배당수익률	21.3%	7.2%	0.7%	0.0%	0.0%
9	주가/영업현금흐름	15.4%	3.0%	0.0%	0.0%	0.0%
10	PBR	29.8%	13.4%	5.8%	1.9%	0.0%
11	자사주 매입 수익률	7.1%	0.2%	0.0%	0.0%	0.0%
12	EV/잉여현금흐름	23.5%	8.5%	6.3%	5.2%	5.4%
13	주가/잉여현금흐름	15.0%	1.3%	0.0%	0.0%	0.0%
14	순영업자산 증가율	14.4%	1.5%	0.0%	0.0%	0.0%
15	PSR	27.5%	16.2%	5.4%	0.0%	0.0%
16	주가발생액배수	24.9%	21.1%	4.7%	0.0%	0.0%
17	부채 비율	16.8%	3.0%	1.3%	0.0%	0.0%
18	총자산/발생액	14.4%	1.3%	0.0%	0.0%	0.0%
19	부채 증가율	13.4%	8.7%	0.2%	0.0%	0.0%
20	자산회전율	32.4%	22.8%	15.2%	4.7%	3.9%
21	섹터 벤치마크(제조)	0.0%	0.0%	0.0%	0.0%	0.0%
22	6개월 가격 모멘텀	19.6%	4.7%	2.5%	1.4%	0.0%
23	현금흐름/부채	19.0%	11.1%	8.7%	1.2%	0.0%
24	3개월 가격 모멘텀	17.4%	4.7%	0.7%	1.2%	0.0%
25	ROE	37.9%	28.7%	24.2%	22.5%	22.4%
26	9개월 가격 모멘텀	20.9%	6.4%	2.5%	1.4%	0.0%
27	시가총액	48.2%	49.6%	40.4%	41.2%	36.0%
28	ROA	34.2%	18.3%	18.8%	15.4%	15.3%
29	12개월 가격 모멘텀	23.3%	13.0%	5.2%	1.7%	0.0%
30	1개월 가격 모멘텀	15.2%	2.1%	0.0%	0.0%	0.0%
31	EPS 증가율	31.6%	20.2%	15.0%	5.5%	0.0%

IT 섹터

섹터 중에서 가장 매력적인 IT 섹터의 연 수익률이 가장 낮다는 점은 아이러니하다. 이 섹터는 1967/12/31~2009/12/31 연 수익률이 단 7.29%로 10개 섹터 중에서 가장 낮다. 1995년부터 2000년 3월까지 주가 버블을 이끌었지만, 버블이 터지자 드라마틱한 손실로 고통받았다. 섹터 전체의 MDD는 85%였다.

가장 혁신적인 섹터의 투자 환경이 불안정하다는 점은 놀랍지 않을 것이다. 투자자들은 섹터 내부의 끊임없는 혁신과 변화로 혼란스러워한다. 아타리가 게임의 왕이었다는 것을 기억하는가? 왕컴퓨터, 넷스케이프, 게이트웨이, 펫츠닷컴, 웹밴, 이토이닷컴을 기억하는가? 모두 기반이 흔들렸고 일부는 사라졌다. IT 섹터에서 최고와 최악의 주식을 선별하도록 도와줄 요소를 확인해보자.

표 24.19를 보면 IT 주식 중에서 저 EV/매출액과 저PSR 상위 20% 주식의 성과가

표 24.19. IT 섹터의 전략별 수익률(1967/12/31~2009/12/31, 상위 20% 수익률 내림차순)

	전략	연 수익률(기하평균)		표준편차	샤프지수	상위 20%		최대 하락률	베타
		상위 20%	하위 20%			스프레드 (상위-하위)	스프레드 (상위-벤치마크)		
1	EV/매출액	13.01%	3.42%	27.68%	0.29	9.59%	5.72%	−64.22%	0.83
2	PSR	12.76%	4.03%	28.03%	0.28	8.74%	5.47%	−65.25%	0.84
3	EV/잉여현금흐름	12.70%	3.08%	28.52%	0.27	9.62%	5.40%	−65.89%	0.88
4	VC2	12.55%	2.72%	25.83%	0.29	9.82%	5.25%	−60.66%	0.78
5	VC3	12.53%	2.55%	26.14%	0.29	9.98%	5.24%	−60.41%	0.78
6	EV/EBITDA	12.36%	2.32%	27.66%	0.27	10.05%	5.07%	−68.39%	0.83
7	자사주 매입 수익률	12.26%	2.34%	25.19%	0.29	9.93%	4.97%	−61.64%	0.77
8	주가/잉여현금흐름	12.11%	2.63%	28.59%	0.25	9.48%	4.82%	−71.25%	0.88
9	VC1	11.90%	2.67%	26.89%	0.26	9.23%	4.60%	−63.81%	0.81
10	주주수익률	11.30%	3.12%	25.39%	0.25	8.17%	4.00%	−77.16%	0.78
11	6개월 가격 모멘텀	11.24%	3.40%	33.83%	0.18	7.84%	3.94%	−85.47%	1.05
12	PER	11.13%	2.54%	27.39%	0.22	8.59%	3.84%	−68.93%	0.82
13	자산회전율	11.06%	−0.04%	31.45%	0.19	11.10%	3.77%	−71.76%	0.97
14	3개월 가격 모멘텀	11.00%	2.74%	32.94%	0.18	8.26%	3.70%	−83.93%	1.03
15	현금흐름/부채	10.93%	0.92%	31.62%	0.19	10.01%	3.64%	−73.49%	0.98
16	PBR	10.92%	7.79%	29.09%	0.20	3.13%	3.63%	−78.80%	0.88
17	배당수익률	10.84%	7.22%	24.90%	0.23	3.62%	3.55%	−74.78%	0.76
18	주가/영업현금흐름	10.81%	1.74%	28.05%	0.21	9.07%	3.51%	−75.10%	0.85
19	순영업자산 증가율	10.64%	1.59%	31.01%	0.18	9.04%	3.34%	−85.44%	0.97
20	9개월 가격 모멘텀	10.61%	3.62%	34.11%	0.16	6.99%	3.32%	−87.02%	1.05
21	총자산/발생액	10.50%	1.97%	30.80%	0.18	8.53%	3.21%	−88.10%	0.96
22	ROE	9.99%	3.10%	32.35%	0.15	6.89%	2.69%	−80.61%	0.99
23	12개월 가격 모멘텀	9.87%	4.28%	34.34%	0.14	5.59%	2.58%	−88.08%	1.06
24	ROA	9.84%	2.04%	31.20%	0.16	7.81%	2.55%	−71.31%	0.96
25	부채 비율	9.55%	4.51%	31.33%	0.15	5.04%	2.25%	−88.42%	0.98
26	EPS 증가율	9.38%	3.23%	35.47%	0.12	6.15%	2.09%	−85.64%	1.09
27	1개월 가격 모멘텀	8.93%	3.82%	32.30%	0.12	5.11%	1.63%	−85.05%	1.02
28	시가총액	7.48%	7.11%	32.34%	0.08	0.37%	0.18%	−84.32%	1.01
29	부채 증가율	7.47%	3.20%	31.87%	0.08	4.27%	0.17%	−86.91%	1.00
30	섹터 벤치마크(IT)	7.29%		31.14%	0.07			−85.42%	
31	주가발생액배수	6.87%	7.15%	31.39%	0.06	−0.28%	−0.43%	−84.67%	0.98

월가의 퀀트 투자 바이블

가장 좋았고, 저 EV/잉여현금흐름과 VC2, VC3가 뒤를 따랐다. 저 EV/잉여현금흐름 요소에 집중했다면 연 수익률 13.01%를 거두어 섹터 수익률을 5.72%p 앞섰다. 이 전략의 수익률 표준편차는 27.68%로 섹터의 31.14%보다 낮다. 변동성이 이렇게 높아서 샤프지수는 0.29로 불만족스럽지만, 이 섹터의 모든 전략 중에서 가장 높은 수치다. MDD는 64%로 섹터보다 훨씬 낮다. VC2와 VC3은 수익률 절댓값은 약간 낮지만 MDD도 낮아서 샤프지수가 똑같다. 표 24.20을 보면 5가지 요소 모두 1, 3, 5, 7, 10년 단위 기간 전체의 기저율이 양의 값이었다.

표 24.20. 최고 20%: 전략 상위 20%의 보유 기간별 섹터 벤치마크(IT) 대비 기저율
(1967/12/31~2009/12/31, 상위 20% 수익률 내림차순)

	전략	1년	3년	5년	7년	10년
1	EV/매출액	66.6%	77.7%	87.7%	93.6%	99.8%
2	PSR	64.8%	76.2%	85.9%	90.0%	99.3%
3	EV/잉여현금흐름	68.0%	80.9%	80.9%	79.4%	79.1%
4	VC2	59.9%	72.8%	81.6%	85.5%	88.2%
5	VC3	59.1%	72.6%	79.6%	85.1%	89.4%
6	EV/EBITDA	59.1%	74.0%	83.9%	88.9%	91.4%
7	자사주 매입 수익률	69.0%	83.0%	91.0%	98.3%	99.8%
8	주가/잉여현금흐름	65.2%	72.1%	81.6%	80.3%	81.5%
9	VC1	56.7%	70.6%	76.5%	83.2%	87.2%
10	주주수익률	67.8%	74.5%	82.5%	85.1%	95.8%
11	6개월 가격 모멘텀	64.2%	75.3%	80.3%	88.9%	90.9%
12	PER	55.3%	69.8%	72.6%	77.7%	80.8%
13	자산회전율	62.8%	78.1%	90.8%	96.2%	99.3%
14	3개월 가격 모멘텀	65.6%	76.8%	85.7%	89.8%	93.6%
15	현금흐름/부채	61.7%	75.1%	79.8%	75.6%	76.4%
16	PBR	58.5%	68.3%	77.4%	88.9%	97.3%
17	배당수익률	61.7%	71.5%	75.8%	79.4%	87.9%
18	주가/영업현금흐름	56.7%	63.4%	74.2%	79.4%	77.8%
19	순영업자산 증가율	61.5%	77.9%	85.0%	86.5%	89.9%
20	9개월 가격 모멘텀	58.7%	69.4%	75.3%	86.5%	84.7%
21	총자산/발생액	60.9%	68.7%	77.8%	84.8%	89.7%
22	ROE	61.9%	66.8%	78.3%	81.3%	84.5%
23	12개월 가격 모멘텀	57.1%	67.7%	69.7%	80.3%	79.8%
24	ROA	60.7%	67.2%	76.5%	79.6%	82.8%
25	부채 비율	65.2%	60.4%	60.1%	63.3%	73.6%
26	EPS 증가율	51.2%	63.6%	67.3%	76.1%	79.6%
27	1개월 가격 모멘텀	58.1%	68.3%	75.6%	84.4%	90.1%
28	시가총액	47.4%	41.9%	45.3%	45.0%	40.9%
29	부채 증가율	51.2%	54.5%	56.7%	58.8%	60.8%
30	섹터 벤치마크(IT)	0.0%	0.0%	0.0%	0.0%	0.0%
31	주가발생액배수	42.7%	40.4%	52.2%	53.6%	57.1%

하방 위험

섹터 성과를 개선하지 못한 요소는 주가발생액배수가 유일했다. 또한 피할 기술주를 선별하려면 자산회전율에 주목해야 한다. 분석 42년 동안 손실이 난 유일한 요소로서 연 수익률이 -0.04%였다. 게다가 자산회전율이 가장 나쁜 기술주는 MDD가 96%였다. 사실 요소 대부분의 하위 20% 기업은 MDD가 커서 망하는 경우도 있었다. VC2 하위 20% 기술주는 MDD가 97%이고, 저PSR 하위 20%는 MDD 95%, 저PER 하위 20%는 MDD 94%였다. IT 섹터에서 하위 20%에 속한 기업들은 매우 위험

표 24.21. 최악 20%: 전략 하위 20%의 보유 기간별 섹터 벤치마크(IT) 대비 기저율
(1967/12/31~2009/12/31, 상위 20% 수익률 내림차순)

	전략	1년	3년	5년	7년	10년
1	EV/매출액	43.5%	39.6%	33.6%	30.1%	23.2%
2	PSR	44.3%	37.4%	33.4%	27.7%	11.1%
3	EV/잉여현금흐름	35.8%	26.4%	22.4%	25.6%	28.3%
4	VC2	44.1%	31.1%	35.4%	29.1%	26.8%
5	VC3	43.3%	30.4%	35.4%	28.9%	26.4%
6	EV/EBITDA	39.1%	29.8%	27.8%	24.4%	24.4%
7	자사주 매입 수익률	24.5%	20.2%	16.8%	14.2%	13.5%
8	주가/잉여현금흐름	39.5%	27.0%	28.9%	29.9%	30.0%
9	VC1	42.9%	29.1%	33.4%	27.7%	29.6%
10	주주수익률	27.5%	17.2%	15.9%	16.6%	14.3%
11	6개월 가격 모멘텀	33.2%	17.7%	11.9%	2.6%	0.2%
12	PER	35.6%	18.7%	15.5%	16.4%	19.5%
13	자산회전율	27.1%	17.0%	4.9%	5.0%	0.2%
14	3개월 가격 모멘텀	21.5%	11.3%	5.6%	2.1%	0.0%
15	현금흐름/부채	30.0%	20.6%	17.3%	19.4%	18.5%
16	PBR	52.4%	48.3%	48.4%	54.3%	55.4%
17	배당수익률	39.7%	38.5%	41.0%	47.2%	45.1%
18	주가/영업현금흐름	32.6%	17.9%	13.7%	12.6%	14.0%
19	순영업자산 증가율	28.7%	15.1%	6.3%	2.8%	0.0%
20	9개월 가격 모멘텀	40.7%	26.6%	24.2%	13.7%	10.8%
21	총자산/발생액	26.7%	14.3%	11.9%	2.8%	0.5%
22	ROE	38.7%	33.2%	26.9%	28.0%	26.4%
23	12개월 가격 모멘텀	43.1%	33.4%	37.4%	38.4%	41.6%
24	ROA	36.8%	31.7%	22.2%	28.9%	26.4%
25	부채 비율	41.1%	36.2%	28.9%	20.9%	12.1%
26	EPS 증가율	35.8%	24.9%	11.7%	2.6%	2.2%
27	1개월 가격 모멘텀	18.2%	11.5%	7.8%	2.4%	0.0%
28	시가총액	51.0%	54.0%	52.0%	54.0%	54.2%
29	부채 증가율	30.0%	9.4%	2.2%	2.4%	0.0%
30	섹터 벤치마크(IT)	0.0%	0.0%	0.0%	0.0%	0.0%
31	주가발생액배수	49.8%	45.7%	46.9%	45.3%	41.4%

하니 반드시 피해야 한다. 표 24.21은 하위 20%의 기저율을 보여준다.

시사점

IT 섹터는 10개 섹터 중에서 가장 위험하다. 섹터 전체와 다양한 요소의 하위 20% 주식 모두 연 수익률이 가장 낮고 MDD가 엄청났다. 이 섹터에서 가장 성공적인 전략들은 모두 밸류에이션이 가장 싼 기업이 중심이 되었다. 기술주 투자는 EV/매출액, PSR, 결합 가치 요소를 보는 것이 가장 좋다. 그렇게 하더라도 변동성이 커서 가장 좋은 연 수익률이 겨우 13.01%이고 샤프지수는 0.29밖에 안 된다. 차라리 필수 소비재 섹터 전체를 매수하는 것이 더 나을지도 모른다. 워런 버핏Warren Buffett이 기술주를 피한 것도 놀랍지 않다.

IT 섹터 투자자는 하위 20% 주식에 긴밀하게 주목해서 전염병 보듯 피해야 한다. 고점에서 저점까지의 하락은 엄청나고 총수익률은 끔찍하다. 그러나 변동성에도 불구하고 기술주가 엄청난 성과를 내는 시기들이 있다. 내가 최고의 기술주를 찾아내는 방법은 전체 주식 모집단에서 시작해서 전체 경제 섹터를 대상으로 복수 요소 모형을 사용하는 것이다. 이 필터를 통과한 기술주는 훨씬 좋은 성과를 내는 경향이 있다.

소재 섹터

표 24.22를 보면 소재 섹터의 최고 성과는 VC3 상위 20%에서 나왔다. 이 전략의 연 수익률은 16.48%여서 섹터 평균보다 4.89%p 높았다. 수익률 표준편차 21.71%는 섹터의 표준편차 20.83%보다 약간 높았고 샤프지수는 0.53으로 괜찮다. 표 24.23에서는 이 전략의 기저율이 모두 양의 값인 것이 확인되며 5년 단위 기간에서는 93%, 10년 단위 기간에서는 100% 확률로 섹터를 능가했다. 톱 5를 둘러싼 것은 다른 가치 요소 2가지인 저EV/EBITDA와 주주수익률이다. 주주수익률은 수익률 절댓값이 낮

지만 변동성도 낮아서 샤프지수가 더 높았다. VC3 상위 20%를 매수하는 최고 전략의 MDD는 63%로, 섹터의 61%보다 2%p 높았다.

표 24.22. 소재 섹터의 전략별 수익률(1967/12/31~2009/12/31, 상위 20% 수익률 내림차순)

	전략	연 수익률(기하평균)		표준편차	샤프지수	상위 20%			
		상위 20%	하위 20%			스프레드 (상위-하위)	스프레드 (상위-벤치마크)	최대 하락률	베타
1	VC3	16.48%	5.56%	21.71%	0.53	10.92%	4.89%	−63.42%	0.99
2	VC2	16.48%	5.32%	21.58%	0.53	11.16%	4.89%	−63.53%	0.98
3	EV/EBITDA	16.02%	5.27%	21.87%	0.50	10.75%	4.43%	−67.13%	1.00
4	VC1	15.72%	5.88%	22.08%	0.49	9.85%	4.13%	−64.05%	1.01
5	주주수익률	15.36%	4.87%	19.29%	0.54	10.49%	3.77%	−57.89%	0.88
6	주가/영업현금흐름	15.19%	5.53%	22.61%	0.45	9.66%	3.60%	−64.69%	1.04
7	배당수익률	14.54%	5.99%	19.45%	0.49	8.55%	2.95%	−58.83%	0.88
8	PER	14.54%	6.40%	22.04%	0.43	8.14%	2.95%	−66.67%	1.01
9	주가/잉여현금흐름	14.08%	7.58%	22.27%	0.41	6.50%	2.49%	−62.71%	1.02
10	자사주 매입 수익률	14.02%	6.63%	19.52%	0.46	7.39%	2.43%	−55.97%	0.89
11	EV/잉여현금흐름	13.66%	7.67%	21.31%	0.41	5.99%	2.07%	−63.31%	0.98
12	EV/매출액	13.55%	6.05%	22.42%	0.38	7.50%	1.96%	−64.92%	1.00
13	PSR	13.52%	6.69%	23.52%	0.36	6.83%	1.93%	−65.14%	1.05
14	PBR	13.48%	7.15%	23.95%	0.35	6.33%	1.89%	−65.24%	1.09
15	주가발생액배수	13.44%	8.62%	23.18%	0.36	4.82%	1.85%	−62.93%	1.06
16	총자산/발생액	13.12%	7.87%	21.17%	0.38	5.25%	1.53%	−64.03%	0.99
17	부채 증가율	12.98%	9.36%	21.59%	0.37	3.62%	1.39%	−62.77%	1.01
18	순영업자산 증가율	12.76%	7.41%	21.21%	0.37	5.35%	1.17%	−62.67%	0.99
19	현금흐름/부채	12.50%	5.70%	20.04%	0.37	6.81%	0.91%	−60.36%	0.90
20	부채 비율	12.50%	6.93%	21.71%	0.35	5.57%	0.91%	−61.04%	0.99
21	6개월 가격 모멘텀	12.21%	8.64%	22.51%	0.32	3.57%	0.62%	−64.23%	1.01
22	3개월 가격 모멘텀	12.09%	8.68%	21.99%	0.32	3.41%	0.50%	−62.54%	1.01
23	9개월 가격 모멘텀	11.75%	9.49%	22.81%	0.30	2.26%	0.16%	−65.22%	1.01
24	섹터 벤치마크(소재)	11.59%		20.83%	0.32			−61.36%	
25	자산회전율	11.40%	7.01%	20.66%	0.31	4.39%	−0.19%	−60.59%	0.91
26	1개월 가격 모멘텀	11.37%	9.91%	21.57%	0.30	1.47%	−0.22%	−60.09%	1.01
27	시가총액	11.35%	9.44%	22.29%	0.28	1.91%	−0.24%	−63.43%	1.02
28	ROA	11.14%	7.85%	20.86%	0.29	3.29%	−0.45%	−66.78%	0.95
29	12개월 가격 모멘텀	10.92%	10.13%	22.99%	0.26	0.80%	−0.67%	−65.33%	1.01
30	EPS 증가율	10.37%	8.99%	22.77%	0.24	1.38%	−1.22%	−60.49%	1.05
31	ROE	9.63%	8.08%	21.37%	0.22	1.55%	−1.96%	−65.84%	0.97

표 24.23. 최고 20%: 전략 상위 20%의 보유 기간별 섹터 벤치마크(소재) 대비 기저율
(1967/12/31~2009/12/31, 상위 20% 수익률 내림차순)

	전략	1년	3년	5년	7년	10년
1	VC3	73.3%	86.2%	92.6%	98.8%	100.0%
2	VC2	72.9%	86.8%	93.7%	100.0%	100.0%
3	EV/EBITDA	68.0%	84.9%	91.3%	99.8%	100.0%
4	VC1	67.2%	78.3%	86.8%	99.8%	100.0%
5	주주수익률	73.1%	90.0%	96.6%	100.0%	100.0%
6	주가/영업현금흐름	66.0%	74.5%	83.4%	94.1%	99.3%
7	배당수익률	68.0%	77.0%	80.7%	88.4%	97.3%
8	PER	63.4%	73.4%	76.2%	84.4%	87.7%
9	주가/잉여현금흐름	64.6%	69.6%	79.1%	91.2%	94.3%
10	자사주 매입 수익률	64.4%	71.9%	80.0%	87.9%	93.3%
11	EV/잉여현금흐름	63.8%	67.7%	78.3%	92.2%	96.8%
12	EV/매출액	58.5%	68.3%	77.8%	78.4%	87.2%
13	PSR	54.3%	63.6%	70.9%	79.1%	89.4%
14	PBR	49.8%	56.6%	65.9%	63.7%	53.9%
15	주가발생액배수	54.7%	57.9%	65.2%	63.5%	65.0%
16	총자산/발생액	61.9%	68.3%	77.4%	86.3%	87.9%
17	부채 증가율	67.2%	78.3%	83.2%	87.0%	91.1%
18	순영업자산 증가율	56.3%	60.9%	71.7%	78.9%	80.5%
19	현금흐름/부채	54.3%	64.0%	58.1%	47.9%	46.3%
20	부채 비율	54.9%	55.1%	51.6%	56.4%	56.2%
21	6개월 가격 모멘텀	57.9%	66.4%	77.1%	85.5%	82.8%
22	3개월 가격 모멘텀	53.4%	54.7%	59.9%	60.4%	62.8%
23	9개월 가격 모멘텀	60.7%	61.1%	68.8%	75.4%	73.6%
24	섹터 벤치마크(소재)	0.0%	0.0%	0.0%	0.0%	0.0%
25	자산회전율	58.5%	59.1%	60.5%	62.3%	74.1%
26	1개월 가격 모멘텀	44.1%	47.2%	46.4%	41.0%	34.2%
27	시가총액	48.6%	44.5%	42.6%	42.9%	43.1%
28	ROA	48.6%	48.7%	50.7%	44.3%	43.6%
29	12개월 가격 모멘텀	57.5%	54.9%	57.4%	58.5%	64.0%
30	EPS 증가율	43.3%	45.7%	41.3%	31.0%	26.1%
31	ROE	40.9%	39.8%	27.4%	21.8%	22.2%

하방 위험

단기와 장기 가격 모멘텀은 섹터의 성과에 못 미쳤고, 자산회전율, ROA, ROE, EPS 증가율도 마찬가지다. VC2와 VC3, 저EV/EBITDA 하위 20% 기업들 모두의 수익률은 미국 단기 국채보다 저조하고 기저율도 매우 낮았다. 표 24.24와 같이 소재 섹터 VC2와 VC3 하위 20%의 기저율은 5년 단위 기간에서 한 자릿수에 불과했고, 7년과 10년 단위 기간은 0이었다. 게다가 MDD는 모두 72%가 넘는다.

표 24.24. 최악 20%: 전략 하위 20%의 보유 기간별 섹터 벤치마크(소재) 대비 기저율
(1967/12/31~2009/12/31, 상위 20% 수익률 내림차순)

전략	1년	3년	5년	7년	10년
1 VC3	27.5%	14.9%	6.5%	0.0%	0.0%
2 VC2	25.9%	14.0%	6.3%	0.0%	0.0%
3 EV/EBITDA	27.7%	18.3%	10.5%	0.7%	0.0%
4 VC1	27.5%	15.3%	6.7%	1.2%	0.0%
5 주주수익률	20.2%	8.1%	5.4%	1.7%	0.0%
6 주가/영업현금흐름	24.5%	13.6%	7.0%	0.2%	0.0%
7 배당수익률	25.3%	25.5%	9.2%	3.6%	0.0%
8 PER	32.6%	27.4%	15.9%	2.4%	0.0%
9 주가/잉여현금흐름	27.7%	18.9%	6.1%	0.0%	0.0%
10 자사주 매입 수익률	22.5%	6.4%	5.6%	1.2%	0.0%
11 EV/잉여현금흐름	23.5%	17.0%	7.8%	0.5%	0.0%
12 EV/매출액	30.4%	21.7%	11.9%	5.0%	0.5%
13 PSR	31.8%	22.3%	11.9%	4.7%	0.5%
14 PBR	28.7%	17.4%	4.0%	0.0%	0.0%
15 주가발생액배수	29.6%	20.4%	8.7%	5.0%	5.4%
16 총자산/발생액	25.5%	14.9%	11.2%	10.9%	8.9%
17 부채 증가율	38.1%	36.8%	29.1%	18.7%	16.0%
18 순영업자산 증가율	29.4%	17.4%	14.8%	5.9%	1.7%
19 현금흐름/부채	29.1%	21.9%	6.3%	2.6%	3.0%
20 부채 비율	31.4%	15.5%	2.9%	0.7%	0.0%
21 6개월 가격 모멘텀	29.8%	13.0%	2.2%	1.9%	1.5%
22 3개월 가격 모멘텀	25.7%	12.3%	2.2%	1.4%	0.2%
23 9개월 가격 모멘텀	33.2%	20.0%	8.7%	5.0%	6.4%
24 섹터 벤치마크(소재)	0.0%	0.0%	0.0%	0.0%	0.0%
25 자산회전율	32.0%	27.9%	24.2%	14.9%	11.8%
26 1개월 가격 모멘텀	27.5%	16.6%	6.1%	1.9%	1.5%
27 시가총액	38.3%	39.8%	36.5%	24.9%	14.5%
28 ROA	36.6%	28.9%	22.9%	15.6%	18.0%
29 12개월 가격 모멘텀	35.6%	22.1%	13.7%	8.3%	8.9%
30 EPS 증가율	39.1%	26.0%	14.6%	2.4%	0.2%
31 ROE	37.7%	30.2%	24.7%	19.2%	19.2%

시사점

새로운 패턴이 계속해서 보여주는 것처럼, 소재 섹터에서도 VC2와 VC3 상위 20% 주식이 최고 수익률을 얻었다. 소재 섹터에 투자할 때 변동성 완화를 위해 총수익률을 약간 양보하겠다면, 샤프지수가 가장 높고 MDD가 58%인 주주수익률 상위 주식에 집중하는 것이 좋다. 다른 섹터들에서도 본 것처럼 소재 섹터의 결합 가치 요소, 저EV/EBITDA, 주주수익률 하위 20%에 속한 주식을 피해야 한다. 수익은 거의 높이지 않고 위험은 크게 높이기 때문이다.

통신 섹터

두 번째로 어려운 섹터인 통신 섹터에 오신 것을 환영한다. 섹터 내부에 섹터 수익을 초과하는 전략들이 있고 섹터 자체의 연 수익률이 11.86%로 적정하지만, 하위 20% 주식들은 엄청난 MDD 때문에 고통스럽고 상당수가 2000년대 초반 부도 유예 협

표 24.25. 통신 섹터의 전략별 수익률(1967/12/31~2009/12/31, 상위 20% 수익률 내림차순)

	전략	연 수익률(기하평균)				상위 20%			
		상위 20%	하위 20%	표준편차	샤프지수	스프레드 (상위-하위)	스프레드 (상위-벤치마크)	최대 하락률	베타
1	VC1	17.00%	5.08%	17.07%	0.70	11.92%	5.14%	-67.05%	0.68
2	주가/영업현금흐름	16.74%	5.52%	19.00%	0.62	11.22%	4.88%	-76.98%	0.79
3	VC3	16.59%	4.01%	16.92%	0.68	12.58%	4.73%	-66.05%	0.68
4	VC2	16.53%	4.56%	16.76%	0.69	11.97%	4.67%	-65.14%	0.66
5	PER	16.06%	5.09%	17.14%	0.65	10.97%	4.20%	-62.54%	0.69
6	EV/EBITDA	15.80%	5.09%	18.06%	0.60	10.71%	3.94%	-65.90%	0.70
7	주가/잉여현금흐름	14.79%	5.03%	19.36%	0.51	9.76%	2.93%	-76.11%	0.79
8	PBR	14.48%	7.31%	20.96%	0.45	7.17%	2.62%	-86.35%	0.88
9	주주수익률	14.13%	6.62%	16.94%	0.54	7.51%	2.27%	-66.59%	0.67
10	배당수익률	14.02%	9.12%	16.08%	0.56	4.90%	2.16%	-63.29%	0.62
11	PSR	13.91%	6.31%	23.27%	0.38	7.60%	2.05%	-86.53%	0.98
12	EV/잉여현금흐름	13.69%	4.08%	20.16%	0.43	9.61%	1.83%	-70.54%	0.79
13	3개월 가격 모멘텀	13.63%	7.41%	22.59%	0.38	6.22%	1.77%	-82.64%	0.97
14	6개월 가격 모멘텀	13.53%	7.02%	23.12%	0.37	6.51%	1.67%	-79.42%	0.96
15	9개월 가격 모멘텀	13.27%	7.98%	23.43%	0.35	5.30%	1.41%	-80.13%	0.96
16	순영업자산 증가율	13.11%	5.26%	20.39%	0.40	7.85%	1.25%	-78.09%	0.87
17	주가발생액배수	13.03%	8.88%	24.61%	0.33	4.15%	1.17%	-94.77%	1.06
18	12개월 가격 모멘텀	12.86%	8.36%	23.90%	0.33	4.50%	1.00%	-82.21%	0.97
19	자사주 매입 수익률	12.52%	7.51%	19.02%	0.40	5.01%	0.66%	-70.87%	0.79
20	ROE	12.48%	5.57%	21.13%	0.35	6.91%	0.62%	-61.16%	0.79
21	부채 증가율	12.46%	6.76%	20.09%	0.37	5.69%	0.60%	-73.74%	0.84
22	1개월 가격 모멘텀	12.05%	9.24%	22.43%	0.31	2.81%	0.19%	-85.72%	1.00
23	섹터 벤치마크(통신)	11.86%		21.44%	0.32			-88.05%	
24	시가총액	11.80%	9.60%	27.64%	0.25	2.19%	-0.06%	-91.41%	1.16
25	EV/매출액	11.24%	6.58%	22.86%	0.27	4.66%	-0.62%	-83.50%	0.91
26	ROA	10.87%	8.10%	20.73%	0.28	2.77%	-0.99%	-67.71%	0.78
27	현금흐름/부채	10.63%	7.86%	19.78%	0.28	2.77%	-1.23%	-66.03%	0.76
28	EPS 증가율	10.63%	10.24%	22.48%	0.25	0.39%	-1.23%	-81.94%	0.92
29	총자산/발생액	10.59%	8.13%	22.57%	0.25	2.46%	-1.27%	-85.97%	0.97
30	부채 비율	9.98%	5.58%	22.75%	0.22	4.40%	-1.87%	-86.25%	0.93
31	자산회전율	9.42%	7.33%	23.82%	0.19	2.09%	-2.44%	-78.93%	0.93

약을 해야 했다. 〈ZDNet〉(IT 잡지)에 따르면 2000년부터 2004년 4월까지 상장기업 68개사가 챕터 11 부도 협약 유예 신청을 했는데, 크고 잘 알려진 월드컴, MCI, 글로벌 크로싱, XO 커뮤니케이션은 결국 부도 처리되었다. 표 24.25에 다양한 요소의 성과를 정리했다.

성과가 가장 좋은 전략마저도 MDD가 막대해서 모든 전략이 60% 이상이었고 섹터 전체의 고점에서 저점까지의 하락률은 88%였다. 섹터와 시장을 능가하는 전략을 찾을 때 이 점을 염두에 두어야 한다. 늘 그렇듯이 결합 가치 요소 3가지 모두가

표 24.26. 최고 20%: 전략 상위 20%의 보유 기간별 섹터 벤치마크(통신) 대비 기저율
(1967/12/31~2009/12/31, 상위 20% 수익률 내림차순)

	전략	1년	3년	5년	7년	10년
1	VC1	65.4%	66.6%	78.7%	79.9%	82.5%
2	주가/영업현금흐름	68.2%	72.8%	75.3%	80.1%	80.8%
3	VC3	63.4%	65.5%	70.6%	76.1%	78.3%
4	VC2	64.0%	66.4%	73.3%	75.8%	75.4%
5	PER	58.7%	69.8%	72.4%	83.6%	85.0%
6	EV/EBITDA	60.5%	61.5%	65.2%	65.9%	70.9%
7	주가/잉여현금흐름	58.3%	64.7%	66.8%	71.6%	74.6%
8	PBR	67.4%	71.3%	70.0%	76.8%	78.6%
9	주주수익률	56.3%	53.4%	58.7%	67.3%	74.4%
10	배당수익률	53.4%	51.9%	57.4%	65.2%	74.9%
11	PSR	57.1%	62.3%	69.3%	71.8%	72.2%
12	EV/잉여현금흐름	60.3%	62.3%	65.2%	64.5%	65.5%
13	3개월 가격 모멘텀	52.8%	66.2%	71.1%	79.1%	80.3%
14	6개월 가격 모멘텀	51.8%	59.1%	67.7%	67.8%	73.6%
15	9개월 가격 모멘텀	50.6%	56.6%	64.3%	67.5%	74.4%
16	순영업자산 증가율	53.0%	61.7%	70.9%	80.6%	82.5%
17	주가발생액배수	59.5%	59.1%	54.9%	47.6%	47.3%
18	12개월 가격 모멘텀	52.0%	53.6%	63.0%	67.5%	73.4%
19	자사주 매입 수익률	44.5%	40.2%	42.2%	50.0%	53.7%
20	ROE	51.8%	49.8%	48.2%	51.9%	52.2%
21	부채 증가율	52.6%	58.7%	70.9%	74.6%	78.1%
22	1개월 가격 모멘텀	47.2%	51.1%	56.3%	52.1%	58.6%
23	섹터 벤치마크(통신)	0.0%	0.0%	0.0%	0.0%	0.0%
24	시가총액	50.0%	45.5%	45.7%	49.1%	61.6%
25	EV/매출액	52.2%	46.8%	49.6%	50.7%	53.4%
26	ROA	41.9%	35.5%	43.9%	41.2%	41.6%
27	현금흐름/부채	45.3%	38.5%	38.1%	35.5%	32.3%
28	EPS 증가율	47.0%	43.6%	42.2%	36.3%	36.0%
29	총자산/발생액	42.1%	38.9%	31.4%	33.2%	38.4%
30	부채 비율	50.4%	49.1%	50.7%	53.3%	53.4%
31	자산회전율	42.3%	42.1%	41.7%	40.3%	42.1%

성과 톱 5에 들었고 그중 VC1이 최고였다. 1967~2009년에 VC1 상위 20%에 투자했다면 연 수익률 17%를 거두어서 섹터 수익률을 5.14%p 앞섰다. 표준편차 17.07%는 섹터의 21.44%보다 훨씬 낮아서 샤프지수가 0.70으로 탄탄했다. 표 24.26을 보면 이 전략의 기저율은 모두 양의 값이지만 다른 섹터에서만큼 높지는 않다. 통신 섹터 VC1 상위 20%에 투자하면 5년 단위 기간의 79%, 10년 단위 기간의 83%에서 통신 섹터를 능가했다. 그 외에 수익률 톱 5를 구성한 요소는 VC2, VC3, 저 주가/영업현금흐름, 저PER이었다.

하방 위험

EV/매출액, ROA, 현금흐름/부채, 총자산/발생액, EPS 증가율은 통신주 섹터보다 성과가 저조했다. 그러나 진정한 공포는 저 주가/영업현금흐름과 저PER 하위 20% 주식을 매수했을 때 등장한다.

우선 이 전략들 모두 수익률이 30일 만기 미국 단기 국채에 미치지 못했고 MDD가 97%를 초과했다. 부도를 신청한 기업 다수가 바로 이 주식에 속한 것은 당연하다. 게다가 표 24.27에 있는 기저율은 이 섹터가 얼마나 위험할 수 있는지 보여주니, 하위 20% 주식을 사서 7년과 10년 동안 장기 보유하면 승률이 0에 수렴한다. 그러나 VC1 하위 20%는 10년 단위 기간의 승률이 14%이고, 저PCR 하위 20%는 10년 단위 기간의 승률이 30%였다. 이는 주식시장 버블 말미에 발생했지만, 만족스러운 수익을 얻기 위해 기저율만 보고 통신주를 공매도하는 것이 얼마나 어려운지 알 수 있다.

시사점

통신 섹터는 다양한 결합 가치 요소에서 높은 점수를 받은 주식들에 집중하는 절제력 있는 투자자에게 우수한 성과를 안겨준다. 그러나 변동성이 극심한 수준이고 모든 섹터 중에서 가장 큰 파산 일부가 일어나 고통받는다. 그러니 극도로 주의하고, 최악 분위수에 있는 주식들을 포트폴리오에 담아서는 안 된다.

표 24.27. 최악 20%: 전략 하위 20%의 보유 기간별 섹터 벤치마크(통신) 대비 기저율
(1967/12/31~2009/12/31, 상위 20% 수익률 내림차순)

전략	1년	3년	5년	7년	10년
1 VC1	41.7%	33.0%	22.0%	16.4%	14.0%
2 주가/영업현금흐름	35.2%	31.9%	29.4%	29.9%	29.8%
3 VC3	37.9%	25.1%	15.0%	10.2%	6.9%
4 VC2	42.9%	30.9%	22.2%	16.6%	14.0%
5 PER	42.7%	33.6%	28.5%	17.1%	15.0%
6 EV/EBITDA	42.5%	36.6%	26.7%	15.6%	10.6%
7 주가/잉여현금흐름	38.5%	32.3%	27.8%	18.0%	18.0%
8 PBR	36.6%	32.1%	24.9%	19.2%	18.5%
9 주주수익률	33.4%	27.2%	25.3%	26.5%	31.5%
10 배당수익률	46.2%	42.1%	33.4%	33.9%	38.9%
11 PSR	38.1%	31.3%	26.9%	25.6%	24.9%
12 EV/잉여현금흐름	36.4%	32.1%	28.3%	20.1%	14.5%
13 3개월 가격 모멘텀	38.7%	30.4%	22.6%	14.9%	8.9%
14 6개월 가격 모멘텀	41.7%	35.1%	27.4%	21.8%	17.5%
15 9개월 가격 모멘텀	39.9%	31.5%	23.5%	16.8%	10.3%
16 순영업자산 증가율	28.9%	13.8%	10.1%	6.6%	3.7%
17 주가발생액배수	35.6%	33.6%	35.9%	30.8%	33.5%
18 12개월 가격 모멘텀	41.3%	33.0%	17.0%	11.4%	6.2%
19 자사주 매입 수익률	34.8%	25.1%	28.7%	30.1%	33.5%
20 ROE	37.0%	31.9%	20.4%	21.3%	17.5%
21 부채 증가율	31.8%	18.5%	11.9%	4.0%	0.7%
22 1개월 가격 모멘텀	44.7%	41.1%	29.8%	25.6%	22.7%
23 섹터 벤치마크(통신)	0.0%	0.0%	0.0%	0.0%	0.0%
24 시가총액	43.5%	39.8%	36.3%	30.3%	26.6%
25 EV/매출액	44.3%	35.5%	28.7%	26.8%	23.9%
26 ROA	47.6%	54.9%	47.8%	44.5%	47.0%
27 현금흐름/부채	47.2%	40.6%	41.0%	38.4%	41.6%
28 EPS 증가율	41.9%	42.1%	37.9%	31.5%	35.0%
29 총자산/발생액	34.8%	24.9%	19.1%	15.6%	10.3%
30 부채 비율	40.7%	29.4%	20.2%	10.7%	8.9%
31 자산회전율	43.7%	37.0%	30.9%	20.4%	14.8%

PCR, PER, 결합 가치 요소 중 어느 것이라도 가장 비싸게 매겨진 통신주는 전염병처럼 피해야 한다.

공익기업 섹터

이제 변동성이 가장 낮은 공익기업 섹터에 도달했다. 보수적인 투자자 다수가 공익

기업 섹터 투자를 가장 편안하게 여긴다. 역사적으로 이 섹터는 다른 9개 섹터에 비해 훨씬 낮은 변동성과 낮은 하방 위험과 더불어 합리적인 수익을 안겨주었다. 표 24.28에 나타낸 우리 분석 결과는 이것이 사실임을 보여준다. 검증한 42년 동안 공익기업 섹터의 연 수익률은 11.25%이고, 단순하게 결합 가치 요소 3가지 중 무엇이든 점수가 가장 높은 것에 집중하면 더 높은 수익을 얻을 수 있었다. 공익기업 VC2나 VC3 상위 20%에 집중한 경우 연 수익률이 16.01%였다. 표준편차는 VC2가 VC3

표 24.28. 공익기업 섹터의 전략별 수익률(1967/12/31~2009/12/31, 상위 20% 수익률 내림차순)

전략	연 수익률(기하평균)				상위 20%			
	상위 20%	하위 20%	표준편차	샤프지수	스프레드 (상위-하위)	스프레드 (상위-벤치마크)	최대 하락률	베타
1 VC2	16.01%	6.52%	14.51%	0.76	9.49%	4.77%	-32.96%	1.01
2 VC3	16.01%	7.00%	14.60%	0.75	9.01%	4.76%	-36.82%	1.02
3 VC1	15.63%	7.14%	14.90%	0.71	8.50%	4.39%	-36.92%	1.04
4 EV/EBITDA	15.55%	7.05%	16.91%	0.62	8.50%	4.31%	-55.79%	1.04
5 주가/영업현금흐름	14.91%	7.59%	15.20%	0.65	7.32%	3.67%	-39.99%	1.06
6 EV/잉여현금흐름	14.74%	10.95%	16.01%	0.61	3.79%	3.50%	-45.03%	0.99
7 주주수익률	14.69%	7.95%	13.80%	0.70	6.75%	3.45%	-38.12%	0.96
8 PER	14.57%	8.15%	15.09%	0.63	6.42%	3.32%	-39.54%	1.05
9 주가/잉여현금흐름	14.41%	10.30%	14.68%	0.64	4.11%	3.17%	-45.54%	1.02
10 PSR	14.35%	7.73%	16.21%	0.58	6.61%	3.10%	-50.16%	1.07
11 주가발생액배수	13.92%	8.30%	15.08%	0.59	5.62%	2.67%	-43.00%	1.05
12 PBR	13.38%	7.51%	16.43%	0.51	5.88%	2.14%	-47.80%	1.11
13 부채 비율	13.24%	8.76%	16.43%	0.50	4.49%	2.00%	-47.80%	0.97
14 자사주 매입 수익률	13.03%	8.34%	14.11%	0.57	4.69%	1.78%	-44.22%	0.96
15 순영업자산 증가율	12.85%	9.10%	14.02%	0.56	3.75%	1.61%	-47.06%	0.98
16 시가총액	12.76%	8.55%	13.46%	0.58	4.21%	1.51%	-39.39%	0.89
17 EV/매출액	12.18%	9.25%	19.94%	0.36	2.93%	0.94%	-68.02%	1.09
18 배당수익률	12.16%	8.09%	14.57%	0.49	4.07%	0.91%	-38.48%	0.99
19 현금흐름/부채	12.00%	10.48%	14.43%	0.49	1.52%	0.75%	-46.12%	0.95
20 부채 증가율	11.98%	10.06%	13.84%	0.50	1.91%	0.73%	-47.56%	0.97
21 3개월 가격 모멘텀	11.70%	10.06%	13.80%	0.49	1.64%	0.45%	-42.24%	0.94
22 6개월 가격 모멘텀	11.57%	10.43%	13.92%	0.47	1.14%	0.33%	-44.74%	0.92
23 자산회전율	11.50%	9.98%	14.88%	0.44	1.52%	0.25%	-40.07%	0.94
24 ROE	11.42%	11.43%	15.20%	0.42	-0.01%	0.17%	-47.07%	1.00
25 섹터 벤치마크(공익기업)	11.25%		13.69%	0.46			-38.78%	
26 총자산/발생액	11.11%	8.38%	16.92%	0.36	2.74%	-0.13%	-47.42%	0.96
27 1개월 가격 모멘텀	10.94%	10.95%	13.86%	0.43	0.00%	-0.30%	-44.20%	0.97
28 9개월 가격 모멘텀	10.94%	10.96%	14.10%	0.42	-0.02%	-0.31%	-46.23%	0.91
29 EPS 증가율	10.80%	11.96%	14.80%	0.39	-1.16%	-0.45%	-51.10%	1.03
30 ROA	10.65%	11.59%	14.24%	0.40	-0.93%	-0.59%	-44.45%	0.95
31 12개월 가격 모멘텀	10.32%	11.31%	14.27%	0.37	-0.99%	-0.93%	-49.92%	0.91

표 24.29. 최고 20%: 전략 상위 20%의 보유 기간별 섹터 벤치마크(공익기업) 대비 기저율
(1967/12/31~2009/12/31, 상위 20% 수익률 내림차순)

전략	1년	3년	5년	7년	10년
1 VC2	83.6%	94.0%	95.1%	98.6%	100.0%
2 VC3	81.4%	95.7%	97.3%	100.0%	100.0%
3 VC1	80.6%	96.0%	97.1%	100.0%	100.0%
4 EV/EBITDA	74.7%	88.1%	96.4%	100.0%	100.0%
5 주가/영업현금흐름	76.5%	92.3%	100.0%	100.0%	100.0%
6 EV/잉여현금흐름	68.0%	84.9%	90.6%	95.5%	98.3%
7 주주수익률	73.7%	91.9%	96.0%	100.0%	100.0%
8 PER	75.9%	91.5%	94.4%	98.1%	99.3%
9 주가/잉여현금흐름	76.3%	92.3%	97.3%	98.3%	100.0%
10 PSR	71.3%	80.4%	90.1%	94.3%	96.8%
11 주가발생액배수	70.4%	83.2%	96.2%	98.8%	100.0%
12 PBR	66.6%	80.6%	91.7%	93.6%	97.3%
13 부채 비율	55.9%	62.6%	73.1%	72.5%	75.6%
14 자사주 매입 수익률	60.1%	81.3%	85.2%	91.2%	94.6%
15 순영업자산 증가율	71.1%	88.9%	93.5%	99.3%	100.0%
16 시가총액	64.8%	75.7%	83.6%	87.0%	89.9%
17 EV/매출액	59.9%	68.9%	74.2%	78.2%	80.5%
18 배당수익률	55.1%	63.2%	62.3%	57.1%	53.7%
19 현금흐름/부채	54.7%	62.6%	63.2%	60.0%	60.1%
20 부채 증가율	58.7%	67.9%	73.1%	73.5%	77.6%
21 3개월 가격 모멘텀	43.9%	47.0%	51.1%	54.5%	56.9%
22 6개월 가격 모멘텀	45.7%	50.4%	53.4%	55.5%	61.1%
23 자산회전율	50.4%	56.0%	49.8%	56.4%	52.7%
24 ROE	52.4%	51.3%	54.7%	57.1%	59.9%
25 섹터 벤치마크(공익기업)	0.0%	0.0%	0.0%	0.0%	0.0%
26 총자산/발생액	55.3%	62.1%	70.6%	75.8%	76.6%
27 1개월 가격 모멘텀	37.2%	40.2%	42.8%	50.0%	53.7%
28 9개월 가격 모멘텀	43.1%	45.1%	50.7%	56.4%	59.1%
29 EPS 증가율	43.7%	47.0%	41.7%	39.3%	39.7%
30 ROA	47.6%	43.8%	40.4%	30.1%	22.2%
31 12개월 가격 모멘텀	43.7%	42.3%	48.7%	53.8%	53.0%

보다 약간 낮아서 각각 14.51%, 14.60%였다. 높은 수익률과 낮은 변동성이 결합해 샤프지수는 모두 0.75와 그 이상이었다. 표 24.28에 모든 전략의 수익률을 나열했다. 저EV/EBITDA와 저PCR 상위 20% 주식에 투자하는 전략이 톱 5에 포함된다. 표 24.29는 모든 전략의 기저율을 보여주며, 톱 3 전략은 1년 단위 기간의 80%, 10년 단위 기간의 100%에서 섹터를 능가했다.

하방 위험

가격 모멘텀은 공익기업 섹터에서 잘 작동하지 않았고 EPS 증가율도 마찬가지다. 총자산/발생액과 ROA도 섹터를 능가하지 못했다. 다양한 결합 가치 요소들의 하위 20% 주식은 전체 섹터의 성과를 거의 앞서지 못했다. 전체 기저율은 음의 값이었고, 3년 이상 기간의 기저율은 겨우 한 자릿수였다. 다른 섹터들의 가치 요소 하위 20%보다는 양호한 편이지만 공익기업 섹터의 MDD는 여전히 45% 이상이다. 표 24.30에 하위 20%의 기저율을 나타냈다.

표 24.30. 최악 20%: 전략 하위 20%의 보유 기간별 섹터 벤치마크(공익기업) 대비 기저율
(1967/12/31~2009/12/31, 상위 20% 수익률 내림차순)

	전략	1년	3년	5년	7년	10년
1	VC2	17.0%	5.1%	3.4%	1.7%	0.0%
2	VC3	14.2%	6.2%	3.8%	2.6%	0.5%
3	VC1	19.4%	6.4%	2.9%	1.9%	0.0%
4	EV/EBITDA	23.7%	16.4%	10.5%	8.1%	5.4%
5	주가/영업현금흐름	28.1%	11.7%	7.2%	3.6%	1.0%
6	EV/잉여현금흐름	36.8%	32.8%	28.3%	30.3%	30.0%
7	주주수익률	28.7%	15.1%	11.0%	3.6%	3.7%
8	PER	35.8%	24.7%	17.0%	9.7%	8.1%
9	주가/잉여현금흐름	34.4%	33.4%	34.1%	29.9%	27.3%
10	PSR	23.5%	11.7%	6.1%	4.3%	0.0%
11	주가발생액배수	28.9%	13.0%	5.8%	3.8%	2.5%
12	PBR	34.8%	14.0%	11.7%	5.5%	4.9%
13	부채 비율	36.2%	27.4%	20.2%	17.1%	12.6%
14	자사주 매입 수익률	34.6%	13.6%	11.9%	10.4%	6.2%
15	순영업자산 증가율	34.4%	25.3%	20.0%	10.2%	8.9%
16	시가총액	30.6%	16.8%	19.1%	9.5%	3.7%
17	EV/매출액	34.8%	35.3%	26.0%	25.1%	21.4%
18	배당수익률	41.9%	34.9%	27.4%	22.3%	17.2%
19	현금흐름/부채	42.9%	47.7%	38.1%	28.2%	33.7%
20	부채 증가율	36.2%	27.2%	28.0%	28.4%	28.3%
21	3개월 가격 모멘텀	48.6%	50.6%	39.7%	24.4%	18.2%
22	6개월 가격 모멘텀	50.6%	54.0%	47.3%	32.9%	24.1%
23	자산회전율	36.0%	28.7%	29.1%	30.1%	30.0%
24	ROE	53.8%	60.9%	56.7%	51.4%	50.2%
25	섹터 벤치마크(공익기업)	0.0%	0.0%	0.0%	0.0%	0.0%
26	총자산/발생액	43.5%	42.1%	38.6%	32.7%	28.3%
27	1개월 가격 모멘텀	59.3%	63.2%	50.9%	33.6%	25.4%
28	9개월 가격 모멘텀	54.0%	58.1%	51.1%	35.8%	29.1%
29	EPS 증가율	58.5%	64.9%	72.2%	74.2%	79.8%
30	ROA	57.1%	62.6%	59.2%	64.5%	62.6%
31	12개월 가격 모멘텀	53.8%	57.2%	51.3%	38.6%	34.5%

시사점

공익기업 섹터는 10개 섹터 중에서 가장 보수적이다. 수익률의 표준편차가 가장 낮고 MDD도 가장 작다. 이 섹터의 결합 가치 요소에 집중하면 수익률을 높일 수 있다. VC2 상위 20%에 투자하면 연 수익률 16.01%, MDD는 33%였다. 같은 기간 전체 주식 모집단에 투자했을 때 수익률 10.56%와 MDD 55%를 얻은 것에 비해 매우 양호한 성과다. 이는 공익기업 섹터가 전체 주식 모집단에 투자하는 것보다 훨씬 낮은 위험과 훌륭한 수익률을 안겨줄 수 있다는 것을 증명한다.

공익기업 섹터에서도 요소별 하위 20% 기업은 피해야 한다. 표 24.30에서 볼 수 있듯이 이들 모두 기저율이 매우 형편없고 섹터의 수익을 거의 넘어서지 못했다. 그러나 다른 섹터들에서처럼 극심한 재앙은 아니다. 공익기업 섹터의 하위 20%마저도 단기 국채 수익률을 능가해서, 다른 모든 섹터에서는 주장할 수 없는 경지다.

10개 섹터 요약과 시사점

지금까지 10개 섹터를 둘러보니 매우 강력한 이야기가 떠오른다. 결합 가치 요소 중 하나(VC1이든, VC2든, VC3이든)는 6개 섹터에서 정상을 차지했고 모든 섹터의 톱 5에 포함되었다. 저 EV/매출액과 저 EV/잉여현금흐름도 정상 근처에 있었고, 주주수익률도 마찬가지였다. 10개 섹터 모두에서 이들 요소의 상위 20% 주식을 매수하면 섹터의 수익률을 초과했고 하위 20%의 성과를 엄청나게 앞섰다. 하위 20%는 큰 폭으로 섹터 수익률을 하회한다.

결합 가치 요소 3가지는 섹터 자체의 변동성과 무관하게 가치를 창출한다. 표 24.31은 1967/12/31~2009/12/31 기간의 10개 섹터 수익률 변동성을 순서대로 나열한 것이다. 위험이 높다고 해서 항상 보상받는 것은 아니다. 두 번째로 안정적인 필수 소비재 섹터가 연 수익률이 가장 높고, 세 번째로 안정적인 금융 섹터는 연 수익

표 24.31. 섹터별 수익률의 표준편차와 수익률(1967/12/31~2009/12/31, 수익률의 표준편차 오름차순)

	섹터	수익률의 표준편차	수익률
1	공익기업	13.69%	11.25%
2	필수 소비재	15.76%	13.57%
3	금융	17.74%	12.37%
4	제조	20.55%	9.82%
5	소재	20.83%	11.59%
6	통신	21.44%	11.86%
7	재량 소비재	21.97%	9.60%
8	의료	23.16%	10.55%
9	에너지	25.48%	11.57%
10	IT	31.14%	7.29%

률이 두 번째로 높았다. 반대로 가장 위험한 IT 섹터는 연 수익률이 가장 낮았다. 이 결과는 위험이 클수록 수익률이 높다는 자본 자산 가격 결정 모형의 주장과 거의 일치하지 않는다. 실제로 수익률이 가장 높은 에너지 섹터 VC3 상위 20% 매수 전략은 에너지 섹터에 투자하는 것보다 위험이 확실히 작았다. 공익기업 섹터 VC2 상위 20% 매수 전략은 IT 섹터에서 수익률이 가장 높은 전략의 수익률을 연 3%p 초과하고 MDD도 절반에 불과했다.

그러므로 겉으로 보이는 것은 기만적일 수 있다. 일반적인 투자자에게 지난 42년간 최고의 성과를 거둔 섹터가 무엇이냐고 묻는다면 대부분 IT나 통신 섹터라고 답할 거라고 추측한다. 필수 소비재라고 답하는 사람은 거의 없겠지만 잘 생각해보면 말이 된다. 경제 상황과 무관하게 사람들이 소비하는 재화와 서비스를 생산하는 기업이 어떤 경제 상황에서도 성과가 좋은 것은 당연하다. 또한 필수 소비재 섹터에는 경제적 해자가 있고 세계적인 브랜드를 가진 기업이 많다. 기업이 가질 수 있는 가장 큰 경쟁우위 두 가지는 독점력, 해자를 지닌 브랜드 파워다. 나는 MIT 학생들이 당대의 기술을 뛰어넘기 위해 연구하는 경우가 있을 거라고 확신하지만, 친구들이 창고에 모여 코카콜라를 능가하는 차세대 음료를 만들기 위해 분투할지는 의심스럽다.

마지막으로, 전체 주식 모집단에서 잘 작동하는 요소들은 섹터 수준에서도 잘 작동한다는 것을 보여주었다. 전체 주식 모집단 수준에서 피해야만 하는 기업은 섹터 수준에서도 피해야만 한다. 분명한 경고가 몇 가지 있다. 예를 들어 기술주에만 투자하는 것보다는 전체 주식 모집단에 복수 요소 모형을 적용해 찾아낸 기술주를 포트폴리오에 포함하는 것이 더 좋은 수익률을 낼 수 있다. 기술주는 일반적으로 성장주 스크리닝으로 도출하지만, 지금까지 본 바로는 성장에 너무 큰 비용을 지불하지 않기 위해 가치 요소로 완화할 때 더 좋은 성과를 낸다는 것을 장기 데이터가 입증한다. 따라서 우리가 투자하는 기술주들은 합리적인 가치 요소들도 지니는 경향이 있다. 이 섹터 분석을 통해 지나친 투자 위험을 감수하지 않고도 우수한 성과를 낼 수 있다는 것을 보여주었다.

25

이상적인 성장주
투자 전략을 찾아서

팩트는 무시한다고 해서
사라지는 것이 아니다.

| 올더스 헉슬리 | Aldous Huxley, 영국 작가

앞 장에서 좋은 가치 특성과 가격 모멘텀의 결합이 '회복 중인 값싼 주식'을 찾는 데 가장 좋은 방법이라는 것을 확인했다. 25장에서는 전체 주식 모집단에서 비슷한 성장 전략을 찾아보고 이 전략들이 대형주, 소형주, 시장 선도주 모집단에서 어떤 성과를 보이는지 검토한다.

최종 가치 요소로 PSR을 활용한 오리지널 전략

이 책의 이전 판을 읽었다면 전체 주식 모집단에서 도출한 최고 성장 전략이 다음 범주로 구성되었음을 기억할 것이다.

- 전체 주식 모집단에서 선별
- 매수 시 PSR < 1.5
- 기업 이익 > 전년 이상
- 3개월 가격 모멘텀 > 데이터베이스 평균
- 6개월 가격 모멘텀 > 데이터베이스 평균
- 12개월 가격 모멘텀이 가장 좋은 25종목 또는 50종목 매수

이 전략은 이 책의 마지막 판본 이후로도 잘 작동하고 있다. 1963/12/31에 위 요건에 맞는 50종목에 투자한 1만 달러는 2009/12/31에 1,368만 9,553달러로 증가해 연 수익률 17%를 거두었을 것이다. 같은 기간 25종목에 투자하는 전략은 그보다 성과가 저조해서 1만 달러가 992만 2,274달러가 되어 연 수익률 16.18%가 되었을 것이다. 그렇지만 전체 주식 모집단에 투자했다면 1만 달러가 132만 9,513달러가 되어 연 수익률 11.22%를 얻은 것에 비하면 훨씬 좋은 결과다. 표 25.1은 각 전략의 결과, 표 25.2와 25.3은 기저율, 표 25.4와 표 25.5는 최악의 시나리오 결과를 보여준

다. 표와 그래프에서는 이 전략을 'MF CSGI'로 표기했는데 MF CSG는 'Multi-Factor, Cornerstone Growth Strategy(복수 요소, 코너스톤 성장 전략)'를, I는 'Improved(개선됨)'를 뜻한다.

표 25.1. 연 수익률과 위험도: MF CSGI 25종목, MF CSGI 50종목, 전체 주식(1964/01/01~2009/12/31)

		MF CSGI 상위 25종목	MF CSGI 상위 50종목	전체 주식
산술평균 수익률		19.61%	19.88%	13.26%
기하평균 수익률		16.18%	17.00%	11.22%
중위 수익률		23.74%	23.22%	17.16%
표준편차		23.99%	21.96%	18.99%
상방 편차		13.82%	12.51%	10.98%
하방 편차		17.31%	16.25%	13.90%
추적오차		11.13	9.17	0.00
상승 개월 수		334	342	329
하락 개월 수		218	210	223
최대 하락률		−62.95%	−59.20%	−55.54%
베타		1.13	1.05	1.00
T−통계량(m=0)		5.10	5.64	4.47
샤프지수(Rf=5%)		0.47	0.55	0.33
소르티노지수(MAR=10%)		0.36	0.43	0.09
1만 달러 투자 시		$9,922,274	$13,689,553	$1,329,513
1년 수익률	최저치	−53.37%	−50.98%	−46.49%
	최고치	120.32%	106.89%	84.19%
3년 수익률	최저치	−23.48%	−19.53%	−18.68%
	최고치	53.27%	50.86%	31.49%
5년 수익률	최저치	−7.65%	−6.29%	−9.91%
	최고치	40.72%	37.42%	27.66%
7년 수익률	최저치	−1.76%	−0.92%	−6.32%
	최고치	31.22%	31.51%	23.77%
10년 수익률	최저치	5.05%	6.39%	1.01%
	최고치	27.14%	27.64%	22.05%
기대수익률	최저치	−28.38%	−24.04%	−24.73%
	최고치	67.60%	63.80%	51.24%

1. MF CSGI 25종목: 전체 주식 중 PSR<1.5, EPS 1년 증가율>0, 3&6개월 가격 모멘텀>중간값, 12개월 가격 모멘텀 상위 25종목
2. MF CSGI 50종목: 전체 주식 중 PSR<1.5, EPS 1년 증가율>0, 3&6개월 가격 모멘텀>중간값, 12개월 가격 모멘텀 상위 50종목

표 25.2. MF CSGI 25종목의 전체 주식 대비 기저율(1964/01/01~2009/12/31)

기준 기간	MF CSGI 25종목이 더 높은 달	비율	초과수익률(연 수익률)
1년	375/541	69%	6.73%
3년	452/517	87%	6.01%
5년	462/493	94%	5.67%
7년	457/469	97%	5.34%
10년	433/433	100%	5.12%

표 25.3. MF CSGI 50종목의 전체 주식 대비 기저율(1964/01/01~2009/12/31)

기준 기간	MF CSGI 50종목이 더 높은 달	비율	초과수익률(연 수익률)
1년	421/541	78%	6.90%
3년	483/517	93%	6.64%
5년	485/493	98%	6.45%
7년	467/469	100%	6.22%
10년	433/433	100%	6.05%

표 25.4. 최악의 시나리오: MF CSGI 25종목이 20% 이상 하락한 사례(1964/01/01~2009/12/31)

고점 월	지수 고점	저점 월	지수 저점	회복 월	하락률(%)	하락 기간(개월)	회복 기간(개월)
1966/04	2.30	1966/10	1.69	1967/01	−26.50	6	3
1969/05	5.60	1970/06	3.19	1972/01	−43.14	13	19
1972/05	6.95	1974/09	3.23	1977/06	−53.54	28	33
1978/08	12.14	1978/10	8.76	1979/03	−27.83	2	5
1980/02	16.81	1980/03	12.77	1980/07	−23.99	1	4
1980/11	25.72	1982/02	19.10	1982/11	−25.75	15	9
1983/06	43.73	1984/05	29.73	1985/12	−32.01	11	19
1987/08	76.64	1987/11	48.45	1989/03	−36.78	3	16
1990/05	107.73	1990/10	77.44	1991/02	−28.12	5	4
1998/06	508.94	1998/08	341.66	1999/06	−32.87	2	10
2000/08	690.39	2001/09	503.14	2002/04	−27.12	13	7
2002/04	704.72	2003/02	471.96	2003/08	−33.03	10	6
2007/05	1,962.90	2009/02	727.17		−62.95	21	
평균					−34.90	10	11.25

표 25.5. 최악의 시나리오: MF CSGI 50종목이 20% 이상 하락한 사례(1964/01/01~2009/12/31)

고점 월	지수 고점	저점 월	지수 저점	회복 월	하락률(%)	하락 기간(개월)	회복 기간(개월)
1966/04	2.15	1966/10	1.64	1967/01	-23.83	6	3
1968/11	4.70	1970/06	2.85	1971/12	-39.32	19	18
1972/05	5.87	1974/09	2.89	1976/06	-50.77	28	21
1978/08	10.97	1978/10	7.96	1979/04	-27.45	2	6
1980/02	15.33	1980/03	11.93	1980/07	-22.19	1	4
1980/11	23.13	1981/09	18.12	1982/10	-21.66	10	13
1983/06	39.41	1984/05	28.32	1985/11	-28.15	11	18
1987/08	72.80	1987/11	47.82	1989/02	-34.32	3	15
1990/05	100.04	1990/10	73.22	1991/03	-26.81	5	5
1998/06	539.62	1998/08	379.44	1999/06	-29.68	2	10
2000/08	715.72	2001/09	571.07	2002/03	-20.21	13	6
2002/04	810.38	2003/02	571.95	2003/08	-29.42	10	6
2007/05	2,396.76	2009/02	978.00		-59.20	21	
평균					-31.77	10	10.42

이제까지 다양한 결합 가치 요소를 사용해서 조합한 요소들의 효율을 연구했으므로 이번에도 이 모형을 크게 개선할지 모르는 요소들을 추가했다. 예를 들어 VC1은 단독으로도 이 전략을 상회해서 전체 주식 VC1 상위 10% 주식은 같은 기간 연 수익률 17.18%를 달성했다. 먼저 PSR을 결합 가치 요소로 단순 대체해 이 성장 전략의 성과를 개선할 수 있는지 알아보자.

싸다는 것을 새롭게 정의한 '회복 중인 값싼 주식'

15장에서는 결합 가치 요소들을 다양한 개별 요소와 결합해 순위를 매겼다. 첫 번째로 전체 주식 성장 전략을 조사하기 위해, 다음과 같이 구성되는 VC2를 추가한다.

- PBR
- PER
- PSR

- EV/EBITDA
- PCR
- 주주수익률

요소 조합군 각각을 위해 전체 주식 모집단에 속하는 주식들에 1부터 100까지 등급을 나누어 점수를 매겼다. 어떤 주식의 PER이 모집단의 하위 1%라면 100점을 부여하고, 상위 1%이면 점수는 1이다. 각 요소에 비슷한 방식을 적용해서 PSR이 하위 1%이면 100점, 상위 1%이면 1점을 부여했다. 특정 요소의 값이 없다면 중앙값인 50점을 부여한다. 주주수익률은 상위 1%에 100점, 하위 1%에 1점을 부여한다. 모든 요소의 점수를 매긴 다음 총점을 구해 십분위수를 분류한다. 점수가 가장 높은 주식이 상위 10%, 점수가 가장 낮은 주식이 하위 10%가 된다. 이렇게 하면 모든 가치 분류를 가로질러 주식이 분포하는 그림을 더 잘 얻게 되고, 15장에서 배운 것처럼 개별 요소를 사용하는 것보다 더 좋고 더 안정적인 수익률을 얻을 수 있다.

첫 번째 테스트를 하기 위해서는 다음과 같이 간단한 요건이 필요하다

- 전체 주식 모집단에서 선별
- VC2 상위 30% 이내
- 3개월 가격 모멘텀 > 데이터베이스 중앙값
- 6개월 가격 모멘텀 > 데이터베이스 중앙값
- 6개월 가격 모멘텀이 가장 좋은 25종목 또는 50종목 매수

이 회복 중인 값싼 주식 성장 전략의 첫 번째 버전에 여러 가지 변화를 추가한 것에 주목하라. 더 종합적인 결합 가치 요소를 사용했고, 3개월과 6개월 가격 모멘텀이 데이터베이스 평균이 아니라 중앙값보다 커야 한다. 더 확장된 CRSP 데이터베이스를 사용해보니, 가격 모멘텀의 중앙값을 이용하면 모집단의 상위 50%에서 낚시하는

것보다 더 일관성 있는 결과가 나오는 것을 발견했다. 반대로 이야기하면 일부 주식의 성과가 엄청나게 좋거나 엄청나게 나쁠 때 평균값이 상당히 왜곡될 수 있다. 또한 최종 요소에서 12개월 가격 모멘텀이 아니라 6개월 가격 모멘텀을 사용하는 것도 주목하라. 이것도 CRSP 데이터세트로 추가 연구한 결과다. CRSP로 84년의 데이터를 연구해보니, 6개월 가격 모멘텀이 12개월보다 뛰어난 결과를 보였다. 이런 변화들이

표 25.6. 연 수익률과 위험도: VC2 상위 30%, 3&6개월 가격 모멘텀>중앙값, 6개월 가격 모멘텀 상위 25종목; VC2 상위 30%, 3&6개월 가격 모멘텀>중앙값, 6개월 가격 모멘텀 상위 50종목; 전체 주식 (1964/01/01~2009/12/31)

	VC2 상위 30%, 3&6개월 가격 모멘텀>중앙값, 6개월 가격 모멘텀 상위 25종목 [1]	VC2 상위 30%, 3&6개월 가격 모멘텀>중앙값, 6개월 가격 모멘텀 상위 50종목	전체 주식
산술평균 수익률	22.13%	21.58%	13.26%
기하평균 수익률	19.83%	19.61%	11.22%
중위 수익률	30.43%	29.61%	17.16%
표준편차	19.48%	18.06%	18.99%
상방 편차	11.22%	10.51%	10.98%
하방 편차	14.91%	13.94%	13.90%
추적오차	8.51	7.84	0.00
상승 개월 수	356	362	329
하락 개월 수	196	190	223
최대 하락률	−56.56%	−53.49%	−55.54%
베타	0.93	0.87	1.00
T-통계량(m=0)	7.02	7.40	4.47
샤프지수(Rf=5%)	0.76	0.81	0.33
소르티노지수(MAR=10%)	0.66	0.69	0.09
1만 달러 투자 시	$41,068,482	$37,770,861	$1,329,513

		VC2 상위 30%, 3&6개월 가격 모멘텀>중앙값, 6개월 가격 모멘텀 상위 25종목	VC2 상위 30%, 3&6개월 가격 모멘텀>중앙값, 6개월 가격 모멘텀 상위 50종목	전체 주식
1년 수익률	최저치	−50.01%	−46.27%	−46.49%
	최고치	104.89%	92.53%	84.19%
3년 수익률	최저치	−11.41%	−8.90%	−18.68%
	최고치	57.22%	52.99%	31.49%
5년 수익률	최저치	−2.75%	−1.81%	−9.91%
	최고치	41.89%	40.24%	27.66%
7년 수익률	최저치	0.23%	1.08%	−6.32%
	최고치	32.94%	32.12%	23.77%
10년 수익률	최저치	7.82%	7.70%	1.01%
	최고치	30.06%	29.93%	22.05%
기대수익률	최저치	−16.83%	−14.54%	−24.73%
	최고치	61.09%	57.70%	51.24%

1. VC2 = VC1+고주주수익률, VC1 = (저PBR, 저PER, 저PCR, 저PSR, 저EV/EBITDA), 25장 본문 참조.

실제 성과에 어떤 영향을 미치는지 보자.

표 25.6은 회복 중인 값싼 주식의 신규 전략으로 25종목과 50종목 매수한 것의 결과를 보여준다. 성과가 매우 개선되었다! 50종목과 25종목 버전에 투자한 1만 달러는 각각 3,777만 861달러와 4,106만 8,482달러로 증가해서 50종목의 연 수익률은 19.61%, 25종목의 연 수익률은 19.83%다. 두 버전 모두 수익률 표준편차가 오리지널 성장 전략보다 상당히 낮고, 50종목의 표준편차 18.06%는 전체 주식 모집단의 18.99%보다도 낮다는 것에 주목하라. 낮은 위험과 높은 수익률이 결합해 25종목과 50종목의 샤프지수를 무려 0.76과 0.81로 끌어올렸다. 마지막으로 기존 전략과 신규 전략의 수익률 최저치에 주목하라. 오리지널 전략의 5년 수익률 최저치는 연 -6.29%인 반면, 신규 50종목 버전은 겨우 -1.81%로 손실이 훨씬 적다. 게다가 신규 전략의 25종목과 50종목 버전은 7년과 10년 단위 기간 모두에서 손실이 발생하지 않았다.

기저율, 최악의 시나리오, 최고와 최악의 수익률

더 좋은 점은 신규 25종목과 50종목 포트폴리오의 기저율이 오리지널 전략보다 좋은 것이다. 표 25.7은 신규 전략 25종목 버전이 3년, 5년, 7년, 10년 단위 기간 전부에서 전체 주식 모집단을 100% 능가했다는 점을 보여준다. 50종목 버전도 비슷하게 좋아서 전체 주식 모집단을 3년 단위 기간에서는 99%, 5년과 10년 단위 기간에서는 100% 상회했다. 게다가 이 신규 전략은 하방 위험을 더 잘 막아준다. 오리지널 전략은 1963~2009년에 20% 이상 하락한 경우가 13번인데 신규 전략은 9번뿐이었다. 표 25.9와 표 25.10은 신규 전략 25종목과 50종목 버전의 최악의 시나리오 결과를 보여준다. 두 경우 모두 최악의 하락은 2007/10~2009/02에 발생했다. 각 전략의 세부 사항은 표에서 확인하라. 그림 25.1은 25종목 버전의 수익률에서 전체 주식 모집단의 수익률을 뺀 초과수익(알파)을 보여주고, 그림 25.2는 50종목 버전의 결과다.

표 25.7. VC2 상위 30%, 3&6개월 가격 모멘텀>중앙값, 6개월 가격 모멘텀 상위 25종목의 전체 주식 대비 기
저율(1964/01/01~2009/12/31)

기준 기간	VC2 상위 30%, 3&6개월 가격 모멘텀>중앙값, 6개월 가격 모멘텀 상위 25종목이 더 높은 달	비율	초과수익률(연 수익률)
1년	465/541	86%	9.03%
3년	516/517	100%	9.21%
5년	493/493	100%	9.22%
7년	469/469	100%	9.11%
10년	433/433	100%	9.04%

표 25.8. VC2 상위 30%, 3&6개월 가격 모멘텀>중앙값, 6개월 가격 모멘텀 상위 50종목의 전체 주식 대비 기
저율(1964/01/01~2009/12/31)

기준 기간	VC2 상위 30%, 3&6개월 가격 모멘텀>중앙값, 6개월 가격 모멘텀 상위 50종목이 더 높은 달	비율	초과수익률(연 수익률)
1년	469/541	87%	8.46%
3년	512/517	99%	8.82%
5년	493/493	100%	8.86%
7년	469/469	100%	8.77%
10년	433/433	100%	8.69%

그림 25.1. 5년 평균 초과(미달) 연 수익률: VC2 상위 30%, 3&6개월 가격 모멘텀>중앙값, 6개월 가격 모멘텀
상위 25종목 – 전체 주식(1964/01/01~2009/12/31)

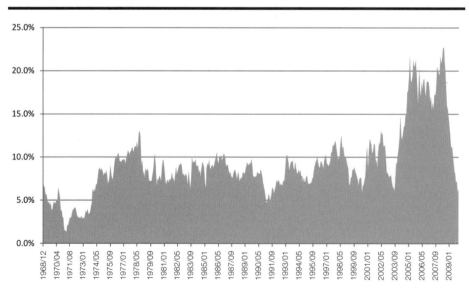

월가의 퀀트 투자 바이블

그림 25.2. 5년 평균 초과(미달) 연 수익률: VC2 상위 30%, 3&6개월 가격 모멘텀>중앙값, 6개월 가격 모멘텀 상위 50종목 – 전체 주식(1964/01/01~2009/12/31)

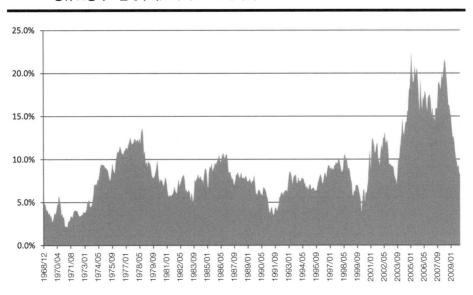

표 25.9. 최악의 시나리오: VC2 상위 30%, 3&6개월 가격 모멘텀>중앙값, 6개월 가격 모멘텀 상위 25종목이 20% 이상 하락한 사례(1964/01/01~2009/12/31)

고점 월	지수 고점	저점 월	지수 저점	회복 월	하락률(%)	하락 기간(개월)	회복 기간(개월)
1966/04	2.13	1966/09	1.64	1967/04	-23.05	5	7
1968/11	3.63	1970/06	2.26	1972/01	-37.57	19	19
1972/04	3.90	1974/09	2.68	1975/04	-31.26	29	7
1978/08	10.34	1978/10	7.78	1979/06	-24.80	2	8
1987/08	89.66	1987/11	62.59	1989/01	-30.19	3	14
1989/09	123.37	1990/10	93.63	1991/03	-24.10	13	5
1998/06	856.02	1998/08	648.79	1999/12	-24.21	2	16
2002/04	1,432.90	2003/02	1,033.72	2003/09	-27.86	10	7
2007/10	6,164.75	2009/02	2,677.71		-56.56	16	
평균					-31.07	11	10.38

표 25.10. 최악의 시나리오: VC2 상위 30%, 3&6개월 가격 모멘텀>중앙값, 6개월 가격 모멘텀 상위 50종목이 20% 이상 하락한 사례(1964/01/01~2009/12/31)

고점 월	지수 고점	저점 월	지수 저점	회복 월	하락률(%)	하락 기간(개월)	회복 기간(개월)
1966/04	2.13	1966/09	1.64	1967/03	-23.05	5	7
1968/11	3.63	1970/06	2.26	1972/01	-37.57	19	19
1972/11	3.90	1974/09	2.68	1975/04	-31.26	29	7
1978/08	10.34	1978/10	7.78	1979/06	-24.80	2	8
1987/08	89.66	1987/11	62.59	1989/01	-30.19	3	14
1989/09	123.37	1990/10	93.63	1991/03	-24.10	13	5
1998/06	856.02	1989/08	648.79	1999/12	-24.21	2	16
2002/04	1,432.90	2003/02	1,033.72	2003/08	-27.86	10	7
2007/10	6,164.75	2009/02	2,677.71		-56.56	16	
평균					-31.07	11	10.38

표 25.11과 표 25.12는 다양한 보유 기간에 얻은 최고와 최악의 수익률이다. 25종목과 50종목 버전의 5년 수익률 최고치는 모두 2007/10에 끝난 5년에 발생해서, 50종목 버전의 연 수익률은 40.24%, 25종목 버전의 연 수익률은 41.89%였다. 반면 최악의 5년은 1973/11에 끝난 5년으로, 50종목 버전은 연평균 1.81% 손실, 25종목은 2.75% 손실이 발생했다. 표 25.13은 각 전략의 투자 기간별 성과다.

새로운 결합 가치 요소를 사용하고 최종 선별 요소로 6개월 가격 모멘텀을 적용하면 수익률을 개선하고 위험을 낮출 수 있다. 만약 러셀성장주지수와 상관관계가 높은 '순수한' 성장 전략을 원한다면 이 전략은 맞지 않는다는 것을 명심하라. 나는 항상 '성장' 전략으로서 가격 모멘텀을 최종 선별 요소로 사용한 전략들을 고려하는데, 가격 모멘텀이 일관성을 부여하는 성장 요소 중 하나이기 때문이다. 그러나 이

표 25.11. 연 수익률 최저치와 최고치(%, 1964/01/01~2009/12/31)

		1년	3년	5년	7년	10년
VC2 상위 30%, 3&6개월 가격 모멘텀>중앙값,	최저치	-50.01	-11.41	-2.75	0.23	7.82
6개월 가격 모멘텀 상위 25종목	최고치	104.89	57.22	41.89	32.94	30.06
VC2 상위 30%, 3&6개월 가격 모멘텀>중앙값,	최저치	-46.27	-8.90	-1.81	1.08	7.70
6개월 가격 모멘텀 상위 50종목	최고치	92.53	52.99	40.24	32.12	29.93
전체 주식 연 수익률 최저치	최저치	-46.49	-18.68	-9.91	-6.32	1.01
	최고치	84.19	31.49	27.66	23.77	22.05

표 25.12. 1만 달러 투자 시 기말 원리금 최저치와 최고치(달러, 1964/01/01~2009/12/31)

		1년	3년	5년	7년	10년
VC2 상위 30%, 3&6개월 가격 모멘텀>중앙값,	최저치	4,999	6,953	8,700	10,161	21,223
6개월 가격 모멘텀 상위 25종목	최고치	20,489	38,864	57,515	73,392	138,533
VC2 상위 30%, 3&6개월 가격 모멘텀>중앙값,	최저치	5,373	7,561	9,129	10,780	21,002
6개월 가격 모멘텀 상위 50종목	최고치	19,253	35,809	54,252	70,270	137,080
전체 주식 연 수익률 최저치	최저치	5,351	5,379	5,936	6,330	11,054
	최고치	18,419	22,734	33,903	44,504	73,345

표 25.13. 10년 단위 연 수익률(%, 1964/01/01~2009/12/31)

	1960년대	1970년대	1980년대	1990년대	2000년대
VC2 상위 30%, 3&6개월 가격 모멘텀>중앙값, 6개월 가격 모멘텀 상위 25종목	18.97	16.10	25.01	22.81	16.17
VC2 상위 30%, 3&6개월 가격 모멘텀>중앙값, 6개월 가격 모멘텀 상위 50종목	17.85	16.64	24.01	21.50	17.50
전체 주식	13.36	7.56	16.78	15.35	4.39

신규 '성장' 전략은 러셀2000가치주지수와의 상관관계가 0.9033으로 가장 높고, 두 번째로 높은 상관관계는 러셀2000지수와의 0.891인 것을 보면, 최종 요소로 가격 모멘텀을 사용했는데도 불구하고 핵심 가치 전략에 가깝다.

그럼 이제 러셀성장주지수와 상관관계가 더 높은 전략을 알아보자.

성장주지수와 상관관계가 더 높은 전체 주식 전략

다음 전략은 우리가 개발한 결합 요소를 더 많이 사용할 것이다. 이 포트폴리오에 포함되려면 다음 조건을 충족해야 한다.

- 전체 주식 모집단에서 선별
- 연 EPS 증가율 > 0

- 3개월 가격 모멘텀 > 모집단 중앙값

- 6개월 가격 모멘텀 > 모집단 중앙값

- 재무건전성, 종합이익품질, 결합 가치 요소(이번 테스트에서는 VC2)가 상위 50% 이내

- 6개월 가격 모멘텀이 가장 좋은 25종목 매수

표 25.14. 연 수익률과 위험도: 전체 주식 성장주와 전체 주식(1964/01/01~2009/12/31)

		전체 주식 성장주[1]	전체 주식
산술평균 수익률		24.28%	13.26%
기하평균 수익률		20.53%	11.22%
중위 수익률		28.07%	17.16%
표준편차		24.83%	18.99%
상방 편차		15.30%	10.98%
하방 편차		18.04%	13.90%
추적오차		11.82	0.00
상승 개월 수		351	329
하락 개월 수		201	223
최대 하락률		−59.68%	−55.54%
베타		1.16	1.00
T−통계량(m=0)		5.99	4.47
샤프지수(Rf=5%)		0.63	0.33
소르티노지수(MAR=10%)		0.58	0.09
1만 달러 투자 시		$53,653,443	$1,329,513
1년 수익률	최저치	−53.65%	−46.49%
	최고치	155.01%	84.19%
3년 수익률	최저치	−21.04%	−18.68%
	최고치	71.28%	31.49%
5년 수익률	최저치	−6.32%	−9.91%
	최고치	53.32%	27.66%
7년 수익률	최저치	0.92%	−6.32%
	최고치	42.16%	23.77%
10년 수익률	최저치	2.48%	1.01%
	최고치	39.85%	22.05%
기대수익률	최저치	−25.38%	−24.73%
	최고치	73.94%	51.24%

1. 전체 주식 성장주: 전체 주식 중 연 EPS 증가율>0, 3&6개월 가격 모멘텀>중앙값, 재무건전성, 종합이익품질, VC2 상위 50%, 6개월 가격 모멘텀 상위 25종목

표 25.15. 전체 주식 성장주의 전체 주식 대비 기저율(1964/01/01~2009/12/31)

기준 기간	전체 주식 성장주가 더 높은 달	비율	초과수익률(연 수익률)
1년	445/541	82%	11.09%
3년	496/517	96%	10.39%
5년	478/493	97%	10.33%
7년	458/469	98%	10.32%
10년	430/433	99%	10.53%

이 전략을 '전체 주식 성장주'라고 부르고 결과를 검토해보자. 1963/11/31 1만 달러를 투자했다면 2009/12/31에 5,365만 3,443달러로 성장해 연 수익률이 20.53%에 달한다. 위험은 앞서 살펴본 회복 중인 값싼 주식 전략보다 다소 높아서 수익률 표준편차는 24.83%이고 MDD는 59.68%였다. 리스크가 다소 높아서 샤프지수가 0.63이 되어, 회복 중인 값싼 주식 25종목의 0.76보다 뒤처진다. 5년 기준 최대 하락률은 연 -6.32%여서 1만 달러를 투자했다면 5년 후 7,217달러로 줄었다. 이 최악의 5년은 2009/02에 끝난 시기로 하락장의 바닥이었다. 그러나 같은 기간 회복 중인 값싼 주식 전략은 이익을 냈다. 그렇더라도 표 25.14를 보면 연 -6.32%는 전체 주식 모집단이 최악의 5년에 겪은 -9.91%보다 훨씬 낫다는 것을 알게 된다. 전체 주식 성장주 전략의 모든 기저율은 표 25.15에서 보듯이 양의 값이고, 전체 주식 모집단을 5년 단위 기간에는 97%, 10년 단위 기간에는 99% 능가했다.

최악의 시나리오, 최고와 최악의 수익률

표 25.16은 지난 46년간 전체 주식 성장주 투자 전략이 20% 이상 하락한 모든 경우를 나열한다. 이 전략이 20% 이상 하락한 것이 12번이었고, 마지막 2번은 50%가 넘었다. 이는 순수한 성장주 전략으로 러셀2000성장주지수와의 상관계수가 0.924에 달하지만 상당히 거칠게 오르내린다.

표 25.16. 최악의 시나리오: 전체 주식 성장주가 20% 이상 하락한 사례(1964/01/01~2009/12/31)

고점 월	지수 고점	저점 월	지수 저점	회복 월	하락률(%)	하락 기간(개월)	회복 기간(개월)
1966/04	2.35	1966/10	1.76	1967/03	-25.29	6	5
1969/05	5.52	1970/06	3.52	1971/04	-36.15	13	10
1972/05	7.68	1974/09	4.73	1975/05	-38.37	28	8
1978/08	18.01	1978/10	12.82	1979/06	-28.80	2	8
1980/02	25.61	1980/03	19.61	1980/07	-23.42	1	4
1981/05	37.84	1981/09	30.13	1982/09	-20.38	4	12
1983/06	73.57	1984/05	55.08	1985/05	-25.14	11	12
1987/08	161.59	1987/11	109.48	1989/01	-32.25	3	14
1990/06	230.48	1990/10	177.66	1991/02	-22.91	4	4
1998/06	2,026.40	1998/08	1,444.99	1998/12	-28.69	2	4
2000/02	5,594.93	2001/09	2,711.72	2005/02	-51.53	19	41
2007/10	9,016.71	2009/02	3,635.30		-59.68	16	
평균					-32.72	9.08	11.09

이 전략 최고의 5년은 2000/02에 끝난 시기로 연 수익률이 무려 53.32%였다. 최악의 5년은 2009/02에 끝난 시기로 연평균 6.32% 감소했다. 표 25.17과 표 25.18은 다른 보유 기간의 최고와 최악 수익률을 보여주고, 그림 25.3은 이 주식의 수익률에서 전체 주식 수익률을 뺀 5년 평균 초과 혹은 미달 연 수익률이다. 표 25.19는 10년 단위 결과다.

표 25.17. 연 수익률 최저치와 최고치(%, 1964/01/01~2009/12/31)

		1년	3년	5년	7년	10년
전체 주식 성장주	최저치	53.65	-21.04	-6.32	0.92	2.48
	최고치	155.01	71.28	53.32	42.16	39.85
전체 주식	최저치	-46.49	-18.86	-9.91	-6.32	1.01
	최고치	84.19	31.49	27.66	23.77	22.05

표 25.18. 1만 달러 투자 시 기말 원리금 최저치와 최고치(달러, 1964/01/01~2009/12/31)

		1년	3년	5년	7년	10년
전체 주식 성장주	최저치	4,635	4,922	7,217	10,660	12,775
	최고치	25,501	50,247	84,732	117,346	286,133
전체 주식	최저치	5,351	5,379	5,936	6,330	11,054
	최고치	18,419	22,734	33,903	44,504	73,345

그림 25.3. 5년 평균 초과(미달) 연 수익률: 전체 주식 성장주 − 전체 주식(1964/01/01~2009/12/31)

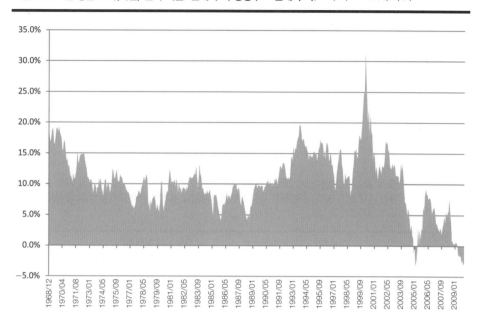

표 25.19. 10년 단위 연 수익률(%, 1964/01/01~2009/12/31)

	1960년대	1970년대	1980년대	1990년대	2000년대
전체 주식 성장주	30.84	16.02	25.33	34.81	2.48
전체 주식	13.36	7.56	16.78	15.35	4.39

소형주가 조금 더 낫다

회복 중인 값싼 주식 전략을 소형주 모집단에 적용하면 성과가 약간 개선된다. 소형주 모집단 전략은 다음과 같다.

- 소형주 모집단에서 선별
- VC2 상위 30% 이내

- 3개월 가격 모멘텀 > 소형주 중앙값

- 6개월 가격 모멘텀 > 소형주 중앙값

- 6개월 가격 모멘텀이 가장 좋은 25종목 또는 50종목 매수

표 25.20은 소형주 성장주 전략의 결과다. 여기서 전략의 50종목 버전을 사용하면 위험 조정 수익률이 크게 개선된다. 1963/12/31에 1만 달러를 투자하면

표 25.20. 연 수익률과 위험도: 소형주 VC2 상위 30%, 3&6개월 가격 모멘텀>중앙값, 6개월 가격 모멘텀 상위 50종목; VC2 상위 30%, 3&6개월 가격 모멘텀>중앙값, 6개월 가격 모멘텀 상위 25종목; 소형주 (1964/01/01~2009/12/31)

		소형주 VC2 상위 30%, 3&6개월 가격 모멘텀>중앙값, 6개월 가격 모멘텀 상위 50종목	소형주 VC2 상위 30%, 3&6개월 가격 모멘텀>중앙값, 6개월 가격 모멘텀 상위 25종목	소형주
산술평균 수익률		22.06%	22.53%	13.94%
기하평균 수익률		20.05%	20.18%	11.60%
중위 수익률		30.81%	29.78%	19.28%
표준편차		18.21%	19.63%	20.31%
상방 편차		10.62%	11.38%	11.87%
하방 편차		14.20%	15.21%	14.83%
추적오차		8.25	8.88	0.00
상승 개월 수		360	358	329
하락 개월 수		192	194	223
최대 하락률		−53.05%	−57.64%	−58.48%
베타		0.82	0.87	1.00
T-통계량(m=0)		7.48	7.08	4.38
샤프지수(Rf=5%)		0.83	0.77	0.32
소르티노지수(MAR=10%)		0.71	0.67	0.11
1만 달러 투자 시		$44,705,480	$47,002,323	$1,555,109
1년 수익률	최저치	−46.23%	−51.47%	−46.38%
	최고치	93.32%	102.46%	93.08%
3년 수익률	최저치	−10.54%	−13.61%	−19.53%
	최고치	52.56%	55.72%	34.00%
5년 수익률	최저치	−1.98%	−2.27%	−11.75%
	최고치	38.11%	39.44%	31.37%
7년 수익률	최저치	1.96%	1.28%	−7.64%
	최고치	33.31%	34.24%	27.35%
10년 수익률	최저치	8.52%	8.57%	1.08%
	최고치	31.15%	31.53%	24.47%
기대수익률	최저치	−14.37%	−16.74%	−26.69%
	최고치	58.49%	61.79%	54.57%

2009/12/31 4,470만 5,480달러로 증가해 연 수익률은 20.05%다. 표 25.21에 나오듯이 전략의 50종목 버전은 기저율이 모두 양의 값이고, 소형주 모집단을 5년과 10년 단위 기간에서 100% 능가한다. 25종목 버전의 기저율은 표 25.22에 기재했는데 똑같이 강력하다.

표 25.21. 소형주 VC2 상위 30%, 3&6개월 가격 모멘텀>중앙값, 6개월 가격 모멘텀 상위 50종목의 소형주 대비 기저율(1964/01/01~2009/12/31)

기준 기간	소형주 VC2 상위 30%, 3&6개월 가격 모멘텀>중앙값, 6개월 가격 모멘텀 상위 50종목이 더 높은 달	비율	초과수익률(연 수익률)
1년	456/541	84%	8.20%
3년	504/517	97%	8.80%
5년	493/493	100%	8.98%
7년	469/469	100%	8.96%
10년	433/433	100%	8.91%

표 25.22. 소형주 VC2 상위 30%, 3&6개월 가격 모멘텀>중앙값, 6개월 가격 모멘텀 상위 25종목의 소형주 대비 기저율(1964/01/01~2009/12/31)

기준 기간	소형주 VC2 상위 30%, 3&6개월 가격 모멘텀>중앙값, 6개월 가격 모멘텀 상위 25종목이 더 높은 달	비율	초과수익률(연 수익률)
1년	460/541	85%	8.17%
3년	506/517	98%	8.59%
5년	493/493	100%	8.77%
7년	469/469	100%	8.80%
10년	433/433	100%	8.80%

최악의 시나리오, 최고와 최악의 수익률

전략의 25종목 버전은 20% 이상 하락한 경우가 10번이고, 가장 많이 하락한 것은 2007/10~2009/02의 58%다. 표 25.23은 20% 이상 하락한 모든 사례를 보여준다. 표 25.24는 50종목 버전의 최악의 시나리오 결과이고, 표 25.25와 표 25.26은 두 전략의 보유 기간별 최고와 최악의 성과를 담았다. 그림 25.4와 그림 25.5는 이 주식의

그림 25.4. 5년 평균 초과(미달) 연 수익률: 소형주 VC2 상위 30%, 3&6개월 가격 모멘텀>중앙값, 6개월 가격 모멘텀 상위 25종목 – 소형주(1964/01/01~2009/12/31)

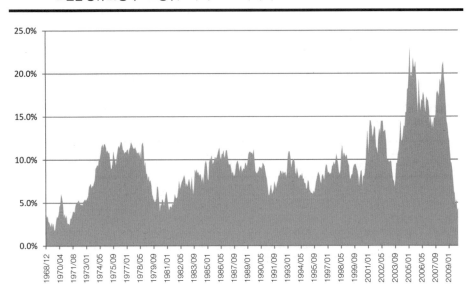

그림 25.5. 5년 평균 초과(미달) 연 수익률: 소형주 VC2 상위 30%, 3&6개월 가격 모멘텀>중앙값, 6개월 가격 모멘텀 상위 50종목 – 소형주(1964/01/01~2009/12/31)

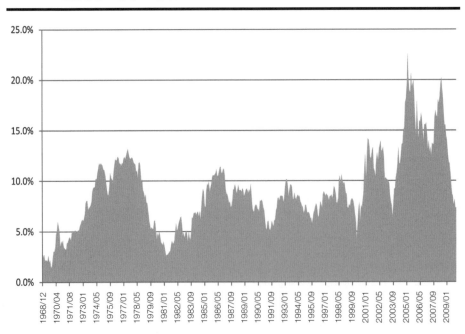

표 25.23. 최악의 시나리오: 소형주 VC2 상위 30%, 3&6개월 가격 모멘텀>중앙값, 6개월 가격 모멘텀 상위 25종목이 20% 이상 하락한 사례(1964/01/01~2009/12/31)

고점 월	지수 고점	저점 월	지수 저점	회복 월	하락률(%)	하락 기간(개월)	회복 기간(개월)
1966/08	2.14	1966/09	1.65	1967/04	-22.74	5	7
1968/11	3.68	1970/06	2.38	1971/04	-35.27	19	10
1972/04	4.28	1974/09	2.93	1975/04	-31.56	29	7
1978/08	12.09	1978/10	9.10	1979/06	-24.68	2	8
1980/01	16.08	1980/03	12.64	1980/07	-21.39	2	4
1987/08	106.83	1987/11	75.20	1988/10	-29.61	3	11
1990/06	148.21	1990/10	113.62	1991/03	-23.34	4	5
1998/06	1,004.48	1998/08	758.53	1999/12	-24.48	2	16
2002/04	1,822.16	2003/02	1,327.99	2003/09	-27.12	10	7
2007/10	7,238.04	2009/02	3,066.05		-57.64	16	
평균					-29.78	9.2	8.33

표 25.24. 최악의 시나리오: 소형주 VC2 상위 30%, 3&6개월 가격 모멘텀>중앙값, 6개월 가격 모멘텀 상위 50종목이 20% 이상 하락한 사례(1964/01/01~2009/12/31)

고점 월	지수 고점	저점 월	지수 저점	회복 월	하락률(%)	하락 기간(개월)	회복 기간(개월)
1966/04	1.99	1966/09	1.58	1967/03	-20.74	5	6
1968/11	3.53	1970/06	2.35	1971/04	-33.48	19	10
1972/04	4.04	1974/09	2.86	1975/04	-29.13	29	7
1978/08	11.64	1978/10	9.08	1979/04	-21.95	2	6
1980/01	15.30	1980/03	12.24	1980/07	-20.01	2	4
1987/08	97.23	1987/11	68.39	1988/12	-29.66	3	13
1989/08	129.29	1990/10	102.60	1991/03	-20.64	14	5
1998/06	854.85	1998/08	669.87	1999/12	-21.64	2	16
2002/04	1,552.01	2003/02	1,157.58	2003/08	-25.41	10	6
2007/10	6,010.50	2009/02	2,821.79		-53.05	16	
평균					-27.57	10.2	8.11

표 25.25. 연 수익률 최저치와 최고치(%, 1964/01/01~2009/12/31)

		1년	3년	5년	7년	10년
소형주 VC2 상위 30%, 3&6개월 가격 모멘텀>중앙값,	최저치	-46.23	-10.54	-1.98	1.96	8.52
6개월 가격 모멘텀 상위 50종목	최고치	93.32	52.56	38.11	33.31	31.15
소형주 VC2 상위 30%, 3&6개월 가격 모멘텀>중앙값,	최저치	-51.47	-13.61	-2.27	1.28	8.57
6개월 가격 모멘텀 상위 25종목	최고치	102.46	55.72	39.44	34.24	31.53
소형주	최저치	-46.38	-19.53	-11.75	-7.64	1.08
	최고치	93.08	34.00	31.37	27.35	24.47

표 25.26. 1만 달러 투자 시 기말 원리금 최저치와 최고치(달러, 1964/01/01~2009/12/31)

		1년	3년	5년	7년	10년
소형주 VC2 상위 30%, 3&6개월 가격 모멘텀>중앙값,	최저치	5,377	7,160	9,047	11,459	22,652
6개월 가격 모멘텀 상위 50종목	최고치	19,332	35,504	50,257	74,810	150,597
소형주 VC2 상위 30%, 3&6개월 가격 모멘텀>중앙값,	최저치	4,853	6,447	8,913	10,935	22,749
6개월 가격 모멘텀 상위 25종목	최고치	20,246	37,759	52,716	78,568	154,973
소형주	최저치	5,362	5,210	5,351	5,733	11,131
	최고치	19,308	24,059	39,129	54,327	89,249

표 25.27. 10년 단위 연 수익률(%, 1964/01/01~2009/12/31)

	1960년대	1970년대	1980년대	1990년대	2000년대
소형주 VC2 상위 30%, 3&6개월 가격 모멘텀>중앙값, 6개월 가격 모멘텀 상위 50종목	19.15	17.26	24.41	21.77	17.44
소형주 VC2 상위 30%, 3&6개월 가격 모멘텀>중앙값, 6개월 가격 모멘텀 상위 25종목	19.86	17.32	25.40	22.61	15.83
소형주	15.39	8.19	16.46	14.96	4.95

수익률에서 소형주 수익률을 뺀 5년 평균 초과 혹은 미달 연 수익률이다. 표 25.27은 두 전략의 10년 단위 결과다.

어떤 모집단과 어떤 모멘텀 전략이 적당한가

지금까지 전체 주식 모집단에서 시험한 것과 비슷한 전략들은 대형주와 시장 선도 주 모집단에서도 잘 작동했지만 전체 주식과 소형주 모집단에서의 성과만큼 좋지는 않았다. 예를 들어 전체 주식 성장주 전략은 대형주와 시장 선도주 모집단에 적용했 을 때 비교적 잘 작동해서 연 수익률이 각각 13.93%, 14.37%다. 두 수익률 모두 각 모집단의 수익률, 즉 대형주 모집단의 10.20%와 시장 선도주 모집단의 11.36%를 앞 선다. 대형주와 시장 선도주 모집단에서 VC2 상위 10%나 20%에 집중하고 그중 6개 월 가격 모멘텀이 가장 좋은 25종목을 매수한다면 성과를 개선할 수 있다. 이렇게 하면 시장 선도주에서 선별한 전략의 수익률은 15.29%로, 대형주에서 선별한 전략의 수익률은 14.81%로 높아진다.

이 전략이 러셀성장주지수와 상관관계가 크지 않다는 점을 유의하라. 그러나 최소한 시장 선도주 모집단에서는 VC2 상위 20%에서 6개월 가격 모멘텀이 가장 좋은 25종목을 매수하는 전략이 시장 선도주 모집단을 활용한 전략 중에서 성과가 가장 뛰어나고, 기저율도 매우 높으며, 모집단을 5년 단위 기간에는 92%, 10년 단위 기간에는 100% 상회했다. 게다가 5년 단위 기간에 손실을 본 적이 한 번도 없다는 장점이 있어서, 이름이 비슷한 포트폴리오들의 하방 위험에서 보호받기를 갈망하는 보수적인 투자자에게 적합한 방법이 될 것이다.

시사점

가격 모멘텀을 활용하는 가장 좋은 방법은 가치 요소 제한 조건을 결합하는 것이다. 이 책의 이전 판에서는 가치 필터로 PSR을 사용했지만, 연구 결과 결합 가치 요소를 사용하면 전반적인 수익성과 변동성 모두가 상당히 개선되는 것을 확인했기 때문에 이제는 PSR 대신 결합 가치 요소를 사용한다. 그리고 이제는 CRSP 데이터베이스를 활용할 수 있어서 6개월 가격 모멘텀이 12개월 가격 모멘텀보다 효과적이라는 사실도 발견했다. 이 두 가지 변화가 '회복 중인 값싼 주식 성장주 전략'의 성과를 상당히 개선했다. 포트폴리오는 성장주 투자보다는 핵심 가치 전략과 더 연관성이 높기 때문에, 순수한 성장주에 집중하고 싶다면 '전체 주식 성장주 전략'을 사용하는 것이 유리하다.

WHAT
WORK$
ON WALL
$TREET

26

이상적인 가치주
투자 전략을 찾아서

WHAT WORKS ON WALL STREET

모든 것을 관리하는 가장 좋은 방법은
그 본질을 이용하는 것이다.

| 노자

최고의 가치투자 전략을 찾기 위해서, 25장의 성장주 전략 방법론을 따르고 결합 가치 지수를 사용한다. 이 장에서는 전체 주식과 시장 선도주 모집단을 들여다볼 것이다. 이들 가치주 투자 전략의 목표는 합리적인 위험 수준에서 최상의 수익을 올리는 것이다. 따라서 총수익률이 모집단보다 높을 뿐 아니라 MDD와 수익률의 표준편차, 하방 위험이 낮아야 한다. 전체 주식 모집단에서 물고기를 낚는 전략으로 시작하자.

뛰어난 가치주 포트폴리오를 찾기 위해 결합 요소 활용하기

첫 번째 전략은 다음 기준에 맞는 주식들을 포트폴리오에 포함한다.

- 전체 주식 모집단에서 선별
- 연 EPS 증가율 > 0
- 3개월과 6개월 가격 모멘텀 > 모집단 중앙값
- 재무건전성, 종합이익품질, VC2 점수가 상위 50% 이내
- VC2 점수가 가장 높은 25종목 매수

결과

평소처럼 1963/12/31에 1만 달러를 투자하는 것으로 시작한다. 표 26.1에서 나타나듯이 이것은 뛰어난 전체 주식 가치주 전략이다. 최고의 성장주 전략을 찾기 위해 가치 요소를 포함한 것을 주목하라. 여기서도 가치를 증진하기 위해 성장 요소들, 특히 EPS 증가율을 넣고 3&6개월 가격 모멘텀이 모집단의 중앙값보다 큰 것을 추가했다. 이를 통해 밸류 트랩value trap, 즉 가격이 계속 하락하는 주식을 피할 수 있다. 이 전략

에 투자한 1만 달러는 2009/12/31에 4,386만 8,549달러로 증가해 연 수익률 20.0%를 얻었다. 게다가 전체 주식 모집단보다 낮은 MDD, 수익률 표준편차, 하방 위험이라는 목표도 달성했다. 뛰어난 성과와 낮아진 표준편차가 결합해 샤프지수는 전체 주식 모집단의 0.33에 비해 매우 높은 0.92가 되었다. 표 26.1에 통계 요약 결과를 실었다. 표 26.2에 나타낸 것처럼 모든 기저율은 양의 값이었고, 3년 단위 기간에서는 97%, 5년과 10년 단위 기간에서는 100%로 전체 주식 모집단을 능가했다.

표 26.1. 연 수익률과 위험도: 전체 주식 가치주와 전체 주식(1964/01/01~2009/12/31)

		전체 주식 가치주[1]	전체 주식
산술평균 수익률		21.60%	13.26%
기하평균 수익률		20.00%	11.22%
중위 수익률		26.16%	17.16%
표준편차		16.34%	18.99%
상방 편차		10.04%	10.98%
하방 편차		12.99%	13.90%
추적오차		8.70	0.00
상승 개월 수		376	329
하락 개월 수		176	223
최대 하락률		-46.36%	-55.54%
베타		0.77	1.00
T-통계량(m=0)		8.18	4.47
샤프지수(Rf=5%)		0.92	0.33
소르티노지수(MAR=10%)		0.77	0.09
1만 달러 투자 시		$43,868,549	$1,329,513
1년 수익률	최저치	-40.74%	-46.49%
	최고치	80.82%	84.19%
3년 수익률	최저치	-6.37%	-18.68%
	최고치	46.99%	31.49%
5년 수익률	최저치	-1.59%	-9.91%
	최고치	37.30%	27.66%
7년 수익률	최저치	2.97%	-6.32%
	최고치	33.15%	23.77%
10년 수익률	최저치	9.24%	1.01%
	최고치	30.52%	22.05%
기대수익률	최저치	-11.08%	-24.73%
	최고치	54.29%	51.24%

1. 전체 주식 가치주: 전체 주식 중 EPS 1년 증가율>0, 3&6개월 가격 모멘텀>중간값, 재무 건전성, 종합이익품질, VC2 상위 50%, VC2 상위 25종목

표 26.2. 전체 주식 가치주의 전체 주식 대비 기저율(1964/01/01~2009/12/31)

기준 기간	전체 주식 가치주가 더 높은 달	비율	초과수익률(연 수익률)
1년	462/541	85%	8.43%
3년	501/517	97%	8.95%
5년	491/493	100%	9.00%
7년	467/469	100%	8.96%
10년	433/433	100%	8.82%

최악의 시나리오, 최고와 최악의 수익률

이 전략은 1963년 이후 20% 이상 하락한 경우가 단 4번이었다. 표 26.3에 나오듯 최악의 하락은 하락장에 일어났는데 2007/10~2009/02에 46.36% 하락한 것이다. 4차례 손실률 평균은 32.65%이고 평균 지속 기간은 15개월이었다. 같은 기간 동안 20% 이상 손실이 6번 발생하고 그중 2번은 50% 이상 하락한 전체 주식 모집단에 비해 상당히 양호한 결과다. 그러므로 이 가치주 전략은 전체 주식 모집단에 투자할 때보다 하락률을 상당히 낮추었다.

표 26.3. 최악의 시나리오: 전체 주식 가치주가 20% 이상 하락한 사례(1964/01/01~2009/12/31)

고점 월	지수 고점	저점 월	지수 저점	회복 월	하락률(%)	하락 기간(개월)	회복 기간(개월)
1968/11	3.45	1970/06	2.32	1971/04	-32.76	19	10
1972/11	3.95	1974/09	3.08	1975/02	-22.02	22	5
1987/08	102.79	1987/11	72.50	1989/01	-29.47	3	14
2007/10	5,155.70	2009/02	2,765.28		-46.36	16	
평균					-32.65	15	9.67

전략의 최고의 5년은 1987/07에 끝난 5년으로 연 수익률이 37.30%였다. (두 번째로 좋은 5년은 2007/10에 끝난 5년으로 수익률이 35.72%였다.) 최악의 5년은 1973/11에 끝난 5년으로 매년 1.59% 손실을 입었다. 표 26.4와 표 26.5는 다른 보유 기간의 최고와 최악 수익률을 보여준다. 그림 26.1은 전체 주식 모집단에 거둔 초과수익(알파)을 나

타냈다. 표 26.6에는 전체 주식 가치주 전략과 전체 주식 모집단의 성과를 10년 단위로 기록했다.

표 26.4. 연 수익률 최저치와 최고치(%, 1964/01/01~2009/12/31)

		1년	3년	5년	7년	10년
전체 주식 가치주	최저치	-40.74	-6.37	-1.59	2.97	9.24
	최고치	80.82	46.99	37.30	33.15	30.52
전체 주식	최저치	-46.49	-18.68	-9.91	-6.32	1.01
	최고치	84.19	31.49	27.66	23.77	22.05

표 26.5. 1만 달러 투자 시 기말 원리금 최저치와 최고치(달러, 1964/01/01~2009/12/31)

		1년	3년	5년	7년	10년
전체 주식 가치주	최저치	5,926	8,209	9,228	12,272	24,201
	최고치	18,082	31,762	48,791	74,183	143,495
전체 주식	최저치	5,351	5,379	5,936	6,330	11,054
	최고치	18,419	22,734	33,903	44,504	73,345

그림 26.1. 5년 평균 초과(미달) 연 수익률: 전체 주식 가치주 – 전체 주식(1964/01/01~2009/12/31)

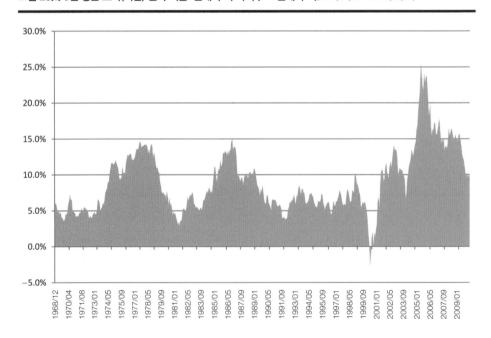

표 26.6. 10년 단위 연 수익률 (1964/01/01~2009/12/31)

	1960년대	1970년대	1980년대	1990년대	2000년대
전체 주식 가치주	18.35	17.47	25.26	19.05	19.37
전체 주식	13.36	7.56	16.78	15.35	4.39

시장 선도주 가치주 전략

많은 투자자는 익숙하지 않거나 잘 모르는 기업의 주식을 사는 전략을 불편해한다. 예를 들어 위에서 설명한 전체 주식 가치주 전략은 46년 동안 성과가 환상적이고 위험 특성이 우수하며 20% 이상 하락한 경우가 4번에 불과하다. 그러나 인더스트리아 바초코, 인듀어런스 스페셜티 홀딩스, 차이나 유차이 인터내셔널, 돔타르처럼 평균적인 투자자가 들어본 적 없을 듯한 주식들로 구성된다. 누구나 알 만한 이름이 없다! 포트폴리오 내에서 일반 투자자에게 익숙한 기업은 한 손에 꼽을 정도뿐이다. 이는 투자자들에게 현실적인 문제가 될 수 있고, 특히 포트폴리오의 성과가 좋지 않을 때 그렇다. 많은 투자자는 더 잘 알려진 기업들을 보유하는 것을 선호하고, 우리는 이 투자자들을 위해 시장 선도주 모집단에서 가치주 전략을 제공한다. 시장 선도주 모집단에 속한 기업들을 떠올려보면, 공익기업에 속하지 않은 기업으로서 시가총액이 컴퓨스탯 데이터세트의 평균보다 크고, 현금흐름이 평균보다 크고, 주식 수가 평균보다 크고, 매출액이 평균보다 50% 이상 클 것이다. 주식이 미국에서 거래되는 외국 기업의 ADR을 포함하면 이 기준에 맞는 전 세계의 유명 기업 350~400개가 모집단을 구성한다.

1회전을 하기 위해 이 책의 이전 판에서 사용한 유명한 전략, 즉 주주수익률이 높은 시장 선도주를 사는 전략을 개선할 방법을 찾아보겠다. 이때 심각한 밸류 트랩을 피하기 위해 가치주 포트폴리오에 성장 특성을 추가하는 노력을 계속한다.

이 전략 포트폴리오에 포함되기 위한 요건은 다음과 같다.

- 시장 선도주 모집단에서 선별
- 3개월과 6개월 가격 모멘텀 > 시장 선도주 중앙값
- 주주수익률이 높은 25종목 매수

결과

이 전략에 1963/12/31 1만 달러를 투자하면 2009/12/31 616만 8,039달러로 증가해 연 수익률 14.99%를 달성했다. 시장 선도주 모집단에서는 141만 1,897달러로 증가해 연 수익률 11.36%를 얻은 것보다 상당히 좋다. 그러나 수익률의 표준편차로 측정한 위험과 하방 위험은 시장 선도주 모집단보다 다소 높아서 표준편차 16.87%, 하방편차는 12.62%였다. 그럼에도 불구하고 수익률이 높아서 샤프지수는 0.59가 되었고 시장 선도주 모집단의 0.39보다 높다. 표 26.7에서 볼 수 있듯이 이 전략의 MDD는 -57.92%이고 시장 선도주 모집단은 -54.03%였다. 전략의 MDD가 시장 선도주 모집단보다 낮았던 이전 판의 결과와 달라진 부분이다.

또한 이전 판에서는 이 전략이 5년 기간 전체에서 손실이 발생하지 않았지만, 이제는 5년 기간에 연평균 4.72% 손실이 발생한다. 여기에는 중요한 이유가 2가지 있다. 첫째, 2007~2009년은 대공황 이후 최악의 하락장이었고 특히 대형 가치주에 가혹했다. 예를 들어 러셀1000가치주지수는 같은 기간 55.56% 하락했다. 둘째, 결합 포트폴리오 수익률을 계산하는 방법이 달라졌다. 매달 시작하는 포트폴리오의 수익률을 포함하자, 연간 데이터에는 나타나지 않는 손실 구간들이 생겼다. 5년 기간에서 손실이 난 횟수는 매우 적지만 2009년 1월, 2월, 3월(하락장의 바닥 근처), 1973년 11월, 1974년 9월과 10월에 끝난 5년에 손실이 났다. 따라서 5년 단위 기간 493개

중 단 1%인 6번 때문에 손실로 집계되었다. 이 전략의 기저율은 표 26.8에 나타낸 것처럼 모두 양의 값이었고, 5년 단위 기간의 90%, 10년 단위 기간의 100%에서 시장 선도주 모집단을 능가했다.

표 26.7. 연 수익률과 위험도: 시장 선도주 3&6개월 가격 모멘텀>중앙값, 주주수익률 상위 25종목; 시장 선도주(1964/01/01~2009/12/31)

		시장 선도주 3&6개월 가격 모멘텀>중앙값, 주주수익률 상위 25종목	시장 선도주
산술평균 수익률		16.63%	12.82%
기하평균 수익률		14.99%	11.36%
중위 수익률		19.28%	14.62%
표준편차		16.87%	16.13%
상방 편차		11.01%	10.00%
하방 편차		12.62%	11.66%
추적오차		6.36	0.00
상승 개월 수		352	335
하락 개월 수		200	217
최대 하락률		-57.92%	-54.03%
베타		0.97	1.00
T-통계량(m=0)		6.22	5.10
샤프지수(Rf=5%)		0.59	0.39
소르티노지수(MAR=10%)		0.40	0.12
1만 달러 투자 시		$6,168,039	$1,411,897
1년 수익률	최저치	-52.37%	-48.15%
	최고치	63.15%	66.79%
3년 수익률	최저치	-16.39%	-13.61%
	최고치	42.36%	34.82%
5년 수익률	최저치	-4.72%	-4.36%
	최고치	38.58%	31.52%
7년 수익률	최저치	0.36%	-2.93%
	최고치	30.39%	24.56%
10년 수익률	최저치	2.52%	1.01%
	최고치	25.14%	19.69%
기대수익률	최저치	-17.11%	-19.44%
	최고치	50.36%	45.07%

1. 시장 선도주: 시가총액>컴퓨스탯 데이터베이스 평균, 현금흐름>평균, 유통주식 수>평균, 매출액>평균×1.5

표 26.8. 시장 선도주 3&6개월 가격 모멘텀>중앙값, 주주수익률 상위 25종목의 시장 선도주 대비 기저율 (1964/01/01~2009/12/31)

기준 기간	시장 선도주 3&6개월 가격 모멘텀>중앙값, 주주수익률 상위 25종목이 더 높은 달	비율	초과수익률(연 수익률)
1년	346/541	64%	3.60%
3년	401/517	78%	3.81%
5년	443/493	90%	4.07%
7년	444/469	95%	4.24%
10년	433/433	100%	4.36%

최악의 시나리오, 최고와 최악의 수익률

이 전략이 20% 이상 하락한 경우는 6번이다. 표 26.9에서 볼 수 있듯이 MDD는 57.92%였고 이때 하락 기간이 세 번째로 길어서 2007/10~2009/02의 16개월 동안 지속되었다.

전략의 최고의 5년은 1987/07에 끝난 시기로 연 수익률이 38.58%였다. 최악의 5년은 2009/02에 끝난 시기로 연 수익률이 -4.72%다. 표 26.10과 표 26.11에 다양한 보유 기간의 최고와 최악 수익률을 나열했다. 그림 26.2는 이 주식의 수익률에서 시장 선도주 수익률을 뺀 5년 평균 초과 혹은 미달 연 수익률이다. 표 26.12는 두 전략의 10년 단위 결과다.

표 26.9. 최악의 시나리오: 시장 선도주 3&6개월 가격 모멘텀>중앙값, 주주수익률 상위 25종목의 하락률 20% 이상 사례 (1964/01/01~2009/12/31)

고점 월	지수 고점	저점 월	지수 저점	회복 월	하락률(%)	하락 기간(개월)	회복 기간(개월)
1969/01	1.97	1970/06	1.29	1972/04	-34.79	17	22
1972/11	2.18	1974/09	1.56	1975/05	-28.47	22	8
1987/08	33.04	1987/11	22.73	1989/01	-31.21	3	14
1989/08	40.10	1990/10	29.88	1991/03	-25.48	14	5
2002/05	302.21	2002/09	236.73	2003/06	-21.67	4	9
2007/10	728.90	2009/02	306.71		-57.92	16	
평균					-33.25	12.67	11.6

표 26.10. 연 수익률 최저치와 최고치(%, 1964/01/01~2009/12/31)

		1년	3년	5년	7년	10년
시장 선도주 3&6개월 가격 모멘텀>중앙값,	최저치	-52.37	-16.39	-4.72	0.36	2.52
주주수익률 상위 25종목	최고치	63.15	42.36	38.58	30.39	25.14
시장 선도주	최저치	-48.15	-13.61	-4.36	-2.93	1.01
	최고치	66.79	34.82	31.52	24.56	19.69

표 26.11. 1만 달러 투자 시 기말 원리금 최저치와 최고치(달러, 1964/01/01~2009/12/31)

		1년	3년	5년	7년	10년
시장 선도주 3&6개월 가격 모멘텀>중앙값,	최저치	4,763	5,845	7,851	10,252	12,824
주주수익률 상위 25종목	최고치	16,315	28,850	51,117	64,090	94,166
시장 선도주	최저치	5,185	6,448	8,001	8,122	11,061
	최고치	16,679	24,506	39,355	46,514	60,354

그림 26.2. 5년 평균 초과(미달) 연 수익률: 시장 선도주 3&6개월 가격 모멘텀>중앙값, 주주수익률 상위 25종목 – 시장 선도주(1964/01/01~2009/12/31)

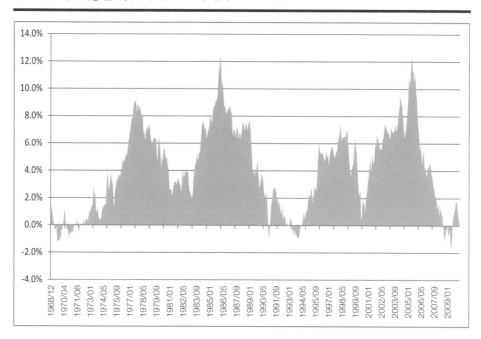

표 26.12. 10년 단위 연 수익률(%, 1964/01/01~2009/12/31)

	1960년대	1970년대	1980년대	1990년대	2000년대
시장 선도주 3&6개월 가격 모멘텀>중앙값, 주주수익률 상위 25종목	7.43	11.53	23.72	18.86	11.04
시장 선도주	8.23	7.32	18.10	16.54	5.92

시장 선도주 순수 주주수익률 매수 전략의 성과와 비슷하다

3개월과 6개월 가격 모멘텀이 평균보다 커야 한다는 성장주 요건을 추가했지만, 가격 모멘텀 요건 유무에 따른 수익률 차이는 매우 작았다. 단순하게 시장 선도주 모집단에서 주주수익률 상위 25종목을 매수하는 전략이 같은 기간 비슷한 위험 수준으로 연 수익률 14.87%를 달성했으니, 투자 과정을 단순화하고 싶다면 주주수익률 자체를 사용할 수 있다.

나는 순수한 성장주 포트폴리오에 가치주 특성을 하나 이상 포함하는 것을 좋아하는 것과 마찬가지로 순수한 가치주 포트폴리오에 성장주 특성을 하나 이상 포함하는 방법을 좋아하는데, 이렇게 하면 총수익률이 개선되고 일관성이 커진다고 생각하기 때문이다. 다만 이 경우에는 개선된 수익률이 12bp(0.12%)로 매우 작다. 그럼에도 불구하고 자신만의 투자 전략을 테스트할 의향이 있다면 성장주 전략에 가치 요소를 더하고 가치주 전략에 성장 요소를 추가해서 성과를 개선할 수 있다고 생각한다.

시사점

포트폴리오의 가치주 비중을 얼마로 하느냐에 따라 이 두 가지 전략 모두 매력적이고 성과가 견실하다. 친숙하지 않은 기업에 투자할 수도 있는 전체 주식 모집단을 활용할 의지가 있다면 전체 주식 가치주 포트폴리오가 적합하다. 손실은 4번뿐이고 모두 50%를 초과하지 않아서 다른 주식 모집단들보다 훨씬 좋은 성과를 보인다. 물론 주지한 바와 같이 투자자 대부분에게 친숙하지 않은 기업을 매수해야 한다. 더 크고 잘 알려진 주식에 집중하고자 한다면 시장 선도주 가치주 전략이 최선이다. 2007~2009년의 약세장에서 58% 하락했지만 그 전까지는 고점 대비 하락률이 35%를 초과하지 않았다.

WHAT
WORK$
ONWALL
$TREET

27

성장주와 가치주 요소
최적의 조합

WHAT WORKS ON WALL STREET

우리가 역사에서 배우는 것은
역사에서 배우지 않는다는 것이다.

| 벤저민 디즈레일리 | Benjamin Disraeli, 영국 정치가

이번 장에서는 최고의 성장 요소와 가치 요소를 결합해 추세형 가치주(Trending Value)라고 부를 전략을 살펴볼 것이다. 20장의 내용을 돌아보면 가격 모멘텀은 향후 좋은 성과를 낼 주식과 나쁜 성과를 낼 주식을 판별하는 좋은 방법으로 확인되었으므로 6개월 가격 모멘텀을 성장 요소로 사용한다. 6개월 가격 모멘텀의 효과를 상기하려면 표 27.1을 보라. (이번에는 1964~2009년 기간을 사용하는데, 그래야 우리가 사용하는 가치 요소와 일대일 비교가 가능하다.) 표에서 볼 수 있듯이, 전체 주식 6개월 가격 모멘텀 상위 10% 주식의 수익률은 연 14.52%로, 1963/12/31에 1만 달러를 투자했다면

표 27.1. 연 수익률과 위험도: 전체 주식 6개월 가격 모멘텀 상위 10%; 6개월 가격 모멘텀 하위 10%; 전체 주식
(1964/01/01~2009/12/31)

	전체 주식 6개월 가격 모멘텀 상위 10%	전체 주식 6개월 가격 모멘텀 하위 10%	전체 주식
산술평균 수익률	18.12%	7.06%	13.26%
기하평균 수익률	14.52%	3.67%	11.22%
중위 수익률	22.79%	7.09%	17.16%
표준편차	24.88%	25.37%	18.99%
상방 편차	15.40%	17.25%	10.98%
하방 편차	17.64%	17.53%	13.90%
추적오차	10.79	9.88	0.00
상승 개월 수	337	305	329
하락 개월 수	215	247	223
최대 하락률	-62.44%	-77.42%	-55.54%
베타	1.20	1.26	1.00
T-통계량(m=0)	4.57	1.83	4.47
샤프지수(Rf=5%)	0.38	-0.05	0.33
소르티노지수(MAR=10%)	0.26	-0.36	0.09
1만 달러 투자 시	$5,116,741	$52,419	$1,329,513
1년 수익률 최저치	-54.29%	-56.18%	-46.49%
1년 수익률 최고치	175.23%	107.23%	84.19%
3년 수익률 최저치	-25.24%	-31.23%	-18.68%
3년 수익률 최고치	59.15%	38.29%	31.49%
5년 수익률 최저치	-9.05%	-21.12%	-9.91%
5년 수익률 최고치	43.45%	26.10%	27.66%
7년 수익률 최저치	-3.32%	-16.53%	-6.32%
7년 수익률 최고치	33.36%	20.07%	23.77%
10년 수익률 최저치	-0.29%	-7.42%	1.01%
10년 수익률 최고치	29.64%	16.20%	22.05%
기대수익률 최저치	-31.65%	-43.67%	-24.73%
기대수익률 최고치	67.89%	57.79%	51.24%

2009/12/31에 511만 6,741달러로 증가했다. 같은 기간 전체 주식 모집단이 1만 달러를 132만 9,513달러로 증가시켜 수익률 11.22%를 거둔 것에 비해 상당히 우수하다. 전체 주식 6개월 가격 모멘텀 하위 10%의 성과와 비교하면 더 충격적이다. 이 최대 루저에 투자하면 같은 기간 수익률이 3.67%로 쥐꼬리만 해서 투자한 1만 달러가 단돈 5만 2,419달러가 되었고, 같은 기간 1만 달러를 12만 778달러로 늘려 수익률 5.57%를 거둔 미국 단기 국채에도 상당히 뒤처졌다.

순수한 가격 모멘텀의 문제점

처음에 어떤 주식이 잘나가고 어떤 주식이 폭락할지 선별하는 데 가격 모멘텀이 지닌 힘을 논했을 때, 변동성이 매우 커서 롤러코스터에서도 잠들 수 있는 투자자를 위한 것이라고 경고했다. 주가 상승 변동성도 그렇지만, 전략이 우리 예상과 반대로 진행될 때 이를 유지하기란 불가능에 가깝다. 예를 들어 IT 버블이 한창 진행되던 1990년대 후반에 투자자 다수가 모멘텀 투자를 했는데, 버블의 마지막이자 가장 파괴적이던 1999년에 전체 주식 모집단에서 6개월 가격 모멘텀 상위 10% 주식을 매수했다면 주가 상승률이 100%가 넘었다! 이처럼 눈이 튀어나오는 수익률 때문에 많은 투자자가 순수한 가격 모멘텀 전략과 펀드에 몰려들었다. 문제는 2000년 3월 주가 버블이 터지면서 2000년, 2001년, 2002년에 연속으로 17.72%, 4.76%, 21.11% 손실이 난 것이다. 다른 주식들은 더 저조했지만, 가장 헌신적인 투자자조차도 3년 연속 하락하는 전략을 유지하는 것은 불가능에 가까웠다. 그러므로 변동성 말고는 매우 우수한 장기 전략에는 변동성이 현실적인 문제다.

가치와 모멘텀 결합하기

내 연구에서 일관된 주제 하나는 가치와 성장 요소 결합의 효용성이다. 이렇게 하면 최상의 가치 요소가 순수한 가격 모멘텀 전략의 들쭉날쭉한 성질을 완화해주어서 성과가 평탄해진다. 장기 데이터를 보면 가치주 투자가 성장주 투자를 앞선다. 그러나 가치주 전략은 강세장의 성장을 따라가지 못할 수 있다는 증거도 있다. PER, PSR, PCR, EV/EBITDA 등이 매우 낮은 주식은 검증되지 않은 기업에 대한 무모한 투기로 규정되는 시장을 넘어서는 강자가 되지는 않는다. 다른 말로 하면 1990년대 후반의 닷컴 기업처럼 시장이 기업의 콘셉트에 빠질 때, 재무 성과가 뛰어나고 가격이 적당하게 매겨진 기업들은 무시되는 경향이 있다. 예를 들어 전체 주식 VC2(최상의 가치 요소 조합) 상위 10% 주식은 1999년에 단 4.12% 상승했는데, 같은 기간 전체 주식 6개월 가격 모멘텀 상위 10% 주식은 100% 이상 치솟았다. 따라서 최고의 가치주 중에서 주가도 우상향하는 기업을 찾으려고 하며 이 전략을 추세형 가치주라고 부르겠다.

추세형 가치주 포트폴리오

15장에서 가치 배수 몇 가지를 조합해 결합 가치 요소를 만듦으로써 단일 가치 배수를 사용했을 때보다 더 일관되고 높은 수익률을 얻었다. 표 27.2는 전체 주식 VC2 상위 10% 주식과 6개월 가격 모멘텀 상위 10% 주식을 전체 주식 모집단의 성과와 비교한다. VC2 상위 10% 주식의 성과가 6개월 가격 모멘텀 상위 10% 주식보다 낫다. VC2 상위 10% 주식에 1963/12/31 투자한 1만 달러는 1,541만 6,651달러로 늘어나 연 수익률 17.30%를 기록한다. 게다가 위험은 전체 주식 모집단보다 낮아서 샤프지수가 매우 높은 0.72가 나왔고, 이는 위험이 더 큰 6개월 가격 모멘텀 상위 10%의 샤프지수 0.38보다 훨씬 높은 결과다. 이 두 요소를 조합한 결과를 알아보기 전에 가치 요소들을 결합한 방법을 다시 확인하자.

표 27.2. 연 수익률과 위험도: 전체 주식 6개월 가격 모멘텀 상위 10%; VC2 상위 10%; 전체 주식
(1964/01/01~2009/12/31)

	전체 주식 6개월 가격 모멘텀 상위 10%	전체 주식 VC2 상위 10% [1]	전체 주식
산술평균 수익률	18.12%	19.00%	13.26%
기하평균 수익률	14.52%	17.30%	11.22%
중위 수익률	22.79%	22.74%	17.16%
표준편차	24.88%	17.10%	18.99%
상방 편차	15.40%	11.32%	10.98%
하방 편차	17.64%	12.81%	13.90%
추적오차	10.79	8.10	0.00
상승 개월 수	337	368	329
하락 개월 수	215	184	223
최대 하락률	-62.44%	-58.07%	-55.54%
베타	1.20	0.81	1.00
T-통계량(m=0)	4.57	6.95	4.47
샤프지수(Rf=5%)	0.38	0.72	0.33
소르티노지수(MAR=10%)	0.26	0.57	0.09
1만 달러 투자 시	$5,116,741	$15,416,651	$1,329,513

		전체 주식 6개월 가격 모멘텀 상위 10%	전체 주식 VC2 상위 10%	전체 주식
1년 수익률	최저치	-54.29%	-48.60%	-46.49%
	최고치	175.23%	77.27%	84.19%
3년 수익률	최저치	-25.24%	-17.13%	-18.68%
	최고치	59.15%	41.33%	31.49%
5년 수익률	최저치	-9.05%	-3.65%	-9.91%
	최고치	43.45%	35.99%	27.66%
7년 수익률	최저치	-3.32%	-0.10%	-6.32%
	최고치	33.36%	31.35%	23.77%
10년 수익률	최저치	-0.29%	6.17%	1.01%
	최고치	29.64%	29.77%	22.05%
기대수익률	최저치	-31.65%	-15.20%	-24.73%
	최고치	67.89%	53.20%	51.24%

1. VC2 = VC1+고주주수익률, VC1 = (저PBR, 저PER, 저PCR, 저PSR, 저EV/EBITDA), 15장 본문 참조.

가치 요소 결합하기

이 장에서는 VC2를 사용하는데 이전에 테스트한 결합 가치 요소 3가지 중에서 샤프 지수가 가장 높기 때문이다. VC2는 다음 요소들의 순위를 매겨 만든다.

- PBR
- PER
- PSR
- EV/EBITDA
- PCR
- 주주수익률

요소 조합군 각각을 위해 전체 주식 모집단에 속하는 주식들에 1부터 100까지 점수를 매겼다. 어떤 주식의 PER이 모집단의 하위 1%라면 100점이고 상위 1%이면 1점이다. 각 요소에 비슷한 방식을 적용해서 PSR이 하위 1%이면 100점, 상위 1%이면 1점을 부여했다. 특정 요소의 값이 없다면 중앙값인 50점을 부여한다. 주주수익률은 상위 1%에 100점을 부여하고 하위 1%에 1점을 부여한다. 모든 요소의 순위를 매긴 다음 점수를 더해 십분위수를 분류한다. 점수가 가장 높은 주식이 상위 10%, 점수가 가장 낮은 주식이 하위 10%가 된다.

따라서 상위 10% 주식은 결합 점수가 가장 높고 PER, PSR 등이 낮은 반면, 하위 10% 주식은 PER, PSR 등이 가장 높다. 이번 테스트에서는 VC2 상위 10%에 집중한다.

추세형 가치주 포트폴리오

이 전략은 우리 모집단 중 가장 광범위한 전체 주식 모집단에서 주식을 선별하고, 전체 주식 모집단은 시가총액이 인플레이션 조정 2억 달러 이상인 모든 기업으로 구성된다. 따라서 이 전략은 모든 기업이 시가총액 2억 달러 이상인 전체 주식 포트폴리오다. 이 전략에 포함되기 위해서는 다음 특성을 보유해야 한다.

- 전체 주식 모집단에서 선별
- VC2 상위 10%(앞에서 언급한 가치 요소 6가지의 합계 점수가 가장 높은 주식 10%)
- 6개월 가격 모멘텀이 가장 좋은 25종목과 50종목 매수

표 27.3은 VC2와 6개월 가격 모멘텀 조합의 힘을 보여준다. 테스트한 46년 동안 전체 주식 6개월 가격 모멘텀 상위 10%는 연 수익률이 14.52%였고 VC2 상위 10%는 17.30%였음을 기억할 것이다. 이 둘을 결합해서 VC2 상위 10%에서 6개월 가격 모멘텀이 가장 좋은 25종목을 매수하면 연 수익률이 21.19%로 훌쩍 상승해서 1964년 투자한 1만 달러가 2009년 6,909만 8,587달러로 증가한다. 게다가 위험과 MDD도 낮아진다. 추세형 가치주 25종목 포트폴리오의 수익률 표준편차는 17.44%여서, 전체 주식 모집단의 18.99%보다 1.55%p 낮고, 하방 편차도 13.71%로 전체 주식 모집단의 13.90%보다 낮다. 위험이 낮아진 덕분에 샤프지수는 0.93으로 전체 주식 모집단의 0.33을 크게 상회하고, 앞에서 살펴본 전체 주식 VC2 상위 10%의 샤프지수 0.72도 앞선다. 그 위에 추세형 가치주의 MDD 50.55%는 전체 주식의 55.54%보다 낮다.

5년간 보유할 수 있는 투자자라면 더욱 주목해야 하는 것은 추세형 가치주 포트폴리오가 5년 단위 기간 중 손실이 발생한 적이 없다는 점과, 모든 보유 기간에서 하

표 27.3. 연 수익률과 위험도: VC2 상위 10%, 6개월 가격 모멘텀 상위 25종목; VC2 상위 10%, 6개월 가격 모멘텀 상위 50종목; 전체 주식(1964/01/01~2009/12/31)

		VC2 상위 10%, 6개월 가격 모멘텀 상위 25종목	VC2 상위 10%, 6개월 가격 모멘텀 상위 50종목	전체 주식
산술평균 수익률		23.04%	21.48%	13.26%
기하평균 수익률		21.19%	19.85%	11.22%
중위 수익률		29.20%	26.63%	17.16%
표준편차		17.44%	16.51%	18.99%
상방 편차		10.60%	10.16%	10.98%
하방 편차		13.71%	12.87%	13.90%
추적오차		8.90	8.55	0.00
상승 개월 수		373	369	329
하락 개월 수		179	183	223
최대 하락률		-50.55%	-49.64%	-55.54%
베타		0.81	0.78	1.00
T-통계량(m=0)		8.13	8.06	4.47
샤프지수(Rf=5%)		0.93	0.90	0.33
소르티노지수(MAR=10%)		0.82	0.77	0.09
1만 달러 투자 시		$69,098,587	$41,411,163	$1,329,513
1년 수익률	최저치	-44.60%	-43.28%	-46.49%
	최고치	93.05%	83.14%	84.19%
3년 수익률	최저치	-4.50%	-8.13%	-18.68%
	최고치	58.58%	52.03%	31.49%
5년 수익률	최저치	0.15%	-0.64%	-9.91%
	최고치	46.05%	38.85%	27.66%
7년 수익률	최저치	3.97%	3.31%	-6.32%
	최고치	35.88%	32.83%	23.77%
10년 수익률	최저치	10.16%	9.04%	1.01%
	최고치	30.04%	30.56%	22.05%
기대수익률	최저치	-11.85%	-11.53%	-24.73%
	최고치	57.92%	54.49%	51.24%

방 위험이 상당히 낮아졌다는 점이다. 표 27.3에서 볼 수 있듯이, 50종목 포트폴리오도 성과가 매우 좋아서 투자한 1만 달러가 4,141만 1,163달러로 증가해 연 수익률이 19.85%에 달한다. 표 27.4와 표 27.5는 두 포트폴리오의 기저율이 매우 높은 것을 보여준다. 25종목 포트폴리오는 5년과 10년 단위 기간의 100%, 3년 단위 기간의 99%에서 전체 주식 모집단을 능가했다. 50종목 버전의 기저율도 비슷하게 훌륭하다.

표 27.4. VC2 상위 10%, 6개월 가격 모멘텀 상위 25종목의 전체 주식 대비 기저율(1964/01/01~2009/12/31)

기준 기간	VC2 상위 10%, 6개월 가격 모멘텀 상위 25종목이 더 높은 달	비율	초과수익률(연 수익률)
1년	461/541	85%	9.91%
3년	513/517	99%	10.38%
5년	493/493	100%	10.30%
7년	469/469	100%	10.11%
10년	433/433	100%	9.86%

표 27.5. VC2 상위 10%, 6개월 가격 모멘텀 상위 50종목의 전체 주식 대비 기저율(1964/01/01~2009/12/31)

기준 기간	VC2 상위 10%, 6개월 가격 모멘텀 상위 50종목이 더 높은 달	비율	초과수익률(연 수익률)
1년	447/541	83%	8.33%
3년	503/517	97%	8.85%
5년	492/493	100%	8.88%
7년	467/469	100%	8.76%
10년	433/433	100%	8.56%

최악의 시나리오, 최고와 최악의 수익률

표 27.6은 포트폴리오 25종목 버전이 20% 이상 하락한 모든 경우를 보여주고 표 27.7은 50종목 버전의 결과를 나타낸다. 25종목 포트폴리오는 투자한 46년 동안 20% 이상 하락한 것이 단 4회였고, 최악은 2007/10~2009/02에 50.55% 하락한 것이다. 50종목 버전은 20% 이상 하락한 것이 5회였고, 최악은 역시 2007/10~2009/02에 49.64% 하락한 것이다.

표 27.8과 표 27.9에서 나타나듯 이 전략 25종목 버전의 최악의 5년은 1만 달러가 1만 74달러가 되어 연 수익률 0.15%를 얻었고, 최고의 5년은 1만 달러가 6만 6,444달러가 되어 연 수익률 46.05%를 달성했다. 50종목 버전에서 최악의 5년은 1만 달러가 9,686달러가 되어 연 0.64% 손실이 났고, 최고의 5년은 1만 달러가 5만 1,603달러로 늘어 연 수익률 38.85%를 거두었다. 그림 27.1은 5년 기준으로 추세형

표 27.6. 최악의 시나리오: VC2 상위 10%, 6개월 가격 모멘텀 상위 25종목이 20% 이상 하락한 사례
(1964/01/01~2009/12/31)

고점 월	지수 고점	저점 월	지수 저점	회복 월	하락률(%)	하락 기간(개월)	회복 기간(개월)
1968/11	3.38	1970/06	2.31	1971/03	-31.72	19	9
1987/08	106.17	1987/11	74.65	1989/01	-29.69	3	14
2002/04	1,679.68	2003/02	1,273.11	2003/08	-24.21	10	6
2007/10	8,688.72	2009/02	4,296.64		-50.55	16	
평균					-34.04	12	9.67

표 27.7. 최악의 시나리오: VC2 상위 10%, 6개월 가격 모멘텀 상위 50종목이 20% 이상 하락한 사례
(1964/01/01~2009/12/31)

고점 월	지수 고점	저점 월	지수 저점	회복 월	하락률(%)	하락 기간(개월)	회복 기간(개월)
1968/11	3.22	1970/06	2.19	1971/03	-31.91	19	9
1972/11	3.78	1974/09	2.94	1975/02	-22.22	22	5
1987/08	94.34	1987/11	68.51	1989/01	-27.38	3	14
2002/04	1,158.06	2003/02	914.39	2003/07	-21.04	10	5
2007/10	4,833.44	2009/02	2,434.36		-49.64	16	
평균					-30.43	14	8.25

표 27.8. 연 수익률 최저치와 최고치(%, 1964/01/01~2009/12/31)

		1년	3년	5년	7년	10년
VC2 상위 10%, 6개월 가격 모멘텀 상위 25종목	최저치	-44.60	-4.50	0.15	3.97	10.16
	최고치	93.05	58.58	46.05	35.88	30.04
VC2 상위 10%, 6개월 가격 모멘텀 상위 50종목	최저치	-43.28	-8.13	-0.64	3.31	9.04
	최고치	83.14	52.03	38.85	32.83	30.56
전체 주식	최저치	-46.49	-18.68	-9.91	-6.32	1.01
	최고치	84.19	31.49	27.66	23.77	22.05

표 27.9. 1만 달러 투자 시 기말 원리금 최저치와 최고치(달러, 1964/01/01~2009/12/31)

		1년	3년	5년	7년	10년
VC2 상위 10%, 6개월 가격 모멘텀 상위 25종목	최저치	5,540	8,709	10,074	13,132	26,310
	최고치	19,305	39,878	66,444	85,530	138,284
VC2 상위 10%, 6개월 가격 모멘텀 상위 50종목	최저치	5,672	7,755	9,686	12,562	23,755
	최고치	18,314	35,137	51,603	72,965	143,947
전체 주식	최저치	5,351	5,379	5,936	6,330	11,054
	최고치	18,419	22,734	33,903	44,504	73,345

그림 27.1. 5년 평균 초과(미달) 연 수익률: VC2 상위 10%, 6개월 가격 모멘텀 상위 25종목 – 전체 주식
(1964/01/01~2009/12/31)

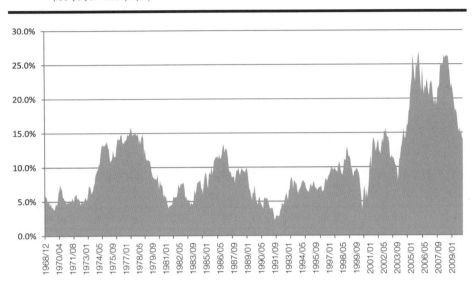

그림 27.2. 5년 평균 초과(미달) 연 수익률: VC2 상위 10%, 6개월 가격 모멘텀 상위 50종목 – 전체 주식
(1964/01/01~2009/12/31)

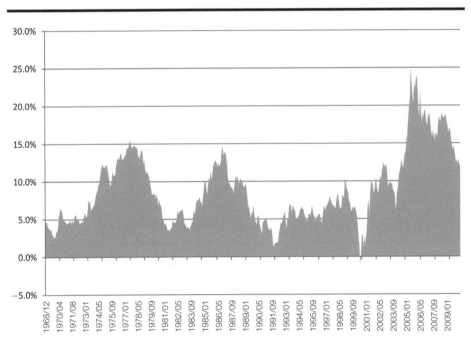

월가의 퀀트 투자 바이블

표 27.10. 10년 단위 연 수익률(%, 1964/01/01~2009/12/31)

	1960년대	1970년대	1980년대	1990년대	2000년대
VC2 상위 10%, 6개월 가격 모멘텀 상위 25종목	18.08	18.85	23.53	22.05	22.27
VC2 상위 10%, 6개월 가격 모멘텀 상위 50종목	16.89	18.09	23.92	19.20	20.06
전체 주식	13.36	7.56	16.78	15.35	4.39

가치주 전략의 25종목 버전이 전체 주식 선도주 모집단에 거둔 초과수익이고, 그림 27.2는 50종목 버전의 결과다. 표 27.10에서 전략의 버전들과 전체 주식 모집단의 10년 단위 결과를 보여준다.

스타일 박스 투자와 연 수익률 고찰

모닝스타는 매우 성공적으로 스타일 박스 투자 아이디어를 증진해왔다. 뛰어난 연구를 수행하고 다양한 주식과 뮤추얼펀드의 통계 정보를 엄청나게 제공하기 때문에 나는 개인 투자자들에게 모닝스타 서비스를 적극 추천한다. 그러나 너무 성공적인 바람에 투자자 다수가 유명한 박스를 벗어나 생각하지 않게 되었다.

나는 추세형 가치주 포트폴리오가 바로 박스를 벗어나는 강력한 시도라고 생각한다. 일반적으로 가격 모멘텀이 최종 판단 기준인 포트폴리오는 성장주 위주의 투자로 여겨진다. 그러나 우리는 VC2 상위 10%에 속한 기업들로 제한했기 때문에, 선별한 주식들은 순수한 가치주다. 게다가 다양한 러셀 지수들과의 상관관계를 구해보면 러셀2500가치주지수와의 상관관계가 가장 높다. 그러나 최근 기준으로 이 전략을 실행하면 50종목 중 4종목의 시가총액이 100억 달러 이상이어서 대형주에 속한다. 최근 실행한 이 포트폴리오의 시가총액 평균은 32억 달러로 중형주 범주에 속하지만 이 전략은 다양한 시가총액 범위에서 물고기를 낚을 수 있다고 생각해야 한다. 역사적으로는 항상 중형 가치주에 속했지만 미래에는 대형주 중심으로 구성되는 것도 불가능하지 않다.

26장에서 전체 주식 가치주 포트폴리오에 주었던 것과 같은 주의를 추세형 주도주 포트폴리오에도 주겠다. 바로 이름이 생소한 기업들로 포트폴리오가 구성된다는 것이다. 딜러드, 페더럴모굴, 에어프랑스, 히타치 등 투자자들이 알 수도 있는 주식은 소수이고 IDT, 우랄스비야진폼 JSC, 스케일렉스, 스코어 S.E. ADS. 등 전혀 모르는 주식이 압도적이다. 아마 그래서 이 포트폴리오의 성과가 좋은 것 같다. 거대하고 잘 알려진 기업들은 매년 경탄할 만큼 성장하는 엔진이 아니기 때문이다.

마지막으로, 전략을 고수해야 한다는 말을 덧붙이겠다. 연도별 성과는 추세형 가치주 성과가 종종 전반적인 시장과 맞춰 나가지 않는다는 것을 보여주는데 투자자들이 이를 참기 힘들어한다. 표 27.11을 보면 1973년과 1974년처럼 전체 주식 모집단이 27.46%와 26.33% 하락하는 동안 추세형 가치주는 겨우 8.39%와 6.59% 하락해서 만족스러운 시기가 있는 반면, 인내심을 테스트하는 시기들도 있다. 가장 주목할 만한 시기는 1998년과 1999년으로, 1967년 이후 가장 투기적인 2년이다. 이 2년 동안 투기적인 종목의 주가가 치솟아서 전체 주식 6개월 모멘텀 요소 상위 10%의 주가는 100% 이상 상승한 반면, 추세형 가치주 25종목 버전은 1998년에 14.12%, 1999년에 7.41% 상승하는 데 그쳤다. 그러므로 추세형 가치주는 훌륭한 장기 투자 전략이지만, 나는 투자자가 1999년 말에 특히 다른 성장주와 모멘텀 주식들이 폭등하는 것을 보면서 이 전략의 수수한 수익률에 깊이 절망했을 거라고 생각한다.

표 27.11. 연도별 수익률(%, 1964~2009)

	추세형 가치주 25종목 포트폴리오*	VC2 상위 10%	6개월 가격 모멘텀 상위 10%	전체 주식
1964	24.61	23.75	16.16	16.47
1965	40.19	35.18	55.87	27.14
1966	-8.25	-11.03	1.22	-5.97
1967	56.90	51.23	76.01	49.80
1968	33.89	38.37	31.71	27.90
1969	-19.49	-23.82	-17.91	-20.45
1970	9.76	8.00	-17.38	-6.53
1971	17.65	16.33	26.28	18.14
1972	14.02	10.82	13.14	8.48

(다음 쪽에 이어짐)

표 27.11. 연도별 수익률(%, 1964~2009)

	추세형 가치주 25종목 포트폴리오*	VC2 상위 10%	6개월 가격 모멘텀 상위 10%	전체 주식
1973	-8.39	21.68	-15.91	-27.46
1974	-6.59	12.97	-26.46	-26.33
1975	49.70	64.06	36.23	45.86
1976	48.07	54.00	35.53	35.50
1977	16.84	11.72	14.36	6.99
1978	18.14	14.53	20.45	13.05
1979	45.89	35.89	63.27	35.40
1980	25.07	21.97	69.18	33.88
1981	12.88	16.31	-11.69	2.70
1982	35.66	29.86	33.10	24.73
1983	34.52	39.54	18.50	25.94
1984	20.24	19.93	-5.76	-1.34
1985	36.44	35.75	39.67	32.73
1986	27.33	24.09	19.11	12.70
1987	-3.87	0.20	0.94	-2.53
1988	29.45	26.23	17.32	22.49
1989	23.57	22.76	29.53	23.97
1990	-7.71	-14.02	-11.06	-13.53
1991	45.93	42.93	65.71	42.56
1992	30.65	24.07	11.02	14.64
1993	25.58	21.71	29.17	17.95
1994	-1.92	-0.18	-5.31	-2.41
1995	40.31	32.69	42.27	31.53
1996	32.06	23.52	14.21	17.94
1997	48.98	38.27	15.44	24.97
1998	14.12	1.79	16.73	1.63
1999	7.41	4.12	100.64	30.16
2000	20.56	21.86	-17.72	-8.80
2001	19.51	21.50	-4.76	4.25
2002	-2.08	-3.33	-21.11	-19.54
2003	74.37	58.22	59.72	52.99
2004	43.48	28.61	12.15	18.06
2005	32.47	15.65	13.91	7.67
2006	41.07	27.12	14.44	18.78
2007	29.02	-0.57	12.25	0.63
2008	-29.74	-35.47	-48.21	-40.38
2009	24.88	58.11	15.73	44.92
수익률 최저치	-29.74	-35.47	-48.21	-40.38
수익률 최고치	74.37	64.06	100.64	52.99
평균	23.11	19.51	18.21	13.42
중간값	24.97	21.92	15.59	17.20
표준편차	21.22	22.34	29.72	21.59

1) 추세형 가치주: VC2 상위 10%, 6개월 가격 모멘텀 상위 25종목

2장과 3장에서 본 것처럼 성공을 방해하는 가장 큰 위협은 인간의 본성이다. 지나고 보면 이 전략을 고수하고 체계적이고 감정에 흔들리지 않는 투자자로 남을 수 있을 거라고 확신하기 쉽지만, 내가 그 시기를 살아오고 많은 고객과 일해본 결과 그럴 확률이 사실 낮다고 말할 수 있다. 안타깝게도 전략이 시장 주기 전체에서 작동할 때 가장 큰 적은 바로 자신이고, 다음번의 '새로운' 무엇이 상상력에 불을 댕길 때 이 점을 심사숙고하라고 모든 독자에게 권한다. 그때가 가장 좋은 투자 전략이라도 고수하기에 가장 힘든 때다.

시사점

성장주와 가치주의 최고 요소를 조합하는 것은 주식시장에서 최상의 수익을 얻는 강력한 방법이다. 박스 바깥을 생각하고 역사적으로 일관되게 우수한 결과를 입증한 전략을 사용하는 능력이 장기적인 성공의 핵심이고, 성과가 좋은 가치주를 찾고 있다면 추세형 가치주 전략이 탁월한 방법이다. 포트폴리오에 속한 기업 중 일부만 알아볼지 모르지만 전략에 내재된 특성, 강력한 기저율, 낮은 하방 위험이 성공의 핵심이다. 가능하면 이 전략과 이 책에서 설명한 모든 전략을 단위 기간별로 검토해보고 1999년 같은 해에 성급한 결론을 내리는 것을 피하라. 버블 시장은 다음 3년이나 5년 동안 시장이 향할 방향을 알려주지 못한다.

28

전략 순위 매기기

미래를 판단하는 기준은 과거뿐이다.

| 패트릭 헨리 | Patrick Henry, 미국 정치가

모든 전략의 수익률을 수익률 절댓값과 위험 조정 수익률 기준으로 순위를 매길 시간이다. 서문에서 언급했듯이 장기간의 실질 수익률을 실감하도록 다양한 지표와 전략에 대해 인플레이션을 반영한 수익률도 제공한다. 정확하게 비교하기 위해 1965/08/31~2009/12/31 기간의 월간 수익률 데이터를 이용해서 전략들의 순위를 매겼다. 이렇게 하면 책의 여러 장에서 다룬 모든 전략을 포함할 수 있다. 대공황은 포함되지 않지만 이 44년에는 시장의 다른 모든 환경이 포함된다. 호황, 불황, 열광, 투기 열풍, 시장 붕괴, 70년 내의 가장 큰 강세장, 대공황 이후 가장 큰 약세장, 그 외 두 가지 지독한 약세장까지 모두 44년 시장 기록에 녹아 있다.

우리는 1965년 말 가까이에 분석을 시작한다. 존 데니스 브라운John Dennis Brown의 책 《101 Years on Wall Street(월스트리트 101년)》에는 "기록부에 따르면 1965년은 또 하나의 위대한 해였다. 그해 다우지수는 11% 가깝게 상승해 12월 31일 고점으로 마감했다. (중략) 방위산업과 우주산업의 수요로 항공주와 전자주가 폭등했다. 페어차일드 카메라는 선풍적인 인기를 끌어서 27달러에서 165달러로 폭등했다. 모토로라는 63달러에서 109달러 상승했다. 유나이티드 에어크래프트는 1964년 25달러였고 1965년 초 50달러였는데 90달러에 도달했다. (중략) [그러나] 소비자물가지수는 계속 상승했고 달러의 화폐가치에 대한 의문이 점차 커졌다. 베트남에 파병된 미군은 19만 명에 육박해 1년 새 10배나 늘었다"라고 기록되었다. 제록스, 폴라로이드, IBM, 컨트롤 데이터Control Data를 비롯해 1950년대에 크게 상승한 주식들이 여전히 시장을 주도했는데, 이후 투기가 성행해서 이들 종목이 '니프티 피프티nifty-fifty'에 편입되기까지 아직 몇 년이 남아 있었다. 나스닥은 존재하지도 않았다. 거래량이 마침내 1929년의 수치를 넘어섰다. 컴퓨터는 여전히 천공카드를 사용했고 당시 가장 발달한 컴퓨터조차도 오늘날 우리가 당연하게 여기는 성능의 일부에도 미치지 못했다. 미국 가정의 극히 일부만이 주식이나 뮤추얼펀드를 소유했고, 1929년의 대폭락과 이어진 1930년대의 불황을 생생하게 기억하는 시장 참여자가 많았다.

우리는 뉴 밀레니엄의 첫 10년이 끝나는 2009년에 분석을 마무리한다. 이 10년

이 대공황 이후 최악의 약세장으로 마무리되었지만 시장의 행태는 바뀌지 않았다. 오늘날의 세계는 1965년의 세계와 많이 다르지만 시장 변화의 주체인 인간들은 똑같이 행동한다. 지난 수십 년 동안 시장 운영 방식이 크게 달라졌음에도 불구하고 달라지지 않은 한 가지는 바로 인간의 본성이다. 우리는 1990년대 후반의 투기적 붕괴와 그 결과인 2000~2002년 약세장에서 이것을 배웠는데, 시장의 실제가 자신을 맹렬하게 재천명했다. 게다가 뉴 밀레니엄의 첫 번째 약세장은 2007~2009년의 서막으로 밝혀졌는데, 1930년대 이후 최악의 약세장인 이때는 주식시장에 대한 투자자들의 신뢰를 파괴하고 1930년대 이후 투자자들이 겪어보지 못했던 새로운 공포를 싹 틔웠다.

결국 우리가 실수를 되풀이하는 것은 역사에서 배우기를 거부하기 때문이다. 상황과 환경이 극적으로 변하는 동안 우리는 변하지 않는다. 그래서 장기 데이터가 특히 유용하다. 다양한 시장 환경에서 투자 전략이 어떤 성과를 내는지를 검토함으로써 미래에 벌어질 일을 대비할 수 있다. 의심할 여지 없이 앞으로 최고 성과를 올릴 기업과 산업은 바뀌겠지만, 무엇이 작동하고 무엇이 작동하지 못한다는 근본적인 지속성은 계속될 것이다. 따라서 나는 미래에 어떤 주식이 좋고 나쁠지는 모르지만 어떤 요소들이 승패를 규정할지는 안다. 분명 새로운 유행이 나타나 개별 주식과 산업을 견딜 수 없을 정도로 높이 밀어 올릴 것이고, 해설자와 투자자들은 이 새로운 주식과 산업이 '이번에는' 왜 다른지 매우 흥미롭고 그럴듯해 보이는 이야기들을 만들어낼 것이다. 그러나 나는 과거에도 그러했듯 이런 이야기-주식들이 결국 추락해 투자자들을 황폐화할 거라고 믿는다. 우리가 2007~2009년과 같은 맹렬한 약세장을 다시 겪게 될지는 확신할 수 없지만, 투자자의 인내심을 시험하고 단기적으로 감정적 반응을 유도해서 결국 장기적으로 엄청난 대가를 치르게 할 주기적인 약세장은 필연적으로 마주할 것이다. 요점은 이 책에서 시험한 모든 전략이 오랜 기간 동안 어떤 성과를 보였는지 검토한 후 그 정보를 사용해 미래를 대비하는 것이다. 결과를 살펴보자.

결과

44년의 월간 데이터를 분석한 이번 연구로 시장이 랜덤워크가 아니라 목적이 있는 움직임을 따른다는 것이 증명되었다. 시장은 일관되게 어떤 전략들은 보상하고 어떤 전략들은 응징한다. 전략 목록의 상위권과 하위권에서 발견된 전략들은 모두 쉽게 식별할 수 있는 유사 속성을 지닌다. 예를 들어 성과가 가장 좋았던 전략 10가지는 모두 상대 강도 범주를 포함한다. 그러나 상대 강도 범주는 항상 다른 요소들, 일반적으로 주식의 매출액, 이익, 장부 가치에 적당한 가격을 매기라고 요구하는 요소들 또는 가치 요소 조합과 함께 사용된다. 성과가 가장 나빴던 전략 10가지 대부분은 PER, PBR, PSR, PCR이 천문학적이어서 견딜 수 없는 가격의 주식 또는 그전 해에 가장 부진한 주식들을 매수했다. 그전 해에 가장 부진했던 주식의 재앙 같은 성과를 제외한 요소들 모두에는 투자자의 높은 기대치가 반영되어 있다. 역사는 높은 기대치는 무산되기 마련이고 투자자들은 상대 모멘텀이 우수하고 가격이 합리적인 주식을 매수하는 것이 낫다는 점을 보여준다.

성과가 가장 좋은 전략들 대부분은 시장보다 더 위험하지만, 몇 개는 시장보다 약간 높은 위험을 감수하면서 성과가 훨씬 좋았고, 일부는 시장보다 위험이 낮았다. 성과가 가장 나쁜 전략 대부분은 성과가 가장 좋은 전략들보다 위험도가 훨씬 높았다. 이는 시장이 높은 위험을 감수하는 포트폴리오에 항상 높은 보상을 하지는 않는다는 것을 보여준다. 실제로 전략들을 하방 위험이나 MDD 기준으로 정렬하면 가장 위험한 전략은 하방 위험과 MDD도 가장 높았고, 하방 위험이 가장 낮은 전략 다수는 역사적으로 성과가 우수했다. 전체 주식을 모집단으로 한 최고 성과 전략이 좋은 사례다. 표 28.1에서 볼 수 있듯이 전체 주식 VC2 상위 10% 주식 중에서 6개월 가격 모멘텀이 좋은 25종목을 매수했다면 1965/08/31~2009/12/31 기간에 연 수익률 21.08%를 달성해, 투자한 1만 달러가 4,820만 달러로 증가한다. 그러나 수익률 표준편차와 하방 위험, MDD 모두 전체 주식 모집단보다 낮았다. 반면에 전체 주식 모집단에서 도출한 최악의 전략들은 수익률 표준편차와 하방 위험, MDD가 훨씬 높았다. 따라서 이런 경험적 증거는 높은 위험이 높은 수익으로 보상받는다고 상정하는 자본 자산 가격 결정 모형의 핵심 개념을 뒷받침하지 않는다.

수익률 절댓값

표 28.1은 전략들을 수익률 절댓값 기준으로 정렬했고, 그림 28.1과 28.2는 최고의 전략 5개와 최악의 전략 5개를 나타낸다. 수익률 절댓값 상위 11개 전략은 모두 투자 가능한 마이크로주, 소형주, 전체 주식 모집단에서 나왔고, 가격 모멘텀을 최종 요소로 사용했다. 이어지는 표들에 수록된 전략 몇 가지의 추가 자료는 www. whatworksonwallstreet.com에서 찾을 수 있다. 상위 4개 전략 모두 투자 가능한 마이크로주 모집단(인플레이션 조정 시가총액이 5천만~2억 5천만 달러인 주식)을 사용했고, 나머지 7개 전략 중 6개는 소형주와 전체 주식 모집단을 사용했다. 전략 하나는 전체 주식 모집단의 VC2 상위 10% 중 6개월 가격 모멘텀이 좋은 주식을 매수하는 전략(27장에서 추세형 가치주로 이름 붙인 전략)인데 러셀2500가치주지수와의 상관관계가 가장 높아서 상당히 순수한 가치주 전략이다. 실제로 전체 주식 성장주 전략을 제외하면 최고의 전략 11개 모두 저PBR 상위 30%, PSR 1 미만 또는 결합 가치 점수 상위 30%처럼 가치 평가 기준이 상당히 까다롭다.

게다가 표 28.3에서 나타나듯 위험 조정 샤프지수가 가장 높은 전략은 모두 가치 평가 기준이 매우 높았다. 이 책의 모든 판본에서 발견한 것처럼, 가치와 성장 요소를 결합하면 수익률 절댓값이 높아지고, 종종 위험 조정 수익률 역시 높아지며, 순수한 성장주 전략보다 우수하다. 대형주에서 최고의 성과를 낸 전략은 시장 선도주 중 VC2 상위 20%에서 6개월 가격 모멘텀이 가장 좋은 25종목을 매수하는 것이었다.

이 전략의 연 수익률은 15.34%이고 1만 달러를 투자했을 때 558만 5,470달러가 되었다. 표 28.1에서 알 수 있듯이 수익률 절댓값 기준으로는 전체 주식과 소형주 전략이 상위권을 휩쓸었다. 매우 일리 있는 결과다. 전통적으로 소형주가 대형주보다 훨씬 좋은 성과를 거두어왔고 이번 분석 결과에서도 입증된다. 이 장의 뒷부분에서 보겠지만, 우리가 찾는 전략은 모든 범주에서 잘 작동하는 전략이며, 뛰어난 수익률 절댓값뿐만 아니라 훌륭한 위험 조정 수익률과 매우 높은 기저율, 가장 낮은 MDD를 제공하는 전략에 집중하고자 한다.

그림 28.1. 절대 수익률 상위 5개 전략(1965/08/31~2009/12/31)

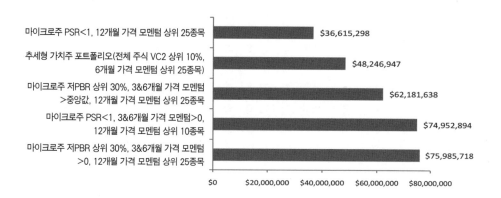

그림 28.2. 절대 수익률 하위 5개 전략(1965/08/31~2009/12/31)

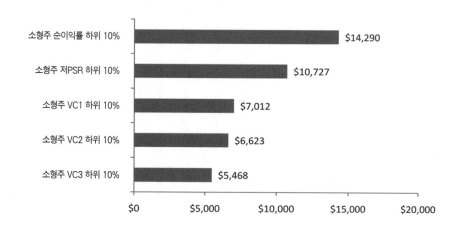

표 28.1. 전체 전략의 수익률 내림차순, 1965/08/31~2009/12/31

	전략	연 수익률 (기하평균)	표준편차	T-통계량	1만 달러 투자 시	샤프지수	추적오차	하방 위험	최대 하락률	베타
1	마이크로주 저PBR 상위 30%, 3&6개월 가격 모멘텀>0, 12개월 가격 모멘텀 상위 25종목	22.33%	20.38%	7.33	$75,985,718	0.85	9.73	14.88%	-53.89%	0.88
2	마이크로주 저PSR<1, 3&6개월 가격 모멘텀>0, 12개월 가격 모멘텀 상위 10종목	22.29%	27.57%	5.82	$74,952,894	0.63	15.14	18.65%	-57.64%	1.13
3	마이크로주 저PBR 상위 30%, 3&6개월 가격 모멘텀>중앙값, 12개월 가격 모멘텀 상위 25종목	21.78%	20.01%	7.29	$62,181,638	0.84	10.05	14.68%	-55.64%	0.85
4	마이크로주 저PBR 상위 30%, 3&6개월 가격 모멘텀>0, 12개월 가격 모멘텀 상위 50종목	21.43%	19.17%	7.44	$54,772,842	0.86	8.86	14.46%	-55.26%	0.84
5	주주형 가치주 포트폴리오(전체 주식 VC2 상위 10%, 6개월 가격 모멘텀 상위 25종목)	21.08%	17.66%	7.87	$48,246,947	0.91	9.04	13.74%	-50.55%	0.81
6	마이크로주 저PSR<1, 12개월 가격 모멘텀 상위 25종목	20.33%	27.14%	5.47	$36,615,298	0.56	15.45	17.87%	-59.22%	1.09
7	전체 주식 성장주	20.23%	25.16%	5.76	$35,282,794	0.61	12.00	18.09%	-59.68%	1.16
8	소형주 VC2 상위 30%, 3&6개월 가격 모멘텀>중앙값, 6개월 가격 모멘텀 상위 25종목	19.85%	19.85%	6.79	$30,609,593	0.75	9.00	15.26%	-57.64%	0.87
9	소형주 VC2 상위 30%, 3&6개월 가격 모멘텀>중앙값, 6개월 가격 모멘텀 상위 50종목	19.78%	18.42%	7.20	$29,832,100	0.80	8.38	14.24%	-53.05%	0.82
10	전체 주식 VC2 상위 10%, 6개월 가격 모멘텀 상위 50종목	19.74%	16.70%	7.79	$29,366,965	0.88	8.69	12.89%	-49.64%	0.77
11	전체 주식 VC2 상위 30%, 3&6개월 가격 모멘텀>중앙값, 6개월 가격 모멘텀 상위 25종목	19.54%	19.70%	6.75	$27,324,492	0.74	8.62	14.96%	-56.56%	0.92
12	소형주 VC3 상위 10%	19.37%	18.92%	6.91	$25,670,891	0.76	7.95	14.21%	-59.68%	0.85
13	전체 주식 VC2 상위 30%, 3&6개월 가격 모멘텀>중앙값, 6개월 가격 모멘텀 상위 50종목	19.36%	18.26%	7.12	$25,562,163	0.79	7.96	13.98%	-53.49%	0.86
14	소형주 VC2 상위 10%	19.03%	18.14%	7.04	$22,566,623	0.77	8.29	13.73%	-60.05%	0.81
15	소형주 저EV/EBITDA 상위 10%	18.96%	18.70%	6.85	$22,038,871	0.75	6.67	13.88%	-55.94%	0.86
16	소형주 VC1 상위 10%	18.85%	19.37%	6.62	$21,149,675	0.72	7.86	14.51%	-60.23%	0.87

(다음 쪽에 이어짐)

표 28.1. 전체 전략(연 수익률 내림차순, 1965/08/31~2009/12/31)

	전략	연 수익률 (기하평균)	표준편차	T 통계량	1만 달러 투자 시	샤프지수	추적 오차	하방 위험	최대 하락률	베타
17	소형주 저PBR 상위 30%, 3&6개월 가격 모멘텀>중앙값, 주주수익률 상위 25종목	18.84%	16.35%	7.63	$21,049,215	0.85	9.66	13.37%	-49.20%	0.70
18	소형주 저PSR<1, 3&6개월 가격 모멘텀 상위 50종목	18.80%	23.29%	5.75	$20,778,182	0.59	9.96	17.00%	-56.62%	1.02
19	전체 주식 3&6개월 가격 모멘텀>중앙값, 주주수익률 상위 25종목	18.73%	17.05%	7.33	$20,230,058	0.81	8.40	13.50%	-52.27%	0.80
20	전체 주식 저PBR, 6개월 가격 모멘텀>중앙값, 자사주 매입 수익률 상위 25종목	18.59%	17.53%	7.11	$19,209,981	0.78	7.90	13.47%	-53.11%	0.83
21	소형주 주주수익률, 6개월 가격 모멘텀>중앙값, 저PBR 상위 25종목	18.49%	18.70%	6.72	$18,470,590	0.72	9.29	14.76%	-59.17%	0.81
22	전체 주식 저PBR 상위 30%, 3&6개월 가격 모멘텀>중앙값, 주주수익률 상위 25종목	18.45%	15.48%	7.86	$18,224,488	0.87	9.24	12.11%	-47.66%	0.71
23	소형주 저PBR, 6개월 가격 모멘텀>중앙값, 자사주 매입 수익률 상위 25종목	18.44%	17.92%	6.94	$18,102,174	0.75	8.66	13.99%	-50.98%	0.79
24	소형주 3&6개월 가격 모멘텀>중앙값, 주주수익률 상위 25종목	18.37%	16.72%	7.33	$17,638,388	0.80	8.39	13.30%	-52.57%	0.75
25	소형주 저PBR 상위 30%, 3&6개월 가격 모멘텀>중앙값, 12개월 가격 모멘텀 상위 25종목	18.34%	19.87%	6.36	$17,440,767	0.67	8.86	15.79%	-59.85%	0.87
26	소형주 저PBR 상위 30%, 3&6개월 가격 모멘텀>0, 12개월 가격 모멘텀 상위 25종목	18.33%	19.79%	6.38	$17,383,935	0.67	8.84	15.48%	-59.65%	0.87
27	소형주 저PBR 상위 30%, 3&6개월 가격 모멘텀>0, 주주수익률 상위 25종목	18.28%	16.09%	7.54	$17,082,685	0.83	9.82	13.06%	-52.42%	0.69
28	소형주 저PBR 상위 30%, 3&6개월 가격 모멘텀>0, 12개월 가격 모멘텀 상위 50종목	18.16%	18.42%	6.70	$16,333,580	0.71	8.31	14.70%	-56.04%	0.82
29	소형주 저PBR 상위 30%, 3&6개월 가격 모멘텀>중앙값, 주주수익률 상위 50종목	18.15%	17.08%	7.13	$16,290,759	0.77	9.00	13.91%	-49.60%	0.75
30	전체 주식 주주수익률, 6개월 가격 모멘텀 상위, 저PBR 상위 25종목	18.13%	18.42%	6.69	$16,166,786	0.71	9.02	14.13%	-58.68%	0.85
31	전체 주식 저PBR 상위 30%, 3&6개월 가격 모멘텀>중앙값, 주주수익률 상위 25종목	18.02%	15.63%	7.63	$15,493,763	0.83	9.18	12.40%	-53.00%	0.72

(다음 쪽에 이어짐)

표 28.1. 전체 전략(연 수익률 내림차순, 1965/08/31~2009/12/31)

	전략	연 수익률 (기하평균)	표준편차	T-통계량	1만 달러 투자 시	샤프지수	추적 오차	하방 위험	최대 하락률	베타
32	소형주 3&6개월 가격 모멘텀>중앙값, 저PBR 상위 25종목	18.00%	19.84%	6.27	$15,378,402	0.66	8.48	15.58%	-59.60%	0.88
33	소형주 저PBR 상위 30%, 3&6개월 가격 모멘텀>중앙값, 12개월 가격 모멘텀 상위 50종목	17.97%	18.48%	6.62	$15,185,920	0.70	8.16	14.68%	-54.41%	0.82
34	전체 주식 저PBR 상위 30%, 3&6개월 가격 모멘텀>중앙값, 12개월 가격 모멘텀 상위 25종목	17.93%	19.93%	6.23	$14,973,336	0.65	8.57	15.68%	-60.95%	0.94
35	소형주 3&6개월 가격 모멘텀>중앙값, 저PBR 상위 50종목	17.92%	18.75%	6.53	$14,890,544	0.69	7.63	15.01%	-56.80%	0.85
36	소형주 저PBR 상위 30%, 3&6개월 가격 모멘텀>0, 주주수익률 상위 50종목	17.85%	16.36%	7.28	$14,539,804	0.79	9.20	13.18%	-55.34%	0.72
37	소형주 주주수익률, 6개월 가격 모멘텀>중앙값, 저PBR 상위 50종목	17.84%	17.59%	6.85	$14,481,971	0.73	8.89	14.20%	-56.52%	0.77
38	전체 주식 저PBR 상위 30%, 6개월 가격 모멘텀>중앙값, 저PBR 상위 50종목	17.82%	17.30%	6.94	$14,390,482	0.74	8.40	13.49%	-55.44%	0.81
39	전체 주식 저PBR, 6개월 가격 모멘텀>중앙값, 주주수익률 상위 25종목	17.77%	15.77%	7.48	$14,120,418	0.81	8.55	12.47%	-53.61%	0.74
40	전체 주식 저PBR 상위 30%, 3&6개월 가격 모멘텀>0, 12개월 가격 모멘텀 상위 25종목	17.74%	19.54%	6.27	$13,953,383	0.65	8.52	15.33%	-59.20%	0.92
41	전체 주식 저PBR 상위 30%, 3&6개월 가격 모멘텀>0, 12개월 가격 모멘텀 상위 50종목	17.71%	18.16%	6.64	$13,766,110	0.70	7.82	14.38%	-55.40%	0.86
42	소형주 저PBR, 6개월 가격 모멘텀>중앙값, 주주수익률 상위 25종목	17.64%	15.77%	7.44	$13,434,848	0.80	9.69	12.30%	-50.87%	0.68
43	전체 주식 3&6개월 가격 모멘텀>중앙값, 주주수익률 상위 50종목	17.54%	15.97%	7.33	$12,947,507	0.79	7.43	12.87%	-50.57%	0.77
44	전체 주식 저PBR 상위 30%, 3&6개월 가격 모멘텀>중앙값, 주주수익률 상위 50종목	17.54%	15.84%	7.37	$12,923,562	0.79	8.80	12.68%	-49.30%	0.73
45	소형주 저 EV/잉여현금흐름 상위 10%	17.54%	20.60%	5.95	$12,912,118	0.61	6.67	14.82%	-59.25%	0.95
46	소형주 저PER 상위 10%	17.53%	19.58%	6.18	$12,875,519	0.64	7.56	14.34%	-56.31%	0.88
47	전체 주식 3&6개월 가격 모멘텀>중앙값, 저PBR 상위 50종목	17.52%	18.53%	6.47	$12,808,436	0.68	7.29	14.79%	-57.03%	0.89
48	전체 주식 저PBR, 6개월 가격 모멘텀>중앙값, 자사주 매입 수익률 상위 50종목	17.51%	17.17%	6.88	$12,801,191	0.73	7.47	13.32%	-50.66%	0.82
49	전체 주식 저PBR 상위 30%, 3&6개월 가격 모멘텀>0, 주주수익률 상위 50종목	17.51%	15.66%	7.43	$12,774,895	0.80	8.85	12.40%	-55.07%	0.72

(다음 쪽에 이어짐)

표 28.1. 전체 전략의 수익률 내림차순, 1965/08/31~2009/12/31

전략	연 수익률 (기하평균)	표준편차	T-통계량	1만 달러 투자 시	샤프지수	추적 오차	하방 위험	최대 하락률	베타
50 소형주 저PBR, 자사주 매입 수익률, 3개월 가격 모멘텀>중앙값, 6개월 가격 모멘텀 상위 25종목	17.47%	20.09%	6.06	$12,575,407	0.62	7.75	15.78%	-59.70%	0.91
51 소형주 저PBR, 자사주 매입 수익률>중앙값, 6개월 가격 모멘텀 상위 25종목	17.42%	20.49%	5.95	$12,337,258	0.61	7.83	15.96%	-61.12%	0.92
52 소형주 저 주가/영업현금흐름 상위 10%	17.39%	20.53%	5.92	$12,234,992	0.60	7.99	15.51%	-65.23%	0.92
53 전체 주식 저PBR 상위 30%, 3&6개월 가격 모멘텀>중앙값, 12개월 가격 모멘텀 상위 50종목	17.38%	18.29%	6.50	$12,174,722	0.68	7.84	14.52%	-55.95%	0.87
54 전체 주식 3&6개월 가격 모멘텀>중앙값, 저PBR 상위 25종목	17.31%	19.66%	6.11	$11,864,813	0.63	8.34	15.30%	-60.50%	0.93
55 소형주 저PBR, 6개월 가격 모멘텀>중앙값, 자사주 매입 수익률 상위 50종목	17.30%	17.24%	6.79	$11,818,630	0.71	8.24	13.68%	-49.81%	0.77
56 소형주 저PBR, 주주수익률>중앙값, 6개월 가격 모멘텀 상위 25종목	17.26%	19.40%	6.16	$11,646,050	0.63	7.72	14.98%	-59.63%	0.87
57 소형주 3&6개월 가격 모멘텀>중앙값, 주주수익률 상위 50종목	17.26%	15.94%	7.23	$11,629,675	0.77	7.97	12.74%	-50.21%	0.72
58 소형주 저PBR, 자사주 매입 수익률, 3개월 가격 모멘텀>중앙값, 6개월 가격 모멘텀 상위 50종목	17.24%	18.54%	6.38	$11,531,126	0.66	7.19	14.72%	-56.03%	0.84
59 전체 주식 VC3 상위 10%	17.20%	17.89%	6.54	$11,390,104	0.68	7.64	13.35%	-58.04%	0.85
60 소형주 저 EV/매출액 상위 10%	17.13%	20.02%	5.97	$11,091,047	0.61	7.00	14.65%	-64.82%	0.91
61 전체 주식 VC2 상위 10%	17.12%	17.32%	6.69	$11,050,085	0.70	8.24	12.85%	-58.07%	0.81
62 전체 주식 저PBR, 자사주 매입 수익률>중앙값, 6개월 가격 모멘텀 상위 25종목	17.08%	20.38%	5.88	$10,877,510	0.59	7.81	15.49%	-61.21%	0.98
63 전체 주식 저PBR, 자사주 매입 수익률>중앙값, 3개월 가격 모멘텀>중앙값, 6개월 가격 모멘텀 상위 25종목	17.06%	20.05%	5.95	$10,767,673	0.60	7.67	15.37%	-61.21%	0.96
64 소형주 저PBR, 주주수익률>중앙값, 6개월 가격 모멘텀 상위 50종목	17.05%	18.91%	6.22	$10,728,796	0.64	7.19	14.91%	-56.68%	0.86
65 전체 주식 VC1 상위 10%	16.98%	18.32%	6.35	$10,468,074	0.65	7.62	13.56%	-57.78%	0.87
66 소형주 저PBR, 6개월 가격 모멘텀>중앙값, 주주수익률 상위 50종목	16.85%	15.48%	7.26	$9,965,964	0.77	9.51	12.06%	-48.74%	0.68
67 전체 주식 저PBR, 주주수익률>중앙값, 6개월 가격 모멘텀 상위 25종목	16.80%	19.04%	6.11	$9,754,288	0.62	7.31	14.56%	-59.75%	0.92

(다음 쪽에 이어짐)

표 28.1. 전체 전략(연 수익률 내림차순, 1965/08/31~2009/12/31)

	전략	연 수익률 (기하평균)	표준편차	T-통계량	1만 달러 투자 시	사포지수 추적 오차	하방 위험	최대 하락률	베타
68	소형주 저 주가/잉여현금흐름 상위 10%	16.77%	20.92%	5.67	$9,674,166	0.56	7.61	15.32%	-63.76%	0.95
69	전체 주식 저PBR, 자사주 매입 수익률, 3개월 가격 모멘텀>중앙값, 6개월 가격 모멘텀 상위 50종목	16.76%	18.58%	6.22	$9,622,609	0.63	6.62	14.32%	-56.58%	0.91
70	소형주 저PBR, 주주수익률>중앙값, 6개월 가격 모멘텀 상위 50종목	16.68%	17.96%	6.36	$9,325,854	0.65	7.49	13.97%	-55.06%	0.81
71	전체 주식 저PBR, 자사주 매입 수익률>중앙값, 6개월 가격 모멘텀 상위 50종목	16.66%	18.91%	6.10	$9,264,340	0.62	6.66	14.46%	-57.24%	0.92
72	전체 주식 저PBR, 6개월 가격 모멘텀>중앙값, 주주수익률 상위 50종목	16.66%	15.13%	7.33	$9,260,473	0.77	8.74	11.78%	-51.23%	0.71
73	필수 소비재-공익기업 결합 포트폴리오	16.56%	13.42%	8.10	$8,933,565	0.86	12.75	9.18%	-34.39%	0.52
74	전체 주식 저EV/EBITDA 상위 10%	16.46%	17.95%	6.29	$8,570,603	0.64	6.33	13.17%	-54.29%	0.88
75	전체 주식 저PBR, 주주수익률>중앙값, 6개월 가격 모멘텀 상위 50종목	16.35%	17.69%	6.33	$8,235,994	0.64	6.74	13.62%	-55.92%	0.86
76	전체 주식 저PER 상위 10%	16.11%	18.70%	5.98	$7,500,626	0.59	7.53	13.69%	-59.13%	0.89
77	전체 주식 저 주가/영업현금흐름 상위 10%	16.00%	18.70%	5.94	$7,206,112	0.59	7.75	14.13%	-60.87%	0.89
78	전체 주식 저 EV/잉여현금흐름 상위 10%	15.90%	19.29%	5.78	$6,927,643	0.57	6.00	14.27%	-56.81%	0.95
79	전체 주식 종합이익률 상위 10%	15.79%	19.36%	5.72	$6,642,587	0.56	4.18	14.09%	-54.83%	0.98
80	소형주 저PBR, 3&6개월 가격 모멘텀>중앙값, 12개월 가격 모멘텀 상위 25종목	15.76%	21.47%	5.30	$6,562,828	0.50	8.68	16.41%	-65.51%	0.95
81	전체 주식 자사주 매입 수익률 상위 10%	15.74%	17.39%	6.22	$6,521,542	0.62	5.82	13.17%	-53.28%	0.86
82	소형주 저PBR, 3&6개월 가격 모멘텀>중앙값, 12개월 가격 모멘텀 상위 50종목	15.62%	19.60%	5.63	$6,226,529	0.54	7.70	15.16%	-61.91%	0.88
83	소형주 자사주 매입 수익률 상위 10%	15.55%	18.17%	5.94	$6,074,251	0.58	6.33	13.90%	-54.20%	0.84
84	소형주 주주수익률 상위 10%	15.45%	15.96%	6.57	$5,834,309	0.65	8.20	12.42%	-55.73%	0.72
85	전체 주식 저 EV/매출액 상위 10%	15.44%	18.96%	5.71	$5,805,576	0.55	6.58	14.04%	-62.29%	0.93
86	전체 주식 주주수익률 상위 10%	15.43%	15.43%	6.75	$5,792,778	0.68	7.67	11.90%	-54.70%	0.74
87	시장 선도주 VC2 상위 20%, 6개월 가격 모멘텀 상위 25종목	15.34%	17.17%	6.14	$5,585,470	0.60	6.03	11.92%	-52.74%	0.98
88	전체 주식 저 주가/잉여현금흐름 상위 10%	15.31%	18.99%	5.66	$5,539,519	0.54	7.32	14.20%	-61.66%	0.91
89	전체 주식 주주수익률, 3&6개월 가격 모멘텀>중앙값, 12개월 가격 모멘텀 상위 50종목	15.08%	20.97%	5.20	$5,057,750	0.48	8.28	15.99%	-61.15%	1.00

(다음 쪽에 이어짐)

표 28.1. 전체 전략(연 수익률 내림차순, 1965/08/31~2009/12/31)

전략	연 수익률 (기하평균)	표준편차	T-통계량	1만 달러 투자 시	샤프지수	추적 오차	하방 위험	최대 하락률	베타
90	전체 주식 저PBR, 3&6개월 가격 모멘텀, 12개월 가격 모멘텀 상위 25종목	15.05%	22.01%	5.02	$5,010,429	0.46	9.15	16.69%	-68.16%	1.04
91	시장 선도주 3&6개월 가격 모멘텀>중앙값, 주주수익률 상위 25종목	15.02%	17.11%	6.05	$4,954,349	0.59	6.45	12.74%	-57.92%	0.97
92	전체 주식 재무건전성 하위 10%	15.01%	17.05%	6.07	$4,923,801	0.59	4.25	12.74%	-50.82%	0.87
93	시장 선도주 VC2 상위 20%, 6개월 가격 모멘텀 상위 50종목	15.00%	17.16%	6.03	$4,912,365	0.58	5.27	11.92%	-53.43%	1.00
94	시장 선도주 VC2>중앙값, 주주수익률 상위 25종목	14.97%	17.25%	5.99	$4,847,391	0.58	6.60	12.80%	-58.21%	0.97
95	소형주 주주수익률, 3&6개월 가격 모멘텀>중앙값, 12개월 가격 모멘텀 상위 50종목	14.95%	21.24%	5.11	$4,809,289	0.47	7.83	16.12%	-58.10%	0.96
96	Cornerstone Value, Improved 25	14.94%	17.00%	6.05	$4,789,019	0.58	6.52	12.58%	-57.57%	0.96
97	대형주 자사주 매입 수익률 상위 10%	14.91%	16.40%	6.23	$4,738,299	0.60	5.68	12.03%	-51.56%	0.92
98	대형주 3&6개월 가격 모멘텀>중앙값, 주주수익률 상위 25종목	14.85%	15.40%	6.54	$4,632,919	0.64	6.79	11.84%	-49.12%	0.84
99	소형주 저PSR 상위 10%	14.84%	22.46%	4.88	$4,618,693	0.44	8.79	16.13%	-70.68%	1.00
100	시장 선도주 VC2 상위 10%	14.84%	18.52%	5.62	$4,616,793	0.53	7.10	13.29%	-62.16%	1.05
101	시장 선도주 주주수익률 상위 10%	14.72%	16.77%	6.04	$4,403,707	0.58	6.38	12.43%	-56.44%	0.95
102	전체 주식 저PBR, 3&6개월 가격 모멘텀>중앙값, 12개월 가격 모멘텀 상위 50종목	14.69%	19.99%	5.27	$4,359,495	0.48	7.64	15.33%	-64.48%	0.96
103	소형주 3&6개월 가격 모멘텀>0, ROE>평균, 12개월 가격 모멘텀 상위 50종목	14.66%	29.34%	4.11	$4,306,193	0.33	15.31	20.99%	-74.82%	1.24
104	시장 선도주 3&6개월 가격 모멘텀>중앙값, 주주수익률 상위 50종목	14.65%	16.32%	6.16	$4,289,473	0.59	5.09	11.94%	-56.33%	0.95
105	대형주 저PBR, 6개월 가격 모멘텀>중앙값, 자사주 매입 수익률 상위 25종목	14.56%	16.52%	6.06	$4,140,567	0.58	6.42	12.45%	-53.90%	0.91
106	Cornerstone Value, Improved 50	14.55%	16.19%	6.16	$4,133,217	0.59	5.11	11.78%	-56.01%	0.94
107	시장 선도주 VC2>중앙값, 주주수익률 상위 50종목	14.54%	16.51%	6.06	$4,101,645	0.58	5.23	12.12%	-57.42%	0.96
108	전체 주식 주주수익률, 3&6개월 가격 모멘텀>중앙값, 12개월 가격 모멘텀 상위 25종목	14.50%	23.28%	4.68	$4,045,574	0.41	10.48	17.37%	-64.56%	1.08
109	시장 선도주 VC3 상위 10%	14.49%	18.29%	5.57	$4,028,546	0.52	6.90	13.18%	-60.13%	1.03
110	대형주 주주수익률 상위 10%	14.48%	15.08%	6.51	$4,021,172	0.63	7.17	11.08%	-52.66%	0.81

(다음 쪽에 이어짐)

표 28.1. 전체 전략의 연 수익률 내림차순: 1965/08/31~2009/12/31

전략	연 수익률(기하평균)	표준편차	T-통계량	1만 달러 투자 시	샤프지수	추적 오차	하방 위험	최대 하락률	베타
111 소형주 주가순영업배수 하위 10%	14.47%	22.86%	4.72	$3,992,730	0.41	7.93	16.12%	-66.72%	1.04
112 시장 선도주 저EV/EBITDA 상위 10%	14.39%	18.15%	5.56	$3,884,224	0.52	7.53	11.91%	-52.21%	1.01
113 소형주 6개월 가격 모멘텀 상위 10%	14.38%	26.32%	4.30	$3,857,815	0.36	11.03	18.35%	-63.10%	1.17
114 소형주 주주수익률, 3&6개월 가격 모멘텀>중앙값, 12개월 가격 모멘텀 상위 25종목	14.30%	23.54%	4.60	$3,745,468	0.40	9.92	17.71%	-63.04%	1.04
115 소형주 자사주 매입 수익률, 3개월 가격 모멘텀>중앙값, 12개월 가격 모멘텀 상위 50종목	14.28%	24.14%	4.52	$3,722,115	0.38	9.42	17.71%	-58.74%	1.08
116 시장 선도주 자사주 매입 수익률 상위 10%	14.28%	16.52%	5.97	$3,721,523	0.56	5.24	11.92%	-53.60%	0.96
117 시장 선도주 VC1 상위 10%	14.27%	18.69%	5.41	$3,705,032	0.50	6.75	13.35%	-60.56%	1.07
118 소형주 저PBR 상위 10%	14.26%	22.11%	4.77	$3,686,837	0.42	8.49	16.13%	-69.88%	0.99
119 전체 주식 6개월 가격 모멘텀 상위 10%	14.24%	25.21%	4.38	$3,657,041	0.37	10.94	17.70%	-62.44%	1.20
120 시장 선도주 3&6개월 가격 모멘텀>중앙값, VC2 상위 25종목	14.23%	16.52%	5.95	$3,639,417	0.56	5.22	12.04%	-51.56%	0.96
121 대형주 저PBR, 자사주 매입 수익률>중앙값, 6개월 가격 모멘텀 상위 25종목	14.21%	16.73%	5.88	$3,613,341	0.55	6.14	12.43%	-55.14%	0.93
122 대형주 VC2 상위 10%	14.20%	16.47%	5.95	$3,607,389	0.56	8.69	11.66%	-62.69%	0.85
123 대형주 VC3 상위 10%	14.17%	16.57%	5.91	$3,555,826	0.55	8.16	11.87%	-60.55%	0.87
124 전체 주식 저PBR 상위 10%	14.13%	21.04%	4.91	$3,499,602	0.43	8.08	15.35%	-69.20%	1.01
125 소형주 60개월 가격 모멘텀 하위 10%	14.12%	24.83%	4.39	$3,496,345	0.37	9.51	16.70%	-69.84%	1.12
126 전체 주식 주가부산영업배수 하위 10%	14.10%	20.40%	5.01	$3,464,914	0.45	6.84	15.03%	-63.33%	1.00
127 전체 주식 저PSR 상위 10%	14.06%	20.94%	4.91	$3,405,339	0.43	7.78	15.40%	-65.98%	1.01
128 대형주 저EV/EBITDA 상위 10%	14.05%	17.01%	5.74	$3,397,255	0.53	8.34	11.45%	-52.85%	0.89
129 대형주 3&6개월 가격 모멘텀>중앙값, 저PBR 상위 25종목	13.97%	16.11%	5.98	$3,291,236	0.56	6.72	12.02%	-51.72%	0.88
130 전체 주식 60개월 가격 모멘텀 하위 10%	13.88%	23.28%	4.51	$3,184,331	0.38	8.91	15.95%	-68.91%	1.12
131 대형주 주주수익률, 3&6개월 가격 모멘텀>중앙값, 12개월 가격 모멘텀 상위 25종목	13.86%	17.74%	5.50	$3,159,235	0.50	6.93	13.20%	-57.49%	0.98
132 대형주 저PBR, 자사주 매입 수익률, 3개월 가격 모멘텀>중앙값, 6개월 가격 모멘텀 상위 25종목	13.85%	16.62%	5.78	$3,143,237	0.53	6.19	12.45%	-53.96%	0.92

(다음 쪽에 이어짐)

표 28.1. 전체 전략(연 수익률 내림차순, 1965/08/31~2009/12/31)

	전략	연 수익률 (기하평균)	표준편차	T-통계량	1만 달러 투자 시	샤프지수	추적 오차	하방 위험	최대 하락률	베타
133	전체 주식 자사주 매입 수익률, 3개월 가격 모멘텀>중앙값, 12개월 가격 모멘텀 상위 50종목	13.83%	24.15%	4.41	$3,123,598	0.37	10.44	17.60%	-63.62%	1.14
134	소형주 배당수익률 상위 10%	13.83%	14.83%	6.34	$3,118,403	0.60	11.50	11.66%	-62.48%	0.60
135	시장 선도주 저 EV/잉여현금흐름 상위 10%	13.75%	18.60%	5.26	$3,026,571	0.47	7.15	13.09%	-62.79%	1.05
136	대형주 저PBR, 6개월 가격 모멘텀>중앙값, 주주수익률 상위 25종목	13.72%	14.84%	6.30	$2,990,404	0.59	7.53	11.21%	-52.63%	0.79
137	시장 선도주 주가/영업현금흐름 상위 10%	13.72%	18.76%	5.21	$2,983,711	0.46	7.09	12.99%	-64.38%	1.06
138	대형주 주주수익률, 6개월 가격 모멘텀>중앙값, 저PBR 상위 25종목	13.70%	15.69%	6.00	$2,962,965	0.55	7.77	11.11%	-53.62%	0.83
139	소형주 자산회전율 상위 10%	13.70%	21.31%	4.75	$2,962,382	0.41	5.93	14.98%	-64.74%	0.99
140	소형주 자사주 매입 수익률, 3개월 가격 모멘텀>중앙값, 12개월 가격 모멘텀 상위 25종목	13.67%	26.48%	4.14	$2,935,937	0.33	12.09	19.40%	-63.25%	1.15
141	시장 선도주 저PER 상위 10%	13.67%	19.07%	5.13	$2,925,600	0.45	7.25	13.12%	-62.69%	1.08
142	대형주 3&6개월 가격 모멘텀>중앙값, 주주수익률 상위 50종목	13.56%	14.90%	6.21	$2,804,780	0.57	5.91	11.29%	-48.95%	0.83
143	대형주 저PBR, 자사주 매입 수익률, 3개월 가격 모멘텀>중앙값, 6개월 가격 모멘텀 상위 50종목	13.54%	16.05%	5.83	$2,786,966	0.53	6.04	11.85%	-52.16%	0.89
144	시장 선도주 발생액/총자산 하위 10%	13.54%	17.66%	5.40	$2,783,394	0.48	6.89	12.46%	-56.44%	0.99
145	대형주 저PBR, 주주수익률, 6개월 가격 모멘텀>중앙값 상위 25종목	13.53%	16.03%	5.84	$2,777,684	0.53	6.51	11.91%	-53.48%	0.88
146	대형주 6개월 가격 모멘텀 상위 10%	13.53%	22.36%	4.55	$2,777,019	0.38	10.95	16.05%	-59.80%	1.18
147	대형주 저PER 상위 10%	13.52%	17.37%	5.47	$2,762,152	0.49	8.35	12.15%	-65.62%	0.91
148	대형주 저 주가/영업현금흐름 상위 10%	13.51%	16.45%	5.71	$2,758,118	0.52	8.12	11.75%	-62.15%	0.87
149	대형주 저PBR, 자사주 매입 수익률>중앙값, 6개월 가격 모멘텀 상위 50종목	13.50%	15.99%	5.84	$2,747,543	0.53	5.91	11.73%	-52.86%	0.89
150	Cornerstone Value, Div Yld 25	13.49%	17.22%	5.49	$2,731,351	0.49	7.91	12.25%	-65.01%	0.94
151	대형주 자사주 매입 수익률, 3개월 가격 모멘텀>중앙값, 12개월 가격 모멘텀 상위 25종목	13.45%	19.45%	5.00	$2,691,570	0.43	8.42	14.25%	-59.35%	1.05
152	대형주 VC1 상위 10%	13.43%	16.90%	5.56	$2,673,161	0.50	8.28	11.99%	-61.86%	0.89
153	시장 선도주 6개월 가격 모멘텀 상위 10%	13.41%	18.27%	5.23	$2,652,260	0.46	8.67	12.99%	-58.00%	0.98

(다음 쪽에 이어짐)

표 28.1. 전체 전략(연수익률 내림차순, 1965/08/31~2009/12/31)

	전략	연 수익률 (기하평균)	표준편차	T-통계량	1만 달러 투자 시	샤프지수	추적 오차	하방 위험	최대 하락률	베타
154	대형주 저PBR, 6개월 가격 모멘텀>중앙값, 자사주 매입 수익률 상위 50종목	13.41%	15.86%	5.84	$2,643,957	0.53	5.79	11.87%	-51.52%	0.89
155	소형주 현금흐름/부채 상위 10%	13.36%	20.72%	4.74	$2,595,632	0.40	5.50	14.25%	-54.47%	0.97
156	시장 선도주 PSR<평균, 12개월 가격 모멘텀 상위 25종목	13.35%	17.01%	5.50	$2,586,657	0.49	6.12	11.58%	-48.31%	0.97
157	대형주 저PBR, 6개월 가격 모멘텀>중앙값, 주주수익률 상위 50종목	13.24%	14.94%	6.07	$2,474,341	0.55	6.73	11.03%	-51.38%	0.82
158	대형주 선도주 3&6개월 가격 모멘텀>중앙값, VC2 상위 50종목	13.23%	16.11%	5.70	$2,469,214	0.51	4.25	11.75%	-51.88%	0.95
159	대형주 저 EV/잉여현금흐름 상위 10%	13.20%	17.23%	5.39	$2,436,321	0.48	6.94	12.36%	-59.42%	0.94
160	시장 선도주 주가별 실적배수 상위 10%	13.17%	18.38%	5.12	$2,412,200	0.44	7.28	12.73%	-54.81%	1.03
161	시장 선도주 순영업자산 증가율 하위 10%	13.17%	16.62%	5.54	$2,411,698	0.49	5.24	12.18%	-52.95%	0.96
162	시장 선도주 배당수익률 상위 10%	13.13%	16.96%	5.43	$2,371,523	0.48	7.59	12.07%	-64.59%	0.93
163	전체 주식 배당수익률 상위 10%	13.12%	14.44%	6.19	$2,360,400	0.56	11.38	10.78%	-61.17%	0.61
164	소형주 ROA 상위 10%	13.10%	22.08%	4.48	$2,342,965	0.37	5.79	15.17%	-61.96%	1.03
165	소형주 ROE 상위 10%	13.08%	22.87%	4.37	$2,326,883	0.35	6.51	16.30%	-65.72%	1.07
166	전체 주식 자사주 매입 수익률, 3개월 가격 모멘텀>중앙값, 12개월 가격 모멘텀 상위 25종목	13.05%	26.62%	3.99	$2,299,944	0.30	13.18	19.36%	-66.50%	1.22
167	시장 선도주 저 EV/매출액 상위 10%	13.04%	17.27%	5.33	$2,288,339	0.47	6.08	12.05%	-51.07%	0.99
168	대형주 저PBR, 주주수익률>중앙값, 6개월 가격 모멘텀 상위 50종목	12.99%	15.32%	5.85	$2,241,830	0.52	6.48	11.12%	-51.37%	0.84
169	대형주 주주수익률, 3&6개월 가격 모멘텀>중앙값, 12개월 가격 모멘텀 상위 50종목	12.95%	16.09%	5.61	$2,208,672	0.49	5.57	11.69%	-52.55%	0.91
170	대형주 저PBR 상위 10%	12.93%	18.43%	5.03	$2,190,230	0.43	8.42	13.15%	-67.47%	0.98
171	시장 선도주 저 주가/영업현금흐름 상위 10종목	12.89%	21.74%	4.46	$2,161,684	0.36	11.17	15.05%	-75.55%	1.15
172	대형주 자사주 매입 수익률, 3개월 가격 모멘텀>중앙값, 12개월 가격 모멘텀 상위 50종목	12.87%	17.61%	5.20	$2,145,512	0.45	6.29	12.75%	-54.15%	0.98
173	소형주 EPS 증가율 상위 10%	12.86%	23.35%	4.26	$2,132,696	0.34	6.88	16.63%	-64.25%	1.09
174	대형주 주주수익률, 6개월 가격 모멘텀>중앙값, 저PBR 상위 50종목	12.85%	15.20%	5.84	$2,130,142	0.52	6.80	11.05%	-51.78%	0.83
175	전체 주식 발생액(총자산) 하위 10%	12.81%	22.21%	4.39	$2,093,156	0.35	6.24	16.30%	-69.09%	1.11
176	시장 선도주 PSR<평균, 12개월 가격 모멘텀 상위 50종목	12.79%	16.68%	5.39	$2,078,710	0.47	4.27	11.86%	-52.04%	0.99

(다음 쪽에 이어짐)

표 28.1. 전체 전략(연 수익률 내림차순, 1965/08/31~2009/12/31)

전략	연 수익률(기하평균)	표준편차	T-통계량	1만 달러 투자 시	샤프지수	추적 오차	하방 위험	최대 하락률	베타
177 전체 주식 자산회전율 상위 10%	12.78%	20.14%	4.68	$2,071,598	0.39	6.01	14.37%	-62.08%	1.00
178 대형주 종합이익품질 하위 10%	12.76%	16.14%	5.52	$2,054,668	0.48	6.43	10.98%	-49.00%	0.89
179 시장 선도주 12개월 가격 모멘텀 상위 10%	12.71%	19.38%	4.78	$2,015,059	0.40	10.42	13.86%	-60.88%	1.00
180 대형주 자사주 매입 수익률>중앙값, 배당수익률 상위 50종목	12.68%	14.43%	6.02	$1,990,472	0.53	9.40	9.88%	-55.30%	0.71
181 시장 선도주 저 주가/잉여현금흐름 상위 10%	12.68%	19.44%	4.76	$1,990,354	0.40	7.79	13.81%	-65.82%	1.09
182 대형주 3&6개월 가격 모멘텀>중앙값, 저PBR 상위 50종목	12.67%	15.78%	5.59	$1,980,131	0.49	5.89	11.95%	-53.26%	0.88
183 대형주 60개월 가격 모멘텀 하위 10%	12.66%	19.36%	4.77	$1,972,949	0.40	8.55	13.16%	-65.10%	1.04
184 소형주 발생액/총자산 하위 10%	12.65%	24.78%	4.05	$1,968,047	0.31	8.55	17.54%	-70.06%	1.14
185 대형주 주가별 순예매수 하위 10%	12.61%	16.08%	5.48	$1,935,038	0.47	7.47	11.20%	-53.48%	0.86
186 대형주 자사주 매입 수익률>중앙값, 배당수익률 상위 25종목	12.60%	14.83%	5.85	$1,929,366	0.51	10.99	10.23%	-57.02%	0.68
187 대형주 저 EV/매출 상위 10%	12.49%	16.68%	5.28	$1,847,483	0.45	6.98	11.98%	-52.75%	0.91
188 시장 선도주 저PSR 상위 10%	12.28%	18.76%	4.76	$1,696,417	0.39	6.96	13.60%	-58.12%	1.07
189 시장 선도주 저PBR 상위 10%	12.21%	19.95%	4.53	$1,651,897	0.36	8.20	13.74%	-67.38%	1.12
190 시장 선도주 부채 증가율 하위 10%	12.17%	17.29%	5.02	$1,628,137	0.41	4.69	11.68%	-48.85%	1.02
191 소형주 12개월 가격 모멘텀 상위 10%	12.14%	26.95%	3.76	$1,608,082	0.27	11.67	19.16%	-67.06%	1.20
192 전체 주식 12개월 가격 모멘텀 상위 10%	12.14%	25.86%	3.84	$1,604,407	0.28	11.65	18.53%	-66.29%	1.22
193 대형주 저 주가/잉여현금흐름 상위 10%	12.11%	17.00%	5.07	$1,589,264	0.42	8.00	12.15%	-63.99%	0.90
194 대형주 저PBR, 3&6개월 가격 모멘텀>중앙값, 12개월 가격 모멘텀 상위 50종목	12.10%	16.50%	5.19	$1,584,677	0.43	5.93	12.67%	-55.90%	0.92
195 전체 주식 ROE 상위 10%	12.02%	21.00%	4.33	$1,534,842	0.33	6.32	15.04%	-63.88%	1.04
196 대형주 저PBR, 3&6개월 가격 모멘텀>중앙값, 12개월 가격 모멘텀 상위 25종목	12.02%	17.80%	4.87	$1,534,382	0.39	6.98	13.72%	-59.99%	0.98
197 대형주 12개월 가격 모멘텀 상위 10%	11.93%	23.52%	4.00	$1,478,974	0.29	12.38	17.38%	-64.85%	1.21
198 전체 주식 순영업자산 증가율 하위 10%	11.83%	22.26%	4.11	$1,420,568	0.31	6.60	15.96%	-68.42%	1.11
199 소형주 영업이익률 상위 10%	11.81%	16.07%	5.19	$1,409,381	0.42	8.78	12.59%	-53.55%	0.71
200 전체 주식 감가상각비/자본적 지출 상위 10%	11.81%	22.18%	4.12	$1,408,775	0.31	6.10	15.80%	-65.18%	1.11
201 시장 선도주 ROA 상위 10%	11.77%	16.81%	4.99	$1,388,512	0.40	7.83	11.07%	-48.00%	0.91
202 전체 주식 ROA 상위 10%	11.73%	20.84%	4.26	$1,368,925	0.32	6.09	14.34%	-58.45%	1.04

(다음 쪽에 이어짐)

표 28.1. 전체 전략의 수익률 내림차순, 1965/08/31~2009/12/31

전략	연 수익률 (기하평균)	표준편차	T-통계량	1만 달러 투자 시	시포지수	추적 오차	하방 위험	최대 하락률	베타
203 소형주 순이익률 상위 10%	11.70%	17.63%	4.79	$1,349,305	0.38	7.06	13.28%	-52.87%	0.81
204 소형주 감가상각비/자본적 지출 상위 10%	11.69%	24.23%	3.87	$1,346,569	0.28	8.72	16.91%	-69.57%	1.10
205 대형주 발생액/총자산 하위 10%	11.69%	18.44%	4.63	$1,343,540	0.36	7.11	13.59%	-69.58%	1.02
206 전체 주식 현금흐름/부채 상위 10%	11.65%	20.97%	4.22	$1,321,767	0.32	6.36	14.32%	-54.66%	1.04
207 시장 선도주 순이익률 상위 10%	11.63%	15.77%	5.19	$1,310,481	0.42	6.33	10.23%	-46.73%	0.89
208 시장 선도주 자산회전율 상위 10%	11.60%	16.84%	4.92	$1,297,271	0.39	7.00	11.35%	-49.88%	0.94
209 시장 선도주 영업이익률 상위 10%	11.52%	16.92%	4.87	$1,256,293	0.39	6.91	11.37%	-57.34%	0.95
210 대형주 배당수익률 상위 10%	11.42%	14.33%	5.52	$1,209,519	0.45	11.38	9.78%	-58.55%	0.64
211 대형주 재무건전성 하위 10%	11.37%	15.96%	5.05	$1,184,863	0.40	5.41	11.84%	-50.03%	0.90
212 소형주	11.36%	20.60%	4.19	$1,180,447	0.31		14.87%	-58.48%	
213 전체 주식 성장주 상위 10%	11.34%	23.41%	3.86	$1,170,338	0.27	7.30	16.14%	-60.70%	1.17
214 대형주 순영업자산 증가율 하위 10%	11.30%	17.23%	4.74	$1,150,579	0.37	5.62	12.79%	-58.76%	0.97
215 시장 선도주	11.27%	16.37%	4.91	$1,139,999	0.38		11.72%	-54.03%	
216 대형주 저PSR 상위 10%	11.25%	17.64%	4.63	$1,128,228	0.35	8.12	12.95%	-59.89%	0.94
217 시장 선도주 감가상각비/자본적 지출 상위 10%	11.21%	17.99%	4.55	$1,112,344	0.35	6.07	12.16%	-57.97%	1.03
218 시장 선도주 현금흐름/부채 상위 10%	11.04%	17.20%	4.64	$1,037,698	0.35	7.95	11.31%	-50.49%	0.93
219 소형주 부채 증가율 하위 10%	11.03%	23.89%	3.73	$1,034,729	0.25	7.52	16.54%	-67.10%	1.11
220 전체 주식	11.01%	19.26%	4.28	$1,025,389	0.31		13.94%	-55.54%	
221 시장 선도주 ROE 상위 10%	10.95%	16.86%	4.68	$1,000,818	0.35	6.79	11.32%	-51.13%	0.94
222 대형주 저PBR>중앙값, 배당수익률 상위 25종목	10.87%	15.95%	4.85	$968,948	0.37	13.02	10.95%	-67.55%	0.65
223 소형주 순영업자산 증가율 하위 10%	10.83%	25.57%	3.54	$953,378	0.23	10.03	17.67%	-75.46%	1.15
224 대형주 자산회전율 상위 10%	10.80%	16.79%	4.65	$943,969	0.35	6.91	11.53%	-54.64%	0.92
225 전체 주식 영업이익률 상위 10%	10.79%	16.23%	4.77	$939,035	0.36	8.00	12.27%	-55.56%	0.77
226 시장 선도주 저PBR>중앙값, 배당수익률 상위 50종목	10.78%	14.73%	5.13	$935,732	0.39	12.26	9.93%	-62.19%	0.62
227 시장 선도주 감가상각비/자본적 지출 하위 10%	10.68%	18.29%	4.32	$897,158	0.31	6.43	12.73%	-55.30%	1.05
228 전체 주식 부채 증가율 하위 10%	10.56%	22.46%	3.75	$856,482	0.25	6.45	15.85%	-66.25%	1.12
229 대형주 부채 증가율 하위 10%	10.35%	17.94%	4.27	$787,144	0.30	4.94	13.03%	-55.95%	1.03
230 시장 선도주 자산회전율 하위 10%	10.35%	20.82%	3.86	$787,022	0.26	10.60	14.90%	-78.30%	1.10

(다음 쪽에 이어짐)

표 28.1. 전체 전략(연 수익률 내림차순, 1965/08/31~2009/12/31)

전략	연 수익률 (기하평균)	표준편차	T 통계량	1만 달러 투자 시	샤프지수	추적 오차	하방 위험	최대 하락률	베타
231 시장 선도주 ROE 하위 10%	10.34%	18.95%	4.11	$785,448	0.28	7.48	13.15%	-61.32%	1.07
232 전체 주식 순이익률 상위 10%	10.26%	17.31%	4.36	$758,759	0.30	6.52	12.92%	-53.32%	0.85
233 시장 선도주 주가잉여현금배수 상위 10%	10.09%	16.55%	4.45	$710,389	0.31	5.80	12.40%	-51.92%	0.95
234 시장 선도주 저 EV/잉여현금흐름 하위 10%	10.07%	18.10%	4.15	$703,094	0.28	6.41	13.05%	-60.38%	1.03
235 시장 선도주 ROA 하위 10%	10.06%	21.02%	3.76	$701,293	0.24	8.75	15.12%	-73.38%	1.18
236 대형주	10.06%	16.75%	4.39	$701,190	0.30		11.90%	-53.77%	
237 시장 선도주 현금흐름/부채 하위 10%	9.98%	20.29%	3.82	$679,046	0.25	7.52	14.37%	-74.30%	1.16
238 시장 선도주 순이익률 하위 10%	9.79%	18.53%	3.99	$629,687	0.26	6.57	13.39%	-59.32%	1.06
239 시장 선도주 저 주가/잉여현금흐름 하위 10%	9.75%	17.90%	4.08	$618,816	0.27	6.31	12.61%	-59.72%	1.02
240 시장 선도주 EPS 증가율 상위 10%	9.74%	18.26%	4.02	$616,058	0.26	6.36	12.65%	-53.81%	1.05
241 시장 선도주 저PBR 하위 10%	9.66%	17.15%	4.17	$595,992	0.27	8.78	11.67%	-51.30%	0.90
242 대형주 감가상각비/자본적 지출 상위 10%	9.61%	18.28%	3.97	$584,481	0.25	5.83	13.06%	-57.70%	1.03
243 대형주 ROA 상위 10%	9.55%	18.65%	3.89	$569,255	0.24	7.62	12.83%	-55.83%	1.02
244 대형주 ROE 상위 10%	9.44%	17.73%	3.99	$545,642	0.25	6.88	12.03%	-58.46%	0.98
245 대형주 성장주 상위 10%	9.41%	19.70%	3.72	$538,900	0.22	7.25	13.65%	-57.48%	1.10
246 시장 선도주 부채 상위 10%	9.40%	17.27%	4.06	$536,458	0.25	4.17	12.20%	-54.87%	1.02
247 S&P500	9.33%	15.31%	4.41	$522,661	0.28	4.69	10.81%	-50.95%	0.88
248 시장 선도주 영업이익률 하위 10%	9.31%	18.06%	3.90	$518,265	0.24	6.81	12.25%	-54.95%	1.02
249 전체 주식 자산회전율 하위 10%	9.07%	17.44%	3.92	$469,694	0.23	8.89	13.24%	-63.29%	0.80
250 대형주 영업이익률 상위 10%	9.04%	16.97%	3.98	$463,704	0.24	8.24	11.87%	-59.83%	0.89
251 대형주 EPS 증가율 상위 10%	8.96%	19.08%	3.65	$449,587	0.21	6.82	13.08%	-53.41%	1.07
252 시장 선도주 저EV/EBITDA 하위 10%	8.90%	19.44%	3.58	$438,867	0.20	8.62	13.33%	-65.29%	1.07
253 시장 선도주 EPS 증가율 하위 10%	8.83%	19.25%	3.58	$426,637	0.20	6.78	13.42%	-64.96%	1.11
254 소형주 60개월 가격 모멘텀 상위 10%	8.78%	24.09%	3.15	$416,618	0.16	8.19	16.97%	-68.08%	1.11
255 대형주 현금흐름/부채 상위 10%	8.74%	20.00%	3.47	$410,961	0.19	8.78	14.33%	-71.34%	1.08
256 시장 선도주 저PER 상위 10%	8.74%	19.18%	3.56	$410,691	0.20	8.21	13.80%	-58.63%	1.06
257 대형주 저PBR 하위 10%	8.64%	22.02%	3.26	$394,329	0.17	10.68	15.65%	-70.70%	1.16
258 시장 선도주 VC1 하위 10%	8.64%	17.55%	3.74	$394,035	0.21	9.28	12.06%	-57.66%	0.91

(다음 쪽에 이어짐)

표 28.1. 전체 전략(연 수익률 내림차순, 1965/08/31~2009/12/31)

	전략	연 수익률 (기하평균)	표준편차	T 통계량	1만 달러 투자 시	샤프지수	추적 오차	하방 위험	최대 하락률	베타
259	소형주 주가밸생액배수 상위 10%	8.64%	23.17%	3.17	$393,912	0.16	6.08	16.04%	-64.22%	1.09
260	전체 주식 주가밸생액배수 상위 10%	8.60%	21.76%	3.27	$387,604	0.17	4.96	15.55%	-60.25%	1.11
261	시장 선도주 순영업자산 증가율 상위 10%	8.58%	17.67%	3.71	$384,987	0.20	5.85	12.51%	-53.01%	1.02
262	시장 선도주 저PSR 하위 10%	8.57%	17.39%	3.74	$382,709	0.21	9.02	12.04%	-58.92%	0.91
263	시장 선도주 저 EV/매출액 하위 10%	8.53%	17.97%	3.65	$376,257	0.20	7.84	12.53%	-64.70%	0.99
264	시장 선도주 12개월 가격 모멘텀 하위 10%	8.52%	21.39%	3.26	$375,727	0.16	9.05	14.16%	-65.66%	1.20
265	대형주 순이익률 상위 10%	8.48%	16.86%	3.79	$369,526	0.21	7.35	11.93%	-52.15%	0.91
266	대형주 주가밸생액배수 상위 10%	8.41%	17.75%	3.64	$358,169	0.19	5.91	13.11%	-54.83%	1.00
267	대형주 자산회전율 하위 10%	8.34%	19.71%	3.38	$348,952	0.17	10.61	14.00%	-75.82%	0.99
268	전체 주식 60개월 가격 모멘텀 상위 10%	8.31%	23.46%	3.07	$344,813	0.14	8.34	16.52%	-64.52%	1.15
269	시장 선도주 6개월 가격 모멘텀 하위 10%	8.30%	20.52%	3.28	$342,672	0.16	7.54	13.90%	-65.20%	1.18
270	전체 주식 저PBR 하위 10%	8.13%	24.73%	2.95	$319,249	0.13	10.14	17.37%	-73.67%	1.19
271	소형주 저PBR 하위 10%	8.12%	26.81%	2.86	$318,580	0.12	10.66	18.70%	-74.79%	1.21
272	대형주 순이익률 하위 10%	8.12%	20.22%	3.27	$318,114	0.15	8.72	15.64%	-82.79%	1.09
273	대형주 저 EV/잉여현금흐름 하위 10%	8.09%	18.19%	3.48	$315,221	0.17	6.20	13.34%	-63.96%	1.02
274	대형주 성장주 하위 10%	7.96%	17.87%	3.47	$298,449	0.17	6.10	12.65%	-63.64%	1.00
275	대형주 ROE 하위 10%	7.94%	19.80%	3.25	$296,059	0.15	8.83	14.89%	-79.66%	1.06
276	시장 선도주 VC2 하위 10%	7.85%	18.03%	3.40	$284,927	0.16	9.13	12.77%	-60.68%	0.95
277	소형주 자산회전율 하위 10%	7.83%	17.68%	3.44	$282,317	0.16	8.57	13.11%	-62.16%	0.78
278	시장 선도주 발생액/총자산 상위 10%	7.82%	18.06%	3.39	$281,123	0.16	5.78	12.75%	-56.09%	1.05
279	시장 선도주 저 주가/영업현금흐름 하위 10%	7.80%	17.54%	3.45	$279,628	0.16	8.41	12.89%	-59.89%	0.94
280	시장 선도주 VC3 하위 10%	7.71%	17.86%	3.38	$269,394	0.15	8.87	12.56%	-59.42%	0.95
281	대형주 저 주가/잉여현금흐름 하위 10%	7.57%	18.05%	3.31	$253,902	0.14	5.84	13.24%	-63.76%	1.02
282	대형주 ROA 하위 10%	7.53%	21.52%	2.99	$250,199	0.12	9.48	15.98%	-80.45%	1.17
283	대형주 60개월 가격 모멘텀 상위 10%	7.45%	24.18%	2.81	$242,263	0.10	11.56	17.28%	-76.08%	1.30
284	대형주 EPS 증가율 하위 10%	7.44%	18.83%	3.18	$240,673	0.13	6.87	13.39%	-67.30%	1.05
285	대형주 감가상각비/자본적 지출 하위 10%	7.41%	18.93%	3.16	$237,466	0.13	8.28	13.70%	-66.24%	1.02
286	시장 선도주 주주수익률 하위 10%	7.25%	19.26%	3.07	$223,014	0.12	6.48	12.93%	-61.88%	1.11

(다음 쪽에 이어짐)

월가의 퀀트 투자 바이블

표 28.1. 전체 전략(연 수익률 내림차순, 1965/08/31~2009/12/31)

전략	연 수익률 (기하평균)	표준편차	T 통계량	1만 달러 투자 시	S&P지수 추적 오차	하방 위험	최대 하락률	베타
287 소형주 EPS 증가율 하위 10%	6.93%	26.17%	2.59	$194,631	0.07	9.57	17.98%	-72.16%	1.20
288 전체 주식 저 EV/잉여현금흐름 하위 10%	6.84%	23.07%	2.70	$187,800	0.08	6.88	16.53%	-66.73%	1.15
289 대형주 부채 증가율 상위 10%	6.83%	18.61%	3.00	$187,287	0.10	5.60	13.29%	-63.62%	1.06
290 전체 주식 성장주 하위 10%	6.80%	22.33%	2.72	$184,471	0.08	6.21	16.21%	-71.86%	1.12
291 대형주 영업이익률 하위 10%	6.78%	20.52%	2.84	$183,358	0.09	8.98	15.79%	-85.76%	1.11
292 시장 선도주 자사주 매입 수익률 하위 10%	6.76%	18.93%	2.94	$181,638	0.09	5.49	12.98%	-63.96%	1.11
293 대형주 재무건전성 상위 10%	6.53%	17.19%	3.03	$164,902	0.09	4.98	12.21%	-59.81%	0.98
294 대형주 12개월 가격 모멘텀 하위 10%	6.51%	22.24%	2.64	$163,990	0.07	10.54	15.59%	-69.38%	1.18
295 대형주 현금흐름/부채 하위 10%	6.41%	20.05%	2.75	$156,826	0.07	9.13	15.32%	-77.96%	1.07
296 소형주 저 EV/잉여현금흐름 하위 10%	6.39%	26.05%	2.46	$155,550	0.05	10.27	17.80%	-73.23%	1.18
297 전체 주식 부채 증가율 상위 10%	6.24%	22.40%	2.57	$146,231	0.06	5.10	16.20%	-69.24%	1.14
298 대형주 저PER 하위 10%	6.21%	21.66%	2.59	$144,339	0.06	9.86	16.15%	-79.88%	1.16
299 전체 주식 저 주가/잉여현금흐름 하위 10%	6.09%	22.71%	2.51	$137,430	0.05	6.36	16.57%	-68.80%	1.14
300 대형주 주가/영업현금흐름 하위 10%	5.92%	21.36%	2.52	$127,975	0.04	9.69	15.95%	-77.33%	1.15
301 대형주 발생액/총자산 상위 10%	5.91%	19.50%	2.62	$127,540	0.05	6.92	13.88%	-58.61%	1.09
302 전체 주식 ROE 하위 10%	5.83%	26.77%	2.32	$123,132	0.03	11.63	19.64%	-89.50%	1.28
303 전체 주식 EPS 증가율 상위 10%	5.70%	20.35%	2.51	$116,798	0.03	4.49	14.71%	-66.06%	1.03
304 대형주 종합이익품질 상위 10%	5.68%	19.03%	2.58	$115,851	0.04	6.29	13.88%	-61.33%	1.07
305 30일 만기 미국 단기 국채	5.64%	0.82%	44.88	$113,721	0.78	16.78	0.00%	0.00%	
306 대형주 자사주 매입 수익률 하위 10%	5.61%	19.02%	2.56	$112,578	0.03	5.17	13.72%	-65.37%	1.10
307 전체 주식 12개월 가격 모멘텀 하위 10%	5.60%	26.03%	2.27	$112,186	0.02	11.08	17.95%	-75.22%	1.25
308 대형주 순영업자산 증가율 상위 10%	5.56%	19.86%	2.50	$110,113	0.03	7.68	15.13%	-78.05%	1.10
309 소형주 저 주가/잉여현금흐름 하위 10%	5.36%	25.22%	2.24	$101,397	0.01	9.24	17.66%	-72.60%	1.15
310 전체 주식 저PER 하위 10%	5.31%	26.92%	2.20	$99,120	0.01	10.86	19.18%	-82.14%	1.32
311 전체 주식 EPS 증가율 하위 10%	5.27%	21.52%	2.32	$97,542	0.01	5.97	15.56%	-67.86%	1.08
312 소형주 부채 증가율 상위 10%	5.25%	23.86%	2.24	$96,671	0.01	6.38	16.85%	-75.29%	1.12
313 소형주 12개월 가격 모멘텀 하위 10%	5.20%	27.41%	2.15	$94,641	0.01	11.34	18.74%	-79.12%	1.23
314 대형주 주주수익률 하위 10%	5.19%	19.86%	2.37	$94,131	0.01	5.56	14.16%	-68.49%	1.15

(다음 쪽에 이어짐)

표 28.1. 전체 전략(연 수익률 내림차순, 1965/08/31~2009/12/31)

전략	연 수익률 (기하평균)	표준편차	T 통계량	1만 달러 투자 시	샤프지수	추적 오차	하방 위험	최대 하락률	베타
315 전체 주식 저EV/EBITDA 하위 10%	5.15%	27.09%	2.16	$92,607	0.01	12.64	19.86%	-89.54%	1.27
316 대형주 6개월 가격 모멘텀 하위 10%	5.13%	21.92%	2.26	$92,064	0.01	9.50	15.36%	-68.85%	1.20
317 소형주 자사주 매입 수익률 하위 10%	5.10%	23.37%	2.22	$90,572	0.00	4.97	16.97%	-71.57%	1.11
318 전체 주식 순이익률 하위 10%	5.02%	27.68%	2.12	$87,544	0.00	12.89	20.52%	-93.05%	1.31
319 전체 주식 자사주 매입 수익률 하위 10%	4.90%	21.95%	2.21	$83,448	0.00	4.55	16.05%	-70.91%	1.12
320 소형주 주주수익률 하위 10%	4.88%	24.17%	2.14	$82,837	0.00	5.60	17.29%	-74.59%	1.15
321 전체 주식 감가상각비/자본적 지출 하위 10%	4.85%	23.18%	2.15	$81,598	-0.01	7.33	16.83%	-71.68%	1.15
322 소형주 저PER 하위 10%	4.78%	29.59%	2.09	$79,326	-0.01	13.76	19.79%	-82.67%	1.31
323 전체 주식 저 EV/매출액 하위 10%	4.73%	25.41%	2.13	$78,028	-0.01	12.11	19.83%	-92.02%	1.17
324 전체 주식 주주수익률 하위 10%	4.71%	22.86%	2.13	$77,572	-0.01	5.24	16.41%	-72.38%	1.17
325 대형주 저EV/EBITDA 하위 10%	4.58%	23.89%	2.11	$76,893	-0.01	12.29	18.64%	-89.48%	1.25
326 전체 주식 영업이익률 하위 10%	4.57%	27.66%	2.02	$72,755	-0.02	13.01	20.58%	-93.34%	1.30
327 전체 주식 ROA 하위 10%	4.51%	26.50%	2.03	$72,529	-0.02	12.64	20.00%	-91.36%	1.23
328 대형주 VC1 하위 10%	4.34%	22.73%	2.08	$70,595	-0.02	12.16	17.62%	-85.28%	1.16
329 전체 주식 재무건전성 상위 10%	4.31%	22.71%	2.03	$65,775	-0.03	6.43	16.89%	-80.39%	1.14
330 대형주 저PSR 하위 10%	4.30%	22.46%	2.03	$64,848	-0.03	12.01	17.93%	-86.24%	1.14
331 대형주 VC3 하위 10%	4.20%	23.09%	2.01	$64,519	-0.03	12.20	17.76%	-85.90%	1.18
332 대형주 VC2 하위 10%	4.07%	23.29%	1.98	$61,850	-0.03	12.42	17.91%	-86.01%	1.19
333 전체 주식 저 EV/매출 하위 10%	4.05%	22.41%	1.97	$58,697	-0.04	11.73	17.95%	-87.97%	1.15
334 전체 주식 발생액/총자산 상위 10%	4.04%	25.11%	1.91	$58,251	-0.04	8.27	17.43%	-77.80%	1.26
335 전체 주식 종합이익품질 하위 10%	3.50%	25.15%	1.77	$46,045	-0.06	8.27	17.77%	-73.54%	1.26
336 소형주 발생액/총자산 상위 10%	3.47%	26.62%	1.76	$45,467	-0.06	9.13	17.98%	-81.88%	1.24
337 전체 주식 6개월 가격 모멘텀 하위 10%	3.36%	25.74%	1.72	$43,236	-0.06	10.04	17.59%	-77.42%	1.26
338 소형주 저EV/EBITDA 하위 10%	3.28%	28.75%	1.71	$41,748	-0.06	14.21	19.71%	-87.57%	1.24
339 전체 주식 감가상각비/자본적 지출 하위 10%	3.27%	24.38%	1.71	$41,564	-0.07	7.93	17.26%	-72.64%	1.13
340 전체 주식 주가/영업현금흐름 하위 10%	3.13%	26.48%	1.68	$39,130	-0.07	10.83	18.81%	-86.49%	1.29
341 전체 주식 저PSR 하위 10%	3.11%	26.68%	1.67	$38,918	-0.07	13.37	19.84%	-91.41%	1.22
342 전체 주식 순영업자산 증가율 상위 10%	3.03%	25.34%	1.66	$37,546	-0.08	9.04	18.68%	-83.42%	1.26

(다음 쪽에 이어짐)

표 28.1. 전체 전략(연 수익률 내림차순, 1965/08/31~2009/12/31)

전략	연 수익률 (기하평균)	표준편차	T-통계량	1만 달러 투자 시	샤프지수	주식 오차	하방 위험	최대 하락률	베타
343 소형주 ROE 하위 10%	2.66%	30.11%	1.59	$32,028	-0.08	14.66	20.33%	-91.45%	1.32
344 전체 주식 VC1 하위 10%	2.64%	28.25%	1.58	$31,727	-0.08	14.26	20.42%	-92.81%	1.30
345 소형주 6개월 가격 모멘텀 하위 10%	2.60%	27.07%	1.54	$31,163	-0.09	10.20	18.35%	-80.22%	1.24
346 소형주 저 EV/매출액 하위 10%	2.52%	25.98%	1.52	$30,166	-0.10	12.13	19.40%	-91.71%	1.12
347 소형주 저 주가/영업현금흐름 하위 10%	2.39%	28.72%	1.52	$28,474	-0.09	13.22	19.50%	-85.02%	1.27
348 전체 주식 VC2 하위 10%	2.29%	28.71%	1.50	$27,251	-0.09	14.39	20.45%	-92.67%	1.33
349 소형주 현금흐름/부채 하위 10%	2.16%	29.59%	1.47	$25,817	-0.10	14.44	20.01%	-87.81%	1.29
350 전체 주식 VC3 하위 10%	2.13%	28.59%	1.46	$25,510	-0.10	14.26	20.42%	-92.77%	1.33
351 소형주 현금흐름/부채 하위 10%	2.08%	27.30%	1.43	$24,944	-0.11	12.49	20.25%	-92.73%	1.29
352 소형주 순영업자산 증가율 상위 10%	1.84%	26.83%	1.37	$22,452	-0.12	9.65	19.34%	-85.63%	1.24
353 소형주 ROA 하위 10%	1.11%	29.56%	1.24	$16,282	-0.13	15.07	20.29%	-93.32%	1.26
354 소형주 영업이익률 하위 10%	0.90%	29.92%	1.20	$14,869	-0.14	15.36	20.41%	-93.74%	1.28
355 소형주 순이익률 하위 10%	0.81%	30.39%	1.19	$14,290	-0.14	15.58	20.58%	-94.14%	1.30
356 소형주 저PSR 하위 10%	0.16%	27.71%	0.98	$10,727	-0.17	13.99	20.00%	-93.67%	1.17
357 소형주 VC1 하위 10%	-0.80%	29.92%	0.84	$7,012	-0.19	15.39	20.75%	-94.37%	1.28
358 소형주 VC2 하위 10%	-0.92%	30.35%	0.82	$6,623	-0.20	15.42	20.90%	-94.46%	1.31
359 소형주 VC3 하위 10%	-1.35%	30.18%	0.72	$5,468	-0.21	15.25	20.89%	-94.72%	1.30

하방 위험

우리가 주목한 세 가지 전략은 실제로 지난 44년 동안 손실을 기록했다. 꼴찌에게 주는 상은 소형주 전략에 돌아갔다. 소형주 모집단에서 VC3 하위 10% 주식, 즉 PER, PBR 등이 가장 높은 10%에 속하는 주식에 꾸준히 투자했다면 매년 1.35% 손실이 발생해 1965년 투자한 1만 달러는 2009년에 5,468달러가 된다. MDD 95%라는 불명예도 감수해야 한다. 실제로 테스트한 전략 중 54개는 미국 단기 국채에 투자한 것보다 성과가 저조했다. 이런 전략들에 투자하느니 아무것도 하지 않는 것이 낫다는 뜻이다. 범죄자 목록에 오른 용의자는 VC 3종이 모두 비싼 주식, 이익 폭과 ROA와 순영업자산이 최악인 주식, EV/매출액과 PSR이 가장 높은 주식, 가격 모멘텀 하위 10% 주식이었다. 모든 경제 범주에서 이런 주식들은 수익률 절댓값 목록의 밑바닥에, 위험과 MDD 목록의 정상에 있다. 가장 투기적인 사람들을 제외하고는 사실상 모든 시장 환경에서 반드시 피해야 하는 나쁜 전략이다.

목록의 밑바닥에는 총자산/발생액, 종합이익품질 등 14장에서 다룬 여러 회계 변수에서 최악의 점수를 받은 주식들도 있다. 이런 지표들에 경고 신호가 들어오면 당신이 소유하거나 투자를 고려하는 주식들을 걸러내도록 도와줄 것이다. 13년의 실제 수익률 데이터가 백테스트 결과를 뒷받침하기 때문에, 가격 모멘텀이 좋지 않거나 재무상태표에 문제가 있으며 가장 비싼 주식을 사고자 하는 설득력 있는 이유가 없다. 표 28.1의 하단에 있는 모든 전략은 장기 수익률이 끔찍하고 수익률 표준편차가 크며 MDD도 크다. 그들의 이야기가 좋게 들릴지 모르지만 전망은 항상 좋지 않다. 그 증거는 고통스러울 정도로 명확해서, 이야기가 좋지만 배수가 가장 높은 주식들을 매수한다면 시장보다도 훨씬 저조한 결과를 얻을 것이다. 혹독한 약세장이 끝날 무렵에 매수한 것이 아니라면, 6개월이나 12개월 가격 모멘텀 하위 10% 주식을 사는 저가 매수 전략도 패자의 게임이어서, 종합이익품질에서 낮은 점수를 받은 주식들을 들고 버티는 것과 같다.

　이야기를 논외로 하면 투자자들은 기저율에 주목하게 된다. 표 28.2는 표 28.1에 수록된 모든 전략의 기저율을 보여준다. 하지만 1990년대 말에 닷컴 주식 한 종목을 선택했다면 많은 투자자가 이번에는 다르다고 믿으며 상식과 건전한 연구를 포기했을 것이다. 그렇지 않다. 이 책의 1997년 판에서 말했고 이제 다시 말하겠다. 내일의 핫한 '이야기' 주식은 '인터넷 총아'나 대형 기술주가 아닐 수도 있지만 한 가지 공통점이 있다. 즉, 불타면서 추락할 것이다. 2007~2009년 약세장에 이어서 이제 반면교사로 해석될 수도 있는 것을 배웠는데, 바로 끔찍한 약세장 때문에 많은 투자자가 주식시장을 완전히 떠났고 역사는 그들이 이후 실망스러운 수익을 얻게 된다고 시사한다는 점이다. 장기 데이터가 주는 가르침은 모호하지 않다. 장기 수익이 훌륭한 전략을 찾은 다음 그 전략을 고수하라.

표 28.2 각 전략의 수익률이 벤치마크의 수익률보다 높았던 기간의 비중(연 수익률 내림차순, 1965/08/31~2009/12/31)

전략	1년 단위	3년 단위	5년 단위	7년 단위	10년 단위
마이크로주 저PBR 상위 30%, 3&6개월 가격 모멘텀>0, 12개월 가격 모멘텀 상위 25종목	78.89%	90.34%	98.94%	100.00%	100.00%
마이크로주 저PSR<1, 3&6개월 가격 모멘텀>0, 12개월 가격 모멘텀 상위 10종목	69.29%	88.93%	98.10%	99.11%	100.00%
마이크로주 저PBR 상위 30%, 3&6개월 가격 모멘텀>0, 12개월 가격 모멘텀 상위 25종목	77.16%	90.14%	99.15%	100.00%	100.00%
마이크로주 저PBR 상위 30%, 3&6개월 가격 모멘텀>0, 12개월 가격 모멘텀 상위 50종목	82.34%	93.36%	100.00%	100.00%	100.00%
주세형 가치주 포트폴리오(전체 주식 VC2 상위 10%, 6개월 가격 모멘텀 상위 25종목)	84.64%	99.20%	95.77%	99.55%	99.76%
마이크로주 저PSR<1, 12개월 가격 모멘텀 상위 25종목	72.55%	85.11%	96.83%	97.55%	99.27%
전체 주식 성장주	81.57%	95.77%	100.00%	100.00%	100.00%
소형주 VC2 상위 30%, 3&6개월 가격 모멘텀>중앙값, 6개월 가격 모멘텀 상위 25종목	83.30%	96.38%	100.00%	100.00%	100.00%
소형주 VC2 상위 30%, 3&6개월 가격 모멘텀>중앙값, 6개월 가격 모멘텀 상위 50종목	83.69%	97.59%	99.79%	99.55%	100.00%
전체 주식 VC2 상위 10%, 6개월 가격 모멘텀 상위 50종목	81.96%	97.18%	100.00%	100.00%	100.00%
전체 주식 VC2 상위 30%, 3&6개월 가격 모멘텀>중앙값, 6개월 가격 모멘텀 상위 25종목	85.41%	99.80%	99.37%	100.00%	100.00%
소형주 VC3 상위 10%	83.30%	94.16%	100.00%	100.00%	100.00%
전체 주식 VC2 상위 30%, 3&6개월 가격 모멘텀>중앙값, 6개월 가격 모멘텀 상위 50종목	86.18%	98.99%	99.37%	99.78%	100.00%
소형주 VC2 상위 10%	80.61%	93.36%	100.00%	100.00%	100.00%
소형주 저EV/EBITDA 상위 10%	81.96%	95.17%	99.37%	100.00%	100.00%
소형주 VC1 상위 10%	80.81%	92.56%	99.37%	100.00%	100.00%
소형주 저PBR 상위 30%, 3&6개월 가격 모멘텀>중앙값, 주주수익률 상위 25종목	75.05%	91.35%	97.46%	98.66%	100.00%
소형주 저PSR<1, 3&6개월 가격 모멘텀>중앙값, 주주수익률 상위 50종목	74.09%	89.13%	97.46%	98.89%	100.00%
전체 주식 3&6개월 가격 모멘텀>0, 주주수익률 상위 25종목	77.35%	98.79%	100.00%	100.00%	100.00%
소형주 저PBR, 6개월 가격 모멘텀>중앙값, 자사주 매입 수익률 상위 25종목	79.46%	95.17%	99.79%	100.00%	100.00%
소형주 주주수익률, 6개월 가격 모멘텀>중앙값, 자사주 상위 25종목	74.47%	89.94%	98.94%	98.44%	100.00%
전체 주식 저PBR 상위 30%, 3&6개월 가격 모멘텀>중앙값, 주주수익률 상위 25종목	74.28%	93.16%	98.94%	98.66%	100.00%
소형주 저PBR, 6개월 가격 모멘텀>중앙값, 자사주 매입 수익률 상위 25종목	77.93%	95.17%	99.58%	100.00%	100.00%
소형주 저PBR 상위 30%, 3&6개월 가격 모멘텀>0, 주주수익률 상위 25종목	74.86%	98.39%	100.00%	100.00%	100.00%
소형주 저PBR 상위 30%, 3&6개월 가격 모멘텀>중앙값, 12개월 가격 모멘텀 상위 25종목	76.97%	93.76%	100.00%	99.55%	100.00%
소형주 저PBR 상위 30%, 3&6개월 가격 모멘텀>0, 12개월 가격 모멘텀 상위 25종목	77.16%	91.55%	99.58%	99.55%	100.00%
소형주 저PBR 상위 30%, 3&6개월 가격 모멘텀>0, 주주수익률 상위 25종목	73.70%	91.35%	95.98%	98.44%	100.00%
소형주 저PBR 상위 30%, 3&6개월 가격 모멘텀>0, 12개월 가격 모멘텀 상위 50종목	78.50%	94.37%	99.58%	99.55%	100.00%
소형주 저PBR 상위 30%, 3&6개월 가격 모멘텀>중앙값, 주주수익률 상위 50종목	75.05%	93.76%	98.73%	98.44%	100.00%

(다음 쪽에 이어짐)

표 28.2 각 전략의 수익률이 벤치마크의 수익률보다 높았던 기간의 비중(연 수익률 내림차순, 1965/08/31~2009/12/31)

전략	1년 단위	3년 단위	5년 단위	7년 단위	10년 단위
전체 주식 주주수익률, 6개월 가격 모멘텀>중앙값, 저PBR 상위 25종목	73.51%	90.34%	98.10%	98.44%	100.00%
전체 주식 저PBR 상위 30%, 3&6개월 가격 모멘텀>0, 주주수익률 상위 25종목	74.09%	90.74%	97.25%	98.44%	100.00%
소형주 3&6개월 가격 모멘텀>중앙값, 저PBR 상위 25종목	75.82%	88.33%	99.58%	99.55%	100.00%
소형주 저PBR 상위 30%, 3&6개월 가격 모멘텀>중앙값, 12개월 가격 모멘텀 상위 50종목	77.35%	93.76%	99.79%	99.55%	100.00%
소형주 저PBR 상위 30%, 3&6개월 가격 모멘텀>중앙값, 12개월 가격 모멘텀 상위 25종목	80.61%	92.96%	99.58%	100.00%	100.00%
소형주 3&6개월 가격 모멘텀>중앙값, 저PBR 상위 50종목	75.05%	92.96%	99.37%	99.33%	100.00%
소형주 저PBR 상위 30%, 3&6개월 가격 모멘텀>0, 주주수익률 상위 50종목	74.09%	89.54%	95.77%	99.33%	100.00%
전체 주식 주주수익률, 6개월 가격 모멘텀>중앙값, 저PBR 상위 50종목	72.36%	90.74%	97.25%	97.77%	100.00%
전체 주식 주주수익률, 6개월 가격 모멘텀>중앙값, 주주수익률 상위 25종목	71.40%	92.76%	97.67%	98.22%	100.00%
전체 주식 저PBR 상위 30%, 3&6개월 가격 모멘텀>0, 12개월 가격 모멘텀 상위 25종목	78.89%	94.77%	99.37%	100.00%	100.00%
전체 주식 저PBR 상위 30%, 3&6개월 가격 모멘텀>0, 12개월 가격 모멘텀 상위 50종목	79.46%	90.34%	99.58%	99.55%	100.00%
소형주 저PBR, 6개월 가격 모멘텀 상위 25종목	70.25%	93.56%	99.58%	99.55%	100.00%
전체 주식 3&6개월 가격 모멘텀>중앙값, 주주수익률 상위 50종목	78.12%	89.34%	95.56%	99.11%	100.00%
전체 주식 저PBR 상위 30%, 3&6개월 가격 모멘텀>중앙값, 주주수익률 상위 50종목	75.62%	99.80%	100.00%	100.00%	100.00%
소형주 저 EV/잉여현금흐름 상위 10%	73.51%	81.89%	83.93%	87.08%	92.01%
소형주 저PER 상위 10%	76.01%	86.72%	91.12%	95.32%	99.52%
전체 주식 3&6개월 가격 모멘텀>중앙값, 저PBR 상위 50종목	76.39%	90.95%	99.58%	99.55%	100.00%
전체 주식 저PBR 상위 30%, 6개월 가격 모멘텀>중앙값, 자사주 매입 수익률 상위 50종목	78.69%	95.98%	99.79%	100.00%	100.00%
소형주 저PBR 상위 30%, 3&6개월 가격 모멘텀>0, 주주수익률 상위 50종목	73.32%	89.13%	97.04%	98.22%	100.00%
소형주 저PBR, 자사주 매입 수익률>중앙값, 6개월 가격 모멘텀 상위 25종목	74.86%	93.76%	99.15%	99.78%	100.00%
소형주 저PBR, 자사주 매입 수익률>중앙값, 6개월 가격 모멘텀 상위 50종목	75.24%	93.36%	98.73%	99.33%	100.00%
소형주 주가/영업현금흐름 상위 10%	72.36%	82.29%	90.27%	93.99%	100.00%
전체 주식 저PBR 상위 30%, 3&6개월 가격 모멘텀>중앙값, 12개월 가격 모멘텀 상위 25종목	78.89%	93.56%	100.00%	100.00%	100.00%
전체 주식 3&6개월 가격 모멘텀>중앙값, 자사주 매입 수익률>중앙값, 저PBR 상위 25종목	73.70%	88.33%	96.19%	98.44%	100.00%
소형주 저PBR, 6개월 가격 모멘텀>중앙값, 주주수익률 상위 25종목	74.09%	91.95%	99.37%	99.55%	100.00%
소형주 저PBR, 주주수익률>중앙값, 6개월 가격 모멘텀 상위 50종목	76.78%	95.37%	98.73%	99.55%	100.00%
소형주 3&6개월 가격 모멘텀>중앙값, 주주수익률 상위 50종목	74.09%	97.18%	99.37%	100.00%	100.00%
소형주 저PBR, 자사주 매입 수익률>중앙값, 6개월 가격 모멘텀 상위 50종목	74.66%	93.96%	100.00%	100.00%	100.00%

(다음 쪽에 이어짐)

표 28.2 각 전략의 수익률이 벤치마크의 수익률보다 높았던 기간의 비중(연 수익률을 내림차순, 1965/08/31~2009/12/31)

전략	1년 단위	3년 단위	5년 단위	7년 단위	10년 단위
전체 주식 VC3 상위 10%	79.27%	93.16%	97.89%	98.44%	99.52%
소형주 저 EV/매출액 상위 10%	73.13%	86.92%	97.04%	99.78%	100.00%
전체 주식 VC2 상위 10%	75.43%	92.35%	97.89%	98.22%	99.52%
전체 주식 저PBR, 자사주 매입 수익률>중앙값, 6개월 가격 모멘텀 상위 25종목	78.89%	91.35%	96.19%	99.55%	100.00%
전체 주식 저PBR, 자사주 매입 수익률>중앙값, 3개월 가격 모멘텀>중앙값, 6개월 가격 모멘텀 상위 25종목	79.08%	92.15%	96.83%	98.89%	100.00%
소형주 저PBR, 자사주 매입 수익률>중앙값, 6개월 가격 모멘텀 상위 50종목	74.66%	95.17%	99.58%	100.00%	100.00%
전체 주식 VC1 상위 10%	76.78%	92.76%	98.10%	98.44%	99.52%
소형주 저PBR, 6개월 가격 모멘텀>중앙값, 주주수익률 상위 50종목	67.95%	86.92%	94.08%	98.66%	100.00%
전체 주식 저PBR, 주주수익률>중앙값, 6개월 가격 모멘텀 상위 25종목	80.61%	93.16%	98.52%	100.00%	100.00%
소형주 저 주가/잉여현금흐름 상위 10%	68.33%	77.67%	86.05%	87.75%	90.56%
전체 주식 저PBR, 자사주 매입 수익률>중앙값, 3개월 가격 모멘텀>중앙값, 6개월 가격 모멘텀 상위 50종목	79.27%	96.58%	100.00%	100.00%	100.00%
전체 주식 저PBR, 주주수익률>중앙값, 6개월 가격 모멘텀 상위 50종목	71.21%	94.16%	100.00%	100.00%	100.00%
전체 주식 저PBR, 자사주 매입 수익률>중앙값, 6개월 가격 모멘텀 상위 50종목	78.89%	94.37%	99.37%	100.00%	100.00%
전체 주식 저PBR, 6개월 가격 모멘텀>중앙값, 주주수익률 상위 50종목	68.52%	90.34%	97.67%	99.11%	100.00%
필수 소비재·공익기업 결합 포트폴리오	65.07%	79.07%	84.99%	89.09%	97.09%
전체 주식 저EV/EBITDA 상위 10%	76.01%	87.32%	97.04%	99.78%	100.00%
전체 주식 저PBR, 주주수익률>중앙값, 6개월 가격 모멘텀 상위 50종목	77.54%	96.38%	100.00%	100.00%	100.00%
전체 주식 저PER 상위 10%	75.62%	85.11%	91.97%	95.77%	99.27%
전체 주식 저 주가/영업현금흐름 상위 10%	72.17%	86.32%	90.70%	98.22%	99.76%
전체 주식 저 EV/잉여현금흐름 상위 10%	74.09%	81.29%	87.95%	87.75%	91.53%
전체 주식 종합이익품질 상위 10%	83.69%	88.53%	94.29%	97.77%	100.00%
소형주 저PBR, 3&6개월 가격 모멘텀>중앙값, 12개월 가격 모멘텀 상위 25종목	75.82%	87.12%	96.62%	98.00%	98.79%
전체 주식 자사주 매입 수익률 상위 10%	83.11%	96.18%	99.15%	100.00%	100.00%
소형주 저PBR, 3&6개월 가격 모멘텀>중앙값, 12개월 가격 모멘텀 상위 50종목	73.90%	93.56%	98.31%	98.00%	100.00%
소형주 자사주 매입 수익률 상위 10%	77.74%	95.98%	98.94%	99.78%	100.00%
소형주 저주주수익률 상위 10%	70.25%	88.13%	94.93%	98.44%	99.27%
전체 주식 저 EV/매출액 상위 10%	73.51%	88.53%	97.25%	97.55%	98.79%
전체 주식 주주수익률 상위 10%	74.47%	92.76%	98.10%	98.66%	99.52%
시장 선도주 VC2 상위 20%, 6개월 가격 모멘텀 상위 25종목	72.94%	84.91%	91.97%	98.00%	100.00%

(다음 쪽에 이어짐)

월가의 퀀트 투자 바이블

표 28.2 각 전략의 수익률이 벤치마크의 수익률보다 높았던 기간의 비중(연간 수익률 내림차순, 1965/08/31~2009/12/31)

전략	1년 단위	3년 단위	5년 단위	7년 단위	10년 단위
전체 주식 저 주가/잉여현금흐름 상위 10%	71.40%	79.88%	91.97%	98.44%	100.00%
전체 주식 주주수익률, 3&6개월 가격 모멘텀 상위 50종목	76.58%	92.76%	95.98%	97.10%	98.31%
전체 주식 저PBR, 3&6개월 가격 모멘텀>중앙값, 12개월 가격 모멘텀 상위 50종목	74.86%	89.13%	93.23%	97.55%	98.55%
시장 선도주 3&6개월 가격 모멘텀>중앙값, 12개월 가격 모멘텀 상위 25종목	65.64%	80.68%	91.75%	98.89%	100.00%
전체 주식 재무건전성 하위 10%	83.11%	95.37%	97.04%	100.00%	100.00%
시장 선도주 VC2 상위 20%, 6개월 가격 모멘텀 상위 50종목	75.24%	85.71%	92.60%	96.88%	99.76%
시장 선도주 VC2>중앙값, 주주수익률 상위 25종목	66.03%	78.47%	88.37%	98.22%	100.00%
소형주 주주수익률, 3&6개월 가격 모멘텀 상위 50종목	77.93%	94.16%	95.98%	96.88%	97.82%
Cornerstone Value, Improved 25	65.26%	82.09%	90.27%	98.44%	100.00%
대형주 자사주 매입 수익률 상위 10%	82.53%	92.96%	96.83%	99.55%	100.00%
대형주 3&6개월 가격 모멘텀>중앙값, 주주수익률 상위 25종목	71.02%	91.35%	95.98%	97.77%	100.00%
소형주 저PSR 상위 10%	68.14%	68.41%	75.90%	75.50%	79.42%
시장 선도주 VC2 상위 10%	64.11%	71.23%	79.70%	92.87%	98.79%
시장 선도주 주주수익률 상위 10%	64.88%	80.28%	91.33%	97.33%	100.00%
전체 주식 저PBR, 3&6개월 가격 모멘텀>중앙값, 12개월 가격 모멘텀 상위 50종목	75.82%	89.74%	97.04%	98.00%	100.00%
소형주 3&6개월 가격 모멘텀>0, ROE>평균, 12개월 가격 모멘텀 상위 50종목	64.49%	74.45%	82.88%	87.97%	94.19%
시장 선도주 3&6개월 가격 모멘텀>중앙값, 주주수익률 상위 50종목	67.37%	86.12%	98.10%	99.78%	100.00%
대형주 저PBR, 6개월 가격 모멘텀>중앙값, 자사주 매입 수익률 상위 25종목	72.36%	90.14%	99.79%	99.55%	100.00%
Cornerstone Value, Improved 50	69.10%	84.91%	96.62%	99.11%	100.00%
시장 선도주 VC2>중앙값, 주주수익률 상위 50종목	67.18%	80.08%	93.45%	100.00%	100.00%
전체 주식 주주수익률, 3&6개월 가격 모멘텀>중앙값, 12개월 가격 모멘텀 상위 25종목	67.56%	83.90%	91.54%	95.99%	97.58%
시장 선도주 VC3 상위 10%	63.34%	67.81%	78.86%	91.31%	96.85%
대형주 주주수익률 상위 10%	74.47%	89.74%	96.83%	99.11%	99.76%
소형주 주가매출액배수 하위 10%	61.23%	69.01%	67.65%	70.16%	68.04%
시장 선도주 저EV/EBITDA 상위 10%	68.14%	77.67%	83.51%	93.54%	99.52%
소형주 6개월 가격 모멘텀 상위 10%	61.42%	72.64%	85.62%	91.09%	97.58%
소형주 주주수익률, 3&6개월 가격 모멘텀>중앙값, 12개월 가격 모멘텀 상위 25종목	72.17%	84.91%	91.75%	92.43%	97.09%
소형주 자사주 매입 수익률, 3개월 가격 모멘텀>중앙값, 12개월 가격 모멘텀 상위 50종목	69.10%	81.69%	87.32%	93.54%	98.31%
시장 선도주 자사주 매입 수익률 상위 10%	71.79%	86.92%	91.54%	95.10%	100.00%

(다음 쪽에 이어짐)

표 28.2 각 전략의 수익률이 벤치마크의 수익률보다 높았던 기간의 비중(연 수익률 내림차순. 1965/08/31~2009/12/31)

전략	1년 단위	3년 단위	5년 단위	7년 단위	10년 단위
시장 선도주 VC1 상위 10%	62.00%	70.62%	70.82%	87.97%	96.37%
소형주 저PBR 상위 10%	61.04%	68.61%	75.90%	89.98%	97.58%
전체 주식 6개월 가격 모멘텀 상위 10%	62.38%	71.43%	85.41%	91.76%	97.09%
시장 선도주 3&6개월 가격 모멘텀 상위, VC2 상위 25종목	68.91%	78.87%	83.30%	93.10%	100.00%
대형주 저PBR, 자사주 매입 수익률>중앙값, 6개월 가격 모멘텀 상위 25종목	77.35%	92.15%	100.00%	100.00%	100.00%
대형주 VC2 상위 10%	68.33%	82.70%	91.33%	95.99%	97.82%
대형주 VC3 상위 10%	69.10%	80.89%	93.02%	97.33%	97.82%
전체 주식 저PBR 상위 10%	64.30%	73.64%	81.18%	92.43%	98.31%
소형주 60개월 가격 모멘텀 하위 10%	61.61%	71.63%	75.69%	78.17%	72.88%
전체 주식 주가별생예배수 하위 10%	62.76%	76.46%	84.99%	85.52%	91.04%
전체 주식 저PSR 상위 10%	66.79%	70.62%	74.42%	78.84%	88.62%
대형주 저EV/EBITDA 상위 10%	72.36%	82.90%	90.27%	96.44%	99.52%
대형주 3&6개월 가격 모멘텀>중앙값, 저PBR 상위 25종목	68.14%	80.28%	96.41%	99.55%	100.00%
전체 주식 60개월 가격 모멘텀 하위 10%	62.76%	69.42%	76.11%	77.73%	73.37%
대형주 주주수익률, 3&6개월 가격 모멘텀>중앙값, 12개월 가격 모멘텀 상위 25종목	71.21%	87.93%	95.98%	98.44%	100.00%
대형주 저PBR, 자사주 매입 수익률, 3개월 가격 모멘텀>중앙값, 6개월 가격 모멘텀 상위 25종목	75.43%	90.34%	100.00%	100.00%	100.00%
전체 주식 자사주 매입 수익률, 3개월 가격 모멘텀>중앙값, 12개월 가격 모멘텀 상위 50종목	66.41%	76.26%	82.88%	86.41%	95.40%
소형주 배당수익률 상위 10%	55.28%	69.22%	71.88%	73.05%	87.17%
시장 선도주 저 EV/잉여현금흐름 상위 10%	62.96%	73.64%	87.53%	87.08%	90.56%
대형주 저PBR, 6개월 가격 모멘텀>중앙값, 주주수익률 상위 25종목	63.72%	81.09%	95.98%	97.55%	98.31%
시장 선도주 주가/영업현금흐름 상위 10%	60.65%	66.00%	73.78%	87.75%	97.09%
대형주 저PBR, 6개월 가격 모멘텀>중앙값, 저PBR 상위 25종목	68.91%	83.90%	92.81%	95.55%	99.03%
소형주 자산최전율 상위 10%	60.08%	62.98%	68.71%	71.71%	77.72%
소형주 자사주 매입 수익률, 3개월 가격 모멘텀>중앙값, 12개월 가격 모멘텀 상위 25종목	63.34%	71.63%	77.59%	87.53%	95.64%
시장 선도주 저PER 상위 10%	61.42%	67.61%	65.12%	71.49%	64.65%
대형주 3&6개월 가격 모멘텀>중앙값, 주주수익률 상위 50종목	65.45%	87.73%	93.02%	97.10%	100.00%
대형주 저PBR, 자사주 매입 수익률, 3개월 가격 모멘텀>중앙값, 6개월 가격 모멘텀 상위 50종목	72.55%	88.73%	98.94%	98.44%	99.03%
시장 선도주 발생배/총자산 하위 10%	66.22%	74.85%	81.18%	83.07%	92.49%
대형주 저PBR, 주주수익률>중앙값, 6개월 가격 모멘텀 상위 25종목	72.55%	88.73%	99.37%	98.66%	100.00%

(다음 쪽에 이어짐)

표 28.2 각 전략의 수익률이 벤치마크의 수익률보다 높았던 기간의 비중(연 수익률 내림차순, 1965/08/31~2009/12/31)

전략	1년 단위	3년 단위	5년 단위	7년 단위	10년 단위
대형주 6개월 가격 모멘텀 상위 10%	64.88%	74.04%	82.45%	86.41%	95.40%
대형주 저PER 상위 10%	69.10%	73.84%	83.30%	89.09%	94.92%
대형주 저 주가/영업현금흐름 상위 10%	67.37%	73.84%	76.32%	87.53%	95.64%
대형주 저PBR, 자사주 매입 수익률>중앙값, 6개월 가격 모멘텀 상위 50종목	72.36%	89.74%	98.10%	98.22%	98.79%
Cornerstone Value, Div Yld 25	57.39%	75.19%	67.44%	72.38%	84.26%
대형주 자사주 매입 수익률, 3개월 가격 모멘텀 상위 25종목	64.49%	76.86%	86.47%	94.43%	96.37%
대형주 VC1 상위 10%	63.92%	75.65%	80.55%	89.98%	96.85%
시장 선도주 6개월 가격 모멘텀 상위 10%	62.57%	71.03%	83.72%	93.76%	96.85%
대형주 저PBR, 6개월 가격 모멘텀>중앙값, 자사주 매입 수익률 상위 50종목	72.17%	88.33%	98.94%	98.89%	99.76%
소형주 현금흐름/부채 상위 10%	53.74%	61.97%	69.98%	68.15%	62.71%
시장 선도주 PSR<평균, 12개월 가격 모멘텀 상위 25종목	67.18%	77.87%	84.78%	88.20%	98.31%
대형주 저PBR, 6개월 가격 모멘텀>중앙값, 주주수익률 상위 50종목	63.92%	77.87%	93.87%	96.66%	96.85%
시장 선도주 3&6개월 가격 모멘텀>중앙값, VC2 상위 50종목	67.18%	75.45%	82.88%	91.54%	99.03%
대형주 저 EV/영여현금흐름 상위 10%	63.92%	78.47%	88.16%	92.65%	96.85%
시장 선도주 주가발생액배수 하위 10%	59.69%	65.19%	72.94%	80.85%	91.53%
시장 선도주 순영업자산 증가율 하위 10%	61.80%	73.84%	79.07%	84.63%	85.47%
시장 선도주 배당수익률 상위 10%	55.66%	61.17%	67.23%	74.16%	85.96%
전체 주식 배당수익률 상위 10%	53.17%	69.42%	70.82%	72.38%	83.05%
소형주 ROA 상위 10%	57.01%	64.79%	69.13%	65.48%	60.05%
소형주 ROE 상위 10%	58.16%	62.17%	64.06%	59.69%	58.35%
전체 주식 저자사주 매입 수익률, 3개월 가격 모멘텀>중앙값, 12개월 가격 모멘텀 상위 25종목	60.27%	64.79%	73.15%	81.51%	83.54%
시장 선도주 저 EV/매출액 상위 10%	63.53%	68.61%	75.05%	74.16%	81.36%
대형주 저PBR, 주주수익률>중앙값, 6개월 가격 모멘텀 상위 50종목	67.18%	82.29%	95.56%	96.88%	98.55%
대형주 주주수익률, 3&6개월 가격 모멘텀>중앙값, 12개월 가격 모멘텀 상위 50종목	68.71%	87.32%	93.45%	97.33%	100.00%
대형주 저PBR 상위 10%	63.72%	72.23%	83.72%	89.31%	95.64%
시장 선도주 저 주가/영업현금흐름 상위 10종목	57.20%	62.78%	68.50%	81.51%	91.04%
대형주 저자사주 매입 수익률, 3개월 가격 모멘텀>중앙값, 12개월 가격 모멘텀 상위 50종목	69.67%	82.49%	92.18%	96.88%	99.76%
소형주 EPS 증가율 상위 10%	58.54%	56.74%	63.00%	65.92%	66.59%
대형주 주주수익률, 6개월 가격 모멘텀>중앙값, 저PBR 상위 50종목	65.26%	78.27%	91.97%	95.55%	97.82%

(다음 쪽에 이어짐)

표 28.2 각 전략의 수익률이 벤치마크의 수익률보다 높았던 기간의 비중(연 수익률 내림차순, 1965/08/31~2009/12/31)

전략	1년 단위	3년 단위	5년 단위	7년 단위	10년 단위
전체 주식 발생액/총자산 하위 10%	68.91%	70.82%	69.13%	67.04%	77.00%
시장 선도주 PSR<평균, 12개월 가격 모멘텀 상위 50종목	64.11%	70.22%	73.15%	75.06%	80.15%
전체 주식 자산회전율 상위 10%	59.50%	66.00%	74.63%	81.07%	86.20%
대형주 종합이익품질 하위 10%	71.79%	85.51%	88.79%	92.20%	99.76%
시장 선도주 12개월 가격 모멘텀 상위 10%	60.08%	66.00%	78.65%	83.07%	86.20%
대형주 자사주 매입 수익률>중앙값, 배당수익률 상위 50종목	57.97%	69.62%	75.90%	84.19%	90.56%
시장 선도주 저 주가/잉여현금흐름 상위 10%	58.35%	61.77%	69.13%	71.27%	72.88%
대형주 3&6개월 가격 모멘텀>중앙값, 저PBR 상위 50종목	62.38%	78.47%	87.95%	95.99%	99.76%
대형주 60개월 가격 모멘텀 하위 10%	60.84%	66.00%	75.26%	81.07%	92.01%
소형주 발생액/총자산 하위 10%	49.90%	56.14%	52.22%	53.90%	47.22%
대형주 주가별생애매수 하위 10%	62.57%	73.44%	74.84%	76.84%	88.14%
대형주 자사주 매입 수익률>중앙값, 배당수익률 상위 25종목	55.66%	67.20%	72.73%	82.18%	87.17%
대형주 저 EV/매출에 상위 10%	67.18%	72.84%	78.22%	81.96%	97.58%
시장 선도주 저PSR 상위 10%	57.58%	53.32%	60.04%	57.02%	64.41%
시장 선도주 저PBR 상위 10%	56.24%	55.53%	57.29%	64.14%	66.83%
시장 선도주 부채 증가율 하위 10%	60.27%	64.59%	73.57%	79.73%	86.92%
소형주 12개월 가격 모멘텀 상위 10%	57.97%	57.14%	66.60%	69.27%	74.09%
전체 주식 12개월 가격 모멘텀 상위 10%	59.50%	56.94%	69.98%	70.16%	78.21%
대형주 저 주가/잉여현금흐름 상위 10%	59.31%	64.39%	73.78%	83.52%	82.81%
대형주 저PBR, 3&6개월 가격 모멘텀>중앙값, 12개월 가격 모멘텀 상위 50종목	61.61%	75.86%	85.62%	94.65%	100.00%
전체 주식 ROE 상위 10%	58.54%	61.17%	64.90%	55.01%	48.43%
대형주 저PBR, 3&6개월 가격 모멘텀>중앙값, 12개월 가격 모멘텀 상위 25종목	65.64%	77.46%	82.66%	93.32%	98.06%
대형주 12개월 가격 모멘텀 상위 10%	59.12%	69.22%	76.11%	78.40%	87.89%
전체 주식 순영업자산 증가율 하위 10%	58.16%	63.58%	67.65%	69.27%	75.30%
소형주 영업이익률 상위 10%	46.64%	51.71%	58.14%	58.13%	58.11%
전체 주식 감가상각비/자본적 지출 상위 10%	57.39%	61.57%	60.89%	61.25%	71.19%
시장 선도주 ROA 상위 10%	51.25%	45.67%	47.78%	52.78%	52.78%
전체 주식 ROA 상위 10%	50.86%	50.91%	54.12%	52.34%	53.75%
소형주 순이익률 상위 10%	49.52%	59.56%	61.10%	58.80%	57.38%

(다음 쪽에 이어짐)

월가의 퀀트 투자 바이블

표 28.2 각 전략의 수익률이 벤치마크의 수익률보다 높았던 기간의 비중(연 수익률 내림차순. 1965/08/31~2009/12/31)

전략	1년 단위	3년 단위	5년 단위	7년 단위	10년 단위
소형주 감가상각비/자본적 지출 상위 10%	49.14%	50.10%	45.88%	39.64%	37.29%
대형주 발생액/총자산 하위 10%	62.38%	72.43%	76.96%	76.39%	80.63%
전체 주식 현금흐름/부채 상위 10%	47.22%	44.06%	52.22%	53.67%	56.42%
시장 선도주 순이익률 상위 10%	48.56%	52.11%	48.63%	54.79%	55.45%
시장 선도주 자산회전율 상위 10%	49.33%	52.92%	54.76%	56.12%	67.07%
시장 선도주 영업이익률 상위 10%	45.68%	46.48%	45.03%	50.78%	53.27%
대형주 배당수익률 상위 10%	48.37%	60.56%	61.95%	69.49%	78.69%
대형주 재무건전성 하위 10%	64.49%	74.04%	79.07%	79.96%	80.87%
소형주	0.00%	0.00%	0.00%	0.00%	0.00%
전체 주식 성장주 상위 10%	52.40%	53.92%	60.47%	61.92%	57.14%
대형주 순영업자산 증가율 하위 10%	62.00%	66.40%	66.60%	65.92%	74.58%
시장 선도주	0.00%	0.00%	0.00%	0.00%	0.00%
대형주 저PSR 상위 10%	58.16%	61.17%	65.12%	72.61%	77.48%
시장 선도주 감가상각비/자본적 지출 상위 10%	54.32%	61.37%	65.12%	70.16%	76.76%
시장 선도주 현금흐름/부채 상위 10%	46.45%	44.87%	36.36%	34.08%	33.90%
소형주 부채 증가율 하위 10%	47.60%	43.06%	37.42%	37.42%	38.26%
전체 주식	0.00%	0.00%	0.00%	0.00%	0.00%
시장 선도주 ROE 상위 10%	50.86%	43.86%	46.30%	44.32%	50.61%
대형주 저PBR>중앙값, 배당수익률 상위 25종목	48.56%	61.57%	57.29%	57.24%	69.01%
소형주 순영업자산 증가율 하위 10%	49.33%	50.10%	46.09%	44.10%	39.71%
대형주 자산회전율 상위 10%	55.28%	60.97%	60.47%	62.36%	62.71%
전체 주식 영업이익률 상위 10%	49.14%	49.70%	55.39%	59.47%	55.69%
대형주 저PBR>중앙값, 배당수익률 상위 50종목	49.71%	56.34%	54.55%	60.58%	69.25%
시장 선도주 감가상각비/자본적 지출 하위 10%	45.30%	40.24%	38.27%	39.64%	39.47%
전체 주식 부채 증가율 하위 10%	49.90%	50.30%	45.67%	41.43%	42.13%
대형주 부채 증가율 하위 10%	61.23%	59.36%	55.18%	46.33%	35.35%
시장 선도주 자산회전율 하위 10%	51.25%	50.91%	56.45%	53.23%	49.15%
시장 선도주 ROE 하위 10%	50.10%	45.67%	38.69%	36.08%	38.74%
전체 주식 순이익률 상위 10%	44.53%	54.33%	49.05%	50.11%	50.61%

(다음 쪽에 이어짐)

표 28.2 각 전략의 수익률이 벤치마크의 수익률보다 높았던 기간의 비중(연 수익률 내림차순. 1965/08/31-2009/12/31)

전략	1년 단위	3년 단위	5년 단위	7년 단위	10년 단위
시장 선도주 주가별생애배수 상위 10%	42.61%	37.42%	39.96%	37.64%	25.42%
시장 선도주 저 EV/잉여현금흐름 하위 10%	44.91%	40.04%	39.75%	38.31%	33.41%
시장 선도주 ROA 하위 10%	48.94%	34.00%	36.36%	37.42%	31.23%
대형주	0.00%	0.00%	0.00%	0.00%	0.00%
시장 선도주 현금흐름/부채 하위 10%	48.94%	52.11%	50.11%	47.88%	38.74%
시장 선도주 순이익률 하위 10%	47.41%	42.45%	40.38%	37.42%	44.07%
시장 선도주 저 주가/잉여현금흐름 하위 10%	42.61%	34.00%	32.98%	27.17%	28.33%
시장 선도주 EPS 증가율 상위 10%	40.31%	32.39%	27.91%	22.49%	21.07%
시장 선도주 저PBR 하위 10%	43.38%	38.43%	34.88%	35.19%	20.82%
대형주 감가상각비/자본적 지출 상위 10%	51.25%	56.94%	51.16%	59.02%	62.95%
대형주 ROA 상위 10%	47.41%	43.26%	47.78%	46.10%	48.43%
대형주 ROE 상위 10%	53.93%	46.68%	46.93%	48.78%	52.06%
대형주 성장주 상위 10%	46.26%	37.63%	36.79%	33.18%	30.51%
시장 선도주 부채 증가율 상위 10%	38.39%	29.98%	22.20%	11.80%	1.69%
S&P500	41.65%	48.09%	45.67%	50.56%	48.18%
시장 선도주 영업이익률 하위 10%	42.23%	37.63%	25.16%	26.50%	15.25%
전체 주식 자산회전율 하위 10%	42.99%	43.06%	43.55%	43.65%	42.86%
대형주 영업이익률 상위 10%	47.22%	44.47%	43.34%	42.98%	43.10%
대형주 EPS 증가율 상위 10%	43.95%	33.40%	28.33%	25.84%	15.01%
시장 선도주 저EV/EBITDA 하위 10%	41.84%	31.99%	27.70%	26.95%	20.34%
시장 선도주 EPS 증가율 하위 10%	33.97%	24.75%	16.49%	10.24%	3.39%
소형주 60개월 가격 모멘텀 상위 10%	36.08%	32.80%	30.02%	24.28%	27.12%
대형주 현금흐름/부채 상위 10%	45.68%	35.61%	34.04%	29.62%	15.98%
시장 선도주 저PER 하위 10%	40.69%	31.79%	28.12%	14.70%	8.72%
대형주 저PBR 하위 10%	47.41%	33.86%	39.11%	30.29%	20.82%
시장 선도주 VC1 하위 10%	38.96%	33.40%	32.14%	25.17%	9.69%
소형주 주가별생애배수 상위 10%	39.54%	35.81%	33.40%	34.52%	23.00%
전체 주식 주가별생애배수 상위 10%	38.58%	29.78%	21.78%	15.59%	7.51%
시장 선도주 순영업자산 증가율 상위 10%	35.51%	25.55%	16.07%	8.24%	1.69%

(다음 쪽에 이어짐)

월가의 퀀트 투자 바이블

표 28.2 각 전략의 수익률이 벤치마크의 수익률보다 높았던 기간의 비중(연 수익률 내림차순, 1965/08/31~2009/12/31)

전략	1년 단위	3년 단위	5년 단위	7년 단위	10년 단위
시장 선도주 저PSR 하위 10%	40.88%	37.83%	30.87%	28.29%	9.93%
시장 선도주 저 EV/매출액 하위 10%	36.47%	33.80%	34.67%	33.63%	23.97%
시장 선도주 12개월 가격 모멘텀 하위 10%	33.21%	20.93%	13.11%	5.35%	1.45%
대형주 순이익률 상위 10%	47.79%	34.00%	32.35%	32.07%	31.96%
대형주 주가발생액배수 상위 10%	36.85%	37.22%	34.88%	24.94%	15.25%
대형주 자산회전율 하위 10%	48.94%	44.27%	43.34%	38.31%	35.84%
전체 주식 60개월 가격 모멘텀 상위 10%	37.43%	30.18%	26.85%	17.15%	15.50%
시장 선도주 6개월 가격 모멘텀 하위 10%	33.59%	13.28%	6.77%	1.34%	0.00%
전체 주식 저PBR 하위 10%	42.61%	31.39%	26.00%	17.82%	9.69%
소형주 저PBR 하위 10%	41.65%	27.36%	21.35%	12.03%	5.57%
대형주 순이익률 하위 10%	46.64%	45.27%	45.03%	36.30%	36.08%
대형주 저 EV/잉여현금흐름 하위 10%	42.61%	34.00%	29.60%	26.95%	28.33%
대형주 성장주 하위 10%	38.00%	34.00%	26.85%	22.49%	22.03%
대형주 ROE 하위 10%	45.49%	46.08%	35.94%	40.76%	42.86%
시장 선도주 VC2 하위 10%	34.93%	32.19%	20.30%	11.58%	5.81%
소형주 자산회전율 하위 10%	35.12%	33.00%	19.66%	17.82%	9.44%
시장 선도주 발생액/총자산 상위 10%	26.49%	8.85%	1.06%	0.00%	0.00%
시장 선도주 저 주가/영업현금흐름 하위 10%	34.93%	28.17%	17.76%	14.25%	1.94%
시장 선도주 VC3 하위 10%	34.36%	28.97%	20.30%	10.02%	4.84%
대형주 저 주가/잉여현금흐름 하위 10%	42.03%	29.58%	25.16%	16.70%	16.46%
대형주 ROA 하위 10%	46.26%	40.04%	28.33%	21.38%	20.34%
대형주 60개월 가격 모멘텀 상위 10%	43.38%	35.61%	29.60%	23.83%	20.82%
대형주 EPS 증가율 하위 10%	38.39%	32.19%	25.79%	12.69%	8.96%
대형주 감가상각비/자본적 지출 하위 10%	38.20%	30.58%	17.12%	7.13%	0.48%
시장 선도주 주주수익률 하위 10%	21.88%	13.08%	3.17%	0.22%	0.00%
소형주 EPS 증가율 하위 10%	32.05%	24.14%	17.76%	8.91%	4.84%
전체 주식 저 EV/잉여현금흐름 하위 10%	30.13%	16.10%	12.26%	5.57%	3.87%
대형주 부채 증가율 상위 10%	34.36%	22.74%	16.49%	9.58%	0.00%
전체 주식 성장주 하위 10%	28.60%	11.07%	5.92%	2.00%	0.00%

(다음 쪽에 이어짐)

전략	1년 단위	3년 단위	5년 단위	7년 단위	10년 단위
대형주 영업이익률 하위 10%	43.95%	39.24%	22.41%	20.71%	12.83%
시장 선도주 자사주 매입 수익률 하위 10%	23.22%	14.49%	4.44%	0.89%	0.00%
대형주 재무건전성 상위 10%	26.10%	12.27%	8.67%	3.79%	0.00%
대형주 12개월 가격 모멘텀 하위 10%	33.21%	14.29%	7.19%	4.01%	3.63%
대형주 현금흐름/부채 하위 10%	38.96%	36.22%	29.18%	23.39%	16.95%
소형주 저 EV/잉여현금흐름 하위 10%	29.37%	23.34%	18.18%	12.47%	8.96%
전체 주식 부채 증가율 상위 10%	22.26%	8.05%	1.48%	0.00%	0.00%
대형주 저PER 하위 10%	41.65%	30.18%	21.14%	15.81%	7.75%
전체 주식 저 주가/잉여현금흐름 하위 10%	25.53%	10.87%	9.73%	6.01%	0.97%
대형주 저 주가/영업현금흐름 하위 10%	40.69%	22.94%	14.80%	7.35%	2.66%
대형주 발생액/총자산 상위 10%	27.06%	11.07%	5.71%	4.01%	0.00%
전체 주식 ROE 하위 10%	36.28%	22.74%	18.60%	22.27%	25.67%
전체 주식 EPS 증가율 상위 10%	20.73%	11.27%	6.13%	2.90%	0.00%
대형주 종합이익품질 상위 10%	26.49%	14.69%	6.34%	0.89%	0.00%
30일 만기 미국 단기 국채	33.21%	25.15%	23.89%	17.59%	17.68%
대형주 자사주 매입 수익률 하위 10%	27.26%	15.49%	4.23%	1.34%	0.00%
전체 주식 12개월 가격 모멘텀 하위 10%	24.38%	7.65%	2.33%	1.56%	0.00%
대형주 순영업자산 증가율 상위 10%	36.08%	23.34%	9.94%	6.46%	0.00%
소형주 저 주가/잉여현금흐름 하위 10%	27.26%	22.13%	16.07%	6.01%	1.69%
전체 주식 저PER 하위 10%	31.29%	16.30%	6.98%	0.89%	0.24%
전체 주식 EPS 증가율 하위 10%	21.31%	7.44%	6.55%	0.00%	0.00%
소형주 부채 증가율 상위 10%	22.46%	9.66%	2.11%	0.89%	0.00%
소형주 12개월 가격 모멘텀 하위 10%	20.92%	7.04%	3.38%	1.78%	0.00%
대형주 주주수익률 하위 10%	23.42%	13.08%	3.81%	1.56%	0.00%
전체 주식 저EV/EBITDA 하위 10%	30.13%	11.87%	6.98%	5.57%	1.94%
대형주 6개월 가격 모멘텀 하위 10%	28.98%	4.83%	1.27%	0.22%	0.00%
소형주 자사주 매입 수익률 하위 10%	16.51%	3.42%	0.85%	0.00%	0.00%
전체 주식 순이익률 하위 10%	37.04%	23.14%	20.30%	19.15%	20.82%
전체 주식 자사주 매입 수익률 하위 10%	16.51%	2.41%	0.00%	0.00%	0.00%

(다음 쪽에 이어짐)

표 28.2 각 전략의 수익률이 벤치마크의 수익률보다 높았던 기간의 비중(연 수익률 내림차순, 1965/08/31~2009/12/31)

전략	1년 단위	3년 단위	5년 단위	7년 단위	10년 단위
소형주 주주수익률 하위 10%	18.43%	7.04%	2.54%	0.00%	0.00%
전체 주식 감가상각비/자본적 지출 하위 10%	26.30%	14.89%	8.03%	1.34%	0.00%
소형주 저PER 하위 10%	29.37%	18.71%	10.15%	1.56%	0.24%
전체 주식 저 EV/매출액 하위 10%	32.44%	16.90%	16.07%	9.80%	7.02%
전체 주식 주주수익률 하위 10%	19.58%	6.04%	1.06%	0.00%	0.00%
대형주 저EV/EBITDA 하위 10%	34.36%	20.12%	15.86%	12.92%	6.30%
전체 주식 영업이익률 하위 10%	33.97%	19.32%	19.24%	18.71%	19.85%
전체 주식 ROA 하위 10%	30.71%	18.51%	12.26%	9.58%	0.97%
대형주 VC1 하위 10%	37.24%	22.54%	14.80%	7.80%	2.18%
전체 주식 재무건전성 상위 10%	16.89%	3.82%	0.00%	0.00%	0.00%
대형주 저PSR 하위 10%	38.00%	24.35%	12.05%	6.68%	2.18%
대형주 VC3 하위 10%	36.28%	23.14%	12.68%	7.57%	1.94%
대형주 VC2 하위 10%	36.28%	21.73%	12.90%	6.90%	2.18%
대형주 저 EV/매출액 하위 10%	32.25%	20.32%	14.59%	8.69%	4.36%
전체 주식 발생액/총자산 상위 10%	25.14%	7.24%	0.63%	0.00%	0.00%
전체 주식 종합이익품질 하위 10%	26.10%	12.88%	2.54%	0.00%	0.00%
소형주 발생액/총자산 상위 10%	23.03%	8.45%	3.17%	1.34%	0.00%
전체 주식 6개월 가격 모멘텀 하위 10%	14.78%	2.62%	1.06%	1.34%	0.00%
소형주 저EV/EBITDA 하위 10%	23.61%	12.27%	4.86%	4.90%	1.21%
소형주 감가상각비/자본적 지출 하위 10%	29.56%	19.92%	13.11%	4.45%	0.00%
전체 주식 저 주가/영업현금흐름 하위 10%	28.02%	11.47%	1.90%	2.90%	0.00%
전체 주식 저PSR 하위 10%	32.63%	22.13%	14.80%	7.80%	2.18%
전체 주식 순영업자산 증가율 상위 10%	24.38%	8.85%	1.69%	0.00%	0.00%
소형주 ROE 하위 10%	29.94%	25.96%	20.30%	17.59%	13.80%
전체 주식 VC1 하위 10%	33.59%	20.52%	12.05%	6.68%	0.24%
소형주 6개월 가격 모멘텀 하위 10%	11.32%	3.02%	1.06%	1.34%	0.00%
소형주 저 EV/매출액 하위 10%	31.09%	18.31%	16.49%	10.69%	10.90%
소형주 저 주가/영업현금흐름 하위 10%	23.80%	10.26%	2.11%	0.67%	0.00%
전체 주식 VC2 하위 10%	32.44%	19.52%	10.57%	5.12%	0.24%

(다음 쪽에 이어짐)

표 28.2 각 전략의 수익률이 벤치마크의 수익률보다 높았던 기간의 비중(연 수익률 내림차순, 1965/08/31~2009/12/31)

전략	1년 단위	3년 단위	5년 단위	7년 단위	10년 단위
소형주 현금흐름/부채 하위 10%	26.68%	17.10%	10.36%	2.45%	0.00%
전체 주식 VC3 하위 10%	31.67%	19.32%	7.40%	4.68%	0.24%
전체 주식 현금흐름/부채 하위 10%	25.34%	10.66%	5.71%	2.00%	0.00%
소형주 순영업자산 증가율 상위 10%	25.53%	12.68%	6.13%	2.67%	0.00%
소형주 ROA 하위 10%	23.80%	11.07%	6.34%	6.24%	3.63%
소형주 영업이익률 하위 10%	26.30%	17.91%	17.12%	11.80%	7.26%
소형주 순이익률 하위 10%	28.60%	20.32%	18.60%	12.03%	7.99%
소형주 저PSR 하위 10%	30.71%	20.93%	16.70%	11.80%	8.47%
소형주 VC1 하위 10%	28.21%	14.89%	9.73%	4.90%	0.97%
소형주 VC2 하위 10%	28.79%	13.48%	8.88%	4.23%	0.48%
소형주 VC3 하위 10%	27.64%	13.48%	7.40%	3.79%	0.48%

위험 조정 수익률

표 28.3은 위험 조정 수익률(샤프지수) 기준으로 매긴 전략들의 순위이고, 그림 28.3
과 28.4는 위험 조정 수익률이 가장 높은 전략 5가지와 가장 낮은 전략 5가지다. 표
28.3은 투자자 대부분이 자신에게 맞는 전략을 연구하는 데 훨씬 더 적합한 표다. 수

그림 28.3. 위험 조정 수익률(샤프지수) 최고 전략 5개(1965/08/31~2009/12/31)

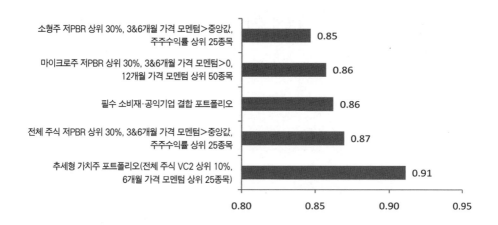

그림 28.4. 위험 조정 수익률(샤프지수) 하위 5개 전략(1965/08/31~2009/12/31)

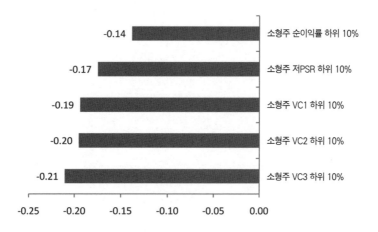

익률 절댓값만 보면 앞길이 얼마나 험난할지 알 수 없다. 완벽한 세상이라면 투자자들은 기저율이 가장 높고 수익률이 최고인 장기 전략을 고수할 것이다. 하지만 우리는 그런 세상에 살고 있지 않다는 것을 매우 잘 안다. 위험이 중요하다.

　현실 세계에서는 많은 투자자가 매일 포트폴리오의 평가액을 확인하고 매일의 상승과 하락을 의사결정에 반영하지만 이렇게 하면 대개 더 나빠진다. 현실 세계에서는 투자자들이 합리적인 경제 모형이 시사하는 것보다 단기적인 변동성에 훨씬 더 겁을 먹지만, 어떤 전략이 자신에게 적합한지 결정할 때 바로 그 두려움을 고려해야 한다. 지난 14년 동안 투자자들이 단기 변동성에 반응하는 것을 지켜보니 시장의 성과보다 훨씬 더 예측 가능하게 반응했다.

표 28.3 전체 전략(샤프지수 기준 내림차순, 1965/08/31~2009/12/31)

전략	연 수익률 (기하평균)	표준편차	T-통계량	1만 달러 투자 시	샤프지수	추적 오차	하방 위험	최대 하락률	베타
주세형 가치주 포트폴리오(전체 주식 VC2 상위 10%, 6개월 가격 모멘텀 상위 25종목)	21.08%	17.66%	7.87	$48,246,947	0.91	9.04	13.74%	-50.55%	0.81
전체 주식 VC2 상위 10%, 6개월 가격 모멘텀 상위 50종목	19.74%	16.70%	7.79	$29,366,965	0.88	8.69	12.89%	-49.64%	0.77
전체 주식 자가PBR 상위 30%, 3&6개월 가격 모멘텀>중앙값, 주주수익률 상위 25종목	18.45%	15.48%	7.86	$18,224,488	0.87	9.24	12.11%	-47.66%	0.71
필수 소비재·공익기업 결합 포트폴리오	16.56%	13.42%	8.10	$8,933,565	0.86	12.75	9.18%	-34.39%	0.52
마이크로주 자가PBR 상위 30%, 3&6개월 가격 모멘텀>0, 12개월 가격 모멘텀 상위 50종목	21.43%	19.17%	7.44	$54,772,842	0.86	8.86	14.46%	-55.26%	0.84
마이크로주 자가PBR 상위 30%, 3&6개월 가격 모멘텀>0, 12개월 가격 모멘텀 상위 25종목	22.33%	20.38%	7.33	$75,985,718	0.85	9.73	14.88%	-53.89%	0.88
소형주 자가PBR 상위 30%, 3&6개월 가격 모멘텀>0, 주주수익률 상위 25종목	18.84%	16.35%	7.63	$21,049,215	0.85	9.66	13.37%	-49.20%	0.70
마이크로주 자가PBR 상위 30%, 3&6개월 가격 모멘텀>0, 12개월 가격 모멘텀 상위 25종목	21.78%	20.01%	7.29	$62,181,638	0.84	10.05	14.68%	-55.64%	0.85
전체 주식 자가PBR 상위 30%, 3&6개월 가격 모멘텀>0, 주주수익률 상위 25종목	18.02%	15.63%	7.63	$15,493,763	0.83	9.18	12.40%	-53.00%	0.72
소형주 자가PBR 상위 30%, 3&6개월 가격 모멘텀>0, 주주수익률 상위 25종목	18.28%	16.09%	7.54	$17,082,685	0.83	9.82	13.06%	-52.42%	0.69
전체 주식 자가PBR, 6개월 가격 모멘텀>중앙값, 주주수익률 상위 25종목	17.77%	15.77%	7.48	$14,120,418	0.81	8.55	12.47%	-53.61%	0.74
전체 주식 3&6개월 가격 모멘텀>중앙값, 주주수익률 상위 25종목	18.73%	17.05%	7.33	$20,230,058	0.81	8.40	13.50%	-52.27%	0.80
소형주 VC2 상위 30%, 3&6개월 가격 모멘텀>0, 6개월 가격 모멘텀 상위 50종목	19.78%	18.42%	7.20	$29,832,100	0.80	8.38	14.24%	-53.05%	0.82
소형주 자가PBR, 6개월 가격 모멘텀>중앙값, 주주수익률 상위 25종목	17.64%	15.77%	7.44	$13,434,848	0.80	9.69	12.30%	-50.87%	0.68
소형주 3&6개월 가격 모멘텀>중앙값, 주주수익률 상위 25종목	18.37%	16.72%	7.33	$17,638,388	0.80	8.39	13.30%	-52.57%	0.75
전체 주식 자가PBR 상위 30%, 3&6개월 가격 모멘텀>0, 주주수익률 상위 50종목	17.51%	15.66%	7.43	$12,774,895	0.80	8.85	12.40%	-55.07%	0.72

(다음 쪽에 이어짐)

표 28.3 전체 전략(S&P지수 기준 내림차순, 1965/08/31~2009/12/31)

전략	연 수익률 (기하평균)	표준편차	T-통계량	1만 달러 투자 시	샤프지수	추적 오차	하방 위험	최대 하락률	베타
전체 주식 저PBR 상위 30%, 주주수익률 상위 50종목, 3&6개월 가격 모멘텀>중앙값	17.54%	15.84%	7.37	$12,923,562	0.79	8.80	12.68%	-49.30%	0.73
전체 주식 VC2 상위 30%, 3&6개월 가격 모멘텀>중앙값, 6개월 가격 모멘텀 상위 50종목	19.36%	18.26%	7.12	$25,562,163	0.79	7.96	13.98%	-53.49%	0.86
소형주 저PBR 상위 30%, 3&6개월 가격 모멘텀>0, 주주수익률 상위 50종목	17.85%	16.36%	7.28	$14,539,804	0.79	9.20	13.18%	-55.34%	0.72
전체 주식 3&6개월 가격 모멘텀>중앙값, 주주수익률 상위 50종목	17.54%	15.97%	7.33	$12,947,507	0.79	7.43	12.87%	-50.57%	0.77
30일 만기 미국 단기 국채	5.64%	0.82%	44.88	$113,721	0.78	16.78	0.00%	0.00%	
전체 주식 저PBR, 6개월 가격 모멘텀>중앙값, 자사주 매입 수익률 상위 25종목	18.59%	17.53%	7.11	$19,209,981	0.78	7.90	13.47%	-53.11%	0.83
소형주 VC2 상위 10%	19.03%	18.14%	7.04	$22,566,623	0.77	8.29	13.73%	-60.05%	0.81
전체 주식 저PBR, 6개월 가격 모멘텀>중앙값, 주주수익률 상위 50종목	16.66%	15.13%	7.33	$9,260,473	0.77	8.74	11.78%	-51.23%	0.71
소형주 저PBR 상위 30%, 3&6개월 가격 모멘텀>중앙값, 주주수익률 상위 50종목	18.15%	17.08%	7.13	$16,290,759	0.77	9.00	13.91%	-49.60%	0.75
소형주 3&6개월 가격 모멘텀>중앙값, 주주수익률 상위 50종목	17.26%	15.94%	7.23	$11,629,675	0.77	7.97	12.74%	-50.21%	0.72
소형주 저PBR, 6개월 가격 모멘텀>중앙값, 주주수익률 상위 50종목	16.85%	15.48%	7.26	$9,965,964	0.77	9.51	12.06%	-48.74%	0.68
소형주 VC3 상위 10%	19.37%	18.92%	6.91	$25,670,891	0.76	7.95	14.21%	-59.68%	0.85
전체 주식 저PBR, 6개월 가격 모멘텀>중앙값, 자사주 매입 수익률 상위 25종목	18.44%	17.92%	6.94	$18,102,174	0.75	8.66	13.99%	-50.98%	0.79
소형주 VC2 상위 30%, 3&6개월 가격 모멘텀>중앙값, 6개월 가격 모멘텀 상위 25종목	19.85%	19.85%	6.79	$30,609,593	0.75	9.00	15.26%	-57.64%	0.87
소형주 저EV/EBITDA 상위 10%	18.96%	18.70%	6.85	$22,038,871	0.75	6.67	13.88%	-55.94%	0.86
전체 주식 주주수익률, 6개월 가격 모멘텀>중앙값, 저PBR 상위 50종목	17.82%	17.30%	6.94	$14,390,482	0.74	8.40	13.49%	-55.44%	0.81
전체 주식 VC2 상위 30%, 3&6개월 가격 모멘텀>중앙값, 6개월 가격 모멘텀 상위 25종목	19.54%	19.70%	6.75	$27,324,492	0.74	8.62	14.96%	-56.56%	0.92
소형주 주주수익률, 6개월 가격 모멘텀>중앙값, 저PBR 상위 50종목	17.84%	17.59%	6.85	$14,481,971	0.73	8.89	14.20%	-56.52%	0.77

(다음 쪽에 이어짐)

표 28.3 전체 전략(S&P지수 기준 내림차순, 1965/08/31~2009/12/31)

전략	연 수익률 (기하평균)	표준편차	T-통계량	1만 달러 투자 시	샤프지수	추적 오차	하향 위험	최대 하락률	베타
전체 주식 저PBR, 6개월 가격 모멘텀>중앙값, 자사주 매입 수익률 상위 50종목	17.51%	17.17%	6.88	$12,801,191	0.73	7.47	13.32%	−50.66%	0.82
소형주 주주수익률, 6개월 가격 모멘텀>중앙값, 저PBR 상위 25종목	18.49%	18.70%	6.72	$18,470,590	0.72	9.29	14.76%	−59.17%	0.81
소형주 VC1 상위 10%	18.85%	19.37%	6.62	$21,149,675	0.72	7.86	14.51%	−60.23%	0.87
소형주 저PBR 상위 30%, 3&6개월 가격 모멘텀>0, 12개월 가격 모멘텀 상위 50종목	18.16%	18.42%	6.70	$16,333,580	0.71	8.31	14.70%	−56.04%	0.82
소형주 저PBR, 6개월 가격 모멘텀>중앙값, 자사주 매입 수익률 상위 50종목	17.30%	17.24%	6.79	$11,818,630	0.71	8.24	13.68%	−49.81%	0.77
전체 주식 주주수익률, 6개월 가격 모멘텀>중앙값, 저PBR 상위 25종목	18.13%	18.42%	6.69	$16,166,786	0.71	9.02	14.13%	−58.68%	0.85
소형주 저PBR 상위 30%, 3&6개월 가격 모멘텀>중앙값, 12개월 가격 모멘텀 상위 50종목	17.97%	18.48%	6.62	$15,185,920	0.70	8.16	14.68%	−54.41%	0.82
전체 주식 VC2 상위 10%	17.12%	17.32%	6.69	$11,050,085	0.70	8.24	12.85%	−58.07%	0.81
전체 주식 저PBR 상위 30%, 3&6개월 가격 모멘텀>0, 12개월 가격 모멘텀 상위 50종목	17.71%	18.16%	6.64	$13,766,110	0.70	7.82	14.38%	−55.40%	0.86
소형주 3&6개월 가격 모멘텀>중앙값, 저PBR 상위 50종목	17.92%	18.75%	6.53	$14,890,544	0.69	7.63	15.01%	−56.80%	0.85
전체 주식 VC3 상위 10%	17.20%	17.89%	6.54	$11,390,104	0.68	7.64	13.35%	−58.04%	0.85
전체 주식 저PBR 상위 30%, 3&6개월 가격 모멘텀>중앙값, 12개월 가격 모멘텀 상위 50종목	17.38%	18.29%	6.50	$12,174,722	0.68	7.84	14.52%	−55.95%	0.87
전체 주식 주주수익률 상위 10%	15.43%	15.43%	6.75	$5,792,778	0.68	7.67	11.90%	−54.70%	0.74
전체 주식 3&6개월 가격 모멘텀>중앙값, 저PBR 상위 50종목	17.52%	18.53%	6.47	$12,808,436	0.68	7.29	14.79%	−57.03%	0.89
소형주 저PBR 상위 30%, 3&6개월 가격 모멘텀>0, 12개월 가격 모멘텀 상위 25종목	18.33%	19.79%	6.38	$17,383,935	0.67	8.84	15.48%	−59.65%	0.87
소형주 저PBR 상위 30%, 3&6개월 가격 모멘텀>중앙값, 12개월 가격 모멘텀 상위 25종목	18.34%	19.87%	6.36	$17,440,767	0.67	8.86	15.79%	−59.85%	0.87
소형주 저PBR, 자사주 매입 수익률, 3개월 가격 모멘텀>중앙값, 6개월 가격 모멘텀 상위 50종목	17.24%	18.54%	6.38	$11,531,126	0.66	7.19	14.72%	−56.03%	0.84

(다음 쪽에 이어짐)

표 28.3 전체 전략(샤프지수 기준 내림차순, 1965/08/31~2009/12/31)

전략	연 수익률 (기하평균)	표준편차	T-통계량	1만 달러 투자 시	샤프지수	추적 오차	하방 위험	최대 하락률	베타
소형주 3&6개월 가격 모멘텀>중앙값, 저PBR 상위 25종목	18.00%	19.84%	6.27	$15,378,402	0.66	8.48	15.58%	-59.60%	0.88
소형주 주주수익률 상위 10%	15.45%	15.96%	6.57	$5,834,309	0.65	8.20	12.42%	-55.73%	0.72
전체 주식 VC1 상위 10%	16.98%	18.32%	6.35	$10,468,074	0.65	7.62	13.56%	-57.78%	0.87
전체 주식 저PBR 상위 30%, 3&6개월 가격 모멘텀>0, 12개월 가격 모멘텀 상위 25종목	17.74%	19.54%	6.27	$13,953,383	0.65	8.52	15.33%	-59.20%	0.92
소형주 저PBR, 주주수익률>중앙값, 6개월 가격 모멘텀 상위 50종목	16.68%	17.96%	6.36	$9,325,854	0.65	7.49	13.97%	-55.06%	0.81
전체 주식 저PBR 상위 30%, 3&6개월 가격 모멘텀 상위 25종목	17.93%	19.93%	6.23	$14,973,336	0.65	8.57	15.68%	-60.95%	0.94
전체 주식 저PBR, 주주수익률>중앙값, 6개월 가격 모멘텀 상위 50종목	16.35%	17.69%	6.33	$8,235,994	0.64	6.74	13.62%	-55.92%	0.86
소형주 저PER 상위 10%	17.53%	19.58%	6.18	$12,875,519	0.64	7.56	14.34%	-56.31%	0.88
대형주 3&6개월 가격 모멘텀>중앙값, 주주수익률 상위 25종목	14.85%	15.40%	6.54	$4,632,919	0.64	6.79	11.84%	-49.12%	0.84
전체 주식 저EV/EBITDA 상위 10%	16.46%	17.95%	6.29	$8,570,603	0.64	6.33	13.17%	-54.29%	0.88
소형주 저PBR, 자사주 매입 수익률>중앙값, 6개월 가격 모멘텀 상위 50종목	17.05%	18.91%	6.22	$10,728,796	0.64	7.19	14.91%	-56.68%	0.86
전체 주식 저PBR, 자사주 매입 수익률, 3개월 가격 모멘텀 매입 수익률, 3개월 가격 모멘텀>중앙값, 6개월 가격 모멘텀 상위 50종목	16.76%	18.58%	6.22	$9,622,609	0.63	6.62	14.32%	-56.58%	0.91
소형주 저PBR, 주주수익률>중앙값, 6개월 가격 모멘텀 상위 25종목	17.26%	19.40%	6.16	$11,646,050	0.63	7.72	14.98%	-59.63%	0.87
대형주 주주수익률 상위 10%	14.48%	15.08%	6.51	$4,021,172	0.63	7.17	11.08%	-52.66%	0.81
마이크로주 저PSR<1, 3&6개월 가격 모멘텀>0, 12개월 가격 모멘텀 상위 10종목	22.29%	27.57%	5.82	$74,952,894	0.63	15.14	18.65%	-57.64%	1.13
전체 주식 3&6개월 가격 모멘텀>중앙값, 저PBR 상위 25종목	17.31%	19.66%	6.11	$11,864,813	0.63	8.34	15.30%	-60.50%	0.93
소형주 저PBR, 자사주 매입 수익률, 3개월 가격 모멘텀>중앙값, 6개월 가격 모멘텀 상위 25종목	17.47%	20.09%	6.06	$12,575,407	0.62	7.75	15.78%	-59.70%	0.91
전체 주식 저PBR, 주주수익률>중앙값, 6개월 가격 모멘텀 상위 25종목	16.80%	19.04%	6.11	$9,754,288	0.62	7.31	14.56%	-59.75%	0.92
전체 주식 저PBR 자사주 매입 상위 10%	15.74%	17.39%	6.22	$6,521,542	0.62	5.82	13.17%	-53.28%	0.86
전체 주식 저PBR, 자사주 매입 수익률>중앙값, 6개월 가격 모멘텀 상위 50종목	16.66%	18.91%	6.10	$9,264,340	0.62	6.66	14.46%	-57.24%	0.92

(다음 쪽에 이어짐)

표 28.3 전체 전략(샤프지수 기준 내림차순, 1965/08/31~2009/12/31)

전략	연 수익률 (기하평균)	표준편차	T-통계량	1만 달러 투자 시	샤프지수	추적 오차	하방 위험	최대 하락률	베타
소형주 저 EV/영여현금흐름 상위 10%	17.54%	20.60%	5.95	$12,912,118	0.61	6.67	14.82%	-59.25%	0.95
소형주 저PBR, 자사주 매입 수익률>중앙값, 6개월 가격 모멘텀 상위 25종목	17.42%	20.49%	5.95	$12,337,258	0.61	7.83	15.96%	-61.12%	0.92
소형주 저 EV/매출액 상위 10%	17.13%	20.02%	5.97	$11,091,047	0.61	7.00	14.65%	-64.82%	0.91
대형주 주식 성장주	20.23%	25.16%	5.76	$35,282,794	0.61	12.00	18.09%	-59.68%	1.16
소형주 자사주 매입 수익률 상위 10%	14.91%	16.40%	6.23	$4,738,299	0.60	5.68	12.03%	-51.56%	0.92
소형주 저 주가/영업현금흐름 상위 10%	17.39%	20.53%	5.92	$12,234,992	0.60	7.99	15.51%	-65.23%	0.92
시장 선도주 VC2 상위 20%, 6개월 가격 모멘텀 상위 25종목	15.34%	17.17%	6.14	$5,585,470	0.60	6.03	11.92%	-52.74%	0.98
전체 주식 저PBR, 자사주 매입 수익률, 3개월 가격 모멘텀>중앙값, 6개월 가격 모멘텀 상위 25종목	17.06%	20.05%	5.95	$10,767,673	0.60	7.67	15.37%	-61.21%	0.96
소형주 배당수익률 상위 10%	13.83%	14.83%	6.34	$3,118,403	0.60	11.50	11.66%	-62.48%	0.60
전체 주식 저PER 상위 10%	16.11%	18.70%	5.98	$7,500,626	0.59	7.53	13.69%	-59.13%	0.89
전체 주식 저PBR, 자사주 매입 수익률>중앙값, 6개월 가격 모멘텀 상위 25종목	17.08%	20.38%	5.88	$10,877,510	0.59	7.81	15.49%	-61.21%	0.98
소형주 저PSR<1, 3&6개월 가격 모멘텀>0, 12개월 가격 모멘텀 상위 50종목	18.80%	23.29%	5.75	$20,778,182	0.59	9.96	17.00%	-56.62%	1.02
시장 선도주 3&6개월 가격 모멘텀>중앙값, 주주수익률 상위 25종목	14.65%	16.32%	6.16	$4,289,473	0.59	5.09	11.94%	-56.33%	0.95
Cornerstone Value, Improved 50	14.55%	16.19%	6.16	$4,133,217	0.59	5.11	11.78%	-56.01%	0.94
전체 주식 저 주가/영업현금흐름 상위 10%	16.00%	18.70%	5.94	$7,206,112	0.59	7.75	14.13%	-60.87%	0.89
대형주 저PBR, 6개월 가격 모멘텀>중앙값, 주주수익률 상위 25종목	13.72%	14.84%	6.30	$2,990,404	0.59	7.53	11.21%	-52.63%	0.79
전체 주식 재무건전성 하위 10%	15.01%	17.05%	6.07	$4,923,801	0.59	4.25	12.74%	-50.82%	0.87
시장 선도주 3&6개월 가격 모멘텀>중앙값, 주주수익률 상위 50종목	15.02%	17.11%	6.05	$4,954,349	0.59	6.45	12.74%	-57.92%	0.97
Cornerstone Value, Improved 25	14.94%	17.00%	6.05	$4,789,019	0.58	6.52	12.58%	-57.57%	0.96
시장 선도주 VC2 상위 20%, 6개월 가격 모멘텀 상위 50종목	15.00%	17.16%	6.03	$4,912,365	0.58	5.27	11.92%	-53.43%	1.00
소형주 자사주 매입 수익률 상위 10%	15.55%	18.17%	5.94	$6,074,251	0.58	6.33	13.90%	-54.20%	0.84
시장 선도주 주주수익률 상위 10%	14.72%	16.77%	6.04	$4,403,707	0.58	6.38	12.43%	-56.44%	0.95
대형주 저PBR, 6개월 가격 모멘텀>중앙값, 자사주 매입 수익률 상위 25종목	14.56%	16.52%	6.06	$4,140,567	0.58	6.42	12.45%	-53.90%	0.91

(다음 쪽에 이어짐)

표 28.3 전체 전략(S&P500지수 기준 내림차순. 1965/08/31~2009/12/31)

전략	연 수익률 (기하평균)	표준편차	T-통계량	1만 달러 투자 시	샤프지수	추적 오차	하방 위험	최대 하락률	베타
시장 선도주 VC2>중앙값, 주주수익률 상위 25종목	14.97%	17.25%	5.99	$4,847,391	0.58	6.60	12.80%	-58.21%	0.97
시장 선도주 VC2>중앙값, 주주수익률 상위 50종목	14.54%	16.51%	6.06	$4,101,645	0.58	5.23	12.12%	-57.42%	0.96
대형주 3&6개월 가격 모멘텀>중앙값, 주주수익률 상위 50종목	13.56%	14.90%	6.21	$2,804,780	0.57	5.91	11.29%	-48.95%	0.83
전체 주식 저 EV/잉여현금흐름 상위 10%	15.90%	19.29%	5.78	$6,927,643	0.57	6.00	14.27%	-56.81%	0.95
마이크로주 저PSR<1, 12개월 가격 모멘텀 상위 25종목	20.33%	27.14%	5.47	$36,615,298	0.56	15.45	17.87%	-59.22%	1.09
소형주 저 주가/잉여현금흐름 상위 10%	16.77%	20.92%	5.67	$9,674,166	0.56	7.61	15.32%	-63.76%	0.95
전체 주식 배당수익률 상위 10%	13.12%	14.44%	6.19	$2,360,400	0.56	11.38	10.78%	-61.17%	0.61
시장 선도주 자사주 매입 수익률 상위 10%	14.28%	16.52%	5.97	$3,721,523	0.56	5.24	11.92%	-53.60%	0.96
대형주 VC2 상위 10%	14.20%	16.47%	5.95	$3,607,389	0.56	8.69	11.66%	-62.69%	0.85
시장 선도주 3&6개월 가격 모멘텀>중앙값, VC2 상위 25종목	14.23%	16.52%	5.95	$3,639,417	0.56	5.22	12.04%	-51.56%	0.96
전체 주식 종합이익품질 상위 10%	15.79%	19.36%	5.72	$6,642,587	0.56	4.18	14.09%	-54.83%	0.98
대형주 3&6개월 가격 모멘텀>중앙값, 저PBR 상위 25종목	13.97%	16.11%	5.98	$3,291,236	0.56	6.72	12.02%	-51.72%	0.88
대형주 주주수익률, 6개월 가격 모멘텀>중앙값, 저PBR 상위 25종목	13.70%	15.69%	6.00	$2,962,965	0.55	7.77	11.11%	-53.62%	0.83
대형주 VC3 상위 10%	14.17%	16.57%	5.91	$3,555,826	0.55	8.16	11.87%	-60.55%	0.87
전체 주식 저PBR, 6개월 가격 모멘텀>중앙값, 주주수익률 상위 50종목	13.24%	14.94%	6.07	$2,474,341	0.55	6.73	11.03%	-51.38%	0.82
대형주 저 EV/매출여 상위 10%	15.44%	18.96%	5.71	$5,805,576	0.55	6.58	14.04%	-62.29%	0.93
대형주 저PBR, 자사주 매입 수익률>중앙값, 6개월 가격 모멘텀 상위 25종목	14.21%	16.73%	5.88	$3,613,341	0.55	6.14	12.43%	-55.14%	0.93
전체 주식 저 주가/잉여현금흐름 상위 10%	15.31%	18.99%	5.66	$5,539,519	0.54	7.32	14.20%	-61.66%	0.91
소형주 저PBR, 3&6개월 가격 모멘텀>중앙값, 12개월 가격 모멘텀 상위 50종목	15.62%	19.60%	5.63	$6,226,529	0.54	7.70	15.16%	-61.91%	0.88
대형주 자사주 매입 수익률>중앙값, 배당수익률 상위 50종목	12.68%	14.43%	6.02	$1,990,472	0.53	9.40	9.88%	-55.30%	0.71
대형주 저PBR, 자사주 매입 수익률, 3개월 가격 모멘텀>중앙값, 6개월 가격 모멘텀 상위 25종목	13.85%	16.62%	5.78	$3,143,237	0.53	6.19	12.45%	-53.96%	0.92
대형주 저PBR, 주주수익률>중앙값, 6개월 가격 모멘텀 상위 25종목	13.53%	16.03%	5.84	$2,777,684	0.53	6.51	11.91%	-53.48%	0.88
대형주 저PBR, 자사주 매입 수익률>중앙값, 3개월 가격 모멘텀 상위 50종목	13.54%	16.05%	5.83	$2,786,966	0.53	6.04	11.85%	-52.16%	0.89

(다음 쪽에 이어짐)

월가의 퀀트 투자 바이블

표 28.3 전체 전략(샤프지수 기준 내림차순, 1965/08/31~2009/12/31)

전략	연 수익률 (기하평균)	표준편차	T-통계량	1만 달러 투자 시	샤프지수	추적 오차	하방 위험	최대 하락률	베타
대형주 저EV/EBITDA 상위 10%	14.05%	17.01%	5.74	$3,397,255	0.53	8.34	11.45%	-52.85%	0.89
대형주 저PBR, 자사주 매입 수익률>중앙값, 6개월 가격 모멘텀 상위 50종목	13.50%	15.99%	5.84	$2,747,543	0.53	5.91	11.73%	-52.86%	0.89
시장 선도주 VC2 상위 10%	14.84%	18.52%	5.62	$4,616,793	0.53	7.10	13.29%	-62.16%	1.05
대형주 저PBR, 6개월 가격 모멘텀>중앙값, 자사주 매입 수익률 상위 50종목	13.41%	15.86%	5.84	$2,643,957	0.53	5.79	11.87%	-51.52%	0.89
대형주 저PBR, 주주수익률>중앙값, 6개월 가격 모멘텀 상위 50종목	12.99%	15.32%	5.85	$2,241,830	0.52	6.48	11.12%	-51.37%	0.84
시장 선도주 VC3 상위 10%	14.49%	18.29%	5.57	$4,028,546	0.52	6.90	13.18%	-60.13%	1.03
대형주 저 주가/영업현금흐름 상위 10%	13.51%	16.45%	5.71	$2,758,118	0.52	8.12	11.75%	-62.15%	0.87
시장 선도주 저EV/EBITDA 상위 10%	14.39%	18.15%	5.56	$3,884,224	0.52	7.53	11.91%	-52.21%	1.01
대형주 주주수익률, 6개월 가격 모멘텀>중앙값, 저PBR 상위 50종목	12.85%	15.20%	5.84	$2,130,142	0.52	6.80	11.05%	-51.78%	0.83
대형주 자사주 매입 수익률>중앙값, 배당수익률 상위 25종목	12.60%	14.83%	5.85	$1,929,366	0.51	10.99	10.23%	-57.02%	0.68
시장 선도주 3&6개월 가격 모멘텀>중앙값, VC2 상위 50종목	13.23%	16.11%	5.70	$2,469,214	0.51	4.25	11.75%	-51.88%	0.95
순환주 저PBR, 3&6개월 가격 모멘텀>중앙값, 12개월 가격 모멘텀 상위 25종목	15.76%	21.47%	5.30	$6,562,828	0.50	8.68	16.41%	-65.51%	0.95
대형주 주주수익률, 3&6개월 가격 모멘텀>중앙값, 12개월 가격 모멘텀 상위 25종목	13.86%	17.74%	5.50	$3,159,235	0.50	6.93	13.20%	-57.49%	0.98
대형주 VC1 상위 10%	13.43%	16.90%	5.56	$2,673,161	0.50	8.28	11.99%	-61.86%	0.89
시장 선도주 VC1 상위 10%	14.27%	18.69%	5.41	$3,705,032	0.50	6.75	13.35%	-60.56%	1.07
대형주 주주수익률, 3&6개월 가격 모멘텀>중앙값, 12개월 가격 모멘텀 상위 50종목	12.95%	16.09%	5.61	$2,208,672	0.49	5.57	11.69%	-52.55%	0.91
Cornerstone Value, Div Yld 25	13.49%	17.22%	5.49	$2,731,351	0.49	7.91	12.25%	-65.01%	0.94
시장 선도주 순영업자산 증가율 하위 10%	13.17%	16.62%	5.54	$2,411,698	0.49	5.24	12.18%	-52.95%	0.96
시장 선도주 PSR<평균, 12개월 가격 모멘텀 상위 25종목	13.35%	17.01%	5.50	$2,586,657	0.49	6.12	11.58%	-48.31%	0.97
대형주 저PER 상위 10%	13.52%	17.37%	5.47	$2,762,152	0.49	8.35	12.15%	-65.62%	0.91
대형주 3&6개월 가격 모멘텀>중앙값, 저PBR 상위 50종목	12.67%	15.78%	5.59	$1,980,131	0.49	5.89	11.95%	-53.26%	0.88

(다음 쪽에 이어짐)

표 28.3 전체 전략(샤프지수 기준 내림차순, 1965/08/31~2009/12/31)

전략	연 수익률 (기하평균)	표준편차	T-통계량	1만 달러 투자 시	샤프지수	추적 오차	하방 위험	최대 하락률	베타
전체 주식 저PBR, 3&6개월 가격 모멘텀 상위 50종목	14.69%	19.99%	5.27	$4,359,495	0.48	7.64	15.33%	-64.48%	0.96
시장 선도주 발생액/총자산 하위 10%	13.54%	17.66%	5.40	$2,783,394	0.48	6.89	12.46%	-56.44%	0.99
대형주 종합이익품질 하위 10%	12.76%	16.14%	5.52	$2,054,668	0.48	6.43	10.98%	-49.00%	0.89
전체 주식 주주수익률, 3&6개월 가격 모멘텀>중앙값, 12개월 가격 모멘텀 상위 50종목	15.08%	20.97%	5.20	$5,057,750	0.48	8.28	15.99%	-61.15%	1.00
시장 선도주 배당수익률 상위 10%	13.13%	16.96%	5.43	$2,371,523	0.48	7.59	12.07%	-64.59%	0.93
대형주 저 EV/잉여현금흐름 상위 10%	13.20%	17.23%	5.39	$2,436,321	0.48	6.94	12.36%	-59.42%	0.94
대형주 주가발생액배수 하위 10%	12.61%	16.08%	5.48	$1,935,038	0.47	7.47	11.20%	-53.48%	0.86
시장 선도주 저 EV/잉여현금흐름 상위 10%	13.75%	18.60%	5.26	$3,026,571	0.47	7.15	13.09%	-62.79%	1.05
소형주 주주수익률, 3&6개월 가격 모멘텀>중앙값, 12개월 가격 모멘텀 상위 50종목	14.95%	21.24%	5.11	$4,809,289	0.47	7.83	16.12%	-58.10%	0.96
시장 선도주 PSR<평균, 12개월 가격 모멘텀 상위 50종목	12.79%	16.68%	5.39	$2,078,710	0.47	4.27	11.86%	-52.04%	0.99
시장 선도주 저 EV/매출액 상위 10%	13.04%	17.27%	5.33	$2,288,339	0.47	6.08	12.05%	-51.07%	0.99
시장 선도주 저 주가/영업현금흐름 상위 10%	13.72%	18.76%	5.21	$2,983,711	0.46	7.09	12.99%	-64.38%	1.06
시장 선도주 6개월 가격 모멘텀 상위 10%	13.41%	18.27%	5.23	$2,652,260	0.46	8.67	12.99%	-58.00%	0.98
전체 주식 저PBR, 3&6개월 가격 모멘텀>중앙값, 12개월 가격 모멘텀 상위 25종목	15.05%	22.01%	5.02	$5,010,429	0.46	9.15	16.69%	-68.16%	1.04
시장 선도주 저PER 상위 10%	13.67%	19.07%	5.13	$2,925,600	0.45	7.25	13.12%	-62.69%	1.08
대형주 저 EV/매출액 상위 10%	12.49%	16.68%	5.28	$1,847,483	0.45	6.98	11.98%	-52.75%	0.91
대형주 배당수익률 상위 10%	11.42%	14.33%	5.52	$1,209,519	0.45	11.38	9.78%	-58.55%	0.64
대형주 자사주 매입 수익률, 3개월 가격 모멘텀>중앙값, 12개월 가격 모멘텀 상위 50종목	12.87%	17.61%	5.20	$2,145,512	0.45	6.29	12.75%	-54.15%	0.98
전체 주식 주가발생액배수 하위 10%	14.10%	20.40%	5.01	$3,464,914	0.45	6.84	15.03%	-63.33%	1.00
시장 선도주 주가발생액배수 하위 10%	13.17%	18.38%	5.12	$2,412,200	0.44	7.28	12.73%	-54.81%	1.03
소형주 저PSR 상위 10%	14.84%	22.46%	4.88	$4,618,693	0.44	8.79	16.13%	-70.68%	1.00

(다음 쪽에 이어짐)

표 28.3 전체 전략(S&P지수 기준 내림차순, 1965/08/31~2009/12/31)

전략	연 수익률 (기하평균)	표준편차	T-통계량	1만 달러 투자 시	샤프지수	추적 오차	하방 위험	최대 하락률	베타
대형주 자사주 매입 수익률, 3개월 가격 모멘텀>중앙값, 12개월 가격 모멘텀 상위 25종목	13.45%	19.45%	5.00	$2,691,570	0.43	8.42	14.25%	-59.35%	1.05
전체 주식 저PBR 상위 10%	14.13%	21.04%	4.91	$3,499,602	0.43	8.08	15.35%	-69.20%	1.01
전체 주식 저PSR 상위 10%	14.06%	20.94%	4.91	$3,405,339	0.43	7.78	15.40%	-65.98%	1.01
대형주 저PBR, 3&6개월 가격 모멘텀>중앙값, 12개월 가격 모멘텀 상위 50종목	12.10%	16.50%	5.19	$1,584,677	0.43	5.93	12.67%	-55.90%	0.92
대형주 저PBR 상위 10%	12.93%	18.43%	5.03	$2,190,230	0.43	8.42	13.15%	-67.47%	0.98
소형주 영업이익률 상위 10%	11.81%	16.07%	5.19	$1,409,381	0.42	8.78	12.59%	-53.55%	0.71
시장 선도주 순이익률 상위 10%	11.63%	15.77%	5.19	$1,310,481	0.42	6.33	10.23%	-46.73%	0.89
소형주 저PBR 상위 10%	14.26%	22.11%	4.77	$3,686,837	0.42	8.49	16.13%	-69.88%	0.99
대형주 저 주가/잉여현금흐름 상위 10%	12.11%	17.00%	5.07	$1,589,264	0.42	8.00	12.15%	-63.99%	0.90
시장 선도주 부채 증가율 하위 10%	12.17%	17.29%	5.02	$1,628,137	0.41	4.69	11.68%	-48.85%	1.02
소형주 주가/순매출배수 하위 10%	14.47%	22.86%	4.72	$3,992,730	0.41	7.93	16.12%	-66.72%	1.04
소형주 자산회전율 상위 10%	13.70%	21.31%	4.75	$2,962,382	0.41	5.93	14.98%	-64.74%	0.99
전체 주식 주주수익률, 3&6개월 가격 모멘텀>중앙값, 12개월 가격 모멘텀 상위 25종목	14.50%	23.28%	4.68	$4,045,574	0.41	10.48	17.37%	-64.56%	1.08
소형주 현금흐름/부채 상위 10%	13.36%	20.72%	4.74	$2,595,632	0.40	5.50	14.25%	-54.47%	0.97
시장 선도주 ROA 상위 10%	11.77%	16.81%	4.99	$1,388,512	0.40	7.83	11.07%	-48.00%	0.91
대형주 재무건전성 하위 10%	11.37%	15.96%	5.05	$1,184,863	0.40	5.41	11.84%	-50.03%	0.90
시장 선도주 12개월 가격 모멘텀 상위 10%	12.71%	19.38%	4.78	$2,015,059	0.40	10.42	13.86%	-60.88%	1.00
대형주 60개월 가격 모멘텀 하위 10%	12.66%	19.36%	4.77	$1,972,949	0.40	8.55	13.16%	-65.10%	1.04
시장 선도주 저 주가/잉여현금흐름 상위 10%	12.68%	19.44%	4.76	$1,990,354	0.40	7.79	13.81%	-65.82%	1.09
소형주 주주수익률, 3&6개월 가격 모멘텀>중앙값, 12개월 가격 모멘텀 상위 25종목	14.30%	23.54%	4.60	$3,745,468	0.40	9.92	17.71%	-63.04%	1.04
대형주 저PBR, 3&6개월 가격 모멘텀>중앙값, 12개월 가격 모멘텀 상위 25종목	12.02%	17.80%	4.87	$1,534,382	0.39	6.98	13.72%	-59.99%	0.98
대형주 저PBR>중앙값, 배당수익률 상위 50종목	10.78%	14.73%	5.13	$935,732	0.39	12.26	9.93%	-62.19%	0.62

(다음 쪽에 이어짐)

표 28.3 전체 전략(샤프지수 기준 내림차순, 1965/08/31~2009/12/31)

전략	연 수익률 (기하평균)	표준편차	T-통계량	1만 달러 투자 시	샤프지수	추적 오차	하방 위험	최대 하락률	베타
시장 선도주 자산회전율 상위 10%	11.60%	16.84%	4.92	$1,297,271	0.39	7.00	11.35%	-49.88%	0.94
시장 선도주 저PSR 상위 10%	12.28%	18.76%	4.76	$1,696,417	0.39	6.96	13.60%	-58.12%	1.07
전체 주식 자산회전율 상위 10%	12.78%	20.14%	4.68	$2,071,598	0.39	6.01	14.37%	-62.08%	1.00
시장 선도주 영업이익률 상위 10%	11.52%	16.92%	4.87	$1,256,293	0.39	6.91	11.37%	-57.34%	0.95
소형주 자사주 매입 수익률, 3개월 가격 모멘텀>중앙값, 12개월 가격 모멘텀 상위 50종목	14.28%	24.14%	4.52	$3,722,115	0.38	9.42	17.71%	-58.74%	1.08
시장 선도주	11.27%	16.37%	4.91	$1,139,999	0.38		11.72%	-54.03%	
전체 주식 60개월 가격 모멘텀 하위 10%	13.88%	23.28%	4.51	$3,184,331	0.38	8.91	15.95%	-68.91%	1.12
대형주 6개월 가격 모멘텀 상위 10%	13.53%	22.36%	4.55	$2,777,019	0.38	10.95	16.05%	-59.80%	1.18
소형주 순이익률 상위 10%	11.70%	17.63%	4.79	$1,349,305	0.38	7.06	13.28%	-52.87%	0.81
대형주 저PBR>중앙값, 배당수익률 상위 25종목	10.87%	15.95%	4.85	$968,948	0.37	13.02	10.95%	-67.55%	0.65
소형주 60개월 가격 모멘텀 하위 10%	14.12%	24.83%	4.39	$3,496,345	0.37	9.51	16.70%	-69.84%	1.12
소형주 ROA 상위 10%	13.10%	22.08%	4.48	$2,342,965	0.37	5.79	15.17%	-61.96%	1.03
전체 주식 6개월 가격 모멘텀 상위 10%	14.24%	25.21%	4.38	$3,657,041	0.37	10.94	17.70%	-62.44%	1.20
전체 주식 자사주 매입 수익률, 3개월 가격 모멘텀>중앙값, 12개월 가격 모멘텀 상위 50종목	13.83%	24.15%	4.41	$3,123,598	0.37	10.44	17.60%	-63.62%	1.14
대형주 순영업자산 증가율 하위 10%	11.30%	17.23%	4.74	$1,150,579	0.37	5.62	12.79%	-58.76%	0.97
시장 선도주 저 주가/영업현금흐름 상위 10종목	12.89%	21.74%	4.46	$2,161,684	0.36	11.17	15.05%	-75.55%	1.15
대형주 발생액/총자산 하위 10%	11.69%	18.44%	4.63	$1,343,540	0.36	7.11	13.59%	-69.58%	1.02
시장 선도주 저PBR 상위 10%	12.21%	19.95%	4.53	$1,651,897	0.36	8.20	13.74%	-67.38%	1.12
전체 주식 영업이익률 상위 10%	10.79%	16.23%	4.77	$939,035	0.36	8.00	12.27%	-55.56%	0.77
소형주 6개월 가격 모멘텀 상위 10%	14.38%	26.32%	4.30	$3,857,815	0.36	11.03	18.35%	-63.10%	1.17
대형주 저PSR 상위 10%	11.25%	17.64%	4.63	$1,128,228	0.35	8.12	12.95%	-59.89%	0.94
소형주 ROE 상위 10%	13.08%	22.87%	4.37	$2,326,883	0.35	6.51	16.30%	-65.72%	1.07
시장 선도주 ROE 상위 10%	10.95%	16.86%	4.68	$1,000,818	0.35	6.79	11.32%	-51.13%	0.94
전체 주식 발생액/총자산 하위 10%	12.81%	22.21%	4.39	$2,093,156	0.35	6.24	16.30%	-69.09%	1.11
시장 선도주 현금흐름/부채 상위 10%	11.04%	17.20%	4.64	$1,037,698	0.35	7.95	11.31%	-50.49%	0.93
대형주 자산회전율 상위 10%	10.80%	16.79%	4.65	$943,969	0.35	6.91	11.53%	-54.64%	0.92

(다음 쪽에 이어짐)

표 28.3 전체 전략(S&P지수 기준 내림차순, 1965/08/31~2009/12/31)

전략	연 수익률 (기하평균)	표준편차	T-통계량	1만 달러 투자 시	샤프지수	추적 오차	하방 위험	최대 하락률	베타
시장 선도주 감가상각비/자본적 지출 상위 10%	11.21%	17.99%	4.55	$1,112,344	0.35	6.07	12.16%	-57.97%	1.03
소형주 EPS 증가율 상위 10%	12.86%	23.35%	4.26	$2,132,696	0.34	6.88	16.63%	-64.25%	1.09
전체 주식 ROE 상위 10%	12.02%	21.00%	4.33	$1,534,842	0.33	6.32	15.04%	-63.88%	1.04
소형주 3&6개월 가격 모멘텀>0, ROE>평균, 12개월 가격 모멘텀 상위 50종목	14.66%	29.34%	4.11	$4,306,193	0.33	15.31	20.99%	-74.82%	1.24
소형주 자사주 매입 수익률, 3개월 가격 모멘텀>종앙값, 12개월 가격 모멘텀 상위 25종목	13.67%	26.48%	4.14	$2,935,937	0.33	12.09	19.40%	-63.25%	1.15
전체 주식 ROA 상위 10%	11.73%	20.84%	4.26	$1,368,925	0.32	6.09	14.34%	-58.45%	1.04
전체 주식 현금흐름/부채 상위 10%	11.65%	20.97%	4.22	$1,321,767	0.32	6.36	14.32%	-54.66%	1.04
전체 주식	11.01%	19.26%	4.28	$1,025,389	0.31	N/A	13.94%	-55.54%	N/A
시장 선도주 감가상각비/자본적 지출 하위 10%	10.68%	18.29%	4.32	$897,158	0.31	6.43	12.73%	-55.30%	1.05
소형주	11.36%	20.60%	4.19	$1,180,447	0.31	N/A	14.87%	-58.48%	N/A
소형주 발생액/총자산 하위 10%	12.65%	24.78%	4.05	$1,968,047	0.31	8.55	17.54%	-70.06%	1.14
시장 선도주 주가별순매수 상위 10%	10.09%	16.55%	4.45	$710,389	0.31	5.80	12.40%	-51.92%	0.95
전체 주식 감가상각비/자본적 지출 상위 10%	11.81%	22.18%	4.12	$1,408,775	0.31	6.10	15.80%	-65.18%	1.11
전체 주식 순영업자산 증가율 하위 10%	11.83%	22.26%	4.11	$1,420,568	0.31	6.60	15.96%	-68.42%	1.11
전체 주식 순이익률 상위 10%	10.26%	17.31%	4.36	$758,759	0.30	6.52	12.92%	-53.32%	0.85
전체 주식 자사주 매입 수익률, 3개월 가격 모멘텀 상위 25종목	13.05%	26.62%	3.99	$2,299,944	0.30	13.18	19.36%	-66.50%	1.22
대형주	10.06%	16.75%	4.39	$701,190	0.30	N/A	11.90%	-53.77%	N/A
대형주 부채 증가율 하위 10%	10.35%	17.94%	4.27	$787,144	0.30	4.94	13.03%	-55.95%	1.03
대형주 12개월 가격 모멘텀 상위 10%	11.93%	23.52%	4.00	$1,478,974	0.29	12.38	17.38%	-64.85%	1.21
S&P500	9.33%	15.31%	4.41	$522,661	0.28	4.69	10.81%	-50.95%	0.88
시장 선도주 ROE 하위 10%	10.34%	18.95%	4.11	$785,448	0.28	7.48	13.15%	-61.32%	1.07
시장 선도주 EV/영여현금흐름 하위 10%	10.07%	18.10%	4.15	$703,094	0.28	6.41	13.05%	-60.38%	1.03
소형주 감가상각비/자본적 지출 상위 10%	11.69%	24.23%	3.87	$1,346,569	0.28	8.72	16.91%	-69.57%	1.10
전체 주식 12개월 가격 모멘텀 상위 10%	12.14%	25.86%	3.84	$1,604,407	0.28	11.65	18.53%	-66.29%	1.22

(다음 쪽에 이어짐)

표 28.3 전체 전략(S&P지수 기준 내림차순, 1965/08/31~2009/12/31)

전략	연 수익률(기하평균)	표준편차	T-통계량	1만 달러 투자 시	샤프지수	추적 오차	하방 위험	최대 하락률	베타
시장 선도주 저PBR 하위 10%	9.66%	17.15%	4.17	$595,992	0.27	8.78	11.67%	-51.30%	0.90
전체 주식 성장주 상위 10%	11.34%	23.41%	3.86	$1,170,338	0.27	7.30	16.14%	-60.70%	1.17
시장 선도주 저 주가/잉여현금흐름 하위 10%	9.75%	17.90%	4.08	$618,816	0.27	6.31	12.61%	-59.72%	1.02
소형주 12개월 가격 모멘텀 상위 10%	12.14%	26.95%	3.76	$1,608,082	0.27	11.67	19.16%	-67.06%	1.20
시장 선도주 EPS 증가율 상위 10%	9.74%	18.26%	4.02	$616,058	0.26	6.36	12.65%	-53.81%	1.05
시장 선도주 순이익률 하위 10%	9.79%	18.53%	3.99	$629,687	0.26	6.57	13.39%	-59.32%	1.06
시장 선도주 자산회전율 하위 10%	10.35%	20.82%	3.86	$787,022	0.26	10.60	14.90%	-78.30%	1.10
시장 선도주 부채 증가율 상위 10%	9.40%	17.27%	4.06	$536,458	0.25	4.17	12.20%	-54.87%	1.02
소형주 부채 증가율 하위 10%	11.03%	23.89%	3.73	$1,034,729	0.25	7.52	16.54%	-67.10%	1.11
대형주 감가상각비/자본적 지출 상위 10%	9.61%	18.28%	3.97	$584,481	0.25	5.83	13.06%	-57.70%	1.03
대형주 ROE 상위 10%	9.44%	17.73%	3.99	$545,642	0.25	6.88	12.03%	-58.46%	0.98
전체 주식 부채 증가율 하위 10%	10.56%	22.46%	3.75	$856,482	0.25	6.45	15.85%	-66.25%	1.12
시장 선도주 현금흐름/부채 하위 10%	9.98%	20.29%	3.82	$679,046	0.25	7.52	14.37%	-74.30%	1.16
대형주 ROA 상위 10%	9.55%	18.65%	3.89	$569,255	0.24	7.62	12.83%	-55.83%	1.02
시장 선도주 ROA 하위 10%	10.06%	21.02%	3.76	$701,293	0.24	8.75	15.12%	-73.38%	1.18
대형주 영업이익률 하위 10%	9.31%	18.06%	3.90	$518,265	0.24	6.81	12.25%	-54.95%	1.02
대형주 영업이익률 상위 10%	9.04%	16.97%	3.98	$463,704	0.24	8.24	11.87%	-59.83%	0.89
전체 주식 자산회전율 증가율 하위 10%	9.07%	17.44%	3.92	$469,694	0.23	8.89	13.24%	-63.29%	0.80
소형주 순영업자산 증가율 하위 10%	10.83%	25.57%	3.54	$953,378	0.23	10.03	17.67%	-75.46%	1.15
대형주 성장주 상위 10%	9.41%	19.70%	3.72	$538,900	0.22	7.25	13.65%	-57.48%	1.10
대형주 EPS 증가율 상위 10%	8.96%	19.08%	3.65	$449,587	0.21	6.82	13.08%	-53.41%	1.07
시장 선도주 VC1 하위 10%	8.64%	17.55%	3.74	$394,035	0.21	9.28	12.06%	-57.66%	0.91
대형주 순이익률 상위 10%	8.48%	16.86%	3.79	$369,526	0.21	7.35	11.93%	-52.15%	0.91
시장 선도주 저PSR 하위 10%	8.57%	17.39%	3.74	$382,709	0.21	9.02	12.04%	-58.92%	0.91
시장 선도주 순영업자산 증가율 상위 10%	8.58%	17.67%	3.71	$384,987	0.20	5.85	12.51%	-53.01%	1.02
시장 선도주 저EV/EBITDA 하위 10%	8.90%	19.44%	3.58	$438,867	0.20	8.62	13.33%	-65.29%	1.07
시장 선도주 EPS 증가율 하위 10%	8.83%	19.25%	3.58	$426,637	0.20	6.78	13.42%	-64.96%	1.11
시장 선도주 저 EV/매출액 하위 10%	8.53%	17.97%	3.65	$376,257	0.20	7.84	12.53%	-64.70%	0.99

(다음 쪽에 이어짐)

표 28.3 전체 전략(샤프지수 기준 내림차순, 1965/08/31~2009/12/31)

전략	연 수익률 (기하평균)	표준편차	T-통계량	1만 달러 투자 시	샤프지수	추적 오차	하방 위험	최대 하락률	베타
시장 선도주 저PER 하위 10%	8.74%	19.18%	3.56	$410,691	0.20	8.21	13.80%	-58.63%	1.06
대형주 주가별 주당배수 상위 10%	8.41%	17.75%	3.64	$358,169	0.19	5.91	13.11%	-54.83%	1.00
대형주 현금흐름/부채 상위 10%	8.74%	20.00%	3.47	$410,961	0.19	8.78	14.33%	-71.34%	1.08
대형주 저 EV/잉여현금흐름 하위 10%	8.09%	18.19%	3.48	$315,221	0.17	6.20	13.34%	-63.96%	1.02
대형주 자산회전율 하위 10%	8.34%	19.71%	3.38	$348,952	0.17	10.61	14.00%	-75.82%	0.99
대형주 성장주 하위 10%	7.96%	17.87%	3.47	$298,449	0.17	6.10	12.65%	-63.64%	1.00
전체 주식 주가별 주당배수 상위 10%	8.60%	21.76%	3.27	$387,604	0.17	4.96	15.55%	-60.25%	1.11
대형주 저PBR 하위 10%	8.64%	22.02%	3.26	$394,329	0.17	10.68	15.65%	-70.70%	1.16
시장 선도주 12개월 가격 모멘텀 하위 10%	8.52%	21.39%	3.26	$375,727	0.16	9.05	14.16%	-65.66%	1.20
시장 선도주 6개월 가격 모멘텀 하위 10%	8.30%	20.52%	3.28	$342,672	0.16	7.54	13.90%	-65.20%	1.18
소형주 자산회전율 하위 10%	7.83%	17.68%	3.44	$282,317	0.16	8.57	13.11%	-62.16%	0.78
시장 선도주 저 주가/영업현금흐름 하위 10%	7.80%	17.54%	3.45	$279,628	0.16	8.41	12.89%	-59.89%	0.94
시장 선도주 저 VC2 하위 10%	7.85%	18.03%	3.40	$284,927	0.16	9.13	12.77%	-60.68%	0.95
소형주 주가별 주당배수 상위 10%	8.64%	23.17%	3.17	$393,912	0.16	6.08	16.04%	-64.22%	1.09
소형주 60개월 가격 모멘텀 상위 10%	8.78%	24.09%	3.15	$416,618	0.16	8.19	16.97%	-68.08%	1.11
시장 선도주 별 주당배수/총자산 상위 10%	7.82%	18.06%	3.39	$281,123	0.16	5.78	12.75%	-56.09%	1.05
대형주 순이익률 하위 10%	8.12%	20.22%	3.27	$318,114	0.15	8.72	15.64%	-82.79%	1.09
시장 선도주 저 VC3 하위 10%	7.71%	17.86%	3.38	$269,394	0.15	8.87	12.56%	-59.42%	0.95
대형주 ROE 하위 10%	7.94%	19.80%	3.25	$296,059	0.15	8.83	14.89%	-79.66%	1.06
대형주 저 주가/잉여현금흐름 하위 10%	7.57%	18.05%	3.31	$253,902	0.14	5.84	13.24%	-63.76%	1.02
전체 주식 60개월 가격 모멘텀 상위 10%	8.31%	23.46%	3.07	$344,813	0.14	8.34	16.52%	-64.52%	1.15
대형주 EPS 증가율 하위 10%	7.44%	18.83%	3.18	$240,673	0.13	6.87	13.39%	-67.30%	1.05
대형주 감가상각비/자본적 지출 하위 10%	7.41%	18.93%	3.16	$237,466	0.13	8.28	13.70%	-66.24%	1.02
전체 주식 저PBR 하위 10%	8.13%	24.73%	2.95	$319,249	0.13	10.14	17.37%	-73.67%	1.19
대형주 ROA 하위 10%	7.53%	21.52%	2.99	$250,199	0.12	9.48	15.98%	-80.45%	1.17
시장 선도주 주주수익률 하위 10%	7.25%	19.26%	3.07	$223,014	0.12	6.48	12.93%	-61.88%	1.11
소형주 저PBR 하위 10%	8.12%	26.81%	2.86	$318,580	0.12	10.66	18.70%	-74.79%	1.21
대형주 60개월 가격 모멘텀 상위 10%	7.45%	24.18%	2.81	$242,263	0.10	11.56	17.28%	-76.08%	1.30

(다음 쪽에 이어짐)

표 28.3 전체 전략(S&P지수 기준 내림차순. 1965/08/31~2009/12/31)

전략	연 수익률(기하평균)	표준편차	T-통계량	1만 달러 투자 시	샤프지수	추적 오차	하방 위험	최대 하락률	베타
대형주 부채 증가율 상위 10%	6.83%	18.61%	3.00	$187,287	0.10	5.60	13.29%	-63.62%	1.06
시장 선도주 자사주 매입 수익률 하위 10%	6.76%	18.93%	2.94	$181,638	0.09	5.49	12.98%	-63.96%	1.11
대형주 재무건전성 상위 10%	6.53%	17.19%	3.03	$164,902	0.09	4.98	12.21%	-59.81%	0.98
대형주 영업이익률 하위 10%	6.78%	20.52%	2.84	$183,358	0.09	8.98	15.79%	-85.76%	1.11
전체 주식 성장주 하위 10%	6.80%	22.33%	2.72	$184,471	0.08	6.21	16.21%	-71.86%	1.12
전체 주식 저 EV/영여현금흐름 하위 10%	6.84%	23.07%	2.70	$187,800	0.08	6.88	16.53%	-66.73%	1.15
소형주 EPS 증가율 하위 10%	6.93%	26.17%	2.59	$194,631	0.07	9.57	17.98%	-72.16%	1.20
대형주 현금흐름/부채 하위 10%	6.41%	20.05%	2.75	$156,826	0.07	9.13	15.32%	-77.96%	1.07
대형주 12개월 가격 모멘텀 하위 10%	6.51%	22.24%	2.64	$163,990	0.07	10.54	15.59%	-69.38%	1.18
대형주 저PER 하위 10%	6.21%	21.66%	2.59	$144,339	0.06	9.86	16.15%	-79.88%	1.16
전체 주식 부채 증가율 상위 10%	6.24%	22.40%	2.57	$146,231	0.06	5.10	16.20%	-69.24%	1.14
소형주 저 EV/영여현금흐름 하위 10%	6.39%	26.05%	2.46	$155,550	0.05	10.27	17.80%	-73.23%	1.18
전체 주식 저 주가/영여현금흐름 하위 10%	6.09%	22.71%	2.51	$137,430	0.05	6.36	16.57%	-68.80%	1.14
대형주 발생배/총자산 상위 10%	5.91%	19.50%	2.62	$127,540	0.05	6.92	13.88%	-58.61%	1.09
대형주 저 주가/영여현금흐름 하위 10%	5.92%	21.36%	2.52	$127,975	0.04	9.69	15.95%	-77.33%	1.15
대형주 종합이익품질 상위 10%	5.68%	19.03%	2.58	$115,851	0.04	6.29	13.88%	-61.33%	1.07
전체 주식 EPS 증가율 상위 10%	5.70%	20.35%	2.51	$116,798	0.03	4.49	14.71%	-66.06%	1.03
대형주 자사주 매입 수익률 하위 10%	5.61%	19.02%	2.56	$112,578	0.03	5.17	13.72%	-65.37%	1.10
전체 주식 ROE 하위 10%	5.83%	26.77%	2.32	$123,132	0.03	11.63	19.64%	-89.50%	1.28
대형주 순영업자산 증가율 상위 10%	5.56%	19.86%	2.50	$110,113	0.03	7.68	15.13%	-78.05%	1.10
전체 주식 12개월 가격 모멘텀 하위 10%	5.60%	26.03%	2.27	$112,186	0.02	11.08	17.95%	-75.22%	1.25
소형주 저 주가/영여현금흐름 하위 10%	5.36%	25.22%	2.24	$101,397	0.01	9.24	17.66%	-72.60%	1.15
전체 주식 EPS 증가율 하위 10%	5.27%	21.52%	2.32	$97,542	0.01	5.97	15.56%	-67.86%	1.08
전체 주식 저PER 하위 10%	5.31%	26.92%	2.20	$99,120	0.01	10.86	19.18%	-82.14%	1.32
소형주 부채 증가율 상위 10%	5.25%	23.86%	2.24	$96,671	0.01	6.38	16.85%	-75.29%	1.12
대형주 주주수익률 하위 10%	5.19%	19.86%	2.37	$94,131	0.01	5.56	14.16%	-68.49%	1.15
소형주 12개월 가격 모멘텀 하위 10%	5.20%	27.41%	2.15	$94,641	0.01	11.34	18.74%	-79.12%	1.23
대형주 6개월 가격 모멘텀 하위 10%	5.13%	21.92%	2.26	$92,064	0.01	9.50	15.36%	-68.85%	1.20

(다음 쪽에 이어짐)

표 28.3 전체 전략(S&P500지수 기준 내림차순, 1965/08/31~2009/12/31)

전략	연 수익률 (기하평균)	표준편차	T-통계량	1만 달러 투자 시	샤프지수	추적 오차	하방 위험	최대 하락률	베타
전체 주식 저EV/EBITDA 하위 10%	5.15%	27.09%	2.16	$92,607	0.01	12.64	19.86%	-89.54%	1.27
소형주 자사주 매입 수익률 하위 10%	5.10%	23.37%	2.22	$90,572	0.00	4.97	16.97%	-71.57%	1.11
전체 주식 순이익률 하위 10%	5.02%	27.68%	2.12	$87,544	0.00	12.89	20.52%	-93.05%	1.31
소형주 자사주 매입 수익률 하위 10%	4.90%	21.95%	2.21	$83,448	0.00	4.55	16.05%	-70.91%	1.12
소형주 주주수익률 하위 10%	4.88%	24.17%	2.14	$82,837	0.00	5.60	17.29%	-74.59%	1.15
전체 주식 감가상각비/자본적 지출 하위 10%	4.85%	23.18%	2.15	$81,598	-0.01	7.33	16.83%	-71.68%	1.15
소형주 저PER 하위 10%	4.78%	29.59%	2.05	$79,326	-0.01	13.76	19.79%	-82.67%	1.31
전체 주식 저 EV/매출액 하위 10%	4.74%	25.41%	2.09	$78,028	-0.01	12.11	19.83%	-92.02%	1.17
전체 주식 주주수익률 하위 10%	4.73%	22.86%	2.13	$77,572	-0.01	5.24	16.41%	-72.38%	1.17
대형주 저EV/EBITDA 하위 10%	4.71%	23.89%	2.11	$76,893	-0.01	12.29	18.64%	-89.48%	1.25
전체 주식 영업이익률 하위 10%	4.58%	27.66%	2.02	$72,755	-0.02	13.01	20.58%	-93.34%	1.30
전체 주식 ROA 하위 10%	4.57%	26.50%	2.03	$72,529	-0.02	12.64	20.00%	-91.36%	1.23
대형주 VC1 하위 10%	4.51%	22.73%	2.08	$70,595	-0.02	12.16	17.62%	-85.28%	1.16
전체 주식 재무건전성 상위 10%	4.34%	22.71%	2.03	$65,775	-0.03	6.43	16.89%	-80.39%	1.14
대형주 VC3 하위 10%	4.30%	23.09%	2.01	$64,519	-0.03	12.20	17.76%	-85.90%	1.18
대형주 저PSR 하위 10%	4.31%	22.46%	2.03	$64,848	-0.03	12.01	17.93%	-86.24%	1.14
대형주 VC2 하위 10%	4.20%	23.29%	1.98	$61,850	-0.03	12.42	17.91%	-86.01%	1.19
전체 주식 발생액/총자산 상위 10%	4.05%	25.11%	1.91	$58,251	-0.04	8.27	17.43%	-77.80%	1.26
대형주 저 EV/매출액 하위 10%	4.07%	22.41%	1.97	$58,697	-0.04	11.73	17.95%	-87.97%	1.15
소형주 발생액/총자산 상위 10%	3.47%	26.62%	1.76	$45,467	-0.06	9.13	17.98%	-81.88%	1.24
전체 주식 종합이익질 하위 10%	3.50%	25.15%	1.77	$46,045	-0.06	8.27	17.77%	-73.54%	1.26
소형주 저EV/EBITDA 하위 10%	3.28%	28.75%	1.71	$41,748	-0.06	14.21	19.71%	-87.57%	1.24
전체 주식 6개월 가격 모멘텀 하위 10%	3.36%	25.74%	1.72	$43,236	-0.06	10.04	17.59%	-77.42%	1.26
전체 주식 저PSR 하위 10%	3.11%	26.68%	1.67	$38,918	-0.07	13.37	19.84%	-91.41%	1.22
전체 주식 저 주가/영업현금흐름 하위 10%	3.13%	26.48%	1.68	$39,130	-0.07	10.83	18.81%	-86.49%	1.29
소형주 감가상각비/자본적 지출 하위 10%	3.27%	24.38%	1.71	$41,564	-0.07	7.93	17.26%	-72.64%	1.13
소형주 ROE 하위 10%	2.66%	30.11%	1.59	$32,028	-0.08	14.66	20.33%	-91.45%	1.32
전체 주식 순영업자산 증가율 상위 10%	3.03%	25.34%	1.66	$37,546	-0.08	9.04	18.68%	-83.42%	1.26

(다음 쪽에 이어짐)

표 28.3 전체 전략(S&P지수 기준 내림차순, 1965/08/31~2009/12/31)

전략	연 수익률(기하평균)	표준편차	T-통계량	1만 달러 투자 시	샤프지수	추적 오차	하방 위험	최대 하락률	베타
전체 주식 VC1 하위 10%	2.64%	28.25%	1.58	$31,727	-0.08	14.26	20.42%	-92.81%	1.30
소형주 6개월 가격 모멘텀 하위 10%	2.60%	27.07%	1.54	$31,163	-0.09	10.20	18.35%	-80.22%	1.24
소형주 저 주가/영업현금흐름 하위 10%	2.39%	28.72%	1.52	$28,474	-0.09	13.22	19.50%	-85.02%	1.27
전체 주식 VC2 하위 10%	2.29%	28.71%	1.50	$27,251	-0.09	14.39	20.45%	-92.67%	1.33
소형주 저 EV/매출액 하위 10%	2.52%	25.98%	1.52	$30,166	-0.10	12.13	19.40%	-91.71%	1.12
소형주 현금흐름/부채 하위 10%	2.16%	29.59%	1.47	$25,817	-0.10	14.44	20.01%	-87.81%	1.29
전체 주식 VC3 하위 10%	2.13%	28.59%	1.46	$25,510	-0.10	14.26	20.42%	-92.77%	1.33
전체 주식 현금흐름/부채 하위 10%	2.08%	27.30%	1.43	$24,944	-0.11	12.49	20.25%	-92.73%	1.29
소형주 순영업자산 증가율 상위 10%	1.84%	26.83%	1.37	$22,452	-0.12	9.65	19.34%	-85.63%	1.24
소형주 ROA 하위 10%	1.11%	29.56%	1.24	$16,282	-0.13	15.07	20.29%	-93.32%	1.26
소형주 영업이익률 하위 10%	0.90%	29.92%	1.20	$14,869	-0.14	15.36	20.41%	-93.74%	1.28
소형주 순이익률 하위 10%	0.81%	30.39%	1.19	$14,290	-0.14	15.58	20.58%	-94.14%	1.30
소형주 저PSR 하위 10%	0.16%	27.71%	0.98	$10,727	-0.17	13.99	20.00%	-93.67%	1.17
소형주 VC1 하위 10%	-0.80%	29.92%	0.84	$7,012	-0.19	15.39	20.75%	-94.37%	1.28
소형주 VC2 하위 10%	-0.92%	30.35%	0.82	$6,623	-0.20	15.42	20.90%	-94.46%	1.31
소형주 VC3 하위 10%	-1.35%	30.18%	0.72	$5,468	-0.21	15.25	20.89%	-94.72%	1.30

샤프지수 순위

표 28.3에서 볼 수 있듯이 위험 조정 수익률이 가장 높은 전략들 모두 가치 요소를 하나 이상 포함했다. 가치 요소는 멋진 이야기가 있는 섹시한 주식에 속지 않도록 돕는다. 단기적인 재미를 반감시킬 수 있지만, 시간이 지나면 주식에 과도하게 지불하지 않게 해서 곤경에서 지켜줄 것이다. 시장 선도주 모집단에서 선정한 주식을 제외하면 이 최고의 전략들이 선정한 주식 대부분은 잘 알려진 기업이 아니다. 멋진 말이 아니라 일하는 말을 고른다. 이야기가 핫한 주식은 매수자가 많다. 그래서 가격이 견딜 수 없는 수준까지 올라간다. 위험 조정 수익률이 가장 우수한 전략들이 선정한 일하는 말 주식은 그레이트 레이크 드레지 앤 덕과 헬스스프링 같은 기업이다. 이런 기업의 대표가 〈포천(Fortune)〉의 표지를 장식하기는 쉽지 않을 것이다.

위험 조정 수익률 기준 최고의 전략은 수익률 절댓값 기준에서도 최고의 전략 중 하나인 추세형 가치주 전략이다. 이 전략은 전체 주식 모집단에서 VC2, 즉 다양한 가치와 주주 요소들에서 좋은 점수를 받은 상위 10%를 고른 다음 6개월 가격 모멘텀이 가장 좋은 25종목을 선정하는 방법이다. 전략은 44년 동안 연 수익률 21.08%를 거두어 투자한 1만 달러를 482만 달러로 증가시켰지만 수익률 표준편차는 17.66%에 불과했다. 높은 수익률과 낮은 표준편차가 만난 결과 샤프지수가 0.91이어서, 전체 주식 모집단의 0.31보다 훨씬 우수하다. 위험 조정 수익률에서 세 번째로 우수한 전략은 1927년부터 백테스트할 수 있는데, 전체 주식 모집단에서 저PBR 상위 30%이고 3&6개월 모멘텀이 중앙값보다 큰 주식 중 주주수익률이 가장 높은 25종목을 매수하는 것이었다. 1965~2009년 기간에 연 수익률은 18.45%였고 표준편차는 단 15.48%였다. 그래서 만들어진 샤프지수는 0.87로, 역시 전체 주식 모집단보다 훨씬 높았다. 이 전략은 1927~2009년의 분석 또한 가능했고 장기 데이터도 44년 성과와 일치했다. 1927/12/31~2009/12/31 기간의 연 수익률은 15.43%였고 투자한 1만 달러는 13억 달러가 되었다. 장기 데이터에서도 수익률 표준편차 21.28%를 기록해서 전체 주식의 23.25%보다 우수했다.

마지막으로 위험 조정 수익률 상위 10개 전략 중에서 다른 전략에 비해 MDD도 월등히 우수한 전략은 필수 소비재·공익기업 결합 포트폴리오로, 웹사이트에서 전략 검토 자료를 확인할 수 있다. 이 전략은 필수 소비재 기업에서 주주수익률이 높은 25종목과 공익기업에서 VC2 점수가 가장 높은 25종목으로 구성된다. 1965~2009년 기간 동안 이 50종목 포트폴리오의 연평균 수익률은 16.56%였지만 수익률 표준편차는 13.42%에 불과했다. 샤프지수는 0.86으로, 우리가 시험한 전략들 중 정상급에 속한다. 중요한 점은 MDD가 34.39%에 불과해 전체 주식 모집단뿐 아니라 다른 전략들에 비해서도 현저히 낮았다는 것이다. 따라서 이 전략은 주식 투자로 수익을 얻고 싶어 하는 매우 보수적인 투자자들에게 좋은 선택이다. 그러나 표 28.3이 보여주듯이 위험 조정 수익률이 미국 단기 국채보다 높은 전략이 20개 있다. 이들 전략은 장기간의 우수한 수익률과 심지어 '무위험' 미국의 단기 국채보다 높은 단위 위험 대비 수익을 제공하니 보수적인 투자자는 이들에 집중해야 한다.

하방 위험

샤프지수 순위가 가장 나쁜 전략 5가지는 모두 소형주에서 나왔는데 PSR과 순이익률, 우리 결합 가치 요소 3가지의 점수가 가장 나빴다. 하위 39개 전략은 모두 샤프지수가 음의 값이었고, 그 안은 결합 가치 요소 점수가 가장 낮고, 순이익률도 가장 낮으며, 가격 모멘텀이 가장 나쁘고, 종합이익품질과 재무건전성 점수도 최하인 주식들로 채워져 있었다. 샤프지수가 낮은 전략들은 모두 미국 단기 국채보다 성과가 저조했다. 가격 모멘텀이 불량한 주식을 제외하고 이 주식들은 사업 내용보다 터무니없이 높은 가격이 매겨져 있었고, 여기 투자한 이들은 나무가 하늘 높이 자랄 거라고 믿었다. 이 기업들의 가격은 거의 실현되지 못할 미래에 대한 희망, 탐욕, 또는 환상에 기반하고 있다. 버넷엑스 홀딩은 훌륭한 소프트웨어 회사일지 모르지만 정말 매출액의 8,231배의 가치가 있을까? 나는 그렇게 생각하지 않는다. 이렇게 커다란 기대에 부응할 수 있을지도 모르지만 이런 특성을 가진 주식들은 대개 그러지 못하니 투자자들은 피해야 한다.

하방 위험 순위

표 28.4는 전체 전략을 하방 위험 오름차순으로 정렬한 것으로, 지면 관계상 홈페이지(www.whatworksonwallstreet.com) 'SUPPLEMENT MATERIAL' 난에 수록했다. 이 표에서 보여주듯이 하방 위험으로 모든 전략을 검토할 때에는 광범위한 지수들의 점수가 잘 작동하는지 주목하는 것도 흥미롭다. 그러나 우리 모집단 중에서 하방 위험이 가장 낮은 시장 선도주 모집단보다도 하방 위험이 낮은 전략이 30개 있다. 다시 한번 필수 소비재·공익기업 결합 포트폴리오 전략은 수익률 절댓값과 위험 조정 수익률뿐만 아니라 하방 위험 기준에서도 정상을 차지했다. MDD 역시 34.39%로 낮았다. 포트폴리오 하락을 우려하는 투자자들은 이 결과를 주의 깊게 연구해야 하지만 하방 위험이 낮은 포트폴리오는 종종 상승 잠재력이 제한됨을 명심해야 한다. 이 목록을 연구하면 위험 회피를 중요시하는 투자자들은 연 수익률이 좋으면서 하방 위험은 낮은 전략에 집중할 수 있을 것이다.

위험 회피를 중요시하는 투자자들이 고려해야 할 또 다른 사항은 전체 주식 모집단에 대비한 전략의 순위다. 전체 주식 모집단은 내가 조사한 대형 모집단 중에서 가장 광범위하기 때문이다. 이렇게 하면 선택할 수 있는 전략이 더 많으면서 하방 위험은 여전히 전체 주식보다 낮다.

하방 위험이 가장 큰 전략들

장난꾸러기 학생이 교장실 밖에서 대기하는 모습을 자주 보게 되는 것처럼, 하방 위험이 가장 큰 전략들이 최악의 실질 수익률과 위험 조정 수익률을 기록한 것은 놀랍지 않다. 최소한 이 전략들은 일관성 있게 나쁘다. 모두 위험이 너무 커서 피해야 한다. 성과가 매우 뛰어나서 샤프지수가 성층권을 뚫을 만큼 높은 매우 드문 경우를 제외하고는 하방 위험이 전체 시장의 수치보다 훨씬 더 큰 전략은 절대 사용하지 말아야 한다. 전략의 잠재 보상이 시장보다 월등하게 높지 않은 한, 고위험 전략을 사용

그림 28.5. 하방 위험 최저 전략 5개(1965/08/31~2009/12/31)

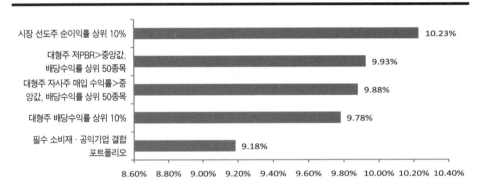

그림 28.6. 하방 위험 최고 전략 5개(1965/08/31~2009/12/31)

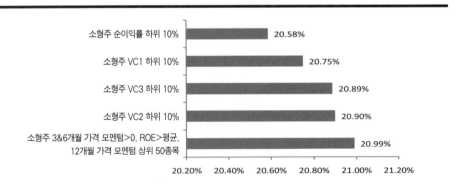

할 때 들어가는 감정적 손실은 항상 이익을 능가한다. 고위험 전략을 사용하는 최고의 방법은 저위험 전략과 혼합해서 위험 수준을 허용 가능한 정도로 낮추는 것이다. 그림 28.5는 하방 위험이 가장 낮은 5개 전략이고, 그림 28.6은 하방 위험이 가장 높은 5개 전략이다.

MDD 순위

마지막으로 표 28.5는 44년 MDD를 기준으로 모든 전략의 순위를 매긴 것이며 역시 홈페이지에서 확인할 수 있다. 긴 불황을 제외하고는 모든 시장 국면을 포함하기 때문에 투자 성과가 얼마나 나빠질 수 있는지에 대한 좋은 시사점을 준다. 16개 전략은 MDD가 50% 미만인데, 분석 기간에 대공황 이후 가장 큰 하락장이 포함된 것을 감안하면 절대 나쁜 성적이 아니다. 이미 언급한 바와 같이 필수 소비재·공익기업 결합 포트폴리오는 MDD가 34.39%로 가장 낮았다. 흥미롭게도 목록의 정상 부근에 성과가 좋은 전략이 여럿 있었다. 전체 주식 모집단에서 저PBR 상위 30%이고 3&6개월 가격 모멘텀이 우수하고 주주수익률이 가장 높은 주식을 매수하는 전략은 MDD가 47.66%였고, 추세형 가치주 50종목 전략은 MDD가 49.64%였다. 이는 MDD가 낮은 전략에 집중함으로써 고수익을 희생할 필요가 없다는 것을 보여준다.

MDD가 가장 좋은 전략들

MDD가 가장 나쁜 전략들은 성과도 가장 낮아서, 가장 저조한 18개 전략은 MDD가 90%를 초과했다! 이 전략들은 최악의 결합 가치 요소 점수, 최악의 EV/EBITDA, 최악의 PSR, 최악의 순이익률을 갖춘 사고뭉치 주식들로 채워져 있었다. 모집단 중에서는 소형주가 58.48% 하락해 가장 나빴다. 나는 이것을 최후의 보루로 추천한다. 광범위한 모집단 중에서 변동성이 가장 높은 소형주의 이 수치보다 MDD가 낮은 전략만 고려하라. MDD가 59% 이상인 전략을 모두 제거해도 여전히 선택할 수 있는 전략이 많지만, 변동성이 너무 높아서 견디기 힘든 전략들은 단순히 변동성이 높기 때문에라도 피하는 것이 옳다. 그림 28.7은 MDD가 가장 좋은 전략 5개, 그림 28.8은 가장 나쁜 전략 5개를 보여준다.

그림 28.7. MDD가 가장 낮은 5개 전략(1965/08/31~2009/12/31)

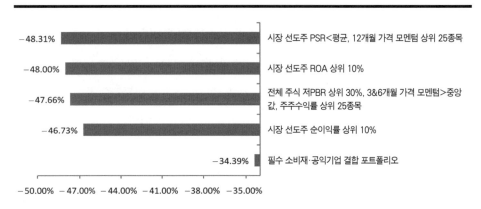

그림 28.8. MDD가 가장 높은 5개 전략(1965/08/31~2009/12/31)

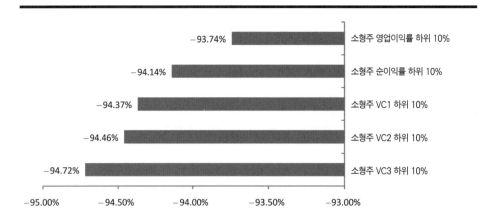

인플레이션 조정 수익률

나는 서문에서 다양한 지수와 전략의 실질 수익률 또는 인플레이션 조정 수익률을 포함하겠다고 약속했다. 명목 수익률은 전략들을 비교해서 우열을 가리기에 좋지만 치명적이고 침식적인 인플레이션 효과를 무시한다. 투자자 대부분은 인플레이션의 영향을 가늠하기 어려워하고, 우리는 인플레이션에 필요한 만큼의 관심을 기울이지 않는다.

인플레이션을 고려해야 투자 성과를 알게 된다. 예를 들어 명목 수익률을 검토할 때, 10년 동안 1만 달러에서 2만 달러로 2배 상승한 포트폴리오를 본다고 하자. 표면적으로는 100% 수익을 자축하고 싶을 것이다. 그러나 실질 구매력이 2배가 되었는지는 인플레이션을 들여다보지 않는 한 알 길이 없다. 10년 전에 1만 달러로 당신이 가장 좋아하는 상품과 서비스를 100단위 살 수 있었는데 현재 같은 단위를 구매하기 위해 2만 달러를 지불해야 한다면, 10년 동안 구매력이 전혀 증가하지 않은 것이다. 명목 수익률이 100%일지라도 포트폴리오 가치의 실질 증가율은 0이다. 단순해 보이는 개념이지만 투자자들은 종종 받아들이기 어려워한다. 예를 들어 이 책에서 가장 초창기의 전략은 1927년에 1만 달러 투자하는 것으로 시작한다. 인플레이션의 영향을 고려한다면 이 수치를 12만 2,299달러로 조정해야 하는데, 1927년의 1만 달러와 구매력이 동등하려면 2009년 말에는 이 액수가 있어야 하기 때문이다! 1927년에 1만 달러에 해당한 무언가는 이제 12만 2,000달러가 넘는다. 이것을 투자 수익률에 대입하면 1927년에 투자한 1만 달러는 현재 12만 2,000달러 가치가 있으니 명목 수익률은 1,120%지만 실질 수익률은 0인데, 구매력이 전혀 증가하지 않았기 때문이다.

이를 염두에 두고 인플레이션 조정 수익률을 살펴보자. 표 28.6은 1927~2009년 기간에 다양한 금융상품에 투자했을 때의 실질 수익률을 보여준다. 극도로 보수적인 투자자라서 미국 단기 국채만으로 포트폴리오를 구성했다면 1927년의 1만 달러는 2009년 말 겨우 1만 6,256달러로 늘어나서 연 수익률은 0.59%에 불과하다. 이런 포트폴리오는 사실상 82년 동안 아무 수익을 얻지 못했기 때문에 삶이 1927년보다 풍요로워지지 않았을 것이다. 미국 단기 국채는 단기 손실 가능성이 없어서 보수적인 투자자들에게 단기적으로 매력적으로 보일 수 있다. 그러나 불운한 미국 단기 국채 투자자들에게 인플레이션이 어떤 짓을 했는지 살펴보자. 인플레이션 조정 단기 국채 포트폴리오의 MDD는 49%로 인플레이션 환경에서 현금을 보유한 결과다. 언뜻 보이는 것처럼 무위험 투자라고 할 수 없다. 《그랜트 이자율 전망(Grant's Interest Rate Observe)》 편집자인 제임스 그랜트James Grant는 채권 투자가 종종 '무수익 위험'만을 제공한다고 씁쓸하게 언급했는데 이 말은 여기 설명한 채권 투자 모두에 해당된다. 인플레이션 조정 후 미국 중기와 장기 국채는 지난 82년 동안 수익률이 낮아서 투자한 1만 달러는 각각 6만 942달러와 6만 4,028달러가 되었다.

표 28.6. 다양한 지수와 채권의 인플레이션 조정 수익률(1926/12/31~2009/12/31)

	연 수익률(기하평균)	연 수익률(산술평균)	표준편차	기말 평가액	최대 하락률
소형주	7.53%	9.95%	23.16%	$4,140,343.87	-82.36%
전체 주식	7.18%	9.31%	21.74%	$3,151,789.66	-81.61%
S&P500	6.52%	8.19%	19.36%	$1,894,850.36	-79.00%
대형주	6.43%	8.14%	19.44%	$1,767,734.68	-80.21%
미국 장기 국채	2.26%	2.61%	8.63%	$64,028.45	-67.24%
미국 중기 국채	2.20%	2.30%	4.89%	$60,941.70	-43.60%
30일 만기 미국 단기 국채	0.59%	0.60%	1.82%	$16,256.00	-48.76%

표 28.6에서 보여주는 것처럼 주식의 인플레이션 조정 수익률은 훨씬 양호해서, 전체 주식 모집단에 투자한 1만 달러는 315만 1,790달러가 되어 연 실질 수익률 7.18%를 거두었다. 같은 기간 소형주 모집단에 투자했다면 1만 달러가 414만 344달러가 되어 연 수익률은 7.53%다. 따라서 포트폴리오의 의미 있는 장기 성과에 관심이 있다면 채권보다는 주식 투자를 고려해야만 한다. 표 28.7은 1927년부터 분석한 다양한 전략의 인플레이션 조정 수익률을 보여준다. 다시 한번, 명목 수익률과 함께 어떤 주식을 매수하는지가 장기 성과에 굉장히 중요하다. 6개월 가격 모멘텀의 상위

10%와 하위 10%를 매수했을 때의 수익률 차이를 보자. 소형주 모집단에서 6개월 가격 모멘텀 상위 10% 주식을 매수하면 1만 달러가 5,930만 달러로 증가하지만, 하위 10% 주식을 매수하면 겨우 1만 8,654달러가 된다. 주주수익률과 자사주 매입 수익률의 최상과 최하 주식에서도 정도 차이는 있지만 같은 결과를 얻어서, 상위 주식에 집중하면 진정한 부가 창출되지만 하위 주식은 대단하지 않은 수익으로 이어진다.

인플레이션이 장기 투자 성과에만 영향을 미친다고 생각하지 않도록, 더 짧은 1965~2009년의 44년간 다양한 전략들의 결과를 살펴보자. 이 기간에도 인플레이션이 수익률에 동일한 영향을 끼친 것을 알게 된다. 표 28.8에 결과를 나타냈다. 최고의 성과를 거둔 전략은 계속 좋은 성과를 내지만 실질 수익률은 명목 수익률보다 상당히 낮다는 점에 주목하라. 또한 이 기간은 인플레이션율이 연 4.43%로 높았기 때문에 MDD가 증가한 점에 주목하라. 따라서 1965년 1만 달러는 2009년 말 6만 8,000달러에 해당한다. 분명히 실제 세계에 중요한 문제다. 부모님이 1965년에 집을 2만 달러에 구입했을 경우, 실질 가치 상승이 없다면 현재 13만 9,000달러가 된다. 이것이 포트폴리오의 수익률을 볼 때 인플레이션을 반드시 고려해야 하는 이유다.

표 28.7. 다양한 지수와 단일 요소의 인플레이션 조정 수익률(1926/12/31~2009/12/31)

	연 수익률 (기하평균)	연 수익률 (산술평균)	표준편차	기말 평가액	최대 하락률
소형주 6개월 가격 모멘텀 상위 10%	11.03%	13.80%	25.42%	$59,298,231.40	-71.68%
전체 주식 6개월 가격 모멘텀 상위 10%	10.72%	13.28%	24.54%	$46,842,615.30	-72.55%
전체 주식 자사주 매입 수익률 상위 10%	10.31%	12.64%	24.40%	$34,443,445.11	-81.63%
소형주 자사주 매입 수익률 상위 10%	10.27%	13.03%	26.42%	$33,294,740.23	-82.32%
전체 주식 주주수익률 상위 10%	9.85%	11.46%	20.28%	$24,398,288.41	-86.19%
소형주 주주수익률 상위 10%	9.79%	11.56%	21.03%	$23,257,204.92	-88.71%
소형주	7.53%	9.56%	23.16%	$4,140,343.87	-82.36%
전체 주식	7.18%	9.31%	21.74%	$3,151,789.66	-81.61%
소형주 자사주 매입 수익률 하위 10%	3.08%	6.38%	25.92%	$124,156.51	-85.59%
전체 주식 주주수익률 하위 10%	2.92%	6.17%	25.86%	$109,148.55	-85.55%
소형주 주주수익률 하위 10%	2.82%	6.52%	27.54%	$100,424.17	-86.60%
전체 주식 자사주 매입 수익률 하위 10%	2.79%	5.66%	24.14%	$98,497.92	-85.21%
전체 주식 6개월 가격 모멘텀 하위 10%	1.06%	5.18%	29.37%	$23,922.66	-89.67%
소형주 6개월 가격 모멘텀 하위 10%	0.75%	5.27%	30.77%	$18,653.86	-90.13%

표 28.8. 다양한 지수와 복합 요소의 인플레이션 조정 수익률(1965/12/31~2009/12/31)

	연 수익률 (기하평균)	연 수익률 (산술평균)	표준편차	기말 평가액	최대 하락률
추세형 가치주 포트폴리오(전체 주식 VC2 상위 10%, 6개월 가격 모멘텀 상위 25종목)	15.95%	16.49%	17.76%	$7,055,392.80	-51.31%
VC2 상위 30%, 3&6개월 가격 모멘텀>중앙 값, 6개월 가격 모멘텀 상위 25종목	14.47%	15.59%	19.77%	$3,995,797.36	-57.23%
필수 소비재/공익기업 결합 포트폴리오	11.65%	11.97%	13.50%	$1,322,013.86	-42.47%
시장 선도주 VC2 상위 20%, 6개월 가격 모멘텀 상위 25종목	10.44%	11.47%	17.26%	$816,791.30	-53.47%
시장 선도주 VC2>중앙값, 주주수익률 상위 25종목	10.09%	11.17%	17.37%	$708,858.25	-58.85%
시장 선도주 3&6개월 가격 모멘텀>중앙값, VC2 상위 25종목	9.38%	10.40%	16.62%	$532,210.17	-52.31%
소형주	6.64%	8.63%	20.68%	$172,622.65	-70.96%
시장 선도주	6.55%	7.74%	16.48%	$166,707.77	-54.73%
전체 주식	6.30%	8.03%	19.35%	$149,947.82	-66.99%
대형주	5.39%	6.70%	16.84%	$102,538.53	-56.05%

시사점

위험, 보상, 장기 기저율 등을 저울질하면 전반적으로 두 가지 전략이 가장 우수하게 나오는데, 하나는 시장 리스크를 감수하려는 투자자를 위한 전략이고 다른 하나는 매우 보수적인 투자자를 위한 전략이다. 첫 번째 전략은 최고의 가치와 최고의 성장을 결합한 추세형 가치주 전략이다. 전체 주식 모집단에서 VC2 상위 10% 주식을 선별한 후 6개월 가격 모멘텀이 가장 좋은 주식들을 매수한다. 두 번째는 필수 소비재·공익기업 결합 포트폴리오로, 필수 소비재 섹터의 주주수익률 상위 25종목과 공익기업 섹터의 VC2 상위 25종목을 매수하는 전략이다.

이 두 전략은 절대 수익률, 위험 조정 수익률, 하락 위험, MDD가 일관되게 최상위권에 랭크되었다. 물론 시장의 다른 부분에 초점을 맞춘 우수한 전략도 많아서, 특히 시장 선도주 모집단에서 3&6개월 가격 모멘텀이 강한 종목을 선별한 다음 VC2나 주주수익률이 최상인 주식을 매수하는 전략이 있다. 핵심은 시장에 존재하는 다양한 포트폴리오들을 포함하는 다양한 전략을 사용하는 것이다. 예를 들어 추세형 가치주 포트폴리오 25%, 필수 소비재·공익기업 포트폴리오 25%, 시장 선도주 중 가격 모멘텀과 VC2 상위 포트폴리오 25%, 시장 선도주 중 가격 모멘텀과 주주수익률 상위 25%에 투자하는 포트폴리오를 구성한다면 대략 대형주 55%와 중소형주 45%로 이루어진다. 1965~2009년에 이 혼합 포트폴리오의 수익률은 16.56%로, 투자한 1만 달러가 890만 달러로 증가했다. 이는 1만 달러를 100만 달러로 성장시킨 전체 주식 모집단 투자 결과의 9배에 가깝다. 그러나 혼합 포트폴리오의 표준편차는 13.42%에 불과해 전체 주식의 19.26%보다 상당히 낮았다. 게다가 혼합 포트폴리오의 MDD는 34%로 우리의 주요 모집단들보다 낮았다. 5년 단위 기간의 MDD는 0에 가까워서, 4.36~9.91% 손실을 입은 주요 모집단들보다 우수했다. 따라서 역사적으로 성과가 검증된 다양한 전략을 활용함으로써 시가총액, 성장주 또는 가치주, 위험 특성을 다양하게 적용하는 포트폴리오들을 구축할 수 있다. 이 장에서 검토한 어떤 기준에라도 점수가 미달하는 포트폴리오에는 안주할 필요가 없다.

이제 적어도 어떤 종류의 주식을 피해야 하는지 알게 되었다. 만약 배수가 높고 매력적으로 보이는 주식 거래에 관심이 있다면 반드시 역사적 기록을 살펴보아야 한다. 다시 한번 환기하면, 이런 주식 대부분은 불타면서 추락해버린다. 자료가 명백히 입증한다. 이 책에서 유일하게 배운 지식이 이런 주식을 피하는 방법이라면, 그것으로도 충분히 유용할 것이다.

WHAT
WORK$
ON WALL
$TREET

29

주식 투자 성과 극대화하기

생각은 쉽다.
행동은 어렵다.
생각대로 행동하는 것이 가장 어렵다.

| 요한 볼프강 폰 괴테 | 독일 작가

투자자들은 도교의 무위無爲에서 많이 배울 수 있다. 도교는 수천 년 동안 사상가들을 인도한 중국 철학의 세 학파 중 하나다. 무위를 글자 그대로 해석하면 '행동 없이 행하는 것'이지만 심리 면으로 해석하면 일이 본래대로 일어나게 하는 것이다. 동그란 구멍에 네모난 못을 끼우려고 하지 말라. 원의 본질을 이해하고 본성대로 이용하라. 서양 철학에서는 비트겐슈타인Ludwig Josef Johann Wittgenstein의 격언 "의미를 찾지 말고 용도를 찾아라!"가 가장 비슷하다.

투자에서는 좋은 전략들이 작동하게 하라는 뜻이다. 예측하지 말라. 한 수 앞서려 하지 말라. 힘든 시기를 겪는다는 이유로 버리지 말라. 그 전략들의 본질을 이해하고 전략이 작동하게 놓아두라. 이것이 가장 어려운 과제다. 의사결정에서 자존심이나 감정을 배제하는 것은 거의 불가능하지만, 그렇게 감정을 배제해야만 시장을 계속 이길 수 있다.

이 책의 초판을 1996년에 펴낸 이래, 우리는 1920~1930년대 이후 가장 요란한 시장을 경험하고 있다. 주식이 1996년부터 2000년 3월까지 급등해서 1960년대 후반과 격동의 1920년대 이래 처음 보는 시장 버블을 형성했다. 이 버블로 많은 투자자가 투자 원칙을 내팽개쳤다. 기업이 말도 안 되게 고평가될수록 주가가 더 치솟았다. 모두가 '신경제New economy'를 이야기하고 이번에는 정말 다르다고 말했다. 광란의 주식시장에서 세월이 검증한 투자 전략을 고수하기란 불가능에 가까웠다. 달이면 달마다 고평가된 '스토리' 주식이 급등하는 동안 적정 주가의 주식은 제자리인 것을 옆에서 지켜봐야 했다. 그리고 주식시장 버블에서 흔히 일어나듯이, 마지막까지 정신이 온전하던 투자자들마저 굴복하고 미친 밸류에이션의 주식을 사랑하게 되자 심판이 찾아와, 중력을 거슬러 치솟던 주가가 땅으로 곤두박질쳤다. 행운이 사라지고 투자자 수백만 명이 주식의 장기 잠재력에 대한 믿음을 잃었다.

더 큰 문제는 2000~2003년의 약세장에서 회복한 후 부동산시장과 이에 돈을 대준 부채에서 새로운 버블이 생겨난 것이다. 이 새로운 버블은 2000년대 초 닷컴버블보다 더 파괴적으로 터졌고 전 세계 시장을 붕괴 직전까지 하락시켜 주식시장이 대공황 이래 최악의 약세장을 기록했다.

2007~2009년 대폭락으로 주식시장에 대한 투자자들의 믿음은 거의 완전히 파괴되었다. 2008년 S&P500 37% 하락은 1931년 43% 하락에 이어 2위의 기록이다. 사람들은 말 그대로 현금을 비축했고 주식시장에 투자하는 것을 두려워했다. 과거와는 정말 다르고 신경제가 도래했다는 생각이 버블 시기에 생긴 것처럼, 약세장 시기에는 '신윤리new moral'라는 개념이 생겨났다. 미래의 수익률은 과거에 비해 영영 낮을 것이고 그에 대한 해결책이 없다는 것이었다. 투자자들은 필사적으로 모든 위험을 피했고 돈은 주식에서 빠져나와 채권으로 들어갔다. 〈인스티튜셔널 인베스터〉 2010년 9월호 커버스토리 제목은 '실낙원: 추락한 시장이 절대 예전 같지 않을 이유'였다. 기사의 저자들은 '이번 금융위기가 자유시장 자본주의에 대한 불신을 가져왔으며 반대쪽인 정부 주도에 힘을 실어주었다'고 주장했다. 우리는 역사에서 배울 수 있는 것에 주의를 기울이지 않고 과거의 전투를 영원히 계속하고 있다.

극단적 투기에서 극단적 절망으로 가고 있는 시장에서는 가장 단순한 게 최고라는 오컴의 면도날을 신봉하기란 거의 불가능하다. 우리는 단순한 것을 복잡하게 만들고, 군중을 따라가고, 핫한 '스토리' 주식에 현혹되고, 감정에 따라 결정하고, 남의 말과 예감에 따라 사고팔고, 일관성이나 근본 전략 없이 사례에 따라 투자 결정을 하는 것을 좋아한다. 또한 주식 수익률이 장기간 나쁘면 주식이 과거의 수익률을 영영 못 낼 것이라고 가정해 채권과 MMF처럼 덜 위험한 자산으로 피한다. 다양한 투자 전략의 수십 년 수익률을 보여주는 이 책의 초판을 펴내고 14년이 지났는데도 사람들은 여전히 좋든 나쁘든 단기적 사건들 때문에 역사적 데이터를 무시하고 아기를 욕조 물과 함께 버리려고 한다. S&P500지수가 뮤추얼펀드의 70%를 장기적으로 능가하는 것이 당연하다.

도교에서 전해지는 일화가 이해를 도울 것이다. 한 남자가 큰 폭포 아래의 연못가에 서 있다가 어느 노인이 난류에 치이고 있는 것을 보았다. 노인을 구하기 위해 달려갔는데, 그가 도착하기도 전에 노인이 물에서 나와 흥얼거리며 걸어가는 것이다. 이 놀라운 광경에 노인에게 생존의 비밀을 물었다. 노인은 특별한 것이 없다고 말했다. "어렸을 때 배우기 시작했고 자라면서 터득했습니다. 이제 성공을 확신합니다. 물과 함께 내려가고 물과 함께 올라옵니다. 그것에 따르고 자신을 잊습니다. 내가 살아남는 유일한 이유는 물의 월등한 힘에 맞서 싸우지 않는 것입니다."

시장은 물과 같아서, 맞서 싸우는 사람은 압도하고 순응하는 사람에게는 멋진 파도타기를 선사한다. 그러나 수영 수업에는 순서가 있다. 마냥 뛰어들면 안 되고 지침이 필요하다. 우리가 CRSP 84년 데이터와 컴퓨스탯 46년 데이터로 연구해보니 시장에서 성공하려면 아래 지침들을 따라야만 한다.

항상 전략을 사용하라

스토리가 좋아서 주식을 매수한다면 성공하지 못할 것이다. 일반적으로 이런 주식은 시간이 지남에 따라 최악의 성과를 냈다. 모두가 이들을 이야기하고 소유하고 싶어 한다. 종종 PER, PBR, PSR이 매우 높다. 단기적으로는 매우 호소력이 있지만 장기적으로 치명적이다. 이들을 반드시 피해야 한다. 항상 개별 주식이 아니라 전반적인 전략 관점에서 생각하라. 한 기업의 데이터는 매우 설득력 있을 수 있지만 무의미하다. 반대로 단순히 단기적으로 상황이 나쁘다는 이유로 시장이나 주식을 피하지 말라. 2009년 3월에 주식시장의 매력적인 밸류에이션을 알아보는 투자자는 거의 없었지만, 그때가 바로 주식을 매수할 때이고 거대한 상승의 시작이었다. 당시에 주식과 다른 투자 수단을 배분하는 간단한 리밸런싱 전략이 있었다면, 전략은 주식을 더 사라고 강요했을 것이다.

그러나 도입부에 인용한 괴테의 말처럼 행동은 어렵고 생각대로 행동하는 것은 거의 불가능하다. 전략을 사용할 수 없어서 그날그날 주목받는 주식에 사로잡힌다면 장기적으로 수익률이 크게 낮아진다. 1998~2002년 닷컴 주식들의 차트와

2000년 버블 붕괴 후 급반등한 가치주들의 차트를 대조하면서 스스로에게 상기시켜라. 노력해도 전략을 고수할 수 없다면 자금 대부분은 인덱스펀드에 투자하고 소액만 스토리 주식에 재미 삼아 투자하라.

단기는 무시하라

최근 전략이나 시장이 어땠는지만 보는 투자자들은 종종 단기에 초점을 맞춤으로써 심각하게 그릇된 길로 가게 된다. 최근 수익률이 저조한 훌륭한 장기 전략을 무시하거나 최근 핫한 평범한 전략에 빠져서 말려든다. 지난 15년 동안 투자자들이 우리 전략들의 성과가 벤치마크보다 좋아서 극도로 흥분한 적이 셀 수 없이 많고, 단기 성과가 나빠서 낙담한 적도 셀 수 없이 많다. 애석하게도 투자자들은 본능적으로 전략의 초단기 성과에 과도하게 집중하고 장기 성과를 완전히 무시하는 것처럼 보인다. 투자자로서 수익률에 관한 정보는 모두 극단적으로 짧은 기간에 초점이 맞춰져 있다. 얼마나 많은 방송 시간과 칼럼이 단 하루의 주식시장이 왜 오르거나 내렸는지 설명하는 데 소비되는지 보라! 그러나 매우 짧은 기간의 주식시장은 상대적으로 예측이 불가능하지만, 기간을 늘리면 시장을 이해하기가 훨씬 쉬워진다. 서문에서 언급했듯이 주식시장에서 최악의 10년 단위 기간 50개를 살펴보면 이후 10년 동안 주식시장이 상승하지 않은 경우는 한 번도 없었다.

요점은 미래의 언젠가 이 책의 전략들도 시장을 하회할 것이고, 그래도 장기에 초점을 맞춰 전략을 유지하는 투자자만이 장기 보상을 얻을 수 있다는 점이다. 투자 결정이 오늘의 시장 상황에 영향받지 않도록 항상 경계해야 한다. 이렇게 하는 한 가지 방법은 벤치마크에 대비해 포트폴리오 수익률의 단위 기간 승률에 중점을 두는 것이다. 이 책에서 테스트한 모든 종목 선정 전략에서 단위 기간 기저율에 초점을 맞춘 것처럼, 당신도 포트폴리오의 성과와 벤치마크 성과를 분석할 수 있다. 지난 분기, 연도, 3년, 5년의 성과는 짧은 시간의 스냅샷에 불과하다. 물론 이 기간 동안 성과가 좋았다면 스냅샷에 기쁠 수 있지만, 다른 전략을 하회했다면 전략을 포기하고 싶어질 수 있다. 두 경우 모두 스냅샷이 잘못 인도하는 것이다. 1999년 12월 31일 스냅샷을 살펴보자. 지난 5년간 고가의 닷컴 주식과 기술주를 보유한 투자자는 천재처럼 보이고 의심의 여지 없이 조기 은퇴를 계획하고 있었을 것이다. 거꾸로 같은 5년 동안 소형주와 대형 가치주를 고수한 투자자는 포트폴리오의 전망에 실망하며 움찔대고 있을 것이다. 그러나 두 스냅샷 모두 잘못 인도하고 있다. 겨우 몇 개월 후에 기술주가 주도하는 포트폴리오는 폭락해서 불탔고 소형주와 대형 가치주는 급등하기 시작했다.

단위 기간으로 벤치마크 대비 포트폴리오의 성과에 초점을 맞추면 실제로 어떻게 되는지 더 잘 이해할 수 있다. 최근 성과가 저조해도 모든 단위 기간 동안 시장을 능가하는 전략을 고수할 가능성이 훨씬 높아진다. 단순히 시간의 스냅샷을 볼 때보다 시장의 오르내림을 더 잘 견뎌낼 지속적인 피드백이 된다. 또한 전략의 최근 성과를 역사적 맥락으로 바라보는 관점을 제공하며, 이를 통해 투자자가 경로를 유지할 수 있는 경향이 더 높아진다.

끝으로 이 조언은 주가가 급락한 후에도 마찬가지로 유용하다. 나는 2009년 3월 야후 파이낸스에 '몇십 년 만의 기회(A Generational Opportunity)'라는 제목으로 글을 썼다. 그 글에서 1980년대 초반 이래 가장 낮은 가치로 주식을 매수할 수 있는 평생 기회라고 주장했다. 중년 투자자들에게는 시장에 팽배한 두려움을 역이용해 포트폴리오의 주식 비중을 70%로 늘리라고 촉구했다. 그러나 사람들은 지난 15개월 동안의 시장 하락으로 너무 충격을 받았는지 거의 응답이 없었다. 따라서 단기를 무시하는 것이 포트폴리오의 전반적인 건전성을 위해 할 수 있는, 가장 어려우면서도 가장 좋은 일이다.

장기적으로 입증된 전략만 사용하라

항상 다양한 시장 환경에서 효과가 입증된 전략에 집중하라. 분석 가능한 기간이 많을수록 다양한 주식시장 변동에 견디는 전략을 찾을 확률이 높아진다. 고PBR 주식을 사는 것이 15년 동안 효과 있는 전략처럼 보였지만 기간을 늘리면 효과적인 전략이 아니라고 증명된다. 수년간의 데이터는 전략의 고점과 저점을 이해하는 데 도움이 된다. 더 나아가 직관적으로 말이 되는 전략, 예를 들어 연간 매출액 증가율이 가장 높은 주식을 매수하는 것은 장기 데이터를 검토하면 패배하는 전략으로 나타나는데, 아마 투자자들이 높은 매출액 증가율에 흥분해 주가를 과하게 지불하기 때문이다. 시간의 테스트를 견디지 못하는 전략을 사용하면 큰 실망으로 이어질 것이다. 주식은 변한다. 산업도 변한다. 그러나 특정 주식이 좋은 투자라는 근본적 이유는 동일하게 유지된다. 모든 시간을 확인해야 가장 견고한 것을 알아낼 수 있다. 1990년대 후반 모든 닷컴 주식이 얼마나 매력적이었는지 기억하는가? 투자계의 유행에 끌려가지 말고 자신의 투자철학을 뒷받침하는 장기 데이터를 고수하라. 시장의 유행은 항상 있을 것이다. 1990년대에는 인터넷과 기술주였고 내일은 나노 기술이나 신흥 시장일지 모르지만 모든 버블은 터진다.

깊게 파라

투자 전문가라면 최대한 긴 기간과 다양한 상황에서 전략을 테스트해야 한다. 최악의 시나리오, 손실을 복구하는 데 걸린 시간, 적절한 벤치마크와의 일관성을 확인하라. 벤치마크를 가장 크게 하회할 때를 주목하고 벤치마크에서 빈번하게 하회하는 전략은 지양하라. 투자자 대부분은 벤치마크를 크게 하회하는 것을 오래 버틸 수 없다.

개인 투자자라면 재무설계사에게 이런 연구를 요구하거나 직접 수행하라. 이제는 이 연구를 할 수 있는 웹사이트가 많아서 변명의 여지가 없다. 개인 투자자에게 훌륭한 곳은 미국개인투자자협회다. 홈페이지(www.aaii.com)에는 유용한 아이디어가 가득하고 주식 스크리닝도 할 수 있다. www.whatworksonwallstreet.com에 연구에 도움 될 만한 새로운 사이트 링크들이 있는지 확인하라.

일관성 있게 투자하라

일관성은 훌륭한 투자자의 전형적인 특징이며 이들을 다른 사람들과 갈라놓는 것이다. 평범한 전략이라도 일관성 있게 사용하면, 시장을 들락거리면서 전술을 중간에 바꾸고 영원히 어림짐작으로 투자 판단을 하는 거의 모든 투자자를 이길 것이다. S&P500을 보라. 대형주를 사는 간단한 전략이다. 그러나 단일 요소를 이용하는 이 평범한 전략이 액티브펀드의 70%를 능가하는 것은 그 전략을 일관성 있게 고수하기 때문이다. 자신의 위험 수용도를 현실적으로 고려하고, 계획을 짜고, 그에 따라 투자하라. 모임에서 사람들에게 할 이야기가 적어질지 몰라도 가장 성공적인 장기 투자자의 일원이 될 것이다. 성공적인 투자는 연금술이 아니다. 시간이 검증한 전략을 사용해서 일관성 있게 투자하고 복리의 마법을 누리는 것이다.

항상 기저율로 베팅하라

기저율은 따분하고 무미건조하지만 매우 가치가 있다. 전략이 얼마나 자주 그리고 얼마나 많이 시장을 이기는지는 투자자에게 매우 유용한 정보지만 활용하는 사람이 적다. 기저율은 투자하려는 기간 동안 시장을 이길 확률이다. 투자 기간이 10년이고 기저율을 이해한다면, PER, PCR, PSR이 높거나 VC 점수가 낮은 주식은 성공 확률이 매우 낮음을 알게 된다. 확률에 주목하면 내 편으로 만들 수 있다. 이제 숫자를 가졌으니 활용하라. 최근 성과가 좋았지만 전체 기간 타율이 낮은 전략은 채택하지 말라. 이 낮은 장기 기저율에 맞춰 저조해지는 시점에 들어가는 것인지도 모른다.

위험이 높은 전략은 사용하지 말라

위험이 높은 전략을 사용하는 것은 무의미하다. 투자자의 의지를 차츰 무너뜨려서 대개 저점에서 포기하게 만든다. 매우 효과적인 전략이 많이 있으니 위험 조정 수익률이 가장 높은 전략들에 집중하라.

항상 전략을 하나 이상 사용하라

은퇴가 임박했거나 저위험 전략에만 투자하는 것이 아니라면 항상 여러 전략에 투자해 포트폴리오를 다각화하라. 배분 비중은 위험 수용도에 따라 다르지만 월스트리트의 불가피한 유행 변화에 대비하기 위해 성장주와 가치주를 일부 보유해야 한다. 투자 스타일 양쪽을 접했으면 다양한 시가총액 규모도 접해보라. 투자 기간이 10년 이상인 투자자에게 좋은 간단한 지침은 시장의 시가총액 비중을 참조하는 것이다. 2009년 현재 시장의 75%는 대형주이고 25%는 중형주와 소형주가 차지한다. 이 비중이 일반 투자자에게 좋은 출발점이다.

전략들을 통합해서 포트폴리오가 전체 시장보다 더 큰 위험을 감수하지 않고도 수익률을 높여야 한다. 이 책은 미국에서 거래되는 주식들(외국계 기업의 ADR 주식 일부 포함)만 다루고 있지만 MSCI All World 지수와 비슷한 포트폴리오를 짤 수도 있다. 현재 미국은 이 지수의 35%를 차지하며 일본, 영국, 프랑스, 캐나다가 시가총액 상위 5개국을 구성한다. 시가총액이 그다음으로 큰 5개국, 즉 홍콩, 독일, 호주, 스위스, 브라질을 포함하면 전 세계 시가총액의 74%를 차지한다. 요점은 이 책의 전략들이 미국 밖에서도 효과가 있고, 잘 분산된 포트폴리오는 이를 반영해야 한다는 것이다. 1970년 시작되는 MSCI 데이터를 사용해서 이 책에서와 비슷한 테스트들을 해보니 전략들이 대개 해외 시장에서도 동일하게 잘 작동한다는 것을 발견했다.

게다가 주식뿐 아니라 전체 포트폴리오에 대한 계획도 있어야 한다. 가장 단순하고 효과적인 전략 한 가지는 최소 1년에 한 번씩 리밸런싱해서 다양한 스타일과 자산군의 목표 비중을 맞추는 것이다. 재무설계사가 있다면 이미 그렇게 하고 있겠지만, 없다면 자신에게 가장 적합한 것을 파악한 다음 실천해야 한다. 리밸런싱하면 성과가 저조한 투자 스타일이나 자산군을 더 매수하고, 성과가 좋은 스타일과 자산군에서 자금을 회수하게 된다. 지난 금융위기 약세장의 저점에서 이렇게 했더라면 투자자 대부분이 주식시장을 떠날 때 채권에 있는 돈을 빼서 주식을 더 매수했을 것이다. 그러면 시장 저점에서 대세 상승할 때 큰 이익을 누렸을 것이다. 지난 시장 호황 때에도 주식 비중을 줄이고 채권과 기타 자산에 추가 투자해서 좋은 수가 되었을 것이다. 전체 포트폴리오에 대한 전략을 세우는 것이 중요하다.

복수 요소 모형을 사용하라

단일 요소 모형에서는 시장이 어떤 특성들은 보상하는 반면 다른 특성들은 응징하는 것을 보여준다. 그러나 몇 가지 요소를 이용해 포트폴리오를 구축하는 것이 훨씬 좋다. 수익은 높아지고 위험은 낮아진다. 주식을 고를 때에는 항상 여러 기준을 통과해야 한다. 유일한 예외는 우리의 결합 요소들로 VC1, VC2, 종합이익품질 등이다. 이들은 본질적으로 복수 요소 모형으로서 주식이 다양한 특성에서 높은 점수를 받아야 한다.

일관성을 고수하라

포트폴리오를 구축할 시간이 없고 뮤추얼펀드나 일임계좌에 투자하는 것을 선호한다면 스타일의 일관성을 강조하는 것만 구매하라. 많은 매니저가 엉터리로 직관에 따라 주식을 선정한다. 이들은 감정을 배제하거나 좋은 아이디어가 잘 작동하게 하는 메커니즘이 없다. 모두들 종종 경험보다 희망에 기반해 선택한다. 투자자의 돈을 어떻게 관리하고 있는지, 그들의 과거 성과가 일정한 전략에 기반한 것이 아니라 핫핸드hot hand의 결과인지 정확하게 알 방법이 없다.

그들에게 맡기지 말라. 견고하고 엄격한 전략을 따르는 펀드에 투자하라. 펀드가 투자 스타일을 명확하게 정의하지 않는다면 그렇게 하도록 요구하라. 그 이하는 용납하지 말라.

주식시장은 무작위가 아니다

마지막으로 데이터는 주식시장의 움직임에 이유가 있다는 것을 입증한다. 시장은 혼돈스럽고 무작위로 움직이는 것이 아니라 특정 전략을 지속적으로 보상하는 한편 다른 전략은 응징한다. 이 단호한 걸음걸이는 처음 발견된 후 계속되고 있다. 우리는 벤저민 그레이엄이 요구했던 것, 즉 정제된 특성을 가진 증권의 역사적 행동뿐 아니라 이 책의 초판 발행 이래 14년 동안에도 1996년 테스트한 상위 전략들과 요소들이 계속해서 우월한 성과를 내는 것을 목격해왔다. 우리는 역사를 가이드로 삼아 시간이 성공적이라고 검증한 방법론만을 사용해야 한다. 우리는 무엇이 가치 있는지 알고, 무엇이 월스트리트에서 작동하는지 안다. 남은 것은 이 지식에 따라 행동하는 것이다.

참고문헌

Ambachtsheer, Keith P., "The Persistence of Investment Risk," *The Journal of Portfolio Management*, Fall 1989, pp. 69-72.

Arnott, Robert D., Kelso, Charles M., Jr., Kiscadden, Stephan, and Macedo, Rosemary, "Forecasting Factor Returns: An Intriguing Possibility," *The Journal of Portfolio Management*, Fall 1990, pp. 28-35.

Asness, Clifford S., "The Interaction of Value and Momentum Strategies," *Financial Analysts Journal*, April 1998.

Banz, R., and Breen, W., "Sample-Dependent Results Using Accounting and Market Data: Some Evidence," *Journal of Finance*, September 1986, pp. 779-793.

Barach, Roland, *Mind Traps: Mastering the Inner World of Investing*, Dow Jones-Irwin, Homewood, IL, 1988.

Basu, S., "The Relationship Between Earnings Yield, Market Value and Return for NYSE Common Stocks: Further Evidence," *Journal of Financial Economics*, June 1983, pp. 129-156.

Bell, David E., Raiffa, Howard, and Tversky, Amos, *Decision Making: Descriptive, Normative, and Prescriptive Interactions*, Cambridge University Press, Cambridge, U.K., 1988.

Bernstein, Peter L., *Capital Ideas: The Improbable Origins of Modern Wall Street*, The Free Press, New York, 1992.

Biggs, Barton, *Wealth, War and Wisdom*, John Wiley & Sons, New York, 2009.

Billett, Matthew T., Flannery, Mark J., and Garfinkel, Jon A., "Are Bank Loans Special? Evidence on the Post-Announcement Performance of Bank Borrowers"(November 26, 2001). AFA 2002 *Atlanta Meetings*.

Bjerring, James H., Lakonishok, Josef, and Vermaelen, Theo, "Stock Prices and Financial Analysts' Recommendations," *The Journal of Finance*, March 1983, pp. 187-204.

Blakney, R. B., *The Way of Life: A New Translation of Tao Te Ching*, New American Library Publishing, New York, 1983.

Bogle, John C., *Bogle on Mutual Funds: New Perspectives for the Intelligent Investor*, Irwin Professional Publishing, New York, 1994.

Bostrom, N., "Existential Risks: Analyzing Human Extinction Scenarios and Related Hazards," *Journal of Evolution and Technology*, Volume 9, Number 1, 2001.

Bradshaw, Mark T., Richardson, Scott A., Sloan, Richard G. "The relation between corporate financing activities, analysts' forecasts and stock returns," *Journal of Accounting and Economics*, 2006, pp. 53-85.

Brandes, Charles H., *Value Investing Today*, Dow Jones-Irwin, Homewood, IL, 1989.

Brealey, Richard A., *An Introduction to Risk and Return From Common Stocks*, Second Edition, MIT Press, Cambridge, MA, 1993.

Brealey, Richard A., "Fortfolio Theory versus Portfolio Practice," *The Journal of Portfolio Management*, Summer 1990, pp. 6-10.

Brock, William, Lakonishok, Josef, and LeBaron, Blake, "Simple Technical Trading Rules and the Stochastic Properties of Stock Returns," *The Journal of Finance*, December 1992, pp. 1,731-1,764.

Bromberg-Martin, E., Hikosaka O., "Midbrain Dopamine Neurons Signal Preference for Advance Information about Upcoming Rewards," *Neuron*, Volume 63, Issue 1, July 2009, pp. 119-126.

Brown, John Dennis, *101 Years on Wall Street: An Investor's Almanac*, Prentice Hall, Englewood Cliffs, NJ, 1991.

Brown, Stephen J., and Kritzman, Mark P., CFA, *Quantitative Methods for Financial Analysis*, Dow-Jones-Irwin, Homewood, IL, 1987.

Brown, Stephen J., and Goetzmann, William N., "Performance Persistence," *Journal of Finance*, Vol 50 No 2, June 1995, pp. 679-698.

Browne, Christopher H., "Value Investing and Behavioral Finance," Columbia Business School Graham and Dodd Value Investing 2000, November 15, 2000.

Brush, John S., and Boles, Keith E., "The Predictive Power in Relative Strength & CAPM," *The Journal of Portfolio Management*, Summer 1983, pp. 20-23.

Brush, John S., "Eight Relative Strength Models Compared," *The Journal of Portfolio Management*, Fall 1986, pp. 21-28.

Casti, John L., *COMPLEX-ification, Explaining a Paradoxical World Through the Science of Surprise*, HarperCollins Publishers, New York, 1994.

Chan, Louis K., Hamao, Yasushi, and Lakonishok, Josef, "Fundamentals and Stock Returns in Japan," *The Journal of Finance*, December 1991, pp. 1,739-1,764.

Chan, Louis, K.C., and Lakonishok, Josef, "Are the Reports of Beta's Death Premature?" *The Journal of Portfolio Management*, Summer 1993, pp. 51-62.

Chancellor, Edward, *Devil Take the Hindmost: A History of Financial Speculation*, Plume Publishing, New York, 2000.

Chopra, Navin, Lakonishok, Josef, and Ritter, Jay R., "Measuring Abnormal Performance: Do Stocks Overreact?" *Journal of Financial Economics*, November 1992, pp. 235-268.

Cottle, Sidney, Murray, Roger F., and Block, Frank E., *Graham and Dodd's Security Analysis*, 5th ed. McGraw-Hill, New York, 1988.

Coulson, Robert D., "The Intelligent Investor's Guide to Profiting from Stock Market Inefficiencies, Probus Publishing Company, Chicago, IL, 1987.

Dale, Richard, *The First Crash: Lessons from the South Sea Bubble*, Princeton University Press, New

Jersey, 2004.

Damodaran, Aswath, *Investment Philosophies: Successful Strategies and the Investors Who Made Them Work*, John Wiley & Sons, Hoboken, NJ, 2003.

Dawes, Robyn M., *House of Cards: Psychology and Psychotherapy Built on Myth*, The Free Press, New York, 1994.

"Death of Equities," *Business Week*, August, 1979.

De Martino, B., D. Kumaran, B. Seymour, and R.J. Dolan, "Biases and Rational Decision-Making in the Human Brain," *Science* 313(5787) August 4th, 2006.

Dewdney, A.K., *200% of Nothing: An Eye-Opening Tour Through the Twists and Turns of Math Abuse and Innumeracy*, John Wiley & Sons, Inc., New York, NY, 1993.

Dimson, Elroy, Marsh, Paul, and Staunton, Mike, *Triumph of the Optimists: 101 Years of Global Investment Returns*, Princeton University Press, Princeton, NJ, 2002.

Douglas, A., "Last Chance to See," Ballantine Books, New York, 1990.

Dreman, David N., *Psychology and the Stock Market*, Warner Books, New York, 1977.

Dreman, David N., *The New Contrarian Investment Strategy*, Random House, New York, 1980.

Dreman, David N., "Good-bye EMH," *Forbes Magazine*, June 20, 1994, p. 261.

Dreman, David N., "Nasty Surprises," *Forbes Magazine*, July 19, 1993, p. 246.

Dreman, David N., "Chronically Clouded Crystal Balls," *Forbes Magazine*, October 11, 1993, p. 178.

Dunn, Patricia C., and Theisen, Rolf D., "How Consistently do Active Managers Win?" *The Journal of Portfolio Management*, Summer 1983, pp. 47-50.

Ellis, Charles D., "Ben Graham: Ideas as Mementos," *Financial Analysts Journal*, Volume 38, Number 4, July-August 1982.

Ellis, Charles D., and Vertin, James R., *Classics: An Investor's Anthology*, Dow Jones-Irwin, Homewood, IL, 1989.

Ellis, Charles D., and Vertin, James R., *Classics II: Another Investor's Anthology*, Dow Jones-Irwin, Homewood, IL, 1991.

Fabozzi, Frank J., Fogler, H. Russell, Harrington, Diana R., *The New Stock Market, A Complete Guide to the Latest Research, Analysis and Performance*, Probus Publishing Company, Chicago, IL, 1990.

Fabozzi, Frank J., *Pension Fund Investment Management*, Probus Publishing Company, Chicago, IL, 1990.

Fabozzi, Frank J., and Zarb, Frank G., *Handbook of Financial Markets: Securities, Options and Futures*, Dow Jones-Irwin, Homewood, IL, 1986.

Eugene, F., French, K., "The Cross-Section of Expected Stock Returns," *Journal of Finance*, Volume XLVII, Number 2, pp. 427-465, June 1992.

Faust, David, *The Limits of Scientific Reasoning*, University of Minnesota Press, Minneapolis, MN, 1984.

Ferguson, Robert, "The Trouble with Performance Measurement," *The Journal of Portfolio Management*, Spring 1986, pp. 4-9.

Ferguson, Robert, "The Plight of the Pension Fund Officer," *Financial Analysts Journal*, May/June,

1989, pp. 8-9.

Fisher, Kenneth L., *Super Stocks*, Dow Jones-Irwin, Homewood, IL, 1984.

Fogler, H. Russell, "Common Stock Management in the 1990s," *The Journal of Portfolio Management*, Winter 1990, pp. 26-34.

Freeman, John D., "Behind the Smoke and Mirrors: Gauging the Integrity of Investment Simulations," *Financial Analysts Journal*, November/December 1992, pp. 26-31.

Fridson, Martin S., *Investment Illusions*, John Wiley & Sons, Inc., New York, 1993.

Givoly, Dan, and Lakonishok, Josef, "Financial Analysts' Forecasts of Earnings: Their Value to Investors," *Journal of Banking and Finance*, December 1979, pp. 221-233.

Gleick, James, *Chaos: Making A New Science*, Viking Penguin, New York, 1987.

Graham, B., *The Intelligent Investor: A Book of Practial Counsel*, Harper & Row Publishers, 4th Edition, 1986.

Graham, B., Dodd, D., *Security Analysis: Principles and Techniques*, McGraw-Hill, New York and London, 1940.

Guerard, John, and Vaught, H.T., *The Handbook of Financial Modeling*, Probus Publishing Co., Chicago, IL, 1989.

Hackel, Kenneth S., and Livnat, Joshua, *Cash Flow and Security Analysis*, Business-One Irwin, Homewood, IL, 1992.

Hagin, Bob, "What Practitioners Need to Know About T-Tests," *Financial Analysts Journal*, May/June 1990, pp. 17-20.

Hanson, Dirk, *The Chemical Carousel: What Science Tells Us About Beating Addiction*, BookSurge Publishing, South Carolina, 2009.

Harrington, Diana R., Fabozzi, Frank J., and Fogler, H. Russell, *The New Stock Market*, Probus Publishing Company, Chicago, IL, 1990.

Haugen, Robert A., and Baker, Nardin L., "Dedicated Stock Portfolios," *The Journal of Portfolio Management*, Summer 1990, pp. 17-22.

Haugen, Robert A., "The Effects of Intrigue, Liquidity, Imprecision, and Bias on the Cross-Section of Expected Stock Returns," *Journal of Portfolio Management*, Summer 1996, pp. 8-17.

Hirshleifer, David, Hou, Kewei, Teoh, Siew Hong, and Zhang, Yinglei, "Do Investors Overvalue Firms With Bloated Balance Sheets?" *Journal of Accounting and Economics*, December 2004, pp. 297-331.

Hoff, Benjamin, *The Tao of Pooh*, Penguin Books, New York, 1982.

Hogan M., "Modern Portfolio Theory Ages Badly-The Death of Buy and Hold," *Barron's Electronic Investor*, February 2009.

Ibbotson Associates, *Stocks, Bonds, Bills, and Inflation 1995 Yearbook*, Ibbotson Associates, Chicago, IL, 1995.

Ibbotson, Roger G., and Brinson, Gary P., *Gaining the Performance Advantage: Investment Markets*, McGraw-Hill, New York, 1987.

Ibbotson, Roger G., "Decile Portfolios of the New York Stock Exchange, 1967-1984," working paper,

Yale School of Management, 1986.

Ikenberry, David, Lakonishok, Josef, and Vermaelen, Theo, "Market Under Reaction to Open Market Share Repurchases," July 1994, unpublished.

Jacobs, Bruce J., and Levy, Kenneth N., "Disentangling Equity Return Regularities: New Insights and Investment Opportunities," *Financial Analysts Journal*, May/June 1988, pp. 18-38.

Jeffrey, Robert H., "Do Clients Need So Many Portfolio Managers?" *The Journal of Portfolio Management*, Fall 1991, pp. 13-19.

Jones, Charles M. "A Century of Stock Market Liquidity and Trading Costs," Columbia University, May 22, 2002 version.

Kahn, Ronald N., "What Practitioners Need to Know About Back Testing," *Financial Analysts Journal*, July/August 1990, pp. 17-20.

Kahneman, D., "The Psychology of the Nonprofessional Investor," *Journal of Portfolio Management*, 1998.

Kahneman, D., Tversky A., "Prospect Theory: An Analysis of Decision under Risk," *Econometrica*, Vol. 47, No. 2. (Mar., 1979), pp. 263-292.

Keane, Simon M., "Paradox in the Current Crisis in Efficient Market Theory," *The Journal of Portfolio Management*, Winter 1991, pp. 30-34.

Keppler, A. Michael, "Further Evidence on the Predictability of International Equity Returns," *The Journal of Portfolio Management*, Fall 1991, pp. 48-53.

Keppler, A. Michael, "The Importance of Dividend Yields in Country Selection," *The Journal of Portfolio Management*, Winter 1991, pp. 24-29.

Klein, Robert A., Lederman, Jess, *Small Cap Stocks, Investment and Portfolio Strategies for the Institutional Investor*, Probus Publishing Company, Chicago, IL, 1993.

Knowles, Harvey C. III, and Petty, Damon H., *The Dividend Investor*, Probus Publishing Company, Chicago, IL, 1992.

Kritzman, Mark, "How To Detect Skill in Management Performance," *The Journal of Portfolio Management*, Winter 1986, pp. 16-20.

Kuhn, Thomas, S., *The Copernican Revolution: Planetary Astronomy in the Development of Western Thought*, Harvard University Press, Cambridge, MA, 1957.

Kuhn, Thomas S., *The Structure of Scientific Revolutions*, University of Chicago Press, Chicago, IL, 1970.

Kuhnen, Camelia M., Knutson, Brian, "The Neural Basis of Financial Risk Taking," *Neuron*, Vol. 47, 763-770, September 2005.

Lakonishok, Josef, Shleifer, Andrei, and Vishny, Robert W., "Contrarian Investment, Extrapolation, and Risk," working paper, June 1994.

Lawson, Richard, "Measuring Company Quality," *The Journal of Investing*, Winter 2008, pp. 38-55.

Lee, Charles M.C., and Swaminathan, Bhaskaran "Price Momentum and Trading Volume," June 1998.

Lee, Wayne Y., "Diversification and Time: Do Investment Horizons Matter?" *The Journal of Portfolio Management*, Spring 1990, pp. 21-26.

Lefevre, Edwin, *Reminiscences of a Stock Operator*, George H. Doran Company, New York, 1923.

Lehrer, J., "Microscopic Microeconomics," *New York Times*, October 2010.

Lerner, Eugene M., and Theerathorn Pochara, "The Returns of Different Investment Strategies," *The Journal of Portfolio Management*, Summer 1983, pp. 26-28.

Lewis, Michael, *Moneyball: The Art of Winning an Unfair Game*, W.W. Norton & Company, New York, 2003.

Lo, Andrew W., and Mackinlay, A. Craig, *A Non-Random Walk Down Wall Street*, Princeton University Press, Princeton, NJ, 1999.

Lofthouse, Stephen, *Equity Investment Mangement, How to Select Stocks and Markets*, John Wiley & Sons, Chichester, England, 1994.

Lorie, James H., Dodd, Peter, and Kimpton, Mary Hamilton, *The Stock Market: Theories and Evidence*, Dow Jones-Irwin, Homewood, IL, 1985.

Loughran, Tim, and Ritter, Jay R., "The Operating Performance of Firms Conducting Seasoned Equity Offerings," *Journal of Finance*, Vol. 52 No. 4, December 1997.

Lowe, Janet, *Benjamin Graham on Value Investing, Lessons from the Dean of Wall Street*, Dearborn Financial Publishing Inc., Chicago, IL, 1994.

Lowenstein, Louis, *What's Wrong with Wall Street*, Addison-Wesley, New York, 1988.

MacLean, P.D., *The Triune Brain in Evolution: Role in Paleocerebral Functions*, Plenum Press, New York, 1990.

Maital, Shloml, *Minds Markets & Money: Psychological Foundation of Economic Behavior*, Basic Books, New York, 1982.

Malkiel, Burton G., *Returns from Investing in Equity Mutual Funds 1971-1991*, Princeton University, 1994.

Mandelbrot, Benoit, *The (mis)Behavior of Markets: A Fractal View of Risk, Ruin and Reward*, Basic Books, New York, 2004.

Martin, Linda J., "Uncertain? How Do You Spell Relief?" *The Journal of Portfolio Management*, Spring 1985, pp. 5-8.

Marcus, Alan J., "The Magellan Fund and Market Efficiency," *The Journal of Portfolio Management*, Fall 1990, pp. 85-88.

Mattlin, Everett, "Reliability Math: Manager Selection by the Numbers," *Institutional Investor*, January 1993, pp. 141-142.

Maturi, Richard J., *Stock Picking: The 11 Best Tactics for Beating the Market*, McGraw-Hill, New York, 1993.

McElreath, Robert B., Jr., and Wiggins C. Donald, "Using the COMPUSTAT Tapes in Financial Research: Problems and Solutions," *Financial Analysts Journal*, January/February 1984, pp. 71-76.

McQuarrie, Edward F. "The Myth of 1926: How Much Do We Know About Long-Term Returns on U.S. Stocks?" *The Journal of Investing*, Winter 2009, pp. 96-106.

Meehl, P., *Clinical versus Statistical Prediction: A Theoretical Analysis and Review of the Literature*, University of Minnesota Press, 1954.

Melnikoff, Meyer, "Anomaly Investing," *The Financial Analyst's Handbook*, edited by Sumner N. Levine, Dow Jones-Irwin, Homewood, IL, 1988, pp. 699-721.

Montier, James, *Behavioral Finance: Insights into Irrational Minds and Markets,* John Wiley & Sons, Ltd., West Sussex, England, 2002.

Montier, James, *Value Investing: Tools and Techniques for Intelligent Investment,* John Wiley & Sons, New York, 2009.

Murphy, Joseph E., Jr., *Stock Market Probability,* Revised Edition, Probus Publishing Company, Chicago, IL, 1994.

Nathan, Siva, Sivakumar, Kumar, and Vijayakumar, Jayaraman, "Returns to Trading Strategies Based on Price-to-Earnings and Price-to-Sales Ratios," *The Journal of Investing*, Summer 2001, pp. 17-28.

Neustadt, Richard E., *Thinking in Time: The Uses of History for Decision-Makers*, Free Press, NY, 1988.

Newbold, Gerald D., and Poon, Percy S., "Portfolio Risk, Portfolio Performance, and The Individual Investor," *Journal of Finance*, Summer 1996.

Nisbett, Richard, and Ross, Lee, *Human Inference: Strategies and Shortcomings of Social Judgement*, Prentice-Hall, Englewood Cliffs, NJ, 1980.

Nocera, J., "Poking Holes in a Theory on Markets," *New York Times*, June, 2005.

O'Barr, William M., and Conley, John M., *Fortune & Folly: The Wealth & Power of Institutional Investing*, Business-One Irwin, Homewood, IL, 1992.

O'Hanlon, John, and Ward, Charles W.R., "How to Lose at Winning Strategies," *The Journal of Portfolio Management*, Spring 1986.

Opdyke, Jeff D., and Kim Jane J., "A Winning Stock Pickers Losing Fund," *Wall Street Journal*, September 16, 2004.

Oppenheimer, Henry R., "A Test of Ben Graham's Stock Selection Criteria," *Financial Analysts Journal*, September/October 1984, pp. 68-74.

O'Shaughnessy, James P., "Quantitative Models as an Aid in Offsetting Systematic Errors in Decision Making," St. Paul, MN, 1988, unpublished.

O'Shaughnessy, James P., *Invest Like the Best: Using Your Computer to Unlock the Secrets of the Top Money Managers*, McGraw-Hill, New York, 1994.

O'Shaughnessy, James P., *Predicting the Markets of Tomorrow: A Contrarian Investment Strategy for the Next Twenty Years*, Portfolio Books, NY, 2006.

O'Shaughnessy, James P., *The Internet Contrarian*, April 1999.

Paulos, John Allen, *Innumeracy: Mathematical Illiteracy and Its Consequences*, Hill and Wang, New York, 1989.

Paulos, John Allen, *A Mathematician Plays the Stock Market*, Basic Books, New York, 2003.

Perritt, Gerald, W., *Small Stocks, Big Profit*, Dearborn Financial Publishing, Inc., Chicago, IL, 1993.

Perritt, Gerald W., and Lavine, Alan, *Diversify Your Way To Wealth: How to Customize Your Investment Portfolio to Protect and Build Your Net Worth*, Probus Publishing Company, Chicago, IL, 1994.

Peter, Edgar E., *Chaos and Order in the Capital Markets: A New View of Cycles, Prices, and Market Volatility*, John Wiley & Sons, New York, 1991.

Peters, Donald J., *A Contrarian Strategy for Growth Stock Investing: Theoretical Foundations & Empirical Evidence*, Quorum Books, Westport, CT, 1993.

Peterson, Richard, *Inside the Investor's Brain: The Power of Mind Over Money*, Wiley Trading, New York, 2007.

Pettengill, Glenn N., and Jordan, Bradford D., "The Overreaction Hypothesis, Firm Size, and Stock Market Seasonality," *The Journal of Portfolio Management*, Spring 1990, pp. 60-64.

Piotroski, Joseph D., "Value Investing: The Use of Historical Financial Statement Information to Separate Winners from Losers," *Journal of Accounting Research*, Vol 38, Supplement, 2000.

Reinganum, M., "Misspecificaiton of Capital Asset Pricing: Empirical Anomalies Based on Earnings' Yields and Market Values," *Journal of Financial Economics*, March 1981, pp. 19-46.

Reinganum, M., "Investment Characteristics of Stock Market Winners," *AAII Journal*, September, 1989.

"R.I.P. Equities 1982-2008: The Equity Culture Loses Its Bloom," *Institutional Investor's*, January 2010.

Ritter, Jay R., 1991, "The long run performance of initial public offerings," *Journal of Finance*, 46, pp. 3-27.

Santayana, G., "The Life of Reason: Phases of Human Progress," University of Toronto Libraries reprint, 2011. Originally published 1905.

Schwager, Jack D., *Market Wizards: Interviews with Top Traders*, Simon & Schuster, New York, 1992.

Schwager, Jack D., *The New Market Wizards*, Harper-Collins Publishers, New York, 1992.

Schleifer, Andrei, *Inefficient Markets: An Introduction to Behavioral Finance*, Oxford University Press, Oxford, England, 2000.

Spencer, J., "Lessons from the Brain-Damaged Investor", *Wall Street Journal*, July 2005.

Sharpe, Robert M., *The Lore and Legends of Wall Street*, Dow Jones-Irwin, Homewood, IL, 1989.

Shiller, Robert J., *Market Volatility*, The MIT Press, Cambridge, MA, 1989.

Shiller, Robert J., *Irrational Exuberance*, Broadway Books, New York, 2001.

Siegel, Jeremy J., *Stocks for the Long Run: Second Edition, Revised and Expanded*, McGraw-Hill, New York, 1998.

Siegel, Laurence B., *Stocks, Bonds, Bills, and Inflation, 1994 Yearbook*, Ibbotson Associates, Chicago, IL, 1994.

Singal, Vijay, *Beyond the Random Walk: A Guide to Stock Market Anomalies and Low Risk Investing*, Oxford University Press, New York, 2004.

Smullyan, Raymond M., *The Tao is Silent*, Harper & Row, New York, 1977.

Speidell, Lawrence S., "The New Wave Theory," *Financial Analysts Journal*, July/August 1988, pp. 9-12.

Speidell, Lawrence S., "Imbarrassment and Riches: The Discomfort of Alternative Investment Strategies," *The Journal of Portfolio Management*, Fall 1990, pp. 6-11.

Spiess, D. Katherine, Affleck-Graves, John, "The Long-Run Performance of Common Stock Following Debt Offerings," *Journal of Financial Economics*, 54 (1999), pp. 45-73.

Stowe, John D., McLeavey, Dennis W., and Pinto, Jerald E., "Share Repurchases and Stock Valuation Models," *The Journal of Portfolio Management*, Summer 2009, pp. 170-179.

Stumpp, Mark, and Scott, James, "Does Liquidity Predict Stock Returns?" *The Journal of Portfolio Management*, Winter 1991, pp. 35-40.

Taleb, Nassim Nicholas, *Fooled by Randomness: The Hidden Role of Chance in the Markets and in Life*, Random House, New York, 2001.

Tetlock, Philip, *Expert Political Judgment: How Good is It? How Can We Know?*, Princeton University Press, Princeton, NJ, 2006.

Thomas, Dana L., *The Plungers and the Peacocks: An Update of the Classic History of the Stock Market*, William Morrow, New York, 1989.

Tierney, David E., and Winston, Kenneth, "Using Generic Benchmarks to Present Manager Styles," *The Journal of Portfolio Management*, Summer 1991, pp. 33-36.

Train, John, *The Money Masters*, Harper & Row Publishers, New York, 1985.

Train, John, *Famous Financial Fiascos*, Clarkson N. Potter, New York, 1985.

Train, John, *The New Money Masters: Winning Investment Strategies of: Soros, Lynch, Steinhardt, Rogers, Neff, Wanger, Michaelis, Carret*, Harper & Row Publishers, New York, 1989.

Treynor, Jack L., "Information-Based Investing," *Financial Analysts Journal*, May/June 1989, pp. 6-7.

Treynor, Jack L., "The 10 Most Important Questions to Ask in Selecting a Money Manager," *Financial Analysts Journal*, May/June 1990, pp. 4-5.

"Trillion-dollar babies," *The Economist*, January 2010.

Trippe, Robert R., and Lee, Jae K., *State-of-the-Art Portfolio Selection: Using Knowledge-Based Systems to Enhance Investment Performance*, Probus Publishing Company, Chicago, IL, 1992.

Tsetsekos, George P., and DeFusco, Richard, "Portfolio Performance, Managerial Ownership, and the Size Effect," *The Journal of Portfolio Management*, Spring 1990, pp. 33-39.

Twark, Allan, and D'Mello, James P., "Model Indexation: A Portfolio Management Tool," *The Journal of Portfolio Management*, Summer 1991, pp. 37-40.

Tweedy, Browne Company LLC, *What Has Worked in Investing: Studies of Investment Approaches and Characteristics Associated with Exceptional Returns*, 1992.

Valentine, Jerome, L., CFA, "Investment Analysis and Capital Market Theory," *The Financial Analysts*, Occasional Paper Number 1, 1975.

Valentine, Jerome L., CFA, and Mennis, Edmund A., CFA, *Quantitative Techniques for Financial Analysis*, Richard D. Irwin, Inc., Homewood, IL, 1980.

Vandell, Robert F., and Parrino, Robert, "A Purposeful Stride Down Wall Street," *The Journal of Portfolio Management*, Winter 1986, pp. 31-39.

Vince, Ralph, *The Mathematics of Money Management*, John Wiley & Sons, New York, 1992.

Vishny, Robert W., Shleifer, Andrei, and Lakonishok, Josef, "The Structure and Performance of the Money Management Industry," in the *Brookings Papers on Economic Activity, Microeconomics*, 1992.

Watzlawick, Paul, *How Real Is Real? Confusion, Disinformation, Communication*, Vintage Books,

New York, 1977.

Wilcox, Jarrod W., *Investing By the Numbers*, Frank J. Fabozzi Associates, New Hope, PA, 1999.

Williams, John Burr, Ph.D., "Fifty Years of Investment Analysis," *The Financial Analysts Research Foundation*, 1979.

Wood, Arnold S., "Fatal Attractions for Money Managers," *Financial Analysts Journal*, May/June 1989, pp. 3-5.

Zeikel, Arthur, "Investment Management in the 1990s," *Financial Analysts Journal*, September/October 1990, pp. 6-9.

Zweig, J., *Your Money and Your Brain*, Simon & Schuster, Reprint edition, September 2008.

백만 퀀트 개미의 요람이 되길 기대하며

주식 투자는 기업의 지분을 소유하는 행위입니다. 다시 말해 기업의 동업자가 되는 셈입니다. 동업자의 관점에서 투자하려면 기업이 어떻게 돈을 버는지 이해해야 합니다. 이렇게 비즈니스 모델을 파악하면 기업의 이익에 영향을 미치는 주요 요인을 파악할 수 있습니다. 어떤 기업은 원자재 가격에 따라, 또 어떤 기업은 금리 수준에 따라 이익이 크게 변동하기도 합니다. 이익에 영향을 미치는 요인은 기업마다 다르기 때문에 기업 보고서를 분석할 뿐만 아니라 직접 탐방하면 파악하기가 더 쉽습니다. 필립 피셔와 피터 린치를 비롯한 많은 투자 전문가가 이런 탐문 절차를 통해 기업의 미래 이익을 예측합니다. 그래서인지 투자에 크게 성공한 슈퍼 개미들도 기업 탐방을 가장 중요하게 생각하는 편입니다. 사실 슈퍼 개미들의 성공 비결은 기업의 이익이 개선되는 것을 누구보다 먼저 눈치채고 확신을 갖고 베팅하는 것이라고 할 수 있습니다. 이들은 이익과 같은 기업의 펀더멘털에 근거하여 투자하기 때문에 자신들이야말로 명실상부한 가치투자자라고 자부합니다.

《월가의 퀀트 투자 바이블》에서는 이런 방식을 자신의 지식, 경험, 상식을 바탕으로 다양한 결과를 상상해서 예측하는 '직관적intuitive 기법'이라고 부릅니다. 전통적 액티브 펀드를 운용하는 펀드매니저 대부분이 사용하는 기법입니다. 기업의 재무제표를 분석하고, 경영진과 면담하며, 고객과 경쟁자들과 대화하고 나서 기업의 재무 건전성과 성장 잠재력을 예측합니다. 그런데 펀드매니저 대부분은 자신의 종목 선정 능력이 뛰어나다고 생각하지만 이들 중 70%는 시장 인덱스도 따라가지 못합니다. 그들이 유용할 것이라고 생각하는 요소나 투자 스토리들이 실제 투자 수익률에 도움이 되지 않기 때문입니다. 그런데도 펀드매니저들은 이 사실을 받아들이지 않고 자신만은 예외라는 믿음을 고수합니다. 왜 그럴까요? 스스로 시장 인덱스보다 못하다고 인정하면 회사에서 자신을 고용할 아무런 이유가 없기 때문이지요. 그래서 펀드매니저들은 자신이야말로 시장 인덱스를 초과해 알파를 창출할 수 있는 예외적인 30%의 능력자라고 상사와 고객에게 호소하고 있는 중인지도 모르겠습니다.

그런 전통적 펀드매니저들의 관점에서 눈엣가시처럼 거슬리는 존재가 바로 퀀트 투자자들입니다. 왜냐하면 퀀트들은 전통적 펀드매니저들이 그토록 극복하기 힘들어하는 시장 인덱스를 가볍게 넘기는 얄미운 괴짜들이기 때문입니다. 퀀트들의 접근 방식은 '정량quantitative 기법'으로서, 주관적 판단이나 어림셈에 의지하지 않고 데이터와 결과 사이의 실증적 관계만을 이용해서 판단합니다. 체계적으로 평가해서 통합한 대규모 데이터로 입증된 관계만 이용한다는 말입니다.

사실 전통적 펀드매니저들의 비판에도 일리는 있습니다. 주식 투자는 기업의 동업자가 되는 행위인데, 기업을 탐방해보지도 않고 그저 컴퓨터 앞에서 자판만 두드리는 책상물림 주제에 무슨 투자를 제대로 한다는 말입니까. 또 재무제표나 주가의 데이터는 어차피 과거의 기록일 뿐인데 이를 통해 미래를 예측한다는 것은 백미러를 보면서 운전하는 것과 다르지 않지요. 또 미국을 비롯한 주식시장이 장기간 우상향했고, 중소기업에서 출발해 성공적으로 대기업으로 성장한 기업이 다수 포함되었기 때문에 퀀트 백테스트 결과가 좋았던 것일지도 모릅니다.

그럼에도 불구하고 퀀트 투자가 전통적 투자를 장기간에 걸쳐 월등하게 이겼다면 그 사실이 시사하는 바는 명확합니다. 즉 주식 투자에서 퀀트 투자를 도입하지 않을 이유가 없다는 것입니다. 실제로 미국 주식시장에서 알고리즘 트레이딩과 파이낸스 로보어드바이저 등 퀀트 방식의 투자가 전체 거래량의 70% 이상으로 확대되고 있다는 것이 그런 추세의 증거입니다. 게다가 투자뿐만 아니라 일상적인 생활 경제 속에서도 빅데이터를 분석해서 의사결정을 하는 시대가 되었습니다. 사회 전체적으로 직관보다는 데이터를 신뢰하기 시작한 것이지요.

《월가의 퀀트 투자 바이블》은 이런 퀀트 투자 방식이 실무에서 구체적으로 어떻게 이루어지는지 차분하게 설명해주는 교과서와 같은 책입니다. 가치, 품질, 모멘텀, 재무 비율과 같은 요소를 기준으로 투자했을 때 투자 수익률이 어떻게 달라지는지, 또 여러 요소를 종합하거나 결합해서 어떻게 새로운 요소를 창출하는지 보여줍니다. 이 책에서는 결과적으로 EV/EBITDA, PSR, 추세형 가치주 투자 전략 등이 우수하다고 했지만 그 결론에 집착할 필요는 없습니다. 우리에게 필요한 것은 물고기를 잡는 방법이지, 물고기 자체가 아니기 때문입니다. 종전에는 PER, PBR, ROE 등 우리 인간이 어떤 특정한 의미를 부여하는 요소들을 통해 퀀트 전략을 개발하려 했다면, 이제는 이마저도 컴퓨터에 맡기는 경향도 생겼습니다. 즉 PER, PBR, ROE 등 기준이 되는 지표들은 대체로 분자와 분모로 구성되는데, 분자와 분모 자리에 우리가 알고 있는 수많은 변수를 무작위로 대입해 새로운 요소를 찾아보는 것입니다. 그렇게 해서 찾아낸 유력한 요소 중 하나가 GPA입니다. GPA는 로버트 노비 마르크스가 제시한 지표로서 GP(매출총이익)를 A(총자산)로 나눈 값입니다. 또 우리가 전혀 사용하지 않는 지표인 시가총액/EBITDA, 기업 가치/잉여현금흐름, 기업 가치/영업현금흐름 등이 유력한 요소라고 주장한 사례도 있습니다.

퀀트 투자 전문가들만 읽어본다는 전설적인 비밀의 책 《월가의 퀀트 투자 바이블》이 드디어 번역되어 출간된다는 소식을 듣고 무척 반가웠습니다. 서울대 문병로 교수의 《메트릭 스튜디오》, 퀀트 전문가 강환국의 《할 수 있다! 퀀트 투자》 등에서 큰 도움을 받았다고 빠짐없이 소개할 정도로 퀀트 전문가라면 반드시 읽어야 하는 필독서입니다만, 책의 분량이 방대한 데다가 전문 분야라서 수익성 측면에서 선뜻 번역서를 내보겠다는 출판사가 없었기에 아쉬웠는데요. 그럼에도 불구하고 어려운 결심을 해준 에프엔미디어 출판사와 번역 작업에 힘을 모아준 전문가들께 독자를 대신해서 감사 인사를 드립니다. 퀀트 투자가 무엇인지 알고 싶은 초보 투자자, 자신의 전략을 업그레이드하고 싶은 퀀트 투자 전문가, 퀀트의 이론적 배경이 궁금한 투자 이론가 등에게 두루 추천하고 싶은 책입니다. 이 책이 백만 퀀트 개미의 요람이 되길 기대합니다.

신진오
밸류리더스 회장

한국 시장에 적용하는 방법
: 결과 분석과 수익률 개선 방안

김동주   '김단테'라는 닉네임으로 유튜브 채널 '내일은 투자왕: 김단테' 운영. 창업했던 모바일 커머스회사 로티플이 카카오에 인수되었고, 카카오 퇴사 이후 본격적으로 투자 쪽으로 커리어를 전환했다. 업라이즈투자자문(구 이루다투자일임) 대표를 역임하다 2023년에 퇴사하고 현재는 전업 투자 중이다.

허재창   라쿤자산운용 펀드매니저. 2019년 12월 19일 퀀트 기반 펀드 Chang 1호를 운용하기 시작했으며 코스피지수보다 좋은 누적 성과를 내고 있다.

전형규   이루다투자일임 운용역. 개별 투자상품 운용을 전체적 관점(holistic)에서 자산관리로 녹이려고 노력하며, 영국에서 귀국 후 이루다투자일임에서 목표를 향해 한 걸음씩 나아가고 있다.

팩터의 효과가 사라졌다는 생각은
팩터의 효과가 변하지 않는다는 생각과 비슷한 오해다.

퀀트 투자 중 팩터 투자에 널리 사용되는 요인들을 설명하고 이를 종합해 수치적으로만 설명한 이 책은 쉽사리 읽히지 않았을 것이다. 다른 책들과 달리 여러 전략이 소개된 것도 아니고 단일 전략의 세부 사항을 팩터별로 쪼개서 종합한 결과여서, 수치만 봐도 머리가 혼란스러울 것이다. 그래서 여기까지 읽은 분에게 축하한다고 말씀드린다.

여기까지 참고 도달한 것은 바로 '이 책의 방식으로 투자해서 알파(초과수익)를 거둘 수 있는가?'가 궁금했기 때문일 것이다. 책에는 미국 주식을 대상으로 한 결과만 있기 때문에, 한국 주식에 투자하려는 독자들을 위해 한국 주식에서의 백테스트 결과를 알려드리고 싶어서 부록 형태로 작성하게 되었다. 부록에서는 오쇼너시의 추세형 가치주 전략을 간단하게 요약한 다음 해당 전략을 국내에 적용하기 위해 사용한 방법론, 팩터별 결과, 포트폴리오 결과를 보여줄 것이다. 그리고 이 전략을 국내에 적용하면서 부딪혔던 한계점도 덧붙여 설명하고자 한다.

추세형 가치주 전략 요약

추세형 가치주 전략은 우선 여러 조건을 이용해 투자 대상을 좁힌 다음 유의미하다고 판단하는 팩터별로 점수를 부여해서 합산 점수 최상위 10% 종목을 선발한다. 그 중에서 주가 가격 모멘텀이 강한 주식을 최종 선정한다. 이 종목들에 동일비중으로 투자하는 과정을 1년 주기로 진행한다. 자세한 방법론은 27장에 나오니 참고하길 바란다.

백테스트 방법

일반적인 백테스트는 보통의 노력으로 되지 않는다. 엑셀이나 코딩에 능통해야 하고, 자료를 어디서 어떤 형식으로 구할지도 문제가 되고, 필터링, 상장폐지 종목의 처리까지 감안하면 일반적인 노력의 수준을 한참 넘어선다.

다행히 국내에 뉴지스탁의 젠포트, 퀀트킹, 인텔리퀀트 등 여러 가지 툴이 있다. 그중 몇 가지를 살펴본 결과, 독자들이 단순하게 사용하기 좋은 툴은 인텔리퀀트였다. 무료이며, 인텔리퀀트 홈페이지에서 '인텔리전트 스튜디오 – 새 알고리즘 스크립트'를 클릭한 다음 링크 코드(https://shorturl.at/pwM12)를 복사해 붙여 넣고 '백테스트 시작' 버튼을 누르면 10분 이내에 최근 3년의 성과를 볼 수 있다.

이어서 백테스트 방법을 좀 더 자세하게 설명하겠다.

① 종목군: ETF, 스팩(SPAC), 우선주, 투자 유의와 거래정지 종목을 제외하고 시가총액 500억 원 이상으로 투자 모집단을 선정한다. 상장폐지 혹은 합병된 종목들도 과거 시점의 투자 대상에 포함해서 생존 편향을 제거한다.

② 포트폴리오 구성: 팩터별 점수와 순위를 계산한 뒤 합산 순위 최상위 10% 종목군을 뽑는다. 그 뒤 6개월 가격 모멘텀을 활용해 가격 모멘텀이 가장 높은 25개 종목으로 포트폴리오를 구성한다. 투자할 때 원금의 95%를 집행한다.

③ 시뮬레이션 기간: 2002/01/01~2021/05/31

④ 포트폴리오 수익률: 포트폴리오를 구성하는 종목들에 동일비중으로 투자해 수익률을 계산한다. 투자 시점에 따른 수익률 편차를 줄이기 위해, 투자를 시작하는 월을 바꿔가며 총 1년 치의 12개 포트폴리오를 구축하고, 생성된 수익률의 평균으로 최종 포트폴리오 수익률을 계산한다.

⑤ 포트폴리오 리밸런싱: 연 1회

⑥ 부대비용: 거래세 0.3% + 슬리피지 0.7%

⑦ 데이터와 툴: 인텔리퀀트의 데이터와 내장 함수를 사용했다.

추세형 가치주 전략에 적용

우리 테스트에서는 PBR, PER, PSR, EV/EBITDA, PCR, 주주수익률이라는 6개 지표의 순위를 구해서 합산하고 상위 10%를 구했다. 한국에 상장된 종목이 2,000~3,000개이므로 상위 200~300개 종목(필터링하면 더 줄어들 수 있다)을 가격 모멘텀으로 정렬해 상위 25~50종목을 매수했다.

    팩터 중에서는 PER, PBR, PSR 등이 유명하다. 예를 들어 PER은 '시가총액/순이익'으로 구해서 시가총액이 순이익의 몇 배로 평가받는지를 보여주기 때문에 직관적으로 이해하기 쉽다. 그러나 순이익이 0에 가깝거나 음수일 때는 정렬하기가 어렵다. 예를 들어 시가총액 100억 원인 회사의 순이익이 각각 1억 원과 -1억 원이라면 PER은 100과 -100이 되고, 순이익이 0에 가까워진다면 무한대의 양수에 수렴하다가 음수가 되는 순간 무한대의 음수가 되어버린다. 그러므로 항상 양수인 시가총액을 분모로 두어서 '순이익/시가총액'으로 값을 구하면 원하는 대로 정렬이 가능하다. 다음 팩터들도 아래와 같이 계산해서 순위를 매긴다.

- PER(Price Earning Ratio): 직전 4분기 지배주주 당기순이익 합계/시가총액
- PBR(Price on Book-value Ratio): 지배주주 자본총계/시가총액
- PSR(Price Sales Ratio): 직전 4분기 매출액 합계/시가총액
- PCR(Price Cash Flow Ratio): 직전 4분기 영업활동현금흐름 합계/시가총액
- EV/EBITDA: 직전 4분기 EBITDA/EV(세전 이익/기업 가치)
- 주주수익률(= 배당수익률): 최근 4분기 배당액 합계/시가총액

    27장을 자세히 읽었다면 위에 언급한 방법이 저자가 설명한 방법과 약간 다르다는 사실을 알 수 있을 것이다. 첫째, 모집단 필터링 조건을 시가총액 2억 달러에서 원화 500억 원으로 조정했는데, 거래 대금이 부족한 소형주로 인해 시장 파급력이 강해지는 것을 제한하기 위해서다. 둘째, 재무 비율들을 역순으로 하여 순위를 매긴 것은 분모가 0이나 음수가 될 때 대처하기 위해서다. 셋째, 한국은 미국과 달리 연결재무제표를 사용하기 때문에 지주사 등의 실적이 미국과 다르게 나타날 수 있다. 넷째, 저자는 주주수익률로 배당수익률과 자사주 매입 수익률을 합산했지만, 한국에서는 자사주 매입이 드물기 때문에 배당수익률만 반영했다. 마지막으로 한국에 적용되는

매매 관련 제세금을 공제했다.

한국 시장 적용 결과

추세형 가치주 전략을 인텔리퀀트 데이터가 존재하는 2001년 1월 1일부터 2021년
5월 31일까지 적용한 결과는 아래와 같다.

추세형 가치주 전략(2001/01/01~2021/05/31)

누적 수익률	연평균 수익률	표준편차	베타	샤프지수	(젠센)알파	최대 손실 폭
4189.41%	20.48%	20.34%	0.69	0.82	0.12	56.05%

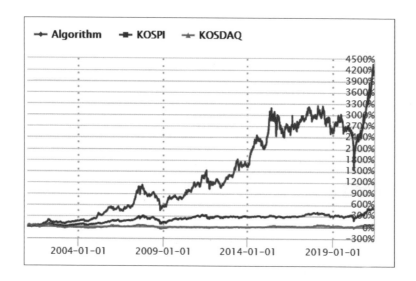

연평균 수익률은 20.5%, 20년간 누적 수익률은 무려 4189%에 달한다. 거래세
0.3%와 슬리피지 0.7%를 감안한 수익이다. 비교 지표인 코스피와 코스닥 수익률을
거의 수평선으로 만들어버리는 놀라운 수익률이다. 그래프의 추이를 보면 최근 코
로나 시대를 제외하고 매우 꾸준하게 우상향하는 것이 확인된다.

여기까지 보고서 가슴이 뛰어 바로 적용하려고 할지도 모른다. 그러나 그 전에
잠시 최근 5년만 따로 확인해보자. 2016/06/01~2021/05/31의 결과다.

월가의 퀀트 투자 바이블

추세형 가치주 전략(2016/06/01∼2021/05/31)

누적 수익률	연평균 수익률	표준편차	베타	샤프지수	(젠센)알파	최대 손실 폭
78.38%	12.52%	18.56%	0.78	0.53	0.04	50.98%

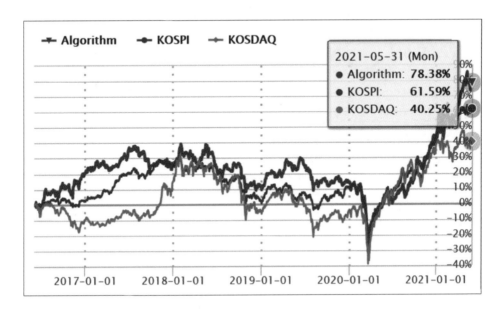

아니, 이게 무슨 일인가? 2021년 5월 31일까지의 5년간 누적 수익률은 78.38%였
다. 코스피의 61.59%보다는 17%p 높지만 5년간의 누적 수익률치고는 기대에 못 미
친다. 심지어 2021년 상반기의 상승장을 제외하면 2020년 11월 30일까지의 누적 수
익률이 17.26%로, 코스피의 30%에 비해서도 13%p 낮았다. 이렇다면 최근 5년간은
지수에 비해서 특별히 좋다고 하기 어렵다.

추세형 가치주 전략(2015/11/30∼2020/11/30)

누적 수익률	연평균 수익률	표준편차	베타	샤프지수	(젠센)알파	최대 손실 폭
17.26%	3.30%	18.29%	0.79	0.07	−0.01	51.10%

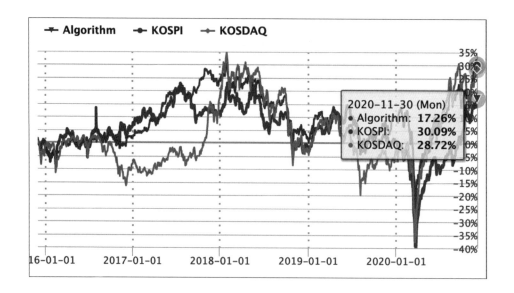

이 모든 게 사기인가? 아니면 퀀트 투자가 이미 널리 알려져서 더는 알파가 존재하지 않는 것인가?

모든 것이 의미가 없어졌고 퀀트 투자의 효과가 사라졌다고 단정하기 전에 그 이유를 살펴보고 이해하는 것이 미래의 투자를 위해서 좋다. 앞으로도 퀀트 투자를 한다면 어느 구간에서는 기대 이하의 성과가 나올 테니 말이다. 반면 기대 이상의 성과가 나오면 의문을 제기하는 일이 드물기 때문에, 기대 이상의 성과는 다루지 않겠다.

퀀트의 배신

이러한 상황에 대해 몇 가지 가설을 생각해볼 수 있다.

첫째, 주도주에 따른 특수한 시장 상황이라는 가설이다.

둘째, 저PER, 저PBR 등의 지표가 이미 널리 알려져 있고, 상위권에 존재하는 종목들은 지표가 낮을 만한 이유가 있기 때문에 수익에 도움이 안 될 것이라는 가설이다. 즉, 정체되어 필터링으로 걸러낼 필요가 있는 종목들이 존재할 수 있다. 예를 들면 PER이 낮지만 재무조정(지분 매각 등)으로 인한 실적 때문이라든지, PBR이 낮지만 영업손실이 너무 커서 조만간 상장폐지될 우려가 높은 종목이 존재하는 경우 등이다.

셋째, 퀀트 투자를 할 만한 저평가주가 더는 존재하지 않는다는 가설이다. 즉, 특정 시장이나 특정 종목의 문제가 아니라 이미 지표들이 널리 알려져서 알파가 존재하지 않는다.

위의 가설들을 차례대로 살펴보자.

첫째, 최근 5년간의 시장 상황이 특수하다는 가설을 살펴보겠다. 최근 시장에서 지수 상승을 주도하는 종목은 바이오 관련주와 대형 IT주다. 특히 한국은 쏠림이 더욱 커서 삼성전자 하나가 코스피에서 차지하는 비중이 25% 정도이고(2020년 11월 28일 기준으로 코스피 시가총액 1800조 원, 삼성전자 시가총액 407조 원으로 보통주 22%, 우선주 2.5% 차지), 코스피 상위 10개 회사가 차지하는 비중이 45%에 달한다.[1] 코스닥의 경우 2018년 상반기와 2020년 하반기 상승을 바이오 주식이 주도했기 때문에, 특정 업종을 편입하지 않는 퀀트 투자는 이러한 상승에서 소외된다. 특히 바이오주는 PER이 매우 높은 수준에서 형성되기 때문에 퀀트 투자자의 포트폴리오에 편입되기 어렵다. 게다가 소형주 팩터가 존재하면 일정 크기 이상의 대형주가 포트폴리오에서 제외된다. 이런 시장 주도주(바이오주, IT주)를 퀀트로 뽑아낼 수 있을까? 아래 종목을 살펴보자.

신풍제약의 재무 지표(IFRS 연결, 2017/12~2020/06)

	최근 연간 실적			최근 분기 실적				
	2017/12	2018/12	2019/12	2019/06	2019/09	2019/12	2020/03	2020/06
매출액(억 원)	1,859	1,874	1,897	465	480	484	491	512
영업이익(억 원)	90	69	20	11	41	-48	21	25
당기순이익(억 원)	21	20	18	25	9	-25	17	18
영업이익률(%)	4.88	3.69	1.03	2.43	8.54	-9.92	4.21	4.88
순이익률(%)	1.15	1.05	0.93	5.29	1.82	-5.23	3.52	3.55
ROE(%)	0.98	0.92	0.80	1.24	1.25	0.8	1.17	0.86

---

1 https://www.mk.co.kr/news/stock/view/2020/08/890798/ 코스피 시총 톱10 비중 34 → 45%

재무 지표만 보면 퀀트 전략을 통해 뽑아내기가 어려운 종목이다. PBR은 2020년 9월 기준으로 30에 달하고 상승 전에도 1이 넘기 때문에, 1 미만의 종목이 널린 코스닥에서 재무제표를 보고 바이오 관련주들을 뽑아내기에는 어렵다고 할 수 있다.

문제는 대형주와 중소형주가 다르게 움직여서 선정되지 않는다 하더라도 퀀트 전략 자체가 유효하다면 여전히 나름의 수익률을 올려야 한다는 것이다. 소형주가 하락세라고 하더라도 연간 20%씩 하락하는 것은 아니기 때문이다. 그런데 5년간의 연평균 수익률이 낮다면 종목 선정 자체에 문제가 있는 것이 아닐까? 여기에서 다음 가설로 연결된다.

둘째, 랭킹 상위권에 정체된 종목들이 존재한다는 가설을 확인해보자. 항상 PER 이 좋지만 지주회사이거나 중국 회사여서 주가가 상승하지 않는 종목들이 있다. 또 순자산이 많지만 대주주 지분이 안정적이어서 적대적 인수합병의 우려가 적고 실제 사업의 성과가 좋지 않아서 계속 적자가 나는 회사라면 지속적으로 저평가되어 PBR 가 낮다. 이런 종목들이 장기적으로 상위권에 머무르면서 수익률을 제한하는 요인 이 된다.

셋째, 퀀트 투자의 효과 자체가 사라졌다는 가설이다. 최근 퀀트 투자의 열풍에 따라 이미 시장에 반영되어서 알파가 남아 있지 않은 것이 아닐까?

과연 팩터들의 알파가 사라졌는지, 추세형 가치주 전략에 사용한 팩터별로 최근 5년간의 수익을 확인해보았다. 요소별 십분위수로 나누어 상위 10%를 모은 다음 가격 모멘텀으로 정렬했다. 예제 코드에서는 momentum_use라는 플래그를 통해 가격 모멘텀 정렬 여부를 선택할 수 있다.

백테스트 결과 팩터별 수익률이 31.47~94.46%로 다양했다. 94.46%는 저EV/ EBITDA에서 나왔고, 31.47%는 주주수익률에서 나왔다. 그렇다면 팩터들의 알파가 사라졌다기보다는 팩터별로 성과가 다르고 좋을 때 나쁠 때가 있다는 것이다.

결론적으로 퀀트 투자는 마법의 논리가 아니지만, 재무적으로 좋은 회사는 결국 시장에서 인정받는 것이 당연하기 때문에 이후에도 퀀트의 효과는 장기적으로 유지되리라 생각된다.

저PER 상위 10% + 가격 모멘텀 상위 25종목(2016/06/01~2021/05/31)

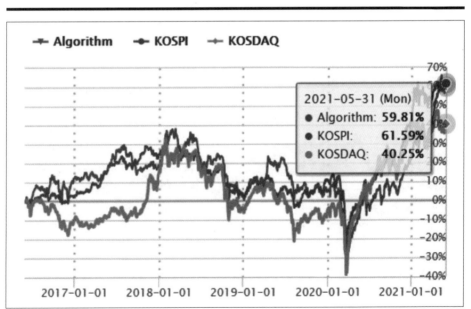

저PBR 상위 10% + 가격 모멘텀 상위 25종목(2016/06/01~2021/05/31)

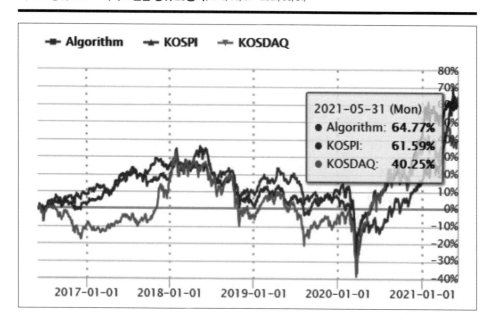

저PSR 상위 10% + 가격 모멘텀 상위 25종목(2016/06/01~2021/05/31)

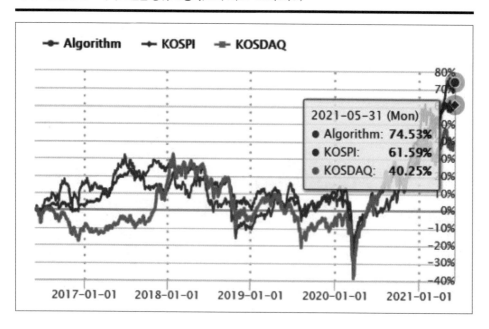

저PCR 상위 10% + 가격 모멘텀 상위 25종목(2016/06/01~2021/05/31)

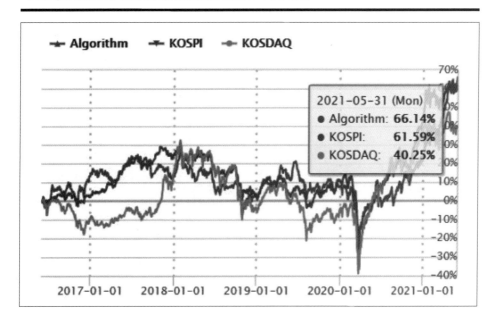

저EV/EBITDA 상위 10% + 가격 모멘텀 상위 25종목(2016/06/01~2021/05/31)

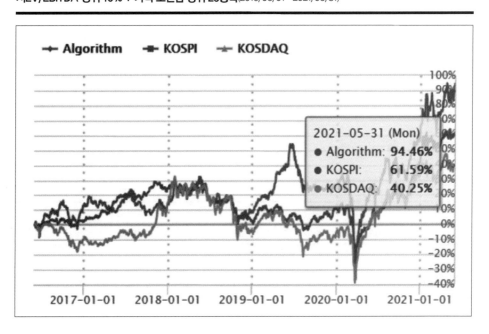

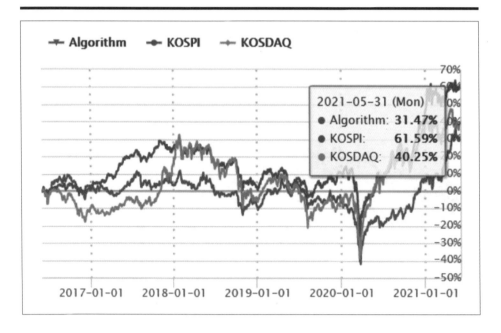

단지 주의해서 살펴봐야 할 점은 팩터별로 트렌드가 있다는 점이다. 과거에는 '영업이익'이 좋은 회사가 좋은 회사로 인정받았다면, 요즘은 발전 가능성과 시장 주목도(가격 모멘텀)에 사람들의 관심이 쏠리고 있어서 가격 모멘텀과 재무 비율을 섞는 것이 더 좋은 수익률을 냈다.

종목 선정 체크포인트

GRT의 재무 지표(IFRS 연결, 2018/06~2020/06)

	최근 연간 실적			최근 분기 실적				
	2018/06	2019/06	2020/06	2019/06	2019/09	2019/12	2020/03	2020/06
매출액(억 원)	3,054	3,680	3,434	972	965	1,011	596	889
영업이익(억 원)	640	774	679	206	202	218	104	161
당기순이익(억 원)	528	649	515	173	175	160	87	98

연간 영업이익이 꾸준히 600~700억 원, 당기순이익은 500억 원 이상을 유지하는 회사가 있다. 매출액도 꾸준히 성장한다. 이런 회사의 가치는 어느 정도로 산정해야 할까? PER 4로 산정하면 2,000억 원, 코스피 평균인 PER 12를 적용하면 6,000억 원 정도 아닐까? 그런데 놀랍게도 이 회사의 시장 가치는 2021년 9월 현재 641억 원이고 PER이 1.45에 불과하다. 누군가 회사를 인수하면 1년 반 만에 투자금을 전부 회수할 수 있다. 그런데 이 종목은 거래정지 상태다. 왜 이런 주식을 제외해야 할까?

중국 회사

한국의 회계 기준은 2019년부터 더욱 엄격해졌다. 이전에는 감사받는 회사가 감사인을 지정했다. 그러면 회사와 회계법인의 유착이 생기기 쉽기 때문에, '주기적 감사인 지정제'를 통해 증권선물위원회에서 감사인을 지정해 교체하게 했다. 이전 회계법인의 실수나 부정이 있으면 새로 지정된 회계법인이 문제 삼을 수 있으니 회계법인들은 더욱 깐깐하게 감사하게 되었다. 그런데 중국 회사들은 구조적으로 회계 감사가 제대로 되지 않는 것이 문제다. 직접 중국에 가서 감사하는 것이 비용 문제로 거의 불가능하니 중국 회계법인이 감사하고 한국 회계법인은 확인만 한다. 따라서 중국 회사 재무제표의 신뢰성에 문제가 있다.

재무제표상으로는 매우 우량하고 성장하고 있기 때문에, 퀀트 전략으로 종목을 스크리닝하면 중국 주식이 포함될 확률이 높다. 그렇지만 중국 주식들의 거래정지와 상장폐지 비율이 상당히 높기 때문에 포트폴리오 포함 여부는 고민해야 할 것이다.

지주회사와 연결재무제표에 의한 더블 카운팅

한국은 연결재무제표를 사용하기 때문에, 지주사가 소유한 자회사의 지분이 단순히 자산으로 평가되는 것이 아니고 지주회사의 재무제표에 합산된다. 그래서 자회사의 성과가 좋으면 지주회사의 영업이익과 순이익이 매우 우량하게 나타나는 현상이 생긴다. (나는 지주회사가 가진 자회사의 지분은 사업적으로 연결되어 있지 않은 이상 자산으로 평가해야 한다고 본다.)

예를 들어 CJ는 재무제표로 보면 2020년 매출 32조 원, 영업이익 1조 3,900억 원, 순이익 2,040억 원을 거두었다. 그런데 2021년 6월 말 기준으로 직원이 60명이어서 직원 1명당 영업이익이 무려 232억 원이다. (코스피와 코스닥에는 연간 영업이익이 230억 원 이하인 회사가 무척 많다.) 이런 회사가 존재한다면 그야말로 슈퍼슈퍼슈퍼맨들이 모여 있는 회사라고 불러야 할 것인데 CJ의 PBR은 0.67배에 불과하다. 매수해야 할 회사일까?

답은 이미 눈치채셨겠지만 이러한 재무제표는 CJ 자회사들의 실적을 합산한 것이다. 지주회사인 CJ는 경영권을 쥐고 자회사들을 운영하는 역할을 한다. 지분은 최대 주주 이재현 42.07%, 2대 주주 이선호(이재현의 아들) 2.75%로 사실상 경영권 분쟁 가능성도 낮다(상속에 따른 이슈가 50년에 한 번 정도 발생할 수 있다). 그렇기 때문에 지주사에 대한 밸류에이션은 실적에 비해 낮은 편이다. (CJ를 과연 영업이익 1조 3,900억 원인 회사로 평가할 수 있을까?)

더블 카운팅 이슈도 있지만, 결국은 퀀트 투자자는 지속적인 저평가를 받는 지주회사가 언젠가 이러한 저평가가 해소될 거라고 기대해 포트폴리오에 편입할지 제외할지 고민에 빠지게 된다. 나는 저평가 자체가 이미 가격에 반영되어 있으므로 편입해도 상관없다고 생각한다.

저PBR 회사

미국에서는 PBR이 낮으면 적대적 인수합병의 대상이 되기 쉽고, 영업용 자산 외에는 꾸준히 매각해 배당하는 등으로 조치하기 때문에 PBR이 1보다 낮아지기 어렵다. 주주가치 극대화라는 취지에 충실한 모습이다. 그러나 한국에서는 적대적 인수합병이 어려워서 자산을 쌓아놓는 회사가 많으므로, 영업용 자산을 구분하지 않는 PBR이 과연 유용한 지표인지 의구심이 생긴다. 특히 PBR이 너무 낮은 회사들은 영업이익도 낮은 경우가 많아 성장성에 의문이 간다.

따라서 한국에서 PBR 지표를 넣을 때는 종목들을 살펴보고 필터링하거나 체크하는 시간을 가지는 것이 좋다고 생각한다.

상장폐지 여부

백테스트할 때 거래정지 후 상장폐지된 회사가 처리되지 않는 경우가 많다. 이는 아래와 같이 여러 요인이 존재한다.

- 리밸런싱 시기에 거래정지 상태라서 매도할 수 없는데 매도 처리하는 버그
- 반대로 매수할 수 없는 주식인데 매수 처리하는 버그
- 긍정적인 상장폐지(인수합병, 자발적 상장폐지)인 경우
- 자료 자체에 상장폐지 종목이 빠진 경우

극단적 소형주로 갈수록 상장폐지 위험성이 높아지는데도 불구하고 (보통 상장폐지 전에 회사 상황이 어려워져서 시가총액이 1,000억 원 이하로 낮아진다) 상장폐지 회사들을 빼고 테스트한다면, 상장폐지되지 않은 주식들만 거래하게 되어 수익률이 극단적으로 높아진다. 그러면 시가총액이 낮은 종목순으로 거래하거나 하위 10% 종목들을 주로 거래하는 것이 수익성이 좋다고 착각할 수 있다.

인텔리퀀트는 상장폐지 전에 거래중지인 경우에도 매도 가능하게 처리하는 문제가 있다. 실제로는 미래의 상폐 종목을 보유하면 거래중지 후 시간이 지나 정리매매 시까지 매도할 수 없다.

수익률 개선을 위한 다양한 시도들

오쇼너시의 메인 전략인 추세형 가치주는 다양하게 변경할 수 있다. 우선 리밸런싱 주기를 바꾸는 것이다. 하지만 리밸런싱을 너무 자주 하면 세금과 수수료 등 슬리피지가 높아진다는 점을 기억해야 한다.

종목별 비중 역시 바꿀 수 있다. 현재는 동일비중으로 했지만, 여러 가지 스코어링 기준을 만들고 상승 확률이 더 높을 거라고 생각하는 종목의 비중을 높여 투자하는 것이다.

아주 단순하게는 해당 종목의 PER, PBR 밴드에서 차지하는 위치를 확인해보라. 회사마다 인정받는 평균적인 PER, PBR 밴드가 있고, 전체적으로 PER이 높더라도 회사의 PER 밴드에서는 상대적으로 낮을 수 있다.

또한 섹터를 분산하는 방법이 있다. 한국 시장에서 추세형 가치주 전략을 통해 매수하는 종목은 주로 금융회사(보험, 화재, 증권, 은행 등)와 지주회사, 철강회사, 건설회사 등이다. 재무제표만 보면 IT와 바이오 회사 등은 포함되지 않는다. 그래서 특정 섹터에 집중하지 않고 다양한 섹터를 먼저 정의하고, 그 섹터에서 추세형 가치주 조건을 만족하는 종목을 담는 방법으로 충분히 대응할 수 있다.

책에서 언급하지 않은 팩터들을 활용할 수도 있다. 매년 팩터에 대한 논문이 쏟아져 나오고 수백 개 팩터가 존재한다. 미국에서 유용성이 검증되었으나 한국에서 검증되지 않은 팩터들을 먼저 적용하면 초과수익을 거둘 수 있다고 생각한다. 혹은 팩터를 결합하는 방법을 바꿀 수 있다. 조엘 그린블라트의 마법공식에서는 두 지표(PER과 ROA)의 등수를 더한 후 최종 랭킹을 통해 투자 종목을 선정한다.

하지만 무엇보다도 중요한 것은 이런 다양한 아이디어를 직접 데이터에 넣어 검증해야 한다는 것이다. 미국에서 통했다고 해도 한국에서 통하지 않는 경우가 얼마든지 있다. 심지어 최근 10년간 가장 잘 통했던 팩터라고 하더라도 효과가 약해질 수 있다. 다만 팩터의 효과가 사라졌다는 생각은 팩터의 효과가 변하지 않는다는 생각과 비슷한 오해 같다. 이러한 여러 사실을 참고해서 신중하고 성공적으로 투자하시길 바란다.

WHAT
WORK$
ON WALL
$TREET

월가의 퀀트 투자 바이블

초판 1쇄	2021년 12월 20일
4쇄	2024년 8월 20일

지은이	제임스 오쇼너시
옮긴이	이건, 서태준, 정호탁, 주민근, 모지환, 정창훈, 배금일, 최준석
감수	신진오

펴낸곳	에프엔미디어
펴낸이	김기호
편집	양은희
기획·관리	문성조
디자인	유어텍스트
신고	2016년 1월 26일 제2018-000082호
주소	서울시 용산구 한강대로 295, 503호
전화	02-322-9792
팩스	0303-3445-3030
이메일	fnmedia@fnmedia.co.kr
홈페이지	http://www.fnmedia.co.kr

ISBN	979-11-88754-54-0

값 35,000원

＊파본이나 잘못된 책은 구입한 서점에서 바꿔드립니다.